广东财政年鉴

广东财政年鉴编辑委员会 编

2021

FINANCE YEARBOOK OF GUANGDONG

SPM
南方出版传媒
广东人民出版社
·广州·

图书在版编目（CIP）数据

广东财政年鉴.2021/广东财政年鉴编辑委员会编. —广州：广东人民出版社，2021.11
ISBN 978-7-218-15361-2

Ⅰ.①广… Ⅱ.①广… Ⅲ.①地方财政—广东—2021—年鉴 Ⅳ.①F812.765-54

中国版本图书馆CIP数据核字（2021）第224549号

GUANGDONG CAIZHENG NIANJIAN · 2021
广东财政年鉴·2021
广东财政年鉴编辑委员会　编

广东财政年鉴编辑部
地　　址：广州市北京路376号广东省财政厅3号楼512室
邮政编码：510030
电　　话：（020）83170499，83170901
传　　真：（020）83170973
电子邮箱：gdcznj@gd.gov.cn

出 版 人：肖风华

责任编辑：钱　丰　黄炜芝
责任校对：胡丽娟
特约编审：阳晓儒
责任技编：吴彦斌　周星奎
装帧设计：徐兴洋

出版发行：广东人民出版社
地　　址：广东省广州市海珠区新港西路204号2号楼（邮政编码：510300）
电　　话：（020)85716809(总编室)
传　　真：（020）85716872
网　　址：http://www.gdpph.com
印　　刷：中华商务联合印刷（广东）有限公司
开　　本：889毫米×1194毫米　1/16
印　　张：21　插　页：12　字　数：980千
版　　次：2021年11月第1版
印　　次：2021年11月第1次印刷
定　　价：430.00元

广东财政年鉴编辑委员会

广东财政年鉴编辑部

主　　任　杨　娟
副 主 任　许航敏 贺巧知
编　　辑　郑德琳　杜婷婷

广东财政年鉴特约通讯员

朱家元（广东省财政厅办公室）
张育哲（广东省财政厅法规处）
戴曾晖（广东省财政厅税政处）
王邦屏（广东省财政厅预算处、预算编审处）
张吕芳（广东省财政厅国库处、国库支付局）
林晓燕（广东省财政厅综合处）
李　栩（广东省财政厅政府债务管理处）
张启明（广东省财政厅行政处）
张可薇（广东省财政厅政法处）
杨远立（广东省财政厅科教和文化处）
李德宽（广东省财政厅经济建设处）
马丽钧（广东省财政厅工贸发展处）
贺　莹（广东省财政厅农业处）
陈妍斐（广东省财政厅资源环境处）
戚伟强［广东省财政厅社会保障处（广东省社会保险基金财政管理办公室）］
陈明杰（广东省财政厅资产管理处）
黄子婧（广东省财政厅金融处）
李志宏（广东省财政厅会计处）
徐丽丽（广东省财政厅政府采购监管处）
崔竹英（广东省财政厅绩效管理处）
方雯婕（广东省财政厅监督局）
闫　鹏（广东省财政厅人事教育处）
张江涛（广东省财政厅离退休人员服务处）
黎　笛（广东省财政厅机关党委）
王俊哲（广东省财政厅数字财政专班）
郭　翚［广东省财政厅国际金融合作办公室（广东省世界银行贷款业务办公室）］
李　晶（广东省财政厅投资审核中心）
石佳平（广东省农业综合开发评估中心）
陈倩芸（广东省财政厅政务服务中心）
谢　峰（广东省运行监控中心）
杜婷婷（广东省财政科学研究所）
朱子瑜（广东省财政厅政府债务监测评估中心）
林衍辉（广东省注册会计师协会）
黄　粤（广东省资产评估协会）
耿长河（广东省纪委省监委驻省财政厅纪检监察组）
翟　银（广州市财政局）
代婷婷（深圳市财政局）
孙梓博（珠海市财政局）
谢晓航（汕头市财政局）
韦　铭（佛山市财政局）
李　敏（韶关市财政局）
朱小文（河源市财政局）
李伟峰（梅州市财政局）
陈倩茹（惠州市财政局）
李　倩（汕尾市财政局）
袁颖桢（东莞市财政局）
陈文君（中山市财政局）
罗紫嫣（江门市财政局）
简梅芳（阳江市财政局）
黄丽云（湛江市财政局）
梁骏杨（茂名市财政局）
朱海婷（肇庆市财政局）
黎　敏（清远市财政局）
许佳楠（潮州市财政局）
黄同涛（揭阳市财政局）
晏　磊（云浮市财政局）

编辑说明

一、《广东财政年鉴》是广东省财政厅主办的年度资料性工具书，于2005年创刊，一年一鉴，以出版年号为卷次名称。《广东财政年鉴》以马克思列宁主义、毛泽东思想、邓小平理论、“三个代表”重要思想、科学发展观、习近平新时代中国特色社会主义思想为指导，其宗旨是全面、准确、系统地记录广东省财政事业发展状况和工作开展情况，为读者了解和研究广东省财政改革发展提供信息数据资料。

二、《广东财政年鉴》采用分类编辑法，主体内容以类目、分目和条目结构组成。全书条目标题统一用黑体加【】表示，个别包括多方面资料的条目在段首用楷体标题标明资料主题。

三、《广东财政年鉴·2021》主要载录2020年广东财政事业发展的基本资料。正文设专记、年度关注、大事记、广东财政总述、法制税政、预算管理、政府债务、国库管理、归口预算管理、财政监管、财政对外财经合作与交流、机关建设、财政服务、行业协会学会、财政纪检监察、市县财政、机构·荣誉、统计资料、文献专载、附录20个类目。

四、为提高全书质量，增强实用性和可读性，《广东财政年鉴·2021》注重调整规范框架内容，突出广东财政专业特色和改革亮点。其中，设“专记”类目记载“十三五”时期广东财政改革发展成果；以“年度关注”类目重点反映2020年度广东财政重要改革等。

五、《广东财政年鉴·2021》注重以图片专辑和内文配图形式收录图片资料，直观、形象地反映财政改革发展相关内容。

六、全书配有中英文目录和索引，具有双重检索系统。索引采用主题分类法，按照主题词首字汉语拼音字母顺序排列。

总　　目

目　　录

图片专辑

专　　记

年度关注

大事记

广东财政总述

■三大攻坚战

■高质量发展

■民生保障

■财政管理改革

法制税政

■财政法治

■财政税制

预算管理

■综述

■财政收支管理

■疫情防控和经济社会发展财政保障

■预算管理改革

■财政体制完善

■财政管理服务优化

政 府 债 务

■综述

■新增债券管理使用

■政府债务风险管控

国 库 管 理

■综述

■国库管理改革

■国库资金管理

■国库专项工作

归口预算管理

■财政综合

■财政行政

■财政政法

■财政科教文

■财政经济建设

财政监管

财政对外财经合作与交流

机关建设

■财务与档案管理

财政服务

■政务服务

■信息化建设

■科研宣传

行业协会学会

■广东省注册会计师协会

■广东省资产评估协会

■广东省会计学会

■广东省预算会计研究会

■广东省财政学会

财政纪检监察

■综述

机构·荣誉

统计资料

文献专载

附 录

■规范性文件

■媒体报道

图片专辑

Photo Album

广东省政区图
比例尺 1：2550 000
湖南省
广西壮族自治区
道县
蓝山县
宜章县
临武县
江华瑶族自治县
永福县
恭城瑶族自治县
富川瑶族自治县
阳朔县
柳城县
平乐县
连州市
连南瑶族自治县
连山壮族瑶族自治县
阳山县
鹿寨县
荔浦县
钟山县
柳州市
柳江县
贺州市
蒙山县
昭平县
金秀瑶族自治县
象州县
来宾市
怀集县
苍梧县
清新区
清远市
广宁县
武宣县
平南县
北回归线
梧州市
封开县
桂平市
藤县
四会市
三水区
贵港市
郁南县
德庆县
鼎湖区
肇庆市
端州区
云安区
佛山市
禅城区
容县
岑溪市
云城区
云浮市
高要区
高明区
横县
兴业县
玉林市
北流市
罗定市
新兴县
鹤山市
蓬江区
江门市
灵山县
开平市
新会区
信宜市
浦北县
博白县
陆川县
高州水库
阳春市
恩平市
台山市
属廉江市
高州市
江城区
阳东区
阳江市
合浦县
鹤地水库
化州市
茂名市
阳西县
茂南区
电白区
上川岛
川山群岛
下川岛
海陵岛
南鹏列岛
北海市
廉江市
属化州市
安铺港
遂溪县
湛江市
吴川市
麻章区
坡头区
赤坎区
霞山区
南三岛
涠洲岛
东海岛
雷州市
雷州湾
硇洲岛
北部湾
北莉岛
新寮岛
徐闻县
罗斗沙
琼州海峡
海南省
海口市
109°
110°
111°
112°
113°
20°
21°
22°
23°
24°
25°

广东省地图出版社

注：本图资料截至2019年12月，界线不作为权属争议的依据。　审图号：粤S（2020）101号

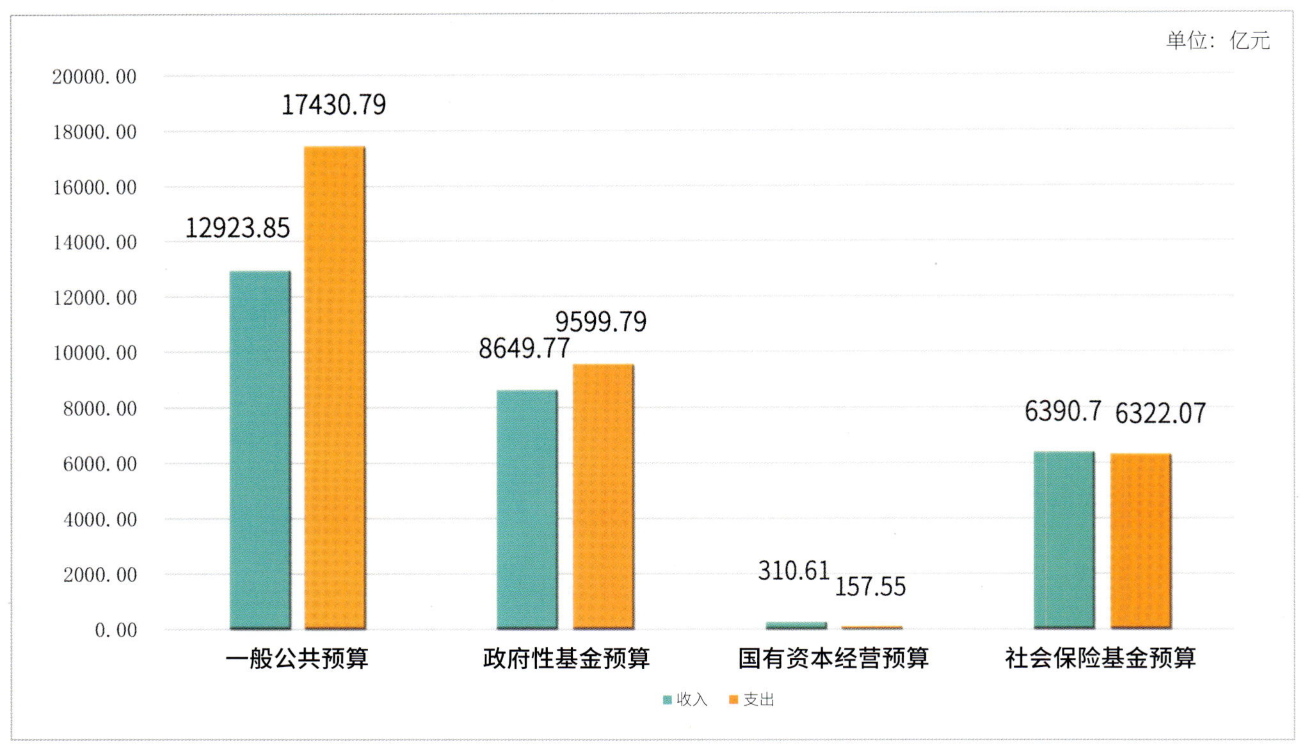

2020 年广东省四本预算收支情况图

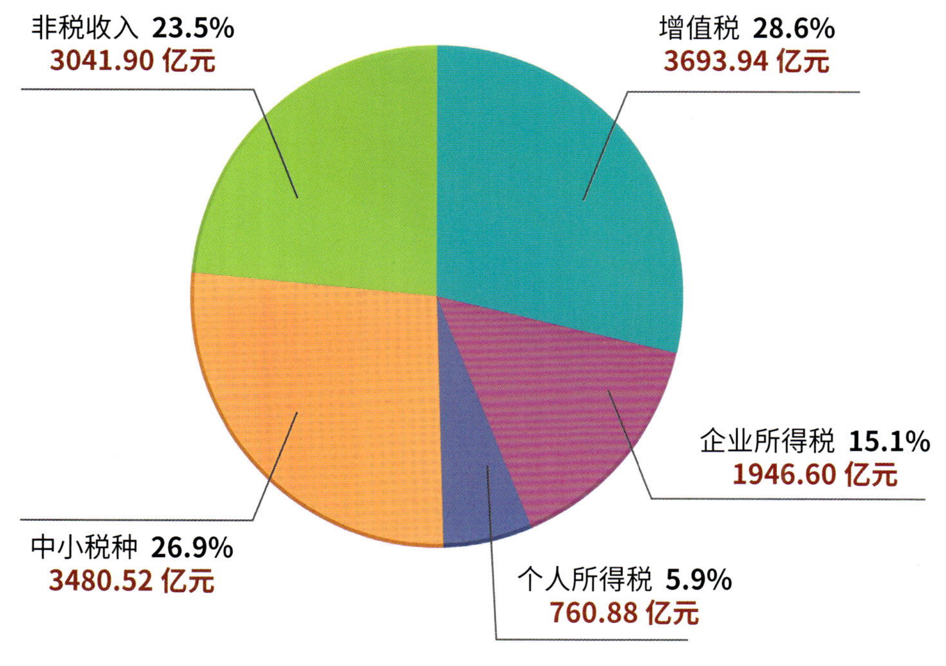

2020 年广东省一般公共预算收入分科目构成图

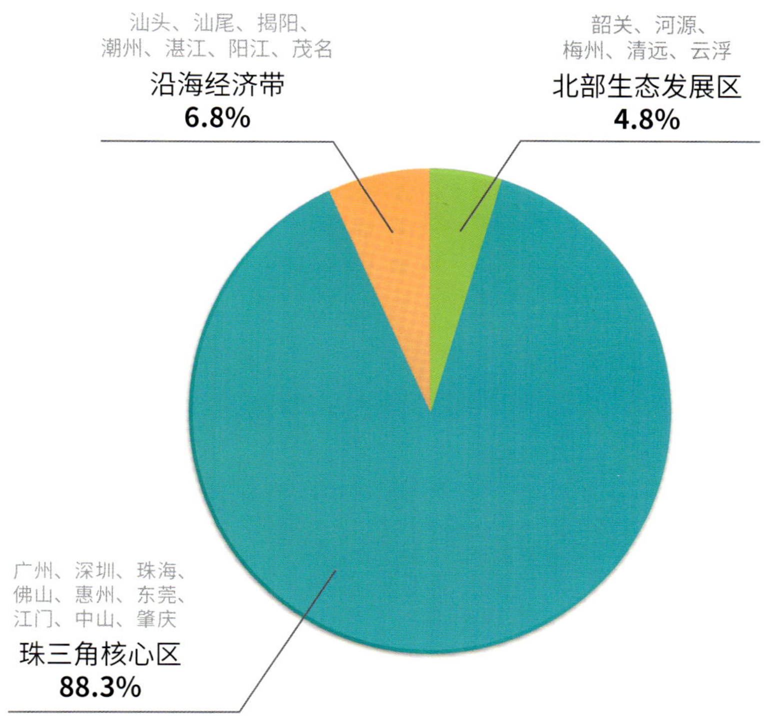

2020 年广东省市县一般公共预算收入分区域构成图

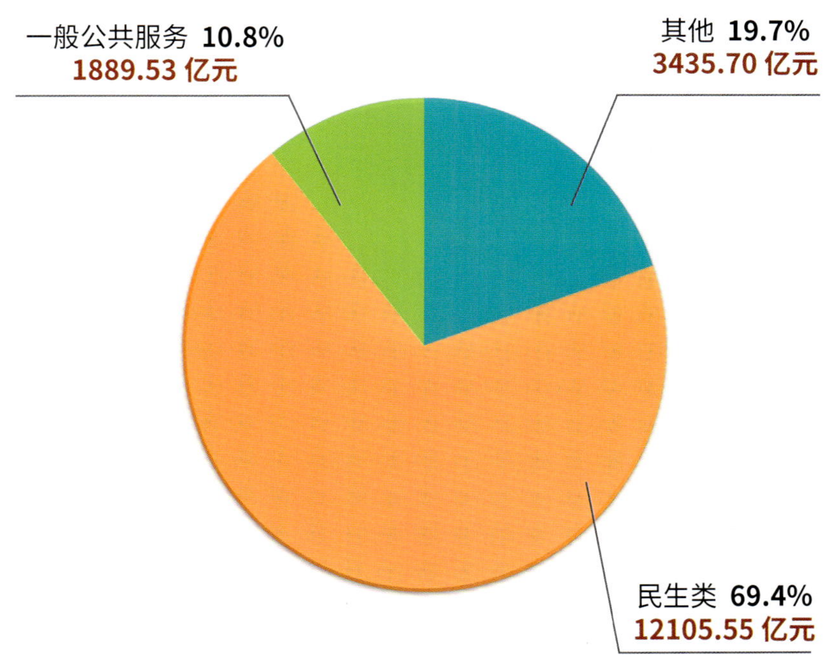

2020 年广东省一般公共预算支出分用途构成图

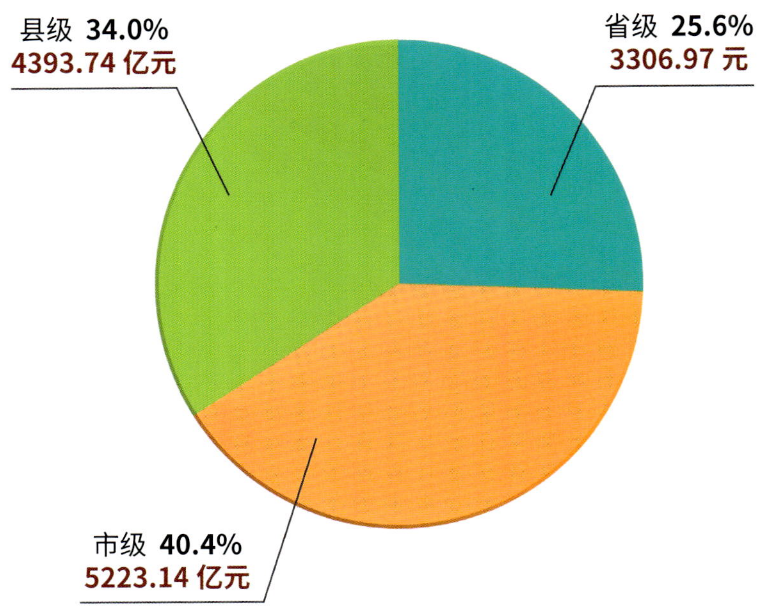

2020 年广东省一般公共预算收入分预算级次构成图

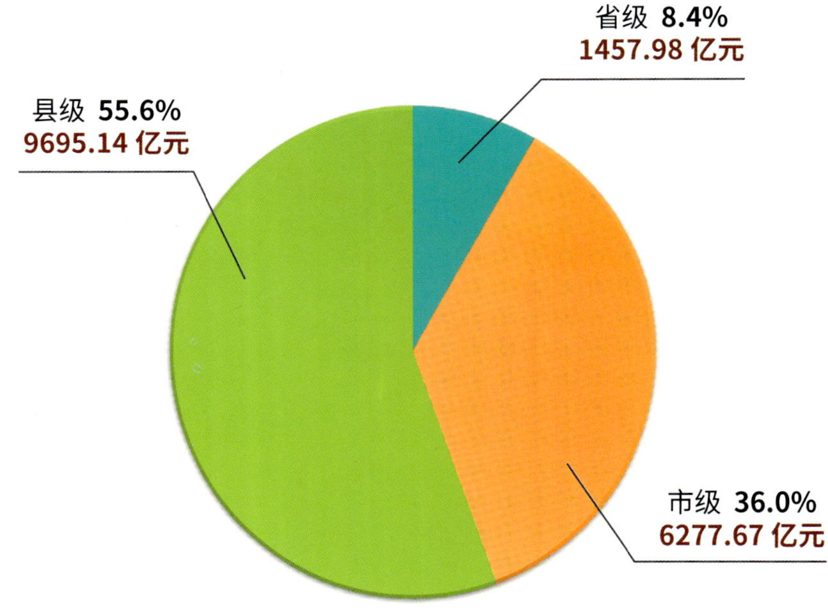

2020 年广东省一般公共预算支出分预算级次构成图

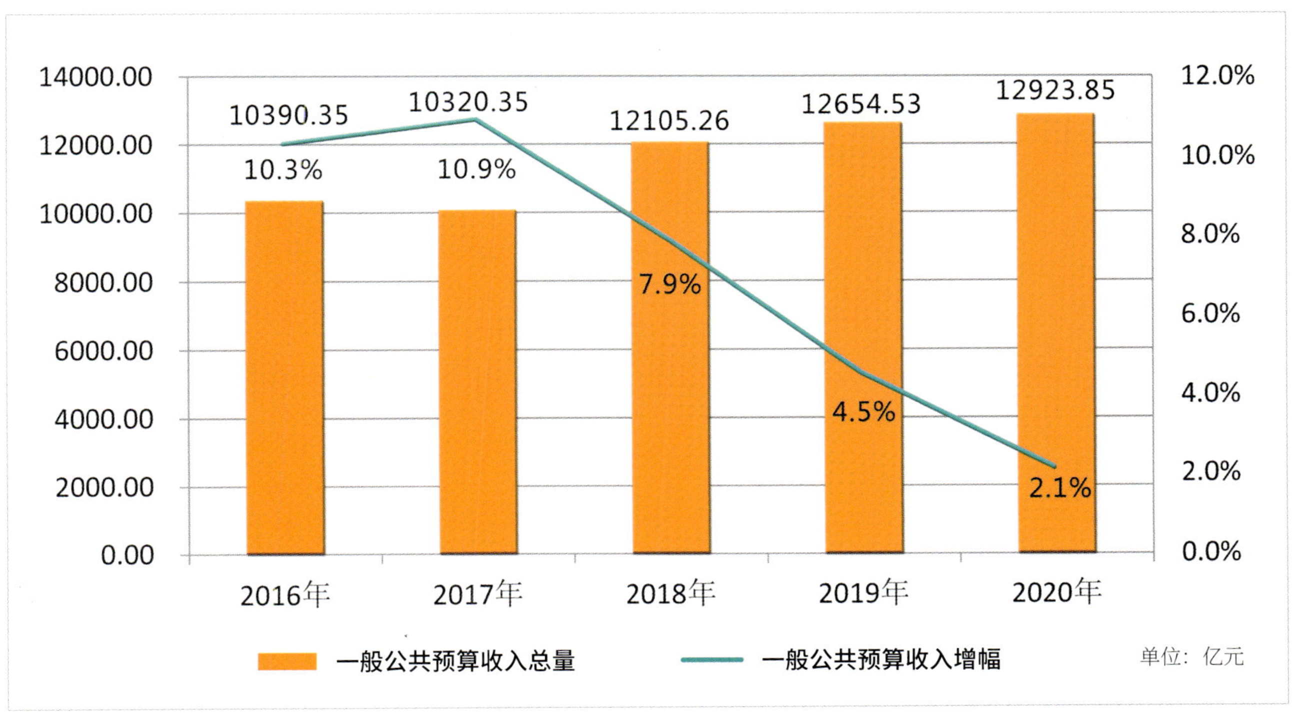

2016—2020年广东省一般公共预算收入

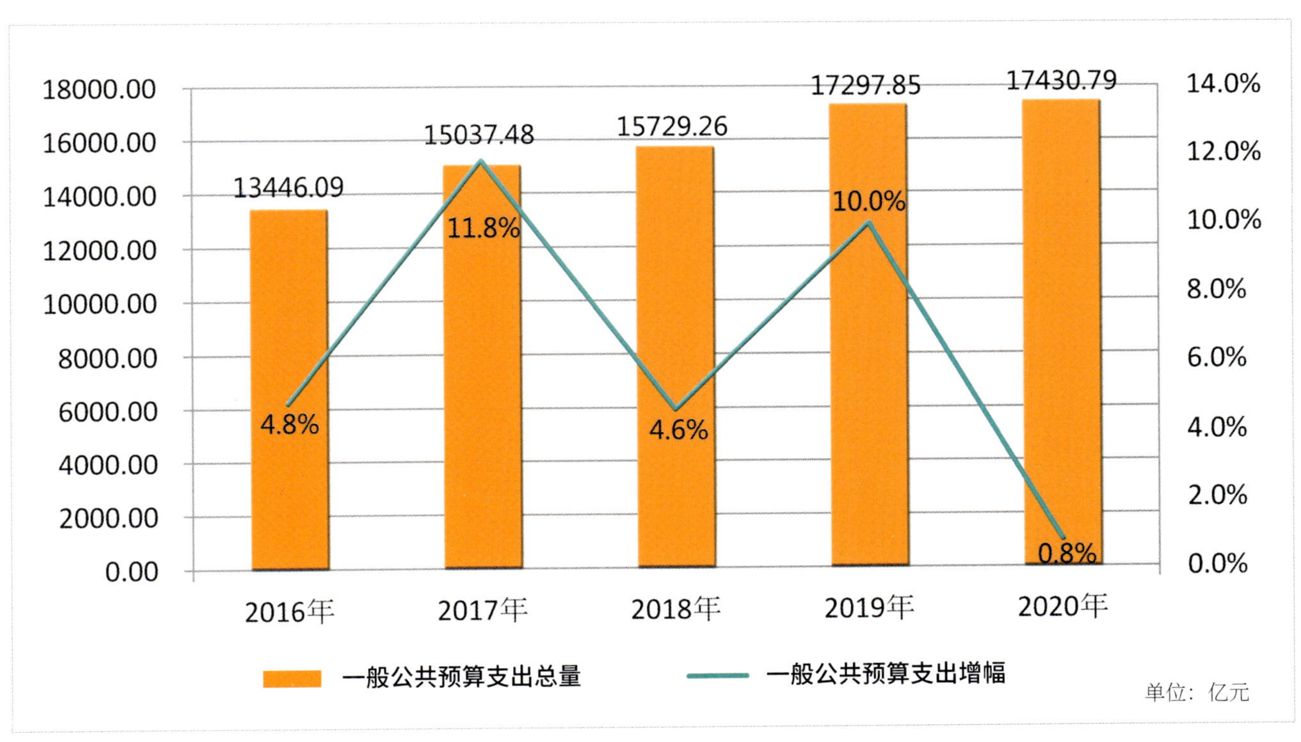

2016—2020年广东省一般公共预算支出

注：广东省财政厅国库处 供图

2020 年度 广东省各地市一般公共预算收入情况

注：1. 图例为一般公共预算收入总量说明
2. 广东省财政厅国库处提供数据

2020 年度
广东省各地市
一般公共预算支出情况
清远
一般公共预算支
411.84 亿元
增幅 4.2%
肇庆
一般公共预算支出
430.58 亿元
增幅 22.4%
一般公共预算支出
1003.04 亿元
增幅 6.6%
佛山
云浮
一般公共预算支出
263.10 亿元
增幅 8.3%
江门
一般公共预算支出
442.38 亿元
增幅 5.0%
阳江
一般公共预算支出
249.84 亿元
增幅 3.1%
茂名
一般公共预算支出
479.75 亿元
增幅 4.7%
一般公共预算支出
538.59 亿元
增幅 7.1%
湛江

韶关
一般公共预算支出
370.14 亿元
增幅 -2.0%
河源
一般公共预算支出
361.76 亿元
增幅 -2.3%
梅州
一般公共预算支出
474.35 亿元
增幅 6.9%
潮州
一般公共预算支出
217.17 亿元
增幅 10.1%
揭阳
一般公共预算支出
374.48 亿元
增幅 7.1%
一般公共预算支出
2952.65 亿元
增幅 3.0%
汕头
一般公共预算支出
427.26 亿元
增幅 10.5%
惠州
一般公共预算支出
637.37 亿元
增幅 3.7%
东莞
一般公共预算支出
840.33 亿元
增幅 -2.6%
汕尾
一般公共预算支出
266.51 亿元
增幅 -4.5%
深圳
一般公共预算支出
4178.42 亿元
增幅 -8.2%
中山
一般公共预算支出
375.63 亿元
增幅 -8.8%
珠海
一般公共预算支出
677.62 亿元
增幅 10.0%
300 亿元以下
300 亿元 至 500 亿元
500 亿元 至 1000 亿元
1000 亿元以上
注：1．图例为一般公共预算支出总量说明
2．广东省财政厅国库处提供数据

1 2020 年 9 月 8 日，广东省省长马兴瑞（左前排第四）率队拜会财政部并召开座谈会 （广东省财政厅办公室 供图）

马兴瑞
刘昆
林克庆

2 2020 年 12 月 10 日，广东省人大常委会主任李玉妹（前左）率省人大代表到省财政厅视察指导工作（唐黎华 摄）

3 2020 年 1 月 20 日，广东省常务副省长林克庆（左）到省财政厅就全省财政工作进行调研，并看望干部职工（唐黎华 摄）

4 2020年12月15—16日，广东省财政厅厅长戴运龙（前左四）陪同省常务副省长林克庆（左五）到韶关市乳源县调研
（韶关市财政局 供图）

5 2020年7月30日，广东省人大常委会副主任徐少华（前左三）率领省人大常委会检查组到省财政厅督办代表建议办理工作情况
（唐黎华 摄）

21年省直单位预算编制工作布置会暨培训
2021年省直单位预算编制
工作布置会暨培训班
1

2020年市直预算单位部门预算批复等有关工作会议
04 全面实施预算绩效管理
1. 切实履行绩效管理主体责任
2. 加强预算绩效目标管理
3. 硬化预算绩效管理监督约束
2

3

4

1 2020年7月31日，广东省财政厅举办2021年省直单位预算编制工作布置会暨培训班，省财政厅副厅长姚露（左）出席布置会 （肖鑫晖 摄）

2 2020年6月2日，中山市财政局召开2020年市直预算单位部门预算批复会议 （中山市财政局 供图）

3 2020年11月6日，肇庆市财政局到鼎湖区围绕预算编制执行监督改革开展调研 （肇庆市财政局 供图）

4 2020年12月14日，湛江市财政局举办2020年全市预算绩效管理培训班 （缪彦深 摄）

1 2 2020 年 3 月 28 日，广东省财政厅厅长戴运龙（图 1 左）到省财政厅挂牌督战县——封开县开展脱贫攻坚挂牌督战专项调研，深入了解平凤镇蟠龙村产业扶贫、新农村建设情况，走进江口街道励志新村“封味购”农村电商服务站、竹荪种植基地、秀珍菇扶贫种植示范基地等，调研农村电商、产业扶贫情况，并实地察看省际廊道美丽乡村示范带规划建设进展。调研期间，厅长戴运龙（图 2 右）到贫困户家中，详细了解脱贫攻坚信息卡登记、帮扶补贴发放、危房改造、种养脱贫等情况

（西江日报记者 刘春林 摄）

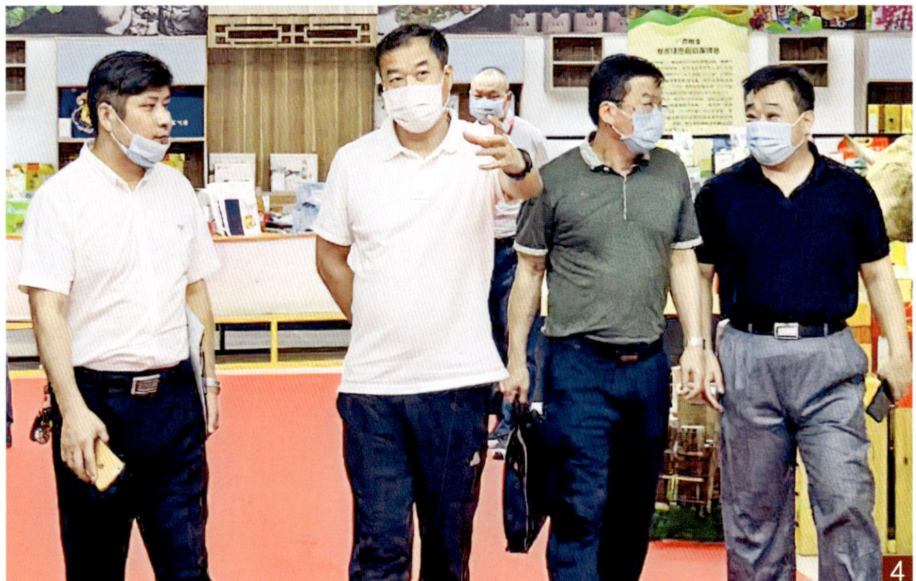

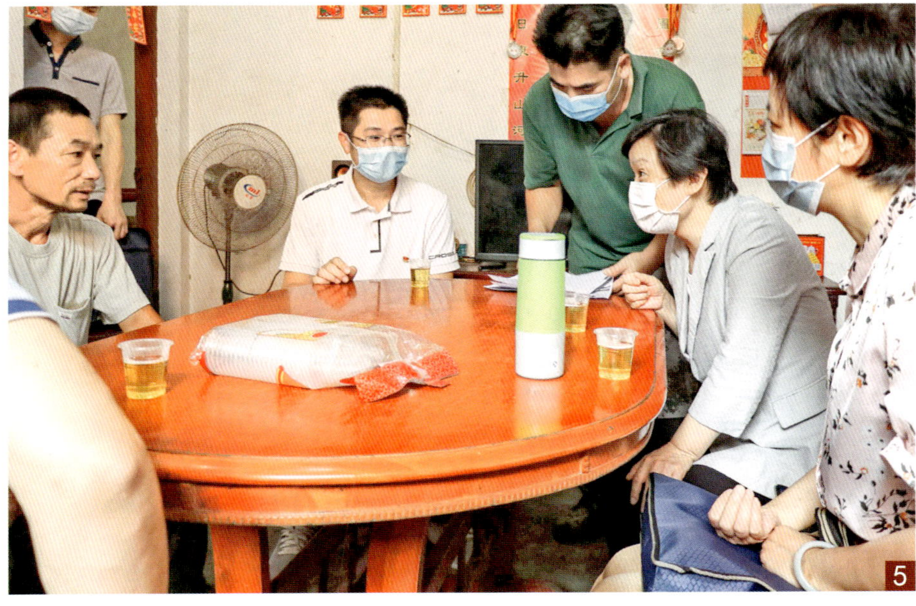

3 2020年12月18—19日，广东省财政厅厅长戴运龙（右三）到定点联系涉农县肇庆市封开县调研脱贫攻坚和乡村振兴工作

（肇庆市财政局 供图）

4 2020年5月21日，驻广东省财政厅纪检监察组组长叶昊文（左二）带队到肇庆市封开县及广东东西部扶贫协作产品交易市场调研脱贫攻坚工作

（广东省财政科学研究所 供图）

5 2020年5月7日，广东省财政厅副厅长肖红梅（右二）率调研组到肇庆市封开县开展脱贫攻坚挂牌督战实地调研

（广东省财政科学研究所 供图）

6

7

6 2020 年 12 月 8 日，广东省财政厅厅长戴运龙（左二）率队到河源市鹤市村调研督导脱贫攻坚工作，先后察看鹤市村集体绿壳蛋鸡合作养殖项目经营情况，检查 2020 年扶贫开发成效考核准备工作情况，并入户看望慰问挂钩帮扶贫困户

7 2020 年 7 月 23 日，驻广东省财政厅纪检监察组组长叶昊文（左二）到河源市鹤市村精品水果大棚种植基地调研指导产业帮扶情况

8 2020 年 11 月 19 日，广东省财政厅副厅长肖红梅（右三）到河源市鹤市村看望慰问挂钩帮扶贫困户

9 2020 年 6 月 28 日，广东省财政厅总会计师刘云梅（前右）到河源市鹤市村指导消费扶贫工作

（广东省财政厅驻河源市龙川县鹤市镇鹤市村精准扶贫工作组 供图）

9 2020 年 5 月 22 日，广东省援川前方工作组到甘孜州甘孜县调研广东援建项目——甘孜县甘孜镇边远牧区寄宿制学校（广东省援川前方工作组 供图）

10 2020 年 11 月 6 日，广东省援川前方工作组调研甘孜州乡城县香巴拉非遗传习馆建设项目——传统手工艺人正在进行雕刻（广东省援川前方工作组 供图）

11 2020 年 11 月 12 日，广东省援川前方工作组调研大渡河流域乡村振兴项目——丹巴县中路乡改造（广东省援川前方工作组 供图）

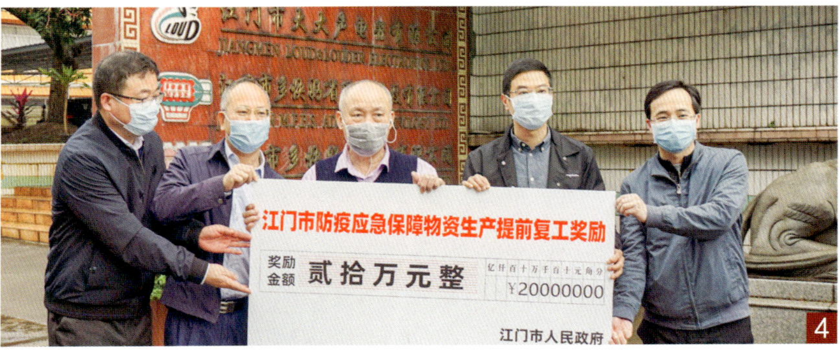

1 2020 年 1 月 27 日，广东省财政厅厅长戴运龙（中间）组织召开厅党组（扩大）会，研究部署疫情防控工作 （*唐黎华 摄*）

2 2020 年 2 月 11 日，广东省财政厅沟通抗疫工作推进情况 （*广东省财政厅办公室 供图*）

3 2020 年 4 月 17 日，广州市财政局派员参加新冠肺炎疫情防控指挥部入境人员服务专班第一次任务 （*广州市财政局 供图*）

4 2020 年 2 月 14 日，江门市财政局为企业送上提前复工奖励 20 万元支票 （*江门市财政局 供图*）

1 2020 年 5 月 20 日，广东省财政厅召开“数字财政”建设座谈会 （肖鑫晖 摄）

2 2020 年 11 月 2 日上午，广东省财政厅副厅长杨朝峰（前左）率队到汕头市开展“数字财政”执行域系统上线指导工作 （汕头市财政局 供图）

专记

Feature

“十三五”时期广东财政改革发展专记

“十三五”期间，广东省各级财政部门坚持全省“一盘棋”，牢固树立“大财政大预算大资产”理财理念，加强统筹谋划，砥砺前行、开拓创新，推进财政改革发展各项事业。

全省财政总体呈现“两大两好两突出三改善”的特点：（1）总量大，领先优势继续保持。2016—2020年，广东省“三本预算”（包括一般公共预算、政府性基金预算和国有资本经营预算）收入从14470亿元增加至21884亿元，年均增长10.9%，占全国地方的十分之一，支出从17072亿元增加至27188亿元，年均增长12.3%，收支规模均保持在全国各省份的首位。（2）贡献大，一半税收由中央分享。从“三本预算”口径看，2020年，来自广东省的中央级分享“三本预算”收入10843亿元，约占全国地方的12.3%，是中央级分享额最多的省份。其中，广东省约一半的税收由中央分享，2020年中央分享广东省税收10568亿元。（3）质量好，税收占比高于全国。2016—2020年广东省税收占一般公共预算收入的比重稳定在80%左右，持续高于全国平均水平。（4）保障好，以“政”领“财”落得实。省财政连续三年投入八成以上财力用于保障落实广东省“1+1+9”工作部署，“三大攻坚”战保障有力，财政投入以人民为中心的导向突出。2020年全省财政民生投入12141亿元，约占一般公共预算支出的七成。（5）“紧平衡”状态突出，多措并举保平稳运行。“十三五”时期广东省财政收入增速由高速转向中低速增长，2016—2020年全省一般公共预算收入年均增长5.6%。同期，全省一般公共预算支出年均增长6.7%。通过采取开源节流、优化结构、盘活存量、用好增量、提高效益等措施，确保财政收支平稳健康运行。（6）“新增债”作用突出，稳增长防风险见成效。2016—2020年争取到中央新增债券支持合计8736亿元，年均增长54.3%，高于全国地方平均增幅12.8个百分点，2019—2020年占全国比重最高、规模最大，支持广东省补短板强弱项，对冲经济下行影响。（7）“人均低”有所改善，与全国水平差距缩小。2016—2020年广东省人均一般公共预算支出从11292元/人增长至13808元/人，年均增长5.2%。如不含计划单列市深圳，广东地区人均支出从8875元/人增长至12202元/人，年均增长8.3%，高于全国增速1.6个百分点。（8）“不均衡”有所改善，区域财力差距不断缩小。2016—2020年，全省各地人均一般公共预算支出差异系数从0.61下降到0.45。“一带一区”人均支出年均增长8.0%，比“一核”高4.9个百分点。“一带一区”人均支出对比“一核”从51.9%提高至62.6%。（9）“县级弱”有所改善，基层保障能力不断增强。省级财政转移支付调控后，省、市、县三级财力分布格局由收入结构的橄榄形（16∶46∶39），转变为支出结构的金字塔形（8∶38∶54），2016—2020年县级一般公共预算支出占全省比重从52.3%提高至55.6%，2016—2020年县级人均一般公共预算支出年均增长6.7%，高于全省平均水平1.5个百分点。

一、支持高质量发展显实效

落实大规模减税降费政策。推进全省降成本工作，落实减税降费，在中央授权范围内为企业“顶格”减税，实现省定涉企行政事业性收费“零收费”，2019—2020年，全省财税部门累计减税降费超过6000亿元，让企业和群众享受到政策红利，支持实体经济发展。

实施创新驱动战略。全省财政投入超过3770亿元支持科学技术发展，出台财政科研项目资金的管理监督办法，赋予科研人员更大人财物自主支配权，为全省培养科技人才、搭建重大创新平台、实施重点领域研发计划、突破“卡脖子”技术提供重要保障，推动企业实施技术改造，培育产业集群，打造新兴支柱产业。

支持打好污染防治攻坚战。全省累计投入污染防治和生态环境保护财政资金4863亿元，推动大气、水、土壤、农业农村污染防治以及林业、海岛与海域保护等生态环保重点领域、重点项目完成。新增建成油气管道2085千米，实现市市通管道天然气，保障全省清洁能源供给。完善生态保护补偿机制，实现全省生态发展区县“谁保护、谁得益，谁改善多、谁得益多”。

保障落实乡村振兴战略。多方统筹财力4463亿元支持农业农村发展，支持全域开展“千村示范、万村整治”，全省自然村完成基础环境整治，支持加快推进现代农业产业园建设、“厕所革命”、“四好”农村路等重点工程。

支持打赢脱贫攻坚战。全省各级财政统筹843亿元支持实施增收脱贫工程及兜底保障工程，省内累计近161.5万相对贫困人口实现脱贫，“两不愁三保障”基本保障到位”。

做好对口帮扶。完成对口支援西藏林芝、新疆喀什和四川甘孜政治任务，“十三五”累计投入对口支援财政资金125亿元，实现“十三五”援建规划目标任务。加大东西部扶贫协作财政帮扶力度，“十三五”期间对广西、四川、云南、贵州4省（区）投入财政援助资金168亿元，累计带动帮扶地区379.2万贫困人口增收脱贫。

二、民生保障水平改善明显

完善基本公共服务均等化推进机制。公共教育、公共卫生等6个领域61项基本公共服务项目中，有49项覆盖全省全部常住人口，义务教育公用经费、城乡居民医保、基本公共卫生服务等补助标准实现城乡统一，总体达到或超过全国平均水平。

办好民生实事。围绕民生实事难事急事精准发力，从按领域推动转变为向具体项目发力，选取群众关切的“身边事”列入民生实事项目。连续十年办理省十件民生实事，全省财政共投入1.63万亿元，解决一批关系群众切身利益的突出问题。

民生底线托稳兜实。2016—2020年省财政共投入资金1090亿元支持全省稳步提高低保、特困人员、孤儿基本生活保障、困难残疾人生活补贴和重度残疾人护理补贴等底线民生保障水平，并持续保持在全国前列。建立经济困难的高龄失能半失能老年人补贴制度和高龄老人津贴补贴制度，广东省较早在全国建立高龄老人补（津）贴制度，成为覆盖面广、受益老年人多的省份之一。

加强重点民生领域财政保障。促进更高质量更充分就业，完善困难企业和职工认定办法、失业保险基金用于创业担保贷款基金和贴息办法等配套政策，支持深入实施“广东技工”“粤菜师傅”“南粤家政”工程，直接带动约16万人实现就业创业。支持优先发展教育事业，新增普通高校12所，支持粤东西北地区新建迁建高校（“7+1”项目），推动全省地级以上市本科、高职全覆盖。建成覆盖全学阶的生均拨款制度和覆盖学前教育至研究生教育全学段学生资助体系，全省学生资助财政投入资金和受助学生人数，从2013年的35.1亿元和271万人次，提高到2020年的73.9亿元和294万人次。推动持续深化医改，着力建高地、强基层，投入90亿元支持30家高水平医院，投入500亿元全面提升县镇村医疗卫生水平，医共体实现县域全覆盖，基本实现大病不出县，“顶天立地”医疗卫生大格局基本绘就。稳步提高医保筹资与保障水平，全面推进异地就医直接结算，完善药品集中采购制度。支持推进棚户区改造，公共住房建设和公租房租赁补贴工作，惠及45万人。加大交通基础设施建设财政投入，五年新增高铁里程704千米，新增高速公路里程约3500千米，改善民众交通出行条件。

三、区域协调发展不断增强

支持推动“双区”建设。对接“中央要求”“港澳所需”“湾区所向”“广东所能”，制定《推进大湾区建设若干财政政策的实施方案》，出台7个重点领域28项财政措施，在人才集聚、资金过境、债券联动、平台互通和民生共享等方面取得重大突破。着力支持深圳建设先行示范区，推动开展首创性、差异化财政改革探索，支持广州实现老城市新活力和“四个出新出彩”，落实体制返还等各项财政配套政策，促进全省“双区”驱动、“双城联动”利好叠加效应充分释放。

优化省以下收入划分。2016年将增值税确定为省与市县“五五”分享，确保省以下各地财力格局总体稳定。2020年调整省以下留抵退税分担机制，形成省、市、县三级收入协调增长格局。

推进财政事权与支出责任改革。坚持“强责任、减负担”，将基本公共服务领域八大类18项与群众生活密切相关的事项确定为省级与市县共同财政事权，实行分类分档按比例分担，将省以上财政对第一档“老少边穷”地区和第二档北部生态发展区、东西两翼沿海经济带的补助比例提高到100%和85%，大幅减轻欠发达地区市县负担，并确保全部地市获益。制定出台医疗卫生、教育、科技和交通领域改革方案，加快形成财政事权和支出责任相适应的格局。

完善与区域功能定位相适应的差异化转移支付制度。均衡性转移支付政策导向由激励型向保障型转变，实施范围由60个县（市）扩大至86个县（市、区）。生态保护区财政补偿转移支付实施范围由26个重点生态功能区县扩大至48个生态发展区县全覆盖，并将补偿额与生态保护成效挂钩。

加大对下转移支付力度。2016—2020年省级财政安排市县税收返还和转移支付资金从3206亿元增加到4685亿元，年均增长10%，并出台老区苏区和民族地区专项财政支持政策，全额负担重大交通基础设施项目资本金出资、医疗卫生重点建设项目资金和义务教育“两免一补”政策资金，省财政2019—2020年新增集中财力超过300亿元，促进粤东西北振兴发展。

四、财政改革取得重大成果

深化预算编制执行监督管理改革。率先开展预算编制执行监督管理改革，通过财政管理重心、部门权责配置的“两转变”，财政资金项目审批、预算执行流程的“两精简”，实现部门、市县推动改革发展的积极性和资金使用效益的“两提高”。全省117个省级部门均建立预算改革配套制度，21个地市和74

个县区完成本级预算改革部署。

深化地方税收体制改革。探索推进建立符合省情实际的地方税收体系，"营改增"实现全面扩围，增值税改革深入推进，确保制造业、交通运输和建筑等行业税率下降。个人所得税、资源税、环境保护税、耕地占用税等改革有序推进，理顺税费关系，规范市场环境，支持全省供给侧结构性改革。

全面实施预算绩效管理。预算和绩效管理一体化深入推进，绩效管理范围实现财政四本预算、预算管理全过程全覆盖，完善绩效指标体系，加强预算绩效目标管理，"花钱必问效、无效必问效"逐步落到实处。

推进涉农资金整合改革。重点围绕"统、放、管"三方面进行系统谋划部署，在省定原则方向、市县研究谋划项目库并推动落实、各级加强绩效管理和监督指导等环节打造流程机制闭环。在涉农资金的强力支持下，广东省基本完成省委、省政府既定乡村振兴"三年取得重大进展"目标，为全面推进乡村振兴打下基础。

加强社保基金统筹管理。企业养老保险、工伤保险基金实现省级统筹，弥补全省收不抵支的14个地市和省本级养老保险基金缺口778.89亿元，逐步健全失业和工伤保险体系，完善社保待遇调整机制。

五、财政风险防控更趋稳健

确保财政平稳运行。应对新冠肺炎疫情冲击，出台财政支持"双统筹"政策措施，盘活处置政府资金资源资产，充分利用各类手段拓宽财源，建立省市县三级的资金直达基层直达民生机制，直接惠企利民，将基层因减税降费出现的财力缺口及时补上，为夺取疫情防控和经济社会发展"双胜利"提供支撑。

防范化解政府债务风险。建立起覆盖地方政府债务管理各环节的"闭环"管理体系，堵严"后门"遏制地方政府违法违规举债融资，开好"前门"管好用好地方政府新增债券。发行置换债券，2015—2018年将全省存量债务及时转换为政府债券，优化结构，缓解风险。全省政府债务总体安全、风险可控、底数清晰，各项债务风险指标处于安全区间，是全国债务风险水平最安全的地区之一。隐性债务增量得到遏制，存量规模明显下降，隐性债务风险得到缓释。主动接受人大监督，2018年首次代表省政府向省人大常委会专项报告全省政府性债务管理情况。

健全应急保障机制。强化财政对防灾、减灾、抗灾、救灾等应急保障，2020年全省全年落实财政防疫资金302.78亿元，确保人民群众不因担心费用问题而不敢就诊，确保各地不因资金问题而影响医疗救治和疫情防控，支持新冠肺炎疫情防控取得重大战略成果。

兜牢基层"三保"底线。在全国率先开展"三保"核查调研，全面摸清市县"三保"底数并完成整改。成立广东省财政厅主要负责人任组长的"三保"工作领导小组，建立"三保"预算编制审核、执行监控、应急处置和库款保障等工作机制，试行"三保"资金专户管理，制定全省基本公共服务保障地区标准备案办法，防范市县脱离实际搞过高承诺和过度保障，兜牢"三保"底线。

稳妥处置金融风险。支持各地处置捐赠资产和涉政资产变现，统筹安排100亿元专项债券支持全省化解农合机构风险，为全省64家农信社完成改制任务提供有力支撑。

六、财政管理水平提档升级

开展"全面对标、全力推动走在前列"工作。以全面对标最高最好最优，推动各项工作走在前列为目标，带动财政管理工作水平整体跃升。广东省财政管理工作在财政部考核中持续走在全国前列，2019年、2020年度接连获得国务院督查激励。

推进财政"放管服"。在政府采购、资产管理、预算收支管理等领域精简审核环节和办事流程，稳妥下放财政科研项目资金管理权限、基建财务管理审核权、政府采购自主权等，实现省级财政权责清单事项压减率超过90%。

推进数字财政建设。依托"数字政府"稳步推进"数字财政"建设，推动实现全省财政信息化建设"同一标准、同一平台、同一系统"，为加强全流程预算管理、服务财政决策提供支撑。

完善专项资金管理。构建起"1+1+8+X"管理制度框架，省级专项资金实现大幅整合压减，"大专项+任务清单"模式深入推广，破解资金使用碎片化、固化、不规范等问题。

规范政策性基金管理。清理整合省级政策性基金，基金管理运作机制进一步理顺，服务于做强做大广东省行业龙头企业、补齐薄弱环节、培育扶持创新型企业等政策目标。

协同推进财政管理专项改革。国库集中支付改革、公务卡制度改革和财政预算执行动态监控均实现省、市、县、乡四级全覆盖，预算联网监督扩展至四本预算并实现省、市、县三级联网全覆盖，财务核算信息集中监管改革覆盖省、市、县三级。财政监督从事后监督拓展为事前事中事后全流程监督，实现绩效目标实现程度和预算执行进度"双监控"。建立健全国有资本收益收缴管理机制，实现省属企业国有资本收益分类分档收缴，稳步将省直党政机关和事业单位所办企业的国有资本纳入经营性国有资产集中统一监管体系。

（广东省财政厅预算处供稿）

年度关注

Highlights of the Year

减税降费政策全方位落实落细

2020年，为应对新冠肺炎疫情冲击，帮助企业渡过难关，国家出台减免小规模纳税人增值税、免征受疫情影响较大行业增值税、减免企业社保缴费等一系列减税降费政策，广东省高度重视，坚决贯彻、确保落地。同时，在地方权限范围内做到能减则减、能免则免、能缓则缓，研究提出支持疫情防控和企业复工复产的减税降费政策措施建议。2月6日，广东省政府印发《关于应对新型冠状病毒感染的肺炎疫情支持企业复工复产促进经济稳定运行的若干政策措施》，其中明确落实减税降费政策减轻企业经营负担的一揽子政策措施。2月27日，广东省委、省政府印发《关于统筹推进新冠肺炎疫情防控和经济社会发展工作的若干措施》，进一步明确各项减税降费政策措施。在落实中央政策的基础上，对困难企业减免房产税和城镇土地使用税、延长税款缴纳期限、降低部分行政事业性收费标准等，全力支持疫情防控和企业复工复产。

广东省财政厅贯彻党中央、国务院的决策部署，聚焦支持疫情防控保供、企业纾困和复工复产，落实各项减税降费政策。在2019年减税降费3044亿元的基础上，2020年再为企业和群众减负3129.3亿元，其中减免延缓社会保险费2109.8亿元。强化政策落实组织保障，建立财税等部门协同工作机制，对国家出台的各项减税降费政策，迅速行动，按照能快则快、能低则低、能简则简的原则落实，指导全省21个地市建立本级减税降费工作协调机制，形成协同抓落实的合力。配合出台系列政策，会同税务部门提前系统谋划，在地方权限内研究提出支持疫情防控和企业复工复产的减税降费政策措施建议，并被省委、省政府采纳；加强与卫生健康、海关等单位的协作，快速落实防控疫情进口物资免税政策，分三批确定142家防控物资进口单位名单和物资清单；指导地市税政部门研究制订符合本地实际的财税支持政策。点面结合确保宣传到位，坚持全面宣传和精准辅导相结合，通过新闻发布、媒体报道、政务微信等多种渠道，持续扩大政策知晓面；通过走访企业和人大代表、政协委员等，广泛听取对减税降费的意见建议，打通政策落实“最后一公里”；通过联合税务部门分税种、行业、环节动态更新发布各类操作指引、征管通告、政策问答等，让市场主体懂政策、会操作、快享受。加强督导推动政策落实落细，围绕减税降费政策落实情况和实施效果组织开展检查评估，深入了解减税降费政策贯彻实施情况，督促指导解决减税降费政策落实过程中存在问题，让减税降费红利惠及企业，支持广东省统筹推进疫情防控和经济社会发展。

（广东省财政厅税政处供稿）

2020年广东省新增减税降费统计表

单位：亿元

序号	政策措施	减免金额
累计新增减税降费	合计	3129
	其中：社保费减免	2109
一	2020年新出台支持疫情防控和经济社会发展的税费优惠政策新增减税降费	2355
二	2019年更大规模减税降费政策在2020年继续实施形成的减税降费	774

（广东省财政厅税政处供表）

广东财政管好用好抗疫特别国债资金

2020年，中央财政统一发行1万亿元特别国债，支持地方基础设施建设和新冠肺炎疫情防控，建立资金直达机制，直达基层直达民生，为做好“六稳”工作、落实“六保”任务提供财力支撑。广东省获得抗疫特别国债资金合计504亿元，其中深圳市138亿元，其余地区366亿元。广东省建立覆盖省、市、县三级的“三个一”工作机制，即资金分配“一套方案插到底”、资金监控“一套系统管到底”、绩效管理“一个目标干到底”，确保权责清晰，闭环管理，高标准、高质量、高效率完成资金执行管理工作，实现集中财力办大事，最大限度发挥资金使用效益。

资金分配下达拨付“一套方案插到底”。广东省委、省政府将中央直达资金分配管理作为一项重要的政治任务来抓，第一时间将资金分配方案纳入省委常委会会议、省政府党组会议和省政府常务会议议题，严格审核把关，确保资金精准分配下达。资金分配按照政策导向、分配方法与中央总体保持一致的原则进行。2020年6月23日收到中央抗疫特别国债资金预算指标后，广东于6月28日制定分配方案，并通过财政部备案审核。截至6月30日，除按规定预留部分外，293亿元全部直达至县区基层。剩余73亿元资金根据项目用款需求于当年分批有序下达。截至2020年底，除疫情防控相关747万元按照财政部规定结转外，其余抗疫特别国债资金全部支出，预算执行率100%，第一时间发挥资金效益。资金下达、拨付由以往20天左右，缩短到1天内即可直达县区、拨付到施工单位。

资金监控督查“一套系统管到底”。制定《广东省加强中央直达资金和债券实施项目督查工作方案》，成立省级跨部门督查工作专班，各市县参照省做法成立工作专班，形成覆盖省、市、县三级的管理格局，督促未开工项目尽快完成审批程序，推动在建项目加快支出进度，确保每笔资金依法合规使用。组织5000余人次参加财政部和省直达资金视频培训，加强资金监管工作业务和系统操作指导。搭建贯通省、市、县三级的直达资金监控平台，跟踪资金分配、拨付、使用情况全过程。建立资金下达台账，实行线上、线下同步督查、定期通报机制，推动抗疫特别国债资金落地见效。

资金绩效管理“一个目标干到底”。绩效目标管理方面，组织市县申报抗疫特别国债项目时要求绩效目标同步申报、同步审核，财政部门会同相关省直主管部门对绩效目标进行把关，将绩效目标作为督促市县做实做细项目的抓手。绩效监控方面，督促市县建立抗疫特别国债资金“双监控”机制，按季度对资金支出进度和绩效目标执行情况进行分析并将监控情况上报广东省财政厅，由广东省财政厅对支出进度慢、绩效目标实现不理想的项目进行抽查。绩效评价方面，建立市县自评和省财政重点评价相结合机制，结果及时反馈有关部门和单位，发现问题及时督促整改。

全省利用抗疫特别国债资金支持省定重大项目建设。除深圳外的广东地区抗疫特别国债366亿元中，基础设施建设274亿元，占74.9%，主要用于支持公共医疗卫生、打赢污染防治攻坚战、乡村振兴、教育

广东省抗疫特别国债资金安排情况

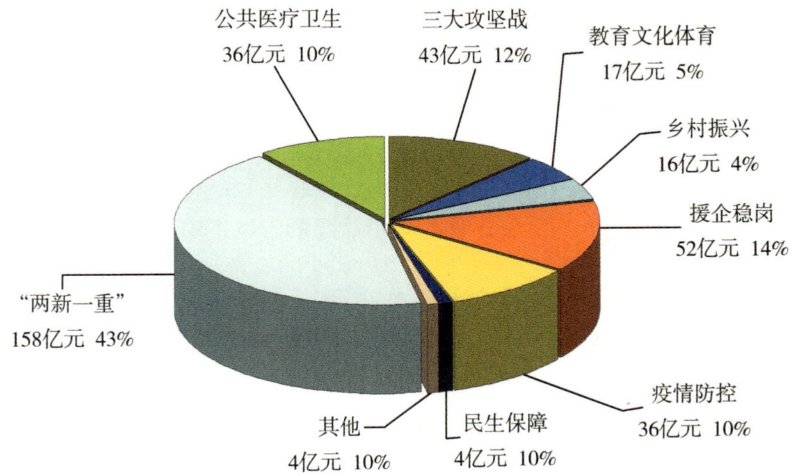

[广东省财政厅预算处（预算编审处）供图]

文化体育社会事业、“两新一重”等领域重点项目。抗疫相关支出92亿元，占25.1%，主要用于创业担保贷款贴息、落实援企稳岗政策、低收入群众价格临时补贴、保障困难群众基本生活、支持疫情防控处置、防护物资储备、隔离观察点设置、核酸检测等，为落实中央和省重大战略部署提供财力支撑。

［广东省财政厅预算处（预算编审处）供稿］

以“双区”建设促“一核一带一区”高质量发展

2020年，广东省财政厅以“双区”（粤港澳大湾区、深圳中国特色社会主义先行示范区）建设为牵引，完善省以下财政体制，通过保基本、促发展、强激励、重均衡，促进“一核一带一区”区域协调发展取得明显成效。

一、支持推进粤港澳大湾区和深圳中国特色社会主义先行示范区建设，充分释放“双区”驱动效应

广东省财政厅落实粤港澳大湾区财税政策。制定实施支持粤港澳大湾区建设财政措施，在中央财政支持政策的基础上，结合广东实际出台7个重点领域28项财政措施。消除人才“税负墙”，落实粤港澳大湾区个人所得税优惠政策，发放补贴资金23.9亿元，近9000人受益，境外高端紧缺人才税负成本大幅降低，整合财政“资金池”。通过财政奖补、产业基金、政府债券等多种形式，推动大湾区交通基础设施硬联通和科研创新平台软联通，2020年新增地方政府债券安排大湾区内地九市1795.7亿元，比2019年增长45.5%。畅通科研“资金流”，研究制定省级财政科研资金跨境港澳使用管理规程，2020年省市财政跨境拨付财政科研资金超过1.3亿元。共建合作“大平台”。争取中央财税政策支持，粤港澳大湾区国际航运保险业务增值税优惠政策和启运港退税政策在深圳前海、广州南沙落地实施，降低航运企业成本和出口企业退税周期。共享民生“福利包”，符合条件的港澳人士享受与内地居民同等的购房、子女教育、社保、医疗保障待遇，将港澳创业者纳入内地创业补贴扶持范围。

广东省财政厅为深圳开展综合改革试点创造条件。发挥好“特事特办”工作机制，对省级财政权限范围的事项应放尽放，对需要在中央层面协调解决的问题、争取的政策给予协助支持，在财政政策、资金及体制机制等方面加大对深圳的支持力度，支持深圳赴香港发行离岸人民币地方政府债券，支持推广深汕特别合作区管理体制机制，在支持先行示范区建设中贡献财政力量。

二、推进省以下财政体制改革，搭建新格局财政体制支撑框架

广东省财政厅对标区域发展格局，构建与“一核一带一区”功能相适应的省以下财政体制，促进区域协调发展。

广东省财政厅坚持“强责任、减负担”，深化省以下事权和支出责任改革。落实基本公共服务、医疗卫生、科技等领域改革，开展教育、交通运输等领域改革，适当提高省级支出责任。减轻欠发达地区市县负担，加快形成财政事权和支出责任相适应的格局。

广东省财政厅坚持“重协调、共分享”，优化省以下财政收入划分。维持增值税省与市县“五五”分享格局，调整省以下增值税留抵退税分担机制，确保省以下各地财力总体稳定，逐步实现省、市、县三级财力分布格局由橄榄形向金字塔形转变。坚持“差异化、促均衡”，完善财政转移支付制度。坚持和完善以功能区为引领的差异化转移支付体制，修订革命老区、民族地区、资源枯竭城市、财力薄弱镇乡补助、边境地区转移支付资金管理办法；加大财力性转移支付力度，2020年下达均衡性转移支付资金505.3亿元、县级基本财力保障奖补资金191.5亿元，推动区域财力协调均衡。

三、实施差异化财政政策，精准对接“一核一带一区”区域发展格局

广东省财政厅发挥重点平台牵引带动作用，增强“一核”动力能源级。支持中新广州知识城、广州南沙开发区、广州临港经济区、珠海横琴新区等发展平台建设，落实各项财税优惠政策，以点带面推动珠三角核心区增强发展势能。

广东省财政厅支持重点项目建设和重点产业发展，推动“一带”

打造新增长极。精准支持"一带"重点产业项目建设，支持阳江海上风电基地、茂名绿色化工和氢能产业园、湛江东海岛、揭阳中委广东石化、粤东新城等重点项目建设、推动巴斯夫、埃克森美孚、中委石化等重大外资项目引进，促进产业集聚。支持汕头、湛江省域副中心城市建设，统筹财政资金和债券资金支持汕头大学东校区、亚青会赛事筹备和湛江港30万吨级航道改扩建工程等重点项目建设，免除汕头、湛江对汕汕高铁、汕漳高铁和广湛高铁等350千米/小时跨市高铁重点项目资本金的出资责任，为全面提升汕头、湛江省域副中心城市综合服务功能提供财力支撑。

广东省财政厅完善生态保护转移支付机制，推动"一区"建设绿色屏障。坚持"谁保护、谁得益，谁改善多、谁得益多"，生态保护补偿与高质量发展绩效评价结果和生态环境质量状况指数挂钩，2020年下达生态保护区财政补偿转移支付资金73.7亿元，在2019年增长21.6%的基础上再增长8.5%，增幅连续显著高于省级一般公共预算收入增幅。同时，探索建立省内流域横向生态补偿机制，珠三角核心区作为水质保护成果受益者向北部生态发展区优良水质保护区域进行补偿，补偿资金总规模3亿元。

广东省财政厅扶持老区苏区和民族地区振兴发展，确保全面小康"一个都不掉队"。安排14亿元落实重点老区苏区县每年每县4000万元、其他老区每年每县1000万元的专项财力补助，全额承担9项基本公共服务共同财政事权的支出责任，落实免除重点老区苏区和民族地区重大基础设施建设项目资本金政策，支持革命老区基础设施建设和社会事业发展。

[广东省财政厅预算处（预算编审处）供稿]

推动直达资金全面落地见效

建立财政资金直达机制，是党中央、国务院为应对新冠肺炎疫情影响作出的重大决策部署，是支持地方做好"六稳""六保"、探索现代财政管理机制的创新举措。广东省财政厅把贯彻好直达机制作为实施积极财政政策的重要抓手，当好"过路财神"，不做"甩手掌柜"，通过一张项目表、一套问题清单、一套管理标准、一套工作台账"四个一"指引，做到谋划准、实施快、监管严，服务经济社会发展大局。2020年，广东获得中央直达资金782亿元，全部下达基层，支出进度99.7%，惠及各类市场主体7.62万家、受益群众5375万人次。

一、坚持"先谋事再排钱"理念，绘好直达资金精准高效"施工图"

省政府主要领导亲自部署协调，健全工作机制，力求谋"准"，推动"一张蓝图干到底"。一方面，高位部署推进。参照财政部做法，广东各级政府分别组建涵盖财政、发改、民政等跨部门工作专班，常务副省长亲自抓督促落实，广东省财政厅成立工作组，形成全省横纵贯通的"一盘棋"工作格局。另一方面，强化项目谋划。用好项目库改革成果，将"先谋事再排钱"的理念贯彻到项目谋划全过程中。按照"急需、成熟、聚焦、集中"的原则，安排超过八成的直达资金，支持企业稳岗、重点群体帮扶、疫情防控和助企纾困等重点项目，切实提升企业、群众获得感。

二、坚持深化财政"放管服"改革，打好直达资金快速顺畅"攻坚战"

在发挥广东省预算管理改革成效基础上，创新工作方式方法，确保资金第一时间下达，体现"快"的优势。分配快。建立特事特办和24小时系统运维服务保障机制，对立项、环评等项目审批环节开设绿色通道，加快项目审批进度。拨付快。资金分配方案经财政部备案通过后，最快当天完成分配下达拨付。一般债券在发行款收缴当天立即拨付市县，实现资金在省级国库"零留存、不过夜"。使用快。主动加强与财政部对口司局对接，与部门无缝衔接，指导基层加快支出。抗疫特别国债资金支持的394个基建项目于2020年9月底前基本开工，第一时间发挥资金效益，实现直达资金以点带面，推动重大项目建设"加速跑"。

三、坚持"双监控"全监管，织密直达资金安全规范"监控网"

广东省财政厅以财政部直达资金监控平台为依托，构建起纵横贯通、顺向可控、逆向可溯、全程监管的监控体系。在抓好日常监控和分析的基础上，结合广东省实际，拓展优化监控监管手段，发现问题及时纠错纠偏。创新实施"双监控"。对抗疫特别国债资金支出进度和使用绩效实现程度开展全过程线上监控，与直达资金监控错位互补，实现“同频共振”；制定11种绩效目标模板，建立可量化绩效考核模式，快速发现资金使用好不好、快不快问题。开展“全监管”。要求市县针对疑点问题100%自行核查，会同审计部门开展审计督查全覆盖，各部门组织对重点领域、重点地区、重点项目开展核查，做到立行立改改到位。责任考核“严落实”。建立每日支出通报、每周预警通报、每月情况报告的工作机制，将资金使用管理情况纳入市县财政绩效考核，与下年度直达资金安排挂钩。

四、坚持服务经济社会发展大局，交出直达资金惠企利民“成绩单”

广东实施直达机制以来，支出结构进一步优化，更多财力下沉基层，为全省经济社会发展保驾护航。支撑“双统筹”。广东经济2020年下半年以来处于稳步恢复态势，财税收入稳定增长，全年全省一般公共预算收入比2019年增长2.1%，经济复苏态势良好。直达资金推动惠企利民项目尽快落地见效，如广州呼吸中心、发热门诊建设等项目如期推进，补齐公共卫生短板。全面保障“六稳”“六保”。县均增加财力性补助1.5亿元，实现所有县区财力性转移支付只增不减，“三保”底线进一步筑牢筑实。全年全省城镇新增就业133.7万人。推动“补短板、打基础、利长远”。如支持环保部重点督办的汕头市新溪污水处理厂项目，打好污染防治攻坚战；支持超百亿美元投资的湛江巴斯夫项目配套基础设施建设及重点企业技术改造，推动产业链改造升级。

［广东省财政厅国库处（国库支付局）供稿］

推进区域创新能力均衡发展 支持关键领域核心技术攻关

一、坚持科技引领发展，省级财政科技投入保持快速增长

2020年，广东省财政厅坚持深入实施创新驱动发展战略，紧扣广东省科技发展目标，全面推进粤港澳大湾区国际科创中心和科技创新强省建设，财政科技投入继续保持领先。2020年全省一般公共预算科技支出共951亿元，科技支出总量继续居全国首位，其中省本级财政科技支出80亿元，连续5年实现省级财政科技投入“只增不减”。

在投入方向上，重点推进基础与应用基础研究、省实验室体系建设、重点领域研发计划等重点工作，区域创新能力稳步提升。根据《中国区域创新能力评价报告2020》，广东省区域创新能力继续保持全国领先，连续4年保持全国第一。

二、着力提升原始创新能力，打造基础研究引领发展新引擎

（一）加大力度支持基础研究重大项目

为加快前瞻性和引领性基础研究，在原创成果和自主知识产权上取得突破，2020年广东省财政厅继续推进省基础与应用基础研究重大项目的组织实施，安排第2批共9项基础研究重大项目，省财政立项金额3.73亿元，部署并储备一批高质量的基础研究项目。

（二）攻关重大项目，精准投入“卡脖子”关键核心技术

广东省2020年继续实施9大重点领域的研发计划，共安排3批省重点领域研发计划，包括“新一代通信与网络”“高端装备制造”“绿色低碳”“新材料”“生物医药”“现代种业和精准农业”“海洋经济”7个重点专项领域，广东省财政立项金额24.33亿元。

在项目组织方式上，按照国务院总理李克强在《政府工作报告》中提出的实行重点项目攻关“揭榜挂帅”，谁能干就让谁干的要求，广东省财政厅配合广东省科技厅推进“揭榜制”改革，优化项目形成机制。针对省重点领域研发计划项目中目标清晰的重大行业关键共性技术，扩大采用“揭榜制”征集研发方案的项目范围，由有能力的科研单位和科研团队主动“揭榜”，优化完善省重点领域研发项目的组织机制。

（三）全力推进省实验室建设，打造战略性创新平台体系

2017—2020年，按照“战略急需、国内一流、交叉融合、特色鲜明、支撑产业”的总体要求，广东省在16个地市布局建设3批共10家省实验室、25家独立法人实体。

2020年安排粤东西北广东省实验室省级投入经费4.25亿元，加强对省实验室建设的省级保障。在广东省重点领域研发计划和基础研究重大项目中加大对省实验室的支持，安排由省实验室承担的省重点领域研发计划和基础研究重大项目共24个，资助金额4.3亿元。

（四）深化粤港澳科技合作，推动省级科研项目资金跨境拨付

广东省财政厅探索发挥港澳在基础研究、高端创新资源和国际化创新环境方面的独特优势，深化粤港澳科技合作，构建创新资源自由流动、开放互通的区域创新体系。截至2020年底，港澳机构参与的省级财政科研项目资金成功跨境拨付超3200万元，全省跨境港澳拨付科研资金超过1.28亿元，吸引香港和澳门特别行政区高校和科研机构参与广东省科技计划合作项目。

（五）深化科技体制机制改革，完善科技创新治理体系

广东省财政厅在已制定一系列科研领域"放管服"改革基础上，总结广东省改革经验，优化制度设计，营造良好创新环境。

1. 推进"放管服"改革，释放创新活力。广东省财政厅贯彻中央和广东省关于建立完善以信任为前提的科研管理机制，赋予科研人员更大人财物自主支配权要求，2020年研究制定《广东省省级财政社会科学研究项目资金管理监督办法》、《广东省科技创新战略专项资金管理办法》及相关财政事权管理办法等制度文件，规范和加强省级科研资金管理和使用，提高科研资金使用效益，完善科研资金管理制度体系。

2. 优化拨付管理流程，提高资金拨付效率。为贯彻落实省政府"百项疏堵行动"工作部署，广东省财政厅深入研究，会同广东省科技厅联合印发《关于优化省级财政科研项目资金拨付管理的通知》，试点对由企业、新型研发机构等非预算单位承担的省级科技计划项目，可直接拨付至项目承担单位，优化财政科研项目资金拨付管理，简化拨付流程，确保科研项目资金及时到位，同时加强跟踪管理，保障科研资金规范使用。

（广东省财政厅科教和文化处供稿）

支持广东新冠肺炎疫情防控和企业复工复产

一、支持打赢新冠肺炎疫情防控狙击战

2020年，广东省财政厅做好支持新冠肺炎疫情防控各项财政保障工作。支持新冠肺炎疫情防控应急物资保障，拨付应对疫情紧急储备防控物资资金5亿元，专项用于省疫情防控应急物资保障，支持广东省新冠肺炎防控指挥办组采购5大类67个品种省级应急医疗防控物资，为广东省疫情防控工作提供支持。安排应急物资保障体系建设补助资金18.51亿元，支持生产动员能力和物资储备项目建设。通过生产动员能力项目建设，着力提升公共卫生特资生产动员能力，支持国有企业及民营企业开展必要的产能备份和增强应急转产能力，形成可持续的医疗物资、装备供给能力；通过物资储备项目建设，形成大量储备物资，推动广东省应急物资保障体系建设，提高广东省应急物资保障能力。安排新开发银行贷款资金2亿元，支持新冠肺炎防护用品（具）企业扩大装备生产和实施技术改造，支撑新冠肺炎疫情防控。按广东省级财政和广州市财政按3:7共担的比例，安排广州海关疫情联防联控专项经费，严把外防输入关。

二、推进全省企业有序复工复产

推动出台《关于应对疫情影响加大对中小企业支持力度的若干政策措施》《关于应对疫情影响加大对个体工商户支持力度若干政策措施》等政策措施，推进广东省中小企业、个体工商户科学有序复工复产，在降低经营成本、缓解融资困难、强化服务保障等方面对中小企业、个体工商户给予支持。激发市场主体活力，支持民营企业高质量发展。安排1亿元支持建立广东省融资再担保代偿补偿机制、实施融资担保降费奖补政策、对中小微企业贷款进行贴息补助，推动供应链核心企业支持中小微企业应收账款融资，助力民营企业翻过融资高山。安排10亿元按新升规企业数量对地级以上市给予奖励，支持开展企业培训等服务活动，激励小微工业企业上规模。

（广东省财政厅工贸发展处供稿）

支持如期打赢脱贫攻坚战

习近平总书记在2020年3月召开的决战决胜脱贫攻坚座谈会上指出："到2020年现行标准下的农村贫困人口全部脱贫，是党中央向全国人民作出的郑重承诺，必须如期实现。这是一场硬仗，越到最后越要紧绷这根弦，不能停顿、不能大意、不能放松。"广东省财政厅带领全省各级财政部门贯彻落实党中央、国务院和广东省委、省政府关于脱贫攻坚的决策部署，强化投入保障、完善政策支持、加强资金管理，提高资金使用效率和效益，为全省决战决胜脱贫攻坚提供财政保障。

一、聚焦"决战决胜目标任务"，坚持把脱贫攻坚作为财政优先保障领域

2020年是脱贫攻坚的决胜之年，广东省财政厅加大财政扶贫资金投入，确保优先保障完成脱贫攻坚目标任务。

（一）加强省内脱贫攻坚财政资金投入保障

2020年，广东省财政加大省级对贫困地区的一般性转移支付力度。省级下达市县均衡性转移支付、生态保护区财政补偿、县级基本财力保障和老区苏区民族地区补助等重点转移支付资金1778亿元，覆盖粤东西北和珠三角财力薄弱地区共86个县（市、区），兜实兜牢贫困地区"三保"支出底线，提升基层基本公共服务能力和水平。

广东省财政加强财政专项扶贫资金投入保障，省级安排113.39亿元，紧盯总攻目标和现行标准，聚焦"两不愁三保障"突出问题，支持省内持续实施增收脱贫工程、兜底保障工程、推进扶贫扶志扶智相结合等。

为支持加强补齐脱贫攻坚领域资金短板及弱项，2020年省级推进涉农资金统筹整合改革，强化市县自主使用涉农资金和组织实施项目的能力，市县可统筹实施的省级涉农资金306亿元，可统筹集中解决脱贫攻坚中的短板问题。

（二）加大东西部扶贫协作财政援助帮扶力度

2020年，广东省财政高标准推进东西部扶贫协作和对口帮扶。为落实中央关于各省东西部扶贫协作县均投入数"两个不低于"的要求及确保广东东西部扶贫协作工作走在全国前列，省财政在年初预算安排8.28亿元的基础上，新增安排东西部扶贫协作省级财政援助9000万元，共计拨付桂川滇黔四省区93个县财政援助资金9.18亿元，于2020年3月底前全部拨付到位。截至6月30日，全省各级财政共计拨付东西部扶贫协作财政援助资金55.91亿元，超过2019年实际拨付数50.93亿元，县均达到6012万元，完成协议数（县均5000万元）的120%。

广东省财政做好广东东西部扶贫协作产品交易市场财政支持保障。2020年省财政安排2700万元支持广东东西部扶贫协作产品交易市场提质升级，拓展深化东西部协作扶贫的形式和内容，促进贫困地区贫困群众的产品生产与市场需求对接，推动东西部地区联动发展，做大做强消费扶贫，助力东西部扶贫协作地区如期打赢脱贫攻坚战。

二、聚焦"补齐短板"，全面落实财政支持脱贫攻坚各项政策

2020年，广东省财政厅坚持聚焦脱贫攻坚"两不愁三保障"的目标任务，瞄准突出环节，着力补齐贫困"短板"加固"底板"。

（一）加强落实"两不愁三保障一相当"财政支持政策

2020年，广东省财政聚焦脱贫攻坚"两不愁三保障"的目标任务，重点加强教育扶贫、就业扶贫、医疗卫生扶贫、低保兜底以及贫困村基础设施建设等资金保障。

广东省财政落实教育扶贫资金保障。安排学生资助资金44.98亿元，受助学生287.7万人次，保障学生不因家庭经济困难而失学；安排教育精准扶贫增量资金7.31亿元，受助学生30.5万人次，对就读义务教育阶段、高中阶段（含中职）、高等教育阶段全日制在校建档立卡等家庭经济困难学生实施免学杂费和生活费补助，促进贫困人口稳定脱贫；安排资金33.68亿元用于教师待遇保障工作，贯彻实施教师工资待遇"两相当"、高校毕业生到农村从教上岗退费、山区和农村边远地区义务教育学校教师岗位津贴补助和原民办代课教师生活费补助，稳定教师队伍发展。

广东省财政落实就业扶贫资金保障。省级安排促进就业创业发展专项资金19.88亿元，支持粤菜师傅、南粤家政、农村电商、创业担保贷款贴息和奖补、圆梦计划、就业创业政策性和服务补助等就业创业扶持政策，加强技工教育发展，提升广东省劳动者职业技能水平，

全面建立起农村劳动力技能培训普惠制度。

广东省财政落实医疗卫生扶贫资金保障。2020年省财政继续加大城乡居民医保、大病保险和医疗救助投入，安排城乡医疗救助资金33.05亿元，支持全省特别是经济欠发达地区保障城乡低保对象、建档立卡贫困人口政策范围内基本医疗救助比例80%以上，支持全面实现各项医疗保障政策“一站式”信息交换和即时结算。

广东省财政落实精准扶贫低保兜底资金保障。省级安排2020年困难群众救助资金91.24亿元，支持全省继续巩固提高底线民生保障水平，确保城镇、农村低保对象最低生活保障人均补差水平分别从每月554元、251元提高到609元、276元；特困人员基本生活标准达到不低于当地最低生活保障标准的1.6倍。

广东省财政落实贫困村基础设施建设资金保障。省财政安排11.55亿元支持全省农村地区生活垃圾无害化设施处理、生活垃圾分类和镇级污水处理设施运维及农村生活污水处理工艺示范基地项目，新增约30亿元补助各地推动加快四好农村路建设，提升农村公路等级公路比率、路面铺装率，推动现代农业产业园和旅游景区连接改造工程等；安排省定贫困村创建社会主义新农村示范村资金50.2亿元，加快全域推进生态宜居美丽乡村建设。

（二）加强运用各类财政政策支持脱贫攻坚

广东省财政加强运用政府采购政策支持脱贫攻坚。落实财政部关于运用政策采购政策支持脱贫攻坚的部署，发挥政府采购的引领示范作用，鼓励和引导广东省预算单位采用优先采购、预留采购份额方式采购国定贫困县的农副产品，并定期统计和通报全省采购贫困地区农副产品情况。截至2020年6月，国家扶贫“832”平台显示广东省注册预算单位13977家，预留份额22968.99万元，完成采购金额648.03万元。

广东省财政加强运用税费优惠政策支持脱贫攻坚。广东省各级财税部门推进脱贫攻坚相关税费政策落到实处，最大限度释放政策红利，推进脱贫攻坚与乡村振兴战略衔接。截至4月底，落实扶贫攻坚4项税收优惠政策，共减免税款约900万元。

广东省财政加强运用国际金融组织贷款支持脱贫攻坚。2020年上半年，广东省财政厅与广东省农业农村厅（省扶贫办）签署执行协议，支持省农业农村厅（省扶贫办）利用世界银行贷款中国经济改革促进与能力加强技术援助项目（TCC6）建设广东省贫困问题分析预警预防治理信息平台，逐步开发完善监测返贫和新生贫困的预警和预防信息系统，为贫困问题的宏观政策研究和科学研判提供有针对性的政策建议和依据。

三、聚焦“精准扶贫”，推进财政定点扶贫、挂牌督战

广东省财政厅采取更加集中的支持、更加有力的举措、更加精细的工作，瞄准特定贫困群众精准帮扶。

（一）高质量完成定点扶贫工作任务

2020年，广东省财政厅完善定点扶贫工作机制，压实定点帮扶责任，坚持防疫和脱贫“两手抓，两不误”，克服疫情影响，紧盯补齐短板弱项，做深做实产业扶贫，巩固提升脱贫成果，建立稳定可持续的脱贫长效机制，确保高质量完成驻村扶贫工作任务。截至2020年上半年，定点帮扶的鹤市村贫困户人均可支配收入10067元，现行标准下稳定脱贫。完成“三保障”任务，按政策继续落实低保兜底相关资金33.5万元，转移性收入和其他转移性收入72.72万元，医疗保险报销及大病救助2.74万元。巩固提升贫困户收益。引进优质绿壳蛋鸡苗、精品西瓜、黄牛肉兔养殖等产业项目，带动贫困户增值创收；突

2020年5月21日，广东省财政厅驻河源市龙川县鹤市镇鹤市村精准扶贫工作组第一书记王远林为贫困户发放绿壳蛋鸡鸡苗

（广东省财政厅驻河源市龙川县鹤市镇鹤市村精准扶贫工作组供图）

出讲好脱贫攻坚故事，广东电视台、河源市电视台和龙川县电视台累计6次专题采访报道鹤市村产业帮扶成效。

（二）迅速响应挂牌督战行动

2020年3月，广东省部署脱贫攻坚挂牌督战，广东省财政厅落实广东省扶贫开发领导小组各项工作要求，制定印发广东省财政厅内督战工作方案，组织专班力量统筹推进。省财政厅党组书记、厅长戴运龙担任厅脱贫攻坚领导小组、厅脱贫攻坚挂牌督战小组组长，多次带队奔赴一线开展挂牌督战，统筹谋划推进省财政厅挂牌督战工作，直接指导解决挂牌督战地区脱贫攻坚出现的问题。2020年3月和4月，戴运龙主持召开2次厅党组会议，专题学习传达贯彻习近平总书记在决战决胜脱贫攻坚座谈会上的重要讲话精神及全省决战决胜脱贫攻坚推进会议精神，研究谋划2020年省财政支持脱贫攻坚工作，明确将挂牌督战作为2020年省财政厅支持脱贫攻坚工作的“重中之重”，要求全厅强化政治担当，立足职能职责，加强统筹协调，强化支持帮扶。

截至2020年6月30日，广东省财政厅挂牌督战县——封开县2019年剩余未脱贫出列的1个省定贫困村和53户191名贫困户全部达到脱贫退出标准，达标率100%；广东省财政厅担任副组长单位的挂牌督战市——肇庆市2019年剩余未脱贫出列的6个省定贫困村和452户1493名贫困户全部达到脱贫退出标准，达标率100%。

四、聚焦“资金有效”，全面加强各类财政扶贫资金管理

2020年，广东省财政厅加大对扶贫资金监督管理力度，出台扶贫资金管理规章制度，确保扶贫资金安全高效地运用到扶贫各个领域。

加快对各类扶贫资金检查、监督、审计发现问题整改工作进度。2020年上半年，按照省领导在《省委审计办关于汕头等14个市2019年精准扶贫精准脱贫和乡村振兴跟踪审计结果的报告》上的批示精神，广东省财政厅联合广东省扶贫办下发通知，督促各有关市迅速整改，举一反三，并将整改情况上报。

健全完善财政扶贫资金动态监控系统，运用云计算、大数据等现代信息技术，建立健全简便实用、实时同步的动态监控体系，实现对扶贫资金和项目全面、真实、准确的动态监管；按照党中央、国务院关于建立直达基层的特殊转移支付机制的部署要求，将2020年中央专项扶贫资金（增量部分）35243万元纳入直达资金管理，提高扶贫资金使用效益。

针对2016—2020年全省各级扶贫资金投入形成的大量资产，广东省财政厅配合广东省扶贫办研究制订出台规范扶贫资产管理的文件，加快建立资产家底清晰、产权归属明晰、类型界定科学、主体责任明确、收益分配合理、运行管理规范的扶贫资产管理制度，健全完善长效稳定的带贫减贫机制，巩固提升脱贫攻坚成果，为全面脱贫与乡村振兴衔接提供物质基础，防止出现扶贫资产闲置和损失浪费。

（广东省财政厅农业农村处供稿）

广东财政“四个一”工作机制推动生态环境保护取得新成效

2020年，广东省财政厅围绕省委、省政府工作部署，树立“绿水青山就是金山银山”理念，把污染防治和生态环境保护作为建设美丽广东的重要内容，在实践中形成集中攻坚与系统治理并重的“四个一”工作体系，推动生态环境质量持续改善。

一、突出“一揽子”扶持，注重系统部署、重点保障

2020年，为落实党中央、国务院关于打好污染防治攻坚战的决策部署，广东省委、省政府高度重视、高位推进，聚焦广东省污染防治短板弱项精准施策，突出精准治污、科学治污、依法治污，坚决打好污染防治攻坚战，推动生态环境质量持续好转。广东省财政厅围绕《广东省打好污染防治攻坚战三年行动计划（2018—2020年）》任务目标，加大财政资金统筹力度，研究制定省财政支持打好污染防治攻坚战一揽子资金安排方案，计划2018—2020年期间投入683亿元，实际落实资金722亿元，强力保障完成各项污染防治和生态环境保护任务目标，资金安排突出重点、统筹兼顾，重点投向最关键、最突出、群众最关切的生态环境保护领域，创新工作机制，突出跨部门、跨领域统筹谋划、系统安排，强化对美丽宜居乡村建设、重点流域综合整治等中央和省委、省政府重点工作任务保障，打出财政政策组合拳，促进资金提质增效。2018—2020年期间，安排美丽宜居乡村建设相关资金329.28亿元，推动建立健全农村生活垃圾、污水处理体系，深入推进“厕所革命”，安排水污染防治相关资金263.79亿元，强调“保好水、治差水”，财政资金重点保障国省考断面达标攻坚、饮用水源地保护等与民生福祉息息相关的水环境整治项目，经过三年的治污攻坚，广东省地表水国考断面水质优良比例突破性达85.9%，劣Ⅴ类断面阶段性消除，全省1412个市、县级集中式饮用水源地环境问题整治全部完成，超额完成污水管网三年建设目标，农村雨污分流管网建设的村庄比例达到71.9%，细颗粒物（PM2.5）创8年以来最好水平，大气空气质量持续领跑全国。

二、突出“一盘棋”布局，注重全局谋划、协调推进

2020年，按照广东省委、省政府关于推动区域协调发展的决策部署，广东省级财政按照“一盘棋”思路，强调大财政、大预算、大资产的整体格局，以生态补偿政策为切入点，依托“四个机制”全局谋划推进生态环境保护工作，建立更具普惠性的保护区生态补偿机制。以构建“一核一带一区”区域发展新格局为引领，将财政补偿转移支付由26个重点生态功能区县扩围至48个生态发展区县，由50个国家级禁止开发区扩围至145个省级以上禁止开发区，将生态保护红线区和国家级海洋特别保护区新增纳入财政补偿范围。建立更具互利性的流域上下游横向补偿机制。2016—2020年，省级财政落实粤桂九洲江、粤闽汀江—韩江及粤赣东江等跨省流域生态保护补偿资金13亿元，加强与上游省区的合作交流，推动构建上下游联防联动、共治共享的水污染防治工作体系。同时，推进省内重点流域上下游横向生态补偿试点，联合广东省生态环境厅、广东省水利厅共同印发《广东省东江流域省内生态保护补偿试点实施方案》，探索建立“受益者补偿，保护者受益”的生态补偿政策，从体制机制上构建经济补偿和行政管控相结合的全流域长效生态保护补偿机制。建立更具市场化的多元生态补偿机制，发挥市场在资源配置中的作用，着力完善生态环境治理和保护的市场化机制，引导银行机构加大对节能减排环保行业绿色项目的信贷投放力度，推动形成具有广东特色的绿色金融体系；推进碳排放交易制度，建立碳排放权有偿使用交易体系、林业碳汇的生态补偿机制和碳排放权抵质押融资体系促进低碳融资，促进低碳融资，并依托碳排放权交易体系开展生态扶贫，通过林业碳汇碳普汇项目减排量市场化交易，为贫困村增加集体收入发掘新的绿色增长点。建立更具可持续性的生态保护发展长效机制，制定出台《广东省省级以上生态公益林分区域差异化补偿方案（2018—2020年）》，按区域实施生态公益林的差异化补偿政策，平均补偿标准由2018年480元/公顷提高到2020年600元/公顷；支持生态保护修复与文化产业发展相结合的广东南岭国家公园建设，落实规划编制经费2380万元和创建启动资金1亿元，相关规划编制、国家公园品牌推广宣传等工作稳步推进；制定支持万里碧道建设一揽子资金扶持计划，立足碧道建设的整体性和系统性，从流域层面统筹生态、安全、文化、景观和休闲功能，促进区域经济发展和人居环境改善。

三、突出“一条龙”服务，注重统筹资源，促进发展

2020年，广东省财政厅推进省级预算编制执行监督管理改革，优化财政体制环境，实施污染防治和生态环境保护资金财政管理重心和部门权责配置“两转变”、资金项目审批和预算执行流程“两精简”、推动改革动能和资金使用效益“两提高”，推动形成管理权责更明确、项目审批更简化、预算执行更优化、预算监管更全面的资金管理体系，提高财政资金安排的针对性、精准性。实施更大力度资金调控政策，优化资金统筹环境，对于省级财政安排的转移支付资金，在资金使用上赋予市县更大的自主权，支持市县在完成省级下达的约束性任务目标的前提下调整资金安排，鼓励加强对疫情防控相关项目的保障力度；强调中央及省市县各级财政资金的统筹使用，将更多污染防治资金向粤东西北欠发达地区倾斜安排，2018—2020年省级污染防治资金中，安排用于支持粤东西北欠发达地区的资金比例超过80%。推进环保基础设施建设，优化生态营商环境，将自然生态保护区与产业园区组团联动发展，注重补齐园区环保基础设施建设短板，将山水林田湖草和高科技产业有机融合，以生态环境保护助推经济高质量发展。

四、突出“一股劲”用力，注重深化改革，优化布局

2020年，广东省财政厅深化财政体制改革，增强省级调控能力。出台《广东省生态保护区财政补偿转移支付办法》，省级财政资金分配与生态保护成效挂钩，建立“谁保护、谁得益，谁改善多、谁得益多”的资金分配机制，让保护环境的地方不吃亏、多受益、更有获得感。加大资金整合力度，形成财政资金合力。强化污染防治和生态环境保护资金全领域统筹布局、全系统协调使用，全面推进跨部门、跨领域资金统筹整合，并构建“1+6+X”（1个战略领域、6个财政事权、X个政策任务）的污染防治和生态环境保护资金体系框架，财政资金对关键问题、关键领域的保障力度不断提高。改革资金使用方式，提高财政资金撬动力。创新性引入省属国有企业参与重点流域综合整治、固体废物处理处置、韩江榕江练江水系连通工程及中小河流整治项目建设，发挥社会资本的技术和资源优势推动项目建设，省级财政通过注资方式予以支持；推广运用政府和社会资本合作（PPP）模式，全面实施PPP模式建设垃圾、污水处理基础设施，截至2020年6月，纳入省PPP项目库的生态环保类PPP项目258个，总投资额1177亿元，其中217个项目签约落地并进入执行阶段，总投资922亿元，强化专项债对污染防治和生态环境保护项目的保障，2018—2020年累计安排相关领域专项债资金超过500万亿元，由各地按规定，结合实际自主决策支持符合发行条件的项目建设，环保基础设施服务能力得到显著提升；市场化设立运作节能环保基金，着重对节能环保领域项目的予以支持，推动健全与市场相适应的基金运作模式，为环保领域发展赋能。

（广东省财政厅资源和环境处供稿）

“数字财政”建设试点上线

为贯彻落实财政部实施预算管理一体化建设和广东省委、省政府“数字政府”工作部署要求，2020年广东省财政厅统筹应对新冠肺炎疫情影响，按照“最高站位、最优方案、最强保障”要求，明确目标，找准方向，对标对表财政部统一业务规范和技术标准，瞄准技术前沿，凝聚全省各级财政部门共识，举全省财政之力推进“数字财政”建设。

2020年10月15日，广东省财政厅副厅长杨朝峰陪同财政部信息中心副主任赵彦朝一行，到云浮市财政局调研预算管理一体化建设工作

（云浮市财政局供图）

一、坚持建章立制，夯实“统规、统建、统管”工作基础

2020年，广东省财政厅领导靠前指挥、高位推动，始终将“数字财政”建设放在政治任务的高度，制定任务清单，实行挂图作战，全面推进数字财政建设工作制度化、标准化、规范化。全面做好顶层对标工作。严格按照财政部制定业务规范和技术标准，全面梳理全省预算管理业务要素、规范标准和控制规则，制定印发《广东省预算管理一体化规范（试行）》和《广东省预算管理一体化系统技术标准（试行）》，全面实现省地业务管理和系统建设的标准统一。全面推动基础保障设施建设部署规划。结合“数字财政”整体部署，围绕一体化、大集中建设要求，制定《广东省财政业务网络升级改造项目立项方案》《数字财政系统接口实施工作方案》《数字财政系统用户终端配置标准》等方案标准。推进网络基础设施建设和平台接口统一规范管理。统筹部署试点上线工作。制定《“数字财政”系统上线方案》《“数字财政”上线实施工作清单和基础数据对照表》以及接口规范、终端设备配置标准等指导性文件，确保试点地市成功上线，为全省上线工作奠定基础。

二、坚持统筹管理，完成系统建设

2020年，广东省财政厅紧盯建设目标任务，精心组织部署，协调推动系统开发建设工作。精谋细化打牢前期开发基础。对照财政部业务规范与技术标准,立足广东实际持续梳理完善原型设计和详细设计，全面研究梳理形成300余万字的需求开发文档，将财政业务、系统设计、逻辑规则转化为可读、可视、可理解的书面材料，确保方案最优化。瞄准系统整体应用高标准推动技术创新。明确“大中台+小前台”“云平台+微服务”技术选型，实现核心业务规则管控与个性业务需求兼容适配。广东省数字财政的“大中台、小前台”的技术路线被财政部纳入全国财政技术标准，作为全国规范推广；率先开展“一数一源”梳理，加强数据统筹运用，减少用户重复录入，完成对省级27个业务系统梳理，总体规划接口92个；统一门户应用，实现“一门式一网式一口令”统一登录系统。统筹疫情防控与系统建设全力推动整体进展。加强厂商人员动态管控保障力量投入，创新采用灵活多样方式强化沟通衔接，坚持专人跟进、每日盘点抓紧进度管理，确保项目开发快速运转、快速落实，共计完成150多万行代码设计开发。集中力量推进系统联调测试。加强对系统功能的测试验证，统筹开发、实施、外部厂商等多方力量，组织开展中前台间、多功能模块间、财政业务系统间以及人民银行与代理银行间等联调工作，先后完成3万余条测试用例测通验证，保障系统建设质量。

2020年9月15日，省财政厅副厅长杨朝峰率队到惠州市开展“数字财政”系统预算域上线督导工作（惠州市财政局供图）

三、坚持提速增效，改进基础保障建设

2020年，广东省财政厅围绕做强“数字财政”建设基底，推动全省基础保障设施建设。加快全省财政行业专用网络改造升级。构建纵向贯通省、市、县、乡四级财政、横向覆盖各级预算单位的“全省一张网”，纵向主干网络带宽提升到100兆以上；横向网络带宽省级由原来的2兆提升到50兆以上，市县基本提升到10兆以上。依托政务云资源构建财政云平台。利用云架构、云计算部署新一代财政应用，提升业务需求的响应能力和资源利用效率，打造“全省一片云”，推动全省财政数据大集中和融通流转。创新实施“全国产化”策略。增强安全保障，全面实现硬件底层到平台软件的“全国产化”。部署推进电子化支付和电子凭证库建设，实现国库集中支付电子化全省全覆盖。统一推进全省CA系统扩容及国密证书升级等工作，加强配套设施建设。

四、坚持对标对表，实施系统上线

2020年，广东省财政厅坚持统一部署、强化省地协同。坚持“全省一盘棋”，加强省地协同推进，统一制定上线方案和工作任务清单，统一部署推动全省上线实施，先后组织召开执行域、核算域试点地市上线工作布置会和全省上线动员视频会，广东省财政厅厅长戴运龙作全省动员部署，明确提出将预算管理一体化工作为各级财政部门的“政治任务”“中心工作”和“一把手工程”。创新机制、增强省

2020年9月7日，广东省财政厅召开“数字财政”试点地市上线实施推进工作视频会（肖鑫晖　摄）

地联动。建立完善“一对一”专人对接机制，指导各地建立系统上线工作台账实行挂图作战，利用周报制度加强对地市工作通报，总结推广地市先进经验，利用视频会议、微信群等拓宽省地对接渠道，促进省地同频共振。坚持试点先行，实现有序开展。发挥省本级引领带动作用，选取省本级和惠州等6地市作为预算域系统首批试点地区以及汕头市龙湖区作为执行域、核算域试点，实行“1+6”集中部署联调和统一指挥协调，确保顺利实施。强化工作督导、加快具体推进。围绕落实四个“全面对标”，深入市县开展调研督导24次，重点对地市落实组织管理、对照统一规范标准、抓紧工作进度等方面督导落实，攻坚阶段实行每日例会坚持“一天一复盘”，并先后派出12批次专门队伍支撑市县试点上线。从2020年3月启动上线至2020年底，完成预算域在省本级和6地市及所辖46个县区试点上线，首次实现新系统省、市、县三级贯通，覆盖1.3万个预算单位、2.4万个用户，同时实现执行域、核算域在龙湖区上线试运行，初步实现主体核心业务贯通，非试点地市上线实施准备工作同步推进。

五、坚持底线思维，确保系统平稳运行

2020年，广东省财政厅统筹建立“一个平台、两级部署、三线保障”的试点运行保障机制。坚持“用户体验至上、安全运行第一”，强化难点诊断和堵点疏通，加强问题收集、跟踪处理和结果运用，提升智能化运维水平，实现新系统全流程业务运维保障。加强重点服务保障。组织业务处室和部分省直单位开展系统试用，听取各方意见建议，同时对重点处室和行业部门、重大业务事项做好重点关注、主动跟进、延伸服务，先后组织对近百家省直部门开展200多人次上门服务保障。会同人民银行、代理银行在“实战”推演的基础上，分类制定应急预案，明确建立应急响应启动机制，并指导各试点地市强化底线思维和风险意识，采取应急措施，保障新系统上线安全平稳运行。

六、坚持工作全方位，开展培训宣传

2020年，广东省财政厅开展业务宣讲和系统操作培训。结合“三大域”上线安排，先后两批次组织对省直预算单位和试点地市业务骨干进行集中培训，规模2300多人次。通过自主开发“财学平台”录播培训视频扩大培训覆盖面，点击学习人员逾万人次。同步指导推动市县迅速开展系统操作培训，涌现出多轮次小班培训、“一对一”重点辅导等培训新形式。加强沟通交流，利用各种渠道向财政部报告工作进展，广东省在全国预算管理一体化建设推进工作视频会作经验介绍，获得财政部高度肯定和多次点名表扬。广西、浙江、澳门等地区来广东省学习调研期间，专门交流了解系统建设经验。开展宣传推广工作，与上级财政部门及新闻媒体的沟通联系，针对工作重点亮点加强宣传，财政部以3期简报宣传广东省的工作情况，市县主要媒体围绕市县上线试点等重点工作的宣传报道20多篇（次）。

（广东省财政厅数字财政专班供稿）

大事记

Chronicle of Major Events

1月

7日 全省财政工作会议在广州召开。会议以习近平新时代中国特色社会主义思想为指导，全面学习贯彻党的十九届四中全会、中央经济会议和全国财政工作会议精神，贯彻落实省委十二届八次、九次全会精神，总结2019年全省财政工作，研究部署2020年全省财政重点工作。广东省财政厅厅长戴运龙作工作报告。叶昊文、郑贤操、杨朝峰、陈剑、肖红梅、胡建斌等厅领导，特邀部门代表，各地级以上市、财政省直管县财政部门主要负责人以及省财政厅各处室和所属单位主要负责人参加会议。

17日 广东省十三届人大三次会议审议批准《广东省2019年预算执行情况和2020年预算草案的报告》。

△广东省财政厅成功发行2020年提前下达广东地区新增债券1326.68亿元，创造全国地方政府债券单次招标发行规模历史纪录。

20日 广东省常务副省长林克庆到省财政厅调研，听取财政工作情况汇报，并就做好全省财政工作提出要求。戴运龙厅长作工作汇报。郑贤操、杨朝峰、肖红梅、胡建斌等厅领导参加。

22日 经省政府同意，广东省财政厅印发《广东省关于贯彻落实财政部推进粤港澳大湾区建设若干财政政策意见的实施方案》。

2月

7日 广东省财政厅报请以广东省政府名义印发《广东省人民政府关于印发实施更大规模减税降费后调整省以下增值税收入划分改革方案的通知》（粤府〔2020〕9号）。

11日 根据粤机编办发〔2020〕29号文，省财政数据信息中心更名为省财政运行监控中心，主要任务调整为：负责全省财政运行监控平台建设管理，参与制定业务范围和监控规则，收集分析相关资料，提出信息预警。

14日 广东省财政厅厅长戴运龙陪同省长马兴瑞前往江门参加农村防疫、菜篮子工程等调研。

28日 广东省财政厅厅长戴运龙陪同省长马兴瑞前往南沙调研珠三角水资源配置工程。

3月

4日 依据《广东省人民政府关于调整实施一批省级权责清单事项的决定》（广东省人民政府令第270号）和《广东省人民政府关于取消和调整实施一批省级权责清单事项的决定》（粤府〔2020〕1号），广东省财政厅将13项省级权责清单事项调整由地级以上市财政部门办理。

6日 广东省财政厅以粤财行〔2020〕18号印发《广东省财政厅关于印发〈关于推进政府购买服务第三方绩效评价工作的实施意见〉的通知》。

7日 根据省委组织部粤组干〔2020〕94号和省人力资源社会保障厅粤人社发〔2020〕72号文通知，姚露任省财政厅党组成员、副厅长，试用1年；刘云梅任省财政厅党组成员、总会计师，试用1年；郑贤操任广东财经大学党委书记，免去郑贤操的省财政厅党组成员、副厅长职务。

27—28日 广东省财政厅厅长戴运龙在肇庆参加决战决胜脱贫攻坚挂牌督战调研。

4月

1日 广东省财政厅厅长戴运龙陪同省长马兴瑞赴云浮、肇庆市调研脱贫攻坚及野生动物保护等工作。

7日 广东省财政厅厅长戴运龙参加在广州市召开的广东省省长马兴瑞与财政部部长刘昆视频座谈会，副厅长陈剑、姚露参加会议。

8日 根据粤机编办发〔2020〕124号文，省会计函授职业技术学校更名为省财政厅政府债务监测评估中心。

15日 广东省财政厅厅长戴运龙赴河源市龙川县鹤市村调研脱贫攻坚工作。

17日 广东省财政厅厅长戴运龙参加厅长联系基层二季度视频交流会，副厅长姚露出席会议。

21日 广东省财政厅厅长戴运龙陪同省长马兴瑞、副省长张虎赴佛山市调研北江防汛潖江滞蓄洪区工程和北江航道改扩建工程。

25日 广东省财政厅以粤涉农办〔2020〕2号文印发《广东省省级涉农资金绩效管理暂行办法》。

28日 广东省财政厅厅长戴运龙主持召开智慧人事战略合作暨财学平台启动会，叶昊文、杨朝峰、陈剑、肖红梅、姚露、刘云梅等厅领导参加会议。

5月

9日 广东省财政厅召开全省财政党风廉政建设工作会议，总结2019年广东省财政全面从严治党和党风廉政建设工作，布置2020年工作任务。厅长戴运龙传达全国财政党风廉政建设工作会议精神，并代表厅党组作工作报告。叶昊文、杨朝峰、陈剑、肖红梅、姚露、刘云梅等厅领导参加会议。

12日 广东省财政厅成功发行专项债券712亿元，率先组织并圆满完成财政部提前下达新增债券发行。

△根据粤委干〔2020〕201号文通知，叶昊文任省纪委监委驻省财政厅纪检监察组一级巡视员。

22日 广东省卫生健康委员会联合广东省财政厅、广东省医保局印发《关于加快新冠病毒核酸检测费用结算有关工作的通知》（粤卫科教函〔2020〕20号），明确广东省“应检尽检”核酸检测费用由各地政府承担，其中参保人核酸检测费用，纳入特殊医疗保障范围，按一级医疗机构住院报销比例支付。"愿检尽检"费用由企事业单位或个人承担。

6月

5日 广东省财政厅召开全省“三保”工作视频会，传达中央和省“三保”工作有关精神，通报前一阶段工作落实情况，布置近期“三保”工作，副厅长姚露、总会计师刘云梅参加会议。

8日 广东省财政厅联合省农业农村厅、省地方金融监管局、广东银保监局、省林业局以粤财金〔2020〕26号文印发《关于大力推动农业保险高质量发展的实施意见》。

12日 广东省财政厅以粤财金〔2020〕22号文印发《广东省财政厅关于进一步发挥政府性融资担保作用 加大小微企业和“三农”主体支持的意见》。

13日 广东省财政厅报请以广东省政府办公厅名义印发《广东省人民政府办公厅关于印发广东省教育领域省级与市县财政事权和支出责任划分改革实施方案的通知》（粤府办〔2020〕11号）。

17日 根据粤财组〔2020〕54号文通知，林华任省财政厅二级巡视员。

22日 广东省县级财政管理绩效综合评价获财政部表扬通报（全国第二名）。

30日 广东省财政厅报请以省政府办公厅名义印发《广东省国有金融资本出资人职责暂行办法》（粤府办〔2020〕13号）。

7月

13日 广东省财政厅联合广东省发展改革委召开全省中央直达资金和新增债券资金管理工作视频会议，部署做好中央直达资金和新增债券资金管理有关工作。

15日 推进全省涉农资金统筹整合改革暨扩大农业农村有效投资电视电话会议召开，对涉农资金统筹整合改革，和进一步加大对“三农”工作的有效投资进行专项部署。省委常委、常务副省长林克庆、常委叶贞琴出席会议并讲话，省财政厅厅长戴运龙、副厅长肖红梅参加会议。

20日 广东省财政厅厅长戴运龙在顺德区财政局调研，并参加在顺德区召开的工业和制造业调研座谈会。

21—22日 广东省财政厅厅长戴运龙陪同省长马兴瑞在揭阳、潮州市调研练江污染整治、三江连通的工作，副厅长肖红梅参加在潮州市的调研。

29日 广东省财政厅报请以广东省政府办公厅名义印发《广东省交通运输领域省级与市县财政事权和支出责任划分改革实施方案》（粤府办〔2020〕17号）。

30日 广东省财政厅以粤财办函〔2020〕33号文印发《广东省地方政府债券管理操作流程（试行）》。

31日 广东省财政厅安排公共卫生建设和重大疫情防控救治体系建设补助资金5.49亿元。

8月

3日 广东省财政厅获财政部2019年度国有企业财务会计决算工作通报表扬（地方财政厅第一名）。

14日 广东省财政厅厅长戴运龙主持召开厅长联系基层工作第三季度视频会，副厅长姚露参加会议。

18日 “数字政府”公共财政综合管理平台预算域系统在省本级正式上线实施。

26日 广东省财政厅副厅长肖红梅陪同省政协主席王荣在肇庆调研“统筹推进疫情防控和乡村振兴工作切实巩固和拓展脱贫攻坚成果系列提案”。

9月

5日 广东省财政厅厅长戴运龙陪同省长马兴瑞在清远市参加广清城轨清远至职教城段开工仪式。

△全省加快中央直达资金和债券资金支出进度工作电视电话会议召开，部署加快下达中央直达资金和债券资金支出有关工作。常务副省长林克庆主持会议并作讲话，省财政厅厅长戴运龙、副厅长姚露、总会计师刘云梅参加会议。

7—8日 广东省财政厅厅长戴运龙陪同广东省省长马兴瑞赴财政部汇报工作。

15日 经十三届省政府第113次常务会议审议通过，广东省财政从省级抗疫特别国债部分安排18.82亿元，支持311家公立医疗机构发热门诊和1461家公立医疗机构发热诊室规范化建设，推进全省二级以上综合医院发热门诊全覆盖，对省属及欠发达地区的发热门诊建设所需设备购置经费以及发热门诊改造补助比例达100%。

17日 广东省成功发行再融资债券210.2868亿元，完成全年再融资债券发行任务。

19日 全省市县长财政专题培训班举办。常务副省长林克庆出席并讲话。广东省财政厅厅长戴运龙围绕“主动对接中央财政政策　助力我省高质量发展”作专题授课。全省各地级以上市、县（市、区）政府主要负责人、分管财税工作的负责人和财政局局长有关部门主要负责人，各省直各单位分管负责人，以及省财政厅正处级以上领导干部近6000余人分别在省主会场和各分会场同步参加培训。

22日 广东省财政厅获财政部2019年度全国行政事业单位国有资产报告编报工作通报表扬（第六名）。

28日 省十三届人大常委会第二十五次会议审议通过《关于广东省2019年度国有资产管理情况的综合报告》。

10月

13—14日 广东省财政厅厅长戴运龙参加深圳经济特区建立40周年庆祝大会。

14日 广东省财政厅厅长戴运龙参加在深圳市举办的鹏城国家实验室挂牌活动。

26日 广东省财政厅获财政部2019年度地方预算绩效管理工作考核优秀（第一名）表扬通报。

11月

15日 广东省财政厅举办第二十二届全民健身运动会，全厅35支参赛队伍420多名干部职工参加。

23日 根据粤府函〔2020〕347号文，广东省农业融资担保有限责任公司划转省财政厅作为一级企业法人管理，由省财政厅直接履行出资人职责。

△全国精神文明建设表彰大会在北京举行。会上，广东省财政厅预算处被评为第六届“全国文明单位”。

△根据粤委干〔2020〕527号文，陈剑任省财政厅一级巡视员。

12月

4日 广东省财政厅举办习近平总书记出席深圳经济特区建立40周年庆祝大会和视察广东重要讲话重要指示精神宣讲会。

5日 广东省财政厅安排公立医疗卫生机构新冠病毒核酸检测能力建设补助经费1.17亿元，推动二级以上公立医院及各级疾控中心以为核酸检测的中坚力量。

7日 广东省率先全国发行化解中小银行风险专项债券100亿元。

8日 广东省财政厅厅长戴运龙赴河源市龙川县鹤市村调研扶贫工作。

9日 广东省财政厅厅长戴运龙参加在广州市召开的全省精神文明建设表彰大会。会上，广东省财政厅办公室、广东省财政厅机关党委被评为“广东省文明单位”。

10日 广东省人大常委会主任李玉姝率省人大代表视察组到省财政厅了解全省2020年预算执行情况，提前介入2021年预算编制监督，并就代表们关心的热点难点问题座谈交流。戴运龙、肖红梅、姚露、刘云梅、胡建斌等厅领导参加会议。

△经省领导审批同意，广东省财政安排10.59亿元，支持省市县三级85家疫情救治基地建设，推进全省123家疾控中心疾病预防控制体系现代化建设项目。

△按照省级非税收入管理系统重构工作计划安排，全部省级执收部门上线省级非税收入管理系统。

10—11日 广东省财政厅厅长戴运龙、副厅长杨朝峰陪同财政部副部长余蔚平在韶关市调研粤北南岭山区山水林田湖草生态保护修复及南岭国家公园筹建工作。

12日 广东省财政厅厅长戴运龙到河源市鹤市村调研督导脱贫攻坚工作。

17日 广东省财政厅举行宪法宣誓仪式，厅长戴运龙监誓并作讲话，省注册会计师行业党委专职副书记胡建斌主持宣誓仪式，全厅2020年选拔任用、职级晋升、交流轮岗和新入职干部职工共128人参加。

△广东省财政厅厅长戴运龙主持召开全省预算管理一体化系统上线动员视频会议，副厅长杨朝峰参加会议。

18—19日 广东省财政厅厅长戴运龙到定点联系涉农县肇庆市封开县调研脱贫攻坚和乡村振兴工作。

22日 广东省财政厅省注册会计师行业党委专职副书记胡建斌参加在广州市举办的广东省注册会计师行业诚信自律宣誓签约仪式暨纪念中国注册会计师制度恢复重建40周年活动。

△根据粤委干〔2020〕557号文，曾彦任省财政厅二级巡视员。

31日 经报省政府同意，广东省财政厅印发《广东省财政厅　广东省科学技术厅　广东省人力资源和社会保障厅　国家税务总局广东省税务局关于继续贯彻落实粤港澳大湾区个人所得税优惠政策的通知》。

△广东省财政厅、广东省审订厅印发《广东省省级财政社会科学研究项目资金管理监督办法》。

广东财政总述

Guangdong Public Finance

综　述

【概况】 2020年，广东省财政厅落实积极财政政策，坚持积极应对与补短板强弱项相结合、过紧日子与强化保障相结合、平稳运行与改革创新相结合，落实“六稳”“六保”各项任务，支持统筹推进疫情防控和经济社会发展。

【财政收支管理】 2020年，广东省地方一般公共预算收入完成12923.85亿元，比2019年增收269.32亿元，增长2.1%，规模连续30年位居全国各省市首位，其中，税收收入完成9881.95亿元，比2019年下降1.8%；全省地方一般公共预算支出完成17430.79亿元，比2019年增支132.93亿元，增长0.8%。省级一般公共预算收入完成3306.97亿元，比2019年增收15.87亿元，增长0.5%，其中，税收收入完成2666.71亿元，比2019年下降6.0%；省级一般公共预算支出完成1457.98亿元，比2019年增支43.53亿元，增长3.1%。

（广东省财政厅办公室供稿）

疫情防控

【疫情防控经费优先保障】 2020年，广东省财政厅迅速启动突发公共卫生事件省财政应急保障工作机制，制定财政应急预案，开通资金支付、政府采购绿色通道，第一时间出台筛查、救治费用财政兜底保障政策，在全国率先将疑似患者救治费用纳入基本医保范围，明确个人负担部分由财政给予补助。全省各级财政共投入疫情防控保障资金303亿元，实施减轻患者救治费用负担、提高疫情防治人员待遇、保障医疗防控物资供应、加强疫情防控科研攻关等系列财政补助政策。

【补齐公共卫生体系应急短板财政支持】 2020年，广东省财政厅安排抗疫特别国债4亿元支持广州呼吸中心建设，安排抗疫特别国债18.8亿元支持全省311家公立医疗机构发热门诊规范化建设、1461家公立医疗机构设立规范化发热诊室，推动省内县级以上疾控机构核酸检测能力全覆盖、二级以上综合医院发热门诊与核酸检测能力全覆盖，助力公共卫生和医疗基础设施能力水平提升。

2020年1月7日，全省财政工作会议在广州召开，广东省财政厅党组书记、厅长戴运龙作工作报告

（肖鑫晖　摄）

【复工复产精准推动】 2020年，广东省财政厅配合出台“统筹疫情防控和经济社会发展30条”“支持企业复工复产20条”“稳外贸20条”“促进就业9条”等利企、援企、稳企、安企“政策包”，通过财税优惠、税费减免、社保缓缴、贷款贴息等政策，给予企业用工、融资、物资保障等全方位帮扶。

（广东省财政厅办公室供稿）

积极财政政策

【减税降费】 2020年，广东省财政厅结合广东省情做到能减则减、能免则免、能优惠则优惠，全年为企业和群众减负3000亿元，其中减免延缓社会保险费超过2100亿元，并发放失业保险稳岗返还补贴130亿元，援企稳岗财税措施全面落实。

【新增债券和抗疫特别国债】 2020年，广东省财政厅争取到地方政府新增债券额度3616亿元，规模在全国地方最大，按照“急需、成熟、统筹、集中”的项目标准，投入“两新一重”（即新型基础设施建设，新型城镇化建设，交通、水利等重大工程建设）项目资金超过六成。全省504亿元抗疫特别国债八成以上用于支持公共医疗卫生、污染防治、乡村振兴等重点领域。统筹安排17.8亿元补贴资金支持汽车和家电下乡，着力扩大内需。省财政安排23.6亿元，并统筹中央财政专项资金6.7亿元，促进外贸平稳。（广东省财政厅办公室供稿）

三大攻坚战

【脱贫攻坚保障】 2020年，广东省财政厅重点落实全省教育、就业、医疗卫生扶贫以及低保兜底、贫困村基础设施建设等资金政策，筹措各级财政资金843亿元，推动全省剩余相对贫困人口相对贫困村在上半年全部稳定脱贫、全部出列。广东省财政厅主要领导下沉一线挂牌督战，推动封开县剩余脱贫人口全部达到贫困退出标准。安排9.18亿元助力东西部扶贫协作和对口援建地区打赢脱贫攻坚战。推动建立“广东政府采购扶贫馆”，支持消费扶贫。

【污染防治保障】 2020年，广东省级财政落实打好污染防治攻坚战资金212.34亿元，着力做好练江流域等污染防治工作保障。开展东江流域省内生态保护补偿试点，推动完善生态保护补偿机制。统筹安排11.8亿元推进削坡建房等地质灾害体系和治理能力现代化建设。下达24.34亿元生态林业建设资金支持红树林生态保护修复等重点生态工程建设。安排5亿元开展重点海湾的海岸带生态修复和近岸海域污染治理。

【债务风险管控】 2020年，广东省政府债务总体安全、风险可控，底数清晰、管理规范，是全国债务风险最安全的地区之一，全省隐性债务余额较2019年末下降40%。向财政部争取中小银行发展专项债100亿元并全部发行，支持防控农合机构金融风险。“一地一策”督促推动债务风险较高地区制定落实债务风险化解工作方案，遏制隐性债务增量，化解隐性债务存量。

（广东省财政厅办公室供稿）

高质量发展

【粤港澳大湾区建设】 2020年，广东省财政厅深入推进广东省支持粤港澳大湾区建设一揽子财税政策落地，发放大湾区人才引进个人所得税优惠补贴资金24亿元惠及近9000人。发起设立粤港澳重大科技成果转化基金，资助建设20个粤港澳联合实验室，推动建设港澳青年创新孵化平台。

【区域发展财政支持】 2020年，广东省财政厅研究支持湛江、汕头省域副中心建设财政政策，保障东西两翼沿海经济带布局建设绿色石化、清洁能源等战略性新兴产业。下达生态保护区财政补偿转移支付资金73.7亿元，补偿规模实现2017—2020年年均增长40%，支持北部生态区筑牢绿色屏障。坚持对基层转移支付只增不减，省对市县各项补助和债券转贷资金5260亿元，增长12.7%，并将782亿元中央直达资金全额下达基层，对冲疫情减收增支压力。试行“三保”专户管理机制，兜住基层“三保”底线。

【科技创新强省建设】 2020年，广东省财政厅建立科技投入稳定增长机制，省级安排科技资金63.1亿元，优先保障基础与应用基础研究、“卡脖子”核心技术等重点领域研发计划及省实验室体系建设，支持广深港、广珠澳科技创新走廊、鹏城国家实验室和粤东西北地区省级重点实验室建设，深化“揭榜制”等科技领域财政资金放管服改革，促进省级科研项目资金跨境便捷流动，助力全省区域创新能力排名位居全国前列。

【乡村振兴】 2020年，广东财政投入过千亿元资金用于全省农村基础设施建设和补短板项目，完成省委既定“三年取得重大进展”目标任务。全省投入70亿元保障1.48万千米砂土路全面清零，省级安排118.33亿元支持农村人居环境整治、投入25亿元建设省级现代农业产业园，推进富民兴村。深化涉农资金统筹整合改革，实现由省直部门主导向省直部门市县政府共同主导转变，市县可统筹涉农资金306亿元，比2019年增加21亿元，集中财力推动乡村振兴发展。

（广东省财政厅办公室供稿）

民生保障

【民生支出只增不减】 2020年，广东省民生支出1.21万亿元，占一般公共预算支出约七成，全省教育、社会保障和就业、卫生健康、农林水、交通运输、住房保障等支出增幅均远超过同期一般公共预算支出水平。支持办好全省十件民生实事，推动“小切口大变化”民生实事保障取得新成效。

【稳就业优先支持】 2020年，广东省财政厅统筹财政就业创业等资金，推动“粤菜师傅”“广东技工”“南粤家政”就业工程深入实施，支持扩大“三支一扶”“希望乡村教师计划”等招录规模，帮助高校毕业生、退役军人等重点人群就业，全省城镇新增就业134万人。

【底线民生保障】 2020年，广东省财政统筹安排补助资金286亿元，提高困难残疾人两项补贴和全省基础养老金最低标准，低保、特困人员、孤儿等168万名困难群众基本生活保障水平稳步提升。做好特殊时期困难群众基本生活保障，对因疫情导致基本生活出现困难的家庭和个人，予以临时救助和发放价格临时补贴，惠及群众1800万人次。稳步提高困难残疾人生活补贴、重度残疾人护理补贴每人每月分别达到175元、235元。城乡居民基本养老保险基础养老金达到每人每月180元，困难群众城乡医疗救助政策范围内基本医疗救助比例达到

80%以上。

（广东省财政厅办公室供稿）

财政管理改革

【预算管理改革】 2020年，广东省财政厅推动省级预算编制执行监督管理改革向全省市县（区）全覆盖，协同融入绩效管理，提升市县政府管财理财能力。谋划新一轮预算管理制度改革，加强省对市县预算协调指导，形成各级预算保障重大工作部署全省“一盘棋”的格局和“一张蓝图干到底”的合力。广东省在财政部地方财政管理工作绩效考核中排在全国前列，首次获得国务院督查激励奖励，县级财政管理绩效综合评价结果获得全国优秀等级第二名。

【“数字财政”建设】 2020年，广东省财政厅对接“数字政府”建设，初步建成全省财政核心业务一体化系统，实现省、市、县、乡四级1.3万个预算单位在“同一标准、同一平台、同一网络”下开展预算管理业务。智慧机关建设迈出新步伐，着力运用信息技术手段提高科学决策及工作水平。

【“放管服”改革】 2020年，广东省财政厅下放21项省级权责清单事项至市县财政部门，实施交通运输领域、教育领域省级与市县财政事权和支出责任划分改革，优化“一个部门对口省财政厅一个处室”服务工作机制，推进预算单位财务内控平台建设，提升财政服务效能。

（广东省财政厅办公室供稿）

·链接·

2019年度我省获国务院督查激励清单

国务院办公厅日前印发通报，对2019年落实有关重大政策措施真抓实干、取得明显成效的213个地方予以督查激励，相应采取30项奖励支持措施。其中，广东获督查激励措施的工作事项共有18项。

序号	措　　施	获激励单位
1	环境治理工程项目推进快，重点区域大气、重点流域水环境质量明显改善的地方	省生态环境厅牵头，韶关市获激励
2	河长制湖长制工作推进力度大、河湖管理保护成效明显	省水利厅牵头，江门市、广州市白云区获激励
3	防范化解金融风险、营造诚实守信金融生态环境、维护良好金融秩序、健全金融消费者权益保护机制成效较好的地方	省地方金融监管局、人民银行广州分行牵头，广东省获激励
4	深化商事制度改革成效显著、落实事中事后监管等相关政策措施社会反映好的地方	省市场监管局牵头，广州市南沙区获激励
5	促进外贸、外资稳定增长，积极优化营商环境成效明显的地方	省商务厅牵头，广东省获激励
6	促进社会投资健康发展、企业债券发行、债券品种创新与风险防范等工作成效明显的地方	省发展改革委牵头，广州市获激励
7	财政预算执行、提盘活财政存量资金、国库库款管理、推进财政资金统筹使用、预算公开等财政管理工作完成情况好的地方	省财政厅牵头，广州市、广州市南沙区、深圳市龙华区获激励
8	公路水路交通建设年度目标任务完成情况好、地方投资落实到位、促进社会资本进入交通建设领域措施有力、交通债务风险防控工作落实有力的地方	省交通运输厅牵头，广东省获激励
9	按时完成高标准农田建设任务且成效显著的地方	省农业农村厅牵头，广东省获激励
10	推进农产品流通现代化、积极发展农村电商和产销对接成效明显的地方	省商务厅牵头，湛江遂溪县获激励
11	改善地方科研基础条件、优化科技创新环境、促进科技成果转移转化以及落实国家科技改革与发展重大政策成效较好的地方	省科技厅牵头，广东省获激励
12	推动“双创”政策落地、促进创业带动就业、加强融通创新、扶持“双创”支撑平台、构建“双创”发展生态、打造“双创”升级版等方面大胆探索、勇于尝试、成效明显的区域“双创”示范基地	省发展改革委牵头，广州高新技术产业开发区科学城园区获激励
13	促进工业稳增长和转型升级、实施技术改造成效明显的地方	省工业和信息化厅牵头，广州市、深圳市获激励
14	大力培育发展战略性新兴产业、产业特色优势明显、技术创新能力强、产业基础雄厚的地方	省发展改革委牵头，广州市获激励
15	老工业基地调整改造力度较大，支持传统产业改造、培育新产业新业态新模式、承接产业转移和产业合作等工作成效突出的地方	省发展改革委牵头，韶关市获激励
16	推进质量工作成效突出的地方	省市场监管局牵头，广州市获激励
17	落实鼓励和支持就业创业政策措施工作力度大，促进失业人员、就业困难人员及各类重点群体就业创业等任务完成较好的地方	省人力资源和社会保障厅牵头，广东省获激励
18	公立医院综合改革成效较为明显的地方	省卫生健康委牵头，广州市获激励

法制税政

Legislation of Public Finance and Taxation Policies

财政法治

【概况】 2020年，广东省财政厅财政法治工作坚持围绕中心、服务大局，创新工作思路，增强法治保障，各项工作取得新成绩。做好立法和规范性文件管理，落实规范性文件的“立、改、废、释”工作；推动“放管服”改革，省级权责清单调整工作获省政府主要领导肯定批示；规范行政执法行为，促进全省财政系统行政执法质量和水平全面提升；开展财政法治宣传教育工作，将深入学习贯彻习近平法治思想和学习领会宪法精神紧密结合，形成学法、遵法、守法、用法的良好氛围，全面提升依法执政、依法行政的法治素养。

【立法和规范性文件管理】 2020年，广东省财政厅研究制订《省财政厅2020年度规范性文件制定计划》，修订《广东省财政厅规范性文件制定管理办法》，推动依法依规制订出台《广东省省级财政社会科学研究项目资金管理监督办法》。推动《中华人民共和国资源税法》授权事项的立法，《广东省人民代表大会常务委员会关于广东省资源税具体适用税率等事项的决定》于2020年9月1日与《中华人民共和国资源税法》同步施行。配合国家和省有关部门做好《会计法》《政府采购法》等立法修订调研工作。做好各类文件的合法性审查及备案审查等工作，配合审核各类制度性文件200余件，办理党内规范性文件备案审查68件。印发《广东省财政厅关于做好新型冠状病毒肺炎疫情防控期间有关行政复议工作的意见》和《广东省财政厅关于新型冠状病毒肺炎疫情防控期间行政复议相关事项的通告》，引导依法、稳妥、快速处理疫情防控期间的行政复议案件。牵头跟进与财政业务相关的广东省人民政府文件的废止和修改，组织开展涉及民法典相关领域、野生动物保护领域、暂行试行规范性文件以及公平竞争审查等规范性文件专项清理。完善财政重大事项决策机制，出台《2020年省财政厅重大行政决策目录》并及时向社会公布，做好重大行政决策事项会审工作。

【“放管服”改革持续推进】 2020年，广东省财政厅落实省级权责清单调整工作，将21项省级权责清单事项通过委托、重心下移的方式下沉至下级财政部门，加强对承接部门的业务培训、指导和监管，研究政策落地过程中存在的困难和问题，实现强市放权，减少行政管理限制，为管理对象、服务对象松绑，推动放得开、接得住、管得好。开展上门调研，跟踪问效，研究深化财政“放管服”改革举措。组织前往30个省一级预算单位实地调研，深入听取服务单位对改革事项的意见和建议；到浙江和上海财政部门考察调研，学习先进做法和经验；到部分市、县财政部门实地了解省级事项委托、下放的承接情况。为深入推动改革，根据调研情况，提出进一步完善、落实第一批“放管服”事项的建议，确保改革成效。

【行政执法行为规范】 2020年，广东省财政厅全面推行行政执法公示制度，做到行政执法事前信息全面公开、事中公示合法合规、行政执法结果及年度数据及时公布、行政执法文字记录合法规范、音像记录得到普遍运用和严格归档。开展2020年度行政执法案卷评查，组织开展对广东省财政厅内行政执法处室及部分地市财政部门自2019年7月1日至2020年6月30日期间作出的行政执法决定执法案卷评查，并结合案卷评查中发现的问题，有针对性地开展行政执法培训。坚持合法、公正、公开、及时、便民办理行政复议和诉讼案件。全年办理复议和诉讼案件38件，其中作为行政复议机关办理案件20件，作为行政复议被申请人的案件7件；办理行政应诉案件11件。加强财政管理法律风险防控，对相关文件进行合法性审核，涉及财政预算管理、政府采购、行业监管、财政投资项目等业务类型，加强对信息公开、信访投诉办理等行政行为的法律风险控制。坚持问题导向，对财政法治工作实行清单式管理，组织开展“双公示”、“互联网+监管”、信用建设和信用监管等专项工作，加强沟通协调，突出财政法治成效。牵头开展法律风险、政策制定风险的核查评定评议，明确风险防控职责，完善风险控制流程，促进财政业务和廉政风险防范工作。

【财政法治宣传教育】 2020年，广东省财政厅开展“国家宪法日”和“宪法宣传周”系列活动。先后组织开展“广东财政大讲堂”活动暨宪法知识学习辅导报告会和宪法宣誓仪式，增强党员干部遵法守法自觉性。组织广东省财政厅厅级、处级领导干部共40多人到广东省高级人民法院开展行政案件庭审旁听活动，以“看得见、听得着”的方式，提升财政干部队伍的法律意识和法治素养。开展学法普法活动，重点做好宪法、民法典、预算法实施条例，以及疫情防控和国家安全法相关法律法规的学习宣传工作，邀请财政部有关领导和有关专家作法律法规专题辅导报告，并通过现场+视频的模式，借力财学平台，将学习活动推广到全厅和各市县财政部门干部职工。在全省财政系统范围内宣传防疫抗疫法律知识，编印疫情防控普法视频和四期学习资料，引导大家既要履行疫情防控的公民责任，学法用法、知法守法，也要履行疫情防控的职责义务。系统总结普法成绩，对“七五”普法工作进行全面总结评估，共起草、整理各类材料300余份，完成普法总结验收。完善法规数据库建设，将法规库嵌入“数字政府”公共财政综合管理平台，方便财政干部查询法律依据，学习、掌握和运用法律法规。

（广东省财政厅法规处供稿，莫辛燕执笔）

财政税制

【概况】　2020年，广东省财政厅围绕“干成几件事、带出一拨人”和“全面对标　全力推动走在前列”工作要求，落实好各项减税降费政策；推进地方税政工作，建立广东省地方税种协同办税内部协调机制，在地方税种收入征管方面取得成效，地方税种收入分析报告获省领导肯定批示；全面规范非税收入管理，推动广东省非税收入管理制度化、规范化；加强政策研究，对前瞻性、政策性课题开展短期攻关，相关研究成果获省长马兴瑞、常务副省长林克庆肯定性批示16次；制订出台《广东省人民代表大会常务委员会关于广东省资源税具体适用税率等事项的决定》。广东省财政厅以“谋统推干”方法论为指导完成各项工作任务，为支持统筹做好疫情防控和经济社会发展贡献税政力量。

【地方税政】　2020年，广东省财政厅构建地方税种协同办税内部协调机制。牵头组织有关部门迅速行动、密切配合，通过建立健全制度、完善工作机制、组建领导小组和工作专班、搭建涉税信息共享平台、深化涉税信息应用、加强部门协作等措施，搭建涉税信息共享平台，12月底前完成16个部门1.85亿条数据信息归集，运用涉税信息加强分析比对，挖掘涉税风险、查补税收漏洞。争取地方财税政策，对标对表先进省市，加强与财政部的请示沟通，持续争取广州南沙企业所得税优惠、珠三角九市启运港退税等事关地方发展的六项优惠政策。争取自贸区其他相关税收政策。开展地方税种调研分析，开展地方税种收入分析专题工作，并向省领导报送分析报告。配合调查研究地方税种收入情况，结合经济形势和税务部门征管情况，有针对性开展地方税种收入分析。组织开展公共租赁住房、科技创新进口税收优惠等政策到期评估、关税调整等税收政策建议。贯彻落实个税优惠政策，做好粤港澳大湾区个人所得税优惠政策落实，牵头组织工作专班，通过书面和实地调研、视频会等方式全程指导珠三角九市开展粤港澳大湾区个人所得税优惠政策申报，确保落实落细。2019年度珠三角九市累计为近9000名境外高端紧缺人才补贴23.9亿元，降低境外人才税负水平，对境外高端和紧缺人才产生正面吸引效应，间接降低企业用人成本，总体政策运行平稳。会同有关部门联合印发修订后的个税优惠正常贯彻落实意见，完善政策，统一流程。做好离境退税，继续实施境外旅客离境退税政策推进工作，退税商店和退税业务量逐步扩大。

【非税管理】　2020年，广东省财政厅加强非税管理制度建设。推进各项收费清理工作，逐步完善非税收缴、项目管理、对账管理、代收银行资金安全性管理、分成管理、考核办法等全过程制度体系建设。推动降费政策利企惠民。落实国家明令取消、停征、减免的各项收费政策，加强收费清理和监督检查，确保有关政策贯彻执行到位。根据有关管理权限，加强对省定收费项目的清理减免，减轻人民群众和企业负担。推进收费项目标准管理科学规范。设立广东省疾控机构新冠病毒核酸检测收费项目，加强广东省核酸检测质量管理和核酸检测社会化服务水平，最大限度保证愿检人群能接受检测；降低药品医疗器械产品注册费收费标准，对防控新型冠状病毒感染的肺炎疫情所需药品医疗器械产品注册费执行“零收费”；结合社会经济发展和减轻市场主体负担需求，重新制定防空地下室易地建设费和水资源费收费标准调整至合理区间。探索开展政府公物仓建设，全面摸排广东省公检法纪、市场监管、药监等部门涉案财物、罚没财物存量增量和管理处置情况，赴省属国有企业、深圳政府公物仓、黄埔海关涉案财物仓实地调研了解先进仓储管理情况，研究探索符合广东省实际情况的政府公物仓建设思路。优化完善非税收入集中收缴。完善非税系统建设，优化流程、完善功能，推进建立全省非税收入联网系统。组织开展省级非税收入管理系统专项检查，全面梳理系统全流程存在的问题，研究制定集中收缴优化措施，通过解析技术架构和优化业务逻辑，整合已有个性化或特殊的缴费及对账流程，逐步统一流程，规范管理，完整解决现有公安出入境业务、户政业务、港澳车业务、邮政代办业务缴费对账流程特殊性带来的问题及风险。实行收费目录清单管理。根据行政事业性收费和政府性基金目录清单管理的要求，所有行政事业性收费和政府性基金均纳入目录清单管理，未纳入收费目录清单的一律不得收费。会同省直相关部门根据降费政策的出台和实施情况，更新并公布广东省行政事业性收费目录清单和政府性基金目录清单，保障公众的知情权和监督权，规范行政事业性收费和政府性基金的收缴，为构建项目法定、权责一致、简政放权、公开透明的收费监管体系建立基础。

【政策研究】　2020年3月，广东省

财政厅财税政策研究工作室（简称厅政研室）成立。厅政研室改革创新，搭建财税政策研究平台，推出一批政策研究成果，财税政策研究工作更加主动、更加开放、更加有效。搭建一个平台，培养一批干部，从税政处、预算处（编审处）、科研所等部门中选拔18名业务骨干形成政策研究生力军，通过“订单式”研究任务发布、“双向式”研究小组成员选择等方式为工作室成员“定任务”“出题目”“压担子”，累计有30余人次参与7项专题政策研究工作，为工作室成员搭建集学习、交流、锻炼、收获于一体的干事创业的平台。创新研究机制，推出研究成果，以整合研究资源为切入点，探索建立“1+X”研究方式，探索政策研究机制、常态化学习机制、成果评价应用机制。开展“新基建”财税支持政策、免抵调库、地方税种分析、粤港澳大湾区个人所得税优惠政策评估、“双循环”新发展格局财税支持政策等7项专题研究，其中，“‘新基建’财税政策研究”中关于运用财政资金、专项债、基金、政府与社会资本合作、基础设施REITs（不动产投资信托基金）试点等建议写入《广东省推进新型基础设施建设三年实施方案（2020—2022年）》；“地方税种收入分析研究”为省政府部署建立地方税种协同办税内部协调机制，搭建地方税涉税信息共享平台，推动地方税种规范征管、稳定增长提供政策建议；“免抵调库政策研究”获省政府主要领导和分管领导批示，批示要求将免抵调库作为广东省向财政部和国家税务总局的重点争取事项；“粤港澳大湾区个税政策评估报告”反映粤港澳大湾区个人所得税优惠政策实施成效意义，为完善该政策提供重要参考和依据，获常务副省长林克庆肯定批示。

【《广东省人民代表大会常务委员会关于广东省资源税具体适用税率等事项的决定》制订出台】 2020年7月29日，《广东省人民代表大会常务委员会关于广东省资源税具体适用税率等事项的决定》（简称《决定》）由广东省第十三届人民代表大会常务委员会第二十二次会议通过，于2020年9月1日与《中华人民共和国资源税法》（简称《资源税法》）同步施行。

资源税是对在中华人民共和国领域和中华人民共和国管辖的其他海域开发应税资源的单位和个人征收的税种，对促进资源节约集约利用、加强生态环境保护，发挥着重要作用。出台《资源税法》是贯彻习近平生态文明思想、落实税收法定原则、完善地方税体系的重要举措，是绿色税制建设的重要组成部分。按照《资源税法》授权，《决定》既体现《资源税法》的理念，又考虑广东省资源禀赋情况和企业承受能力，以资源节约集约利用、环境保护为导向，确定广东省应税资源的具体适用税率、计征方式和减征免征具体办法。

《决定》主要有以下特点：（1）根据《资源税法》，164个税目中，原油、天然气等9个税目实行固定税率，广东省确定其他155个税目的税率，涵盖《资源税法》授权地方确定税率的全部税目。（2）对2016年广东省实施资源税改革时已设定税率的29个税目，适用税率原则上直接平移，个别税目税率适当调整；新设的126个税目税率原则上原矿按照《资源税法》规定幅度税率上下限的中值确定，选矿税率按照原矿税率一定比率折算确定。（3）计征方式以从价计征为主，仅地热、矿泉水、其他粘土实行从量计征。（4）为鼓励企业加大创新力度，提升新技术、新工艺水平，促进矿产品的洗选加工，体现矿业产业政策，对原矿和选矿实行差别税率。（5）为鼓励企业保护环境，促进矿产资源的综合利用，制定关于伴生矿、低品位矿、尾矿开采的税收优惠政策。（6）为扶持企业发展，减少企业因意外事故或者自然灾害等遭受的损失，明确相关税收优惠政策。

（广东省财政厅税政处供稿，戴曾晖执笔）

2020年3月20日，广东省财政厅厅长戴运龙为财税政策研究工作室授牌

（广东省财政厅税政处供图）

预算管理

Budget Management

综　述

【概况】　2020年，面对新冠肺炎疫情等对财政经济工作的巨大冲击，广东省财政厅落实积极财政政策更加积极有为，坚持过紧日子与强化保障相结合、平稳运行与改革创新相结合，全省一盘棋抓好财政收支管理，深化预算管理改革，理顺省以下财政体制，支持统筹推进疫情防控和经济社会发展，推动财政改革发展事业再上新台阶。财政管理工作首次获得国务院督查激励，取得历史性突破。

【一般公共预算收支】　2020年，广东省一般公共预算收入12923.85亿元，比2019年增长2.1%。税收收入9881.95亿元（其中，增值税收入3693.94亿元，企业所得税1946.6亿元，个人所得税收入760.88亿元，土地增值税收入1375.09亿元），非税收入3041.9亿元。2020年全省一般公共预算支出17430.79亿元，比2019年增长0.8%。主要支出情况：教育支出3510.56亿元、科学技术支出955.73亿元、文化旅游体育与传媒支出417.22亿元、社会保障和就业支出1807.2亿元、卫生健康支出1772.99亿元、节能环保支出517.76亿元、城乡社区支出1574.89亿元、农林水支出1125.81亿元、交通运输支出652.43亿元。

【财政管理工作获国务院督查激励】　2020年，广东省财政厅树立“走在前列”意识，坚持“谋统推干”工作方法，统筹全省财政管理“一盘棋”，对标最高、最好、最优，推进固根基、补短板、强弱项，打出财政改革发展“组合拳”，推动全省财政管理水平全方位提升，实现走在全国前列。广东省在财政部开展的2019年度地方财政管理工作考核（考核内容包括预算执行管理、盘活财政存量资金、国库库款管理　推进财政资金统筹使用、预算公开管理、其他财政管理工作等）中获国务院督查激励，广州市、广州市南沙区分别获评先进典型市、县（区）。

［广东省财政厅预算处（编审处）供稿］

财政收支管理

【收支企稳回升】　2020年，广东省财政厅多措并举、确保全省财政经济平稳运行。强统筹，牵头做好广东省财政厅抓收入工作专班各项工作，强化与各地市、税务部门和省直相关部门的沟通协调，完善财税部门定期会商机制，推动建立地方税种协同办税内部协调机制。抓研判，跟踪分析新冠肺炎疫情对财政收入的影响，深入地市和企业了解经济和财政收入运行情况，科学研判收入形势，针对收入执行中存在的问题研究提出措施建议。重盘活，盘活行政单位房产物业、国企土地和政府股权，推进海砂等矿业权出让、水田指标和拆旧复垦指标交易，2020年全省国有资源有偿使用收入完成1190.99亿元，比2019年增长62.8%。促执行。加强预算执行分析及预测，核定分解省本级及地市支出任务，召开全省支出督导会议，压实部门、市县支出责任。实施重点月份支出执行“每日一报”机制，落实清单管理，强化督导，推动直达资金、债券资金等支出及时、规范。全省财政收支实现企稳回升、双双转正。其中，全省一般公共预算收入从5月起逐月回升，三季度扭负转正，全年实现增长2.1%；全省一般公共预算支出实现增长0.8%。

【过紧日子要求落实】　2020年，广东省财政厅研究制定《关于常态化疫情防控下促进财政可持续发展的实施方案》。坚持厉行节约，因时因势压减支出。在2020年年初预算已综合压减40亿元的基础上，加大压减力度，省直部门公用经费和一般性项目支出再分别压减5%和20%，因公出国（境）、会议、培训、公务接待经费压减60%。强化预算刚性约束，杜绝违规行为。除落实国家、省和市重大决策外，年中原则上不出台新增支出政策；严禁违规出台工资、津补贴以及民生领域等刚性支出调标政策，落实中央八项规定精神。向内挖潜，优化资金结构。落实“减钱不减事、减钱不减干事标准”的要求，调整盘活省级资金85亿元，压减125亿元，统筹财力集中保障“六稳”“六保”等重点工作任务。

【重点支出保障】　2020年，广东省财政厅制定《关于常态化疫情防控下促进财政可持续发展的实施方案》，优化调整支出结构，统筹腾挪财力空间，集中财力办大事，省财政八成以上支出安排用于“1+1+9”工作部署，重点领域支出得到保障。实现全省民生类支出只增不减。2020年全省民生类支出12106亿元，约占一般公共预算支出的七成，实现只增不减。稳步推进基本公共服务均等化，做好基本公共服务标准体系标准备案工作，推动设立合理、可持续的基本公共服务标准，确保财政可持续发展。重构民生实事项目遴选机制，建立民生资金特邀监督员制度，强化财政民生资金使用监督，确保资金用到点上、花出实效。实现省对市县转移支付和债务转贷资金只增不减。坚持“控省级、保市县”，加大对市县特别是“一带一区”支持力度，省对市县转移支付补助和债务转贷资金5346亿元，比2019年增长14.6%。建立预算编制审核、执行监控和库款应急保障机制，在24个县区试行“三保”资金专户管理，守稳兜牢市县“三保”底线，未发生风险预警或不良舆情。

［广东省财政厅预算处（编审处）供稿］

疫情防控和经济社会发展财政保障

【疫情防控应急保障】 2020年，广东省财政厅在广东省启动重大突发公共卫生事件一级响应前，提出统筹落实疫情防控资金来源的意见。第一时间研究制定《广东省新型冠状病毒感染的肺炎疫情防控财政应急预案（试行）》、研究出台交通设卡点资金保障方案、申报新开发银行新冠肺炎疫情防控紧急贷款、办理各项涉疫情防控的资金文件，落实疫情防控资金、梳理资金台账，实现“该保的一分也不少、该拨的一天也不迟”，确保群众不因担心费用问题而不敢就诊、各地不因资金问题而影响医疗救治和疫情防控。

【复工复产政策出台】 2020年，广东省财政厅提前研究谋划和储备财政支持企业复工复产政策措施，制定《关于贯彻落实全省统筹推进新冠肺炎疫情防控和经济社会发展工作会议精神的意见》，提出7大方面25项措施，统筹运用实施财税优惠、税费减免、社保缓缴、贷款贴息等惠企政策措施，强化企业用工、减负、融资、物资保障等全方位帮扶，帮助企业渡过难关，打好利企、援企、稳企、安企“组合拳”，支持常态化疫情防控、稳住经济基本盘。

【中央直达资金落实】 2020年，广东省财政厅用足用好中央直达资金782亿元，支撑全省“六稳”“六保”工作。制订专门资金管理办法，明确资金分配下达、拨付使用、绩效管理等要求，快速搭建贯通省市县三级的直达资金监控平台，全覆盖、全链条跟踪直达资金情况。牵头开展中央直达资金和债券实施项目督查工作，印发工作方案，成立跨部门工作专班分片区开展实地督查，督导各地落实整改责任，实现直达资金分配“三个一”，确保资金直达基层、直达民生，直接惠企利民，财政部刊发简报对此予以高度肯定。

［广东省财政厅预算处（编审处）供稿］

预算制度改革

【新一轮预算管理改革】 2020年，广东省财政厅瞄准创造型引领型改革定位，牵头成立预算改革工作专班，梳理分析当前预算管理的短板弱项，对标对表党的十九届五中全会关于深化预算管理制度改革部署要求，结合广东省实际，以加强统筹为主线，研究起草《关于加强统筹进一步深化预算管理制度改革的实施意见》。改革围绕增强国家及省重大战略任务财力保障，以建立大事要事保障机制为核心，以加强财政资源统筹为重点，以提升市县管财理财水平为抓手，以“数字财政”建设为载体，着力打造全省统筹、全域协同、全链条衔接的预算管理新格局。

【预算项目库管理完善】 2020年，广东省财政厅扩大项目库管理范围，2021年省级所有预算支出全部纳入项目库管理，所有项目入库前必经财政审核。优化项目要素、审核流程等，减少预算单位录入工作量，实现全流程线上系统管理，提升项目管理精细化水平。提前部署项目储备工作，2020年4月开展项目储备工作，定期通报部门和市县项目入库情况，推动部门、市县项目“完成一批、实施一批、启动一批、储备一批”，编制2021年预算时，项目库储备的二级明细项目2万多个。

【支出标准化加快推进】 2020年，广东省财政厅建立涵盖部门预算、专项资金、事业发展性支出等所有支出的层次清晰、体系分明的支出标准体系。聚焦重点支出领域编制完成物业管理费、印刷费等10项支出标准（编制规范），编制论证省直行政事业单位集体出行租车支出标准等9项支出标准（编制规范），收集涵盖民生保障、经费安排等支出标准111项。加强支出标准应用，将已出台支出标准嵌入项目库、预算编制系统，规范省级部门科学、合理编制支出预算。

【事前预算绩效评审完善】 2020年，广东省财政厅规范绩效评审内部组织管理和工作程序，明晰权责，理顺流程，加强协调，推动绩效评审工作提质扩面。实施新增重大财政支出政策和项目评审全覆盖，严把审核关口，核减不合理支出，保障重点项目需求。创新评审试点，选择预算业务类型具有代表性、项目支出与专项资金边界不清、项目支出经费使用管理存在薄弱环节的部门开展项目支出整体事前评审试点，打破基数固化安排。评审总金额105亿元，审减金额34亿元，审减率32%。

［广东省财政厅预算处（编审处）供稿］

财政体制完善

【粤港澳大湾区建设和深圳建设先行示范区财政支持】 2020年，广东省财政厅印发支持粤港澳大湾区建设一揽子支持政策，出台7大类

·链接·

广东生态保护区财政补偿转移支付资金继续加码

今年安排补偿金73.7亿元

3日，记者从广东省财厅获悉，广东财政践行“绿水青山就是金山银山”的发展理念，克服疫情等减收影响，下达2020年生态保护区财政补偿转移支付资金73.7亿元，补偿规模实现2017–2020年年均增长40%，全力筑牢绿色生态屏障，引领生态地区高质量发展。

广东财政积极落实政策要求，多渠道筹集资金加大生态补偿力度，在2018年安排55.8亿元，较上年实现补偿资金翻番；2019年安排67亿元，较上年增长20%；今年努力克服疫情、减税降费等减收影响，安排73.7亿元，再增长10%，增幅高于省级一般公共预算收入增幅，2017–2020年年均增长40%，切实保障生态地区落实“六稳”“六保”任务，促进经济社会发展稳中求进。

广东财政坚持“谁保护、谁得益，谁改善多、谁得益多”，生态保护补偿与高质量发展绩效评价结果和生态环境质量状况指数挂钩，及时做好生态环境指标评价，增强指数运用时效性，提升资金分配科学性。加大对生态建设成效好地区的倾斜支持，生态保护成效前10的地区，县均补助达1.8亿元，是全省平均水平的1.2倍，让保护环境的地方不吃亏、多受益、更有获得感，引领生态地区加快高质量发展。

广东财政坚持生态环境质量“只能更好、不能变坏”的红线原则，完善生态保护补偿负面评价惩罚机制，对生态环境质量变差、治理环境污染不力及发生重大环境污染的地区，相应扣减转移支付资金，增强制度约束，提高生态破坏成本。今年对涉及环保督察责任追究问题的15个生态发展区县，每县扣减500万元转移支付，倒逼各地加大生态环境保护和污染治理力度，守住生态环境质量底线。

下一步，广东财政将按照中央和省的工作要求，督促指导各地科学管理和使用资金，开展绩效评价，提高资金使用效益，引领生态地区在高水平保护中实现高质量发展。

（2020年9月4日《羊城晚报》，记者：唐珩，通讯员：岳才轩）

共28项财税支持政策，支持人才集聚、资金过境、债券联动、平台互通和民生共享。至2020年底，各项政策均取得实质性进展，粤港澳大湾区个人所得税优惠政策全面落实，大湾区国际航运保险业务增值税优惠政策和启运港退税政策落地实施，降低境外高端紧缺人才、相关企业税负成本。出台省对广州南沙、珠海横琴、深汕特别合作区专项补助政策，全部落到实处。研究广州地方留成收入情况并提出倾斜支持意见，获得省长马兴瑞肯定。

2020年6月5日，广东省财政厅召开全省市县“三保”工作视频会

（肖鑫晖　摄）

【差异化转移支付政策体系完善】 2020年，广东省财政厅维持增值税省与市县“五五”分享格局，完善省以下留抵退税分担机制；修订“老少边”地区、财力薄弱镇乡和资源枯竭城市转移支付办法，落实省对市、县各项补助和债务转贷资金5346亿元，比2019年增长14.6%，实现困难形势下只增不减，增强薄弱地区财政保障能力。落实生态保护区财政补偿转移支付73.7亿元，完善生态保护补偿负面评价惩罚机制，严格扣减因环保督察被追责区县的转移支付，倒逼各地守住生态环境质量底线。研究完善对重点平台等的收入返还政策，实行“资金跟着项目走”的新管理机制。

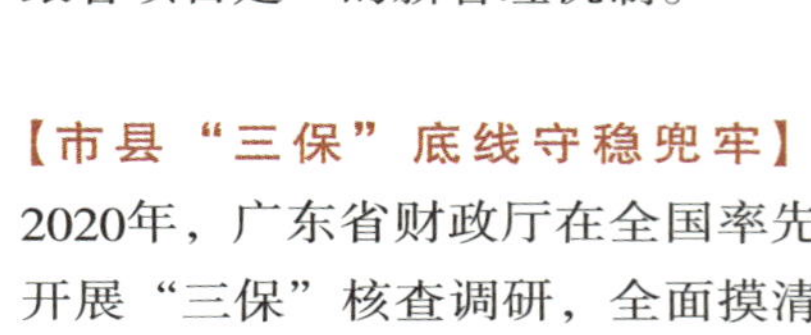

【市县“三保”底线守稳兜牢】 2020年，广东省财政厅在全国率先开展“三保”核查调研，全面摸清市县“三保”底数并完成整改。坚

持财力下沉原则，加大对财力薄弱困难地区和县级基层的转移支付力度。其中，2020年省级安排财力困难补助和救助资金180亿元，坚持“哪里困难投哪里”，有效对冲困难地区疫情增支减收压力。成立广东省财政厅主要负责人任组长的“三保”工作领导小组，建立健全“三保”预算编制审核、执行监控、应急处置和库款保障等工作机制，在24个县区试行“三保”资金专户管理，防范市县脱离实际搞过高承诺和过度保障，兜牢“三保”底线。

［广东省财政厅预算处（编审审处）供稿］

2020年8月14日，广东省财政厅召开厅长联系基层工作三季度座谈会

（肖鑫晖　摄）

财政管理服务优化

【中央财政支持对接争取】　2020年，广东省财政厅强化全省一盘棋意识，围绕“主动对接中央财政政策　助力广东省高质量发展”主题，举办全省财政市县长专题培训班，获得省政府领导批示肯定。主动对接中央政策，争取抗疫特别国债资金504亿元，全国规模最大；争取农业转移人口市民化奖励，2020年广东省获得该项资金比2019年增长20.9%，高于全国平均增幅7.8个百分点，全国规模最大；争取均衡性转移支付，比2019年增长10.4%，高于全国平均增幅1.4个百分点。

【财政“十四五”规划编制】　2020年，广东省财政厅系统总结“十三五”广东财政特点，为“十四五”财税政策提供支撑。组织开展分领域专题研究，提前介入对口部门的专项规划编制，对“十四五”时期财政投入重点工作进行资金需求测算，做好规划与预算安排的衔接。对接党的十九届五中全会和省委十二届十一、十二次全会精神，谋划研究中长期期财政改革重点工作和财政支持政策，为“十四五”时期财政改革发展明确主要目标。

【财政保障改善民生机制完善】　2020年，广东省财政厅推进基本公共服务均等化、可及性，推动设立合理、可持续的基本公共服务标准。重构民生实事项目遴选机制，做到问计于民、问需于民。建立民生资金特邀监督员制度，主动邀请5名代表监督财政民生资金，确保资金用到点上、花出实效。做好基本公共服务标准体系标准备案工作，确保财政可持续发展。总结宣传民生实事工作10年成效，擦亮广东十件民生实事“金字招牌”。结合“数字财政”建设，推进民生政策库建设。

【服务代表委员工作质量提升】　2020年，广东省财政厅抓实建议提案办理，确保责任到人、目标到岗、任务到人、责任到位，严格办理要求，把解决实际问题、让代表满意作为办理工作的衡量标准，提出切实可行办理意见，实现所有建议提案都在规定时限内答复。强化预算工作宣传。以“1本预算草案阅读指南+1本民生政策读本+2段视频+1段H5互动网页（掌上账本）+22篇预算编制亮点信息”的宣传组合为载体，创新雕琢预算草案系列宣传设计，营造“好看好懂好印象”的效果，增强人大代表对预算工作的理解支持。

【联系市县基层工作落实】　2020年，广东省财政厅落实省领导定点联系基层市、县工作机制，加强政策指引和业务把关，统筹各项财政政策和各类资金，推动解决一批市县发展难题。落实厅长联系基层制度，每季度通过视频会、实地调研、书面调研、微信等方式，畅通联系机制，掌握基层运行情况，加强工作指导，确保中央和省的财政政策得到落实。

［广东省财政厅预算处（编审处）供稿］

·链接·

省财政多措施助企业复工复产

职工治疗、隔离期间的工资，财政最多可补贴一半

2月18日，广东省财政厅向媒体通报了支持企业复工复产方面的财政支撑措施。这些措施涵盖减轻企业税费负担、缓解企业融资难、降低企业用工成本等方面。

其中包括，对纳税确有困难的企业，依法合理予以减免房产税、城镇土地使用税；对创业者个人或小微企业创业担保贷款可视情展期1年，并继续享受财政贴息支持；发放援企稳岗补贴，对职工因疫情接受治疗或被医学观察隔离期间企业所支付的工资待遇，按照不超过该职工基本养老保险缴费工资基数的50%补贴企业；等等。

一方面，财政部门对疫情防控相关企业给予关注，加大税费减免力度，或给予相关补贴、奖励资金；另一方面，受影响大的中小企业也是关注重点，在税费缴纳、贷款融资方面有展期、贴息等支持手段。

切实减轻企业税费负担

在疫情防控期间，准许企业延期申报纳税。对符合延期缴纳税款条件的企业，依法延长不超过三个月的税款缴纳期限。

对纳税确有困难的企业，依法合理予以减免房产税、城镇土地使用税。

对“定期定额”户，合理调整定额或简化停业手续。

及时落实小微企业普惠性减税等政策。

自2020年1月1日起，对疫情期间纳入广东省防控新型冠状病毒肺炎疫情所需药品、医疗器械应急审批程序的药品、医疗器械产品，免征其药品、医疗器械产品注册费；疫情结束后，对于在疫情期间通过应急审批程序获批批件仅在疫情防控期间有效的药品、医疗器械产品，申请人再次申请相同行政许可事项的，其注册收费标准按零收费执行。

加大技改资金支持，企业在规定期限内通过技术改造扩大疫情防控急需重点调拨物资产能或转产上述物资的，对其符合条件的设备购置额加大奖励力度。

进一步缓解企业融资难题

灵活运用贴息等手段，省财政对相关企业扩大口罩机等重点急需设备及关键、紧缺零部件生产予以资金支持；

对创业者个人或小微企业创业担保贷款可视情展期1年，并继续享受财政贴息支持；

积极争取中央财政资金，对国家和省确定的疫情防控重点保障企业，在人民银行专项再贷款支持金融机构提供优惠利率信贷支持的基础上，按企业实际获得贷款利率的50%进行贴息，贴息期限不超过1年；

统筹省级扶持中小微企业专项资金，依托广东省中小企业融资服务平台为贷款企业提供贴息和风险补偿服务；

鼓励市县财政对受疫情影响较大的中小企业给予贷款贴息、应收账款融资等重点支持，省财政给予适当补助；

鼓励全省各级财政对受疫情影响较大畜禽水产养殖企业、休闲农业企业给予适当补助。

进一步降低企业用工成本

配合人力资源和社会保障等部门对受疫情影响不能按时缴纳“四险一金”的企业，允许延期至疫情解除后三个月内补办补缴，继续实施阶段性降低失业保险费率、工伤保险费率的政策，减轻社会保险负担；

实施失业保险稳岗返还，继续对不裁员、少减员的企业实施稳岗返还失业保险费，鼓励受疫情影响企业与职工协商采取调整薪酬、轮岗轮休等方式稳定工作岗位；

发放援企稳岗补贴，对职工因疫情接受治疗或被医学观察隔离期间企业所支付的工资待遇，按照不超过该职工基本养老保险缴费工资基数的50%补贴企业，所需资金在工业企业结构调整专项奖补资金中列支，减轻企业用工负担。

（2020年2月19日《南方都市报》，记者：李文，通讯员：粤才轩）

政府债务

Government Debt

综　述

【概况】　2020年，广东省财政厅强化风险意识，统筹发展与安全，处理好稳增长与防风险的关系，将“全面对标、全力推动走在前列”作为各项工作的重要抓手，加强地方政府债务管理，推进防范化解政府债务风险，推动全省债务管理工作走在前列。堵严“后门”防控政府债务风险，加快化解隐性债务，争取新增债券额度支持。开好“前门”管好用好新增债券，争取新增债务限额较大幅度增加，加快新增债券发行使用，保障重点领域重大项目建设需要。推进债务信息公开，将地方政府债务按一般债务和专项债务纳入预算管理；执行省政府向省人大常委会报告地方政府债务管理情况制度，全面反映全省和省级政府债务规模、结构及增减变化情况；规范向市场公开政府债券发行信息，研究制定专项债券信息披露模板，定期向市场告知发行计划；规范向社会公开债券存续期信息，推进闲置资金规范高效使用。

【政府债务管理成效】　2020年，广东省政府债务总体安全、风险可控、底数清晰、管理规范，是全国政府债务风险最安全的地区之一，债务风险各项指标均优于全国平均水平。广东省财政厅管好用好新增债券，项目储备工作更加扎实、新增债券额度再创新高、发行使用更加规范高效、拉动有效投资作用更加明显。财政部将广东作为第一个省份，开启地方债自发自还五周年系列宣传活动。2020年5月，广东在全国率先发行提前下达第三批专项债券、率先完成全年提前下达新增债券发行任务，财政部给予肯定。遏制新增隐性债务，稳妥化解隐性债务，存量规模明显下降，隐性债务风险得到缓释。财政部部长刘昆肯定广东省化解存量隐性债务工作，在2020年全国财政工作会议的讲话表扬广东隐性债务化解取得明显成效。

（广东省财政厅政府债务管理处供稿，李栩执笔）

2020年5月12日，广东省财政厅在深圳证券交易所率先发行国家再提前下达新增专项债券，广东省财政厅厅长戴运龙、副厅长陈剑出席发行仪式

（广东省财政厅政府债务管理处供图）

新增债券管理使用

【新增债券额度再创新高】　2020年，广东省财政安排资金专项支持谋划储备重大项目，变“资金等项

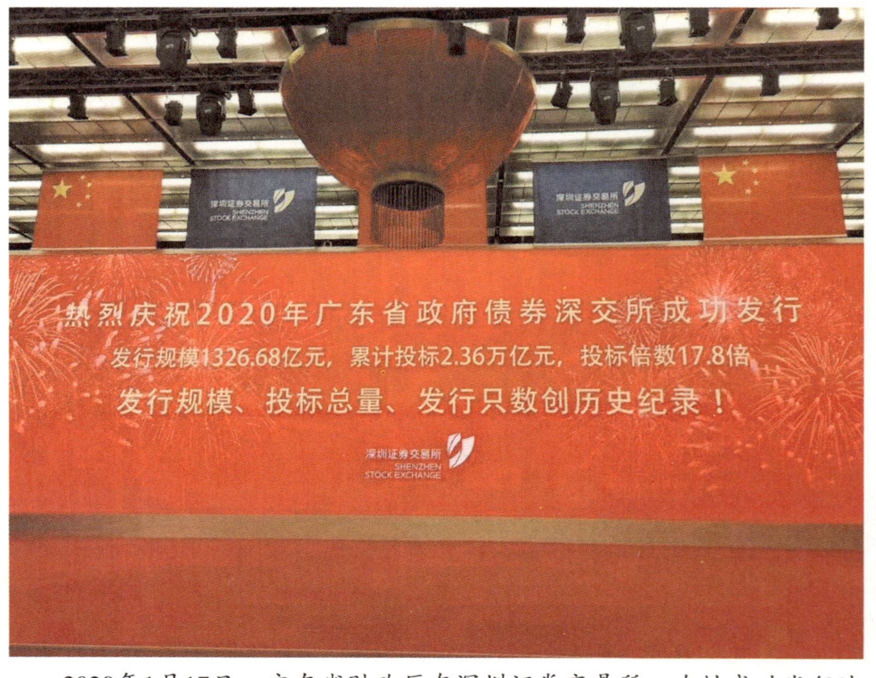

2020年1月17日，广东省财政厅在深圳证券交易所一次性成功发行地方政府债券1326.68亿元，为全国地方债发行历史单次最大招标规模

（广东省财政厅政府债务管理处供图）

目”为“项目等资金”，确保“储备一批、发行一批、建设一批、接续一批”。建立债券项目安排跨部门协调机制，健全完善项目库管理，向中央争取新增债券额度。2020年中央下达广东省新增债务限额3616亿元，其中深圳市482亿元，其余地区3134亿元，相比2019年的2169亿元增加1447亿元，增幅达66.7%。新增债务限额为广东省历年全国占比最高、规模最大。

【资金分配机制优化】 2020年，广东省财政厅坚持全省“一盘棋”，牢固树立“先谋事、再排钱”工作理念，在分配源头保障支持重大项目和重大民生工程建设融资需求，保障国家、省的一系列重大决策部署落地。新增债券额度分配继续坚持“项目制”，突出“一个坚持三个注重”原则，即坚持“资金跟着项目走”，注重支持重点发展区域，注重防控政府债务风险，注重提高债券资金使用效益。着力保障重点领域重大项目建设和补短板。

【债券发行使用屡创佳绩】 2020年，广东省财政厅加强市场研判，抢抓发行窗口，组织债券发行工作；建立健全新增债券支出使用约谈通报机制，加快资金使用进度；研发上线“新增债券实际使用”模块，跟踪资金使用情况，规范资金支出使用。全年新增债券发行使用工作实现“两个提前、三个率先、四个首次”，即11月27日提前完成特殊转移支付机制一般债券全部支出、11月底提前完成广东地区新增债券全部支出；率先完成全年提前下达新增债券发行、率先发行化解中小银行风险专项债券、率先组织商业银行柜台发行；全国首发新基建专项债券、全国首发水资源领域绿色债券、广东地区首发分年还本专项债券、创造全国地方债单次发行规模历史纪录。

【乘数拉动效应扩大】 2020年，广东省新增债券实际使用进度93.2%，带动全省固定资产投资突破4万亿元，实现全年增长7.2%，拉动基础设施投资连续5个月保持两位数增长，实现全年增长11.6%。合理扩大专项债券用于项目资本金使用范围，省财政安排523.8亿元专项债券作为符合中央和省重大决策部署、具有较大带动效应的重大基础设施项目资本金，支持广湛高铁、白云机场、珠江三角洲水资源配置工程、深中通道等重大项目建设，相关项目带动总投资6446亿元，发挥新增债券“四两拨千斤”带动作用，撬动社会资本加大投入。

（广东省财政厅政府债务管理处供稿，李栩执笔）

政府债务风险管控

【限额管理规范】 2020年，广东省财政厅实施政府债务限额管理，在法定政府债务限额内通过发行新增债券举借地方政府债务，全省地方政府债务余额15317.50亿元，控制在法定债务限额17506.07亿元以内。规范政府举债融资行为，遏制地方政府在法定债务限额之外违法违规举借债务，防范新增隐性债务风险，强化监督问责，形成震慑。

【法定职责履行】 2020年，广东省财政厅落实履行省级财政部门对政府债务的法定职责，确保政府债券不出任何风险。统筹考虑项目周期、分地区债务分布、债券市场等因素，科学设计债券期限，既规避发行风险，又适当拉长债券期限平滑分年度还本压力。全年新增债券加权平均期限13.1年，较2019年提高4.7年。提前谋划，抢占较优发行窗口，合理降低筹资成本，2020年新增债券加权平均利率3.36%，较2019年低5个基点，较2020年全国平均利率低8个基点；指导督促全省各级将政府债券还本付息资金纳入预算管理，通过做大财政蛋糕、优化支出结构等，保障兑付资金需要，履行偿还责任，全年分批次及时足额缴付本息资金1145.4亿元。

【隐性债务化解】 2020年，广东省财政厅加快化解存量隐性债务，确保不发生区域性风险。完善常态化统计监测机制，对全省隐性债务建档建卡，实行动态管理，每月一报，销账即报。加强对各地债务管理工作指导，落实隐性债务问责办法，严禁违法违规举债融资，遏制隐性债务增量。隐性债务存量规模明显下降，超额完成年度化解任务。落实中央关于规范隐性债务变动统计要求，汇总起草广东省隐性债务情况报告代拟稿，按季度汇总办理各地市隐性债务项目重大变动申请。

【统计监测强化】 2020年，广东省财政厅落实债务统计监测制度，强化风险预警处置。开展债务数据共享比对试点工作，强化部门间数据共享与协同监管，得到财政部肯定，在全国债务管理工作培训上做经验交流发言，并在全国全面推行数据共享比对工作。按月统计、按季度通报政府债务情况，按半年通报债务风险评级情况，按年度通报法定债务风险评估和预警结果，按照“一地一策”原则，逐个督促推动风险较高地区采取措施缓释风险。

（广东省财政厅政府债务管理处供稿，李栩执笔）

·链接·

全国首单水资源地方政府专项债发行
用于珠三角水资源配置工程建设

从珠江三角洲水资源配置工程建设单位获悉，2020年广东省水资源专项债券（一期）5月12日在深交所成功发行，募集资金将用于珠江三角洲水资源配置工程建设。这不仅是广东省首单绿色地方政府专项债券，还是全国首单水资源领域绿色地方政府专项债券。

为有效应对新冠肺炎疫情影响，广东省积极落实国家有关部署，于5月12日成功发行一批专项债券，重点用于国务院常务会议规定的农林水利等领域，其中就包括用于支持珠江三角洲水资源配置工程建设的水资源专项债券。发行结果显示，该期水资源专项债券发行额为27亿元，期限为10年，年利率为2.88%。

此次全国首单水资源领域绿色地方政府专项债券的成功发行，是广东省进一步创新债券发行管理的集中体现，将充分利用绿色金融工具有力推动粤港澳大湾区重要基础设施项目建设，最终将惠及大湾区千家万户。

珠江三角洲水资源配置工程是国务院确定的全国172项节水供水重大水利工程之一，已被纳入《粤港澳大湾区发展规划纲要》，同时也是广东省历史上投资额最大、输水线路最长、受水区域最广的水利工程。该工程已于2019年5月开工，预计2024年建成通水。

（2020年5月14日《南方日报》，记者：谢庆裕，通讯员：单小亮）

今年首批广东债获市场超额“抢购”

总规模1326.68亿元，主要用于大湾区基础设施建设，投资者称看好广东经济发展

新年伊始，广东好消息不断，作为首个GDP破10万亿的省份，成功发行了2020年首批政府债券，规模1326.68亿元，市场反响热烈，刷新多项纪录。

据了解，2020年首批广东债是通过财政部深圳证券交易所政府债券发行系统于1月17日成功发行，一举刷新了“单场招标债券只数最多”“单批发行规模最大”等多项地方政府债发行历史纪录。

深圳证券交易所数据显示，承销团68家金融机构投标踊跃，投标总量突破2.3万亿元，各期限品种中标利率均较基准上浮25BP。其中，证券公司类承销团成员投标总量超1.4万亿元，中标428.2735亿元，占发行规模的32.28%。

“本次广东债认购很火爆，投标倍数17.8倍，地方政府债实现‘自发自还’模式，这充分说明市场投资人对广东经济发展的认可和未来潜力的看好”，参加此次投标的兴业银行广州分行投资银行部负责人告诉记者。

另一家大型券商投行部负责人则向记者指出，地方政府债一般由银行包揽，而此次广东债吸引了诸多非银买家积极“抢购”，其中券商承销规模就超过30%。他认为原因在于“广东是全国第一经济大省，各项经济指标领先，还有粤港澳大湾区建设的历史发展机遇”。他还提到，此次发行的债券中，就有颇受市场欢迎的粤港澳大湾区专项债。”

据了解，本次广东省政府债券包括一期一般债券和二十九期专项债券，期限涵盖5年、7年、10年、15年、20年及30年，总规模为1326.68亿元，募集资金主要用于粤港澳大湾区基础设施建设和广东省内交通、能源、农林水利、生态环保、民生服务及收费公路等多个重点项目支出。

随着地方政府债发行从银行间市场走向交易所，深交所在不断完善债市基础设施，提高发行服务水平，截至目前，其招标发行地方政府债券已覆盖32个省市自治区，其中广东省发行量排名第一。

（2020年1月20日《南方日报》，记者：张艳 肖文舸）

国库管理

Treasury Management

综　述

【概况】　2020年，广东省财政厅以“巩固、增强、提升、畅通”为路径，推进国库各项工作任务。巩固国库管理改革成果，财务核算信息集中监管改革提质增效，政府综合财务报告编制实现“横向到边、纵向到底”全覆盖，省本级全链条、全流程支付电子化持续推进。增强对中心工作的保障支撑，多措并举落实中央财政资金直达机制，推动资金直达市县基层，直接惠企利民；库款管理及调度全方位加强，兜牢“三保”底线；预算执行分析水平提升，支撑收入组织工作。提升国库管理能力，财政总决算和部门决算工作继续走在全国前列；库款管理、会计核算、账户管理、资金存放等管理机制完善，财政资金安全、规范、高效运行；配合广东省人大预算联网监督工作效能提升；预算单位财务管理信息化建设研究规划稳步推进。畅通国库数据应用，搭建财政国库数据平台，多维度探索开展数据分析和应用。

【国库管理工作走在全国前列】
2020年，广东省预算执行分析、财政总决算、部门决算、直达资金及库款管理工作走在全国前列。库款管理考核排名居全国第一位；预算执行分析、财政总决算和部门决算三项工作均获财政部通报表扬；广东地区直达资金全年综合考评全国排第二名，并在全国财政工作会议上作专题经验介绍。

［广东省财政厅国库处（国库支付局）供稿］

国库管理改革

【权责发生制政府财务报告改革】
2020年，广东省财政厅制定印发《2019年度广东省政府财务报告编报工作方案》，加强对省级部门、地市财政部门的工作指导和业务培训，提升各级编制人员业务水平，夯实工作基础。在全国率先将编制试点范围扩展至各级部门所属的行政事业单位以及乡镇，实现“横向到边、纵向到底”全覆盖。财务报告系统与单位财务核算、总预算会计系统实现互联互通，可自动提取并生成财务报表基础数据。加强改革宣传，通过《中国会计报》《预算管理与会计》等刊物宣传介绍广东省改革做法成效和市县改革经验，扩大政府财务报告改革影响力。

【财务核算信息集中监管改革】
2020年，广东省财政厅推动财务核算信息集中监管改革提质增效，在创新监管上发力，省级全面上线财务核算信息监管预警模块，建立单位会计核算预警纠偏机制；完成与高校、医院等特殊行业部门自有核算系统的对接，实现省级预算单位全部纳入监管范围；实现单位会计核算系统与部门决算、资产系统的互联互通，核算数据可自动生成相关报表，实现相关数据有效利用；抓好定期通报、电话提醒和实地督导等日常监管工作，与审计部门建立更紧密的协作机制，推动单位会计核算质量提高。

【国库集中支付电子化改革】
2020年，广东省财政厅发挥省本级支付电子化优势，在疫情期间协调代理银行开通自助柜面业务，省直690多家预算单位“足不出户”即可完成应急疫情防控经费拨付。会同人民银行广州分行将调库更正、收入退还业务纳入改革范围，加快支付电子化改革进程。简化流程，精简当年度直接支付退款审核流程；增加资金审核待办提醒功能，对相关科目混用、单位失信等情况进行智能预警提醒，提高办事效率。联合人民银行广州分行印发《广东省国库集中支付电子化管理接口报文规范（2020）》，加快实现全省各级财政国库集中支付业务电子化全覆盖。

［广东省财政厅国库处（国库支付局）供稿］

2020年12月1日，广东省财政厅举办2020年全省财政预算执行分析和决算工作布置培训　（张卫华　摄）

国库资金管理

【总会计核算管理强化】　2020年，广东省财政厅优优化财政总会计管理，健全上下级财政往来款项核算、规范库款管理等制度，夯实制度基础。强化会计支撑能力，将会计核算规范与业务管理结合，梳理特殊预算收支科目应用场景，同步在预算管理系统中补充完善校验规则，为业务管理提供支撑。强化培训指导，举办各类总会计培训班3期，多次赴县区财政局实地指导调研。推进会计档案电子化管理、主权外债核算管理与财政总会计制度改革，向财政部提供广东经验。

【财政库款保障】 2020年，广东省财政厅为应对新冠肺炎疫情对财政收支的影响，将库款管理与“三保”预算审核联动，率先出台库款保障工作规程，建立每日库款管理和支出计划协调机制，确保各市县不出现疫情防控和“三保”支付风险。建立“一日一报”制度，“点对点”关注重点地区收支平衡和库款情况，指导县级设立“三保”资金专户，将“三保”资金从“分散管理”转变为“集中使用”。研究测算省级库底最佳余额区间，为日常库款监控工作提供参考。因时因势改进资金调度工作方法，最大限度发挥省级资金调度作用，保障市县疫情防控和“三保”等重点支出资金需求。全年办理市县调度资金共计2722.68亿元，全省各级“三保”支出库款保障到位，在财政部考核中名列前茅。

［广东省财政厅国库处（国库支付局）供稿］

2020年9月16日，广东省财政厅总会计师刘云梅带队到佛山开展新增财政资金直达机制运行情况调研 （肖鑫晖 摄）

国库专项工作

【直达资金监控】 2020年，广东获得中央直达资金782亿元，支出进度99.7%，惠及各类市场主体7.62万家，受益群众5375万人次。在实施直达资金监控过程中多措并举，强化组织保障，健全对外沟通和对内协作工作机制；做好资金拨付，最快做到中央财政直达资金调拨款当日“点对点”拨付到用款单位；加强全过程全方位监控，开展线上线下同步督促；配合人大、审计、财政部广东监管局等做好直达资金审计监督，建立发现问题立行立改机制；加强政策宣传，在《国办专报》《特供信息》等国家刊物宣传广东省直达资金经验做法，推动资金落地见效，实现各项管理指标走在全国前列。

【预算执行分析】 2020年，广东省财政厅创新分析思路和方法，疫情爆发初期开展新冠肺炎疫情对财政运行影响分析，为调整全年收入组织目标提供参考；研究提出用契税收入与房地产市场交易额之比等方法分析中小税种收入征收空间，为抓收入工作提供抓手。加强专题调研，针对领导关注的重点问题、重点情况，调研形成《粤、苏、浙国有土地使用权出让收入对比分

2020年9月15日，财政部国库司在广州召开部分地区新增财政资金直达机制工作座谈会。广东省财政厅党组书记、厅长戴运龙，党组成员、总会计师刘云梅参加座谈会 （广东省财政厅国库处供图）

析》《关于江苏、山东财税收入形势调研情况的汇报》等材料供领导参阅。修订《广东省财政厅预算执行分析工作操作规程》，明确职责分工，优化工作流程，将行之有效的经验做法制度化；建立省级主要经济部门财政经济形势分析会商机制，拓展预算执行分析信息渠道，完善大数据决策分析系统。

【决算工作】 2020年，广东省财政厅统筹做好疫情防控和决算编制工作，采取预审与汇审相结合、线下改线上网络化审核方式，按时保质完成2019年度全省财政总决算和地方部门决算布置、培训、汇审和上报工作。部门决算实行建立决算主审队伍、前置预审、人机结合汇审，地方财政总决算实行地市自审、互审及省财政终审的“三审”制度，严把决算数据质量关。加强对决算数据的分析研究及应用，发挥决算对财政改革和预算管理的服务支撑作用。

［广东省财政厅国库处（国库支付局）供稿］

·链接·

资金直达机制

资金直达机制指财政资金直达基层民生的特殊转移支付机制，是党中央、国务院为应对疫情影响作出的重大决策部署，是支持地方扎实做好“六稳”工作、落实“六保”任务的创新举措。2020年中央财政通过新增财政赤字1万亿元和抗疫特别国债1万亿安排的预算资金，按照“中央切块、省级细化、备案同意、快速直达”的原则分配，直接到达市县基层、直接惠企利民。

广东成为全国最快“过路财神” 中央直达资金已100%到基层

今年全国政府工作报告提出，通过提高赤字率、发行抗疫特别国债筹集2万亿元，资金直达市县基层、直接惠企利民。截至7月6日，除按规定预留资金外，广东将中央直达资金全部直达基层，省市县三级直达资金下达率均为100%，下达进度居全国首位。

据悉，广东建立覆盖省市县三级的财政直达资金管理工作机制，形成资金分配“一竿子插到底”、资金监控“一套系统管到底”、绩效管理“一个目标干到底”一体化管理体系，有力有序有效做好资金管理使用工作。

广东省财政提前一周研究资金分配，组织市县梳理项目。6天内完成方案制定、报告省领导、提交省政府审议。联合部门、市县利用端午节3天假期全面细化特别国债使用项目，如期实现分配方案与项目同步报财政部备案，6月30日省、市资金直达基层，第一时间发挥资金效益。

广东直达资金快速落地见效。据测算，特殊转移支付资金下达后，有效增强县级“三保”保障能力。同时，中央直达资金全部直达基层、直接惠企利民，切实兜牢民生底线，为广东省统筹做好“六稳”“六保”工作提供有力支撑。

6月30日，在全国率先将首批广州呼吸中心项目、湛江巴斯夫项目配套设施建设和汕头新溪污水处理厂等3个抗疫特别国债项目资金39200万元“点对点”拨付至项目单位。

下一步，广东省将成立跨部门联合工作专班，细化实化“两个直达”项目管理，对全省市县开展专项督查，推动资金使用落地见效。

（2020年7月10日《羊城晚报》，记者：唐珩，通讯员：岳才轩）

归口预算管理

Budget Management by Specialized Departments

财政综合

【概况】 2020年，广东省财政厅围绕财政中心工作，按照“一个统领、五大抓手”“谋统推干”的工作要求，推动财政综合各项工作取得成效。“全面对标、全力推动走在前列”5项工作任务完成，支持疫情防控和经济社会发展取得成效，重点改革研究工作取得突破。加强对外服务，向财政部沟通汇报、服务对口部门单位、开展地市调研座谈28次，坚持做好票据窗口服务，落实“一个部门对口一个处室”对口服务机制。

【交通基础设施建设财政支持政策】 2020年，广东省财政厅支持国省道、高速公路、港口航道等交通基础设施建设，“交通建设投资”事项连续两年获得国务院督查激励。

“交通建设投资”事项研究 广东省财政厅结合实际情况研究上报理据，争取支持，获得交通领域国务院督查激励并获得中央奖励资金5000万元。

交通领域项目市场化方式筹资 广东省财政厅深入了解国家有关政策，主动与广东省有关部门单位沟通会商，并赴江苏、浙江等地调研学习先进经验，推动狮子洋通道（总投资390亿元）等项目按经营性模式建设；根据重大基础设施投融资体制改革要求，协调推进广东省交通集团河龙高速REITs（不动产投资信托基金）等有关工作；推动“两客一危一重货”（“两客”是指从事旅游的包车、公路客运；“一危”是指运输危险化学品、烟花爆竹、民用爆炸物品的道路专用车辆；“一重货”是指重型货车）视频监控系统设备安装，建议引入保险公司承担车辆视频监控系统设备费用，相关意见得到省领导采纳，节约财政资金约9亿元。

交通运输领域财政事权与支出责任改革方案 广东省财政厅牵头起草《广东省交通运输领域省级与市县财政事权和支出责任划分改革方案》（简称方案）报广东省人民政府办公厅印发。《方案》突出搭建完备的事权框架、突出强化省级促进区域协调发展作用、突出形成省市合力，为促进广东交通强省建设、推进粤港澳大湾区建设、构建“一核一带一区”区域发展新格局提供保障。

“四好农村路”财政补助 经过充分的磋商和调研论证，广东省财政厅制定“四好农村路”2020年攻坚任务财政补助方案，加大投入力度（约70亿元），全面完成砂土路1.48万千米改造、实现100人以上自然村道路硬底化，为决胜脱贫攻坚贡献力量。

国省道“十三五”建设补助 广东省财政厅落实2017—2020年国省道建设补助计划，全年投入59亿元用于国省道建设，通过抗疫国债下达15亿元用于国省道迎国检项目，按照直达资金使用管理的要求，提前落实项目，每天梳理各

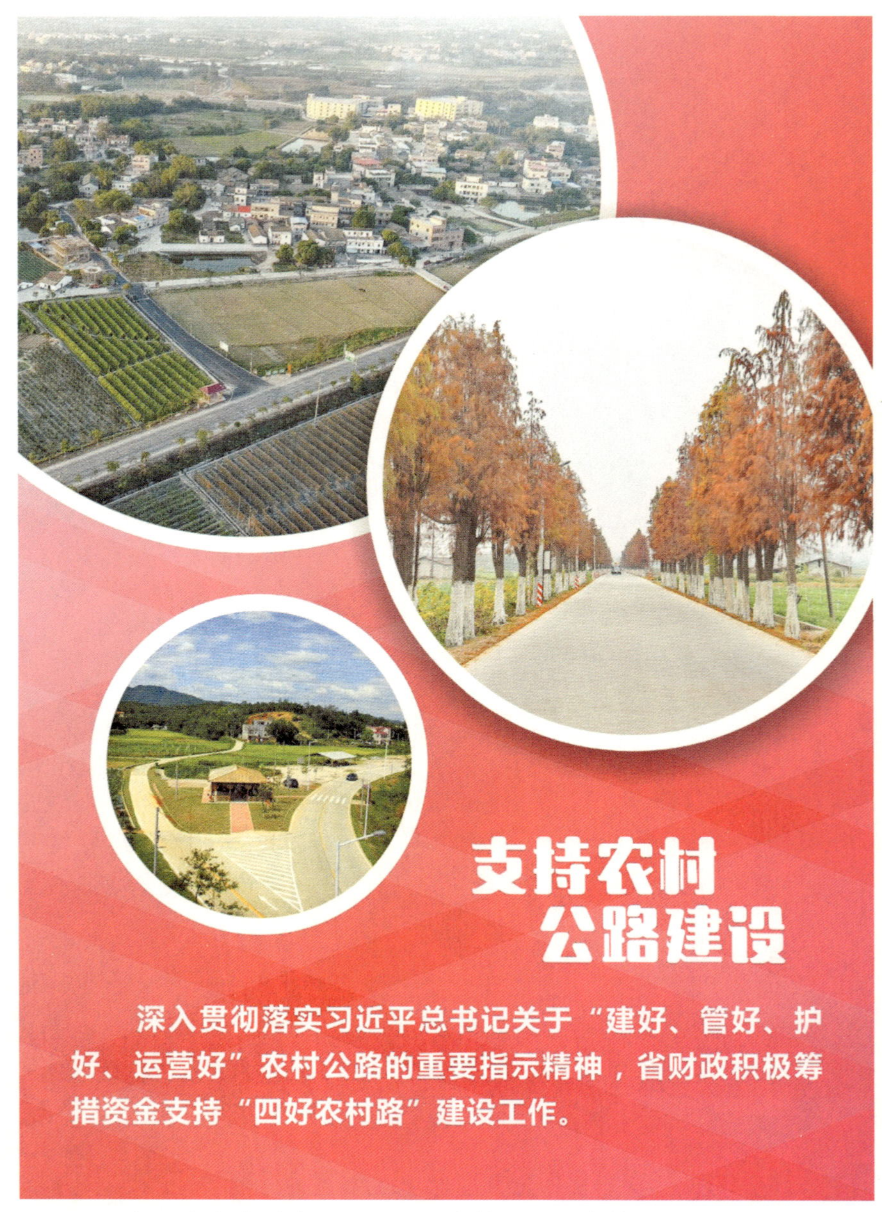

2020年，广东省财政投入70亿元支持“四好农村路”决胜攻坚
（广东省公路事务中心供图）

地支出进度情况点对点督促，确保当年度全部支出完毕并形成实物工作量。

高速公路建设支持 广东省财政投入高速公路建设资金107亿元，支持深中通道、黄茅海通道等重点项目加快实施，推动全省高速公路通车总里程突破1万千米。

港口航道重大项目建设支持 广东省财政投入16亿元推动湛江港30万吨级航道改扩建、崖门出海航道、智慧航道等重点项目建设，提升港航综合服务水平。

【宏观财经形势分析】 2020年，广东省财政厅做好季度宏观分析和专题汇报，开展新冠肺炎疫情对广东财政经济影响专题调研，配合做好人才库有关工作，加强统计工作经费保障。

季度宏观分析和专题汇报 广东省财政厅协调省直有关部门，系统梳理广东省经济财政运行情况，及时向财政部报送报告，反映广东省经济财政情况和意见建议。

新冠肺炎疫情对广东财政经济影响专题调研 广东省财政厅制定专项工作方案，加强与省直部门沟通，到广州市与部分企业实地调研座谈，了解广东省企业受疫情影响的情况及对复工复产扶持政策的需求，完成新冠肺炎疫情对广东财政经济影响的专题调研报告。

人才库建设 广东省财政厅参加财政部综合司财政政策研究专家工作室专家论证会，整理与会专家人才工作室建设意见，供厅领导参阅。做好宏观研究人才库入库人员筛选，推荐介绍财政系统优秀人才，参加宏观研究人库培训。制定广东省宏观研究人才库入库标准，着手开展广东宏观研究人才库建设。

统计工作经费保障 广东省财政厅主动对接广东省统计局、广东调查总队，做好第七次全国人口普查、粮食畜牧业调查和劳动失业率调查等专项任务的经费保障，以及预算管理相关工作。

【彩票监管】 2020年，广东省财政厅支持稳定彩票市场，推动广东省彩票销量完成任务，加强彩票市场监管。

彩票市场稳定支持 广东省财政厅压减彩票机构业务费一般性支出，从省级彩票销售机构部门预算中统筹资金约4100万元对彩票代销实体店进行补助，帮助彩票代销者共克时艰、渡过难关，帮扶彩票市场复工复产，维护广东省彩票市场整体稳定。

彩票销量任务完成 广东省财政厅掌握广东省彩票销售现状，分析疫情对广东省彩票销量、彩票销售机构业务费和彩票公益金等方面的影响，加强对接沟通，研究提出应对政策。全年广东省彩票销量完成325.73亿元，居全国首位。

彩票市场监管 广东省财政厅针对彩票市场突出问题，开展广东省彩票市场摸排和专项整治，强化彩票监管，促进广东省彩票事业持续健康良性发展。

【自然资源收入政策管理】 2020年，广东省财政厅开展提高土地出让收入用于农业农村比例政策研究，加强海域收入政策研究，开展住房公积金增值收益使用管理情况研究。

提高土地出让收入用于农业农村比例政策研究 广东省财政厅牵头成立提高土地出让收入用于农业农村政策研究专班，组织专班研究讨论10余次，组织地市书面调研1次、座谈调研2次，多次与财政部、中央农村工作小组办公室汇报沟通和省委农办沟通协商，从政策口径、计提方式、省级统筹政策、对地方政府债务和“三保”影响等多维度进行政策测算和分析评估，初步提出提高土地出让收入用于农业农村比例政策建议报省领导。

加强海域收入政策研究 广东省财政厅开展养殖用海海域使用金征收标准研究，会同广东省自然资源厅实地调研论证，妥善解决部分地市反映网箱养殖海域使用金标准执行问题；会同广东省自然资源厅充分论证，提出阶段性降低养殖用海海域使用金征收标准政策建议。配合主管部门开展海岸线有偿使用及占补平衡制度研究。研究省级海域使用金免缴审批权限委托有条件的地市实施相关意见，贯彻“放管服”精神。

住房公积金增值收益使用管理研究 广东省财政厅组织对全省住房公积金增值收益的使用和管理情况进行调查并开展研究，形成书面报告。

【财政票据管理】 2020年，广东省财政厅做好纸质票据日常监管和服务，研究启用新版财政票据。

纸质票据日常监管服务 广东省财政厅通过开通“绿色通道”、特事特办、预约服务等措施，确保财政票据发放核销、业务咨询、网络问政等日常管理工作运转，支持新冠肺炎疫情防控。全年全省印制财政票据7.16亿份，发放财政票据6.67亿份，省级核销票据约3400万份，销毁票据存根7208.5万份；答复财政票据相关网络问政69份；完成2019年度地市财政票据印制工本费7149万元的清算上解。

新版财政票据启用 广东省财政厅根据财政部关于统一全国财政电子票据式样和财政机打票据式样的精神，印发《广东省财政厅关于启用我省新版财政票据式样的通知》，于11月1日起印制和启用新版财政票据。

【广东财政电子票据管理改革】 2020年，广东省财政厅顺应疫情防控“少见面”“零接触”需求，加快财政电子票据管理改革，改革覆盖全部财政票据种类及全省各市县

广东省财政电子票据改革工作历程

2018年12月广东省财政厅正式通知推行财政电子票据改革，经过2年的发展，截止到2020年12月31日已上线单位1.51万家，累计开具财政电子票据约1.31亿份，金额达1540.9亿元。

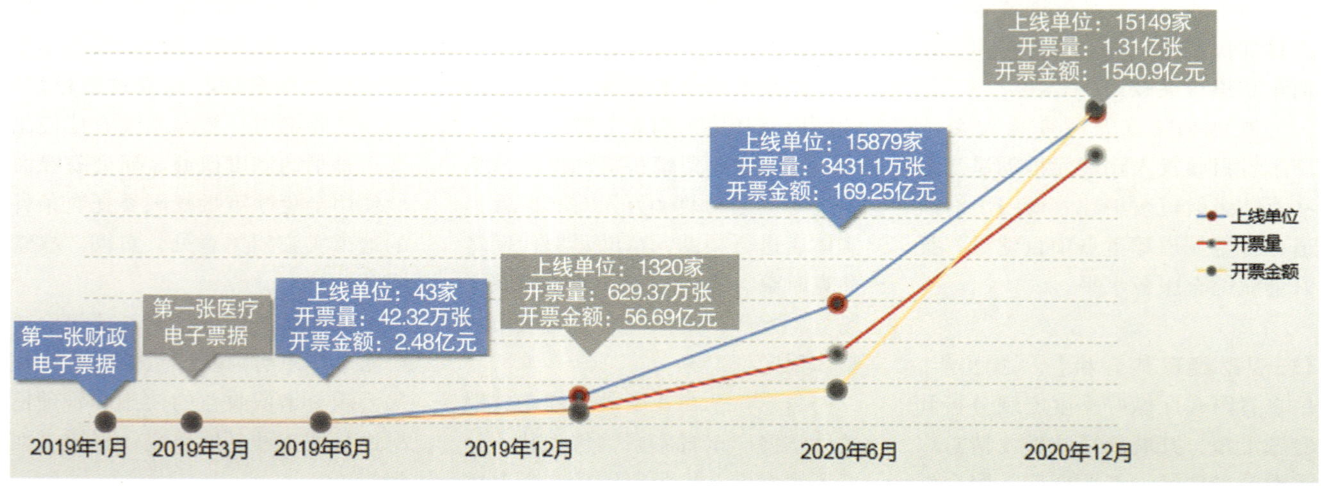

广东省财政电子票据管理改革进展情况图　　（陈波　摄）

区。截至年底，全省上线电子票据单位15149家，共开具财政电子票据1.31亿份，累计金额1540.9亿元。

聚焦“全省一盘棋”，统筹全局齐推进。加强顶层设计。在财政部统一开发建设电子票据管理系统的基础上，聚焦电子票据在全省各地区、各单位实现“横向到边、纵向到底”、建成全省统一的财政电子票据管理平台和创新省、市、县三级电子智能化监管模式的目标，制订改革总体框架和规划概要，明确改革“路线图”和“时间表”。坚持全省协调联动。坚持分类施策、因地制宜，鼓励各地区、各单位结合自身实际情况，先行先试，针对性采取上线措施，确保全省改革工作任务按照时间节点推进。广东省财政电子票据管理改革在全省21个地级以上市全面推开，涵盖医疗、非税、教育专用、社团、公益捐赠、资金往来等所有财政票种，覆盖医疗、教育、公安交罚、环保执法、不动产登记等领域。

聚焦数字化赋能，化“暂停键”为“加速键”。发挥技术应用优势。依托全省财政电子票据管理改革信息平台，保障用票单位特别是疫情防控单位用票需求，优先支持提供先进、便利、“零接触”的电子票据服务，实现用票单位“指尖办”“零跑动”。在全国较早创新应用区块链财政电子票据，打通电子票据报销的“最后一公里”，取得良好的经济效益和社会效益。推动业务和技术贯通融合。加强与卫健、医保等业务主管部门的协调合作，发挥系统技术服务商力量，注重协同合作，避免业务和技术“两张皮”，着力解决各地区、各单位改革推进过程中遇到的难题，推动财政电子票据普及应用。

聚焦“最多跑一次”，多措并举暖民心。着眼民生“关注点”。坚持积极稳妥、先易后难、先试点再推广的理念，从医疗、教育、公安等涉及民生高频服务事项用票业务入手，开展电子票据改革试点，实现降低社会办事交易成本、节约行政资源和提升服务效率品质等“多赢”。如广东医疗用票量最大，群众诉求较为集中，实现大中型医疗机构全覆盖，广州花都区、白云区、黄埔区、深圳坪山区等部分县（市、区）率先实现基层医疗改革100%覆盖，提升业务办理效率，得到用票单位、群众和大众媒体的一致好评。着眼应用“全链条”。在试点取得明显成效的基础上，因地制宜采取多种模式进行推广，稳步将电子票据管理改革推广至全省21个地级以上市、全部用票单位和全部财政票据种类。结合实际业务需求，通过系统升级改造，创新应用区块链，通过上线医保、区块链、微信卡包、“电子票夹”等小程序，丰富电子票据应用生态，加大电子票据社会化流转应用效果。着眼标准“全统一”。全面系统梳理和统一规范全省电子票据管理流程、编码规范、数据标准，建立全新财政电子票据监管体系，实现与财政部及兄弟省份电子票据网站实时互联互通，实行财政对各互联网服务渠道的有机综合利用和数字化赋能，对报销应用单位进行模式分类，实现全国财政电子票据的查验、报销入账应用“一站通”，为群众办事提供便利。

（广东省财政厅综合处供稿，林晓燕执笔）

财政行政

【概况】 2020年，广东省财政厅围绕财政中心工作，落实党政机关过紧日子要求，优化支出结构与加强管理并重，践行“以政领财”“以财辅政”。科学保障对口服务37个部门正常有序履职，落实“保运转”；巩固筑牢基层政权发展基础，支持粤东西北基层党建，县乡人大以及少数民族地区高质量发展，注重突出“惠基层”；打造新发展格局战略支点，支持“人才强省”“数字政府”“国产化替代”三大工程，践行“助提升”；紧扣对口业务和疫情防控需要，下达疫情党员捐款、出台基层党建经费购买防疫物资政策、建立防疫政务信息化项目管理绿色通道，找准切口“战疫情”；推动省委深化事业单位改革试点事务，剖析破解改革关键难题，组织制定形成改革保障综合政策包，攻坚克难“推改革”。

【经费保障突出重点】 2020年，广东省财政厅支持基层党建，安排基层党组织建设经费51.15亿元，落实重点老区苏区和民族地区村（社区）办公经费提标政策，提高村（社区）“两委”干部补贴、党组织书记绩效奖励、村务监督委员会成员补助标准。研究新一轮三年行动计划财政保障政策。建立正常离任村干部生活保障机制，下达正常离任村干部生活补助经费省级补助部分6.47亿元。支持聚集英才，安排科技创新战略（人才发展）专项资金15.79亿元，支持实施省重大人才工程及项目，引进培养高层次人才及创新创业团队，提高院士服务保障水平。制定出台科技创新战略（人才发展）专项资金管理办法。配合省委组织部研究制定制造业高质量发展人才支撑、“扬帆计划”竞争性扶持人才项目、人才综合服务保障体系等政策。支持乡镇人大，2020年补助粤东西北地区998个乡镇人大工作经费2.99亿元，研究确定新一轮财政支持乡镇人大工作政策，按照每个乡镇每年30万元的标准继续补助粤东西北地区989个乡镇人大工作经费，专项用于开展乡镇人大工作和县乡人大换届工作。支持民宗统战，安排2020年区域协调发展战略专项资金（促进少数民族地区发展）2亿元，用于特色美丽城乡建设、提高民族地区基本公共服务水平；安排2020年统一战线培训专项经费534万元，提高党外代表人士和统战干部政治理论素养，完善全省统一战线教育培训体系。做好资金直达，下达中央直达资金1640万元，并通过建群通报、实时答疑、跟踪监管等措施做好省、市、县三级沟通指导，督促市县财政部门加快支出进度并挂接支付数据，提前至10月完成全年100%支出任务。

【公务支出规范管理】 2020年，广东省财政厅健全“三公”经费管理制度，配合有关部门联合印发关于规范驻国（境）外机构公务接待管理、加强因公临时出国事中事后监督管理、规范省属企业商务接待管理有关制度文件，加强“三公”经费管理。落实厉行节约常态化工作机制，结合实际情况修订省直单位行政经费节约考核办法并开展考核，对纳入考核范围单位的“三公”经费及办公费、会议费、培训费等7个经济科目进行考核，将考核结果直接与单位激励约束措施挂钩，引导单位将过“紧日子”思想贯彻落实到日常工作中。做好差旅费等行政性经费管理工作，参与中央和国家机关差旅费管理改革探索和研究，指导配合有关部门制定印发《省委外办赴京工作人员适用差旅费管理规定》等制度，促进各项行政性经费管理规范、厉行节约。

【数字政府建设保障】 2020年，广东省财政厅强化资金保障，在受新冠肺炎等因素影响财政收支矛盾巨大的形势下，对口安排14.29亿元信息化资金，其中：安排10.78亿元支持省级政务云及“粤政易、粤省事、粤商通”等公共类项目；安排1.25亿元支持数字财政、数字政协等专业类项目；安排2.26亿元支持欠发达地区政务信息基础设施建设。强化调查研究，为研究完善“数字政府”改革财政保障政策，分别到数字广东网络建设有限公司、汕尾市、广州市越秀区等开展调研，通过小切口了解“数字政府”改革在推动基层治理方面的成效及存在问题，为完善相应财政政策搜集第一手资料。强化机制完善，履行省级政务信息化项目建设管理协调工作组成员单位职责，参与研究解决政务信息化项目“上不上、怎么上、快速上”的问题，为广东省数字政府改革建设在项目层面落地建言献策。强化流程优化，将原本由广东省政务服务数据管理局、广东省财政厅共同负责的资金审核工作融合嵌入，缩短审核时长，提高审核效率，推动省级政务信息化项目审核流程优化完善。广东省2019年省级政府网上政务服务能力蝉联全国第一名，广东省财政为广东省数字政府改革走在全国最前列贡献财政力量和智慧。

【行政改革推进】 2020年，广东省财政厅推进政府购买服务改革，印发《关于推进政府购买服务第三方绩效评价工作的实施意见》《广东省推进政府购买服务第三方绩效评价试点工作方案》，推动广州、珠海、佛山、东莞四市财政局分三个阶段开展试点，总结试点经验、重要问题和成功做法。参与事业单位改革，牵头落实全省深化事业单位改革试点资金资产组工作，参与制定广东省深化事业单位改革试点实施方案，建立5本台账及5个工作机制；牵头全厅深化事业单位改革试点，制定《广东省深化事业单位改革试点相关财政保障政策》等2个制度文件和2个工作指引，建立经费调整绿色通道一张清单、一份文件、一体推进“三个一”工作机制。落实收入分配制度改革，按照公务员职务与职级并行改革要求以及绩效考核工作部署，会同组织、人社部门落实职务与职级并行工资政策，开展2019年度省级机关绩效考核，保障考核结果及时兑现。推进党政机关和国有企事业单位培训疗养机构改革，配合广东省发展改革委员会研究广东省实施方案，做好成立广东省党政机关和国有企事业单位培训疗养机构改革联合工作组准备工作。

【疫情防控工作保障】 2020年，广东省财政厅下拨党员支持新冠肺炎疫情防控自愿捐款。联合省委组织部完成党员支持新冠肺炎疫情防控自愿捐款资金分配方案制定和资金下拨工作，共下达资金3.7亿元，将以习近平同志为核心的党中央和广大党员的支持和关怀送到慰问资助对象手中；以党的基层组织保障经费为载体出台基层防疫政策。联合省委组织部出台助力基层防疫政策，明确党的基层组织建设保障经费可用于基层购买疫情防控有关药品、物资以及开展有关宣传教育工作，同时要求市、县尽快下拨省级补助经费，开通疫情防控经费开支绿色拨付通道。建立防疫政务信息化项目管理绿色通道。为确保新冠肺炎疫情防控相关信息化建设任务开展，配合广东省政务服务数据管理局研究建立相关项目管理“绿色通道”，支持39个项目批复，助力打赢疫情防控阻击战。为省防境外疫情输入驻京工作组提供财力保障。落实国家和省加强首都入境人员管理的工作部署，安排相关工作经费70.6万元，保障广东境外入京人员转接工作经费需求。

（广东省财政厅行政处供稿，张启明执笔）

财政政法

【概况】 2020年，广东省财政厅对标对表，围绕服务平安广东、法治广东建设目标，加强协调配合，完善工作机制，做好政法领域改革及运转经费保障和制度完善，广东省司法体制改革继续走在全国前列。平安广东、法治广东建设谱写新篇章，全年全省涉黑涉恶财产上缴入库37.67亿元，入库率大幅提高。省以下监狱体制改革深入推进，完成将市地所属监狱收归省级直管工作，妥善解决穗外监狱单位医疗保障问题。做好政法部门疫情防控财政保障，全年组织压减和清理盘活存量资金，用于支持常态化疫情防控下促进财政可持续发展工作。完善法律援助补贴制度，加强和规范法律援助补贴经费使用和管理，推动广东省法律援助服务提质增效。

【法检两院财物统管改革走在全国前列】 2020年，广东省财政厅完善财物统管制度，制定省以下法院、检察院财物统一管理办法，缩短业务办理和执行链条。落实市县法官检察官职业保障，完善市县法院检察院属地津补贴政策保障机制，明确市县标准超出省标准部分以省标准为上限“限高”保障，未达到省标准地区的仍按属地标准“就低”保障。规范合同制审判辅助人员配备管理，全年省财政安排1.6亿元对粤东西北地区聘用制司法辅助人员所需经费按50%比例予以补助。广东省司法体制改革工作继续走在全国前列，在12月举办的全国财政政法工作会议暨深化司法改革体制座谈会上作先进经验介绍和推广。

【省级政法领域财政管理制度完善】 2020年，广东省财政厅完善政法经费保障机制。研究制订《省级政法转移支付资金管理办法（稿）》，从资金性质、分配、开支范围、绩效监督等方面规范省级政法转移支付资金管理。完善部门专项资金管理。制定省级诉讼费退付管理办法，采用备用金形式将诉讼费退付资金提前安排法院，大幅缩短审批流程；印发军民融合专项资金管理办法，规范专项资金管理。开展政法部门经费保障标准体系建设。适应深化预算管理改革要求，会同法院、检察院、司法和监狱戒毒等部门探索建立政法经费支出标准体系，如核定监狱罪犯伙食费、被服费和医疗费，以及法院业务装备、法律援助等重点项目经费开支标准，推动项目经费标准化管理，为提高预算编制科学性及精准度奠定基础。

【平安广东、法治广东建设】 2020年，广东省财政厅完善涉案财物管理。统筹做好扫黑除恶专项斗争经费保障，安排有关省直部门扫黑除恶工作经费4594万元；会同广东省委政法委等部门制定《广东省涉黑涉恶刑事案件财产处置试行办法》，规范涉黑涉恶刑事案件财产处置流程。支持完善社会治安防控体系，安排省际公安检查站“升级增效”工作经费13，872万元，推动打造由38个省际公安检查站组成的“环粤安保圈”。推动实现公共法律服务全覆盖，投入3.2亿元支持公共法律服务。支持和保障纪检监察工作全覆盖。做好省领导对口帮扶清远市、佛冈县等协助事项及广东省纪委历史遗留项目竣工财务决算工作，审核办理省委巡视办档案馆等建设项目经费保障，支持省纪委监督责任落实。支持军民融合事业发展。支持军工科研事业重大项目建设，促进形成一批军民融合发展研究成果。

【省以下监狱管理体制完善】 2020年，广东省财政厅按照中央关于“逐步将市地所属监狱收归省级直管”的要求，完成广东省最后两个市地所属佛山、江门监狱收归省级直管工作，核定经费上划基数5.97亿元。按照省属监狱保障标准落实两所监狱经费保障，安排佛山、江门监狱2020年运转性经费6.68亿元，人、财、物管理实现平稳过渡。推动省直机关事业单位医疗保障制度在省属穗外监狱单位落地实施。按照省直机关事业单位医疗保障制度改革精神，协调省监狱局统筹解决穗外在职人员和离退休人员参加属地医保及二次报销经费缺口。

【政法部门疫情防控财政保障】 2020年，广东省财政厅落实疫情防控政治责任，通过盘活部门财政存量资金、优化财政支出结构，做好公检法司等部门疫情防控经费审核拨付工作。全年组织压减部门一般性项目支出4.4亿元、专项资金1.4亿元，收回1.4亿元，用于支持常态化疫情防控下促进财政可持续发展工作。支持实现全省监所安全稳定和服刑人员、戒毒人员零感染，落实监狱、戒毒场所疫情防控经费0.93亿元，支持省属监狱、强制隔离戒毒所执行全封闭管理、值班备勤、重点人员核算检测、医疗救助等工作。支持公安机关打造环粤道路智能防控圈，安排环粤道路视频监控及卡口补点项目建设经费5620万元和疫情防控工作经费8800万元，支持公安机关开展445条未覆盖车辆卡口的省际路段车辆卡口系统建设，全面采集进出广东省道路的重点疫情地区车辆信息和购置应对疫情防护物资等。加强欠发达地区留置场所建设和疫情防控，安排汕头、河源市纪委特殊疫情防控经费，支持保障应急救援设备和物资及时供应。

【法律援助补贴制度完善】 2020年，为加强和规范法律援助补贴经费使用和管理，广东省财政厅自2006年后首次修订全省法律援助补贴支出办法，会同广东省司法厅出台《关于制定法律援助补贴标准的通知》，实现“三个转变”。补贴标准从“分类式”向“合理化”转变。通过细化补贴构成、明确操作办法，针对不同地区、不同种类和不同阶段的法律援助案件实施分类补助，补贴做到更加精准科学。补贴范围从“定向式”向“群体化”转变。新的补贴标准结合我省各地财力以及法律援助工作情况，明确九个方面的法律援助事项，进一步扩大补助范围，实现广泛覆盖。补贴机制从“固定式”向“弹性化”转变。建立动态调整的补贴机制，执行差异化的补贴标准，调动法律援助人员的积极性。

（广东省财政厅政法处供稿，张可薇执笔）

财政科教文

【概况】 2020年，广东省财政厅推进科技经费管理改革，健全教育经费投入机制，完善财政文化政策体系，优化资金支出结构，提升预算管理水平，为全省科教文事业发展提供保障。全年下达预算资金798.35亿元，其中教育资金607.25亿元，占比76%；科技资金94.46亿元，占比12%；文化资金96.63亿元，占比12%；下达省直部门425.57亿元，完成省本级支出412.75亿元，资金支出率达96.99%。

【粤港澳大湾区和科技创新强省建设】 2020年，广东省财政厅支持省实验室建设，实地调研和现场审核粤东西北省实验室投入，通过设立补助政策审核标准体系引导省实验室围绕省政府确定的建设方向聚焦聚力，下达资金4.26亿元推动粤东西北省实验室加快建设；支持广深港、广珠澳科技创新走廊、国家和省重点实验室建设，完善创新平台梯队。推进省重点领域研发计划，组织实施7批共360个省重点领域研发计划项目和2批共22个基础研究重大项目，省财政立项金额合计77.91亿元，推动基础研究重大项目持续布局，促进重点领域“卡脖子”问题切实得到解决。加强粤港澳科技合作，制订《广东省省级科研资金跨境港澳地区使用管理规程（试行）》，推动粤港澳科技创新协同发展，促进省级科研项目资金跨境便捷流动，保障资金使用高效、规范。

【教育均衡优质发展】 2020年，广东省财政厅落实各学阶生均拨款制度，安排落实生均拨款制度省级资金268.6亿元，其中134.15亿元保障义务教育公用经费，124.32亿元支持省属高校生均综合定额拨款，10.13亿元支持学前和普高生均最低标准分别提高到每生每年400元和1000元。支持学位优质均衡普惠供给，将“增加学前教育公办学位供给”列为全省十件民生实事之一，安排13.29亿元支持欠发达地区扩大公办学位，推动学前教育实现“5080”目标；安排21.98亿元支持欠发达地区农村学校建设，统筹推进义务教育薄弱环节改善和能力提升；安排34.66亿元支持提高高等教育毛入学率和粤东西北学校建设；安排地方政府专项债16.65亿元支持省职教城二期建设，安排10.9亿元做强做优高职教育和改善中职学校办学条件。促进教育质量提升，安排13.9亿元用于美育、校园足球和信息化建设等，推进基础教育现代化；安排3.46亿元提高教育质量，发展现代职业教育；安排32.8亿元用于高水平大学建设、粤东西北高校振兴、特色高校和创新强校工程，提升高等教育内涵发展水平。落实全覆盖的学生资助政策体系，安排学生资助资金58.31亿元，受助学生294万人次，保障学生不因家庭经济困难而失学。其中安排教育精准扶贫增量资金7.76亿元，受助学生约32万人次，对就读义务教育、高中（含中职）、高等教育全日制在校建档立卡等家庭经济困难学生实施免学杂费和生活费补助，促进贫困人口稳定脱贫。支持深化教师队伍建设改革，安排41.98亿元，实施教师工资待遇“两相当”、高校毕业生到农村从教上岗退费、山区和农村边远地区义务教育学校教师岗位津贴补助、强师工程、教师教育振兴、广东特支计划教学名师等政策，支持教师教研能力提升和教师工资待遇保障，吸引和培养优秀人才到欠发达地区从教乐教。

【思想文化工作和文化强省建设】2020年，广东省财政厅支持构建舆论工作新格局。安排2.16亿元补助省级四大主流媒体，巩固主流媒体舆论阵地。安排3.2亿元支持实施广东卫视改革振兴计划，打造广东重要文化宣传窗口。安排1.27亿元支持县级融媒体中心和新时代文明实践中心建设，筑牢基层党员群众思想根基。安排1.56亿元支持粤港澳大湾区宣传工作，守住意识形态安全“南大门”。支持网络安全态势感知平台和网信应急指挥平台建设，维护网上政治安全。繁荣发展文化体育事业。安排11.33亿元支持欠发达地区公共文化服务发展。投入2.87亿元，推动全省图书馆、美术馆、文化馆（站）、博物馆、纪念馆及公共体育场馆免费或低收费开放，支持建立覆盖全省的基本公共文化服务体系。安排6.77亿元支持红色革命遗址保护利用、文物保护和非物质文化遗产保护传承，推动岭南优秀传统文化创新型发展。安排2.4亿元支持备战重大体育赛事，提高广东省竞技体育综合实力。安排7亿元支持汕头市筹备第三届亚青会。推动文旅体产业融合发展。安排4亿元支持文旅企业应对疫情，促进全省文旅消费市场迅速提振恢复。安排1.8亿元支持文化和旅游融合发展，提升文化旅游品质，支持打造粤港澳大湾区世界级文化旅游目的地。支持珠影集团1.15亿元，用于资助重点电影投拍和创作生产。

【科教文财政资金管理改革】2020年，广东省财政厅推动教育和文化领域省级与市县财政事权和支出责任划分改革。印发实施《广东省教育领域省级与市县财政事权和支出责任划分改革实施方案》，合理确定广东省省级与市县政府提供教育领域公共服务的范围和内容，明确教育领域共同财政事权分担方式，建立教育领域权责清晰、财力协调、区域均衡、划分合理、保障有力的省级与市县财政关系。及时跟进中央文化领域财政事权和支出责任划分改革，开展省与市县财政事权和支出责任划分改革调研。健全完善省级科技资金管理机制。制订《广东省科技创新战略专项资金管理办法》及相关财政事权管理办法，明确各项工作任务的实施标准，为科技创新战略专项资金的分配使用提供制度规范；修订《广东省级财政社会科学研究项目资金管理监督办法》，进一步下放社科类项目经费使用自主权，完善社科类科研资金的使用管理，建立统一的科研资金监管体系；出台《广东省财政厅　广东省科技厅关于优化省级科研项目资金拨付管理的通知》，落实省政府“百项疏堵行动”工作，简化对企业和非预算单位的科研资金拨付流程，提高企业科研资金的拨付效率。

（广东省财政厅科教和文化处供稿，杨远立执笔）

财政经济建设

【概况】　2020年，广东省财政厅聚焦重点，重大项目保障有力。重大项目前期工作经费增至10亿元。统筹安排基础设施建设资金319.1亿元，保障铁路、机场等重大项目建设。投入28.12亿元，推进保障性安居工程建设。“两全”优先，中央补助实现翻倍。争取中央基建投资补助超过66亿元，较2019年增加超过1倍。争取中央支持燃料电池汽车示范城市群试点，初步入围试点名单。勇于创新，投融资改革有新思路。调研形成《推进重大基础设施投融资改革　拓展省级资本金筹措思路》调研报告，上省政府常务会议作专题汇报，获得省领导肯定。优化服务，持续推进“放管服”。全面掌握3个对口部门主要职能、资金盘子、业务诉求，完成对口服务任务。深入推进基建财务“放管服”，实施基建资金授权支付改革。

【重大基础设施投融资改革】2020年，广东省财政厅拓展新思路，谋划基础设施投融资体制改革。为解决受新冠肺炎疫情影响、经济面临下行压力持续加大、主要依靠政府投入建设基础设施模式困难加大等问题，拓宽思路，深入调研，形成调研报告。截至年底，白云国际机场三期扩建工程PPP项目和广汕铁路新塘动车运用所上盖开发项目等一批项目有序开展，改革稳步推进。

【重大项目建设财政保障】　2020年，广东省财政厅聚焦扩大内需战略，突出保障重点，助推广东省经济高质量发展。面对疫情冲击，采取措施稳投资促消费，对冲疫情影响，支持做好“六稳”“六保”工作。推动重大项目建设，稳投资促

2020年，广东财政支持汕汕铁路（左图）、广州白云国际机场三期扩建工程（右图）等项目加快建设
（广东省财政厅经济建设处供图）

增长。加大重大项目前期工作经费规模。针对广东省重大项目谋划储备不足、前期工作推进慢等问题，加大重大项目前期工作经费规模。在2020年年初预算安排5亿元的基础上，增加安排至10亿元，支持谋划推动117个重大项目，预期拉动投资6000亿元。支持各部门谋划储备重大项目，变“资金等项目”为“项目等资金”，确保重大项目每年储备一批、新建一批、建成一批，推进稳投资落到实处，推动广东省经济社会发展。保障基础设施建设资金，推动互联互通。通过发行专项债等方式，统筹安排铁路项目资本金301.79亿元，推动深茂铁路深江段、珠江肇高铁开工，推进广湛、广汕汕、梅龙高铁等项目建设，广清城际铁路开通运营。安排省重大项目前期工作经费0.72亿元，推进铁路项目前期研究工作。投入16.6亿元，推进白云机场三期扩建工程开工，珠三角枢纽（广州新）机场前期工作，湛江机场迁建、韶关机场军民合用改扩建、揭阳潮汕机场航站区扩建等项目加快建设。

【汽车产业高质量发展】 2020年，广东省财政厅支持开展2020年汽车下乡专项行动，拨付汽车下乡补贴资金10.06亿元，拉动汽车销售19.18万辆，拉动汽车消费额226亿元，推动农村消费提质升级成效显著。为推动广东省燃料电池汽车工作取得新成绩，争取中央支持燃料电池汽车示范城市群试点，并通过全国答辩初步入围试点名单。

【保障性安居工程建设】 2020年，广东省财政厅推进保障性安居工程建设。全年投入资金27.31亿元，支持棚户区改造1.95万套，新开工建设公租房465套，新建改建住房租赁住房2万套，超额完成中央下达的任务。全省开工改造城镇老旧小区1687个，52.48万户居民受益。投入资金0.5亿元，推进全省农村削坡建房风险排查工作，保障人民群众的生命财产安全。

【污染防治攻坚战】 2020年，广东省财政厅打好污染防治攻坚收官之战。全年投入26.21亿元，重点支持污水管网建设、黑臭水体、生活垃圾分类和无害化设施处理建设等，新增城市（县城）生活污水处理设施26座，1125个乡镇基本实现生活污水处理设施覆盖。城乡生活污水管网全年新增1.4万千米。污泥新增处置能力占三年行动计划任务的169%。练江流域17座城镇生活污水处理厂按期建成通水。纳入国家监管平台的525个黑臭水体各地自评上报全部消除。

【基本建设财务管理“放管服”改革】 2020年，广东省财政厅做好基本建设财务管理牵头工作，助力研究代建制度改革。按照广东省财政厅机构改革要求，从2020年起，通过“三个梳理三个明确”实现基建项目移交。推动基建资金集中支付改革，印发《省级基本建设项目财政性资金集中支付管理办法》及配套工作指引，将支付审核主体调整为省级项目主管部门，上线基建资金授权支付系统功能，开展培训和答疑，确保改革顺利过渡。推进基建财务管理“放管服”改革，会同有关处室研究探索基建财务管理进一步“放管服”的思路，探索全面下放基建支付、结（决）算审核环节的可行性。

【对口援建】 2020年，广东省财政厅做好对口支援资金保障及管理，助力受援地区跨越式发展。按照国家规划内任务数，足额保障援藏援疆援助甘孜省级资金，并全部于当年3月前拨付完毕，助力援建前方机构获得国家综合成绩突出对口支援地表彰。实地赴林芝开展资金管理调研检查。督促援疆前方指挥部拓展援疆资金监管平台。协助援川工作组建成援川资金在线监控平台。印发《广东省对口支援专项资金管理办法》，规范对口支援专项资金全过程管理。参与审核2020年援建投资计划和十四五规划，助推受援地高质量发展。

（广东省财政厅经济建设处供稿，李德宽执笔）

财政工贸发展

【概况】 2020年，受中美贸易摩擦和新冠肺炎疫情的叠加影响，广东省各类市场主体、对外贸易等均受到重大冲击，广东省财政厅发挥财政政策、资金的引导带动和服务保障作用，多措并举做好统筹推进新冠肺炎疫情防控和经济社会发展工作，做好“六稳”工作，落实“六保”任务，全面完成财政支持现代产业体系建设、稳住外资外贸基本盘、质量强省建设、灾害防治和救灾应急、保粮食和物资储备、能源供应安全、促消费以及供销等各项工作，配合出台复工复产、产业集群建设、稳外贸等政策措施，取得成效。

【财政支持制造业高质量发展】 2020年，广东省财政安排资金38.34亿元推动制造业高质量发展。安排资金25.32亿元支持工业企业实施提质增效、智能化改造、设备更新和绿色发展，重点支持新一代信息技术、高端装备制造、绿色低碳、生物医药、数字经济、新材料、海洋经济等战略性新兴产业领域的数字化、网络化、智能化和绿色化技术改造，培植新的税源；安排12.02亿元，按照“突出关键环节、精准扶持”原则，重点对优质项目落地建设、首台（套）装备研发使用、集约集聚发展等予以支持，发展先进装备制造业；安排1亿元扶持省级企业技术中心开展创新能力建设和省级制造业创新中心建设，构建战略性新兴产业新技术、新产品对接平台，推进高端资源要素向实体经济产业集聚，建设形成更强创新力和更高附加值的产业链及高端、高质、高新的实体经济产业。

【财政支持稳住外贸外资基本盘】 2020年，广东省财政安排专项资金23.6亿元并统筹中央财政2020年外经贸发展专项资金6.7亿元支支持稳住外贸基本盘。安排10亿元支持设立加工贸易企业融资风险补偿池，至2020年第四季度累计为1064家企业放贷1781亿元；安排3.67亿元并在此基础上从抗疫特别国债预留部分资金安排3.17亿元支持“稳外贸”，主要支持进出口贸易公司、企业开拓国际市场、促进投保出口信用保险、进出口公平贸易、外经贸运行监测分析项目，促进超过1.3万家外贸企业投保出口信用保险，强化出口贸易风险保障和金融支持，促进广东省外贸稳定发展、稳中提质；安排7.4亿元支持“利用外资十条”奖励项目，促进广东省利用外资工作健康发展；安排0.8亿元支持广州市和东莞市用于中欧班列补贴，推动班列常态化运行，打通陆上对外贸易通道；安排1亿元支持口岸建设项目，支持口岸重点开放建设项目和口岸查验监管配套设施，推进口岸通关模式改革创新和口岸信息化建设，提升广东省口岸通关能力和贸易便利化水平，降低广东省外贸企业通关成本；安排0.62亿元支持招商引资等，深化国际交流合作，打造广东省专业品牌展会。

【财政支持构建高效协同的市场监管体制】 2020年，广东省财政厅推进引领型知识产权强省建设。省财政安排知识产权创造、运用、保护及省部会商2.63亿元，推动知识产权高水平创造，强化知识产权高标准保护，促进知识产权高效益运营，推动引领型知识产权强省高质量发展；安排专利奖励专项资金1.02亿元，用于对获得中国专利奖或者中国外观设计奖的单位和个人给予奖励，营造“尊重知识、崇尚创新、诚信守法”的知识产权文化。促进质量强省战略深入实施。省财政安排质检平台及标准化建设专项资金7799万元，主要用于技术标准研制、技术性贸易措施应对和技术性贸易措施研究、支持国家技术标准创新基地（华南中心）、省标准馆建设与发展、省级地方标准技术支撑以及国际标准化人才培养等方面。全力保障食品安全，省财政安排食品抽检及监管专项资金2.3亿元，列为2020年度省级民生实事予以重点保障，主要用于食品生产监管、食品经营监管、食用农产品监管、保健食品监管、乳制品专项监管、保健食品专项整治和食品应急事务等。

【粮食能源供应安全财政保障】 2020年，广东省财政厅保障粮食和物资储备供应及能源供应安全。

粮食和物资储备供应安全保障

广东省财政厅做好保粮食安全工作，足额落实地方配套粮食风险基金，为保粮食供应安全稳定提供资金支持；结算和预拨储备粮储备费用补贴，增强储备企业的资金周转能力，保障储备企业复工复产；研究优化储备粮品种结构，增加成品粮储备数量，提高粮食应急供应保障能力。高标准完成2019年度粮食安全省长责任制考核，广东省财政厅牵头事项为满分7分。落实应对疫情重要生活物资储备，根据广东省新冠肺炎防控指挥办下达的收储任务，配合广东省粮食和储备局落实冻猪肉8400吨、方便面300万袋、冻鸡肉1万吨、冻水产品5000吨等4项新增省级重要生活物资收储任务，做好疫情期间重要生活物资的保供稳价工作。

能源供应安全保障 广东省财政厅保障能源供应安全稳定。省财政分三批共安排26.3亿元能源项目专项债券，用于支持广东省天然气主干管网建设，逐步建立广东省天然气运输网络，增强全省天然气供应能力，保障能源供应安全稳定。配合广东省深化电力体制改革，参与省深化电力体制改革部门间联席会议，逐步推进广东省核电市场化交易。

【财政支持供销系统为农服务】 2020年，广东省财政安排广东省供销社新型乡村助农服务示范体系建设专项资金4000万元，支持广东省供销社系统新型乡村助农服务示范体系建设，重点完成镇村助农服务中心建设，具备农资农技服务、冷链物流配送服务、农产品购销加工服务等三项及以上核心服务功能。安排广东省供销社“粤菜师傅”培训工程专项资金2520万元，支持省供销社开展“粤菜师傅”培训工程建设。安排广东省供销社5亿元注资广东省供销集团有限公司，专项用于支持省部共建粤港澳大湾区（广东惠州）绿色农产品生产供应基地建设。安排广东恒健投资控股有限公司广东省农业供给侧结构性改革基金出资款5亿元，专项用于支持省供销社省部共建冷链骨干网项目建设。广东省财政分三批安排省供销社冷链物流专项债券资金170550万元，用于支持广东省供销社冷链物流项目建设。安排广东省供销社东西部扶贫协作供销联盟项目资金500万元。

【应急管理和消防救援资金保障】 2020年，广东省财政安排资金1亿元支持开展安全生产应急救援体系建设、安全生产重大隐患治理及风险防控，安全生产宣传教育等，促进全省安全生产形势持续稳定好转。新增安排广东省应急管理厅车辆购置经费1013万元，支持应急管理厅应急指挥通信车和特种车辆购置。向中央申请自然灾害生活救助资金，支持各地开展救灾复产重建。加大消防救援投入，广东省财政安排省消防救援总队1.39亿元，按照“全灾种、大应急”的要求，支持特勤大队、区域战勤保障中心等消防救援作战队伍开展日常演练及跨区域救援，补充更新消防装备器材，组织实施消防安全专项整治活动，保障人民群众生命财产安全。安排欠发达地区政府专职消防队专项经费5354万元，用于补助消防业务及消防装备支出，租赁消防车辆等，提升政府专职消防队救援能力水平，增强广东省消防救援力量。

（广东省财政厅工贸发展处供稿，梁文绣执笔）

财政农业农村

【概况】 2020年，广东省财政厅坚持“谋统推干”工作方法，围绕财政中心工作，坚持把农业农村作为财政支出的优先保障领域，公共财政更大力度向“三农”倾斜。构建完善财政支持实施乡村振兴战略的政策体系和体制机制，增强工作实效，推动“三农”工作迈上新台阶、开创新局面。将“一般公共预算农林水科目支出稳定增长”纳入省对市县乡村振兴战略实绩考核指标，为省、市、县三级落实优先保障“三农”资金投入提供抓手。全年广东省农林水支出1125.81亿元，比2019年增加17个百分点。涉农资金统筹整合改革成为广东省预算管理改革的品牌工程，财政部将广东省涉农资金统筹整合改革情况专报中共中央办公厅、国务院办公厅，改革经验得到中央一号文件督查组表扬，新华社、南方日报社等媒体对改革推进情况和成效进行专访和报道。

【农业和重点水利工程资金保障】 2020年，广东省财政厅发挥农业在经济社会全局“压舱石”作用，稳住农业“基本盘”。广东省级以上共安排农田建设资金24.85亿元，推进全省8万公顷高标准农田建设，改善农田基础设施条件；统筹安排省级资金2.3亿元，其中新增安排0.508亿元，落实国家新增广东省3.33万公顷早稻种植任务资金安排，保障粮食安全；出台家禽水产品及水果蔬菜等临时收储政策并安排下达1.2亿元对相关农产品实行临时收储奖补等，解决疫情防控期间农产品积压滞销难题，维护产业稳定发展。推动重点水利工程建设，广东省财政安排30亿元用于开展中小河流治理工作、安排7亿元用于大藤峡水利枢纽工程、潖江蓄滞洪区建设和管理工程、西江干流治理工程等，安排地方政府专项债券资金27亿元保障珠江三角洲水资源配置工程建设，保障重点水利工程的开工建设。

【乡村振兴战略推进实施】 2020年，广东省财政厅推进实施乡村振兴战略特别是推进产业振兴，生态振兴。乡村产业振兴方面，省级投入25亿元用于建设7个优势产业区（带）现代农业产业园，24个特色产业现代农业产业园；生态振兴方面，安排118.33亿元持续推进全域农村人居环境整治，建设生态宜居美丽乡村，重点实施农村“厕所革命”、农村生活垃圾、污水治理和集中供水等；安排43亿元推动中小河流治理、西干、潖蓄等重点水利工程建设，安排地方政府专项债券资金27亿元保障珠江三角洲水资源配置工程建设。

【脱贫攻坚】 2020年，广东省财政厅贯彻中央和省委、省政府深入实施精准扶贫、精准脱贫基本方略，全年全口径投入1600多亿元（含社会资本），全省贫困群众“两不愁三保障”全部稳定实现，相对贫困人口全部稳定脱贫，2277个相对贫困村实现“后队变前队”。帮

2020年6月11日，广东省财政厅举办2021年度涉农项目入库储备培训
（肖鑫晖　摄）

助桂川黔滇4省（区）71各贫困县摘帽、8863个贫困村出列、379.2万贫困人口脱贫，探索走出一条具有广东特色的解决相对贫困之路。落实省内脱贫攻坚挂牌督战部署要求，组建广东省财政厅内挂牌督战专班，开展挂牌督战实地调研10次，共走访肇庆市封开县16个镇33个村，指导帮助封开县解决制约完成剩余脱贫攻坚任务的5项突出问题。截至5月底，肇庆市封开县2020年剩余未脱贫人口53户191人全部达到贫困退出标准。

【涉农资金统筹整合改革】 2020年，广东省推进涉农资金统筹整合，率先实现全农口部门资金跨部门整合。每年统筹涉农资金超300亿元，八成以上投向市县基层，九成以上投向粤东西北欠发达地区，增强县域资源统筹能力。在提升市县自主权的同时，加强对省级涉农资金的绩效管理，把国家考核目标作为涉农资金使用的重要指挥棒。

围绕“统出合力、放出活力、管出定力”对涉农资金统筹整合改革进行系统部署，突出省定原则方向、市县研究谋划项目库并推动落实、各级加强绩效管理和监督指导等环节，打造流程机制闭环。市县推进涉农改革取得初步成效，更加注重集中财力办大事，对标省委省政府乡村振兴部署要求，结合当地实际，将有限的涉农资金集中投入解决重点问题、解决群众的急事、难事；更加注重集中连片建设，结合本地生态、产业、旅游、文化等资源，通过政策集成、资金统筹、资源集聚、项目互补，集中连片建设，提升资金使用效益；更加注重项目储备，提升谋事意识，“先谋划事，再安排钱”的认识普遍提升，储备项目的积极性显著提高。不但注重提前储备项目，更注重储备成熟项目，主动加强项目前期经费投入，强化项目库管理。

【涉农资金管理】 2020年，广东省财政厅全面加强财政涉农资金预算约束和绩效管理，确保资金用在刀刃上。

财政扶贫资金监管强化　广东省财政厅强化扶贫资金“1+N”管理制度体系，制定1个总方案、6个省级配套文件及97个扶贫人口所在县（市、区）扶贫资金管理办法或监管实施细则。强化扶贫资金实时动态监控体系，强化扶贫资金监督检查力度，以点带面建立健全管理长效机制。

全过程预算绩效管理实施　广东省财政厅将绩效理念和方法深度融入涉农资金预算编制、执行和监督的全过程，制定印发《广东省省级涉农资金绩效管理暂行办法》，开展涉农资金绩效目标管理、绩效执行监控、绩效评价及结果应用。

2020年8月27—28日，广东省财政厅二级巡视员苏凤玲带领调研组到潮州市开展涉农资金统筹整合指导调研　（潮州财政局供图）

2020年9月3—4日，广东省财政厅和财政部广东监管局一行到茂名市开展中央直达资金和污染防治转移支付自查复核工作

（广东省财政厅资源环境处供图）

初步探索将涉农资金评价结果与涉农资金预算安排挂钩，对市县资金的分配进行合理调节，突出激励作用，优先向资金整合效果好、使用绩效高的地区倾斜。

农村财务管理水平提升　全面推进农村财务监管平台建设，推广南海区创新监管经验，前移监管端口，实现监管范围和监管过程的全覆盖。全省各地乡镇（街道）已实现农村财务监管平台全覆盖，21747个行政村（居）（占比99.7%）纳入农村财务监管平台。

（广东省财政厅农业农村处供稿）

财政资源环境

【概况】　2020年，广东省财政厅坚持发挥财政资金引导带动作用，全年安排自然资源、生态环境、林业领域一般公共预算144.85亿元。广东省自然资源、生态环境和林业领域各项工作取得实效。支持打赢广东省污染防治攻坚战，增强人民群众生态环境获得感、幸福感和安全感。联合印发广东省首个跨市流域补偿政策《广东省东江流域省内生态保护补偿试点实施方案》，在建立多元化的流域综合整治体系、多渠道的整治资金筹措机制、多层次财政政策支持方式上实现新突破。加大林业生态建设支持力度，资金全部纳入涉农资金统筹范围，广东红树林总面积1.4万公顷，居全国首位。落实国家耕地占补平衡要求，支持推进全省垦造水田建设，保障重大项目建设用地需求。做好资源环境领域非税收入征管各项工作，超额完成年度征收目标任务的117%，比2019年略有增长。

【治污攻坚收官】　2020年，广东省财政厅围绕省委、省政府关于打好污染防治攻坚战三年行动计划任务目标，聚焦广东省污染防治短板弱项精准施策，支持打赢广东省污染防治攻坚战，全年落实广东省生态环境厅经管资金34亿元，跨部门统筹省级财政资金213亿元，全省各级财政落实资金1000亿元，支持建立更具全局性、统筹性的资金保障机制，助力打好污染防治攻坚收官战，实现全省地表优良水体达87.3%，全年空气优良天数比例达93.5%，会同广东省生态环境厅推进“环境治理工程项目”，广东省韶关市因环境治理工程项目推进快，重点区域大气、重点流域水环境质量改善，获得国务院督察激励。

【生态保护补偿机制健全完善】　2020年，广东省财政厅支持推进跨省新一轮流域横向生态保护补偿工作，全年拨付粤桂九洲江、粤赣东江、粤闽汀江—韩江跨省流域上下游横向生态补偿资金3亿元，助力推动构建上下游省份联防共治的水环境综合整治机制。提高省级生态公益林补偿标准，全年安排24.05亿元，将省级生态公益林效益补偿标准提高到600元/公顷；按区域实施生态公益林的差异化补偿政策，推动广东省生态公益林效益补偿标准走在全国前列。推进碳排放交易制度，建立碳排放权有偿使用交易体系、林业碳汇的生态补偿机制，并依托碳排放权交易体系开展生态扶贫，通过林业碳汇碳普汇项目减排量市场化交易，为贫困村增加集体收入发掘新的绿色增长点。

【自然资源保护修复资金保障】　2020年，广东省财政厅强化全省“十件民生实事”实施保障，统筹安排11.8亿元支持推进地质灾害综合治理三年行动计划，全年全省减少受灾威胁群众8万多人，成功预报地质灾害4起，避免人员伤亡95人，与2019年同期相比，地质灾害造成的人员伤亡下降59%，直接经济损失下降74%。加大林业生态建设支持力度，全年安排林业生态建设专项转移支付24.34亿元，支持各地推进森林碳汇、沿海防护林体系等重点生态工程建设。支持推动海洋功能区划管理，实施岸线分级分类管理，安排2亿元推动改善近岸海域水质环境；安排3.5亿元强化《广东省美丽海湾规划（2019—

2035年)》重点项目实施保障，支持广州、汕头等沿海地市开展美丽海湾建设和海洋综合示范区建设。支持推进山水林田湖草生态保护修复工程试点，加强同财政部沟通对接，指导韶关市争取中央财政山水林田湖草生态保护修复资金第二批10个亿转移支付支持。支持广东南岭国家公园建设，落实规划编制和创建启动资金1.24亿元，推进相关规划编制、国家公园品牌推广宣传等工作。支持推动海洋六大产业三年行动计划，安排7.7亿元推动海洋传统产业优化升级和战略性新兴产业孕育壮大，加快海岸带综合示范区建设，打造世界级沿海经济带。

【土地管理改革财政支持】 2017—2020年广东省财政支持推进全省垦造水田建设，共安排水田垦造资本金34亿元、成本支出31.32亿元，推动全省累计完成垦造水田2.10万公顷，在全国率先还清报国家审批项目耕地占补平衡的历史欠账，保障重大项目落实水田占补平衡需要。通过省级水田指标交易为全省乡村振兴和脱贫攻坚筹集196亿元，打通绿水青山向金山银山的转换通道。支持深入推进拆旧复垦，2020年交易拆旧复垦指标0.17万公顷，保障重点项目用地需求，为市、县、镇、村委会、土地所有权人和土地使用权人筹集资金125.62亿元，走出一条“以城带乡、以工促农、统筹城乡发展”的城乡用地空间互换互补新路径，实现“多方共赢”。

【资源环境领域收入落实】 2020年，广东省财政厅克服新冠肺炎疫情和国家减税降费政策对全省财政收入的影响，重点抓好水田储备指标收入、新增建设用地土地有偿使用费收入、拆旧复垦指标交易收入等大额项目跟踪落实。支持推动海砂市场化交易，广东省成功拍卖珠海市外伶仃东海域海砂采矿权，保障香港机场第三跑道、深圳机场跑道、深中通道等重点项目用砂需要，为中央和省级财政筹集资金22.39亿元、25.49亿元。加强同执收单位及市县的沟通，强化重要自然资源出让收入监控，做好经管部门非税收入形势分析研判，掌握资源出让、收入缴库情况。

（广东省财政厅资源环境处供稿，陈妍斐执笔）

财政社会保障

【概况】 2020年，面对突如其来的新冠肺炎疫情，广东省财政厅支持“六稳”“六保”工作，统筹推进疫情防控和经济社会发展，发挥财政社保稳经济社会发展秩序的作用。支持广东举办中华人民共和国第一届职业技能大赛。落实鼓励和支持就业创业政策措施和公立医院综合改革两项工作，分别连续2年和4年获得国务院督查激励表彰。广东省财政厅社保基金预算绩效管理工作获得财政部通报表扬。

【疫情防控阻击战财政支持】 2020年，广东省财政厅坚持疫情防控和加强公共卫生防控救治能力两手抓、两手硬，全力支持打赢疫情防控阻击战，全年全省各级财政疫情防控投入302.78亿元。一手抓疫情防控。第一时间出台筛查、救治费用财政兜底保障政策和办理资金拨付，在全国率先将疑似患者救治费用纳入基本医保范围，明确个人负担部分由财政给予补助。主动对接医保、卫生健康等部门，会同制订一系列特殊医保报销政策，做到“三个全”：将治疗方案药品和医疗服务项目费用全部临时纳入医保基金支付范围，做到医保基金“全纳入”；取消住院起付标准，参保患者个人负担部分和非参保患者医疗费用全部由财政给予补助，做到医治费用“全报销”；对筛查对象在发热门诊发生的符合规定胸部CT筛查的医疗费用、应检尽检人群核酸检测费用的个人负担部分由财政全额保障，做到筛查费用“全保障”。一手抓补足公共卫生短板。支持公共卫生防控救治能力建设，安排公共卫生建设和重大疫情防控救治体系建设补助资金5.49亿元、发热门诊和发热诊室规范化建设补助资金18.82亿元以及公立医疗卫生机构新冠病毒核酸检测能力建设补助经费1.17亿元，支持推动广东省县级以上疾控机构核酸检测能力、二级以上综合医院发热门诊及核酸检测能力三个全覆盖，提升常态化疫情防控能力，织密广东省呼吸道传染病防控网。支持制订实施《公共卫生防控救治能力建设三年行动计划》，加快省级重大疫情救治基地建设。

【医药卫生体制改革】 2020年，广东省财政厅深化医疗卫生领域省级与市县财政事权和支出责任划分改革。健全全民医保体系，2020年城乡居民医疗保险财政补助标准提高至550元/人·年，省财政统筹中央和省财政共277亿元支持各地落实城乡居民医疗财政补助资金，强化基本医疗保障制度建设，发挥大病保险的精准扶贫功能。提高基本公共卫生服务水平，2020年广东省基本公共卫生服务项目补助最低标准提高至74元/人·年，省财政统筹中央补助资金安排全省各地基本公共卫生项目补助资金48.45亿元，其中新增5元部分全部用于支持农村和社区开展疫情防控。修订基本公共卫生服务项目实施细则，广东省基本公共卫生服务项目首次获得国家层面评价为“优”。支持中医药事业发展，安排传承发展中医药事业专项资金6.46亿元，重点支持全省中医优的势病种突破、中医临床重点专科建设、中医药人才队伍建设等项目，加强岭南中药材保护，促进中医药产业高质量发展。打造广东省医疗卫生高地。推动三大国家医学中心建设进度，明确省财政支持南方医科大学肾脏病医学中心额度，安排抗疫特别国债4亿元支持广州呼吸中心建设，安排3.5亿元支持肿瘤医学中心高质量发展，落实26亿元高水平医院建设资金，推进优质医疗卫生资源扩容和均衡布局。

【就业优先政策】 2020年，广东省财政厅顶格落实减税降费政策，通过减免、补贴、缓缴等各项财税支持政策，全年为全省304.4万家企业减免延缴三项社保费1970.6亿元。城镇新增就业133.70万人，失业人员再就业51.68万人，就业困难人员实现就业11.30万人，分别完成年度任务的133.7%、129.2%、141.3%。优化调整省级就业创业发展专项资金结构。统筹使用工业企业结构调整专项奖补资金12.42亿元，明确疫情防控期间工业企业结构调整资金可参照就业补助资金使用范围，落实社保补贴、岗位补贴、基层就业补贴等各类就业创业扶持政策支持。统筹职业技能提升行动专账资金（146亿元）用于就业援助，利用职业技能提升行动专账资金参照直达资金管理优势，做好以工代训、就业培训等工作。支持人社部门调整资金支出结构，统筹调整842万用于湖北务工人员入粤返岗专列及复工复产；会同广东省人力资源社会保障厅统筹资金3.3亿元，用于保障广东省委、省政府重点工作和保居民就业相关事宜。加强困难人员兜底保障工作，在实施稳岗返还政策，大规模开展职业技能培训的基础上，加大失业人员基本生活的保障力度，对生活困难人员的失业人员及家庭，按规定及时纳入最低生活保障、临时救助等社会救助范围。

【底线民生保障走在前列】 2020年，广东省财政加大投入力度，下达中央和省底线民生保障资金285.78亿元，确保广东省底线民生保障水平保持在全国前列。落实困难群众救助资金91.24亿元，支持全省特别是粤东西北达地区巩固提高底线民生保障水平，确保城镇、农村低保对象最低生活保障人均补差水平，分别从每月554元、251元提高到609元、276元；特困人员基本生活标准达到不低于当地最低生活保障标准的1.6倍；孤儿基本生活最低养育标准集中供养和分散（包括事实无人抚养儿童）供养水平，分别从每人每月1685元和1025元提高到1820元和1110元；以及支持全省特别是粤东西北地区做好流浪乞讨人员救助工作。督促各地对因疫情导致基本生活出现困难的家庭和个人，采取临时救助和发放价格临时补贴政策，全省累计为困难群众发放价格临时补贴资金20.28亿元，惠及群众近1870万人次，缓解因物价上涨对困难群众基本生活

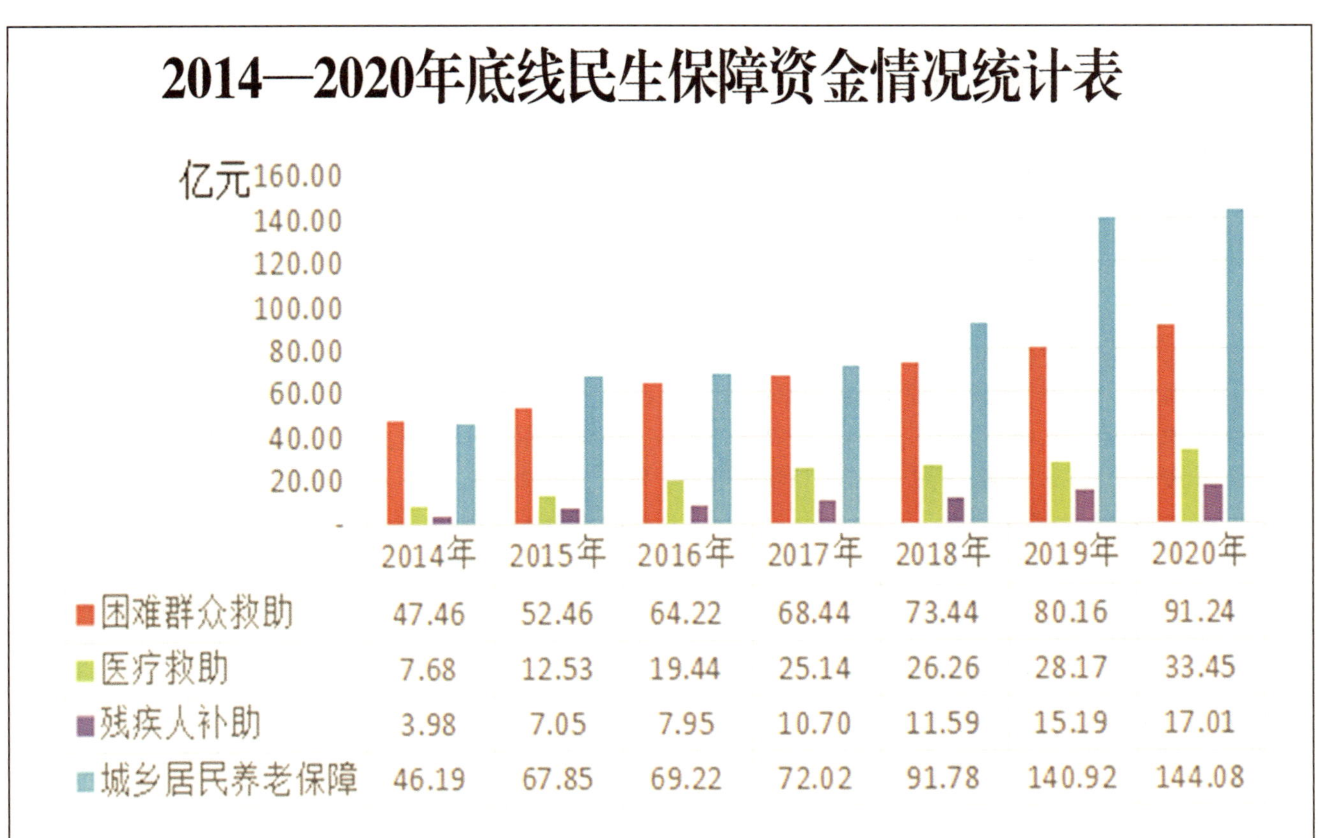

（广东省财政厅社会保障处供图）

造成的影响。落实城乡医疗救助保障资金33.45亿元，支持全省特别是粤东西北地区保障城乡低保对象、建档立卡贫困人口政策范围内基本医疗救助比例达到80%以上。落实困难残疾人生活补贴和重残护理补贴保障资金17.01亿元，支持粤东西北地区保障残疾人两项补贴发放。困难残疾人生活补贴、重度残疾人护理补贴标准分分别从每人每月165元、220元提高到每人每月175元、235元。落实基础养老金保障资金144.08亿元，支持全省保障城乡居民基本养老保险基础养老金最低标准每人每月达到180元。推进参保扩面，城乡居民基本养老保险覆盖率98%以上。

【养老待遇水平提高】 2020年，广东省财政厅稳步提高养老待遇水平。连续8年提高城乡居民养老保险础养老金最低标准，2020年基础养老金财政补贴最低标准从每人每月170元提高到180元，增幅6%，最低标准在全国处于第七位；连续16年提高企业退休人员养老金水平，2020年企业退休人员养老金平均水平提高到每人每月2774元，增幅5%。做好省直机关事业单位、省属转制企业离退休人员经费保障，强化老干部学习活动场所基础设施建设。推进养老服务体系建设，安排养老服务体系建设资金4.17亿元，支持全省特别是粤东西北地区着力推进以居家为基础、社区为依托、机构为补充、医养相结合的养老服务体系建设，督促各地落实养老服务税收减免优惠和民办养老机构财政补贴政策，对经济困难的高龄、失能老年人给予补贴，支持养老服务项目政府购买服务。

【退役军人权益维护财政保障】 2020年，广东省财政厅做好教育培训和就业创业帮扶工作。落实安排退役军人全员适应性培训、技能培训经费和学历教育补助和扶持就业创业工作经费。连续两年举办广东省退役军人创业大赛，承办首届全国退役军人创业创新大赛。将退役军人教育培训（实训）示范基地、退役军人创业孵化基地一次性补助纳入省财政补助范围。提高部分优抚对象等人员抚恤、医疗保障和生活补助标准。下达中央及省财政优抚对象抚恤、生活补助和医疗保障资金等26.94亿元。加大退役士兵安置工作支持力度。将部分退役士兵社保接续资金4亿元下达到有关补助单位，加快推进部分退役士兵社保接续工作。

【社会保障体系完善】 2020年，广东省财政厅加强对社会保险基金预算的管理，发挥社保基金预算在规范社保基金收支行为、增强政府宏观调控能力、强化基金监督管理、保证基金安全完整的作用，提高社保基金预算的执行力和约束力。持续推进职业年金实账积累，按计划做实历史记账缴费，启动广东省职业年金投资运营工作，防范风险。完善养老保险政策体系，抓好提高广东省企业养老保险待遇水平方案的贯彻落实，做好基本养老金计发办法改革工作。深化企业职工养老保险省级统筹改革，抓好实施方案和考核办法的组织实施，压实地市扩面征缴责任，提高参保率和缴费率。做好贯彻落实国家关于养老保险全国统筹改革有关方案。贯彻落实国家关于社保费减免政策，配合部门出台一系列文件，对企业阶段性减免、延缴、缓缴企业养老保险、失业保险、工伤保险等政策作出具体规定，帮助企业应对风险、渡过难关，减轻企业和低收入参保人员的缴费负担，工伤伤残津贴标准提高至月人均4353元。

【药品安全保障】 2020年，广东省财政厅支持全省药品监管，下达中央及省财政药品监管专项资金2.69亿元，支持做好药品医疗器械化妆品抽检、药品监管能力建设、疫苗国家监管体系评估、监督检查、科普宣传等。理顺药品医疗器械委托检验经费保障方式，深入开展调查研究，破解困扰基层单位的经费保障难题，将药品医疗器械委托检验收入和支出纳入非税收入，按照“收支两条线”管理，涉及资金额0.63亿元。

（广东省财政厅社会保障处供稿，戚伟强执笔）

财政金融管理

【概况】 2020年，广东省财政厅聚焦重点领域和重点环节，促进财政金融管理工作取得成效。推动农业保险高质量发展，广东省成功纳入财政部地方特色农业保险试点省份，获得中央财政资金支持；政府性融资担保体系建设更加健全；国有金融资本管理体制进一步完善，金融企业财务报表工作获财政部通报评为优秀等级；PPP模式规范有序推广，中小融平台建设初见成效，财政普惠金融政策落实有力，专项债券支持农合机构改革化险工作顺利推进。通过一系列“组合拳”“连环招”，财政金融服务实体经济的作用和防范化解重大金融风险的能力不断增强，推动疫情防控和经济社会发展。

【农业保险高质量发展】 2020年，广东省财政厅强化顶层设计，贯彻落实中央推动农业保险高质量发展部署要求，联合省农业农村厅等四部门印发《关于推动农业保险高质量发展的实施意见》和《贯彻落实〈关于大力推动农业保险高质量发展的实施意见〉工作方案的通知》，提出可量化、可落实、可考核的工作举措。成立省农业保险工作小组，分管财政的常务副省长为组长，分管农业、金融的省领导为副组长，办公室设在广东省财政厅，明确各参与部门的职责分工。完善财政资金补贴机制，制定《广东省农业保险保费省级财政补贴资金管理办法》，对省级保费补贴资金在涉农资金统筹整合总体框架下单列管理，每年根据各地资金使用情况据实清算，强化对市县的激励约束。完善各项配套制度，制定《广东省农业保险承保机构遴选与考核办法》《广东省农业保险基层协保体系建设管理办法》《广东省农业保险工作考核督办制度》《广东省政策性农业保险示范条款》等规定，构建全过程、全方位、全链条的政策体系。推动信息化建设，联合广东省农业农村厅在汕尾、阳江、清远开展信息管理系统试点，组织系统业务培训，加快农险一张图数据录入，加强工作督导。

2020年6月11日，广东省财政厅召开政府性融资担保政策培训视频会议（肖鑫晖　摄）

【政策性融资担保体系建设】 2020年，广东省财政厅完善绩效评价体系，制定《广东省政府性融资担保机构绩效考核评价暂行办法》，弱化盈利指标，鼓励政府性融资担保机构支持小微企业和“三农”发展。落实降费让利政策，印发《关于进一步发挥政府性融资担保作用加大小微企业和“三农”主体支持的意见》，要求各级担保机构聚焦支农支小融资担保主业、落实降费让利政策、取消反担保要求，对疫情防控相关领域重点企业及受疫情影响较大的行业，新增融资担保业务收取的担保费率不超过1%；对受疫情影响较大的相关新型农业经营主体符合“双控”范围的新增政策性担保业务，减半按0.5%～0.75%收取担保费。建立政府性融资担保机构名单制，公布广东省第一批35家政府性融资担保、再担保机构名单。加强农担工作管理，将广东省农业融资担保有限责任公司作为一级法人企业管理，并由广东省财政厅直接履行出资人职责，强化政策指导，发挥其解决农业融资难、融资贵的作用。全年广东省财政共安排9394万元用于中小融资担保降费奖补及风险补偿，安排8726万元用于农业信贷融资担保业务奖补。

【国有金融资本管理】 2020年，广东省财政厅明确出资人职责边界，以省政府办公厅文件印发《广东省国有金融资本出资人职责暂行办法》，明确出资人机构在国有金融资本管理监督、重大事项管理、选择和考核管理者等方面职责，细分财政部门15项主要职责及受托人6项职责。加强国有金融资本基础管理，收集、分析全省金融企业季度财务快报和年度财务决算报表；撰写全省金融企业国有资产管理情况报告，由省人大常委会审议通过。强化履行省级国有金融资本出资人职责，加强对省一级金融机构广东粤财投资控股有限公司、广东省农业融资担保有限责任公司的监督管理，分别制定专门的监管办法、经营业绩考核办法、工资管理办法；梳理省属非金融国企出资设立的二级及以下金融机构名单，穿透落实国有金融资本管理统一规制。

【PPP模式推广】 2020年，广东省财政厅将促发展与防风险有机结合，转发《政府和社会资本合作（PPP）项目绩效管理操作指引》，提出广东省贯彻落实意见。遏制以PPP名义变相举债，对照财政部“正负面”清单规范PPP项目库管理，对涉及回购安排、固定回报、保障最低收益、违规担保等违规行为的项目一律不予入库，对经合规性论证未增加地方政府隐性债务合法合规的PPP项目，按规定退出隐性债务检测平台。组织核实全省PPP项目财政支出责任数据，对支出责任占比一般公共预算超7%的地区进行风险预警。促进PPP模式高质量发展，加强PPP项目与国家和省重大发展规划的衔接，主动对接各地需求，指导各地做好PPP项目复工复产工作。截至年底，广东省纳入全国PPP项目管理库的项目566个，总投资额6774亿元，落地率75%，项目数量、质量、落地率均居全国上游水平。

【中小融平台建设】 2020年，广东省财政安排6582.32万元支持中小融平台建设，为中小企业提供信息收集、信用评价、线上融资对

·链接·

广东：加快农业保险高质量发展

5月7日，广东省省长马兴瑞主持召开省政府常务会议，研究2020年重点建议提案办理、农业保险高质量发展等工作。

会议强调，要深入贯彻落实习近平总书记关于坚持和完善人民代表大会制度、加强和改进人民政协工作的重要思想，紧紧围绕中心大局，统筹研究、系统推进建议提案办理工作，持续提高政府系统办理建议提案水平。要突出重点关键，围绕做好“六稳”工作、落实“六保”任务，聚焦群众普遍关注的热点、市场主体反映强烈的痛点出实招，以点带面提高办理工作整体水平。要注重办理协商，把与代表委员沟通交流贯穿到办理工作全过程，创新和优化沟通方式，完善政府部门与代表委员沟通联系的“直通车”机制。要增强办理实效，强化对建议采纳和问题解决的跟踪督办，坚持开门办理，及时回应社会关切，推动2020年重点建议提案办理工作高质量落地见效。

会议强调，要认真落实国家关于加快农业保险高质量发展的工作部署，充分发挥农业保险对推进现代农业发展、促进乡村产业振兴、改进农村社会治理、保障农民收益的重要作用。要提高农业保险服务能力，推动提高对传统大宗农产品、地方特色优势农产品等保险覆盖面，支持保险机构提升农业保险科技赋能，为智慧农业、数字农业保驾护航。要优化农业保险运行机制，构建财政支持、多方参与、风险共担、多层分散的政策性农业保险大灾风险分散机制。要夯实农业保险基础，建立政策性农业保险服务评价制度，强化保险机构防范风险的主体责任，建立农业保险与农业农村信息共享机制，解决广东省农业农村保险短板问题。会议审议并原则通过《关于大力推动广东省农业保险高质量发展的实施意见》，决定经修改后提交省委深改委会议审定。

会议还研究了省国有金融资本出资人职责暂行办法等其他事项。

（2020年5月8日《南方日报》，记者：吴哲，通讯员：符信）

接、增信、产业金融服务等一体化线上智能金融功能，解决中小企业融资难、贵、慢问题。对通过中征应收账款融资服务平台和中小融平台在线确认账款、支持广东省上游中小企业融资的核心企业，按不超过实际年化融资额的1%给予奖励，鼓励依托核心企业信用和真实交易数据，为上下游企业提供无抵押担保的订单融资、应收账款融资。截至年底，中小融平台申请接入34个部门250项数据，累计入驻金融机构374家，发布金融产品1093款，发布惠企政策248项，累计实现融资逾377亿元。

【财政普惠金融政策】 2020年，广东省财政厅强化疫情防控重点保障企业资金支持，落实疫情防控重点保障企业贴息资金2.5亿元，减轻企业融资负担。做好财政支持深化民营和小微企业金融服务综合改革试点城市工作，对江门、湛江各安排财政资金3000万元。支持农村金融机构发展，填补农村金融空白，对新型农村金融机构给予定向费用补贴。会同有关部门联合转发《财政部　人力资源社会保障部　中国人民银行关于进一步加大创业担保贷款贴息力度全力支持重点群体创业就业的通知》，对符合条件的劳动密集型和科技型小微企业及创业个体给予贷款贴息支持，强化稳就业举措。

【农合机构改制化险】 2020年，广东省财政厅支持全省农村信用合作社改革，配合广东省地方金融监管局制定广东省农村信用合作社改革试点方案，争取财政部化解中小银行风险专项债券额度100亿元，在全国率先发行化解中小银行风险专项债券，利用专项债券合理补充高风险农合机构资本金，强化“借、用、管、还”全流程监督机制，促进广东省农合机构改制化险并转换经营机制，增强金融服务小微企业能力。

（广东省财政厅金融管理处供稿，黄子婧执笔）

财政监管

Fiscal Supervision and Management

资产管理

【概况】 2020年，广东省财政厅围绕落实“不忘初心 牢记使命”主题教育要求，聚焦主责主业着力推进“大资产”管理。国有资本经营预算管理工作再上新台阶，落实厅机构改革“一个部门对口一个处室”的要求，做好职能承接和对口服务，应对减税降费政策下财政收支平衡压力，想方设法促进财政收入增长。完善制度机制，贯彻落实“大资产”管理理念，健全完善国有资产监管制度和盘活处置机制，为提升国有资产使用绩效和促进财政收入增长夯实基础。支持国有企业改革发展，支持省属国企改善资产和经营结构，提升抗风险能力和企业竞争力，促进国有企业做强、做优、做大。提升政府资产管理效能，推动资产管理工作再上新台阶。组织谋划，做好“两全”工作，完成国有企业财务会计决算工作和行政事业性国有资产年报工作，实现走在全国前列的目标。

【国有资产盘活】 2020年，广东省财政厅盘活省直行政事业单位房产物业，促进资源优化配置，确保国有资产保值增值。盘活国企土地和政府股权等政府资产，全年通过盘活政府资产，实现新增上缴财政收入117.63亿元。

省直行政事业单位房产物业盘活 广东省财政厅开展省直公益一类（不含参公单位）、二类事业单位的闲置房产物业梳理盘活工作。结合省直行政事业单位闲置和出租物业比较分散、管理成本较高等现实情况，从最大限度降低资产处置成本、社会影响力的角度出发，会同广东省政府机关事务管理局研究提出将部分省直行政事业单位可盘活处置资产通过无偿划转方式交由一两家有管理能力、经验丰富的省属国有独资企业来承接，由其按规定结合物业情况分类开展盘活变现、继续经营等处置工作，提高省直行政事业单位闲置资产使用效益。2020年7月，印发《广东省财政厅关于盘活处置部分省直行政事业单位资产有关事项的通知》，将部分省直行政事业单位90处、建筑面积约6万平方米可盘活处置资产分别无偿划转广东粤财投资控股有限公司、广东粤海控股集团有限公司，要求两家企业承接资产后加强经营管理，依法依规、分类开展资产盘活处置工作，

国企土地和政府股权等政府资产盘活 广东省财政厅盘活省属国企所持政府股权和国企土地。按照产业协同性原则，将广东恒健控股有限公司代持的韶关钢铁集团股权划转广物控股集团有限公司，支持省属国企优化产业结构，为广物控股集团参与中南钢铁项目建设奠定基础；将广晟控股集团有限公司代省政府持有的央企股权（即中国电信股权）改为实际持有，优化省属国企资产结构，提高省属国企盈利能力，最大程度发挥广东省人民政府所持央企股权效益；协调国务院国有资产监督管理委员会、中国广核集团有限公司归还广东省转让中国广核集团有限公司收入13亿元，上缴中广核电力分红4.63亿元；推动广东省机场管理集团有限公司云港城项目土地由广州市土地开发中心进行收储，土地开发收益2021年上缴省财政，提高财政资金投入重大基础设施保障能力。

【部分国有资本划转充实社保基金】 2020年，广东省财政厅组织全面推开划转部分国有资本充实社保基金工作，按时完成全省划转工作任务。印发《广东省划转部分国有资本充实社保基金实施方案》，要求按照分类分批、分级组织、稳步推进的原则开展划转工作。3月，成立广东省划转部分国有资本充实社保基金工作领导小组，由分管财政工作的省领导任组长，成员单位包括广东省财政厅、广东省人力资源社会保障厅、广东省国有资产管理委员会等，由广东省财政厅负责总牵头。广东省财政厅成立划转部分国有资本充实社保基金工作专班，负责拟订各地各部门职责分工，制定和印发工作方案和任务清单，细化划转工作路线图、时间表，组织全省各地各部门开展具体

2020年5月18日，广东省财政厅召开划转部分国有资本充实社保基金工作会议，广东省财政厅党组成员、副厅长杨朝峰参加会议（肖鑫晖 摄）

划转工作。广东省借助信息化技术、聘请第三方会计师事务所审核、经过“两上两下”摸底排查和核实确认，在初步确定纳入划转范围企业后充分征求各地各部门意见，2020年底前基本完成划转任务。相关企业完成股权划转后，由广东省财政厅与广东粤财投资控股有限公司签订委托管理协议，委托其对划转的企业国有股权专户管理。在不干预企业日常生产经营管理的前提下，广东省财政厅代广东省人民政府享有划入企业国有股权的收益权、处置权和知情权，其中收益主要来源于股权分红。

【资产信息化管理体系建设】 2020年，广东省财政厅省围绕“大财政、大预算、大资产”的管理理念，以“底数清晰、分类管理、高效配置、保值增值”为原则、聚焦“提质增效”，通过理论创新、机制创新、应用创新，强化资产数据基础、业务规范基础、配置标准基础，建设一体化的大资产信息化管理体系、全面实现管理到位、服务到位和放权到位，达到为财政中心工作服务、为预算管理改革服务、为领导决策服务的总体工作目标，构建广东省国有资产管理云平台，打造广东特色国有资产信息化管理体系。针对广东省行政事业性国有资产管理“资产数据质量、资产管理监督、财政业务割裂、资产使用低效、数据分析应用”五大痛点，广东省财政厅依托一个大资产管理云平台建设，通过打造资产云数据、云业务、云贯通、云绩效、云分析五大功能，达到资产管理信息化“四统一”（统一系统、统一部署、统一编码、统一规范）、业务管理监控“六全”（全生命周期管理、全开发接入、全员参与、全线上办公、全程绩效、全程监控）、资产管理工作“五自动化”（数据稽核自动化、提醒预警自动化、绩效考核自动化、报告报表自动化、资产盘点自动化）、大数据分析运用“五多”（多渠道获取、多角度分析、多维度分析、多专题研究、多形式展示）的建设目标。

【省直党政机关和事业单位经营性资产集中统一监管】 2020年，广东省财政厅制定印发《省直党政机关和事业单位经营性国有资产集中统一监管试点工作方案》，按照“政企分开、政资分开、所有权与经营权分离”要求，选取具有代表性的112家企业，按照分类处理资产权属关系，实行集中统一监管。与行使公共职能或发展公共事业无关的企业实行全部脱钩划转，其中宣传和文化类企业划转移交省文资办监督管理，其他企业划转移交给省国资委履行出资人职责的国有资本投资、运营公司或国有企业。企业划转移交后，由接收企业实施集中统一监管，相应承担资本运作、资产处置和保值增值等职责。部分特殊企业维持现行管理体制。对于新闻宣传、文化类企业，维持现行管理体制，继续实行管人管事管资产和管导向相结合的办法。对于政法、金融等领域承担国家特殊任务的企业，以及经省委和省政府批准的其他特殊企业，维持现行管理体制不变。不具备正常生产经营条件和需要改制退出的企业通过市场化方式处置。“僵尸企业”、空壳企业、与行使公共职能和发展公共事业无关但难以脱钩划转的企业，由原主办单位作为出清主体，按照国家有关规定通过实施注销、撤销、破产、拍卖、出售等市场化方式进行处置。截至年底，该项工作基本完成。

【国有企业财务会计决算工作排名全国第一】 2020年，广东省财政厅面对新冠肺炎疫情及地市财政部门机构改革职能划转等不利因素，采取措施化解，建立“四个一”工作机制（一个问题台账、一个例会制度、一个联动机制、全省“一盘棋”理念）。加强统筹协调，对出现的新情况、新问题，向财政部请示汇报；利用信息化手段加强对市县财政部门及基层企业的指导；加强数据审核，夯实数据基础，深入挖掘数据，撰写高质量分析报告。完成国有企业财务会计决算工作，获得财政部通报表扬，位列地方财政厅（局）第一名。

【行政事业性国有资产年报工作走在全国前列】 2020年，广东省财政厅针对行政事业性国有资产年报工作长期以来面临的“组织协调难”“数据填报难”“培训指导难”“审核把关难”“责任落实难”五大难题，对标对表，自觉检视问题，查找差距，通过健全工作机制、完善管理系统、利用信息手段、强化数据审核、建立考核机制等措施，全力推动国有资产年报工作走在全国前列。2020年，广东省行政事业性国有资产年报工作首次获得财政部通报表扬，位列地方财政厅（局）第六位。

（广东省财政厅资产管理处供稿，陈明杰执笔）

会计管理

【概况】 2020年，广东省财政厅坚持“全面对标 全力推动走在前列”工作目标，围绕财政中心工作，推进政府会计准则制度贯彻实施，实现省、市、县三级100%全覆盖；做实行政事业单位内控报告编报工作，推动内控建设向纵深发展；抓好会计人才队伍建设，组织完成广东省67万人初中高级会计专业技术资格考试、第二期会计领军人才51名学员毕业、第三期高端会计人才50人的选拔、2019年度高级会计师1043人和正高级会计师26人评审等；推进落实会计师事务所执业许可审批及变更备案等6项省级权责清单事项委托至各地级以上市财政部门实施改革和“证照分离”改革等，规范注册会计师行业秩序，推动会计管理工作落到实处。

【会计准则制度宣传贯彻实施】

2020年，广东省财政厅开展政府会计准则制度调研。为确保政府会计准则制度在广东省全面实施，组织专家团队开展广东省政府会计准则落地实施情况调研，实地走访广州、东莞等5个地市和具有代表性的行政单位以及高校、医院、科研等事业单位，开展深度调研访谈，了解实施过程中的难点、痛点问题，最终形成调研报告。报告总结广东省政府会计改革实践中存在的问题，提出改进政府会计实践具体对策与建议。强化业务指导，持续开展宣传培训。疫情期间，在会计信息服务平台设立“疫情防控学习专栏”，宣传行政事业单位和民间非营利组织疫情防控资金会计核算方法，确保业务宣传不断线。先后组织两期线上直播培训，全省累计近4万人参加在线学习。向全省免费印发《政府会计读本》，对政府会计准则制度重点内容进行宣传。做好会计准则制度咨询服务。建立各地区（单位）会计管理工作联系人机制，收集各项准则制度实施过程中存在的问题。通过厅门户网站、厅微信公众号、电信热线、全省会计信息服务平台等渠道，向会计人员提供全方位咨询服务。

【行政事业单位内部控制报告编报】 2020年，广东省财政厅加强编报业务指导。组织开展广东省2019年度行政事业单位内控制度报告编报工作，通过编制印发《行政事业单位内部控制建设手册》进行业务指导，举办全省近3万人参加的在线直播培训，安排专人对编报工作进行在线指导，确保编报单位全面掌握内控报告软件使用和编报要求，推进全省内控报告编报。提升编报质量，开展内控报告数据自查，确保内控报告涉及的各项指标数据与决算报表、资产报表等保持一致，提升广东省内控报告编报的准确性。强化结果使用，为落实内控报告“以评促建”，加强对单位内部控制报告的有效利用，对2019年度省级一级预算单位内部控制报告开展应用分析，针对内控报告中存在问题发布“一对一”指导建议，推动广东省行政事业单位内部控制建设向纵深发展。

【会计专业技术资格考试考务管理】 2020年，广东省会计资格考试实现考试、防疫“双安全”，得到财政部会计资格评价中心通报表扬。做好全省考试报名组织工作，广东省报名总人数近67万人，约占全国十分之一，其中初级资格45.67万人、中级资格20.73万人，高级资格4234人，再创历史新高。改革报名方式，将高级资格考试报名方式从“网上报名、现场审核缴费”改为“网上报名缴费、考后资格复核”，避免疫情期间考生聚集带来风险。严格落实疫情防控工作，会同广东省人力资源社会保障厅制定《广东省会计专业技术资格无纸化考试新冠肺炎疫情常态化防控工作指引》，印发各市执行；向全省考生发出《广东省2020年度会计专业技术资格考试疫情防控告知书》，明确考生疫情防控要求。妥善做好深圳、汕尾两地因疫情延考的后续应急和舆情处理工作，未引发社会群体性事件。做好考试实施工作，制定无纸化考试实施工作方案和考试技术设备突发事件应急处理工作方案，并对相关人员就无纸化考试工作流程和考试软件系统进行培训；根据初、中、高级资格考试报名人数测算考场和机位需求，并落实到位；组织相关机构对选定考点所属考场开展模拟测试，并协同供电部门做好供电保障；考试期间做好考试值班工作，协助妥善解决各考区发生的技术设备异常、断电等突发事件；向各考区派出巡视小组，加强考场监督检查。完成考后评卷工作，采取网上评卷，委托广东财经大学完成中级资格主观题评卷工作，委托山东财经大学对高级资格实行集中评卷，并将考试成绩报送财政部验收通过。做好初、中、高级资格考试考后复核工作。经复核，2020年全省初级资格审核通过87563人，中级资格审核通过20611人，高级资格审核通过1036人。

【高端会计人才培养】 2020年，广东省财政厅完成全国大中型企事业单位总会计师培养（高端班）、国际化高端会计人才培训班的选拔组织，广东省9人入选总会计师高端班，4人入选国际化高端会计人才培训班，入选人数位居全国前列。完成广东省第二期会计领军（后备）人才毕业论文线上答辩和毕业典礼，51名学员获颁“广东省会计领军人才培养毕业证书”。第二期培训班学员获得职务晋升27人次，职称晋升11人次，获奖63人次，发表论文83人次，发表专利4人次，入选财政部高端会计人才4人次，入选教育部会计领军1人次，评为2019年度全国先进会计工作者2人次。研究制定《广东省第三期高端会计人才选拔培养工作方案》，启动广东省第三期高端会计人才培养，受理符合报名条件的271人。通过资料审核、笔试、面试等环节，按照综合成绩排名确定最终录取50名学员名单。

【会计师职称评审】 2020年，广东省、广州市、深圳市三个会计人员高级职称评审委员会分别组织开展2019年度高级会计师职称和正高级会计师职称评审，评委对申报人员业绩成果、论文著作等综合能力作出评价，正高级会计师评审进行面试答辩。经过评委会投票表决，2019年广东省高级职称评审申报1570人，通过评审1043人，通过率66.43%；正高级会计师职称申报42人，通过评审26人，通过率61.90%。

【会计行业“放管服”改革】 2020年，广东省财政厅落实省级权责清单事项委托至各地级以上市财政部门实施工作。依据《广东省人民政府关于调整实施一批省级权责清单事项的决定》要求，将会计师事务所执业许可审批及变更备案等6项省级权责清单事项委托至各地级以上市财政部门办理。制定业务操作指南，录制培训课件，畅通咨询沟通渠道，督促地市建章立制，并安排专人开展在线巡查指导。指导和督促地市完成行政许可审批59项、变更备案等工作193项。贯彻落实行政许可“证照分离”改革，制定广东省自贸试验区会计师事务所分支机构设立审批和中介机构从事代理记账业务审批实行“告知承诺”制度改革实施方案，推进“证照分离”改革。

【会计行业管理】 2020年，广东省财政厅开展对“有照无证”会计师事务所（分所）的清理和整改，并加强与省市场监督管理局沟通协调，形成部门联动，实现企业法人信息数据共享，做到及时发现，及时督促会计师事务所限期完成整改。做好2019年度会计师事务所年度备案，对广东省会计师事务所（分所）的存续条件进行全面线上核查，对不符合存续条件的事务所（分所）督促整改。对《财政部 国务院国资委 银保监会关于加强会计师事务所执业管理 切实提高审计质量的实施意见》进行深入研究，主动联系广东省国有资产监督管理委员会和中国银行保险监督管理委员会广东监管局，建立工作联络机制，制定工作方案，加强会计师事务所执业管理。

2020年6月29日，广东省财政厅到中职信会计师事务所开展行业管理工作调研 （广东省财政厅会计处供图）

【会计人员管理】 2020年，广东省财政厅优化系统操作页面，提升平台业务功能。为做好会计人员信息采集，对广东省会计人员信息服务平台进行优化整合，集成业务功能，增加智能客服，优化技术服务，为会计人员提供便利服务。截至年底，全省完成信息采集102.8万人（其中深圳25.8万人）。强化数据共享，加强与广东省人力资源社会保障厅、广东省注册会计师协会沟通协调，实现与人社部门继续教育系统、省注册会计师管理系统功能整合和数据对接，实现会计人员继续教育数据互联互通。

（广东省财政厅会计处供稿，李志宏执笔）

政府采购监管

【概况】 2020年，广东省财政厅围绕财政改革中心和大局，贯彻落实中央、省委和省政府关于深化政府采购制度改革的决策部署，支持发挥政府采购政策功能，支持疫情防控，优化政府采购营商环境，服务经济社会发展大局。深化政府采购制度改革，建设打造广东政府采购智慧云平台，运用政府采购政策助力脱贫攻坚；依托政府采购合同融资服务平台引导金融机构为获得政府采购合同的中小微企业提供授信或融资。全省政府采购规模5022.5亿元，占全省财政支出和全省GDP比重分别为18.56%和4.53%，比2019年增长13.8%。政府采购信息统计报表编报工作获得财政部的通报表扬，政府采购透明度评估等多项工作走在全国前列。

【政府采购制度改革】 2020年，广东省财政厅制订《广东省深化政府采购制度改革工作方案》，着力体现广东特色，聚焦采购质量和绩效、采购透明度和效率、优化营商环境、经济高质量发展、监管体制机制等5大方面，提出9项37条改革措施。聚焦采购质量和绩效，简政放权，按照“谁采购、谁负责”的原则，落实采购人的主体责任，强化采购人内部控制和绩效管理，实现采购结果“优质优价”。聚焦采购透明度和效率，加强信息技术支撑，加快推进政府采购与互联网的深度融合，构建全省统一的省政府采购智慧云平台，推动政府采购向数字化转型，实现政府采购的“一网通办”和全流程电子化运行，实现采购过程“简便高效”。聚焦优化营商环境，通过降低交易成本、放开市场竞争、线上办理业务、强化信用支撑、畅通供应商救济渠道，依法保障不同所有制、内外资企业平等参与政府采购活动，激发市场主体参与政府采购活力。聚焦经济高质量发展，健全支持创新和绿色发展的采购政策，完善支持中小企业发展等措施，强化政府采购需求引领作用，发挥政府采购在实现社会经济政策目标、促进经济高质量发展的作用，助力形成国内国际双循环的新发展格局。聚焦监管体制机制，强化预算监督，实现“管程序”与“管责任”并重，推动采购监督管理与信息技术的深度融合，实现智慧监管，提高政府采购监管效能。

【政府采购智慧云平台建设】 2020年，广东省财政厅从全面监管的角度出发进行顶层设计，建设打造广东政府采购智慧云平台——覆盖政府采购全业务的采购综合管理平台和采购执行平台。平台包括一个门户网站、六大子系统和五个基础信息库，按照“全程电子化、监管智能化、交易便利化”的建设思路，运用“制度+科技”手段，实现政府采购“业务一体化、监管一盘棋、数据一朵云、全省一张网”。广东政府采购智慧云平台搭建的“事前预警、事中监控、事后分析”的智能监督预警系统，将政府采购相关法律法规和制度要求嵌入系统业务全流程，系统自动进行审核、管理、监督、预警，降低人力监管成本，对政府采购活动全过程、各环节的合法性、合规性和时效性进行实时动态智能监控和监督预警提醒，提升政府采购监管效能，为建立采购主体职责清晰、交易规则科学高效、监管机制健全、政策功能完备、法律制度完善、技术支撑先进的现代化政府采购制度提供支撑。

【政府采购助力脱贫攻坚】 2020年，广东省财政厅推进“国家贫困地区农副产品网络销售平台（扶贫832平台）”和“广东政府采购扶贫馆”采购贫困地区农副产品，助力打赢脱贫攻坚战。组织人力，全面梳理广东省政府采购贫困地区农副产品工作各项指标完成情况，对标具体单位，力求精准施策开展督导工作。分门别类，发文督导各级预算单位做好政府采购贫困地区农副产品工作。印发《广东省财政厅关于进一步做好省级预算单位政府采购贫困地区农副产品工作的通知》《广东省财政厅关于全省政府采购贫困地区农副产品有关情况的通报》等督办文件，全年省内发文通报共计8次，要求各级预算单位必须100%完成平台注册和账号激活；加大预留份额力度，预留采购比例建议原则上不低于25%；加快采购执行力度，鼓励省级预算单位工会通过国家扶贫832平台采购工会福利、慰问品等。上下联动，召开各级预算单位政府采购贫困地区农副产品工作督导会。联合广东省扶贫办、广东省供销社分批召开现场督导推进会16次，各级财政部门累计召开推进督导会60余次。多措并举，推进政府采购支持国家脱贫攻坚。制定培训方案，通过抖音视频、现场会议等培训方式促进采购人熟练掌握操作技能。全年网络技术操作培训20余次。挖掘潜力拓展渠道，发动企业工会开展扶贫协作与支持。全程跟进监督，推动政策落实，发挥纪检监察、审计、考核等护航作用。搭建“广东政府采购扶贫馆”，支持省内脱贫攻坚。联合广东省扶贫办、广东省供销社遵循“政府搭台、市场经营、企业协作”的原则，搭建广东政府采购扶贫馆。扶贫馆聚合省内2277个贫困村农副产品在线展示、网上交易、物流跟踪、产品追溯等一站式功能，发挥政府采购对消费扶贫的引领示范作用，助力打赢脱贫攻坚战。全年全省各级预算单位在“扶贫832平台”注册预算单位数量25465家，预算单位激活数量25231家；采购人账号数量27048家，采

2020年11月25—26日，广东省财政厅举办全省深化政府采购制度改革动员暨业务培训班 （广东省财政厅政府采购监管处供图）

购人账号激活数量25991家；完成交易额44148万元，在全国排名靠前。通过“广东政府采购扶贫馆”成交订单2047笔，完成交易额1639万元，支持省内脱贫攻坚工作。

【政府采购合同融资】 2020年，广东省财政厅力推政府采购合同融资模式，助力中小微企业发展，为“六稳”“六保”工作提供财政支撑。全面推进融资工作，抓住中小微企业融资难的瓶颈，调动金融机构向供应商提供融资业务的积极性，发掘政府采购领域潜力，推动广东省政府采购合同融资业务市场有序健康发展。按照《深化政府采购制度改革方案》有关精神，依托全省统一的政府采购合同融资服务平台，按照“财政引导、银企自愿，市场主导、风险自担”的原则，在全省推进政府采购合同融资工作，做好“六稳”“六保”工作和打造市场化、法治化国际化营商环境，牵头构建连通政府采购供应商和金融机构的融资“桥梁”，引导金融机构为获得政府采购合同的中小微企业提供授信或融资支持，助力中小微企业生产，帮扶企业渡过难关。统筹整合多方资源，调动采购单位、采购平台、采购供应商、采购代理机构和金融机构等各方参与政府采购合同融资的积极性，实现合作共赢。采用与中征应收款融资平台对接的模式，以最快速度开展政府采购合同融资业务。依托广东政府采购智慧云平台，在全省范围内推广实施政府采购合同融资工作。建立闭环落实工作机制，确保政府采购合同融资让企业实在得利。通过《中国政府采购报》、《政府采购信息报》、广东省政府采购网等媒体，以及组织银企座谈会、业务推介会等，向中小微企业宣传推广广东省政府采购合同融资政策。建立工作协调机制，打通中征平台、省中小融平台、金融机构相关平台间系统壁垒，加强信息共享，推动实现全流程线上融资，大幅减少传统人工审批流程和审批时间，且供应商无需提供财产抵押或第三方担保，融资的隐性成本降低。强化市场监管，与采购单位、采购供应商和金融机构等合同融资有关各方约法三章，明晰各方权利义务，建立针对违规事项的约谈触发机制，对合同弄虚作假、无故不按时还款、拖延支付合同资金、虚假宣传等行为视情况约谈相关责任人，责令限期改正，或取消其参与政府采购合同融资业务资格，促进企业规范发展。截至12月底，已有19家金融机构进驻政府采购合同融资平台，共为144家中小企业提供融资211笔，融资金额4.45亿元。

（广东省财政厅政府采购处供稿，徐丽丽执笔）

预算绩效管理

【概况】 2020年，广东省财政厅以“两全”（“全面对标，全力推动走在前列”）工作为重要抓手，通过聚焦“两头”“两责”“两新”“两研”，打造“上下畅通、前后呼应、纵横覆盖、理论实践一体”预算绩效管理新格局，再次获得全国预算绩效管理工作考核全国第一。聚焦“两头”，做实事前评审和事后评价，推动财政资源有效合理配置。健全和完善预算编制绩效关口，创新性开展一般性项目事前绩效评审全覆盖；着力做准支出绩效评价，提高评价权威性和约束力。聚焦“两责”，压实部门责任和市县职责，构建预算绩效管理的纵横新机制。“放、管、服”结合，推动部门落实绩效管理责任；构建全省预算绩效管理一盘棋，明确地方绩效管理目标要求。聚焦“两新”，试点资产绩效和经济成本分析，探索预算绩效管理的新领域。首创开展资产管理绩效评价，加强国有资产绩效管理；探索行政成本效益分析，推动部门提升效能，加强经费管理，节约开支“过紧日子”。聚焦“两研”，研究业务指南和政策课题，强化管理技术支撑。编制事前绩效评估、绩效目标、绩效评价三大操作指南，提高绩效管理规范性和指导性；研究“十四五”时期广东地区全面实施预算绩效管理的政策考虑和改革路径，引领改革方向。

【绩效约束强化】 2020年，广东省财政厅推动事前绩效评审全覆盖。坚持以政领财、以财辅政，突出“先谋事后排钱”“先有项目后定预算”的绩效理念，绩效目标与预算编制精准对标，采用“重点+一般性”相结合的评审方式，建立政策和项目的事前论证评审全覆盖机制，推动部门将预算方案做得更实，将财政资金投入到紧要处、使用在刀刃上。重点项目评审，组织行业专家对19个重点项目105亿元的资金实施评审，经过专业论证和充分研究，核减34亿元；一般性项目评审，建立财政内部、第三方机构联合会审机制，集中对入库一般性项目绩效目标逐一讨论、审核；将经联合确认的事前评审结果直接反馈给预算单位，传导绩效管理约束。全年评审项目670个，通过611个，通过率超过90%。强化服务预算为导向的绩效评价。通过建立上门对口服务，完善第三方机构全过程跟踪监督，首创绩效评价报告集中审议等工作机制，持续在“实”和“准”上做文章，提高绩效评价质量，提升评价公信力和权威性。落实重点绩效评价与预算安排挂钩机制，对90个项目1143亿元财政资金开展重点评价，形成76份评价报告，其中对12项评价结果等次为“中”的项目按规定压减20%，累计收回资金3.47亿元，提高资金使用效益。

【管理责任压实】 2020年，广东省财政厅横向压实省直部门绩效管理责任。通过“放、管、服”，创新绩效自评管理机制，优化管理内容和程序，减轻部门和单位绩效自评工作量达60%，从源头上为业务主管部门和用款单位减负；实行“业务部门抓总、用款单位抓细”的绩效管理分层负责机制，按照“1份报告+N张自评表”的新方式开展绩效自评，压实业务主管部门在绩效管理中的责任。纵向强化地方绩效管理责任。坚持高位推进，要求广东省内地市党委政府必须出台地方实施预算绩效管理具体措施或实施方案，截至7月底广东省所有地级以上市均出台相关实施意见或方案；坚持全省一盘棋，在深入基层调研，认识到广东省内区域间、层级间、环节间管理不平衡的3大问题，印发《关于加快推进市县全面实施预算绩效管理的通知》，提出建立和完善具有地方特色的工作方法和措施13条，形成“总体有规范、地方有特色、上下有联动”的全省预算绩效管理一盘棋。

【管理内涵拓展】 2020年，广东省财政厅首创资产管理绩效评价，加强国有资产使用。丰富完善整体支出资产管理的绩效评价指标，指标数量从2个增加到5个，权重从6分调高到13分；在布置所有省级部门开展资产绩效自评分析的基础上，组织第三方机构对26个部门整体支出重点评价，并对5个资产管理指标进行分析，形成《部门资产管理绩效评价专项分析（2020年）》，针对性解决行政事业单位资产管理中存在的突出问题，提升资产管理整体水平。试点运行经济成本分析，推动部门“过紧日子”。研究设计一整套经济成本分析报表和评分标准，通过组织部门对其5年预算项目的经济分类科目进行分析，梳理出各单位人均公用经费、差旅费、物业管理费等经费支出的相对合理水平，并以此为基础进行标准化评分，引导和规范部门树立成本效益理念，加强经费管理，节约开支“过紧日子”。

【技术支撑夯实】 2020年，广东省财政厅研究编制“三大”业务指南，包括《广东省省级财政预算绩效目标编制审核指南》《广东省省级财政绩效评估指南》和《广东省省级财政绩效评价指南》。绩效目标编审指南在解读绩效目标要素构成及逻辑框架的基础上，通过正、反面案例剖析编审要求，指导部门要将财政支出效益与落实党委政府决策要求、行业中长期规划和年度重点工作结合，以高标准、严要求设定“有一定难度但是经过努力可以达到”的绩效目标。事前绩效评估指南在梳理提炼绩效评审应着重分析的核心问题基础上，结合绩效评审五个方面，分别提出具有针对性的评审要点，指导部门和机构围绕财权与事权、资金成本测算、实施目标效果等预算安排着重关注的核心问题开展有效的事前评估。事后绩效评价指南在详细指引绩效评价过程各环节操作方式和注意点基础上，根据资金的不同用途、性质、投入方式等对应的预算管理要求，细化各类资金评价的要点，为做准、做实评价提供规范指引。开展《“十四五”时期广东全面实施预算绩效管理的政策研究》，回顾“十三五”时期广东预算绩效管理实践和经验，分析面临的主要问题和原因，提出“十四五”期间深化预算绩效管理的政策建议。

（广东省财政厅绩效管理处供稿，崔竹英执笔）

2020年12月7日，广东省财政厅举办全省预算绩效管理培训班

（广东省财政厅绩效管理处供图）

财政监督

【概况】 2020年，面对新冠肺炎疫情严重冲击和复杂严峻的国内外形势，广东省财政厅推进监督转型发展，完成各项监督检查工作任务。坚持攻坚克难，通过财会监督调研推进监督工作转型升级；坚持服务中心，发挥监督服务预算管理的作用；坚持锐意创新，以“双监控”为抓手保障直达资金、疫情防

控资金安全有效；坚持数字赋能，以“粤财扶助”平台全面加强财政补贴资金管理；坚持监管并行，狠抓专项监督检查；坚持防控风险，发挥内控内审管控效应。2020年广东地区（不含深圳市）一般公共预算支出进度在全国排名并列第一；会计监督工作获财政部致信表扬。

2020年3月6日，广东省财政厅召开加强财会监督研讨会

（李伟坚　摄）

【财会监督调研】　2020年，广东省财政厅开展“财会监督”调研。根据《财政部办公厅关于贯彻落实习近平总书记重要讲话精神　围绕加强财会监督工作开展学习调研的通知》，学习贯彻习近平总书记在十九届中纪委四次全会上关于“财会监督”的重要讲话精神，贯彻落实省委关于办好政治要件有关文件精神，以厅党组第一议题组织学习领会为启动，全厅布置各支部学习讨论为阵地，全省市县层级推动为贯穿，形成全省上下贯彻落实习近平总书记重要讲话精神的“大学习，深调研，真落实”工作氛围，推进“财会监督”调研，邀请行业专家参与研究，谋划提出加强财会监督的主要思路和实现路径。《中国会计报》刊发广东省财政厅厅长戴运龙关于加强财会监督的署名文章，广东省《新时代党和国家监督体系下完善我省财会监督运行机制分析》及《浅谈如何在理解、拆解、破解中加强财会监督体系建设》两篇调研报告获财政部表扬，并在全国财会监督调研座谈会上作经验交流。其中《新时代党和国家监督体系下完善我省财会监督运行机制分析》获2020年度广东财政科研课题（第一批）结项评审（财政系统类）一等奖。

【预算支出监督】　2020年，广东省财政厅强化预算支出监督，推动加快支出进度。坚持对标对表，推动预算支出进度考核工作继续走在全国前列。动态调整支出通报办法，开展疫情防控与“六保”资金支出进度通报。承办十三届119次省政府常务会议关于省级预算执行情况汇报工作。落实分片抓支出工作机制，加强问询提醒和核查力度，对进度偏慢的96个重点项目进行问询提醒，组织对4市8县区现场核查，督促主管部门和市县采取措施加大项目推动力度。截至12月底，广东地区（不含深圳市）一般公共预算支出13306.96亿元，比2019年同期增长4.26%，支出进度126%。

【预决算公开专项检查】　2020年，广东省财政厅强化全面规范，推动预决算公开。完善公开制度，细化公开内容，坚持以公开促改革，以专项检查为抓手，提高公开标准。从源头上着手，推动“广东省预决算公开填报系统”在全省使用，完善全省统一的政府预决算、部门预决算信息公开模板。发挥考核“指挥棒”作用，将预决算公开工作情况纳入绩效考核，推动各级政府和部门预决算公开从“形式公开”向“注重实效”转变，压实责任，推动预决算公开从“要我公开”向“我要公开”转变。开展重点检查，覆盖省、市、县政府和部门公开情况，以检查促整改，以检查促完善，持续发力，推动预决算公开从“找得着”向“看得懂、能监督”转变，落实党中央、国务院关于实施全面规范、公开透明预算制度的决策部署，推动广东省预决算公开工作走在全国前列。

【抗疫特别国债“双监控”】　2020年，广东省财政厅贯彻预算绩效管理理念，将“花钱必问效、无效必问责”转化为实际举措。助力建立直达资金常态化监督机制。全省部署开展抗疫特别国债“双监控”工作，重点关注资金使用绩效，线上集中审核抗疫特别国债460个项目开工情况，发现并反馈未按规定9月底前开工项目75个，为调整项目提供参考，发挥绩效监控事中纠偏纠错作用。坚持线上线下联动，开展直达资金“双监控”线下核查，对全省26021条困难群众生活救助补助对象发放信息进行核实，对确认不符合规定的789名补助对象追缴违规资金。对抗疫特别国债等直达资金管理中的违规行为，要求地方立行立改，推动直达资金使用规范。推动全省财政监督机构转型发展。服务预算管理，推进“双监

2020年7月28日，广东省财政厅举办抗疫特别国债实施“双监控”动员部署暨业务培训 （肖鑫晖 摄）

控”工作，推动市县财政监督机构适应财政监督的新定位、新要求和新任务。印发《广东省省级财政资金“双监控”管理暂行办法》，组织全省财政监督系统开展“双监控”业务培训会议2次，统一部署开展全省抗疫特别国债“双监控”工作，统一开展全省“双监控”线下核查，以重点工作任务带动市县监督机构业务水平提升。深入市县调研，指导市县准确理解预算管理“聚焦两头、优化中间”的改革理念，推动财政监督转型发展。

【广东财政惠企利民服务平台建设】 2020年，广东省财政厅为加强财政补贴资金管理，联合广东省政务服务数据管理局共同实施广东财政惠企利民服务平台建设推广，该事项列入2021年广东省人民政府重点工作台账。做好顶层设计规划，1月印发《广东省关于进一步加强涉企和个人财政补贴（补助）资金管理的若干意见》，提出强化补贴发放监管八条措施，明确建立“一网式”管理模式。整体谋划平台建设目标和思路，依托“数字政府”大数据支撑，与“粤省事”“粤商通”“省政务服务网”三个基础平台进行对接，在数据信息共享共用、业务办理上实现互联互通，进而实现信息查询、业务申报和审核、监督等“一网式”统一办理管理，落实省政府常务会议关于建立健全防范骗取财政补贴长效管理机制的要求，同步支持企业在疫情之下加快复工复产。持续做好平台实施推广。开展财政补贴政策梳理，形成中央和省级合计119项涉企和个人财政补贴政策清单；开展地市和省直业务主管部门的政策调研和情况摸查，明确各方监管系统建设现状和工作职责分工；建立与广东省政务服务数据管理局的联合工作机制，合力推进系统建设。11月，平台上线，首个上线运行的项目——省民族宗教委“少数民族聚居区少数民族大学生资助资金”上线运行反响良好。

【财政专项监督】 2020年，广东省财政厅把握财政监督职能根本定位，开展会计监督，发挥传统监督检查优势。开展专项监督，严格执行财政部部署的监督检查计划，服务预算管理。开展财政支持水污染防治政策落实情况专项检查，对16个县区开展县级“三保”预算执行、财政挂账和收入真实性实地核查，对4个市县开展政府隐性债务核查，对4个县区开展新增建设用地土地有偿使用费核查，保障重大财税政策和财政重点工作的贯彻落实。按照“收支两条线”要求规范省级公益一类事业单位收支管理，收回历年结余资金7.33亿元，盘活沉淀资金。组织会计评估监督，有序推进权责清单调整后的会计评估监督工作，坚持全省“一盘棋”工作格局，投入检查力量1602人次，对809个单位进行会计信息质量检查，对66家会计师事务所和64家资产评估机构开展执业质量检查。处理处罚户数46户，涉及金额10.7亿元。处理各类信访、投诉举报事项20件。实施行政处罚9宗，罚款0.8万元。全面清理行业挂名执业问题，做好行政执法信息公示工作。

【内控内审】 2020年，广东省财政厅以内控、内审建设为支撑，规范各项业务流程，推动财政治理效能提升。健全财政内部监督制度体系，成立由广东省财政厅党组书记、厅长戴运龙任组长、包含9个成员单位的内部控制委员会，抓住关键少数、关键业务、关键环节，确保对新形势下核心业务流程的管控和核心权力的制约。修订35个处室（单位）内控操作规程，压实处室职责。制订厅内部控制核查规程，要求各处室（单位）每年自查，组织“三年一轮”的重点核查，实现对全厅处室（单位）内部控制核查全覆盖。强化内控内审制度执行，组织35个处室（单位）开展内控自查，组建4个核查小组对4个处室开展内控重点核查，盯紧财政权力运行各个环节，推动存在问题整改落实到位。完成对3个厅属单位的内部审计，将检查中发现的涉及财务管理、经济活动和内控管理等风险和问题形成检查报告并印发被审单位，督促落实整改，确保实效。

（广东省财政厅监督局供稿，方雯婕执笔）

财政投资审核

【概况】 2020年，广东省财政厅以“走在全国前列”为目标，对标最高、最优、最好，强化制度建设、评审效能建设、廉政建设和队伍建设，构建“责任到位、管理规范、高效透明”预算评审机制，评审业务方向实现向预算评审、重大项目绩效评审、支出标准建设等拓展转型，服务财政预算管理的效能提升。全年完成各类评审任务1361项，审核金额577.14亿元，审定金额425.24亿元，核减金额151.90亿元，核减率33.24%，为财政加强预算管理、促进提高财政资金使用效益提供保障。

【财政评审转型发展】 2020年，广东省财政厅通过建立“两全”工作台账，狠抓任务目标落实；优化评审流程设计，协调贯通做好财政评审工作；创新评审方式方法，提高财政评审效能；加强评审系统开发，提高评审工作效率和水平。

“两全”任务落实　广东省财政厅聚焦主责主业，推动财政评审事业改革发展。以落实“两全”目标为导向，加快财政评审事业转型发展，推动财政预算管理改革突破。加强评审工作的系统性谋划、前瞻性研究，主动适应职能变化，推动评审工作转型发展。加强组织协调，集中评审力量办大事，攻坚克难，提升财政评审服务效能，加强与业务处室和省直单位的交流沟通。对标财政部和先进省份，加强专业研究和数据积累，组织开展预算项目支出标准体系课题研究。

评审服务机制优化　广东省财政厅制定实施《投资审核中心优化评审流程工作方案》，建立“一个处室对口一个组”服务机制。明确按4个组分别对口服务若干个厅处室，建立日常联系沟通机制，提高服务效能。优化评审流程，建立重大项目和问题内部会审机制，解决审核过程中出现的难点、争议。重新梳理基本建设、预算经费、信息化资金审核等业务类型复核复审要点，形成复核复审工作指引。

评审方式方法创新　广东省财政厅采取项目并联评审、疫情防控项目绿色通道评审和重大项目应急评审等多种方式提高财政评审效能。成立技术攻关小组，建立内部会审机制，专门研究重大异议问题、难点问题，确保评审工作质量，依法依规开展评审。利用音频、视频通讯手段，优化评审流程，以高标准、严要求规范财政评审行为，做到疫情防控和财政评审工作两手抓、两不误。

评审系统开发　广东省财政厅开发新财政投资评审系统建设，主动对接“数字财政”平台，重构与财政投资评审业务发展相匹配的系统，将财政投资评审业务纳入“数字财政”一体化建设，科学设计业务流程和内控流程。

【预算管理改革财政评审】 2020年，广东省财政厅推动预算评审项目库建设，为安排项目支出预算提供依据；助力“数字政府”，做好政务信息化项目资金审核；开展重大项目预算绩效评审和部门预算整体绩效评审试点，确保财政资金投入到急需处、使用在刀刃上；推进支出标准体系建设完成传统基建业务，实现“有支出必有标准”的管理要求，加快建立现代财政制度；完成传统基建项目，压缩各环节审核时限。

项目库预算评审　广东省财政厅规范开展2021年度项目库预算评审，促进项目执行可行性，提高预算资金分配合理性。全年完成2021年度部门预算评审项目740个，总审核金额244.07亿元，核减金额91.75亿元，暂不发表意见金额120.18亿元，核减率74.06%。

政务信息化项目资金审核　广东省财政厅开展涉密信息化项目审核，梳理审核要点和审核原则，开展具有涉密信息系统咨询资质第三

2020年8月20日，广东省财政厅厅长戴运龙就“如何进一步发挥财政评审在预算管理改革中的积极作用”在投资审核中心会议室开展座谈交流，省财政厅总会计师刘云梅参加调研（广东省财政厅投资审核中心供图）

方机构采购工作。全年完成省级政务信息化项目资金审核227个，审核金额53.98亿元，核减金额5亿元，核减率9.26%。完成AK项目127个，审核金额20.81亿元，核减金额3.79亿元，核减率18.20%。

预算绩效评审　广东省财政厅以重大项目预算绩效评审和部门支出整体预算绩效评审为抓手，构建全过程预算绩效管理机制，逐步实现绩效管理与预算管理一体化。全年相继完成粤东西北省实验室省级财政投入项目、城镇老旧小区改造省重点项目建设补助资金项目、广东省药品监督管理局委托业务检验收入成本支出保障项目、广东省体育局奥体中心体育场改造项目等一批重大项目预算绩效评审，以及广东省戒毒局、广东省残联等部门整体预算绩效评审，总审核金额48.80亿元，核减金额12.42亿元。推动实现对重大、新增的支出政策和项目的事前评估论证全覆盖，助力项目决策论证及预算安排科学精准。

支出标准体系建设　广东省财政厅按照“全覆盖、拓外延、成体系、重应用”的思路，建设涵盖所有财政支出的基本支出标准体系及项目支出标准体系。发挥专业优势，配合开展支出标准省直部门全覆盖工作，按要求完成49个省直部门支出标准文件汇编。完成省直行政事业单位集体出行租车支出标准、省级政务信息化项目（软件开发分册、运维分册、第三方服务分册）预算编制标准和省监狱经费支出标准等10项标准的编制，开展省药监局药品抽检支出标准等7项专用标准论证，从源头上提高预算编制的科学性和合理性。截至2020年12月，广东省本级共建立包括人员经费类、教育类、人才类、文化科技类、社会保障类、行政政法类、农业水利类、自然资源类、工贸发展类、金融类、信息化类和高校建设类等12大类共111项支出标准，充实和丰富省级支出标准体系内容。

传统基建业务　广东省财政厅通过完善审核标准、加强审前准备、推动审核配合等措施，在保障质量的情况下压缩各环节审核时限。全年完成基本建设项目估、概、预、结（决）评审业务247项，审核金额209.47亿元，核减金额38.94亿元，核减率18.59%。

【评审机制构建】　2020年，广东省财政厅强化评审制度建设，以制度管人管事；落实“三级稽核复审”制度，严格评审内控管理；加强评审风险防控体系，最大限度防范评审风险建设；注重落实日常考核，加强中介机构和外部专家的管理

评审制度建设　广东省财政厅制定或修订《省级财政资金绩效评审内部操作细则》《省级财政项目支出定额标准编制及评审论证内部操作规程》《第三方机构参与省级财政投资评审管理暂行办法》等34项评审制度，强化制度保障作用。

评审内控管理　广东省财政厅建立分工科学、相互制衡、职责明确的流程岗位设置。加强组织协调，把握好评审质量和效率的关系，集中评审力量办大事，做“准”做“实”评审意见。强化日常评审工作管理，落实保密管理要求，细化监管措施，落实审核岗位责任。

评审风险防控体系建设　广东省财政厅结合项目评审类型完善各项风险防控措施，构建责任清晰、相互制衡、科学高效的评审机制。强化财政评审项目的外部监管，聘请外部专家对审结评审项目进行评价，校验评审结论的准确性、合理性，改进省级财政评审工作。加强保密项目的审核管理，落实保密相关管理要求。

中介机构和外部专家管理　广东省财政厅加强对第三方机构、外部专家培训和评审风险监管，建立质量纠偏约谈制度，实现精准高效运用。采取网上直播、现场教授、督导等多种方式加强对第三方机构人员的培训，提高第三方机构参与评审的质量和效率。细化第三方机构日常管理，把握评审工作质量和效率的关系，落实定期考核制度，并与考核优秀的第三方机构加深合作，利用第三方机构的技术资源充实财政评审力量。

（广东省财政厅投资审核中心供稿，李晶执笔）

农业评估

【概况】　2020年，广东省财政厅开展涉农项目绩效评价、财政扶贫资金动态监控和财政支农政策培训等工作。组织开展2020年农村综合性改革试点试验和田园综合体建设试点建设项目绩效评价，并召开两个试点项目现场经验交流会。依托系统对全省财政扶贫资金从预算安排到拨付支付、使用、绩效评估进行全流程监控，为决战决胜脱贫攻坚提供保障；财政部对2020年中央财政专项扶贫资金动态监控工作成效较好的16个省市进行通报表扬，广东省名列第一位。组织开展农村财会人员财政支农政策培训，全年全省开展财政支农政策培训57299人，占年初计划（58815人）的97.42%，推动财政支农政策在乡镇、村的宣传和贯彻实施。

【涉农项目绩效评价】　2020年，广东省财政厅开展涉农项目绩效评价工作。按照《财政部关于印发〈产粮（油）大县奖励资金管理暂行办法〉的通知》等要求组织开展2019年产粮（油）大县中央财政奖励资金绩效评价，形成绩效评价报告报送财政部。按照《财政部关于印发〈农村综合改革转移支付管理

2020年6月28日，广东省财政厅参加全省农村综合性改革试点试验项目现场经验交流会，并开展现场考察

（广东省农业综合开发评估中心供图）

办法〉的通知》等要求组织开展2020年农村综合性改革试点试验和田园综合体建设试点项目绩效评价，对两项试点工作进行全面评价和督导。组织召开全省田园综合体建设试点项目现场经验交流会，总结交流田园综合体建设土地利用机制、创业创新机制、社会化服务体系、投融资机制、管护机制等方面经验。组织召开全省农村综合性改革试点试验项目现场经验交流会，总结交流健全村集体经济发展机制、完善乡村治理机制、构建农民持续增收机制、建立农村生态文明发展机制等方面的经验。

【财政扶贫资金动态监控】 2020年，广东省财政厅加强财政扶贫资金动态监控。组织做好2019年系统封账、结转工作，受到财政部国库司表扬；做好月报上报、扶贫资金投入总量分析、疑点信息核实反馈等工作；通过现场督导、电话、QQ群、微信群等方式，督促指导各级、各地做好扶贫资金下达情况、支付情况、绩效目标、到人到户情况等信息的录入，以及疑点信息、预警信息核实处理等；通过微信群、QQ群、电话等方式为广东省财政厅资金管理处室和市县近2000名操作人员提供技术支撑和业务指导。截至年底，全省扶贫资金下达进度99.5%，支出进度95.06%，绩效目标填报比例100%，绩效审核比例100%，各项指标均排在前列。

【财政支农政策培训】 2020年，广东省财政厅组织开展农村财会人员财政支农政策培训。重点围绕学习贯彻习近平新时代中国特色社会主义思想和习近平总书记视察广东时指出的广东省发展不平衡、不充分问题，将精准扶贫和乡村振兴作为培训的重中之重；紧扣财政定位，以用好管好财政资金为主线，将财务会计、精准扶贫、乡村振兴、乡镇财政管理、村居“白条账”治理等专题作为培训主题；紧扣基层实际，以加强财政支农政策在乡镇、村的宣传贯彻为主要目的，注重实操性。加强对市县的指导，要求市县在做好防疫工作的前提下，采取“线上”或“线上+线下”的培训模式完成年度培训计划。组织师资开发《强化基层财务管理》等4个新培训专题，提升基层财务管理水平。

（广东省农业综合开发评估中心供稿，石佳平执笔）

政府债务监测评估

【概况】 2020年4月8日，广东省会计函授职业技术学校更名为广东省财政厅政府债务监测评估中心，5月18日挂牌运作。广东省财政厅对接转型业务，对标主责主业，将“地方政府新增债券资金实际使用情况核查”工作作为2020年债务监评中心“全面对标　全力推动走在前列”工作事项，重点支持参与“专项债券项目评估入库”，着力开创政府债务管理工作新局面。

【全省新增债券资金使用核查】 2020年，广东省财政厅加强地方政府新增债券资金实际使用情况核查，促进政府债务监测评估工作发展。统筹做好全省新增债券资金实际使用核查。为加快地方政府新增债券支出使用进度，发挥债券使用效益，对全省各级新增债券资金支出及实际使用情况进行持续跟踪监测，通过资料核查和实地核查，每月形成全省新增债券资金支出及实际使用进度情况表，动态跟踪新增债券资金使用情况。加强监测，确保新增债券资金使用的合规性、及时性、准确性和真实性。下半年牵头对全省各级新增债券支出及实际使用的数据信息核查，在确保信息核查质量的基础上，用3个多月核查3万多条数据，实现系统挂接的支出使用单据凭证上传率100%、资料核查率100%。通过对核查情况进行分析，摸清各地市实际工作

2020年10月13—15日，广东省财政厅到阳江市高新区对珠海（阳江）合作共建园A区风电装备制造标准厂房二期工程进行实地督导

（广东省财政厅政府债务监测评估中心供图）

中存在问题，并有针对性地提出下阶段改进意见建议，督促全省合法依规加快新增债券资金实际使用进度。加强督导，提高新增债券资金使用效益。强化与地市沟通，在平时核查发现疑问时，与有关单位沟通了解情况、指导纠正问题。根据每月核查与情况分析研判，到中山、江门、阳江及云浮市进行实地督导，通过召开座谈会、实地查看重大项目，加强对各地债券支出及实际使用的指导督促，以点带面，提高广东省新增债券支出及实际使用进度，提升资金使用效益。

【专项债券项目评估入库】 广东省财政厅加强政策把握研究，按照“急需、成熟、统筹、集中”的标准，开展政府债券需求项目申报入库评估工作，做实做细全省政府债券项目储备，提高新增债券项目质量。发挥跨部门协调机制作用，全方位梳理各领域政府投资建设融资需求。为遴选出符合专项债券条件的项目支持2021年重大建设资金需求，10月中旬组织省直有关部门、各市县财政局全面梳理各领域政府投资建设项目需求。组织广东省财政厅各处室主动对接对口行业主管部门、组织地市县财政局全面梳理债券需求项目，确保符合条件的建设项目应报尽报。强化项目信息审核力度，夯实申报项目质量。根据政府专项债券发行使用要求，对全省有关省直单位、市县申报2021年专项债券需求的约4000个项目、每个项目约70项信息点进行逐个逐项审核评估，排除融资平衡、项目投向等方面不符合专项债券使用条件的项目。做好沟通指导，确保项目问题信息修改完善。加强与省直有关部门、市县财政部门沟通衔接，逐个逐项将审核修改意见反馈申报单位，并督促跟进确保项目信息修改到位。通过加强项目评估遴选，提升申报项目质量，向财政部申报2021年专项债券项目3039个，资金需求11219亿元。财政部首次审核通过率88%，项目通过率位居全国首位。

（广东省财政厅政府债务监测评估中心供稿）

财政对外财经合作与交流

International Financial Cooperation and Government Foreign Debt Management

综　述

【概况】　2020年，广东省财政厅拓展合作新领域，推进广东省国际财经合作深入开展，服务于广东当好“两个重要窗口”，服务于“双循环”新发展格局，助力广东省高质量发展和高水平开放。在对外资金合作上，聚焦疫情防控，全力筹划和实施疫情防控紧急援助贷款项目；聚焦绿色发展，突出示范和转型升级，推进广东农业面源污染治理项目实施，完善能效电厂循环资金项目管理，推进项目实施工作；聚焦社会事业，助力保障和改善民生，推进亚行贷款广东潮南水资源保护及利用示范项目、世行贷款广东城乡社保一体化和农民工培训项目、世行贷款广东义务教育项目实施。在知识合作上，开展减贫案例研究，拓展知识合作广度深度，促进制度创新。在对外财经交流上，谋划深化与新开发银行等新型国际金融组织的合作，推进新开发银行贷款新冠疫情防控紧急援助项目及新开发银行贷款粤电阳江海上风电项目等重大项目实施，推动对外财经交流出新出彩，拓展合作新领域。

【项目执行进度管理】　2020年，广东省财政厅按照“全面对标　全力推动走在前列”（简称“两全”）工作要求，针对存在的不足，以问题为导向，以抓制度、抓调研、抓协调、抓执行为主线，以国际金融组织和外国政府贷款基础工作评比为抓手，全面夯实基础、全面提升国际金融合作业务政策水平、全面推动工作落细落实，推动国际金融合作“两全”工作的开展。在抓制度方面，研究制定《关于及时准确录入提还款信息的工作要求》等内部管理制度，完善制度建设。在抓调研方面，深入基层，多次召开专题会议，查摆解决问题。在抓协调方面，建立与财政部请示汇报机制，加强部门之间的沟通协调，加强广东省财政厅内处室的沟通协调。在抓执行方面，确定2020年挂图作战表和各项目具体年度任务，压实责任，强化制度执行的时效和规范，加强对项目执行进度的监督落实，指导督促项目单位加快执行进度。项目执行力度加大，部分项目执行进度加快。

【主权外贷纳入预算管理】　2020年，广东省财政厅按照财政部印发的《财政部关于进一步加强地方主权外贷预算管理的通知》有关规定，推进广东省主权外贷资金纳入一般公共预算管理。外贷资金存在外币结算、资金未进入国库单一账户、通过专户管理、资金拨付采用提款报账制等有别于一般公共预算资金的特殊性，纳入预算管理存在一定的难度。广东省财政厅以“规范资金预算管理，保证项目顺利执行”为原则，研究提出广东省外贷资金纳入预算管理的实施流程，实现外贷资金首次纳入一般公共预算管理，推进外贷资金管理与财政预算管理结合，推进国际金融合作业务全面融入财政主体业务。

（广东省财政厅国际金融合作办公室供稿）

疫情防控紧急援助贷款项目筹划实施

【紧急援助贷款项目争取到位】　2020年，为应对新冠肺炎疫情，广东省财政厅聚焦防疫抗疫中心工作，争取新开发银行贷款支持广东省抗疫防疫及复工复产。为快速争取贷款，广东省财政厅成立专班，明确分工，强化责任担当，会战落实。本着“特事特办，急事急办”原则，加强与广东省发展改革委员会、广东省科学技术厅、广东省工业和信息化厅、广东省公安厅、广东省卫生健康委员会、广东省应急管理厅、广东省粮食和物资储备局7个省级单位及广州、珠海、佛山、东莞、中山5市沟通对接，用9天即迅速完成项目的征集、梳理、筛选和上报等全流程报批，创下国际金融组织贷款项目报批最快速度的纪录。新开发银行给予支持，以快速通道方式为广东提供21亿元紧急援助贷款，贷款及时到位。

此次紧急贷款，全部用于支持省级和广州、珠海、佛山、东莞、中山5市开展新冠疫情防控最迫切需要的医疗设施建设，应急物资保障和应急科研攻关等需要，支持复工复产，在一定程度上弥补广东省疫情防控和重大项目建设资金缺口。其中，省级使用资金12亿元，地级以上市使用资金9亿元。此次贷款创新贷款传统管理模式，实行一次性提款、一次性拨付到位，贷款全额纳入一般公共预算和财政国库体系管理。

【紧急援助贷款项目实施】　紧急援助贷款项目在2020年当年实施完毕。通过支持广州等5市的应急医院建设及医疗设备物资采购，发挥应急医院处于防控疫情第一线的重要作用；通过支持省级疫情防控设备及物资采购、疫情防控科技攻关及疫情应急指挥系统建设，支持疫情防控紧急需要；支持企业复工复产。项目的实施对广东省做好疫情防控和临床救治，处置疫情和遏制病毒蔓延，维护人民群众身体健康和生命安全发挥重要作用。南方卫视新闻联播、《人民日报》、《南方日报》等18家媒体报道新开发银行支持广东省抗疫防疫和复工复产紧急贷款项目进展情况。

（广东省财政厅国际金融合作办公室供稿）

绿色发展项目示范和转型升级

【广东农业面源污染治理项目】 广东农业面源污染治理项目总投资10.3亿元，其中利用世界银行贷款8090万美元，利用全球环境基金赠款510万美元，开展种植业和养殖业的污染排放治理。广东省财政厅推动项目实施。项目实施至2020年，环境友好型种植业示范工程规模稳定在10市、26县、92镇、576个村、10.6万个农户、3.83万公顷农田。保护性耕作试点面积增加到0.19万公顷次。纳入牲畜废弃物治理的养殖场123家，涉及全省15个地市，总计129个工程，其中123个已完工，101个已验收，6家高床发酵型养殖场建成投产。通过项目实施，项目质量提升，项目发展目标、指标全面完成，污染排放减少，实现增产增收，社会、经济、生态效益逐步显现。生产理念转变，治理机制科学长效。创新机制模式，经验成果得到成功推广。2020年提取世界银行贷款资金508万美元，提取全球环境基金赠款15万美元，项目累计提取7049.6万美元，累计提款进度87%，累计提取全球环境基金赠款390万美元，累计提款进度76.5%。

【能效电厂循环资金项目】 广东能效电厂循环资金项目利用亚洲银行贷款1亿美元，推动节能减排，贷款资金循环使用，突显节能减排效果。广东省财政厅加强项目执行监督管理，会同广东省能源局等单位修改完善项目管理规定，委托粤财信托完成南方电网综合能源有限公司、广东粤电平远风电有限公司和韶关广发光伏发电有限公司等3个亚洲银行能效电厂项目放款；推动广东省节能中心、粤财信托开展项目征集，组织对2个新项目进行前期调研评审。

（广东省财政厅国际金融合作办公室供稿）

广东农业面源污染治理项目种植业示范工程

（广东省财政厅国际金融合作办公室供图）

民生保障和改善

【广东义务教育项目】 广东义务教育项目利用世界银行贷款总投资18.3亿元，其中利用世界银行贷款1.2亿美元，改善粤东西北16个欠发达县义务教育学校的办学条件，加强师资培训，推进教学改革。广东省财政厅会同广东省教育厅研究项目执行情况，并开展联合实地调研，解决存在问题，指导督促各地项目学校加快执行进度。全年全省14个项目县（市、区）的基建项目开工建设。“班班通”项目第一批共2268套周转宿舍完工，第二批招标采购工作有效推进，招标教学平台12932套，完成安装、培训、验收、付款工作。确定4所院校承担世界银行贷款农村小学全科教师培养任务，2394名教师分别在4所院校接受培养。2020年提取世界银行贷款资金2607万美元，项目累计提取4352万美元，累计提款进度36.27%。

【广东潮南水资源保护及利用示范项目】 广东潮南水资源保护及利用示范项目总投资13.9亿元，其中利用世界银行贷款1亿美元，旨在改善汕头市潮南区卫生条件，提供良好供水服务及潮南区城乡居民生活质量。项目依靠统筹城乡供水系统、减少漏水，保护潮南区水资源并提高其用水安全，为潮南区123万城乡居民解决供水问题。广东省财政厅加强项目实施进展检查，推动潮南区政府、项目办加快项目实施进度，加快办理项目提款报账手续。全年提取亚洲银行贷款资金

1907万美元，项目累计提款8400万美元，累计提款进度84%。项目完成1500多千米水管铺设。3座水厂建成，开始试运行。

【广东城乡社保一体化和农民工培训项目】 广东城乡社保一体化和农民工培训项目总投资9.43亿元，其中利用世界银行贷款8000万美元，推进省集中式人力资源和社会保障一体化信息系统建设，改善职业教育办学条件，加强农民工职业培训。省财政厅加强项目实施督导，加快提款报账审核，推进项目实施。在城乡社保一体化子项上，广东省集中式人力资源和社会保障一体化信息系统的设计开发、联调测试和上线部署完成，广东省集中系统的社保基金财务管理、工伤认定、劳动能力鉴定、工伤预防等子系统在全省上线应用。在农民工培训子项上，3所项目学校完成项目建设目标，校企合作得到深化，教师能力提升，改善办学条件。全年提取世行贷款资金1331万美元，项目累计提款7898.97万美元，累计提款进度98.74%。国内配套42426.75万元。项目全部完成。

（广东省财政厅国际金融合作办公室供稿）

知识合作拓展与对外财经交流

【减贫案例研究】 2020年，广东省财政厅为配合财政部开展亚洲银行“减贫与可持续发展”课题研究，研究拟定工作方案和研究提纲，并邀请广东省扶贫办及科研机构开展课题研究。研究从省委、省政府落实国家减贫决策部署出发，基于财政视角，反映财政在支持减贫事业方面的新方法和新经验，分析面临的挑战，提出下一步应对举措。研究突出广东省作为东部沿海省份，在减贫工作上的特色，通过讲好广东减贫故事，展示广东财政减贫工作成效，依托国际金融组织平台，宣传推广广东减贫经验。

【职业教育对外合作交流】 2020年，广东省财政厅探索广东省国际金融组织合作与国际教育交流合作的融合发展，共同助力广东省对外交流合作高质量发展。12月，广东省财政厅参与广东省教育厅举办的广东省“一带一路”职业教育联盟暨华南“一带一路”轨道交通产教融合联盟2020年度活动，广东省部分院校与有关国家高校签署中外职业教育合作办学文件，展示国际金融组织贷款项目学校的示范作用。

（广东省财政厅国际金融合作办公室供稿，郭晕执笔）

·链接·

广东获新开发银行21亿元紧急贷款支持抗疫防疫、复工复产

近日，广东获得新开发银行支持抗疫防疫和复工复产21亿元人民币紧急贷款。此次紧急贷款，将全部用于支持省级和广州、珠海、佛山、东莞、中山等五个市开展新冠肺炎疫情防控最迫切需要的医疗设施建设、应急物资保障和应急科研攻关等需要，支持复工复产，弥补我省疫情防控和重大项目建设资金缺口。

新开发银行是由“金砖五国”发起、创立的以新兴市场和发展中国家为主的政府间国际金融组织。据悉，这笔紧急贷款是迄今为止广东省获得国际金融组织援助金额最大的一笔抗击新冠肺炎疫情贷款，占新开发银行支持我国抗疫贷款总规模的30%，将有效弥补我省抗疫支出缺口，有力支持复工复产。

今年2月项目开展申报工作，经财政部、国家发改委审核并报国务院批准后，4月已收到新开发银行贷款。相较于国内商业银行贷款利率，新开发银行紧急贷款当前年利率约2.8%，且贷款宽限期为5年，还款时限长达30年。

（2020年5月6日南方网，记者：蒋大志，通讯员：岳才轩）

机关建设

Administrative
Construction

机关党建

【概况】 2020年，广东省财政厅坚持以习近平新时代中国特色社会主义思想为指导，学习贯彻习近平总书记重要讲话和重要指示批示精神，树立抓好党建是最大政绩的理念，坚持以政治建设为统领，推动锻造践行“两个维护”的重要方阵；突出理论武装，高举思想旗帜，推动学习贯彻习近平新时代中国特色社会主义思想往深里走、往实里走、往心里走。以模范机关创建为抓手，以组织体系建设为重点，把各党支部锻造成有组织力、凝聚力、战斗力的坚强战斗堡垒。以作风纪律为保障，强化正风肃纪，始终坚持严的主基调，推动全面从严治党，推进党风廉政建设和反腐败工作。突出党建带群建，坚持以文化人，推动形成财政改革发展的强大合力，提升机关党的建设水平。

【政治建设】 2020年，广东省财政厅坚持把党的政治建设摆在首位，旗帜鲜明讲政治、抓政治。落实省委“两个维护”十项制度机制，建立工作台账，抓好政治要件闭环落实。开展“强化政治机关意识、当好重要方阵”系列党课教育，广东省财政厅党组书记、厅长戴运龙两次为全厅党员干部上党课，厅各党组成员、党支部书记也在“七一”前后为分管单位、所在支部讲党课。组织党员领导干部赴浙江嘉兴瞻仰南湖红船，重温入党誓词，强化党性锻炼。落实意识形态责任制，加强意识形态阵地建设和管理，严明政治纪律和政治规矩。

广东省财政厅教育引领党员干部强化“财”自觉服从服务于“政”的意识，自觉同党中央决策部署对表对标，把讲政治的要求贯彻到制定财政政策、推进财政改革、深化“两全”工作的实践中，重大问题、重要事项、重要工作及时请示报告，确保财政工作正确方向。在模范机关创建中开展“战疫情走在前、促发展作表率”主题党建活动，推动以“战时状态”把疫情防控各项财政工作抓实、抓细、抓落地。

广东省财政厅落实“三会一课”、组织生活会、主题党日、民主评议党员等组织生活制度，加强党员干部政治能力淬炼和政治实践历练，组织党员干部到援建、扶贫、抗疫等工作中经受锻炼，在预算管理改革、涉农资金统筹整合改革、“数字财政”建设等大项任务中接受考验，在新时代财政改革发展的实践中提高辨别政治是非、保持政治定力、防范政治风险的能力。

【思想建设】 2020年，广东省财政厅把学习贯彻习近平新时代中国特色社会主义思想作为首要政治任务。深化以厅党组理论学习中心组为龙头、以党支部为主体、处级干部为重点、青年干部为基础的理论武装基本格局。坚持读原著、学原文、悟原理，跟进学习总书记最新重要讲话和重要指示批示精神，掌握贯穿其中的马克思主义立场观点方法。因应疫情防控形势建立“财学”在线平台，把学习装进平台，把理论带在身边，打造党务、政务、服务有机融合的网络阵地。建立青年干部理论学习组，开设“青年讲堂”，鼓励财政青年干部上台畅谈理论学习体会，升华思想认识。把学习贯彻总书记思想作为各级财政干部和人才培训的必修课，依托浙江大学、广东财经大学和“广东财政大讲堂”，培育提升财政干部的政治素养、专业能力。

广东省财政厅坚持从总书记思想中找观点、找思路、找方法，把理论学习的成果转化为推进财政改革发展的实际成效。聚焦破解重点、难点问题加强调查研究，把调查研究贯穿工作谋划、决策和执行全过程，贯彻发现和解决问题、密切党群干群关系全过程。按照省委“深调研”的部署，配合开展现代服务业专题、对外务实合作专题、民生专题调研；指导各处室结合分管领域重点工作任务加强调研，聚焦实际问题，了解基层财政工作的实际情况、存在问题和面临困难，提升省级财政政策制定的科学性、财政资金保障的有效性和财政管理的精准性。

广东省财政厅围绕“1+1+9”工作部署，聚焦推进“双区”建设“双城”联动、“一核一带一区”建设、打赢三大攻坚战、支持“双统筹”、做好“六稳”“六保”等重点工作，集中力量办大事，做到党中央、国务院和省委、省政府决策部署到哪里，财政资金支持就跟进到哪里。坚持以人民为中心的工作导向，并将其贯穿到预算编制、财政规划等政策当中，突出办好十件民生实事，从可操作易见效的“小切口”入手，推动民生建设水平“大变化”，以财政的实际行动体现学习贯彻实效。

【组织建设】 2020年，广东省财政厅以提升组织力为重点，突出政治功能，推动厅各基层党组织全面进步、全面过硬。围绕党建与业务深度融合主题，接续实施锻造合格党支部书记提质增效行动，对34名支部书记开展访谈调研、集中培训，赴广州海关、省水利厅实地座谈调研，参加2020年省直单位新任党支部书记线上培训、省直机关党务领导干部学习贯彻条例示范培训，提升支部书记抓党建、带队伍、促发展的能力水平。

广东省财政厅对照《中国共产党支部工作条例（试行）》《中国共产党和国家机关基层组织工作条例》，以及广东省加强基层党组织

2020年12月9日和11日，广东省财政厅组织党支部书记分批前往省水利厅和广州海关参观见学 （广东省财政厅机关党委供图）

建设三年行动计划，开展机关党建对照检查，抓好规范整改。组织修订《广东省财政厅党支部工作手册》，对包括党支部的组织设置、换届选举工作流程、发展党员新增流程等进行规范。建立并落实支部每月党建任务通知单、对口联系服务支部工作制度机制，提升基层党建标准化、规范化水平。

广东省财政厅按照“政治思想好、本职业务精、沟通能力强、群众威信高”的要求，在全厅每个支部中聘设1~2名思想政治工作骨干，协助党支部书记开展经常性思想工作。建立思想形势分析、定期报送工作情况和骨干能力培训制度机制，增强机关思想政治工作的针对性和有效性。

【作风和纪律建设】 2020年，广东省财政厅围绕“严守政治纪律，践行‘两个维护’”主题，组织领导干部党章党规党纪教育培训，参观省反腐倡廉教育基地，观看《淬炼》等教育片，举办公职人员政务处分法专题辅导报告会等活动，教育引导党员干部自觉用党章党规党纪规范言行。组织新提任正副处职干部开展任职集体谈话，结合入职培训加强对新入职党员干部的纪律和廉政教育。

广东省财政厅严抓重要节点廉政教育，坚持每逢重大节假日发送廉政提醒通知或短信，通报中纪委、省纪委公开的违纪违法典型案例，提醒党员干部廉洁过节，带头落实疫情防控措施。完善“一个部门对口一个处室”服务机制，开展“一个部门对口一个处室”服务机制问卷调查，优化财政服务水平。健全完善厅长联系基层工作制度及厅领导班子联系地市、服务代表委员、分片抓收入工作机制，建立领导干部深入基层定点联系涉农县工作机制，搭建深入基层联系群众的重要平台。

广东省财政厅通过日常谈话交流、参与干部人事考察等方式，深入掌握党员干部思想、工作和生活状况，抓实近距离常态化监督。对党员干部职级晋升、评优评先等进行廉政审查，严把选人用人政治关、廉洁关，坚决防止“带病提拔”。坚持把纪律挺在前面，深化运用监督执纪“四种形态”，着力在用好第一种形态上下功夫，对苗头性、倾向性问题开展提醒谈话。针对监督执纪工作中发现的问题，向有关党组织发出纪律检查建议书，并督促抓好整改落实。

【机关文化建设】 2020年，广东省财政厅坚持党建带群建，发挥机关工会、团委、妇委会作用，着眼新时代新要求及年轻干部特点，突出政治教育和政治引领，持之以恒培养和践行社会主义核心价值观，把文化元素注入精神文明创建，推动“以文化人、以史育人”。

广东省财政厅组织开展“巾帼心向党，奋进新时代”“广东财政

2020年9月21—25日，广东省财政厅以“唱响主旋律、传递家国情”为主题，在全厅干部职工中广泛开展礼赞新中国经典歌曲传唱和文艺创演活动。厅党组书记、厅长戴运龙带头参加活动

（广东省财政厅机关党委供图）

青年向青春献礼”“唱响主旋律、传递家国情”等主题活动，展现财政干部对祖国的深切热爱和真挚祝福，弘扬爱国主义精神，激发爱国热情。定期开展舞蹈、羽毛球、网球以及瑜伽、太极拳健身等活动，做到“周周有运动、月月有活动”。开展“战疫情　强体魄　建小康”系列文体活动，举办省财政厅第二十二届全民健身运动会，推广“八段锦”健身训练、开展广播体操打卡、组织“迎中秋　庆国庆”健步走活动、以处室联队的方式开展四人篮球挑战赛等，丰富干部职工文化生活，凝聚财政奋进新时代的强大合力。

（广东省财政厅机关党委供稿，黎笛执笔）

人事管理与教育

【概况】　2020年，广东省财政厅以建设忠诚、干净、担当的高素质财政干部队伍为总目标，按照“干成几件事、带出一拨人”的要求，树立正确的选人用人导向，聚力建设干部素质培养、知事识人、选拔任用、从严管理、正向激励五大工作体系，为财政事业改革发展筑牢干部人才保障。

【科学选人用人】　2020年，广东省财政厅着力完善干部选任机制，把好选人用人关，以正确选人用人导向激励干部担当作为。坚持科学选人，坚持好干部标准等“五个坚持”，先后配合省委组织部选拔省管干部4名、晋升一级巡视员2名、二级巡视员2名，提拔任用正处职干部11名、副处职干部21名，晋升职级98人，事业单位岗位晋升18人，交流轮岗干部39人次。省委组织部反馈广东省财政厅2019年度选人用人满意度为98.17%，比2017年度上升15个百分点。坚持制度管人，修订和执行《广东省财政厅处职干部选拔任用工作规程》《广东省财政厅公务员职级晋升工作规程》等管理制度，突出政治标准，激励担当作为，做到以制度选人、依规矩办事。制定《省财政厅新入职人员报到服务规程》《省财政厅干部岗位变动服务规程》《省财政厅干部调动（辞职）服务规程》《省财政厅干部职工退休服务规程》，完善“入转调离”全流程服务内容，规范广东省财政厅干部职工岗位变动、调出（辞职）、退休等程序。培养选拔年轻干部，开展副处职干部能力素质调研，采取问卷调查、面对面访谈、民主测评和综合研判的形式，多维度、全方位考准考实。制定探索培养选拔优秀年轻干部工作方案，在日常考核的基础上实行“六个一”，建立一个能力指标体系、开展一次能力测试、举办一个青年讲堂、开展一次全厅测评、进行一次支部提名、建立一个年轻干部人才库，以“测讲评推”创新年轻干部选拔机制，副处职干部平均年龄下降2岁。

【人才培养】　2020年，广东省财政厅系统实施“六航计划”培养财政人才。实施“领航”计划，举办全省市县长和财政局长财政专题培训班，参训人员达到3000余人。省长马兴瑞批示“很好、这样的班要年年办”。实施“远航”计划，以加强政治建设和专业建设为重点，赴浙江大学连续举办两期财政干部综合能力提升培训班，实现处职干部全员培训。实施“启航”计划，举办2个月的2020年新入职人员培训班，实行“三个五”服务，“四大模块”培养，“四种模式”授课，“四种方式”练兵、“五项机制管理”。实施“助航计划”，以“一库一室一团一平台”为重点，成立11个人才库，4个人才工作室，打造人才练兵场。实施“护航计划”，以财政大讲堂为平台，形成常态化培训平台。探索与国家行政学院、人民大学、浙江大学等合作建设财政干部培训基地，探索专业化、系统化培养新路子。实施“智航计划”，开发上线“财学”智慧学习培训平台，实现智慧学习培训，成为学习财政、人才培养、宣传政策、传播文化“四个阵地”。

2020年9月19日，全省市县长财政专题培训班在广州举办，广东省财政厅厅长戴运龙围绕“主动对接中央财政政策　助力我省高质量发展”作专题介绍

（广东省财政厅人事教育处供图）

【一个部门对口一个处室】 2020年，广东省财政厅完善“一个部门对口一个处室”服务机制。坚持问题导向、结果导向，组织“一个部门一个处室”实施情况专题分析，系统梳理出五大方面61条问题和建议，研究提出《关于深化部门预算管理“一个部门对口一个处室”改革的措施清单》，从改革基本支出等11个方面研究提出措施35条。提升对口服务质量，定期安排政策牵头处室统一梳理分管的政策制度标准流程，对资金管理处室开展培训，帮助熟悉业务，提高干部能力水平和服务效能。理顺对口服务中央驻粤机构和国有企业工作。组织相关处室按照“突出主业、协同高效”的原则，从有利于对口服务单位办事、有利于处室发挥职能作用的角度出发，全面梳理日常业务中涉及中央驻粤机构和国有企业工作事项，研究制定《广东省财政厅对口服务中央驻粤机构和国有企业工作清单》。

【厅属单位改革】 2020年，广东省财政厅研究制定《广东省财政厅深化厅属单位改革方案》，提出十项改革任务共30条具体措施，推进厅属单位改革工作。按照全厅“一盘棋”的工作机制，明确每个厅属单位支持一至两项财政中心工作，恢复设立投审中心、农评中心，完成信息中心、广东省会计函授学校更名，优化调整职责任务，突出主责主业；编制印发《广东省财政厅厅属单位职责清单（试行）》，细化职责任务，建立对口支持机制；统筹优化非参公单位岗位设置，强化专业技术支撑，取消厅属单位内设机构。实行厅属单位人事统管，修订《广东省财政厅厅属单位人事管理办法（试行）》和印发人事管理办事指引，理顺管理体制；选拔任用6名处职干部、交流配备8名班子成员。

【智慧人事系统建设】 2020年，广东省财政厅探索用数字化、智能化构建干部人才管理体系。开发“财学”智慧学习平台。聚焦高素质干部队伍建设，疫情初期用不到一个月的时间，开发上线“财学”智慧学习培训平台，平台聚焦高素质专业化人才队伍建设，覆盖省直预算单位和全省四级财政干部共2.3万人，上线2500多门课程，实现线上线下全管理、直播录播全功能、讲学考练全流程三大功能，先后举办培训91次，直播120多次，广东省财政厅厅长亲自上线担任5次主播，与广东网院联通共享，成为学习财政、人才培养、宣传政策、传播文化“四个阵地”。开发“财智”智慧人事系统。探索用信息化实现选人用人智能研判、知事识人岗位画像、从严管理智能预警，选拔任用智慧运行，全程纪实、风险倒查、全程管控，建立看总量、看结构、看运行、看绩效、看风险的“智慧看板”，对选人用人28项核查指标实现线上检索，核查无误后再生成纪实档案。对23名干部队伍潜在风险点进行智能预警，对15项干部服务事项实行线上全自助办理。推进干部档案信息化。启动干部档案数字化建设，完成数字化扫描，实现干部人事档案电子查阅、安全管控，提升智能化管理水平。

【干部日常管理】 2020年，广东省财政厅做好人事教育的基础性工作，激发财政干部干事创业活力。做好新冠肺炎疫情防控。疫情爆发初期，每天有序组织200多名干部回到岗位，对外服务1000多家预算单位，对1500多人建立全员监测，确保干部职工零感染。200余名干部踊跃报名支援一线防疫，涌现出许多先进典型和事迹。以考核激发干事活力。完善干部日常考核、分类考核、近距离考核的知事识人体系，坚持考核处室与考核个人相结合、平时考核和年度考核相结合、专项考核和民主测评相结合，统筹整合党建责任落实、“全面对标全力推动走在前列”工作推进、重大事项督办，突显干部实绩。做好人事教育统计综合考评。在全省财政系统开展人事教育统计工作，深入分析财政系统干部队伍建设情况，撰写《广东省财政系统人才队伍基本情况分析报告》等4份报告，该项综合考评工作在财政部综合评比中获全国一等奖第一名。开展专项治理工作。制订广东省财政厅关于执行《党委（党组）讨论决定干部任免事项守则》有关问题专项治理工作方案，按照专题学习、对照自查、整改落实、完善制度、总结报告等环节做好专项治理工作，推动完善广东省财政厅党组规范议事规则和决策程序。开展个人报告有关事项专项治理，加强政策宣讲和“一对一”服务，2020年干部个人事项填报一致率100%。夯实人事工作基础。做好工资福利、养老保险清算、休假管理、保密管理、计划生育等基础性服务工作，全年新增干部职工14人，减少7人。编发党务人事信息简报22期，向财政部、财经报、省委组织部投稿，宣传工作经验，展示工作成绩，提升人事教育信息化工作质量。

【高素质财政人才队伍建设】 2020年，广东省财政厅坚持为党和国家培养财经人才，出台广东财政系统高素质人才队伍行动计划（2020—2023年），构建“四横四纵六航计划”为主体的人才工作体系。大视野广纳英才。面向全国公开选调、商调13名公务员，招聘10名事业单位干部，坚持以最优的程序选出一流人才，在选调公务员中引入多轮综合能力测试，在事业单位招考中实行无纸化机考、无领导小组讨论面试，被省委组织部列为培训范例。大计划培养人才。以帮扶提高市县财政管理水平为重点，

2020年7月3日，广东省财政厅举办2020年新入职人员培训班结业仪式，省财政厅厅长戴运龙出席结业仪式作总结讲话，并与副厅长肖红梅共同为全体学员颁发结业证书 （广东省财政厅人事教育处供图）

每年举办全省市县长和财政局长财政专题培训班，培养大批财经领导人才；以加强政治建设和专业建设为重点，举办财政干部综合能力提升培训班，培养财政系统骨干人才；以提高新人履职能力为重点，每年举办新入职人员培训班，培养财政系统年轻人才；建立11个领域财政人才库，选拔各领域专家近千人，成立4个人才工作室，培养专家人才。大格局使用人才。为新入职的年轻干部确立1名处级和1名科级的导师制，打造高标准源头培养、跟踪培养、全程培养体系。为中心工作输送人才，选派12人参加财政部和省委、省政府重点工作，抽调35名财政干部参加省委巡视工作，向省直单位、国有企业、高校输送领导干部3名，从省内外单位引进优秀人才12名，接收部门和地市人才培养业务骨干57人次。

（广东省财政厅人事教育处供稿，汪增建执笔）

离退休人员服务

【概况】 2020年，广东省财政厅秉持“全心全意为离退休人员服务”的宗旨，做好新时代老干部工作，推动广东省财政厅老干部工作提质升级。落细落实各项疫情防控要求，完成年度各项工作任务。

做好各项离退休服务保障工作；组织开展各类文化娱乐活动；做好关心下一代工作，对60余名获2019—2020年度“三好学生”称号的广东省财政厅干部职工子女予以奖励；开展扶贫助学捐赠活动，调研河源市龙川县鹤市村脱贫攻坚工作和鹤市小学发展情况。

【离退休人员服务保障】 2020年，广东省财政厅为老同志订阅《秋光》《健康文摘》《长寿生活》等保健书刊共计195份，购买并发放《中华人民共和国民法典》201册。坚持定期走访慰问，每周抽出一天时间，逐户上门走访，春节、端午、重阳等节假日进行集中走访慰问，了解和掌握老同志家庭情况和

2020年12月15日，广东省财政厅到河源市龙川县鹤市小学开展扶贫助学捐赠活动 （广东省财政厅离退休人员服务处供图）

生活状况。先后两次分别赴云浮和深圳慰问异地居住退休干部，传达组织关怀。全年累计上门走访慰问离退休老同志300余人次。注重关心关爱生病和生活困难老同志。疫情期间，通过互联网平台、电话等手段对60余名患病住院人员进行慰问。向机关党委报送3名离退休人员为困难党员干部帮扶对象，并为2名身患重病的离退休干部申报省委老干部局特殊困难补助。“七一”和“八一”期间，分别慰问离退休老党员14人和生活困难复转退军人2人。完成130余名离退休人员健康体检、28名离休和副厅以上退休干部及家属疗养保障。为5位长期异地居住的老同志办理异地就医审批及异地就医零星报销事项，协助8家厅属事业单位做好41位代管离退休老同志服务保障，协助办理5位离退休人员、2位离退休遗属丧葬善后。组织离退休党总支及所属党支部全体委员和部分老同志代表集中学习，压实党建工作责任。制订《离退休人员服务处内部控制操作规程（修订稿）》《离退休人员党支部提升“三会一课”质量实施意见》《离退休人员党支部主题党日制度（试行）》等系列规章制度，出台《离退休人员积分管理办法（试行）》《离退休人员参加单位组织各项活动承诺免责书》等办法，增强服务保障工作的规范性和可操作性。动态更新201位离退休人员疫情防控信息台账，掌握每名离退休老同志的个人及家庭行踪和健康情况。先后购买和发放两批次共计5.3万个口罩，满足广大老同志的防护需求。利用“粤财夕阳红”微信平台、手机短信平台等渠道，加强政策解读和疫情防护知识宣传，提升老同志疫情防控意识和自我防护能力。指导广大离退休人员下载并登陆“财学”平台，利用平台学习掌握中央精神、深化理论学习，了解广东省财政厅工作动态。设置“财学”平台“离退休专区”，发布老同志喜闻乐见的学习内容，促进老有所学、老有所乐。组织老同志利用书画等各种活动，抒发财政情怀。

2020年1月19日，广东省财政厅开展“写对联、迎新春、送祝福”书画互动交流活动　　（广东省财政厅离退休人员服务处供图）

【文化娱乐活动】　2020年，广东省财政厅举办离退休人员新春茶话会，组织开展“写对联、迎新春、送祝福”书画互动交流活动，及“贺国庆、迎中秋、倡节俭”书画展，书画展累计展出各类书画作品120余幅。组织老同志赴广东省干部疗养院开展集中学习和文体交流。邀请广州知名律师为大家解读《中华人民共和国民法典》，并重点就老同志关心的继承、遗嘱、遗产处理、婚姻家庭等内容，结合大量案例和自身从业经验进行解读。开展定点投篮、扑克和乒乓球比赛，组织太极表演等。

（离退休人员服务处供稿，张江涛执笔）

财务与档案管理

【概况】　2020年，广东省财政厅严守财务管理规章纪律要求，规范开展各项财务工作，完成新政府会计建账、全年财务核算、预决算编制、预算执行、政府财务报告、政府采购及资产管理等相关工作，在2019年度省级部门决算编制工作评比及2019年度行政经费节约考核中均被评为优秀。档案管理方面，完善档案管理服务功能，全年完成各类档案资料电子归档4.98万件（又371卷），档案利用线下实体查阅139人次、线上网络查阅145人次（16498件次）。

【财务管理】　2020年，广东省财政厅做好基础财务工作，完成政府采购、资产管理及预算管理各项工作，强化资金统筹应对新冠疫情防控，补齐财务信息化管理短板，财务管理水平持续提高，

基础财务　广东省财政厅严格按照各项财务规章制度开展工作，确保全厅会计信息真实、合法、准确、完整。全年厅本部共制作会计凭证2743份，完成4500笔支出，总额3.51亿元。

预算管理　广东省财政厅在规定时限内完成对厅属二级单位的2020年预算批复，并完成2021年厅机关及厅属单位部门预算和中期规划编报汇总。完成2019年财务决算报表的编报、数据分析和厅属二级

2020年11月5日，广东省注册会计师行业党委专职副书记胡建斌出席改造升级后的广东省财政厅档案室揭牌仪式并揭牌

（广东省财政厅办公室供图）

单位会计决算报表审核汇总及上报，并在规定时限内完成对下属单位的预决算批复工作。通过广东省财政厅门户网站向社会公开全厅2019年决算、2020年预算情况，维护公众知情权。绩效评价方面，完成2019年度整体支出绩效及项目支出绩效自评，并在2020年省级财政资金绩效自评复核中得分87.8分，绩效等级为良。预算执行管理方面，建立处室预算执行情况按月分析和日常提醒机制，通过强化督促通报和预警提示，督促各处室（单位）采取措施，推进年度计划的落实，全年度预算执行进度96.6%，比上年提高2个百分点。行政经费节约方面，全年财政拨款“非三公”考核项目费用555.72万元，比考核基数减少39.76%；财政拨款“三公”考核项目费用31.15万元，比考核基数减少73.61%，在保障各项工作开展基础上，完成行政经费节约任务。

资金统筹　面对突发新冠肺炎疫情，广东省财政厅大力压减一般性支出，在年初压减行政经费290多万元基础上，调剂1200万元行政经费由省财政收回统筹。通过盘活存量资金，调整资金安排计划，合理调整资金用途等措施，克服经费压力困难，保障各项重点工作需求。

财务信息化管理　广东省财政厅完成内部财务管理系统建设并开展试点运行，系统实现预算编制、预算管理、支出申请、费用报销、数据统计分析等财务管理全流程信息化，并与“数字财政”相衔接，规范预算编制、执行、监督管理，全面提高预算管理精确度，为深化预算管理制度改革提供基础保障。

【档案管理】　2020年，广东省财政厅在疫情防控档案管理、基础设施建设、档案宣传利用和信息化建设等方面取得新成效。

机关档案库房加固升级改造　广东省财政厅高标准、规范化对档案库房进行加固扩容升级改造建设。新档案库用房总面积310平方米，实现档案用房“四分开”（库房、办公区、整理区和阅览区四分开），库房建设符合新“九防”（防火、防盗、防潮、防光、防鼠、防虫、防尘、防污染和防高温）要求，于2020年10月投入使用。库房内配备恒温恒湿精密温控系统、七氟丙烷低毒气体消防系统、红外线报警系统、视频监控系统、指纹门禁管理及甲级防火门等安全防范设备，保障室藏档案实体的安全。

疫情防控档案收集管理　广东省财政厅制订《广东省财政厅新型冠状病毒肺炎疫情防控专题档案归档范围（暂行）》，规范各类疫情防控文字资料、资金文件、照片、声像材料、电子文件、实物的归档范围及移交方式，建立处室实时登记、规范整理、定期移交的疫情防控档案管理模式，保障疫情防控档案的完整、及时归档。建立在线疫情防控档案专题库，对疫情防控期间的文书、照片、实物等档案资料进行收集归档、整理分类，便于查阅利用。

电子档案系统建设　广东省财政厅完善电子会计档案在线传递和在线应用，实现国库总会计凭证电子化归档管理。优化档案管理系统平台，开发机关文化、领导活动、疫情防控、脱贫攻坚、主题教育等多个专题档案模块，开放档案图片库，建立档案制度宣传栏，提升电子档案的在线利用和阅览，打造广东省财政厅电子档案宣传工作阵地。

档案历史资源价值挖掘　广东省财政厅多途径挖掘收集厅大楼各类珍贵史料，编制《广东省财政厅大楼史话》300册，发挥档案资料“以史育人、以文化人”的教育作用。开展网上厅史室建设，利用机关档案资源，收集整理广东省财政厅厅各历史阶段财政重大工作成果各类档案资料。

档案安全风险隐患排查整治　广东省财政厅研究制定《广东省财政厅档案管理突发事件应急预案（试行）》，规范提升档案综合管理工作的安全保障和救灾能力。开展年度档案库房消防安全演练活动，增强厅机关工作人员的档案安全意识和防灾减灾能力。

（广东省财政厅办公室供稿，朱家元执笔）

财政服务

Fiscal Services

政务服务

【概况】 2020年，广东省财政厅围绕财政中心工作，发挥职能作用，坚持突出重点，多处着力，统筹做好疫情防控和政务服务工作，强化后勤管理服务意识和服务质量，推动创建省级无烟党政机关走在全省前列。

【政务服务水平提升】 2020年，广东省财政厅优化政务服务事项。建立政务服务内部制度，明确事项实施工作职责、流程、要求和内部监管等方便工作制度。提升群众办事体验感，开展企业群众办事创业堵点痛点问题调研工作，牵头梳理研究堵点痛点问题并完成疏解任务。梳理政务服务“四免”（政府部门核发的材料原则上免提交、政府部门形成的业务表单数据原则上免填写、可用电子印章的免用实物印章、可用电子签名的免用手写签名）优化工作进展情况，提出“四免”优化相关需求。突出主责主业，支撑财政相关业务，改进财政业务服务要求，启动广东省财政厅政务服务大厅建设。提高共享数据和电子证照通过省政务大数据中心被其他部门有效应用总数，做好数据的互联、互通、互认，建立部门间信息共享，推进电子证照建设事项。提升政务服务水平，推进自建政务服务系统（大中型企事业单位总会计师素质提升工程培训报名）与省好差评系统对接，并遵照“好差评”管理办法实施细则执行。提高绩效考核效能。根据省级机关绩效考核工作要求，完成“行政审批和政务服务效能”专项考核工作，对部分未得满分事项进行跟踪整改。根据第三方调查评估指标、前期梳理的《省财政厅2020年国考清单与进度》，对照评估指标深入分析存在问题及原因，协调广东省政务服务数据管理局、数字广东公司和系统厂商等针对性解决问题，对各项指标专项工作群进行实时跟进，压实问题责任。在2020年度网上政务服务能力第三方评估情况评比中，广东省财政厅排名第4。按时办结政务服务网及12345热线（政务服务便民热线）收到的咨询工单。全年无差评、无超时工单，未接到服务对象的不满意反馈和投诉举报，政务服务和群众办事体验全面提升。

【疫情防控后勤保障】 2020年，广东省财政厅坚守疫情防控工作第一线，做到及时掌握疫情，迅速采取行动。1月联合社会化服务单位珠江物业、农垦集团召开三方会议，部署防范工作，细化防护措施，层层压实防护责任，确保厅机关后勤和食堂有序运转，不出纰漏。成立内部应急小组，会同厅社会化服务单位建立工作应急群，了解、关注厅内有关情况，解决相关问题。加强联防联控，落实综合防控措施。加强出入管控、环境清理和就餐防护，开展每日动态监测排查，掌握进出厅大院人员身体状况。从源头管控，对餐厅、备餐间、厨房等严格监督、规范操作。加强与街道和疾控中心的联系，确保疫情防控期间厅机关正常运转。做好常态化疫情防控工作，坚持督促物业管理公司做好健康码查验、体温测量、人员登记等基础性工作，多举措控制外来人员、车辆流动。全年登记外来人员车辆6780余次，做到疫情零感染。坚持每天2次对办公公共区域进行保洁；厅机关食堂实行就餐单排就座、严禁交谈等防控措施，持续加强卫生清洁、消毒不松懈。为全厅干部职工派发《新型冠状病毒感染的肺炎防控知识手册》，普及防控疫情科学知识，倡导卫生健康生活习惯，提高疫情防控意识。

【后勤管理服务】 2020年，广东省财政厅坚持把安全隐患排查整治作为防范和杜绝安全事故发生的主要抓手。完成南副楼走廊栏杆石材加固和装饰线条更换工作和环市路综合楼户外广告牌拆除工程，消除高空坠物隐患。开展安全生产及食品安全宣传工作，在厅机关张贴宣传画、LED显示屏播放公益广告1000余次。定期组织安全工作及食品安全应急演练，开展全厅性消防培训和演练活动一次，并首次将现场授课通过财学APP平台向全省财政系统同步直播。组织和指导物业公司开展消防安全、防汛救灾、治

2020年9月29日，广东省财政厅省注册会计师行业党委专职副书记胡建斌带队检查厅机关安全工作 （肖鑫晖 摄）

安闹访等应急处置44次，共计715人次参与。全年零事故、零伤亡。提高食品安全和优质就餐服务，严格把控食品采购关、卫生质量关和饭菜烹饪关，严格执行餐饮服务安全等级A的标准，做到责任到人，抓紧抓实，抓出成效。分别在政府采购贫困地区农副产品网络销售平台、支持湖北复工复产、对口帮扶鹤市村购买农副产品，超额完成广东省财政厅扶贫份额。通过建立微信工作群、在食堂楼梯口、电梯、餐厅等地方粘贴宣传海报、标语，引导全厅干部职工节约粮食，反对浪费，营造浪费可耻、节约为荣的氛围。建立早、中、晚餐开餐巡查劝导按需取食制度，厨房分批次制作食物等措施，餐余垃圾比原来减少1/3，干部职工做到按需取食及光盘，减少浪费。对大院主要出入口和走道加装雨篷，升级改造停车系统，重新规划停车进出路线，并对厅主楼大堂进行改造，确保各种天气情况下的人、车安全有序通行。邀请专业公司对厅大院的绿化进行整体规划，采用购置和租赁并举的方式，更新一批绿植并定期更换及加强维护保养，做好节假日期间绿化布置，营造节日氛围。定时检查垃圾分类管理工作执行情况，对不符合规范管理要求的垃圾房、分类投放垃圾桶等进行整改。完善后勤社会化服务机制，拟定《广东省财政厅物业服务管理制度》《广东省财政厅物业服务监督考核制度》，并对周转房、停车管理、门禁申请等制度进行初步修订，督促和指导物业公司根据厅实际情况制定《广东省财政厅项目管理处设施设备管理制度》《广东省财政厅项目管理处应急预案》等管理制度，加强后勤管理部门对物业公司各项工作质量的全面监督考核，推动后勤管理规范化、标准化。完成2021年保安保洁招投标工作，结合疫情防控工作新形势下服务方式及内容变更需求磋商调整保安保洁后勤服务工作。实现修缮工程造价审核全覆盖，将造价较高或任务较重的工程项目委托厅投资审核中心进行工程预算和结算审核，将造价较低的零星修缮项目工程委托广州菲达建筑咨询有限公司进行工程造价咨询审核，防范价格虚高和人为操控风险。

【办公用房优化改造】 2020年，广东省财政厅梳理办公用房情况和存在的安全隐患，制订总体工作方案，明确项目实施流程，细化职责分工，保障办公用房优化改造工作安全、稳妥、有序开展。组织相关单位编制可行性研究报告、初步设计图纸和概算书，通过广东省人民政府机关事务管理局的立项审批。完成国库处演示场所优化改造和增设LED大屏工程；把北裙楼四楼图书馆调整至北裙楼212原听证会议室，并对原图书馆进行优化改造；做好资产管理处、采购监管处及政府债务监测评估中心3个处室（单位）办公区域优化调整；完成多媒体室、401智慧会议室和档案库房建设。做好库房统筹管理，对库房物品进行清理，为统筹调配和利用全厅办公场地做好前期基础工作。对大院办公及公共区域内建筑外墙隐患区域聘请专业鉴定公司进行全面排查，并委托施工单位分阶段修复，保障出入安全。

【创建省级无烟党政机关走在全省前列】 2020年，广东省财政厅开展无烟机关创建活动，成立工作领导小组并制定印发《广东省财政厅

2020年8—12月，广东省财政厅开展无烟机关创建活动（温远豪　摄）

创建无烟机关实施方案》和《广东省财政厅创建无烟党政机关领导小组及办公室工作制度》，开展宣传动员，营造控烟氛围，按标准设立吸烟区，加强指引和巡查，在省爱卫办组织的检查中排在前列，在全省通报中排在首位。

（广东省财政厅政务服务中心供稿，陈倩芸执笔）

信息化建设

【概况】 2020年2月11日，广东省财政数据信息中心更名为省财政运行监控中心。广东省财政运行监控中心做好财政信息系统建设、管理和运维等工作，运用大数据、移动专网等信息技术，建立保障财政业务正常开展的技术支撑平台，推进业务平台升级改造。做好系统运行维护，推动财政信息化服务水平提升。

【信息技术保障】 2020年，广东省财政运行监控中心升级优化移动办公（桌面云）系统，确保疫情下广东省财政厅办公“零”影响。搭建500个财政专网云桌面账号，为500人提供远程办公模式，实现“7×24小时”全天候、不出门、不接触的高效办公模式。保障信息系统安全运行，确保抗疫资金快速通道安全。组织技术力量全天值班，建立疫情应急管理机制，保障省级财政支付电子化等信息系统安全运行，确保抗疫资金的快速拨付通道安全。保障直达资金系统运行，助推广东省下达、支出情况稳居全国前列。升级改造视频会议系统，确保广东省财政厅疫情防控指挥工作开展。制定技术方案并部署安装，实现快速高质组织召开视频会议功能，全年共召开103场视频会议，其中广东省财政厅作为主会场的会议71次，财政部召开的广东作为分会场的会议19次，利用内网云视频会议13次。强化疫情期间安全保障，从终端安全、接入安全、网络安全、隔离安全、数据安全、平台安全等多层次、多方面入手，确保云桌面远程办公的数据和网络安全。

【财政业务平台升级改造】 2020年，广东省财政运行监控中心加强预算管理系统建设，助推预算管理提质增效。深精简系统流程，深挖预算编制、执行各环节操作的痛点、堵点，精简内部审核流程，简化系统操作，实现用款计划自动生成，基建和代建直接支付转为授权支付，简化资金申报操作，经费划转由广东省财政厅业务处一键生成指标单据，增量调度实现按比例生成，办理流程操作程序简化优化。强化“数据”管理，夯实智能编审基础，全面推进省级国库集中支付业务电子化和总账电子化，做实数据基础，对预算编制和项目库管理系统持续优化改造，提升辅助智能编审占比。加强智能监控平台建设，优化完善“双监控”平台，推动双监控系统“好不好”模块正式上线运行，为广东省人力资源社会保障厅等6个部门及下辖129个市县预算单位提供试点服务，并将直达资金、援川资金纳入监管，强化省财政资金监督和管理。新增财政资金时限监控和省级抗疫资金监控系统应用，提升财政业务办理效率和资金使用效率。新增预决算公开审查功能，对预决算公开各项指标自动评审计分，提升预决算公开工作成效。加强系统开发和流程优化，助推用户体验提升。强化问题反馈处理，提升各方服务满意度。主动公开技术支持联系方式和问题建议反馈在线实时收集渠道，借助智能客服机器人为全省预决算公开工作、高级会计人才入库工作提供自助运维服务。拓宽业务办理渠道，助力业务提质增效。贴合公众用户使用习惯，为绩效使用情况信息采集、会计继续教育申请和学习等业务提供移动端应用服务，实现财政

2020年9月，广东省财政运行监控中心研究直达资金系统建设

（广东省财政运行监控中心供图）

业务快捷多样办理。推动智慧人事系统建设及财智、财学平台搭建。

【财政信息化管理服务】 2020年，广东省财政运行监控中心推动财政大数据平台建设取得实效。增加入库数据，新增纳入省市场监督局的业务数据，持续增量更新广东省发展改革委员会和广东省工商行政管理局的业务数据。应用多样化数据处理及展现工具，新增智能客服机器人和三维展示组件研发使用。推进数据梳理，实现财政资金从预算—支付—核算—监控预警环节的数据链路全面贯通。丰富数据应用场景，陆续推动综合查询系统、国库支付分析、国库大数据大屏展示等应用场景投入使用。助推财政电子票据管理改革实现市县全覆盖，普及电子票据应用，推动广东省大部分三甲医院、中小医疗机构集中上线，基本实现符合条件的教育机构、社团组织上线，确保全省非税单位上线。财政电子票据管理改革试点推广至全省各市县，截至2020年底全省累计上线12217个单位。助推非税收入网上服务事项优化，推进未上线市县（广州、深圳、顺德）对接上线，建立全省统一支付平台；改造升级非税收入管理系统，优化非税收入退库流程，同步构建分成优化功能，规范非税收入收缴及分成。

【系统运行维护】 2020年，广东省财政运行监控中心确保软件服务高质量、软件运行平稳有序，用户咨询和需求及时响应。OA、移动办公及预算管理等业务系统安全稳定运行。加强对支撑内网核心应用生产、灾备中心和网络平台检测，硬件网络系统实现全年持续稳定提供服务。保障信息系统安全运行，完成网络与信息安全二期项目建设，开展财政网络信息系统运维和安全管理。在广东省首届“粤盾”网络安全攻防演练活动中，广东省财政厅获优秀等级。

（广东省财政运行监控中心供稿，谢峰执笔）

科研宣传

【概况】 2020年，广东省财政科学研究所围绕广东省财政厅中心工作及重大改革，建立重点工作服务长效机制，着力推进政策研究、宣传、史鉴三项工作。成立服务中心政策研究攻坚小组，建立“三个结合”工作机制（理论学习与业务学习相结合、个人钻研与团队攻关相结合、短期攻坚和长期深耕相结合），逐步形成包括预算制度与预算管理改革、财政与宏观经济运行等重点研究方向的研究体系。研究工作取得新进步，聚焦预算改革、新发展格局、“十四五”规划等重点领域开展政策研究，服务财政中心工作。全年发表理论文章6篇，其中发表在核心期刊和主流媒体3篇。杂志宣传开启新途径，突出宣传方式创新，在“广东财政”微信公众号上刊登导读，阅读量累计超过3万人次。年鉴工作取得新突破，《广东财政年鉴·2019》首次在全省年鉴质量评价中获评为“一等年鉴”，在全国地方志优秀成果（年鉴类）评审中首次获评为“二等年鉴”。

【财政研究】 2020年，广东省财政科学研究所坚持聚智辅政，围绕预算改革、“十四五”财政工作、“双循环”新发展格局、新冠肺炎疫情对财政和经济的影响、争取中央转移支付等开展研究，参与2项全国协作课题，加强广东省财政科研课题管理。全年独立或合作完成翻译专著1本、研究报告17份，编印《财经信息辑要》11期。

自主研究　广东省财政科学研究所围绕深化预算改革自主开展专题研究，举办3场线上咨询会，邀请专家为广东省深化预算管理改革出谋划策，形成《关于“预算能力”的理论分析》《关于深化预算管理改革线上咨询会专家意见的报告》等3份报告，为深化预算改革提供参考资料。完成《十四五期间财政管理的中长期发展目标》，对十四五期间财政管理的趋势和方向展开理论分析；开展《“十四五”时期广东财政支持高质量发展的总体思路及政策建议》研究，梳理相关文献资料和外省主要做法，结合广东省实际情况，为做好广东省财政“十四五”规划建言献策。围绕“双循环发展战略与财政”主题邀请专家授课讲解，梳理专家核心观点及建议编印形成《双循环发展战略与财政》《双循环·促发展——中国经济50人论坛研讨会专家观点》两期《财经信息辑要》。开展“疫情对财政和经济影响”书面调研和实地调研，形成《新冠肺炎疫情对实体企业影响的初步评估——基于全国及广东的问卷样本分析》《疫情冲击下我省外贸形势及其对财政收入的影响分析》等成果，为研究制定政策提供信息参考。完成《关于中央转移支付制度的基础理论分析》，开展《基于外来人口视角的省域基本公共服务成本测算研究》等课题研究，为深化中央对广东省的转移支付研究提供参考借鉴。

合作研究　广东省财政科学研究所聚焦预算改革，参与完成《关于加强统筹进一步深化预算管理制度改革的实施意见》《关于进一步深化预算改革的调研报告》的起草和修改；与上海大学联合翻译艾伦希克《预算能力》专著，推进对“预算能力”的理论研究。与高校专家开展《政府治理视角下广东省预算能力评估和建设研究》联合课题研究并形成研究成果。参与全国协作课题，与中国财政科学研究院和兄弟省份科研单位合作开展《地方财政绩效监管机制研究》《健全

2020年11月27日，广东省财政科学研究所召开《地方财政绩效监管机制研究》结题会，省财政厅党组成员、副厅长姚露参加会议

（李伟坚　摄）

充分发挥中央和地方两个积极性的财政体制机制研究》课题研究，其中广东省财政科学研究所作为主要执笔参与完成的《“十四五”时期地方财政绩效监管机制构建全景图谱》被中国财政科学研究院以《研究报告》（总第2179期）印发国务院有关部门及各省财政部门参阅。

课题管理　广东省财政科学研究所围绕财政重点工作和广东省财政厅各处室政策研究需求，做好2019年度自主参与、广东省财政科研课题（第二批）结项工作和2020年度2个批次财政科研课题的立项工作，在广东省财政科研课题（第二批）中首设“后补助”和“自筹经费”课题分类管理。

【杂志宣传】　2020年，广东省财政科学研究所坚持守正创新，围绕改革热点亮点开展宣传。从2020第3期开始，在“广东财政”微信公众号上刊登每期杂志导读，实现杂志宣传从线下到线上的转变。

贯彻习近平新时代中国特色社会主义思想宣传　《广东财政理论与实务》坚持正确政治导向，在“学习贯彻党的十九大精神”专栏刊登习近平总书记重要讲话精神和财政部刘昆部长的部分理论文章等内容，营造广东财政系统学习贯彻落实习近平新时代中国特色社会主义思想和十九大精神的浓厚氛围。

财政改革热点宣传　《广东财政理论与实务》“聚焦”板块围绕“积极推进广东教育领域财政事权与支出责任划分改革”“办好‘十件民生实事’践行为民初心”等主题，并契合“聚焦”主题统筹“财政理论前沿”“业务研究”“局处长论坛”等栏目内容，宣传广东省财政改革最新成果。

财政文化宣传　《广东财政理论与实务》文化板块突出反映广东省广大财政工作者积极向上的精神面貌，宣传财政工作者中的先进人物事迹。围绕新冠肺炎疫情防控工作，通过约稿、征文多种方式收集财政系统抗击疫情的相关事迹及感悟心得，多角度反映财政系统共同抗击疫情的有关情况，增强财政系统共同抗击疫情的凝聚力。围绕“脱贫攻坚”“全面建成小康社会”等主题向全省财政系统约稿，联合广东省注册会计师协会举办“注协杯”全省财政征文大赛。

【年鉴编纂】　2020年，广东省财政科学研究所坚持对标对表，在2019年卷年鉴编纂质量取得突破的基础上，力求在2020年卷年鉴编纂上突出重点、规范内容、提升质量，确保年鉴编纂出版任务完成。

编纂质量提升　广东省财政科学研究所通过调研座谈、对标先进及专家评议等措施提升年鉴编纂质量。2020年4月到广东省地方志办调研座谈，围绕2020年卷编纂大纲进行深入交流，在框架、内容及规范方面听取吸纳意见建议，明确2020年卷年鉴改进方向。年鉴编纂过程中对标省内优秀年鉴，突出对年度财政工作重点亮点的反映，加强编纂的专业性、规范性。首次开展年鉴编纂质量评议，邀请专家对《广东财政年鉴·2020》样稿的政治观点、编写规范、编校质量等进行评议，吸取专业意见建议对样稿进行修改完善，确保2020年卷年鉴编纂出版质量。

《广东财政年鉴·2020》出版　2020年10月，《广东财政年鉴·2020》出版。该卷年鉴设中华人民共和国成立70周年广东财政改革发展专记、年度关注、大事记、广东财政总述等19个类目。卷首设数说财政、省部领导与广东财政、党的建设、深化预算编制执行监督管理改革等10组专题图片。卷末附领导批示、年度预决算文件、媒体报道。该卷年鉴突出年度特点收录具有特殊意义的资料，以“专记”开篇，记述中华人民共和国成立70周年以来广东财政重要改革发展成果；突出记录2019年度广东财政大事要事，图文并茂，系统、准确记录年度广东财政发展面貌。全书116万字。

（广东省财政科学研究所供稿，丁丽芸执笔）

行业协会
学会

Industry Associations and Societies

广东省注册会计师协会

【概况】 2020年，广东省注册会计师协会（简称广东省注协）推进行业党建质量和执业质量“双提升”行动。坚持全省行业“一盘棋”等工作目标，健全行业党建工作责任体系，推进行业党建规范化建设。出台15项措施深入推进行业“放管服”改革。联合中国证券监督管理委员会广东监管局（简称广东证监局）签署监管合作备忘录，构建自律监管和行政监管协同机制。落实“深调研”要求，开展“财政支持会计现代服务行业发展政策”专题调研，全年走访会计师事务所41家、调研45次。开展线上线下多手段行业宣传，借助新闻媒体力量，重点宣传注册会计师制度恢复重建暨行业改革发展40周年系列纪念活动，讲好行业故事，传递行业声音，提升行业公众认知度。克服新冠肺炎疫情带来的困难挑战，出台免收本级会费政策。举办行业专场（网络）招聘会，助力“六稳”“六保”。实施财务援企行动，推出15期公益直播课程推进“粤港澳会计师事务所合作联盟”扩容，推动参与联盟的三地会计师事务所由61家计划增加到128家。

截至2020年底，全省有会计师事务所1016家、注册会计师10746人，全省行业收入突破110亿元，会计师事务所和注册会计师数量、行业业务收入均位居全国前三。

【行业党建工作取得新成效】 2020年，广东省注协以实施行业党建质量和执业管理质量“双提升”行动为总抓手，推动行业党建谋新篇、开新局。突出理论武装把方向，组织开展习近平总书记视察广东重要讲话和重要指示精神、党的十九届五中全会精神等学习教育，培训党员1.2万人次。突出完善机制开新局，加强行业党委自身建设，适应省行业党委的新定位新职责，形成省市财政部门党组领导、行业党组织具体负责的工作机制，压实行业党建责任。突出融合发展提质量，推动行业党建和业务工作相结合，实施行业党建质量和执业管理质量“双提升”行动10项措施，建立党建工作与执业机构审批备案、考核、从业人员执业申请、转所等“四个同步”工作机制。突出示范带动强基层，提出执业机构党组织规范化指引94条，组织开展锻造标杆党组织行动，激励党组织和党员更好发挥“两个作用”。突出诚信自律树新风，指导全省行业开展系列诚信建设行动，在新起点上对行业践行诚信为本作出动员部署。突出专业优势建新功，立足本职建功立业行动，在疫情防控阻击战中实施财务援企行动，举办专场招聘会助力“六稳”“六保”。

2020年12月22日，广东省注册会计师协会举行“诚信自律四十载　携手奋进新征程”行业诚信自律宣誓签约仪式暨中国注册会计师制度恢复重建40周年活动 （广东省注册会计师协会供图）

【“质量管理提升年”主题活动】 2020年，广东省注协制订《广东省注册会计师行业“质量管理提升年”主题活动实施方案》，按照强化党建“一个引领”，完善联合监管和“放管服”改革“两方面机制”，抓好树意识、强监管、提能级“三个着力点”的“1+2+3”思路，提出3方面细化目标和9项具体措施，引领全省行业深入开展“质量管理提升年”主题活动，聚焦提升事务所审计质量，改革完善质量管理制度机制，推动形成“制定、实施、评估、监督”相贯通，行政监管与自律监管相协同、党建与业务相融合的行业质量管理格局。

【行业治理机制建设】 2020年，广东省注协印发《广东省注册会计师行业“放管服”改革事项清单》，出台15项改革措施，指导各级地市做好协会换届工作，聚焦下放管理权限、创新管理方式和优化服务流程，从有利于调动市注册会计师协会积极性、有利于提高工作效率、有利于加强行业质量管理出发，紧扣“放”的主题，调动市注册会计师协会积极性，发挥市注册会计师协会就近管理优势，方便会员“就地办、就近办”；创新“管”的手段提升会员从业质量，实施“清挂靠”专项检查，清理不符合任职资格条件的注册会计师497人，督促整改369人；强化“服”的意识优化会员服务，以建设“数字行业”为契机，利用信息化手段开展行业服务管理工作，大幅精简会员服务事项材料和放宽注册会计师转所条件，全面对标、全力推动在服务经济社会高质量发展中实现广东注册会计师行业高质量发展。

【行业人才队伍建设】 2020年，广东省注协完善人才培养工作机制。强化队伍建设，夯实人才基础。克服新冠肺炎疫情影响、考生人数全国最多、机位严重不足等困难，做好考试组织领导、疫情防控、协同配合、应急处理等工作，确保考试零事故。健全多层次全覆盖的行业培训体系，启动行业第二期高端人才培育项目，遴选50名年轻事务所合伙人和业务骨干参加为期3年的培养。

【行业信息化建设】 2020年，广东省注协开发上线行业信息管理系统，建立会员管理公共服务平台；上线注册会计师任职资格“数字化”年检，实现年检“零跑腿”；实现全程线上无纸化办理。广东注册会计师协会通过全面推行非执业会员线上年检，将非执业会员年检系统推广至移动端，实现无纸化、免现场。通过上线电子诚信证明系统，实现会员“全天候”自助打印诚信证明，保证证明样式的权威性、统一性和专业性，促进行业诚信建设、数字化建设有机结合。

【行业监管机制创新】 2020年，广东省注协联合广东证监局签署监管合作备忘录，通过建立信息共享、健全沟通协调、构建能力提升三方面新机制，发挥省注协前端监管优势，与广东证监局事中、事后监管形成闭环，实现自律监管和行政监管协同发力。联合财政部门检查集中整治突出问题，对82家事务所进行执业质量检查，对其中53家涉及有关部门移交问题线索的会计师事务所实施专项核查，整治高企认定等特殊目的的审计领域的突出问题。对检查发现严重执业质量问题的12家事务所及64名注册会计师予以行业惩戒，净化行业执业环境，重塑行业良好执业形象。

2020年11月24日，广东省注册会计师协会与广东证监局签署监管合作备忘录

（广东省注册会计师协会供图）

（广东省注册会计师协会供稿，林衍辉执笔）

广东省资产评估协会

【概况】 2020年，广东省资产评估协会坚持以党建引领带动行业发展，引领全省行业统筹做好疫情防控和复工复产，推动行业“2020诚信建设年”，多措并举提升执业质量水平，做好行业人才队伍建设、会员日常管理及服务等工作。截至年底，广东省（不含深圳市，下同）有评估机构297家，比2019年增长11.3%，资产评估师约2100人，增长10.5%。

【资产评估行业党建工作】 2020年，广东省资产评估协会以行业党建纳入省注册会计师行业党委为契机，谋划加快实现评估机构党的组织和党的工作全覆盖。举办学习贯彻《习近平谈治国理政》第三卷宣讲会，邀请省委宣讲团成员作专题辅导报告，加强思想政治教育，促进行业健康发展。推荐3家资产评估党组织进入省属行业党委直接联系点，推荐3家资产评估党组织纳入行业标杆党组织锻造名单，示范带动全省行业党组织全面进步。组织部分机构党组织、党员开展“牢记初心使命，矢志砥砺奋进”“学习致敬抗疫英雄，弘扬伟大抗疫精神”等主题党日活动，加强基层党组织规范化建设。逐步建立党建工作与资产评估机构审批备案和考核，从业人员执业申请、转所和考核的“四个同步”工作机制，在资产评估机构备案和年检中同步采集机构党组织和党员信息。

【行业疫情防控和复工复产】 2020年，广东省资产评估协会引领全省资产评估行业统筹做好疫情防控和复工复产工作。传达新冠肺炎疫情防控工作要求，做好疫情期间会员服务，做到疫情防控和服务会员工作“两不误”。引导评估机构履行社会责任，全省行业为抗击疫情捐款捐物约66万元。跟踪行业复工复产情况，向全省评估机构发出《关于统筹做好资产评估机构疫情防控和复工复产工作的通知》，引导评估机构和基层党组织运用专业知识，发挥专业优势，创新服务方式，为客户提供高效便捷的专业服务，支持企业复工复产工作。配合省注册会计师协会制定《广东省注册会计师和资产评估行业支持复工复产财务援企行动指引》，推荐专家服务团成员，搭建线上服务平台，志愿为受疫情影响的企业提供专业咨询服务。对全省会员2020年应交广东省资产评估协会本级会费合计减免约200万元，并延长会费交纳期限，减轻资产评估机构负担，支持全省资产评估行业复工复产。

【行业“2020诚信建设年”】 2020年，广东省资产评估协会谋划推进行业“2020诚信建设年”各项工作落实落细。印发《广东省资产评估行业“2020诚信建设年”实施方案》，针对行业诚信热点和难点问题分别提出治理举措，为推动行业诚信建设制订明确的任务书和时间表。印发行业自律公约签约暨2020诚信建设年启动大会专刊；宣传发动全省行业开展“2020诚信建设年”活动，举办“2020诚信建设年”广州、粤西、粤东片区推进会，促进诚信建设年活动全面覆盖、整体推进，被中国资产评估协会评为2020年度资产评估行业宣传工作先进单位。研究制定《广东省资产评估机构参与评估项目投标工作的指导意见》《广东省资产评估业务中标项目报备管理办法》《广东省资产评估协会执业会员转所管理办法》《广东省资产评估机构内部培训管理办法》等涉及规范投标工作、会员转所、内部培训等系列文件，为行业诚信建设提供制度保障。印发课题研究工作通知，组织资产评估机构和有关高校参与“粤港澳大湾区中的资产评估服务：机遇与前瞻”等课题研究，推动建立满足大湾区建设综合性人才需求的人才培养规划。举办2020年内控建设与执业风险防范培训班，开展案例警示教育，促进资产评估机构健全风险防范机制，提高风险防范意识。印发《关于加强资产评估机构内部治理，进一步完善质量控制制度的通知》，规范资产评估机构内部治理；协助开展注册会计师与资产评估行业专项整治工作，加强执业质量监管。

2020年10月21日，广东省资产评估行业召开“2020诚信建设年”广州片区推进会，省注册会计师行业党委专职副书记胡建斌出席会议并讲话（广东省资产评估协会供图）

【行业人才队伍建设】 2020年，广东省资产评估协会加强行业人才队伍建设。

行业人才培养 广东省资产评估协会建立高校、协会、机构协同培养行业人才机制，搭建学生与机构互动交流平台，每年定期举办毕业生供需见面会，落实“六稳”“六保”工作任务。2020年12月举办资产评估专业毕业生供需见面会暨资产评估人才培养与一流专业建设研讨会，共同探索专业人才培养机制，加大行业人才队伍建设力度。

资产评估师培训 广东省资产评估协会制定年度培训计划，组织开展资产评估师继续教育，全面实现网络培训。对《2020年广东省资产评估行业继续教育培训需求调查问卷》进行汇总分析，综合运用调查问卷结果，合理设置继续教育学时和培训内容。

资产评估师资格考试考务 广东省资产评估协会做好2020年各项考务工作，保障广东考区考试顺利进行。全年有5927人报名资产评估师资格考试，总报考13991科次，考试报名人数比2019年增长7%。

【行业自律监管】 2020年，广东省资产评估协会加强联合联动，强化自律监管，多措并举提升执业质量水平。

资产评估机构重点检查 广东省资产评估协会汇总整理2019年全省出具资产评估报告情况，派出3个检查组对9家资产评估机构出具的36份资产评估报告进行实地检查。召开检查组组长汇报会暨专业技术委员会，分类汇总检查发现问题，研究后续处理措施。

投诉来访事项处理 广东省资产评估协会以投诉举报为线索，开展专项调查、专家评审和专家论证，维护资产评估当事人合法权益和社会公共利益，促进资产评估行业健康发展。全年共受理投诉举报事项12件，给予2名资产评估师严重警告，1家资产评估机构公开谴责。

人民法院委托资产评估专业技术评审　广东省资产评估协会共向中国资产评估协会推荐139家资产评估机构入选2020年人民法院涉执财产处置司法评估机构名单库（简称司法库），对10家已入2019年司法库的资产评估机构提出退出和除名建议。经核查并向中国资产评估协会备案，向社会公布“人民法院委托资产评估专业技术评审人员库（广东）”名单。组织23名专业技术评审人员学习专业技术评审工作实施细则等相关制度文件。制作专业技术评审收费通知书、材料接收表等文书表格，做好人民法院委托资产评估专业技术评审承接前准备工作。

【会员管理和服务】　2020年，广东省资产评估协会优化办事流程，改进工作作风，提高会员管理服务效能。

资产评估机构和分支机构备案　广东省资产评估协会共发出广东省财政厅委托的122家评估机构备案公告，其中登记备案41家，变更备案73家，注销备案8家。

会员日常服务管理　广东省资产评估协会共出具无不良执业记录证明301份，业务征询意见函3份。办理资产评估师职业资格登记272人次，办理资产评估师职业资格注销登记26人次。办理资产评估师执业会员转所270人次，非执业会员入会88人次，非执业会员转会14人次。

资产评估师年检和首席评估师备案　广东省参加并通过年检的执业资产评估师1781人，未通过年检51人，未参加年检18人；按规定完成首席评估师备案的机构210家，备案不符合规定或未备案的机构26家。

资产评估机构年度报备　全省参加并通过年度报备的资产评估机构198家，报备不符合规定的机构44家，未参加报备的机构21家（含2020年期间注销机构7家）。

资产评估机构综合评价　广东省资产评估协会印发《关于做好2020年资产评估机构综合评价工作的通知》，组织开展广东省资产评估机构2020年综合评价工作。汇总整理202家评估机构填报的数据材料，核实上报中国资产评估协会。

（广东省资产评估协会供稿，黄粤执笔）

广东省会计学会

【概况】　2020年，广东省会计学会服务财政中心工作，发挥学会专业优势和平台作用，在学会换届、理论学术研究、会刊编印、会计培训、会员服务、政府购买服务等方面取得新成绩。

【学会换届】　2020年9月27日，广东省会计学会召开第十次会员代表大会，完成换届任务。会议审议通过《广东省会计学会第九届理事会工作报告》、《广东省会计学会章程》修改草案说明、《广东省会计学会第十次会员代表大会选举办法》、《广东省会计学会第十次会员代表大会组织机构推选方案》，形成《广东省会计学会章程》，并无记名投票选举产生广东省会计学会第十届理事会和监事会。

【理论学术研究】　2020年，广东省会计学会为发挥学术智囊作用，为全省会计行业发展及相关政策的制定提供理论支持，开展广东省2019—2020年度会计科研课题活动，组织会计科研课题评审，共收到结题报告103项，其中进入评审结题报告70项，评选出一等奖1项、二等奖3项、三等奖8项；予以结题课题68项。

【会刊编印】　2020年，广东省会计学会把握研究方向，发挥会刊《广东财会》的刊物引领作用，打造权威学术品牌。按出版计划完成全年4期出版工作，围绕研究财会理论、探讨财经问题、交流实践经验、分享实践方法、宣传会计文化等，设立《研究探索》《来稿撷萃》《技术导航》和《交流驿站》等栏目。从多领域、多层次、多角度反映会计理论研究和实践方面的新成果、新动向、新经验和新知识。加强与各会计研究机构、高校沟通协作，通过课题协作、特约稿件等方式拓宽稿件来源。

2020年9月27日，广东省会计学会召开第十次会员代表大会，省财政厅注册会计师行业党委专职副书记胡建斌出席大会并作讲话

（广东省会计学会供图）

【会计培训】 2020年，广东省会计学会会计继续教育远程平台逐步实现专业服务标准化、社会服务多样化。面向省直、东莞、湛江、梅州等地会计人员，提供各年度继续教育课程视频。继续教育课程视频按照财政部门规定的内容及学习时间录制，保障会计专业技术人员合法权益，为会计工作人员提供线上继续教育培训。全年有7584人次在会计远程继续教育平台报名学习。

【会员服务】 2020年，广东省会计学会坚持以“会员为本、民主办会、依法办会”的原则发展学会会员，完善线上服务平台，丰富服务内容。通过广东省会计学会官网、微信公众号等信息平台向理事、会员及广大会计人员推送会计新政策、会计新动态。逐步优化入会程序，实现会计人员网上填写入会资料，选择会员等级、提交相关证明材料和入会年限进行缴费。全年共有50名个人会员通过网站申请入会。

【政府职能购买服务承接】 2020年，广东省会计学会服务大局，承接政府职能转移工作。

会计专业技术资格考试考务 广东省会计学会协助广东省财政厅做好21个考区会计专业技术资格考试报名工作。2020年度广东省初级会计专业技术资格考试449175人报名，中级207303人报名，高级4235人报名。除深圳、汕尾（2020年度会计考试延考至2021年）外，2020年度广东省初级会计专业技术资格考试达合格线标准87934人，审核通过87563人；中级会计专业技术资格考试达合格标准线20788人，审核通过20611人。

高端会计人才选拔 为提高信息化管理水平，广东省会计学会协助广东省财政厅在广东省会计信息服务平台搭建高端人才选拔模块。收到全国大中型企事业单位总会计师培养（高端班）选拔培养申报材料219份，审核通过63份；收到国际化高端人才申报材料54份，审核通过30份；收到广东省第三期高端会计人才共收到申报材料344份，审核通过271份。协助广东省财政厅分别组织以上三个类别高端人才的笔试选拔工作。

正、副高级会计师资格评审（不含广州、深圳） 广东省会计学会结合2019年高级职称评审管理系统上线情况，对材料申报、材料评审子系统提出优化意见，并协调完成功能模块细节完善工作。受理

·链接·

广东省会计学会第十届理事会名单

（经2020年9月27日第十次会员代表大会表决通过）

顾　　问：王　华　宋献中　胡玉明　谭劲松　魏明海

会　　长：云　峰

副 会 长：陈　坚　郑国坚　黎文靖　胡志勇　曾瑞军

常务理事：（按拼音排序）

陈桂林　陈焕桂　陈　坚　陈京春　陈伟明　陈玉敏
成欣欣　冯　燕　郭　海　贺志东　胡志勇　黄琼宇
黄　蓉　蒋洪峰　邝　清　赖　冻　兰艳泽　黎文靖
李永福　李志宏　林　楠　刘中华　罗乾国　穆慧妹
潘勇生　邱　进　谭晓慧　汤卫华　王　洁　王　苹
肖健华　邢风云　云　峰　曾瑞军　郑国坚　郑阳晖
邹学军

秘 书 长：陈焕桂

副秘书长：陈伟明　谭晓慧

理　　事：（按拼音排序）

蔡　祥　陈桂林　陈焕桂　陈　坚　陈建林　陈　洁
陈京春　陈　荣　陈伟明　陈文川　陈艳艳　陈玉敏
陈泽龙　成欣欣　程睿竑　邓　华　邓　彦　董成杰
董　辉　冯　燕　高　琳　龚凯颂　顾　蕾　郭　海
郭　慧　郭银华　何日胜　何少强　贺世强　贺晓德
贺志东　胡慧仙　胡志勇　黄欢梅　黄　莉　黄琼宇
黄　蓉　黄少瑜　黄新明　黄业苏　黄圳林　黄子明
江　姜　蒋洪峰　邝　清　赖　冻　兰艳泽　蓝　浪
雷　宇　黎文靖　李建华　李　洁　李　旎　李永福
李苑鸿　李志宏　梁健帮　廖聪玲　林　楠　林　凯
林耀国　刘惠贞　刘万良　刘　维　刘献红　刘小丽
刘中华　龙月娥　罗乾国　罗燕琴　穆慧妹　潘勇生
邱　程　邱　进　饶品贵　沈洪涛　盛　洁　谭　湘
谭晓慧　谭有超　汤卫华　万剑韬　王　洁　王玲琳
王　苹　魏嘉宁　文　芳　吴基贯　伍建锋　向　凯
肖健华　肖立红　谢素华　邢风云　徐莉萍　杨明晖
杨　卫（农垦总局）　杨　卫　易国承　尹学毛
余鹏翼　云　峰　张　凯　张伟旋　赵淑敏　曾瑞军
曾艳萍　郑国坚　郑继灿　郑阳晖　郑　颖　钟启明
钟宇雄　周　虹　周小军　朱绍荣　朱　滔　庄学敏
邹德军　邹学军　左志刚

网上申报材料审核794份，审核通过716份，其中：高级会计师资格申报材料693份、正高23份；审核不通过材料54份；未再次提交审核失效材料24份。

会计师事务所执业证书核发 会计师事务所审批下放到地市财政部门后，广东省会计学会协助做好省级权责清单事项委托实施培训指导和跟踪落实，做好承接机构日常咨询解答及远程协助，做好许可、变更事项复核及监督管理。2020年委托实施后，协助复核全省（不含深圳）批复新设立会计师事务所40家，会计师事务所分所7家，临时执业12家，会计师事务所变更备案168起，会计师事务所分所变更备案18起，临时执业变更备案3起，会计师事务所终止备案4起，会计师事务所分所终止备案3起。全省存续会计师事务所913家（含深圳289家），分所106家（含深圳38家）。

会计管理日常服务 广东省会计学会配合广东省财政厅对现行会计法律法规、部门文件以及各行业会计准则制度进行梳理、细分和汇总，完成会计制度汇编工作。配合做好"财学"智慧学习培训平台处室子首页搭建、课程上传、处室业务发布等工作。协助做好2020年总会计师素质提升工程培训班报名名单收集、信息整理等。通过热线服务平台、广东省会计信息服务平台、广东省财政厅官网等网络平台及电话回复等方式，协助处理会计资格考试、职称评审、继续教育等网络问政咨询累计千余条。

（广东省会计学会供稿，陈锦媛执笔）

广东省预算会计研究会

【概况】 2020年，广东省预算会计研究会（简称广东省预研会）抓住换届完成的契机，围绕服务财政改革发展中心任务开展工作，聚焦完善治理结构和规章制度夯实管理基础，聚焦提升社团活力和凝聚力开展课题研究和学术交流，各项工作取得新进展。

【调查研究】 2020年，广东省预研会强化服务中心，围绕财政改革发展开展调查研究。

委托课题研究 广东省预研会承接全国预算与会计研究会委托的《健全预算绩效管理激励约束机制研究》《财政总预算会计制度与政府综合财务报告编制的适应性研究》两项课题研究，并进行实地调研，召开专家咨询会及课题研讨会，形成研究报告。

大湾区财政政策调研 2020年11月，全国预算与会计研究会调研组赴广东开展"粤港澳大湾区财政政策研究"专题调研，广东省预研会派员全程参与，深入珠海横琴、广州南沙、东莞松山湖和深圳前海等地现场了解湾区建设和经济运行情况，与各市大湾区办、财政、发改、商务、税务等部门交流各地执行中央出台财政政策的进展和成效，了解粤港澳大湾区建设中存在的困难和政策需求。

专题研讨活动 广东省预研会配合广东省财政厅开展专题研究探讨活动。配合组织开展"广东财政'十四五'规划"征文及课题活动，发动各位理事、会员、有关高校和科研院所专家学者参与相关专题研究，组织专家评选出优秀文章4篇，优胜文章2篇。围绕"推动区域经济高质量发展"和"深化省以下财政体制改革"主题组织开展两场专家研讨会。配合组织开展"财政国库管理制度改革20周年"征文活动，发动各位理事、会员以及有关高校专家学者撰写国库改革工作宣传材料，总结各地财政国库管理制度改革经验及成效，提出推进完善改革工作的建议。

大湾区财政政策论坛 2020年11月，广东省预研会协助全国预算与会计研究会在深圳举办"粤港澳大湾区财政政策研究"论坛，广东省财政厅、广东省发展改革委员会、广东省商务厅、广东省发展研究中心、广东省税务局等部门出席论坛并围绕湾区建设的实践成果、工作经验、政策建议等内容发言。

【宣传工作】 2020年，广东省预研会推进《预算管理与会计》征订宣传工作，做好会员和理事信息服务，促进会员和理事间的沟通交流。

《预算管理与会计》征订宣传 广东省预研会提早做好征订工作计划，参照2019年度期刊征订工作方式，组织《预算管理与会计》征订，并通过与征订较少的地市财局加强沟通、向以往年度征订的"老客户"宣传期刊最新版面设计及栏目设置、提前印发通知等方式推进征订工作。全年完成征订1216册，征订量位居全国前列。

会员和理事信息服务 广东省预研会服务会员，参与广东省社会组织总会活动，加强交流互动，学习有关经验并促进资源共享、合作共赢；创设会员工作交流微信群，搭建工作交流平台，促进会员、理事之间的沟通交流，制定值班制度，安排人员轮流值班，定期向理事、会员发送主流媒体及厅微信公众号信息；建立预算会计研究工作动态信息平台，向理事、会员介绍广东省预研会最新工作情况。

【社团治理】 2020年，广东省预研会强化规范运作，接受民政部门的监管指导，完善社团治理。

广东省预研会按照广东省民政厅要求，建立督办检查机制，完善管理运作制度，完善法人治理机构，加强规范化建设。多次召开理事会，学习社会组织有关政策、法规，专题研究进一步做好社会信用

2020年11月5日，粤港澳大湾区财政政策研究论坛在深圳举办，广东省财政厅副厅长姚露，二级巡视员戴穗生出席论坛

（广东省预算会计研究会供图）

管理工作、促进社团规范健康可持续发展问题。加强社团内部管理，按照“两个到位”标准，即对广东省民政厅的所有监管要求均遵守到位，对广东省民政厅的所有指导均执行到位，逐步补足补全本届理事会换届前的工作短板。完善治理结构和管理制度，在原有制度的基础上，新制定法人证书保管和使用、档案管理等制度，修订财务管理、公章和财务印章管理等制度。

（广东省预算会计研究会供稿，黄琼贤执笔）

广东省财政学会

【概况】　2020年，广东省财政学会围绕广东财政改革发展中心工作，发挥平台优势，组织开展多项财政课题研究和线上省内外学术交流，为广东财政改革发展献言献策。按照“双主管”（即由广东省社会组织管理局和广东省财政厅双重管理）要求，夯实完善相关规章制度加强内部管理。拓展业务服务范围，提升自我“造血”能力，各项工作取得新进展。

【课题研究】　2020年，广东省财政学会协助开展课题委托调查研究，参与、配合中国财政学会和中国财政科学研究院组织在广东省开展的系列调研及全国财政协作课题《地方财政绩效监督机制研究》调研。承担广东省农业农村厅委托课题《广东省“十三五”农业农村投入发展研究》并结项；接受广东省财政厅委托课题《“十四五”期间广东全面实施预算绩效管理的政策研究》并结项；承担佛山市三水区财政局委托课题《地方专项债券申报管理研究》进入结项评审环节。

【财务管理服务】　2020年，广东省财政学会履行科研基础服务，严格执行厅属事业单位相关财务政策，承担广东省财政科学研究所全年收支业务及记账、税务申报、社保和公积金等相关财务管理，包括年度部门决算、部门预算、政府财务工作报表的编制，各项纳税缴交、社保和公积金核算缴纳、财务记账等按时按规无差错完成。

【财政宣传服务】　2020年，广东省财政学会参与《广东财政理论与实务》杂志全流程宣传，全年12期的组稿登记、文字编撰校对、美术封面设计、排版印刷和每期近万册的寄送工作。为广东省财政厅重要活动、会议、培训等提供摄影232项次；参与广东省财政厅声像资料存档，为《广东财政理论与实务》和《广东财政年鉴（2020）》提供近300张图片素材。

【图书资料服务】　2020年，广东省财政学会服务广东省财政厅干部职工的图书资料需求，做好全厅图书馆管理服务，构建良好阅读环境。全年选购精品图书637册；完成图书更换借还书、上架、整理与清理等近千册；全年提供场地会议5次；制定新书目录，方便全厅干部职工参考借阅；配备专人管理图书，做好图书查寻和新书登记造册工作；协助管理省财政厅“数字图书馆”，为全厅干部职工免费查阅资料与阅读电子文献提供海量学习资源。

【专项支持服务】　2020年，广东省财政学会承担广东省财政厅相关支持服务，为厅财学平台设计LOGO（徽标）及专题海报封面；完成8项专题汇报PPT设计及纪律学习月宣传设计等。承接厅多媒体工作室的组建及拍摄支持，以多媒体形式多角度宣传广东财政发展状况。

（广东省财政学会供稿，肖鑫晖执笔）

财政纪检监察

Fiscal Discipline and Supervision

综　　述

【概况】　2020年，中共广东省纪委广东省监委驻省财政厅纪检监察组加强政治监督，做到“两个维护”，推动新时代纪检监察工作高质量发展，各项工作取得新进展、新成效。持续跟进、专题学习习近平总书记最新重要讲话和指示批示精神，结合职责研究具体贯彻落实措施；坚持学做结合、讲究实效，把统筹疫情防控和经济社会发展决策部署、做好“六稳”“六保”工作作为年度首要任务，加强政治监督，践行“两个维护”。做实、做细日常监督，聚焦主体责任落实，强化选人用人监督，丰富日常监督手段。做实做细专项监督，针对债券资金使用进度滞后赴揭阳等地开展督导，为做好援藏工作赴林芝开展调研，在省直、云浮、惠州等地召开现场督导会推进政府采购扶贫工作，前往广西检查东西部扶贫整改情况。做实、做细执纪执法监督，谈话函询8人，立案2件2人，收缴违纪金额4.3万元，向省纪委监委移送省管干部线索6条。

2020年8月14日，广东省财政厅联合省扶贫办、省供销社在惠州召开部分地市政府采购贫困地区农副产品工作督导会　（惠州市财政局供图）

【追赃挽损】　2020年，驻厅纪检监察组集全组之力参与省纪委监委“1024”专案，以担当作为的高度政治责任感，发挥情况熟、底数清、善协调优势，全力做好信息分析、协调沟通、综合保障等作用，通过追踪资金流向发现涉案账户和赃款，及时采取查封、冻结等强制措施迅速追缴犯罪所得，促使相关人员主动退缴涉嫌违法款项，配合审查调查工作，指导、协助广东省供销社风险处置工作取得实效。截至年底，专案组先后对40余人采取限制出境强制措施，对8名犯罪嫌疑人采取留置措施、对27名犯罪嫌疑人立案侦查并刑事拘留，已追赃追债挽损止损合计4.6亿元，为化解省供销系统重大风险，保持执纪执法高压态势和实现“三个效果”（政治效果、纪法效果、社会效果）作出贡献，得到省纪委监委领导批示肯定。

（中共广东省纪委广东省监委驻省财政厅纪检监察组供稿，耿长河执笔）

2020年11月6日，驻厅纪检监察组向省纪委监委副书记黄力汇报工作　（驻厅纪检监察组供图）

政治监督

【“两个维护”】　2020年，驻厅纪检监察组严明政治纪律和政治规矩，加强监督检查和专题沟通，督促驻在部门把习近平总书记重要指示批示作为党内政治要件，加强跟踪督办，推动落实落地。推动驻在部门在制定2020年广东省财政厅党组理论学习中心组学习计划时，全面落实第一议题制度，围绕“学习贯彻习近平总书记关于防范化解重大风险重要论述”、《习近平治国理政》第三卷、“学习贯彻习近平总书记在深圳经济特区建立40周年庆祝大会上的重要讲话精神”等开展“第一议题”学习50次，传达学习习近平总书记系列重要讲话和重要指示精神90项，发挥厅党组领学促学作用。协同驻在部门加强对党员干部的党性教育，激励广大党员干部勇当新时代的“拓荒牛”，永葆“闯”的精神、“创”的劲头、“干”的作风，引导全厅党员干部增强“两个维护”的自觉性、坚定性。

2020年5月9日，广东省财政厅召开全省财政党风廉政建设工作会议

（广东省财政厅办公室供图）

【疫情防控】 2020年，驻厅纪检监察组印发《关于做好疫情防控期间相关工作的通知》，指定纪检干部跟踪联络，走访10个重点业务处室（单位），并电话访谈相关省直单位，详细了解广东省财政厅落实疫情防控重点保障企业资金支持等财政政策措施的制定、落实情况，提出加强调研、精准把握企业存在困难等具体工作意见。

【脱贫攻坚】 制订《关于加强省财政厅脱贫攻坚工作的督导方案》，成立专项督查组，全程跟踪省财政厅脱贫攻坚领导小组工作开展。聚焦监督主业，两次赴封开开展脱贫攻坚挂牌督导，对需要整改落实的22项问题提出具体指导建议；三次召开现场督导会，推进预算单位政府采购贫困地区农副产品工作，督导成效明显，当月采购交易额超过上半年交易总和；赴西藏林芝开展对口援助资金调研，提出落实援藏会议精神做好资金保障、加强财政预算管理和绩效管理提升资金绩效、做好援藏“十三五”收官和“十四五”前期谋划工作等3点建议；前往广西调研东西部扶贫工作情况，落实整改扶贫审计发现的问题，提出完善管理制度的建议。

（中共广东省纪委广东省监委驻省财政厅纪检监察组供稿，耿长河执笔）

日常纪律监督

【主体责任】 2020年，驻厅纪检监察组落实《党委（党组）落实全面从严治党主体责任规定》要求，推动党组发挥牵头抓总作用，履行好全面从严治党主体责任。开展委托谈话，通过向广东省财政厅党组提供问题线索、政策要求等推进委托谈话，与厅党组共同谋划和处置问题线索，形成谈话工作合力，共推动驻在厅党组书记和分管厅领导谈话4人；结合日常监督、信访举报和审查调查工作，深入剖析广东省财政厅党风廉政建设存在的部分

2020年5月21日，驻厅纪检监察组组长叶昊文到封开县开展脱贫攻坚挂牌督导

（广东省财政科学研究所供图）

支部书记“一岗双责”落实不到位、开展专项检查工作收效不够明显等问题，推动广东省财政厅全面从严治党向纵深发展；召开全省财政党风廉政建设工作会议，要求全省财政系统坚定不移全面从严治党，围绕统筹疫情防控和经济社会发展决策部署做好跟进监督，做深做实派驻监督，巩固和发展反腐败斗争压倒性胜利；与广东省财政厅党组建立重要情况通报、联合监督执纪等工作机制，参加（列席）省财政厅各类重要会议37次；推动广东省财政厅开展全省“三公”经费使用情况专项检查，查摆问题和漏洞，并着力构建长效机制。

【选人用人监督】 2020年，驻厅纪检监察组紧盯选人用人政治关、品行关、作风关、廉洁关。坚持向组织人事部门提供真实、全面、准确的廉政鉴定材料，截至年底，出具廉政意见回复128人/次。针对1名干部因政策理解把握不到位造成违纪行为，建议广东省财政厅人事部门暂缓启动对该同志的提拔使用，被其采纳。抓住入职、轮岗、提拔等关键节点开展谈话监督，先后对广东省财政厅14名新提任正副处职干部集体谈话，与15名轮岗干部逐一谈心，与25名新入职人员座谈交流，对20名重点岗位人员开展谈话提醒，在理想信念、廉政纪律、自我修养、责任担当等方面提出要始终对党忠诚、坚持廉洁奉公、涵养境界情怀、牢记初心使命等具体要求。

（中共广东省纪委广东省监委驻省财政厅纪检监察组供稿，耿长河执笔）

执纪执法

【审查调查】 2020年，驻厅纪检监察组坚持严字当头、权责统一，严肃精准执纪问责，严格纪律刚性约束，整治各种隐性变异“四风”问题，力戒疫情防控中的形式主义、官僚主义，靠前监督、台账管理，优先受理、及时处置。全年收到信访举报25件，处置问题线索12条（其中：暂存问题线索1条），立案2件2人（其中：处级2件2人），谈话函询8人，向省纪委监委移送省管干部线索6条，退缴红包礼金违纪款4.3万元。在审查调查工作中严守办案安全生命线，坚持问题导向，从上到下厘清安全责任，由内而外增强安全意识，严格执行办案安全工作规定，紧盯“走读式”谈话安全这个重点难点，做好被谈话人思想政治工作和被处分人员回访工作，全年开展“走读式”谈话11人/次，公安部门协助谈话2人/次，未出现办案安全事件。

【“专案”工作】 2020年，驻厅纪检监察组参与“10·24”粤合系、天保系企业两个专案。坚持效果导向，创新执纪方式。在组织领导上，坚持党对反腐败工作集中统一领导；在办案思维上，精准把握专案工作主要矛盾，落实省纪委监委“追着钱去追人”的总体思路，追赃挽损；在办案模式上，发挥在信息收集、线索分析、沟通协调等方面优势，通过“内联外引”开展核查；在法法衔接上，创造性开展从刑事诉讼到监察程序的“反向”法法衔接。省纪委主要领导对专案工作和取得的成效予以肯定。广东省副省长陈良贤在有关会议上指出：专案组为供销社化解风险，减轻不少压力，在债权追收相关诉讼案胜诉发挥关键作用。省纪委监委分管常委作出肯定批示：驻财政厅纪检组主动作为，敢于担当，认真履职，有力协助专案工作的推进。

（中共广东省纪委广东省监委驻省财政厅纪检监察组供稿，耿长河执笔）

各市财政

Sub-provincial and Prefecture-level Public Finance

广州财政

【财政经济概况】 2020年，广州市实现地区生产总值（GDP）25019.11亿元，按可比价格计算，比2019年（下同）增长2.7%。其中，第一产业增加值288.08亿元，增长9.8%；第二产业增加值6590.39亿元，增长3.3%；第三产业增加值18140.64亿元，增长2.3%。第一、二、三次产业增加值的比例为1.15：26.34：72.51。

2020年现代服务业比2019年增长2.5%。生产性服务业比2019年增长1.9%，批发和零售业增长3.9%，住宿和餐饮业下降22.1%，金融业增长8.3%，房地产业增长4.0%，全年完成固定资产投资增长10.0%。其中，国有经济投资比2019年增长16.3%；民间投资增长9.4%；港澳台、外商经济投资下降6.9%。全年城市居民人均可支配收入68304元，比2019年增长5.0%；农村居民人均可支配收入31266元，增长8.3%。

2020年，全市一般公共预算收入1722.8亿元，比2019年增长1.4%。其中，市本级收入815.7亿元，比2019年增长0.6%；区级收入907.1亿元，增长2.1%。全市一般公共预算支出2952.6亿元，比2019年增长3%。其中，市本级支出1000.8亿元，比2019年增长5.3%；区级支出1951.8亿元，增长1.9%。

【财政经济调控】 2020年，广州市财政围绕统筹推进新冠肺炎疫情防控和经济社会发展工作“两手抓”，畅通国内国际“双循环”，推动实现老城市新活力、“四个出新出彩”。

减税降费 广州市财政落实市政府及市相关部门出台“暖企15条”“稳增长48条”“信用助企9条”等一揽子政策措施，全年减税降费超1000亿元。率先实施房产税、城镇土地使用税困难减免方案，免征部分与疫情防控相关的教育费附加和地方教育附加，阶段性减免车辆通行费、港口建设费、文化事业建设费和城市基础设施配套费，对残疾人就业保障金实行分档减缴政策。落实“免、减、降、返、延、缓、保”七项社保减负举措，阶段性调整广州市失业保险浮动费率和工伤保险基准费率，2—12月对中小微企业免征养老、失业、工伤保险单位缴费，2—6月对大型企业减半征收养老、失业、工伤保险单位缴费，全年累计为广州市企业减免职工养老、失业、工伤和职工基本医疗保险费532亿元。对2—3月缴交社保的企业办理政策性退费，累计拨付阶段性减免社保退费资金19.1亿元，惠及全市25万家企业。全年累计拨付失业稳岗补贴返还资金33.75亿元，惠及全市18.68万家企业。对承租市属行政事业单位和国有企业的物业租金给予减免，全年减免租金13.3亿元，惠及5万多家户中小微企业和个体工商户。

债务风险防范化解 广州市级财政落实政府债务还本付息资金138.6亿元，确保政府债务按时归还，维护广州市政府信用。广州市级发行新增地方政府债券292.9亿元，用于推进国铁城际及城市轨道交通、污水联合防治、垃圾处理项目建设和白云机场扩建工程等27个

广州市2020年一般公共预算收支情况　单位：亿元

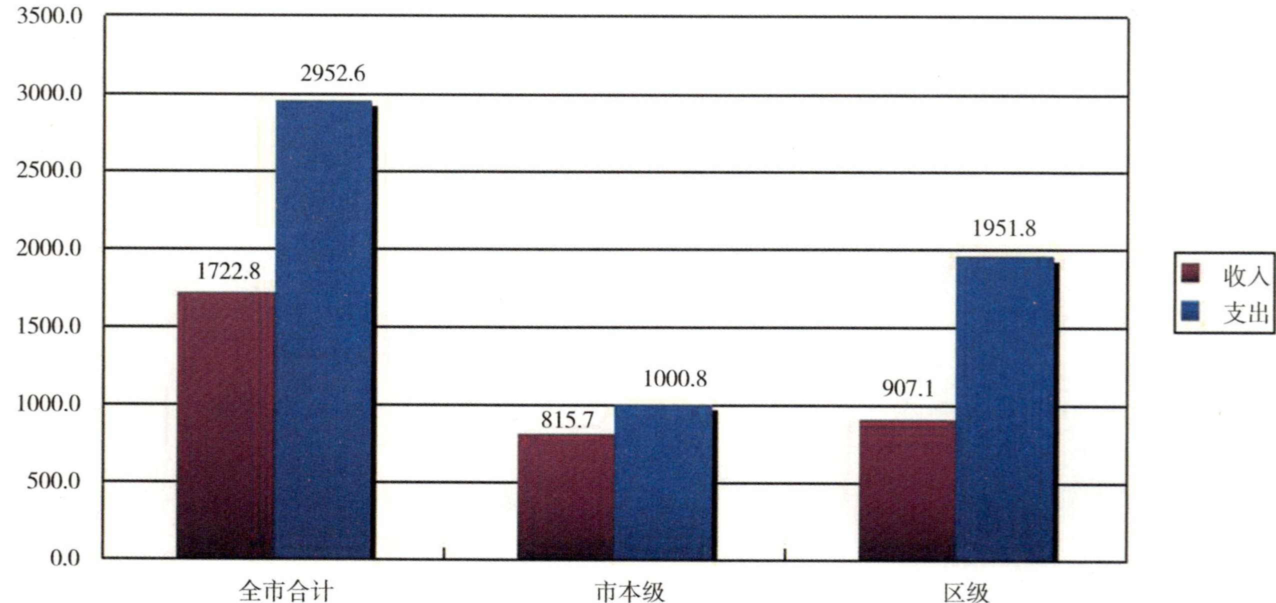

（广州市财政局供图）

重点项目建设，投资拉动作用明显。化解存量政府隐性债务，印发防范化解地方政府隐性债务风险工作方案和问责操作规程，推进隐性债务化解。截至2020年底，全市存量隐性债务化解超九成，超额提前完成化解任务。发挥逆周期政策调控作用，发行政府债券对冲疫情风险，规范政府债券资金管理使用。广州市各项债务风险指标均处于警戒线之下，全市没有被列入风险预警地区和风险提示地区，债务风险可控。

综合交通枢纽功能增强　广州市级财政共投入359.5亿元提升基础设施功能，推进粤港澳大湾区交通设施实现互联互通，为广州推进粤港澳大湾区经济社会发展提供支撑。投入203.8亿元推进综合交通枢纽建设，广州东环城际花都至机场北段建成，广石铁路通车，地铁8号线北延段开通，地铁运营里程531千米，高快速路“三环十九射”主骨架路网基本形成。投入102亿元加快国际航运、航空枢纽建设，旅客吞吐量4376.8万人次，位居单体全国第一；白云机场三期扩建工程开工建设。南沙港区三期、广州港深水航道拓宽工程、南沙国际邮轮母港等建成启用，广州港货物吞吐量6.36亿吨、集装箱吞吐量2350.5万标准箱。投入53.7亿元公交行业补贴，强化公交、地铁等运输方式衔接，改善乘车体验，提升换乘效率，方便市民出行。

现代服务产业规模壮大　广州市级财政共投入25.3亿元发展现代服务业。投入14.8亿元推动提升广州市数字经济发展能级和创新能力，实现5G+公交、区块链+取证、大数据+医疗、新型显示、工业互联网、直播电商、包容监管等领域全国10大首创落户广州。软件和信息服务、知识产权服务等行业营业收入比2019年增长10%以上。2020年新增总部企业112家，总数582家。投入4.1亿元完善现代金融服务体系，国家绿色金融改革创新多项指标居全国第一；广州期货交易所获批设立，大湾区国际商业银行加快筹建，新增上市公司22家。投入6.4亿元商贸发展资金，增强国际商贸中心功能，培育电子商务、新零售等新兴消费，引进全球移动互联网大会、国际消费电子大会、广州国际设计周等品牌展会，跨境电商进口连续5年居全国第一，限额以上批发和零售业实物商品网上零售额比2019年增长32.5%。

营商环境现代化国际化水平提高　广州市级财政投入27.4亿元营造国际化法治化营商环境，结合疫情实际加大减税降费力度和财政扶持力度，营造宽松的税费政策环境。投入14.4亿元实施人才战略，健全创新人才激励机制，在穗两院院士115人；人力资源服务产业规模、质量位居全省首位、全国前列。落实粤港澳大湾区个人所得税优惠政策财政补贴等税费优惠政策，吸引更多境外高端和紧缺人才来穗创业发展。投入6.4亿元推进“智慧政务”平台建设，运用互联网、大数据、人工智能等新技术提升行政管理效能。推进信用体系建设，实施新版公共信用信息资源目录，推动流通领域、税务领域、工程建设领域建立完善分级分类监管制度。投入6.6亿元加强知识产权保障，加快国际贸易“单一窗口”建设，推动与港澳金融、民生、质量标准等领域规则对接，促进旅游、卫生、教育、专利代理、仲裁等领域职业资格互认。

科技创新支撑力增强　广州市级财政投入103.8亿元支持科技创新，推进大湾区国际科技创新中心建设，发挥科技创新对经济社会发展的支撑引领作用。投入34.7亿元推进基础研究，4大科技基础设施完成预研前期工作，中国科学院明珠科学园启动建设；国家、省重点实验室达到21家和241家，24个项目获年度国家科学技术奖，科研经费占GDP比重增速居全国主要城市第一。投入24.7亿元实施企业创新计划，新增国家企业技术中心3家、省工程研究中心1家，国家科技型中小企业备案入库数累计达到3万家，连续2年居全国城市第一。投入7.1亿元实施创新环境计划，发明专利申请量和授权量分别比2019年增长21.6%和20.5%，广州（国际）科技成果转化天河基地投入运营，技术合同成交额跃居全国第四，广州在科技部2020年创新型城市评比中排名第二。

高端制造竞争力提升　广州市级财政投入55.8亿元推进制造业高质量发展。安排38.6亿元促进制造业高质量发展扶持资金，实施广州制造“八大提质工程”，新增4个国家级工业设计中心，获批8个国家和省级制造业创新中心，新增6家国家级制造业单项冠军企业。投入17.1亿元推进战略性新兴产业和数字经济发展，新能源汽车产量比2019年增长17.3%，乐金、超视堺等新投产项目新增产值超100亿元，粤芯芯片等集成电路产量增长34.1%，战略性新兴产业增加值GDP比重增至约30%。人工智能与数字经济试验区琶洲片区、鱼珠片区企业营收分别突破2500亿元、500亿元。累计建成5G基站4.8万座，工业互联网顶级节点（广州）接入23个二级节点。

乡村振兴战略　广州市级财政投入172亿元推进乡村振兴。连续两年获珠三角片区考核第一名。投入80.2亿元基本公共服务补助资金，落实各项农业补贴、惠农（渔）政策，多渠道促进农民增收，实施城乡社会关爱工程。投入55亿元发展都市现代农业，累计创建15个省级现代农业产业园、6个全国示范村镇、省级专业村102个，农业增加值比2019年增长10.2%。投入17.5亿元改善农村生态宜居环境，自然村全部达到省定“干净整洁村”标准，从化区南平村、西和村获评中国美丽休闲乡村。投入19.3亿元推动农村创新发展，加强农技推广人才队伍建设，实施农村集体产权制度改革试点，承包土地流转“三统一”模式在全省推广。

产业园区集聚效应提升　广州市级财政安排对产业园区补助资金170.6亿元。其中：安排106亿元打造南沙高水平对外开放门户枢纽，启运港退税政策和航运保险增值税优惠政策获批，南沙自贸区累计形成689项制度创新成果，其中43项在全国、112项在全省复制推广。安排40亿元支持中新广州知识城打造具有全球影响力的发展平台，中新广州知识城上升为国家级双边合作项目，总体发展规划获国务院批复。安排24.6亿元支持临空经济示范区、天河软件园、白云民营科技园、云埔电子商务园等园区建设，各具特色的产业功能区初具规模，初步形成多点支撑、协同发展产业新格局。

【财政民生保障】　2020年，广州市围绕全面建成小康社会目标，聚焦基本公共服务供给短板，提高保障标准和扩大覆盖范围，打造公共服务优质、宜居宜业宜游的优质生活圈。

社会保障就业体系完善　广州市级财政投入205.6亿元完善社会保障体系。投入78.5亿元养老保险资助资金，保障69万城乡居民及机关事业单位退休人员养老待遇及时足额发放。各项社会保险待遇水平稳步提高，城乡居民养老保险基础养老金达到237元/月，高于省的标准；失业保险金达到1890元/月。投入15.3亿元低保、救济、残疾人补助等资金，低保、困难残疾人生活补贴、重度残疾人护理补贴标准居全国前列，全面放开养老服务市场。投入11.8亿元抚恤安置资金，落实国家机构改革部署，健全对退役士兵、优抚对象等人员社会保障机制。投入5.7亿元（未含失业保险基金）保障居民就业，解决因疫情影响形成的招工就业矛盾，做好高校毕业生、退役军人、转岗分流职工、城镇就业困难人员等群体就业保障工作。投入29亿元加快保障性安居工程建设，扩大住房保障范围，新开工棚户区改造1.1万套，发放租赁补贴1.5万户，率先实施“租购同权”政策。

卫生健康服务能力增强　广州市级财政投入162.1亿元健全卫生健康服务机制，坚持把人民群众生命安全和身体健康放在第一位，深入实施健康城市计划。安排30.4亿元加强医疗基础设施建设，推进“1+1+6”国家区域医疗中心和广州市3家高水平医院建设，国家呼吸医学中心、国家区域儿童医学中心落户广州。投入31.9亿元提升公共卫生体系保障功能，健全重大疫情防控救治、重大疾病医疗保险救助和应急物资保障体系，提高重大突发公共卫生事件应急处置能力和水平。安排44.5亿元医疗保障政府资助资金，做好全市500多万名城乡居民、社会申办退休人员及机关事业单位工作人员的医疗保障，扩大基层诊疗医保支付比例，推进跨省异地就医住院费用即时结算；2.3万港澳学生同等享有医疗保障；城乡居民医疗保险政府资助标准从2019年人均667元/人的标准提高至2020年人均700元/人的标准。投入7.3亿元计划生育和优生优育资金，完成母婴安康行动计划，成立市级3岁以下婴幼儿照护服务指导中心，成立市级3岁以下婴幼儿照护服务指导中心，全市托育机构登记备案数量居全省第一。开展免费婚前、孕前、产前优生健康检查工作。投入4.7亿元加大基层医疗卫生服务补助，全面铺开197个基层“发热哨点诊室”建设，城市15分钟和农村30分钟卫生服务圈基本建成。

公共教育资源供给加快　2020年，广州市级财政投入215.5亿元发展教育事业，实施教育强市战略，创建首批全国“智慧教育示范区”。投入65.9亿元教师队伍建设及学校日常运营经费，推进教师队伍建设及维持学校日常运作。投入23.9亿元发展学前教育和提升基础教育设施，公办幼儿园在园幼儿占比达51.1%，公办和普惠性民办幼儿园在园幼儿占比达87%。推进中小学校基础教育设施三年提升计划，新增中小学学位1.35万个。投入14.6亿元推进职业教育，累计建成国家级重点专业2个、省级重点专业66个、省级“双精准”示范专业31个，中职学校毕业生一次性就业率98%。广州番禺职业技术学

2020年，广州财政加快保障性安居工程建设。图为石丰路保障性住房项目　（广州市财政局供图）

院、广州铁路职业技术学院分别入选中国特色高水平高职学校和专业群建设单位。投入24亿元用于科教城建设，加快打造职业教育新高地。投入17.5亿元支持大湾区建设国际教育示范区，广州大学、广州医科大学8个学科进入全球ESI学科排名前1%，加快华工国际校区和香港科技大学（广州）建设。投入6.6亿元用于城乡免费义务教育补助和随迁子女学位补贴，所有区均成为全国义务教育发展基本均衡区，标准化学校占比达96%。67.5万名中小学校非户籍学生平等接受教育，占全市中小学生比重达到41.4%。

2020年5月27日，广州市财政局党组书记、局长陈雄桥（右）在清远察看帮扶的光伏发电项目（广州市财政局供图）

2020年11月24日，广州市财政局党组书记、局长陈雄桥（右）在清远连州调研沙坊粉加工项目（广州市财政局供图）

平安广州建设 广州市级财政投入97.3亿元打造平安有序都市生活圈。投入11.2亿元推进扫黑除恶专项斗争，构建“六位一体”社会治安防控体系，案件类警情、刑事立案数连续5年下降。投入8.2亿元创新社区治理格局，建立矛盾纠纷多元预防调处化解机制，深化网格化管理和“四标四实”专项行动，广州市列入全国市域社会治理现代化第一期试点城市，白云区大源村被评为“全国乡村治理示范村”。投入2.5亿元推进违法建设拆除整治工作，拆除违法建设5663.6万平方米，整治“散乱污”场所约2万个。投入2.2亿元健全完善应急体制机制，创建国家食品安全示范城市。完善安全生产责任体系，生产安全事故起数、死亡人数连续18年实现“双下降”。

城市生态环境持续改善 广州市级财政投入140.5亿元推进污染防治。推动黑臭水体剿灭战、净土防御战和蓝天保卫战取得新成效。其中：安排107.4亿元推进水环境治理，纳入国家监管平台的147条黑臭水体全部消除黑臭，13个国考省考断面水质全面达标。全市污水处理能力达769万吨/日，位居全国第二。投入25亿元推进垃圾综合治理，新建资源热力电厂5座、餐厨垃圾处理厂4座，城镇生活垃圾无害化处理率100%，累计新改建公厕4133座，开放机关企事业单位厕所2337座。投入8.1亿元推进空气环境治理，完成燃煤机组超洁净排放改造、“黄标车”淘汰和公交车纯电动化，全年PM2.5降至23微克/立方米，环境空气质量六项指标首次全面达标。

岭南文化综合实力提升 广州市级财政投入48.3亿元增强文化综合实力。设立广州市文化产业发展奖励扶持资金，开展文化旅游业复苏行动，推进文化综合实力出新出彩。投入12.7亿元实施文化全面振兴工程，打造动漫游戏、音乐、文化装备等重点文化产业，累计建成国家级、省级文化产业园区16个和10个，“文交会”成为“最广州”的文化名片，北京路文化旅游区成为全国第三个“世界优秀旅游目的地”。投入19亿元实施岭南文化保护利用工程，省“三馆合一”项目开工，广州美术馆、文化馆项目封顶，建成新时代文明实践中心2852个。投入9.1亿元实施人文湾区建设工程，牵头成立海丝申遗联盟，加盟城市扩大至26个，打造粤港澳大湾区文化旅游高质量发展示范区。投入5.9亿元推进文体惠民活动，推进公共文化服务云平台建设，推动文化体育场馆惠民开放。

帮扶援建任务如期完成　广州市级财政投入22.7亿元推进帮扶援建工，全面落实坚决打赢脱贫攻坚战三年行动方案。其中：投入17.3亿元支援新疆、西藏、贵州毕节和黔南，以及梅州、清远等地区，毕节、黔南所有贫困县、村达到脱贫摘帽退出条件，超过200万人脱贫；新疆疏附、西藏波密、四川甘孜州3个县（炉霍、色达、新龙）全部实现脱贫摘帽；梅州、清远477个省定贫困村和建档立卡贫困户29441户全部达到摘帽出列标准。投入5.4亿元支持广州市北部山区巩固脱贫成果，建设具有岭南特色的生态宜居美丽乡村。

【财政改革】　2020年，广州市推进全面实施预算绩效管理改革，深化部门整体预算绩效管理，促进绩效管理与预算编制深度融合，健全预算管理机制，加强预算能力建设。

财政可持续发展机制健全　《广州市关于常态化疫情防控下促进财政可持续发展的实施方案》印发，结合广州市财政管理实际，提出强化财政收支统筹、发挥国有企业作用、建立多元化筹资机制、压减一般性支出、向内挖潜调整结构、精打细算提质增效等12项管理措施，推动全市财政主动适应常态化疫情防控下可持续发展要求，突出“保”、有序“调”、重“盘活”、压“一般”、保持“稳”，建立健全开源节流长效工作机制，为统筹推进新冠肺炎疫情防控和经济社会发展工作提供财政保障。

财政资源配置效率提高　广州市加大政府性基金预算和国有资本经营预算调入一般公共预算力度，金控投资类企业利润收缴比例提升到50%。发行新增地方政府债券485亿元，抗疫特别国债51.6亿元，全部实现支出。将部分优质市属国资收益划转充实社保基金，将金融类国企国资收益直接缴入一般公共预算，提高公共财政统筹保障能力。开展政府与社会资本合作，截至2020年底，广州市符合财政部规定的入库PPP项目26个，涉及总投资777亿元，所有项目继续推进。

项目库管理优化　《广州市市级财政资金项目库管理办法（试行）》印发，从制度上加强和规范市级财政资金项目库管理。继续深化财政项目库分类分级管理，聚焦一级项目绩效目标管理，强化预算部门主体责任，提高项目支出预算与政策落实的匹配度。加大预算评审力度，在原有对购置类和维护维修类专项预算评审的基础上，扩大预算评审项目类别，要求所有新增500万元以上的经常性项目和1000万元以上的一次性项目都进行预算评审，预算评审结果作为安排预算的重要依据，在2021年部门预算编制阶段，对373个项目实施入库评审，涉及预算金额193.4亿元，共核减不合理支出64.4亿元，从源头上提高预算编制的科学性和精准性。制定《广州市本级重大政策和项目财政立项预算评估管理办法（试行）》，要求市预算部门、市财政部门对政府投资项目、信息化项目立项评估之外的拟申请预算资金安排的新增重大政策和项目，开展财政立项预算评估，将评估结果作为预算安排前置条件，提高预算资金分配决策的科学性和公正性，确保财政资金精准投入。

直达资金支出效率　广州市建立“专班直联、资金直达、监管直通”的“三直”工作机制，确保资金“直达基层、直接惠企利民”。实现市级与上下级财政“直联”，建立直达资金拨付绿色通道，优先办理直达资金用款审核拨付，当好“过路财神”。压实各级主体责任，对直达资金特别标识、单独划拨、定期对账，细化完善资金项目信息管理，确保直达资金及时拨付、账表相符、账账相符。通过全省预算动态监控系统，实现支付系统与直达资金监控系统连通，对资金运行全链条动态跟踪监控，确保每笔资金使用安全、规范、高效。全年广州市收到中央直达资金72.6亿元，支出71.9亿元，支出进度99.1%。

财政风险防控机制健全　广州市按照“主动防范、系统应对”的思路，坚持守住财政健康持续平稳运行大局。坚守量入为出、收支平衡的底线，除发行地方政府债券外，不列赤字。加强全口径预算收支监控，发现和纠正财政运行风险隐患。落实中长期偿债方案，确保到期债务本息足额偿还。遏制隐性债务增量，守住不发生系统性财政风险的底线，确保不被列入债务风险预警和风险提示地区。结合持续深入整治形式主义官僚主义问题要求，编印《广州市镇街财政财务管理指导手册》，对列入负面清单的基层财政管理、财务操作等不规范等问题进行督促整改。

支出标准体系建设　广州市印发《广州市本级支出定额标准管理办法（试行）》，完善支出定额标准管理制度建设，构建科学规范的约束体系。组织落实《广州市本级支出标准体系建设工作方案》，按年度计划推进支出定额标准制定工作，在以往年度制定159项标准并形成《广州市本级预算支出定额标准汇编》的基础上，2020年继续牵头或与部门联合制定11项定额标准，作为各部门预算编制定额的依据，提高预算编制科学性、精准度。建立动态调整机制，对已制定的支出定额标准，根据经济发展水平、物价水平变动，结合各单位的执行反馈情况进行修订完善，提高财政资金安排的科学性、有效性。

政府采购制度改革深化　广州市印发《广州市财政局关于坚决打赢疫情防控阻击战进一步用好政府采购资金支持企业发展的通知》等一系列政策文件，推进政府采购合同线上融资，多举措帮助企业复工复产。发挥政府采购政策效应，全市在政府采购贫困地区农副产品网络销售平台完成交易额5149.47万元，预留份额完成比例152.50%，通过政府采购消费扶贫助力脱贫攻坚取得胜利。出台《广州市财政局政府采购投诉处理工作规程》，建立政府采购投诉的高效办理机制，严格执法整顿政府采购违法行为。全年对5家供应商提供虚假材料谋取中标、1位专家应回避未回避的违法问题进行处罚。

【财政管理】　2020年，广州市从严落实过紧日子要求，统筹做好预算平衡，坚持财政支出政策导向，提高资金使用效益，推动财政良性运行，夯实财政可持续发展基础。

财政统筹管理加强　广州市建立政府过“紧日子”工作机制，严控新增支出、压减一般性支出、减少“三公”经费支出、压缩大型活动支出，节约办公经费，停建楼堂馆所，全面实施国库集中支付和公务卡结算等工作成为常态化。对非急需非刚性支出实施三轮压减，第一轮在年初编制预算环节综合压减17.3%，第二轮在疫情防控关键时期对一般性支出项目压减15%，第三轮综合项目推进情况作全面压减，其中出国（境）经费、大型活动经费等剩余经费全额收回，会议费、培训费等四类经费按50%压减，腾出资金用于加大“六稳”“六保”及疫情防控支出。

预算绩效管理加强　广州市建立重大项目绩效评估机制，推动绩效管理关口前移，把重大项目事前绩效评估作为入库及编制预算的前置条件。修订《广州市市级预算绩效目标管理办法》，健全绩效目标管理机制，规范绩效目标管理流程、明确绩效管理责任，强化对转移支付资金和重特大社会公共应急救灾项目资金绩效目标的管理。做好绩效运行监控，将重点项目绩效运行监控范围聚焦经济和社会发展类一级、市人大重点审议以及专项资金项目，健全以部门整体监控为基础、紧盯重点项目的绩效监控体系，对绩效目标实现程度和预算执行进度实行双监控。健全绩效评价机制，组织所有预算部门开展部门整体和项目支出的绩效自评，实现财政支出项目和部门整体绩效自评全覆盖，并委托第三方对9个人大专题审查部门、10个重点项目评价和67个项目开展重点评价和自评复核，涉及资金304.9亿元。强化绩效评价结果应用，健全绩效评价结果与部门预算安排挂钩参考机制，不断增强预算部门的主体意识、责任意识，推进绩效评价问题整改落实，将部门整改情况报市人大常委会。加大绩效目标公开力度，全年共有114个预算部门公开部门整体年度绩效目标，涉及年度重大任务（政策）426项以及关键指标555个，实现部门整体绩效目标公开全覆盖。

专项资金管理加强　广州市结合管理实际以及专项资金管理核查工作中发现的问题，修订印发《广州市市级财政专项资金管理办法》，加强财政专项资金管理，堵塞制度漏洞。督促并协同广州市政务服务数据管理局完善专项资金统一管理平台建设，登陆专项资金统一管理平台检查业务部门公开情况，并整理专项资金管理平台申报受理和公开存在问题，督促业务部门加强专项资金信息公开，主动接受有关部门和社会监督。梳理到期的专项资金，督促业务部门对需延续的专项资金进行绩效评估，防范资金运行风险，发挥专项资金的支持引导作用，提高资金使用效益。

【“三公”经费管理强化】　2020年，广州市加强对《市直党政机关事业单位“三公”经费管理办法》《广州市市直党政机关外宾接待经费管理办法》等政策性文件的宣传培训，宣传“三公”经费管理相关规定、最新政策要求。在预算编制环节做好经费统筹和控制管理，在源头上确保“三公”经费预算不超考核基数；预算执行中实施刚性管理，“三公”经费预算一经下达，执行中不予追加，确需追加的，须严格按规定程序审批并报广州市纪委监察局备案，并实行考核基数控制。建立“三公”经费定期统计分析机制，要求市直各部门和各区财政局每季度统计和分析会议费和“三公”经费支出情况，实现对市直单位“三公”经费支出的实时监控。

编外人员经费预算管理规范　广州市财政局参与制定《关于加强和规范机关事业单位编外人员管理的意见》，按照“从严控制、规范管理”的原则，要求部门预算编制全面落实“财政供养人员总量只减不增”的刚性要求，坚持总量控制、按需使用、规范程序、加强监督，建立健全用人单位、主管部门、相关部门协调配合的编外人员规范管理长效机制，控制行政成本，依法维护行政机关事业单位和编外人员双方的合法利益，提高机关事业单位行政效能和服务水平。

国有金融资本管理完善　《广州市完善国有金融资本管理工作方案》印发，组织召开广州市完善国有金融资本管理工作视频会议，统筹推进国有金融资本管理承接工作，自2020年7月1日起，广州金控集团、广州银行和广州农商银行正式划归市财政局管理。借鉴学习兄弟城市国有金融资本管理工作先进经验，研究起草出资人职责实施办法、企业负责人经营业绩考核与薪酬核定暂行办法、推行职业经理人制度操作办法、出资人监管清单等，全面启动国有金融资本制度建设。完成广州金控集团、广州银行和广州农商银行2019年度绩效评价和2020年度工资总额预算备案工作，督促指导企业推进退休人员社会化管理工作，并全部如期完成目标任务。推进广州金控申请金融控股公司牌照，支持广州银行、万联证券上市。

（广州市财政局供稿，翟银执笔）

2020年8月27日，深圳市政府债券在深圳证券交易所招标发行

（深圳市财政局供图）

深圳财政

【财政经济概况】 2020年，深圳市实现地区生产总值27670.24亿元，比2019年增长3.1%。其中，第一产业增加值25.79亿元，比2019年下降3.1%；第二产业增加值10454.01亿元，增长1.9%；第三产业增加值17190.44亿元，增长3.9%。第一、二、三产业增加值比例为0.1∶37.8∶62.1。全市固定资产投资比2019年增长8.2%，其中民间投资比2019年增长14.5%。分领域看，基础设施投资比2019年增长7.2%，工业投资增长0.5%。分三次产业看，三次产业投资增速全部转正。第一产业投资比2019年增长3.5%，第二产业投资增长0.9%，第三产业投资增长9.4%。分行业看，民生类投资大幅增长，卫生和社会工作类投资比2019年增长94.4%，教育类投资增长66.6%，文化、体育和娱乐业投资增长30.1%，信息传输、软件和信息技术服务业投资增长14.5%，交通运输、仓储和邮政业投资增长10.5%。全市进出口总额30502.5亿元，比2019年增长2.4%，高于2019年增速3.0个百分点。其中，出口总额16972.7亿元，比2019年增长1.5%；进口总额13529.9亿元，增长3.6%。商品零售价格指数100.5。居民消费价格指数102.3。

2020年，来源于深圳的一般公共预算收入9789亿元，比2019年增长3.9%。其中，中央级收入5932亿元，比2019年增长5%；地方级收入逐季向好，全年地方级一般公共预算收入3857.39亿元，增长2.2%。一般公共预算支出4177.72亿元，比2019年下降8.2%。

2020年3月3日，深圳市财政局召开落实“惠企16条”情况新闻通气会

（深圳市财政局供图）

【财政经济调控】 2020年，深圳市落实惠企纾困政策，促进经济企稳回升，化解减收增支矛盾，加大统筹、创新思路多渠道筹措资金。

减税降费政策落实 深圳市主动谋划，推动出台本地化、针对性的纾困政策，推动企业复工复产。全年为市场主体减负超1100亿元。其中，落实国家出台的减税降费政策为企业减负超800亿元，落实免征房产税和城镇土地使用税、免除政府物业租金等深圳“惠企16条”政策为企业“加码”减负近

300亿元。

企业融资难融资贵缓解　深圳市“扩围升级”中小微企业银行贷款风险补偿资金池，入池贷款从2019年底的1028亿元大幅增加到5500亿元，惠及14.7万家市场主体。成立市融资担保基金公司，提高政府风险分担比例，免收再担保费。全国首创“线上融资额度保险再担保”业务，每年可惠及小微企业约7万户次，实际撬动银行贷款超200亿元。

政府资金资产资源盘活　深圳市盘活资产一次性收入183亿元，清缴财政注资形成的利息25.9亿元，合计拉动财政收入增长5.5个百分点。

发债额度　深圳市获得债券类资金632亿元（地方债和抗疫特别国债），较2019年翻番。其中，财政部下达深圳市新增发债额度482亿元。早发快用债券资金，重点投向水污染治理、卫生健康、交通基础设施等领域，有力拉动固定资产投资增长。

中央直达资金使用　深圳市收到直达资金152亿元，规模居5个计划单列市之首。成立全市跨部门督查工作专班，加强对基层的业务指导和资金监管，推动政策落地见效。截至12月底，直达资金基本支出完毕，支出进度并列全国第一，惠企4.3万家、金额70亿元，惠及人员310万人、金额4.5亿元。

科技创新支持　深圳市安排科技研发资金134亿元，较2018年翻番，其中37%投向基础研究和应用基础研究领域。转移支付福田区和光明区，支持重大创新平台建设。组织实施境外高端紧缺人才个税优惠政策，提升深圳招才引才竞争力。

【财政民生保障】　2020年，深圳市优化支出结构，加大财政民生投入，全市九大类民生支出2838.5亿元，占财政支出比重近七成。教育、卫生健康、住房保障、交通运输支出分别增长18.8%、31.3%、36.1%和37.9%。

疫情防控投入保障　深圳市在全国率先启动应急资金拨付机制，率先拨出第一笔应急防疫资金。紧急拨付8.8亿元，支持市第三人民医院仅用20天建成应急院区。在全国率先建立防疫采购“绿色通道”，采购周期从30天减少为1~2天。在全国率先落实患者救治政策，成为第一批出台“筛查、治疗全免费”具体政策的地区。多渠道筹集防疫资金，全年投入87.7亿元，用于医疗救治、疫情防控人员补助、设备和防控物资采购、医疗机构建设等方面。

教育事业超常规保障　深圳市教育支出851亿元，占财政支出比重超过20%，占比在一线城市中排名第一。生均拨款标准位居全国前列。高等教育投入规模超过北京和上海。

健康深圳行动支持　深圳市大幅提高居民医疗保险财政补助。安排专项补助经费支持深圳市7家医院建设高水平医院。全市公立医院平均财政投入占其总收入比重达32%，位居全国首位。

稳就业和社会保障水平提升　深圳市加大援企稳岗力度，发放失业保险稳岗返还资金58.6亿元，惠及企业53万家次。计提资金41.7亿元支持职业技能提升行动。加强退役军人服务，落实好特殊人群保障。

城市功能品质完善　深圳市推动基础设施多元化投入，轨道交通12、13号线项目引入PPP模式。支持大规模建房行动，发展住房租赁市场。推进新时代十大文化设施建设，公共财政文化支出规模稳居全省第一。支持平安深圳建设，足额保障扫黑除恶、应急管理、公共安全、消防救援等重点工作经费。

打赢三大攻坚战财政支持　深圳市投入近300亿元推动治水由“治污”向“提质”迈进。支持“深圳蓝”招牌越擦越亮，获评国家生态文明建设示范市。投入帮扶资金45.4亿元，助力9省54县近40万名贫困人口如期脱贫。严格防范地方政府债务风险，全市综合债务率6.63%，远低于绿色区间警戒线。

【财政改革】　2020年，深圳市抓

2020年1月14日，深圳市财政局、深圳市扶贫办、深圳市政府采购中心、京东集团签署协议，由京东集团在“深圳市区政府采购统一平台”网上商城栏目内搭建“深圳采购扶贫馆”　（深圳市财政局供图）

改革创新，深化预算管理改革，优化政府采购营商环境，打造阳光采购。

预算管理改革 深圳市全方位做实做细项目库，2021年部门预算编制全面实施零基预算管理，支出项目全部纳入评审范围，完善能增能减、有保有压的分配机制。创新开展事前绩效评估，首次开展市对区转移支付绩效评价和自评抽查复核。市区两级基本建成全方位、全过程、全覆盖的预算绩效管理体系，预算绩效管理工作获得财政部通报表扬。

政府采购制度改革 2020年，深圳市开展政府采购意向公开试点和政府采购行政裁决示范点建设。承担改革任务，建立制度示范，全年全市近1000家预算单位提前一揽子发布全年采购意向信息，涉及资金规模超过300亿元；在全国率先建立政府采购行政裁决内控机制，在2020年中国政府采购奖评选中获“年度创新奖”。优化营商环境，印发《政府采购招标文件编制负面清单（2020年版）》，更新招标文件“负面清单”，划定代理机构执业“禁区”，清理妨碍公平竞争的规定和做法；改造升级优化营商环境工作专栏，发布政府采购优化营商环境的改革举措，制作通俗易懂的办事指南，方便企业和群众办事；深化政府采购订单融资改革，全年累计发放贷款2.76亿元，98%的受惠企业为中小企业。在国家发展改革委组织的全国营商环境评价中，深圳被评为“政府采购”营商环境标杆城市。发挥政策功能，在全国率先启动疫情防控政府采购应急机制，开设“应急防疫物资”网上采购专栏，促进供需对接。出台“政采十条”惠企政策，疫情期间按照顶格标准支持中小企业参与政府采购活动，全年近9成政府采购合同授予中小微企业；推行供应商网上注册功能，实现全流程线上招投标管理，减少疫情对政府采购的影

2020年，深圳市财政局推进财政电子票据改革，在应用区块链技术和推广面上走在全国全省前列 （深圳市财政局供图）

响。全年全市新增注册政府采购供应商10679家，比2019年增长17.19%。深圳市财政局被评为“2020年度政府采购先进地市突出贡献单位”。助力脱贫攻坚，通过国家扶贫采购网“832平台”采购贫困地区农副产品累计金额达到2.05亿元，交易规模在全国地级城市位列第一，深圳市财政局荣获“政采助力脱贫攻坚组织落实奖”。加大监管力度，维护公平秩序，建立常态化监督检查机制，强化对代理机构和采购人的监督检查，加大对违法行为的查处，依法维护供应商合法权益；通过微信公众号、门户网站等渠道对外公开发布政府采购行政处罚（处理）典型案例，中国政府采购网、政府采购信息报等专业媒体广泛转载，增强财政监管威慑力。

【财政管理】 2020年，深圳市规范财政管理，夯实财政管理基础，首次按照权责发生制原则编报政府综合财务报告。优化财政性资金存放管理，引导银行机构为全市经济社会发展多作贡献。首次以市政府名义向市人大常委会报告行政事业性国有资产“家底”。加快罚没物资处置，阳光规范的处置模式入选财政部改革案例。出台内部控制考核评价办法，推动业务风险防范。全面推进投资评审工作，完成结决算审定金额约500亿元，核减约7亿元，发挥“节支增效”作用。财政管理工作综合绩效突出，再次获得国务院办公厅督查激励通报表扬和资金奖励。

财政法治建设 深圳市完善政府采购、会计管理等制度。严格执行重大行政决策程序。举办《中华人民共和国民法典》《中华人民共和国预算法实施条例》等专题学习培训。主动接受人大代表、政协委员监督，全年完成建议提案办理105件，占全市总数的10%。

会计行业发展 深圳市坚持目标和问题导向，开展注册会计师行业调研。推行会计师事务所“证照分离”、中介机构从事代理记账业务审批告知承诺制改革。加强会计评估监督检查，开展“有照无证”事务所专项整治。督促深圳市注册会计师协会、深圳市评估协会加强行业自律监督，与行政监管形成合力。

财政信息化建设 深圳市上线发布“智慧财政”27个子系统，支撑943个一级项目、3.2万个二级项目运行；加快推进市区一体化建设，福田、龙华、光明、深汕财政部门完成系统全业务全流程上线实施。非税收入基本实现线上直缴，在全国率先实现退付全流程电子化。全面推广应用财政电子票据，实现流程全打通、种类全覆盖、市区全应用。

【财政电子票据全面推广】 2020年11月1日，深圳“智慧财政”非税收入系统上线运行，同步应用非税收入电子票据，深圳财政电子票据改革实现“流程全打通、种类全覆盖、市区全应用”。截至2020年12月底，全市3201家单位开出3992.2万份电子票据，开票金额809.43亿元；社会团体会费、公益捐赠电子票据应用单位数量居全省首位。财政票据管理和应用从“以票控收”向“交易控收”转变，从“事后监督”向“全程掌控”转变，从“跑腿开票”向“指尖开票”转变。

智慧化生活 医院就诊少排队，打通“手机预约挂号-缴费-实时电子票据”的“指尖”办事链条，免去缴费排队环节、提高就医效率，人均减少10分钟的就诊时间。医保报销“24×7”全天候网上办、1分钟即可上传资料；异地医保报销实现线上提交、自动查验票据。交通罚款随时缴，手机登录公众号可实现缴费、开票、归集“一站式”办理。入学票据秒收到，学生和家长完成缴费后即可收到邮件或短信，避免票据遗失。

管理模式变革 “区块链”财政电子票据在全国先行示范，开出全国第一张交通罚没区块链电子票据，上线全省第一个医保区块链电子票据平台，实现财政电子票据“链上”可见、“网上”可取。为非税收入全面电子化直缴入库扫清障碍，推动征收方式从集中汇缴向直缴转变，化解部分执收单位采用汇缴方式而带来的资金沉淀和资金安全风险。

减负降成本 减少人力成本，医院等单位建立系统可视的库存管理、自动收发模式，将财务人员从繁琐的票据工作中解放出来，财务管理更加高效严谨。减少耗材成本，纸质票据领用量较2019年减少5398万份，在票据印刷费方面节约财政资金656万元，减少社会资源耗费，推动节能减排。

【风险补偿资金池设立】 2020年，深圳市财政局为助推区域经济发展，缓解中小微企业融资难、融资贵问题，整合全市风险补偿资金，首创“政府主导、精准补偿、风险分担”的企业贷款风险分担机制，对中小微企业不良贷款给予风险补偿，调动银行对中小微企业放贷的积极性。同时，风险补偿政策鼓励银行推广面向小微企业的特色产品，引导信贷资金精准滴灌中小市场主体，释放政策红利。

补偿政策成效 财政资金撬动作用明显。2020年拨付风险补偿资金1.42亿元，资金池入池贷款规模大幅增加。全年入池贷款4512亿元，较2019年底的1028亿元增加3484亿元，增幅超339%。扶持对象多、笔均贷款规模小。扶持对象多、笔均贷款规模小。政策惠及中小微企业、小微企业主和个体工商户12.64万户，笔均贷款仅171万元，体现出贷款企业小、散化特点，银行信贷业务进一步下沉。惠及多种经济业态。贷款主要投向制造业、租赁和商务服务业、信息传输、软件和信息技术服务业，服务深圳市实体经济，实现金融与实体经济的良性互动、共同发展。

风险补偿力度加大 降低政策门槛。“惠企16条”出台后，风险补偿资金池政策迅速“升级”，将个体工商户、小微企业主贷款纳入补偿范围，政策覆盖面得到提升，财政资金对中小微企业及个体工商户的金融纾困力度加大。加大输血力度。为响应国家“应延尽延”的政策安排，主管部门迅速修订实施细则，对2020年2月1日至2020年6月30日（现延期至2021年3月31日）期间新增中小微企业不良贷款提高30%补偿比例，最高可达80%，在特殊时期加大对中小微企业的“输血”力度。加强风险管理。为保障财政资金安全，预防贷款风险延缓释放，深圳市财政部门根据到期可能产生不良贷款的周期规律测算资金需求，进行风险测算；实行梯级补偿机制，把控加盟银行不良率，在保障财政资金安全的前提下发挥政策的扶持作用。强化绩效管理。提高资金使用效益。从制度设计、政策落实、操作系统、绩效管理四个方面对资金池工作的全流程进行绩效评价，全方位梳理政策存在问题，提出政策优化建议。结合工作实际，重点对政策设计和执行层面问题进行归因，提出针对性整改措施，加强对资金池参与各方的绩效考核，倒逼各部门落实绩效管理主体责任。强化事前审核、事中监控和事后分析，加强对资金池的管理，提升财政资金使用效益。

（深圳市财政局供稿）

珠海财政

【财政经济概况】 2020年，珠海市实现地区生产总值3481.94亿元，比2019年增长3.0%。其中第一产业增加值60.02亿元，比2019年增长1.6%；第二产业增加值1510.86亿元，增长1.8%；第三产业增加值1911.06亿元，增长4.1%。三次产业的比例为1.7：43.4：54.9。全年完成固定资产投资2230.41亿元，比2019年增长13.1%。完成外贸进出口额2730.57亿元，比2019年下降6.1%。实际利用外资金额25.56亿美元，比2019年增长5.7%。全年居民消费价格总水平比2019年上涨2.3%。

2020年，珠海市各级财政部门为推进“双统筹”、夺取“双胜利”和“二次创业”加快发展做好各项财政保障。全年来源于珠海的一般公共预算总收入首次突破千亿元，达1003.45亿元。地方级一般公共预算收入完成379.13亿元，比2019年增长10.1%，增幅居全省第一。

2020年12月17日、30日，珠海市委副书记、市长姚奕生（中）两次到珠海市财政局，就深入学习贯彻习近平总书记关于财税工作的重要论述，贯彻落实中央经济工作会议和省委、市委全会的部署要求，推动财税工作高质量发展进行专题调研　　（珠海市财政局供图）

一般公共预算支出677.62亿元，比2019年增长10%，增幅居全省第四。

【财政经济调控】　2020年，珠海市各级财政部门从政策、资金等方面多措并举服务珠海经济社会发展。

企业扶持力度加大　珠海市统筹28.68亿元支持“暖企十条”“复工复产十条”、稳增长“1+7”政策落地；推动全市行政事业单位落实物业租金减免政策落实到位，累计减免房屋租金4355万元，惠及2171个租户；营造营商便利环境，优化保证金管理制度，全市政府采购项目取消企业投标保证金，鼓励采购单位免收企业履约保证金，降低制度性交易成本。

科技创新提升支持　珠海市安排市级财政科技支出22.5亿元，比2019年增长27.7%。着力深化管理改革，推进科技领域市区财政事权和支出责任划分改革，支持粤港澳大湾区国际科技创新中心建设和科技创新走廊建设，助推经济高质量发展。

减税降费　珠海市累计新增减税降费108.68亿元，连续两年超过百亿元，通过“免减缓”等一系列措施，帮助中小微企业和个体工商户渡过难关；2020年为粤港澳大湾区个人所得税优惠政策实施的第一年，珠海市财政局发布贴合珠海实际的申报指南，并联合举办两期政策宣讲活动，确保政策落实。

债券发行使用　珠海市分三批次申报发行新增政府债券113.3亿元，债券资金重点投向主要交通基础设施、农林水利项目、生态环保项目、教育、卫生健康、养老、文化旅游及其他社会事业、市政和产业园区基础设施等项目。

【财政民生保障】　2020年，珠海市民生保障接续提升人民群众获得感。全市九项民生支出完成461亿元，比2019年增长5.7%。

疫情防控财政支持　全年投入16.69亿元用于疫情防控。安排“2020年度珠海市消费券资金”7479万元，用于激发大众消费活力，重点扶持受疫情影响严重的餐饮、零售、体育健身、文化旅游等行业。

稳就业保障　珠海市安排就业支出超19亿元，为稳就业提供财力保障，支持“促进就业十条”2.0版、“粤菜师傅”“广东技工”“南粤家政”等工程实施。

脱贫攻坚　珠海市提高社保财政补助、低保、特困供养人员生活补助等多项标准，兜底民生保障；支持农村基础设施建设，共投入8.23亿元用于支持打赢精准脱贫攻

2020年5月21日，珠海市财政局党组书记、局长戴伟辉（左二）带队前往对口帮扶点茂名市电白区马踏镇黄羌村开展精准扶贫、精准脱贫调研　　（珠海市财政局供图）

坚战，市级财政安排扶贫资金4.26亿元用于精准脱贫及支援对口帮扶地区、通过部门预算安排市级业务主管部门乡村振兴资金8.36亿元。

医疗保障　珠海市卫生健康支出44.89亿元，比2019年增长14.6%，新增公立医院床位1567张。安排医疗卫生项目建设资金约8.5亿元、市级养老服务机构建设资金1.3亿元，满足珠海群众对医疗、养老服务高质量、高增长的需求。

教育发展投入　珠海市教育支出110.47亿元，比2019年增长6.0%，支持实施学前教育“5080”攻坚行动，新增公办幼儿园37所、新增学位3.66万个，实施十二年免费教育，支持民办教育、学前教育、职业教育健康发展。

污染防治　前山河水环境综合治理资金共安排财政资金13亿元。并从加强水源地、地表水环境保护，推进近岸海域污染整治、工业污染源综合整治，以及农村环境污染综合治理等多个方面做好资金保障，助力打赢污染防治攻坚战。

【财政改革】　2020年，珠海市财政局贯彻落实省、市深化预算管理改革与全面实施绩效管理的改革精神，发挥财政监督服务预算管理的作用，加强对资金支出进度和资金使用绩效的监管。

预算管理改革　珠海市提高预算安排透明度，构建科室初审、绩效评审、交叉互审、现场联审、集中汇审的五级审核机制，完成市级预算资金使用审批权限调整，让财政资金安排更加透明。修订市级项目支出增减调整会议制度，建立科室定期协商机制，从申报预算单位是否合理配置资产、是否存在多头申请等角度把关发挥科室协同效应，规范市级预算单位项目支出增减调整行为。推进财政支出标准化建设，制定物业管理费、饭堂经费、预算准备金等项目支出标准，完善支出标准体系，严控财政干部在资金安排上的自由裁量权。着力打造智慧财政平台，打通信息孤岛，实现对财政资金管理“实时在线、全程留痕、全程监督”。

预算绩效管理改革　珠海市规范绩效管理事前评审、事中监控、事后评价全过程，将产出数量、质量、成本、时效、经济效益、社会效益、生态效益、服务对象满意度等指标作为绩效目标，明确将绩效目标设置作为预算安排的前置条件。对绩效目标实现程度和预算执行进度实行“双监控”并定期通报，对预算支出进度较低、存量资金规模较大且无正当理由的资金，分类采取收回、撤销、压减、调整等措施。

市直公益二类事业单位财政管理改革　制定《珠海市市直公益二类事业单位财政管理改革方案》，将27家事业单位纳入改革范围，实现公益二类事业单位财政供给“规范有序”、收入管理“放管结合”、支出管理“动态科学”、会计核算“自主严控”，激发公益二类事业单位干事创业积极性和主动性。

市区两级财政体制　珠海市解决全市财政运行过程中存在的实际问题，推进财政体制改革。印发《珠海市财政体制改革方案》，通过调整税收收入、土地出让收入分成比例，优化政府投资以及基本公共服务事权划分等方式，强化市级统筹能力，推进财力与事权相匹配，支持各区均衡发展。

【财政管理】　2020年，珠海市各级财政部门应对新冠肺炎疫情影响，加强财政收支管理，提高财政管理能力和水平。

疫情防控应急调拨保障　珠海市紧急出台《珠海市市级新型冠状病毒肺炎疫情防控应急资金保障办法》，调整、简化疫情防控资金使用审批权限和流程，实现资金保障“一日达”。珠海市财政局领导班子带头执行24小时带班值守制度，确保春节期间资金拨付“不断档”“不滞留”。

湾区发展资金统筹　珠海市财政部门发挥财政政策导向作用，给予横琴新区政策支持，推动横琴新区实现跨越式发展。2020年珠海市财政争取到中央财政2亿元、省级财政54.11亿元支持横琴新区建设。财政部门统筹资金，支持粤港澳大湾区建设，聚焦城市交通短板，助推交通发展实现历史性突破。“十

2020年8月24日，广东省财政厅副厅长姚露（左二）一行到珠海市开展中央直达资金和债券实施项目实地督查　（珠海市财政局供图）

三五”期间，全市财政投入政府投资项目资金超过900亿元，港珠澳大桥及口岸开通，珠海机场客流量突破千万人次，一批横跨东西、纵贯南北的市内通道建成通车，交通外联内畅发展进入新阶段。

直达资金支出管理 珠海市规范直达资金分配、下达、拨付流程，定期核对系统数据，确保台账及时、准确反映直达资金分配、拨付、使用情况，确保直达资金直接惠企利民，让企业和群众感受到“真金白银”。

资金审核拨付监管 《珠海市市级财政预算资金使用审批暂行办法》修订，多方面着手，对项目资金设立、审批、调剂及追加流程进行修订，规范市直单位年中追加、调剂预算，规范用权，从体制机制和审批源头上加强对预算资金使用的审核监管。完成财政国库支付中心改革，单位报账实现线上线下同步“联动”，疏通“不会报”“报不了”“排队等”的服务“堵点”，全年办理资金支付金额818.99亿元，比2019年增长33%。推进投资审核模式改革，实现报审资料“线上预审”，项目“线下审核”，全年审核工程预算、结算竣工财务决算项目金额206.5亿元，比2019年增长23.78%。

基层监督 珠海市对各区开展财政可持续发展督导检查工作，促进财政可持续发展；组织各区各部门自查自纠，强化预决算公开督导督查；联合市注册会计师协会、市评估协会，开展行业专项整治工作，促进行业规范。

（珠海市财政局供稿，孙梓博执笔）

汕头财政

【财政经济概况】 2020年，汕头实现地区生产总值2730.58亿元，比2019年增长2.0%。其中，第一产业增加值123.03亿元，和2019年持平；第二产业增加值1303.56亿元，增长2.5%；第三产业增加值1303.99亿元，增长1.7%。三次产业结构为4.5：47.7：47.8。全市规模以上工业增加值比2019年增长1.8%，固定资产投资下降6.4%，社会消费品零售总额下降9.3%，工业用电量下降0.7%，降幅均比上半年明显收窄；进出口总额增长13.5%，金融存贷款余额分别增长7.0%和2.4%，均保持向好增长态势。

2020年，全市财政运行总体平稳。全市一般公共预算收入143.47亿元，完成预算调整的100.77%，比2019年增长3.77%。加上税收返还收入18.05亿元、上级补助收入195.19亿元、债务转贷收入25.45亿元、国债转贷资金上年结余0.07亿元、动用预算稳定调节基金9.41亿元、调入资金70.01亿元（其中：政府性基金调入一般公共预算资金65.90亿元、其他调入资金4.11亿元）、上年结余19.51亿元，收入总计481.16亿元。全市一般公共预算支出427.26亿元，完成预算调整的109.12%，比2019年增长10.54%，增加40.73亿元。加上上解上级支出18.28亿元、地方政府债务还本支出8.95亿元、国债转贷资金结余0.07亿元、安排预算稳定调节基金5.31亿元、调出资金2.62亿元、结转下年支出18.68亿元，支出总计481.16亿元。

2020年，汕头市本级一般公共预算收入59.62亿元，完成预算调整的100.39%，比2019年增长7.38%（采用可比口径，下同）。其中：税收收入38.36亿元，完成预算调整的102.04%，比2019年增长3.10%，增收1.15亿元；非税收入21.26亿元，完成预算调整的97.55%，比2019年增长16.06%，增收2.94亿元。加上税收返还收入17.77亿元、上级补助收入184.15亿元、债务转贷收入24.63亿元、调入资金45.46亿元（其中：政府性基金调入一般公共预算44.40亿元、其他调入资金1.06亿元）、动用预算稳定调节基金4.43亿元、下级上解收入14.68亿元、上年结余5.5亿元，收入总计356.30亿元。2020年市本级一般公共预算支出122.06亿元，完成预算调整的108.53%，比2019年增长13.78%，增加14.79亿元。加上补助下级支出183.97亿元（其中：市补助区县支出31.20亿元，上级补助经市本级转拨区县152.77亿元）、

2020年1月15日，汕头市召开全市财政工作会议（汕头市财政局供图）

上解上级支出18.12亿元（其中：各区县经市上解省14.86亿元、省直管县财政试点市对省上解3.26亿元）、债务转贷支出13.82亿元、地方政府债务还本支出5.16亿元、安排预算稳定调节基金0.91亿元、调出资金1.35亿元、结转下年支出10.87亿元，支出总计356.30亿元。收回未能按进度支出资金13.2亿元，用于补充预算稳定调节基金及统筹用于急需支出的项目。

【财政经济调控】 2020年，汕头财政做好新冠肺炎疫情防控经费保障，加大产业扶持资金投入，防范化解债务风险。

新冠肺炎疫情防控经费保障 汕头市开通财政资金支付和政府采购绿色通道，全年全市各级财政累计投入疫情防控资金近6亿元，主要用于各定点医院疫情防控物资购置、居住（宾馆）留观服务点疫情防控、统筹医疗物资保障等。

产业扶持资金投入加大 汕头市新增减税降费44.61亿元，落实34.4亿元全力支持企业复工复产，通过社保基金缓缴免缴、发放援企稳岗补贴、提供规上工业企业用电补贴等措施，惠及企业超过14万家，缓解疫情影响给企业带来的经营和资金压力，助力企业渡过难关、恢复生产经营、提振发展信心。

债务风险防范化解 汕头市坚持堵疏并举，执行地方政府债务限额管理和预算管理制度，健全常态化监测机制，截至2020年底，汕头市政府债务余额417.1亿元，全市债务水平总体安全、风险可控、底数清晰，未被列入风险预警或提示地区。

【财政保障民生】 2020年，汕头市一般公共预算投入十类民生支出完成325.46亿元，占一般公共预算支出的76.2%，比全省占比高7.5个百分点，全省排第九位。优先落实民生实事资金，安排市十件民生实事资金36.6亿元，全年落实拨付44.7亿元，拨付进度122.1%。

教育事业优先发展 汕头市落实2020年学前教育资金1.06亿元、义务教育生均公用经费补助9.8亿元、山区和农村边远地区教师生活补助2.2亿元等落实教育优先发展战略，促进全市教育创强争高地。

区域医疗支持 汕头市安排落实超过10亿元对医院和卫生医疗机构建设、设备、学科建设等各方面给予重点支持，打造区域医疗中心，辐射粤东地区创建区域医疗高地，更好地满足粤东群众享受高水平医疗服务。

就业保障 汕头市支持人才引进，安排人才发展专项资金1.8亿元，保障重大人才计划和项目实施，优化人才发展环境，推动“粤菜师傅”“广东技工”“南粤家政”工程实施，帮助专职院校毕业生等重点人群就业。

底线民生保障 汕头市财政统筹安排补助资金超过1.6亿元，提高困难残疾人两项补贴和基础养老金补助标准，低保、特困、孤儿等困难群体基本生活保障水平提升。

乡村振兴战略财政支持 汕头市下达各区县涉农统筹资金16.48亿元，支持全域人居环境整治、构建现代农业产业体系、中小河流治理、水利基础设施建设等项目。

脱贫攻坚战 汕头市加大资金统筹力度，2016—2020年全市各级共落实扶贫资金24.4亿元，用于促进开发帮扶对象增收、基本医疗保障和教育补助。对无劳动能力低保人员实行政策性保障兜底。

防治污染攻坚战 汕头市本级2018—2020年累计投入污染防治资金80.79亿元，重点打好蓝天、碧水、净土保卫战。推进练江污染整治，标本兼治推进梅溪河整治，全面完成城市建成区黑臭水体治理，推进农村雨污分流建设，开展河湖“五清”专项行动。

创新城市管理体制机制 汕头市落实农村保洁员工资待遇保障补助资金1.02亿元、“厕所革命”新建改造公厕奖补资金4000万元、环卫保洁网格化资金7757万元，提升城市形象。

【财政改革】 2020年，汕头市下沉财力推进放权强区，调动区县发展积极性；推进镇域财政管理体制改革，提升镇街财政自主权。

放权强区 汕头市坚持对下支持力度只增不减，全年补助各区县转移支付资金63.8亿元，有效对冲困难地区减收压力。实施《汕头市财政管理体制调整方案》，下沉至中心城区财力3.2亿元；取消执行对非中心城区重大项目收入分享机制，下沉至区县财力0.9亿元；新增补助区县均衡性、自然保护等财力转移支付资金近3亿元；实施《汕头市土地管理和收益分配体制改革方案》，对全市范围内土地资源实行市一级统一管理，主动向区级财政倾斜，增加中心城区国土基金收入。

镇域财政管理体制改革 汕头市印发《汕头市财政局关于进一步完善镇街财政管理体制实施意见》，指导各区县推进镇街财政管理体制改革，适当增加镇街财力，提升镇街财政自主权，规范基层财政管理制度。加大政府债券对镇街项目的倾斜力度，设立镇域经济发展奖补资金，对产业发展强镇、城乡融合发展镇、农业重镇三类镇（街道）年度考核综合排名居前的给予奖励。

【财政管理】 2020年，汕头市推进“数字财政”系统建设，“数字财政”系统建设在全省率先取得突破；加强预算绩效管理，做到“花钱必问效，无效必问责”。

“数字财政”系统建设 汕头市坚持先行先试，龙湖区被省确定为全省唯一“数字财政”执行域和核算域试点区，汕头市被确定为预算域试点市。2020年“数字财政”顺利试点上线，“数字财政”建设工作取得阶段性进展。

预算绩效管理 汕头市修订《汕头市财政管理工作绩效评价激励办法》，将预算绩效管理工作情况纳入《激励办法》考评内容，对12个项目开展财政重点评价工作，总金额13.5亿元。推动构建全方位、全过程、全覆盖的预算绩效管理体系，做到花钱必问效，无效必问责。

【“过紧日子”出实招】 2020年，汕头市财政局从“控”新增、“严”执行、“压”存量、“强”绩效四方面着手，压减一般性支出，优化财政支出结构，保障疫情防控和“六稳”、“六保”支出及重点项目资金支出需求。出台11项硬措施，全年节约财政资金15.5亿元；实施存量资金定期清理盘活收回机制，按季度开展财政存量资金清理收回工作，收回存量资金6.4亿元。

预算执行约束硬化 汕头市财政局强调要立足可支配财力空间，制订随意增调资金的制约措施，集中精力提高现有支出政策和财政资金的精准性和有效性。控制新增支出。坚持“先谋事，再要钱”，原则上年内不再安排新的增支；停建楼堂馆所，统筹办公用房调配使用；加强政府投资项目评审，提高财政资金使用效益。控制部门预算调剂。自每年11月起，原则上不再办理新增项目支出业务；当年度安排的项目新增支出、项目调剂支出若未全部支出，剩余资金于年底前统一收回；当年度项目新增支出、调剂支出超过预算单位年度项目预算资金50%以上的，相应核减下一年度该单位公用经费的20%。

一般性工作做实压减 除重点支出、刚性支出等明确不得压减的项目支出外一律按照15%压减收回；“十四五”规划编制中委托第三方机构代编经费全部压减收回；截至每年8月中旬尚未开工的修缮工程项目全部按照预算规模的50%压减收回；截至8月底项目进度为零的市级资金，按项目金额的50%压减收回。公用经费按5%的比例压减收回；预算安排的因公出国（境）、会议、培训、公务接待费按截至8月中旬未支出余额的50%压减收回。

财政资金清理力度加大 10月底之前无正当理由、尚未分配下达的部门主管资金一律清理收回。市级结转结余资金、项目已完成或终止形成的剩余财政资金以及预计年内无需使用或无法支出的资金一律清理收回。压缩结转使用年限，市级项目资金最多结转安排1年，基本支出年底前未支出资金视作结余资金收回。结转超过1年尚未分配的市级转移支付资金清理收回。

资金追踪问效 部门预算根据项目年度重点绩效评价结果，确定市级项目下一年度预算安排扣减比例，筑牢资金使用“紧箍咒”，确保将有限的资金用在刀刃上。

（汕头市财政局供稿，谢晓航执笔）

佛山财政

【财政经济概况】 2020年，佛山市地区生产总值10816.47亿元，比2019年增长1.6%。其中，第一产业增加值164.12亿元，比2019年下降0.6%；第二产业增加值6095.3亿元，增长1.3%；第三产业增加值4557.05亿元，增长2%。实现规模以上工业增加值4924.88亿元，比2019年增长2.2%。实现社会消费品零售总额3289.09亿元，比2019年下降10.8%。居民消费价格比2019年上涨2.7%。固定资产投资比2019年增长0.8%。全市外贸进出口总额5060.3亿元，比2019年增长4.8%，其中出口4131.2亿元，增长10.8%，进口929.1亿元，下降15.6%。

2020年，全市地方一般公共预算收入完成753.29亿元，比2019年增长2.98%，为年初各级人大通过预算的102.44%。全市地方一般公共预算收入，加上税收返还款80.49亿元、专项补助及其他收入57.02亿元、地方政府一般债券转贷收入81.01亿元、新开发银行抗击新冠肺炎疫情贷款转贷收入2.96亿元、上年结转34.81亿元、调入预算稳定调节金31.79亿元、调入资金165.91亿元后，全市收入合计1207.28亿元。其中，2020年市级地方一般公共预算收入完成169.53亿元（含各区上解市的税收地方收入），加上其他收入后，市级收入合计289.19亿元。

全市地方一般公共预算支出完成1002.86亿元，比2019年增长6.51%，为年初各级人大通过预算的100.29%。同时，上解省支出58.73亿元，地方政府债券还本支出81.31亿元，安排预算稳定调节金30.68亿元，结转下年支出项目

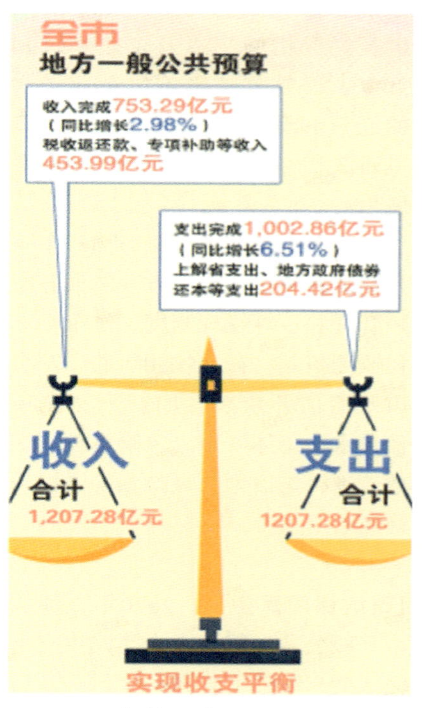

2020年佛山市地方一般公共预算收支情况　（佛山市财政局供图）

33.70亿元，全市支出合计1207.28亿元。其中，2020年市级地方一般公共预算支出完成203.19亿元，加上其他支出后，市级支出合计289.19亿元。全市和市级均实现收支平衡。

【财政经济调控】 2020年，佛山市发挥财政职能作用，支持构建新发展格局，助力高质量发展。

疫情防控重点保障企业资金支持 佛山市对列入名单制管理的疫情防控重点保障企业，鼓励金融机构提供优惠利率信贷支持，并按照人民银行专项再贷款利率的50%给予财政贴息，全年共向62家疫情防控重点保障企业发放贷款贴息2116.69万元。

融入“双区”建设财政支持 佛山市坚持创新引领发展，全市科技支出101.56亿元，比2019年增长3.47%，支持三龙湾高端创新聚集区、佛山高新区、珠三角国家自主创新示范区建设，重点保障季华实验室、清华大学佛山先进制造研究所等一批科技创新平台建设。支持现代交通网络加快完善，全市重点交通基础设施建设方面投入资金109.56亿元。推进实施乡村振兴战略，佛山市农业农村方面支出31.18亿元，保障实施美丽乡村“五大行动”；成立佛山市农业保险工作小组，推动农业保险高质量发展。

企业减负政策落实 佛山市落实税收优惠、减免企业社保费等各项减税降费政策措施，全年全市新增减税降费超238亿元；佛山市融资担保基金降低担保费率50%，促成合作银行累计向4186家中小微企业发放贷款超50亿元，为企业减免担保费用860万元；对承租市级行政事业单位物业的中小微企业免收3个月租金。

开放合作展新局 佛山市牵头实施粤港澳大湾区个人所得税优惠政策，将2019年度财政补贴发放完毕。全市落实财政资金1.68亿元，支持外贸外资高质量发展，鼓励佛山企业参与“一带一路”建设。

【财政民生保障】 2020年，佛山市坚持人民至上，把保障和改善民生工作抓紧抓实，突出重点，坚决兜牢基本民生底线。

困难群众基本生活保障 佛山市完善全市低收入群众临时价格补贴与物价上涨联动机制，提高全市低保对象基本生活水平、孤儿基本生活最低养育标准、困难残疾人生活补贴等多项指标。

教育事业发展支持 佛山市教育支出172.52亿元，比2019年增长8.02%，支持扩大普惠性学前教育学位资源供给，提升义务教育阶段学校基础设施，落实公办普通高中生均公用经费制度，促进职业教育发展，支持佛山科学技术学院建设高水平理工科大学。

公共卫生体系完善支持 佛山市卫生健康支出105.69亿元，比2019年增长4.17%，支持佛山市妇女儿童医院、佛山市第二人民医院新院区等公立医院重点项目建设，保障实施高水平医院建设“登峰计划”，促进提升基本公共卫生服务质量。

脱贫攻坚目标任务如期完成 佛山市筹集对外扶贫援建方面资金20.28亿元，保障完成东西部扶贫协作凉山州及省内对口帮扶湛江、云浮任务，持续对口支援西藏墨脱、新疆伽师、四川甘孜州等地，并加强与黑龙江双鸭山市对口合作。

绿色发展和城乡协调发展 佛山市节能环保支出19.58亿元，重点支持打好蓝天、碧水、净土三大战役，实现生态环境质量持续改善，城市绿化水平不断提升，生态文明建设迈出新步伐。推进实施乡村振兴战略，佛山市级全年投入乡村振兴方面资金5.4亿元，支持高明革命老区乡村振兴、三水区乡村振兴战略综合改革试点及全市乡村振兴示范村建设。

【财政改革】 2020年，佛山市围绕加快建立现代财税体制，狠抓重点领域改革，提升财政资金配置效率和使用效益。

政府补助（扶持）资金直达改革 佛山市出台《佛山市政府补助

2020年10月12日，佛山市财政局党组书记、局长江启强（左）带队参加第三届数字中国峰会及成果展 （佛山市财政局供图，李向楠摄）

(扶持)资金直达企业个人改革行动计划》，按照“事项分两类、改革全覆盖”的总体思路，依托扶持通平台，在全市分批推广资金“秒到”企业个人的“秒报秒批秒付”和承诺兑现时限的政策标准化措施体系，推动惠企利民政策红利秒速直达、限时直达。改革首批推出8个“秒报秒批秒付”事项和19个标准化事项，涉及财政资金约16亿元。

“数字财政”建设　佛山市成立各级“数字财政”建设工作专班，组建超150人的“数字财政”实施团队，制定全市实施工作方案，实行倒排工期、挂图作战，凝聚全市“一盘棋”合力，推进“数字财政”建设。

预算编制执行监督管理改革　佛山市在全面落实财政简政放权各项举措的基础上，制订出台《市级财政专项资金管理办法（试行）》《市级财政项目支出定额标准管理暂行办法》等文件，持续完善市级预算编制监督执行管理改革配套制度。截至2020年底，佛山市级层面累计推出20份改革政策文件，广东省、佛山市部署的各项改革任务基本完成。

【财政管理】　2020年，佛山市增强风险防范意识，在重点领域持续加大监管力度，确保财政安全运行。

债务风险防控　佛山市落实政府债务限额管理，管好用好债券资金。全市获得省下达各类债券252.08亿元，其中新增专项债146.3亿元，比2019年增长16.33%，均按要求使用完毕。推进存量隐性债务化解，超额完成隐性债务年度化解计划。

全面预算绩效管理　佛山市建成并启用市级财政预算绩效指标库，落实预算项目绩效目标和事前绩效评估全覆盖，常态化开展事中预算执行“双监控”，试点开展部门整体绩效等绩效评价，市级基本建成全方位、全过程、全覆盖的预算绩效管理体系。

国有金融资本管理　佛山完成对市金融投资控股有限公司管理权的划转承接，并按照“财政出资—金控公司—金融企业”的管理思路，以市场化、法治化方式履行市级国有金融资本出资人职责，指导市金融投资控股有限公司完善内部管理、提升经营能力，推进收购新晟期货有关工作，推动国有金融资本做大做强。

财政资金统筹　佛山市完善市级统筹项目资金管理，通过实行季度用款计划、优化资金筹集方式、直接将资金划拨到项目实施单位等措施，提升项目资金使用效益。推进涉农资金统筹整合，启动市级涉农资金统筹整合改革，以“大专项+任务清单”的方式下达资金，推动财政支农政策加快落地。

【全国首创“三秒三零”极速兑现新模式】　2020年，佛山市聚焦政府大数据应用，兑现惠企利民政策“最后一公里”，持续优化营商环境，依托佛山扶持通平台，相继在全国首创企业用电用气补贴“秒报”和汽车消费补贴“秒报秒批秒付”新模式。通过打通整合跨部门、跨系统数据资源，推进审批系统与支付系统无缝对接，实现申报智能化、审批自动化、兑付实时化，全程零材料、零跑腿、零接触，从申报到兑现全程只需几秒钟，让政策红利直达企业群众。“三秒三零”极速兑现新模式先后获《南方都市报》组织评选的“2020年度广东营商环境改革创新奖”优胜奖、2020年度佛山口碑榜最佳口碑服务案例、互联网+服务最佳口碑单位以及全国政务博览会优秀政务宣传片奖等奖项。2020年7月，扶持通平台上线汽车消费补贴业务，截至12月底全市超15万人成功领取补贴，补贴发放金额3.4亿元，高峰时每天秒付超1.1万笔。

【佛山市融资担保基金助力企业融资突破50亿元】　2020年2月，佛山市融资担保基金首笔业务落地。佛山市融资担保基金发挥增信、分险、降费作用，加速引导市场金融“活水”浇灌本地中小微企业，帮助企业缓解融资难、融资贵、融资慢等问题。

聚焦解决“融资难”，双向发

2020年12月30日，佛山市财政局获《南方都市报》组织评选的广东营商环境改革创新奖

（佛山市财政局供图，李向楠摄）

力撬动金融资源。一方面，成功构建起“政、银、担”横向合作体系。基金陆续与5家融资担保机构及23家商业银行签署战略合作协议，相继推出“政银担”“政银”两种业务模式，截至2020年底，业务规模突破50亿元，有效发挥政策性基金“四两拨千斤”的引导杠杆作用。另一方面，积极探索多层联动的纵向合作体系。基金在省内率先探索政府融资担保国家、省、市三级合作模式，与广东省再担保公司签署战略合作协议，并进一步研究参股区级政策性融资担保机构的有效路径，不断拓展基金合作空间。

聚焦解决“融资贵”，多措并举降低企业负担。为帮助中小微企业在疫情期间低成本融资，佛山市融资担保基金携手合作担保机构、商业银行齐让利，多措并举降低企业融资负担。基金项下再担保费实行“先收后返”，并且再担保费按减半收取，100万元及以下符合条件的贷款担保项目免收再担保费；以政策性补助的方式支持担保机构降低担保费50%，担保费率低至年化1%；鼓励商业银行降低贷款利率，最低至LPR。截至2020年底，基金累计为企业减免担保费用860.2万元。低成本融资服务获得企业的普遍认可和好评。

聚焦解决“融资慢”，精准施策促进业务提速。强化正向激励，加强与人行等部门合作，推动将“政银”模式下本地法人银行新发放信用贷款纳入人民银行购买普惠小微信用贷款支持政策范围，传递正向激励信号，激发金融机构开展业务积极性。推动精准对接，以构建完善企业信用信息为导向，建立扶持对象“白名单”制度，由市工信、科技、商务、市监等部门推荐白名单企业，引导金融机构与企业精准对接；截至2020年底，基金白名单企业已有5493家。提高办理效率，基金与合作机构通力合作，急企业之所急，开启业务办理“绿色通道”，提高评审、授信、放款各环节效率，企业提交申请后，最快可实现当天放款。

（佛山市财政局供稿）

韶关财政

【经济财政概况】 2020年，韶关实现地区生产总值1353.49亿元，比2019年增长3.0%。其中，第一产业增加值198.36亿元，比2019年增长4.5%；第二产业增加值464.80亿元，增长4.5%；第三产业增加值690.33亿元，增长1.8%。三次产业结构比重由2019年的13.4：34.1：52.5调整为14.7：34.3：51.0。全年农林牧渔业总产值335.8亿元，比2019年增长5%。全年全部工业增加值372.7亿元，比2019年增长3.6%。全市居民人均可支配收入27546元，比2019年增长6.7%。全年固定资产投资比2019年增长2.8%。货物进出口总额183.5亿元，比2019年增长0.7%。全年社会消费品零售总额445.3亿元，比2019年下降6.8%。全年居民消费价格比2019年上涨2.2%，其中，消费品价格上涨4.1%，服务价格下降1.4%。

2020年，来源于韶关市财政总收入313.73亿元。其中全市上划中央收入完成91.71亿元，比2019年下降5.41%、省市共享“四税”收入分别为28.55亿元，下降9.44%。全市一般公共预算收入完成105.12亿元，比2019年增长4.03%。一般公共预算收入加上上级补助收入、债券转贷收入、上年结余收入和调入资金等443.39亿元，全市财政总收入完成447.97亿元。全市政府性基金预算总收入完成177.30亿元，其中全市政府性基金预算收入完成78.64亿元，比2019年增长30.18%。2020年，全市国有资本经营预算收入完成4.09亿元，比2019年增长54.34%。全市一般公共预算支出完成370.14亿元，下降1.97%。一般公共预算支出加上上解上级支出、债券还本支出、安排预算稳定调节基金等421.15亿元，全市财政总支出完成447.97亿元。全市财政总收支相抵，年终结余26.82亿元。2020年，全市政府性基金预算支出完成148.31亿元，比2019年增长126.84%。2020年，全市国有资本经营预算支出完成1.83亿元，比2019年下降11.59%。

【财政经济调控】 2020年，韶关市打好防范化解重大风险攻坚战，全市各级财政部门继续以防范风险为主，遏制隐性债务增量，化解存量，规范隐性债务变动流程，共化解隐性债务26.01亿元，超额完成年度化解任务，法定债务和隐性债务风险等级被评定为最优的绿色等级；深入开展市县财政挂账清理工作，全市存量挂账稳妥有序消化，翁源县、乳源县在2020年挂账管理工作取得成效。盘活存量资金、资产和资源，建立中省资金、市级资金、单位账户资金统筹管理机制，市本级共盘活存量资金15.8亿元，支持重点项目建设和暂付款消化；组织开展国有资产资源和资产收益清查，采取拍卖、出租、调整用途、划转等方式盘活存量闲置或低效运转国有资产，通过办公场所置换搬迁，优化整合盘活现有公共资产。减轻企业负担，统筹复工复产各项政策资金5.41亿元助力疫情防控、公共卫生体系、企业复工复产和重大项目建设；落实“实体经济十条”“民营经济十条”等惠企减税政策，共为企业减负30.63亿元，完成年度计划目标30亿元的102.1%。支持生态文明建设，全市统筹安排农林水资金53.41亿元、节能环保资金16.10亿元，重点支持创建国家森林城市、生态公益林效益补偿、造林抚育、森林植被恢复、垃圾与固体废物处置、城镇污

2020年1月16日，韶关市召开全市财政工作会议　（陈一鸣　摄）

水处理设施建设、大气污染防治、土壤重金属污染治理、重点生态修复保护、生态环境能力建设等方面，筑牢粤北生态屏障，推动生态文明建设。着力支持创新驱动发展战略实施，全市科技投入6.64亿元，支持鼓励创新创业工作，为科技发展提供资金保障；向上级争取转移支付资金共计4494万元。

【财政民生保障】　2020年，韶关市落实民生类支出317.18亿元，落实省十件民生实事资金6.09亿元，完成年初预算的106.7%，落实市十件民生实事资金3.9亿元，基本公共服务均等化水平持续提高。支持健康韶关建设，卫生健康支出40.62亿元，比2019年增长5.07%。其中市财政安排资金5.52亿元支持公立医院建设，重点支持市妇幼保健院、广东韶州人民医院、市中医院更新改建等项目建设。支持推进教育强省建设，教育支出60.16亿元，比2019年增长5.96%，确保一般公共预算教育支出逐年只增不减。安排1.82亿元用于支持广东韶关健康职业学院、新建韶州中学、广东北江中学改扩建、市第一中学改扩建等市重点建设项目。安排资金4448万元落实向原民办教师和原代课教师发放生活困难补助政策。加强底线民生保障，统筹安排补助资金9.53亿元，提高困难残疾人两项补贴和全市基础养老金最低标准，低保、特困人员、孤儿等困难群众基本生活保障水平稳步提升；疫情期间安排困难群众救助资金1.67亿元。加快建设文化强市，筹措资金2.9亿元用于韶州体育公园、张九龄纪念公园以及华南教育历史研学基地建设等重点文化旅游项目建设。强化疫情防控资金保障，安排疫情防控经费5.41亿元，保障全市疫情防控工作开展。构建完善医疗卫生体系，市本级安排新增债资金5.7亿元用于医院建设；疫情防控资金4016.67万元；基本公共卫生资金2742.48万元；市级财政落实城乡居民基本医疗保险配套资金3666.1万元。打好精准脱贫攻坚战，“十三五”时期累计落实省、市、县对口帮扶扶贫资金32亿元，重点统筹产业扶贫、就业扶贫、保障性扶贫、消费扶贫，支持实施增收脱贫工程、兜底保障工程、扶贫扶志行动等。2020年全市预留采购贫困地区农副产品份额443.35万元，全市完成交易额535.98万元，完成120.89%。

【财政改革】　2020年，韶关市推进预算编制执行监督管理改革，将改革向县（市、区）和部门延伸，出台《实施更大规模减税降费后调整市以下增值税收入划分改革方案》《韶关市市本级预算执行监督管理办法》，拟订《韶关市市本级财政预算安排“三挂钩”试行办法》《韶关市上级财政专项资金分配管理办法》等制度文件，实现全链条资金管理；各县（市、区）聚焦制度建设，提升预算管理规范性，如乳源县印发《乳源瑶族自治县县级财政预算安排“四挂钩”试行办法》《关于规范县级财政预算调剂管理及办理程序的通知》，翁源县印发《翁源县财政资金支出管理暂行办法》等。推进预算绩效管理，修订印发《韶关市财政管理工作绩效评价激励办法》《韶关市县级财政预算绩效管理工作考核实施细则（试行）》，举办全市财政业务培训班，指导各县（市、区）找差距、补短板，加强对县（市、区）预算绩效管理工作的督导考核；完善绩效指标体系，建立涵盖各部门、各行业、各领域的超过1.5万条的绩效指标库，解决预算与绩效“两张皮”的问题，实现预算编制与绩效管理深度融合。做好财政资金绩效评价，将重点评价范围扩展至专项债、竞争性资金。推进土地储备预算改革，围绕“摸家底”及“建系统”两个基础性工作方面组织开展，完成市区1∶1000机载激光雷达航空摄影测量、新区70.2平方公里土地信息梳理和土地储备预算管理一体化系统招标。推进财政“放管服”改革，推广“大专项+任务清单”管理模式，推动预算执行主体责任归位预算单位，重构权责清晰、设置合理、操作顺畅的预算执行流程。涉农资金统筹整合改革，实现从省直部门主导向市县政府和省直部门共同主导转变；从省里先安排钱，市县再谋划事向市县先谋划事，省里再安排钱转变；从执行环节整合向编制环节转变，精简项目建设流程；加大省级涉农资金的市县统筹力度，加强财政支农政策的培训工作，提升财政支农政策效果和涉农资金使用效果。推进“数字财政”改革，2020年韶关市被列为省“数字财政”建设试点市，通过市县两级上下联动，保证“数字财政”预算域、执行域上线，提高财政管理信息化水平，并争取到“数字财政”建设补助资金3800万元，为全省补助最高；曲江区被省财政厅纳入“三保”执行重点关注地区及“三保”资金专户试点地区。推进财政电子票据管理改革，申领财政电子票据343万份，核销票据155.1万份，核销金额130383.5万元，市本级电子票据使用单位228个；推行医疗电子票据，扩大财政电子票据的种类，打造指尖上的便民服务，依托政府非税收入征收管理系统，实现财政电子票据开具、管理、传输、查询、存储、报销入账、稽查和社会化应用等全流程无纸化电子控制。

【财政管理】 2020年，韶关市强化预算收支情况，从抓税收收入、盘活政府沉淀资金和资产、加快资源转化利用、其他专项收入5个方面梳理出24项抓收入重点项目，确保财政平稳运行；各县（市、区）通过向上争取资金，全面梳理盘活闲置资产、低效资源，推进土地出让、拆旧复垦等措施对冲经济下行压力；执行预算工作制度，年初制定支出计划，建立支出台账，各级财政多措并举抓支出进度。全面推进依法行政依法理财，全年受理行政复议案件3件，均为政府采购类案件；承办省、市建议、提案共33件，其中承办省、市人大议案10件，省、市政协提案19件，来信案件4件；通过主动谋划、主动工作、主动沟通、主动宣传，33件交办件于9月中旬办复，实现百分百沟通和百分百满意率，完成2020年建议提案的办理任务。加强财政监督检查，加强对预决算公开、“三公”经费、“小金库”、疫情防控资金、2020年“双监控”线下核查等一系列专项检查核查，保障财政政策落实。强化新增债券资金、抗疫特别国债和中央直达资金的管理使用，争取新增债券资金91.9亿元，其中专项债券76.9亿元，一般债券15亿元（含特殊转移支付一般债1亿元），比2019年增长85.28%；争取省抗疫特别国债和特殊转移支付资金共24.22亿元，其中抗疫特别国债额度16.25亿元，特殊转移支付资金额度7.97亿元；收到中央直达资金34.11亿元，支出32.17亿元，支出进度94.3%，其中特别转移支付资金支出进度100%。加强土地储备运营管理，协助武江大道南、韶州体育公园、张九龄纪念公园、丹霞大道北等“10+1”项目及党建促市政府重点项目的资金保障和征拆交地工作，全年完成土地收储90.2公顷，确保项目如期建设。严控项目建设成本，全年受理送审项目235个，送审金额64.50亿元。其中，审核定案项目207个，审定项目送审金额40.76亿元，审定金额38.27亿元，净核减金额2.50亿元，核减率6.12%，从源头上严控投资成本，减轻财政资金压力。完善市对区的财政管理体制，调整完善市与区财政管理体制，推动市、区财政事权和支出责任相适应，激发调动区级积极性；理顺市与区财政分配关系，拟订《关于调整完善市与区财政管理体制的工作方案》，赋予区级更多行政职权，推进部分市属固定收入企业属地化管理，落实资金分配向区倾斜，增加区级收入，建立收入合理共享、事权合理分担、共同促进发展的财政体制；建立市辖区财政运行工作联席会议制度，加强市与区的信息共享和会商研判，解决市辖区财政运行中的突出问题，推动区级财政稳定健康发展；理清韶关新区债务支出责任，制定《韶关新区等债务支出责任划转工作方案》，明晰市本级与韶关新区、韶关新区与其他市辖区的债务权属，建立事权与财权相匹配、权责利相统一的管理体系。健全国有资产管理制度，制定《韶关市市直行政事业单位非经营国有资产管理暂行办法》，加强和规范行政事业单位国有资产管理，优化资

2020年8月31日，广东省财政厅副厅长杨朝峰到韶关市对“数字财政”建设进展情况开展调研 （林楠彬 摄）

产配置，提高资产使用效益，规范资产处置，确保国有资产保值增值。制定《韶关市市属国有企业大额财政性资金管理暂行办法》，规范市属国有企业大额财政性资金的使用和管理，降低资金使用风险，提高资金使用效益，促进市属国有企业持续有序健康发展。做好财政决算编审，2019年韶关市财政局财政总决算获全省一等奖，部门决算获全省优秀名次，预算执行分析获全省二等奖。

（韶关市财政局供稿，潘国君、李敏执笔）

2020年3月20日，河源市财政工作会议召开　（邝国立　摄）

河源财政

【财政经济概况】　2020年，河源市实现地区生产总值1102.74亿元，比2019年增长1.3%，增速比2019年回落4.2个百分点。其中，第一产业增加值136.91亿元，比2019年增长5.9%；第二产业增加值374.67亿元，增长1.9%；第三产业增加值591.16亿元，下降0.1%。全市固定资产投资比2019年增长5.1%。全年进出口总额293.3亿元，比2019年下降3.2%。全市实际利用外商直接投资6.46亿美元，比2019年增长8.5%。全市实现社会消费品零售总额360.74亿元，比2019年下降6.7%。全年居民消费价格指数（CPI）累计上涨2.6%。全市一般公共预算收入完成79.80亿元，比2019年增长3.0%，增长率在全省排名第10位。全市一般公共预算支出完成368.68亿元，其中民生支出完成286.6亿元，占一般公共预算支出77.7%。

【财政支持疫情防控】　2020年，面对突如其来的新冠肺炎疫情，河源市财政部门上下闻令而动，采取“六全”措施，即全力加强组织领导保障、全程参与联防联控工作、全额保障防控经费资金、全速开通绿色保障通道、全面强化内部排查防控、全员备勤备战阻击疫情，全面加强疫情阻击战的经费和物资保障，为全市抗疫工作提供财政支撑。全市筹集安排疫情防控资金4.9亿元，其中疫情防控类直达资金1.6亿元；全年社保口直达资金3.4亿元，涉及退役安置、公共卫生、居民养老保险、居民医疗保险、医疗救助困难群众补助、新冠疫情防控补助共6大类。

【财政经济调控】　2020年，河源市推动全市经济企稳回升，推动三大攻坚战取得决定性成就。

推动经济企稳回升　河源市争取新增地方政府债券、特殊转移支付和抗疫特别国债等上级资金91.7亿元，支持全市重点项目建设，补足发展短板，拉动有效投资。探索基础设施领域PPP、REITs、ABO+、EOD等投融资模式，全年市直综合运用创新投资、市场化运作模式谋划各领域重大项目投资总额超40亿元，助推一批重大项目落地。全市筹集2.2亿元资金用于支持中小微企业和个体工商户克服疫情影响、渡过难关。累计新增减税降费超20亿元，其中减免中小微企业社保费8.72亿元。

推进三大攻坚战　防范化解政府债务风险。从实际出发，秉持“防范风险，控制增量，化解存量”原则，统筹兼顾防范新增风险，稳妥有序化解隐性债务存量。支持精准扶贫精准脱贫。全市投入财政专项扶贫资金7369万元，投入乡村振兴资金33.73亿元，为河源与全国同步实现全面小康及全市乡村振兴战略顺利实施提供财政保障。支持打好污染防治攻坚战。统筹安排中

·链接·

PPP：政府和社会资本合作
REITs：基础设施领域不动产投资信托基金
ABO+：授权建设运营
EOD：生态导向城市开发
四好农村路：把农村公路建好、管好、护好、运营好
一债一策：一笔债务一个化解策略

央、省级财政污染防治资金共2.30亿元，推动建立东江流域横向生态补偿机制，每年可为河源争取生态补偿资金约2.4亿元。

【财政民生保障】 2020年，河源市民生支出286.6亿元，占一般公共预算支出77.7%。推进巨灾保险项目落地，扩大保险赔付资金覆盖面，提高政府应急、救灾、重建等抵御自然灾害的综合能力。落实好医疗、养老等一系列民生提标扩面政策，支持教育、卫生、体育、综治等社会事业发展，全市基本公共服务均等化水平持续提升。支持河源市第一所本科院校广东技术师范大学河源校区建设，并在秋季开学；支持市区建校建园及配套基础建设。2020年各级财政安排用于城乡低保、特困人员供养（原农村五保）、孤儿、残疾人保障、医疗救助等特殊群体底线民生保障资金共计5.4亿元。落实上级关于新冠疫情减免租金政策，为承租国有资产工商户减租约193万元。

【财政改革】 2020年，河源市承接做好上级部署的财政改革任务，推进本级谋划的各项改革任务，财政改革取得新进展。

上级财政改革任务承接 河源市推进预算编制执行监督改革，修订印发《河源市市级财政专项资金管理办法》，出台《河源市财政专项资金分配审批暂行规定》《河源市市级财政预算绩效目标管理办法（试行）》等管理制度。按深化医疗卫生、交通运输领域市级与县（区）财政支出责任划分改革；推进预算管理一体化规范系统建设，“数字财政”建设取得进展。

本级各项改革任务落实 河源市开展探索引入市场思维用好用活地方政府债券资金，推进市与源城区、市高新区财政事权和支出责任划分等改革。推进支持市直重大基础设施项目建设、灯塔盆地开发建设、支持“四好农村路”建设、推进临江工业园区税收划转和江东新区税源培植等改革课题研究，其中《基础设施投融资机制改革研究报告》《关于发挥财政职能支持灯塔盆地开发建设课题调研报告》分别被河源市委政策研究室、河源市政府调研室评为2020年度全市优秀调研成果一等奖、二等奖。

【财政管理】 2020年，河源市通过挖潜增收，统筹资金，落实政策，防范债务风险，推进财政管理各项工作。

全年财政收入组织 河源市通过加强收入形势分析、加强税收挖潜、抓好非税征收、盘活国有资源资产等举措，应对新冠肺炎疫情、经济下行压力和减税降费等不利因素的影响，做好财政增收工作，完成一般公共预算收入年度增长目标。

重点项目资金需求保障 河源市强化与省级部门的沟通联系，争取各类资金支持，特别是主动争取新增债券资金。督促各级各部门减一般性支出，调整资金用于省、市重点项目。加快财政资金支出进度，发挥财政资金使用效益，特别是特殊转移支付和抗疫特别国债资金使用效益。制订《关于落实重大项目部分启动资金的工作方案》，通过优化库款调度等方式筹集重大项目启动资金2.2亿元，推动重大项目建设，稳定政府投资。创新投融资机制，鼓励建设单位市场化融资，以合理杠杆放大财政资金使用效益。

各项中心工作任务完成 河源市落实减税降费政策，优先保障新冠肺炎疫情防控和复工复产资金需求，支持各项稳企暖企政策措施落实到位。优先保障“三保”支出，防范政府债务、财政收支失衡和其他各类财政风险。

政府债务管理 河源市以防为主，做好统筹新增债券申报和分配工作。把好一般债务率和专项债务率两个100%“高压线”，确保不突破债务风险预警的底线。持续化解，分类分期有序化解风险。对隐性债务存量项目，按照“一债一策”要求进行化解；对于隐性债务在建项目，为保证项目继续实施，不搞“一刀切”和“急刹车”。

（河源市财政局供稿，朱小文执笔）

梅州财政

【财政经济概况】 2020年，梅州市实现地区生产总值1207.98亿元，比2019年增长1.5%。其中：第一产业增加值244.96亿元，比2019年增长0.7%；第二产业增加值367.23亿元，增长1.5%；第三产业增加值595.79亿元，增长1.8%。三次产业的结构比例20.3∶30.4∶49.3。全市完成固定资产投资比2019年增长0.1%。全市社会消费品零售总额634.88亿元，比2019年下降7.9%。全市货物进出口总额98.97亿元，比2019年下降17.9%。全年新签外商直接投资项目26个，实际利用外商直接投资1.45亿元，比2019年下降39.3%。全市年末金融机构本外币各项存款余额2438.24亿元，比2019年末增长8.3%。全市居民人均可支配收入23873元，比2019年增长4.2%（名义增长）。全市居民人均消费支出17071元，比2019年增长1.5%。

2020年，梅州市一般公共预算收入88.19亿元，比2019年下降3.7%，其中，税收收入56.44亿元，下降6.84%，占一般公共预算收入比重64%；全市一般公共预算支出474.35亿元，增长6.9%。市本级一般公共预算收入20.44亿元，比2019年下降7.32%；市本级一般公共预算支出65.48亿元，增长17.05%。

【财政经济调控】 2020年，梅州市贯彻落实“积极的财政政策要更加积极有为”要求，统筹推进疫情防控和经济社会发展工作，围绕做好“六稳”工作、落实“六保”任务，增强财政经济调控能力。

疫情防控经费保障 梅州市压紧压实疫情防控经费保障的政治责任，强化资金筹集调度，全市安排疫情防控资金5.8亿元，为打赢疫情防控阻击战提供保障。

企业复工复产 按照中央、省的工作部署和梅州市政府《关于应对新冠肺炎疫情支持企业复工复产的若干措施》等要求，梅州市推动企业复工复产、扩大产能，全市阶段性减免社保费13.05亿元、落实失业保险稳岗返还0.15亿元。

财政“三保” 梅州市树立“三保”与疫情防控及经济恢复并重的政策导向，坚持“三保”支出在财政支出中的优先顺序，督促落实县级“三保”首位责任，全市“三保”总体保障良好。

上级政策资金支持 梅州市主动争取各类政策资金支持，全市共获得上级转移支付资金393亿元，比2019年增加12亿元；获得新增政府债券、抗疫特别国债资金106.2亿元，比2019年增加54.5亿元。

减税降费政策落实 梅州市按照国家和省有关减税降费的政策要求，推动减税降费政策精准落地实施，释放降本增效的政策红利，减轻企业负担，全市累计新增减税降费规模超25亿元。

中央直达资金和新增债券资金使用 梅州市抢抓国家实施积极财政政策的战略机遇，严把中央直达资金和新增债券资金的分配、使用、监管，健全完善资金直达基层、有效使用的监控机制，加快推进项目实施，推动政策落地见效、惠企利民。2020年省下达梅州市中央直达资金38亿元，支出进度达到100%；各级财政累计拨付新增债券资金87.1亿元用于115个项目建设，拉动投资。

实体经济发展扶持 梅州市投入0.13亿元刺激餐饮、文旅、汽车消费；市级投入1.1亿元用于优化产业结构调整、培育高新技术企业发展，安排扶持资金0.19亿元支持互联网、电子商务、阿里云创新中心等项目建设；运用市中小微企业信贷风险补偿资金，为中小微企业累计提供增信贷款15.24亿元，缓解中小微企业融资难问题。

【财政民生保障】 2020年，梅州市在财政收支平衡压力加大的情况下，民生得到保障，全市民生支出397.87亿元，比2019年增长7.93%，占比83.88%，人民群众的幸福感、获得感提升。

脱贫攻坚 梅州市级统筹整合省级涉农资金0.2亿元用于39个市直单位帮扶的省定贫困村精准扶贫、精准脱贫工作，全市下达扶贫类直达资金0.77亿元用于落实常态化疫情防控下决战决胜脱贫攻坚任务。

污染防治攻坚战 梅州市加大污染防治攻坚战支持力度，加强对专项资金的监督管理，全年市级拨付污染防治专项资金1亿元，支持打好蓝天、碧水、净土保卫战。落实污染防治建设项目的资金保障责任，黄塘河、周溪河黑臭水体整治和生活垃圾分类等项目有序推进。

底线民生保障 梅州市落实困难群体救助政策，提高困难群众生活保障水平，织密扎牢全市兜底保障网，全市财政社会保障和就业支出76.26亿元。

公共卫生体系建设 梅州市保障医疗卫生机构、医疗救治、疫情防控、应急处置等经费需求，支持公共卫生体系和重大疫情防控救治能力体系建设，补齐公共卫生领域短板，全市财政卫生健康支出60.06亿元。

教育事业发展 梅州市围绕落实《梅州教育振兴发展五年行动计划》，健全财政教育投入持续稳定增长的长效机制，加快推动城乡义务教育均衡优质发展，提升梅州市各阶段教育质量和水平，全市财政教育支出86.06亿元。

就业创业扶持 梅州市落实促进就业和鼓励创业等各项扶持政策措施，各级财政共安排就业创业、职业技能提升行动专项资金等1.9亿元。

基层组织正常运转保障 梅

2020年10月13日，梅州市财政局局长张志锋（中）到对口帮扶的大埔县西河镇溪头村考察调研产业扶贫 （梅州市财政局供图）

州市加大党的基层组织建设经费保障力度，全面落实村（社区）“两委”干部补贴和各项工作经费保障，市级共拨付配套资金2.47亿元。

【财政改革】 2020年，梅州市推进预算编制执行监督管理改革、涉农资金统筹整合改革、“数字财政”建设及财政机构改革等各项改革工作。

预算编制执行监督管理改革 梅州市突出加强项目库建设，实现所有财政资金纳入项目库管理。深化“放管服”改革，推广“大专项+任务清单”管理模式，推动预算执行主体归位预算单位。做好政府综合财务报告编报工作，梅州市试编经验得到广东省财政厅肯定。

涉农资金统筹整合改革 梅州市抓好涉农项目库建设、涉农项目典型示范引领和涉农资金的分配、使用、管理。省下达梅州市涉农资金总额29.85亿元，集中财力办成涉农领域的重点项目，梅州市改革做法在全省作经验交流。

“数字财政”建设 梅州市贯彻落实广东省财政厅“数字财政”建设部署要求，推进全市“数字财政”建设步伐，通过时间倒排、任务倒逼，加快工作进度，确保如期实现“数字财政”系统上线运行。

财政机构改革 参照财政部、广东省财政厅“三定”规定修订情况，梅州市优化财政职能配置和内设机构，做好下属事业单位改革，推进市拍卖行转企改制。配合推进镇街管理体制改革，推进东升工业园区财政体制改革。

【财政管理】 2020年，梅州市压减财政支出、加强预算执行管理，盘活财政存量资金，强化国库库款管理，加强财政专项资金绩效管理，防范化解政府债务风险等，推进各项财政管理工作。

财政支出压减 梅州市落实党政机关要坚持过紧日子的要求，压减一般性支出和“三公”经费支出，优化财政支出结构，全市行政及参公单位“三公”经费支出比2019年下降12.25%。

预算执行管理 梅州市遵循“先有预算、后有支出”的原则，细化预算编制，硬化预算约束，规范预算调整使用，全面实施财政资金绩效目标和支出进度“双监控”，加快预算执行进度，提高资金使用效率。

财政存量资金盘活 梅州市加大对各预算部门实有账户资金的清理力度，清理收回结余结转资金，并将收回的资金统筹用于急需的基本民生、疫情防控、重点项目建设等刚性支出。规范暂付性款项管理，多渠道消化暂付款挂账，截至2020年底市级暂付款余额比2018年末减少19亿元。

国库库款管理 梅州市加强财政收支执行情况分析和库款的监测管理，结合收入形势和库款保障水平，做好库款使用规划，规范资金拨付程序，科学有序调度库款，提高库款防控风险能力。

财政专项资金绩效管理 梅州市强化“花钱必问效、无效必问责”的理念，扩大财政专项资金绩效评价范围，绩效评价质量持续提高，受到省级通报表扬。

政府债务风险防范化解 梅州市按照预算法等要求，落实化解法定政府债务风险措施，解除市级法定政府债务风险预警，遏制隐性债务增量，市县两级均没有新增隐性债务。

财政监督检查 深入开展预决算公开情况自查自纠及整改落实、困难群众救助补助等资金发放对象的信息核实、注册会计师和资产评估行业专项整治、会计评估监督和资产评估机构检查、“脱贫纪念馆”建设情况专项检查等工作。

政府采购服务 深入推进政府采购制度改革，推行电子化采购，优化政府采购营商环境，提高政府采购管理效率，节约财政资金。全市报备政府采购计划37.01亿元，实际采购金额35.41亿元，节约资金1.6亿元。

会计监督管理 梅州市组织开展会计职称考务工作，着力深化对代理记账机构和会计师事务所的事前、事中、事后监管，加强会计继续教育培训，提升财会从业人员的整体素质。

国有资产监督管理 梅州市做好行政事业单位国有资产分析汇总，加强国有资产收益管理，主动向市人大常委会报告国有资产管理情况。加大“僵尸企业”出清处置，出清率94.1%，位居全省前列。

（梅州市财政局供稿，李伟峰执笔）

惠州财政

【财政经济概况】 2020年，惠州市实现地区生产总值4221.79亿元，比2019年增长1.5%；分产业看，第一产业增加值完成219.09亿元，增长4.4%；第二产业增加值完成2134.36亿元，增长1.6%；第三产业增加值完成1868.33亿元，增长1.2%；三次产业结构比重调整为5.2∶50.5∶44.3。全市固定资产投资2439.67亿元，比2019年增长16.0%。全市外贸进出口2489.13亿元，比2019年下降8.1%。实际利用外资55.67亿元，比2019年下降13.4%。全市社会消费品零售总额比2019年下降9.3%。全市居民消费价格（CPI）比2019年上涨2.7%。

2020年，来源于惠州的财政总收入完成1417.32亿元，比2019年增收183.99亿元，增长14.9%。全市一般公共预算收入完成412.23亿元，比2019年增收11.37亿元，增长2.8%；其中，税收收入完成297.45亿元，占一般公共预算收入比重72.2%，增收4.74亿元，增长1.6%；非税收入完成114.78亿元，增收6.63亿元，增长6.1%。全市一般公共预算支出完成637.38亿元，比2019年增长3.7%，增幅高于全省平均水平。市直一般公共预算收入完成121.96亿元，比2019年增收1.15亿元，增长1.0%。市直一般公共预算支出完成131.12亿元，减支9.27亿元，下降6.6%。

【财政经济调控】 2020年，惠州市各级财政部门落实积极财政政策，统筹推进新冠肺炎疫情防控和经济社会发展工作，集中精力落实“六稳”“六保”任务，推动全市经济恢复和社会大局稳定。

疫情防控和经济社会发展资金统筹　惠州市统筹疫情防控阻击战资金保障，按照“特事特办、急事急办”原则安排全市疫情防控专项资金11.28亿元。统筹分类施策稳就业资金保障，从失业保险待遇基金结余中提取3.87亿元资金用于稳就业；下达新冠肺炎疫情防控期间工业企业结构调整专项奖补资金、稳岗补贴等1.89亿元。统筹加大医疗卫生投入，全市卫生健康投入38.55亿元。统筹落实《关于应对新冠肺炎疫情支持企业共渡难关的十条措施》《惠州市促进外贸稳定发展实施细则》等政策措施，推动企业复工复产。

全市财政收入统筹　惠州市深化地方小税种共管共治改革，加大房地产税、建安税等税种的清算力度，推动全市一般公共预算收入增长率在9月首次实现由负转正。加大“三本账”统筹力度，从政府性基金预算和国有资本经营预算中调入20.5亿元补充到一般公共预算中；加大资源资产统筹盘活力度，通过加大国有股权转让力度、规范建筑河砂石料采矿权出让、处置物业资产等措施，全市累计盘活近34亿元。

全市财政支出统筹　惠州市强化财政有效供给。落实过“紧日子”要求，通过压减非紧急非必须资金、强化资金统筹、加强成本控制等措施，调整优化支出结构，全年压减回收资金合计20.94亿元，统筹用于重点领域保障。坚持量入为出原则，建立跨年度预算平衡机制，科学编制市直财政三年滚动计划，确保财政支出平稳。

2020年4月15日，惠州市财政工作暨“数字财政”建设工作会议召开
（惠州市财政局供图）

支付风险防范化解　惠州市发挥全市财政收支管理“一盘棋”作用，推动县区统筹处理好“三保”支出与债务风险化解、建设性支出等事项之间的关系，严控超财力出台增支政策；关注县区库款变动，全年累计拨付县（区）127.47亿元，其中临时调度库款41亿元，为县（区）财政平稳运行提供保障。加大清理暂付款力度，惠州市财政局清理收回历年财政暂付款16.77亿元，防范财政运行和库款支付风险。

重点项目优先保障　惠州市落实市委提出的“修路抓项目”要求，支持“2+1”产业集群和重点项目发展，推动“丰”字交通主框架建设、重大石化项目、太平岭核电站、中国科学院两大科学装置、惠州新材料产业园等重点项目的实施，统筹新增债券及地方财力近60亿元用于保障重大项目推进落实，支撑粤港澳大湾区建设。

创新驱动发展支持　惠州市强化专项资金管理，市财政全年安排1.19亿元用于技术改造、“惠十条”政策资金保障等，推动惠州制造业向全球产业链价值链中高端迈进，助力打造更具创新特质的智造高地。落实创新驱动发展战略，市财政全年安排1.22亿元支持实施创新型企业培育工程，推进产学研深度合作协调创新、加强建设科技创新平台、发展企业孵化器等。

纾困惠企支持落实　惠州市落实减税降费政策，全市累计实现减税降费119.17亿元。对列入疫情防控重点保障企业名单的企业取得的中央专项再贷款给予贴息支持，全市符合贴息条件贷款共2.14亿元，申报贴息总金额245.80万元。在新冠肺炎疫情期间，对承租市、县两级国有资产类经营用房且受疫情影响较大不能正常经营的民营承租企业，采取“免2减3”（前2个月租金全免，后3个月租金减半）的租金减免标准，比省里“免1减

2”（第1个月租金全免，后2个月租金减半）的规定标准更高、力度更大。

【财政民生保障】 2020年，惠州市各级财政部门按照“突出重点、守住底线、尽力而为、量力而行”原则，着力保障教育、医疗、社保、交通等重点民生领域资金需求，足额落实底线民生提标政策，增强群众幸福感。

民生资金保障 惠州市民生支出完成446.7亿元，增支11亿元，比2019年增长2.5%，占一般公共预算支出比重达到70.1%，占比超过全省平均水平。兜牢兜实“三保”底线，全市各县区均足额编列“三保”预算，需求到位率100%。支持教育优先发展，全市教育支出达到129.10亿元，比2019年增长8.1%。支持完善社保和就业体系，全市社会保障和就业支出达到75.33亿元，比2019年增长15.4%。支持交通运输体系建设，提升机场、港口、高铁等交互能力，全市交通运输支出达到21.97亿元，比2019年增长24.8%。

直达资金落地加快 惠州市印发《关于实行特殊转移支付机制资金监督管理办法》，明确直达资金范围、使用管理原则以及资金下达、支出和监管措施，推动直达资金使用规范化。建立资金快速通道，实现资金即到即分配，确保中央直达资金第一时间到达末端，缓解基层财政运行困难。全市共收到中央直达资金28.88亿元，下达率和支出率均达100%。

脱贫攻坚战财政保障 在保障扶贫资金到位、确保扶贫项目实施的基础上，将做好巩固拓展脱贫攻坚成果同乡村振兴有效衔接，助力产业帮扶，带动促进农民增收，解决“两不愁”问题。截至2020年底，全市46个省定贫困村、15188户35546人建档立卡贫困人口全部达到脱贫退出标准。

污染防治攻坚战财政支持 惠州市推动污染防治攻坚战，着力补齐生态短板，植厚生态基础。全年全市共投入相关经费58.96亿元，为打好污染防治攻坚战提供资金保障。

“一卡通”改革成效深化 惠州市落实《关于惠民惠农财政补贴资金“一卡通”的实施方案》，实现各县（区）“一卡通”信息库建设规范，信息互通共享，全年通过“一卡通”发放惠民惠农补贴12.22亿元，按照超过70%的覆盖率对所有受惠群众问卷调查结果显示，满意度达99.99%。

建议提案办理专项资金创新设立 惠州市统筹使用好人大建议和政协议案办理专项资金，2020年起市财政每年安排人大政协建议提案资金0.5亿元，支持人大代表、政协委员关注基层民生建设，该资金约70%投向基层，资金保障做法走在全省前列。

【财政改革】 2020年，惠州市各级财政部门围绕“改革提效率、管理要质量”理念，推进各类财政改革，提升财政现代化治理能力和水平，推动财政工作实现高质量发展。

乡镇（街道）财政管理体制改革 惠州市在完善市对区财政管理体制改革的基础上，推进乡镇（街道）财政管理体制改革，出台《关于深化乡镇街道财政管理体制改革的指导意见》，合理划分县（区）和乡镇街道财政事权和支出责任工作。同时，印发《惠州市市级乡镇街道补助资金管理办法》，设立市级乡镇街道补助资金，提升乡镇（街道）基本保障水平和社会治理能力。

国有资本收益优化改革 惠州市在全省较早修订国有资本经营预算管理暂行办法，以市政府办公室名义印发《惠州市市级国有资本经营预算管理暂行办法的通知》，明确市级国有资本经营预算收入不含市政府直接注资或由市属企业代持的股权项目产生的各项收入。年内国企代政府持股的股利收入和国有股权转让收入纳入一般公共预算收入实现15.14亿元，占年度非税收入比重为13.2%，是2019年比重的3.3倍。

财政电子票据管理改革 惠州市深化财政“放管服”改革，加快推动实现医疗收费票据电子化，市直医疗机构实现电子票据全覆盖，7个县（区）全面铺开。社会团体、往来票据、捐赠票据等其他类别的财政票据电子化管理改革稳步推进，截至年底已有142家社会团体使用电子票据。

“互联网+政府采购”改革 惠州市启用全新的惠州市政府采购项目管理系统，推动政府采购实现“动态监管”“秒备案”和“零跑腿”，实现“一系统通办”。作为全省唯一试点地级市，上线政府采购智慧云平台，构建智能监督预警体系，实现政府采购业务全流程电子化和“预算—采购—支付”的全流程闭环信息化管理。

【财政管理】 2020年，惠州市各级财政部门注重加强绩效管理和政府性债务管理，提升财政资金使用效益，防范化解债务风险。以提升财政信息化水平和服务意识为契机，增强财政管理实效。

绩效管理全面加强 惠州市全面实施绩效目标申报和审核，基本实现部门整体、项目预算绩效目标审核全覆盖，将绩效评价从事后评价向上游环节延伸。加强绩效自评工作，首次实现绩效自评覆盖至“四本预算”。强化绩效评价结果运用，实现重点绩效评价进度提前3个月，使绩效评价结果应用年度提前一年，真正将绩效评价结果与预算安排相结合。

政府性债务管理强化 惠州市落实《惠州市政府债务风险化解规

划》《惠州市政府债务、隐性债务、其他中长期支出责任化解实施方案》等；建立完善债务监督体系，通过地方政府性债务管理系统、地方融资平台债务和政府中长期支出事项监测平台，掌握全市各类债务情况。2020年全市各级政府的债务率低于警戒线。

信息化管理水平提升　惠州市按照“编制一本规划、加强一体联动、创新一套模式、建立一套标准、推广一个系统、扩展一组工具、落实一套保障、构建一张网络”要求，推动“数字财政”建设走在全省前列，取得四个全省“第一”：全省第一批改革试点市、预算域第一个上线系统的市、第一个“预算转指标”成功的市并通过新系统成功支付第一笔财政资金、第一个在全市范围内跑通全类型支付业务的市。

对口服务工作机制　惠州市建立健全“市直一个部门对口一个科室”的对口服务工作机制，实现预算部门业务办理“只进一个门”，办事流程“最多跑一次”。建立健全主动上门服务的工作机制，重点做好政策解读、业务辅导、出谋划策、督促指导工作，2019年9月机构改革至2020年底，近300人次到70多个预算部门开展上门服务，增强财政工作的主动性和实效性。

【乡镇街道财政管理体制改革】 2020年，惠州市财政局坚持以“政”领“财”的工作方向，聚焦末梢管理，着力提升全市财政治理能力现代化水平，从“小切口”入手，解决“大问题”，聚焦出台指导意见、制定管理办法、安排补助资金三大核心，推进乡镇街道财政管理体制改革，增强基层公共服务保障能力，改革力度走在全省前列。

指导意见出台　惠州市出台《关于深化乡镇街道财政管理体制改革的指导意见》，初步建立运转有序、权责明晰的乡镇街道财政管理体制。落实“一个目标”。乡镇街道在社会治理体系中处于末梢，其管理水平直接关系到整个社会治理体系和社会治理能力现代化建设，将聚焦末梢管理作为改革目标，提升乡镇街道的社会治理效能。区分“两个步骤”。第一个步骤是试点先行，各县（区）按照两类乡镇街道（发达乡镇街道和欠发达乡镇街道）管理模式选取合适的乡镇街道进行试点，试点期限暂定一年；第二个步骤是有序推进，在前期试点的基础上，经过评估决定是否全面推广。划分“三个层次”。市、县（区）、乡镇街道三级齐抓改革，市一级加强督促和指导，县（区）一级切实担负起改革的主体责任，乡镇街道一级在县（区）统筹下抓好落实。坚持“四个原则”。坚持“财政事权与支出责任相适应”、统筹兼顾与分类指导相统一、保障基本与促进政府职能转变、政策激励与制度约束相结合的原则。明确“十大任务”。将改革工作任务分为“分类别”“定体制”“明责任”“抓预算”“谋项目”“建标准”“提效率”“优系统”“强管理”“控人员”。细化“十九条具体措施”。

管理办法制定　惠州市为加大对乡镇街道的支持力度，增强基层运转能力，印发《惠州市市级乡镇街道补助资金管理办法》（简称《管理办法》），作为财政资金配套文件。《管理办法》确定资金补助对象，包括惠城区、惠阳区、惠东县、博罗县、龙门县、大亚湾开发区及仲恺高新区所辖合计71个乡镇街道；明确街道补助资金标准为每个街道20万元；作为省级财力薄弱镇（乡）补助资金的市级配套资金，每个乡镇补助金额按因素法测算，分为30万元、35万元、40万元三档；“3+7”工业园区内的乡镇街道，每个增加补助10万元。

补助资金安排　为更好落实指导意见和管理办法，惠州市每年安排市级乡镇街道补助资金约2500万元，参照直达资金管理模式戴帽下达至具体乡镇街道，从财力上为乡镇街道政府职能转型提供坚实的保障。乡镇街道补助资金作为财力性补助资金，各乡镇街道政府可统筹用于本级政府事权范围内各项支出责任，优先用于落实“保基本民生、保工资、保运转”等政策支出，严禁用于违规提高人员经费和公用经费标准、违规增加“三公”经费支出等等。同时，将补助资金的使用和管理等情况纳入市财政一般性转移支付资金监督检查和绩效评价范围，确保补助资金用到实处、用出实效。

（惠州市财政局供稿　陈倩茹执笔）

【“数字财政”建设走在全省前列】 2020年，惠州市财政局把“数字财政”改革列为全局的重点工作，树立“一盘棋”理念，举全市财政系统之力，推进各项改革任务，“数字财政”建设走在全省前列。

一套机制　惠州市强化“一把手”工程，全市财政系统把“数字财政”建设作为“一把手工程”，主要领导担任改革领导小组组长，指定一名分管领导具体抓。强化专班工作力量，抽调核心业务科室骨干与实施厂商技术人员组成专班，推进业务与技术的深度结合；多次选派专班骨干到广东省财政厅跟班学习，第一时间对标对表，提高专班工作精准度。强化跟踪督办落实，将“数字财政”建设列入市财政部门督办，专项跟踪督办，确保改革如期按质完成。

两个全域　业务域全覆盖，将预算、执行、核算三个业务全域一体谋划，一体部署，一体推进。地域全覆盖，将七个县（区）纳入全市“一盘棋”范畴，上下同频共振，同步推进建设。

三个第一　惠州市聚焦试点第一，1月14日被广东省财政厅确定

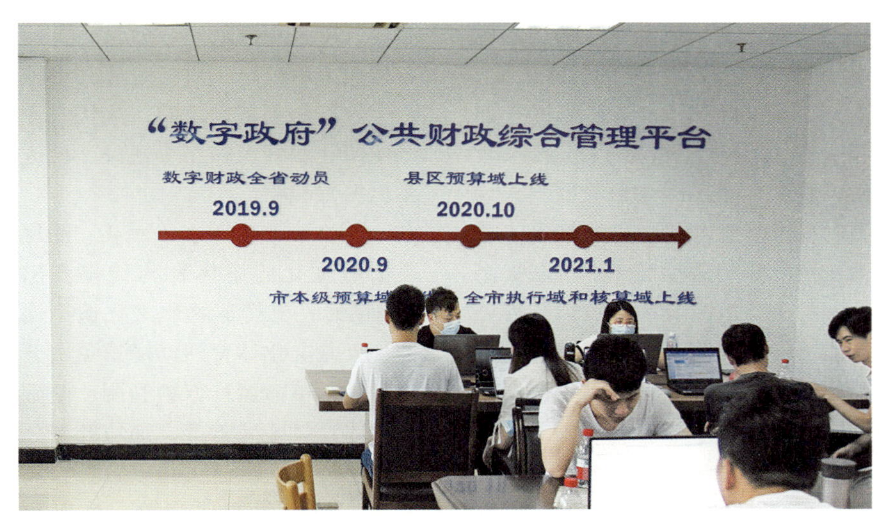

2020年9月15日，惠州市成为全省首个预算域上线的市。图为惠州市“数字政府”公共财政综合管理平台上线的时间轴

（惠州市财政局供图）

为全省首批“数字财政”改革试点市。聚焦上线第一，9月15日成为全省首个预算域上线的市。聚焦应用第一，1月1日成功上线执行域、核算域，成为全省首个“预算转指标”成功的市，并通过新系统成功支付第一笔财政资金，成为全省首个成功办理支付业务的市。1月3日在全市范围内跑通全类型支付业务，是全省率先完成的市。

八项基础 编制一本规划，加强顶层设计，制定三年路线图和实施方案，明确任务清单、培训计划、实施计划、运维计划、风险防控等；加强一体联动，实行市、县（区）联动，两级协同作战，“一把手”统一指挥，分管领导坐镇一线，每日早布置、晚反馈例会听取进度汇报，统一调度厂商技术力量与专班业务骨干，沟通直接同步省厅。创新一套模式，创建一套现场指导与在线培训、大班培训与小班辅导两两结合的培训模式，使全市财政部门、预算单位快速熟悉新业务、新系统。建立一套标准，制定全市“数字财政”建设标准，保证全市系统建设的统一性，解决系统间“车不同轨”“书不同文”的问题。推广一个系统，在全市推广省“数字财政”综合管理平台，解决数据录入过多、重复采集、数据割裂、操作不便等问题，实现数据全域共享。扩展一组工具，针对常见性问题，制定一组排查措施、问题数据检查脚本及辅助工具等，保障系统上线初期的数据质量与稳定运行。落实一套保障。建立全天候线上、线下服务保障体系，一方面在市、县（区）全域设立常驻服务人员，另一方面组建数字专班、业务部门和实施厂商构成的五支机动团队，上门答疑解惑。构建一张网络，构建一张横向到单位、纵向到乡镇的信息管理网络，解决信息流转不畅等问题，搭建财政大数据分析和运用的基础。

（惠州市财政局供稿　王明全执笔）

汕尾财政

【财政经济概况】 2020年，汕尾市实现地区生产总值1123.81亿元，比2019年增长4.6%。其中：第一产业增加值159.64亿元，比2019年增长4.1%；第二产业增加值408.26亿元，比2019年增长4.5%；第三产业增加值555.90亿元，比2019年增长4.8%。三次产业结构为14.2∶36.3∶49.5。

2020年，汕尾市全市一般公共预算收入46.01亿元，比2019年增长8.39%。其中：税收收入27.15亿元，比2019年增长4.04%；非税收入18.86亿元，比2019年增长15.34%。非税收入占一般公共预算收入的比重为40.99%。全市一般公共预算支出完成266.51亿元，比2019年下降4.45%。

【财政经济调控】 2020年，汕尾市财政部门坚持“财”为“政”服务，落实“积极财政政策要更加积极有为”的要求，围绕市委、市政府中心工作精准发力，着力支持“抓重点、补短板、强弱项”。

疫情防控财政保障 汕尾市做好疫情防控财政保障，全市投入疫情防控资金4.19亿元支持疫情防控处置、医疗救治、疫情防控物资保障等，为打赢疫情防控阻击战做好财力支撑。

中心工作落实 汕尾市坚持财力向基层倾斜，落实“红色细胞工程”“平安细胞工程”各项经费保障措施，全市投入28.04亿元支持推进“基层基础建设年”行动，推动基层夯实底板、补齐短板。全市投入102.42亿元支持推进“项目双进会战年”行动，支持招商引资、项目“引进”、招才引智，落实“1+5+X”工作机制，统筹债券等资金重点保障重大项目“推进”，支持打赢“项目双进”大会战。全市投入5.96亿元支持推进“营商环境优化年”行动，做好平安汕尾建设、“数字政府”改革建设、扫黑除恶专项斗争、禁毒以及创建国家卫生城市、省文明城市、国家园林城市、国家森林城市、国家生态文明建设示范城市等各项经费保障，助力韶关市成功创建国家卫生城市和省文明城市。

“三保”保障 汕尾市贯彻落实中央和省关于“三保”的工作要

求，严守“三保”底线，将保障“三保”作为预算安排的重中之重，全市安排“三保”资金176亿元全力保障“三保”支出需求。

三大攻坚战 汕尾市聚焦“两不愁三保障”突出问题，加大财政扶贫投入力度，加强财政扶贫资金动态监控，助推产业扶贫、就业扶贫、低保兜底等政策措施落实，支持打赢打好脱贫攻坚收官战；落实生态环境监测、生态保护、污染防治等经费保障，推动大气、水、土壤污染防治工作开展，支持打好污染防治攻坚战；实施地方政府债务限额管理，加强政府债务管理和风险防控，采取措施稳妥化解存量隐性债务，成为全省首个完成存量隐性债务化解工作的地市，有效防范政府债务风险。

【财政民生保障】 2020年，汕尾市加大民生领域财政投入力度，加快补齐民生短板。2020年全市财政完成九大民生支出200.39亿元，占一般公共预算支出的75.19%，保障各项民生事业发展。

就业创业扶持 汕尾市应对疫情影响，落实扶持就业创业等各项财政奖补政策，支持推动“广东技工”“粤菜师傅”“南粤家政”三大工程和复工复产、技能培训、就业创业服务等一系列稳就业政策落实，发挥财政在稳就业、促就业方面的支持保障作用。

教育发展支持 汕尾市财政教育支出58.71亿元，落实学前至普通高中各学段生均经费、家庭经济困难学生免学费和助学金、山区和边远地区学校教师生活补助、“两个不低于或高于”等各项教育投入政策，支持推进学前教育“5080”攻坚、学生资助、教师人才队伍建设等，支持高等教育和职业教育，统筹债券等资金约20亿元支持汕尾理工学院、汕尾职业技术学院、汕尾市高级技工学校建设，促进教育发展和质量提升。

医疗卫生服务水平提升 汕尾市财政卫生健康支出35.54亿元，落实疫情防控、城乡居民医疗保险、公共卫生服务等财政投入政策，将城乡居民医疗保险财政人均补助标准从520元提高到550元，着力支持发热门诊规范化建设和提高核酸检测、医疗救治等疫情防控处置能力，保障深汕中心医院、县级公立医院升级等重点项目建设，提高医疗保障水平。

底线民生保障水平提升 汕尾市落实底线民生保障扩面提标财政政策，筑牢底线民生保障网，将城镇、农村低保补差水平分别提高到每月620元、345元，孤儿集中供养水平、分散供养水平分别提高到每人每月1820元和1110元，困难残疾人生活补贴、重度残疾人护理补贴标准分别提高到每人每月175元、235元，并确保城乡特困人员基本生活保障标准达到城乡低保标准的1.6倍，保障和改善困难群众基本生活。

乡村振兴战略实施 汕尾市重点突出“三转变、一精简”，抓好涉农资金统筹整合，全年全市财政农林水支出33.46亿元，落实耕地地力保护补贴、政策性农业保险补贴等各项强农惠农财政政策，支持乡村振兴示范带、农村人居环境整治、农田水利基础设施、现代农业产业园、四好农村路等建设，推进乡村振兴战略。

文化旅游体育事业发展 汕尾市财政文化旅游体育与传媒支出7.54亿元，支持非物质文化遗产保护、公共文化体育活动场馆免费开放、红色革命遗址保护利用、基础文化体育设施完善等，加快补齐公共文化短板，推进文化旅游融合发展，支持红色文化旅游、生态旅游、滨海运动等特色小镇建设，提升文化旅游产业发展水平。

省市十件民生实事支持 汕尾市财政投入44亿元保障市十件民生实事落实，地方投入9.66亿元落实省十件民生实事。

【财政改革】 2020年，汕尾市按照建立现代财政制度的要求，深化财政体制机制改革，推进各项财政改革。

预算管理改革 汕尾市深化财政预算“放管服”改革，推进预算编制执行监督管理改革向县级延伸，出台《汕尾市市级财政支出管理办法》，推广“大专项+任务清

2020年，汕尾财政支持汕尾市高级技工学校一期项目建设，项目总占地面积30.93公顷，建筑面积23.8万平方米，总投资11.23亿元，建成后能容纳在校生8000~10000人

（汕尾市财政局供图）

单”管理模式，推进市级专项资金清理整合，树牢“先谋事后排钱”“先定项目再定预算”理念，做实做细财政资金项目库，滚动编制中期财政规划，提升预算管理水平。

预算绩效管理　汕尾市围绕构建全方位、全过程、全覆盖预算绩效管理体系的总体目标，深化预算绩效管理改革，出台《关于全面实施预算绩效管理的实施意见》及相关配套管理制度，将绩效管理的要求嵌入预算编制、执行、监督等各个方面，规范“事前绩效评估、绩效目标管理、绩效运行监控、绩效自评管理、重点评价管理、评价结果应用、绩效信息公开”等七个环节的管理，对市级804个项目33.3亿元的预算执行情况和绩效目标实现程度开展“双监控”，分别完成市级财政“四本预算”等159个项目62.41亿元和56个部门单位部门整体支出的现场绩效评价，落实绩效目标与预算编制“五同步”机制，完成新入库项目的绩效目标审核。

政府采购制度改革　汕尾市推进政府采购“放管服”，规范政府采购目录和采购标准，落实强化采购人主体责任、优化集中采购管理、健全政府采购交易机制等各项改革措施，强化政府采购监督管理，上线“汕尾市政府采购计划管理及监督系统”，提高政府采购工作效能。

【财政管理】　2020年，汕尾市推进财政科学化精细化管理，全面提升财政管理水平。

支出结构优化　在疫情影响、大规模减税降费、财政收支矛盾突出的形势下，汕尾市强化预算约束，坚持“先预算，后支出”，树立过“紧日子”思想，贯彻落实中央、省关于压减支出的政策要求，严控一般性支出，压缩“三公”经费支出，坚持厉行节约，腾出资金支持重大战略、重大政策、重大民生项目实施，用政府的“紧日子”保障人民的“好日子”，全年全市压减一般性支出6.57亿元，压减率38.49%。

财政支出进度加快　汕尾市强化财政支出管理，落实预算单位的预算执行主体责任，加强库款调度管理，健全支出进度执行考核、通报、约谈、支出进度与预算安排挂钩和问责等机制，特别是对中央直达资金和新增债券资金使用实行全过程监控，综合运用日常监管、重点监控、现场核查等多种手段，督促资金使用单位推进项目实施和加快支出进度，提升财政资金支付效率和使用效益。

财政监督和投资评审　汕尾市做实做细日常监督，加大对专项资金、会计信息质量、财政政策执行情况等方面的监督检查，确保财政资金规范、安全、高效。加强财政投资评审。推进政府投资项目评审便利化，落实预审和一次性告知、限时办结等制度，严把财政投资评审关口，提高财政资金使用效益、节约财政资金。

（汕尾市财政局供稿，李倩执笔）

东莞财政

【财政经济概况】　2020年，东莞生产总值（GDP）9650.19亿元，比2019年增长1.1%。分产业看，第一产业增加值30.27亿元，比2019年增长6.0%；第二产业增加值5193.09亿元，下降0.9%；第三产业增加值4426.83亿元，增长3.5%。三次产业比例为0.3∶53.8∶45.9。固定资产投资比2019年增长13%。全市进出口总额13303.03亿元，比2019年下降3.8%。其中进口5021.48亿元，比2019年下降2.9%；出口8281.55亿元，下降4.4%。“一带一路”沿线国家进出口额3138.15亿元，增长0.8%。全市电子商务交易额5861亿元，增长9.0%。社会消费品零售总额3740.14亿元，比2019年下降6.6%。居民消费价格总水平（CPI）比2019年上涨2.9%。

2020年，全市一般公共预算收入694.68亿元，比2019年增长3.18%。一般公共预算收入中税收收入571.03亿元，比2019年增长2.8%，占82.2%，税收占比连续4年位居全省第一；非税收入123.65亿元，增长4.96%，占17.8%。以上收入加上上级补助收入、镇街上解收入、地方政府一般债券转贷收入、外债转贷收入、调入资金以及上年结余后，一般公共预算总收入970.95亿元。全市一般公共预算总支出962.52亿元，比2019年下降1.54%。收支相抵，2020年一般公共预算结余8.43亿元。

2020年，全市政府性基金预算收入810.83亿元，比2019年增长83.12%。其中：土地出让收入779.46亿元，比2019年增长88%。加上上级补助收入、地方政府专项债券转贷收入及上年结转结余后，全市政府性基金预算总收入1024.27亿元。2020年，全市政府性基金预算总支出972.91亿元。收支相抵，2020年政府性基金预算结余51.36亿元。

2020年，国有资本经营预算收入9.86亿元，比2019年增长66.55%。加上上年结余0.32亿元，国有资本经营预算总收入10.18亿元。2020年，国有资本经营预算总支出10.1亿元。收支相抵，2020年国有资本经营预算结余0.08亿元。

2020年，全市社会保险基金收入633.1亿元，比2019年下降6.08%。全市社会保险基金支出653.61亿元，比2019年增长64.65%。收支相抵，2020年当年收支缺口20.51亿元，使用累计结余弥补后，年底累计结余2282.58亿元。

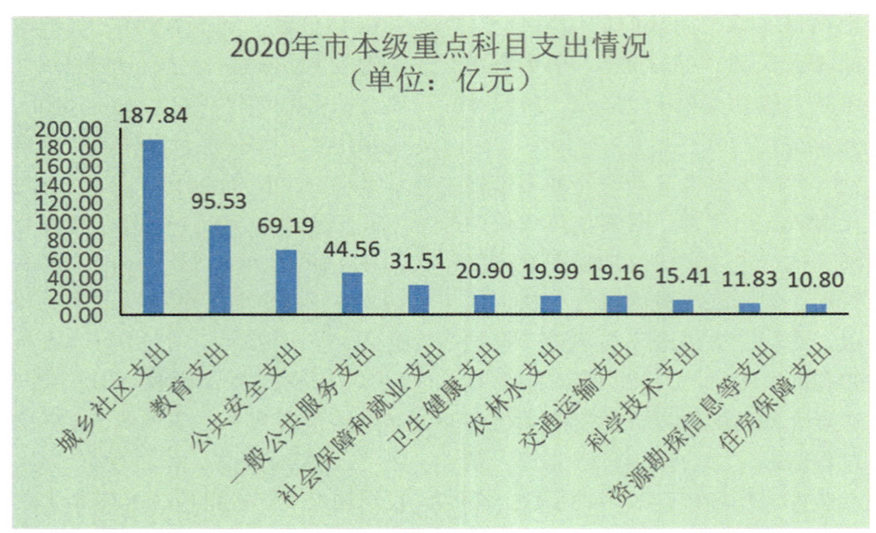

2020年东莞市本级重点科目支出情况　　（东莞市财政局供图）

【财政经济调控】 2020年，东莞市本级支出622.03亿元，保障市委、市政府各项中心工作的开展。

疫情防控和经济社会发展财政支持　东莞市财政投入7.52亿元，连同镇街（园区）财政投入的9.18亿元、统筹市慈善会和市红十字会接收的社会捐赠资金1.07亿元，全市共投入17.77亿元，用于新冠肺炎医疗救治费用、临时性工作补助、疫情防控设备和物资购置以及应急救治备用病区建设等。市镇通过调结构统筹资金设立50亿元专项资金，共投入23.66亿元，加大对保企业、促复苏、稳增长方面的财政支持。

城市综合品质提升　东莞市市本级投入20.39亿元，落实城市品质三年提升计划。投入11.84亿元，支持中央商务区建设。投入5.92亿元，用于公路桥梁、市政设施及城市公园养护，深入推进“厕所革命”。投入2.18亿元，加快推动“拓空间”及“三旧”改造。投入24亿元，集中攻坚石马河流域综合治理。投入8.63亿元，用于污水处理。投入7.08亿元，用于水生态建设PPP项目付费。投入4.27亿元，支持珠江三角洲水资源配置工程建设。投入11.3亿元，加强网络信息化建设，其中投入4.05亿元，打造“数字政府”；投入1.99亿元，建设“科技护城墙”。

品质交通全面推进　东莞市投入69.97亿元，支持轨道交通1号线建设和2号线运营，推进东莞火车站、城际轨道和赣深铁路东莞南站等建设。东莞市财政投入5.39亿元，连同镇街（园区）投入的16.47亿元，全市共投入21.86亿元，支持公交服务运营。投入4.48亿元，支持铁路东莞站配套工程建设。投入3.07亿元，支持广深高速沿线环境品质提升建设。投入3.5亿元，支持环莞快速路三期建设。投入1.57亿元，支持美景路升级改造。投入1亿元，支持博深高速清溪出入口连接线工程建设。

经济高质量发展　东莞市市本级投入14.12亿元，支持松山湖科学城建设，建设松山湖材料实验室和南方光源研究测试平台。投入2.3亿元，支持重点领域研发、新型研发机构提质增效、科技成果转移转化和孵化育成体系建设等。投入2.07亿元，重点打造“倍增计划”升级版，推进建设广东省制造业供给侧结构性改革创新实验区。投入2.2亿元，支持智能制造、绿色制造，打造智能制造全生态链。投入2.18亿元，推动企业转型升级，拓展国际国内市场，鼓励外商投资。投入1.51亿元，推进国际物流通道建设，打造粤港澳大湾区供应链创新高地和高端物流分拨中心。投入5.84亿元，选树莞邑名匠和首席技师，打造“技能人才之都”。投入1.96亿元，引进和培养创新人才。

协调发展　东莞市市本级投入24.53亿元，实施村（社区）基本公共服务补助。投入23.32亿元，补助镇街增强基本公共服务保障能力。投入10亿元，支持优化市直管镇体制改革。投入3.6亿元，开展农村人居环境整治，推动美丽乡村、美丽幸福村居单村及特色连片示范建设。投入5.92亿元，用于对口支援和帮扶新疆、西藏、四川甘孜州、云南昭通、重庆巫山、韶关市和揭阳市相对贫困村、省内民族地区。

【财政民生保障】 2020年，东莞市财政围绕高水平全面建成小康社会的目标，累计投入473.66亿元用于民生领域，占市本级支出的76%。

教育扩容提质　东莞市市本级投入37.16亿元，补助镇街（园区）教育经费及市属学校经费。投入1.77亿元，加快推进市直学校扩建工程。投入4.42亿元，支持民办教育发展。投入3.5亿元，为义务教育阶段随迁子女发放积分制入学民办学位补贴。投入5.12亿元，支持东莞理工学院建设新型高水平理工科大学。投入7983万元，支持东莞职业技术学院创建省一流高职院校。

卫生服务体系健全　东莞市市本级投入12.28亿元，完善公立医疗卫生机构医疗救治和公共卫生设施，支持东莞市人民医院和东莞市中医院创建省高水平医院。投入3.59亿元，购置二类疫苗，支持无偿献血工作，健全疾病预防控制等公共卫生服务体系。投入2.11亿元，为市民免费提供14项基本公共卫生服务以及“两癌”筛查、唐氏综合征产前筛查、新生儿听力筛查和儿童口腔疾病干预等服务。

民生兜底保障　东莞市市本级投入20亿元，资助城乡居民参加社会养老保险、医疗保险等。投入1.68亿元，将低保标准、特困供养标准分别提高到每人每月1060元和1696元，将临时救助范围拓宽到外来户籍对象。投入2.43亿元，向4.84万名残疾人发放残疾津贴，提高残疾运动员集训补贴标准。投入1.36亿元，提供失能老年人护理补助和居家养老服务，向15.96万名70周岁以上高龄老人发放生活津贴。连同失业保险基金共投入2.39亿元，为小额创业贷款提供担保基金和贴息，最高贷款额度从20万元提高到30万元。投入1.38亿元，支持高校毕业生和就业困难人员就业创业，将就业困难人员工资差额补贴最高标准提高到每人每月308元。

【财政改革】　2020年，东莞市围绕推进治理能力和治理体系现代化的目标，继续深化财税体制改革，推动各项体制机制创新。

“十四五”财政体制改革　东莞市研究推进“十四五”期间市镇财政管理体制改革，通过优化财政收入划分机制、明确支出责任、完善转移支付制度，确定财政体制改革的整体方案，在落实财政改革部署、强化财政收支管理、增强财政可持续性上实现市镇“一盘棋”。

投融资体制改革　东莞市坚持以“经营城市”的理念推动政府投融资工作，优化试点项目落地方案，完善投融资项目配套机制，匹配资源和政策支持，推动政府投融资试点项目加快落地。用好金融手段，完善市场化经营机制，增强市属国企融资能力。

【财政管理】　2020年，东莞市提升财政管理水平，推动各项工作更加规范。

“六稳”“六保”财政保障　东莞市落实好助企撑企等一揽子政策措施，抓好50亿元保企业、促复苏、稳增长专项资金使用管理，推进减税降费工作，全年累计为企业新增减负超260亿元。坚持严控一般性支出，保障“六稳”“六保”等重点领域资金需求。

直达资金和新增债券资金使用　东莞市取得中央直达资金31.41亿元和新增专项债券资金162.7亿元，统筹用于支持疫情防控、基础设施、民生服务、科创平台等建设，加快直达资金拨付，做好债券项目遴选，发挥资金效益。

预算管理提质增效　东莞市扩大预算绩效管理范围，推动绩效自评全覆盖，首次实施部门评价，选取20个项目实施重点绩效评价，涉及金额46.07亿元，邀请东莞市人大、东莞市政协参与监督，提高绩效评价透明度和权威性。人大预算审查监督的范围从试点扩大到全部市属园区和街道，着力促进财政预算资金使用由合法合规性向绩效性、有效性转变。

【民生和经济发展底线保障】　2020年，东莞市兜住民生和经济发展底线，立足东莞“三区”建设发展机遇，发挥财政宏观调控功能，强化资金支持，确保在贯彻落实“六保”过程中发挥作用，“兜”好民生底线，“稳”住经济基本盘。

促进就业创业资金保障　东莞市财政局及时拨付资金，一般公共预算安排“促进就业创业专项资金”1.36亿元和“小额创业贷款担保基金和贴息”1.17亿元。扩大补贴范围，对直接招用首次在莞就业员工的企业给予就业补贴，对为企业成功介绍就业人员的人力资源服务机构给予推荐就业补贴，扩大小微企业社会保险补贴对象至毕业2年内的高校毕业生，对吸纳登记失业半年以上人员就业的企业给予一次性吸纳就业补贴。做好补贴返还，做好返还养老、失业、工伤保险费工作，减轻企业社保负担，对缓解企业资金压力、帮助企业恢复生产起到积极作用。

民生福祉增进工程　东莞市落实民生福祉增进工程，补齐民生短板，推动高水平小康社会建设。支持教育扩容提质千日攻坚，安排10.6亿元用于教育扩容千日攻坚项目建设，比2019年教育类工程预算安排数增加9.6亿元；将东莞市属公办学校建设大会战项目全部纳入未来三年东莞市财政优先保障项目范围，对东莞市属公办学校建设大会战的储备项目、预备项目，优先在东莞市财政投资建设项目年度统筹预留资金中给予保障。支持品质交通千日攻坚，安排78.45亿元用于交通基建项目，比2019年增加38.95亿元；编制品质交通千日攻坚行动三年滚动预算，在“十四五”市财政预算规划中优先保障品质交通千日攻坚行动资金需求。提高低保临时补贴，2020年1月按每人每月106元的标准发放，从2020年2月起东莞市统一按照2020年最低生活保障标准（每人每月1060元）的20%，即每人每月212元，发放价格临时补贴，发放期为两个月，共发放3350万元。将残疾人就业保障金、人防资金等统筹纳入一般公共预算支出，支持教育、医疗、就业、社会保障等民生事业。

经济社会秩序加速发展　为加强经济运行监测调度，东莞市先后出台“助企撑企15条”“助企复工10条”“优化服务15条”“加快复苏16条”及50亿专项扶持资金等一揽子政策措施，推动经济社会加速发展。强化市场拓展，安排5000万元支持企业参加境内外展会，帮助企业拓展销售渠道，安排2225万元支持跨境电商业务发展，助力东莞制造“卖全球”。安排2450万元对企业出口信用保险的相关保险费资助比例和资助金额上调，安排500万元用于支持企业开设网店。拉动消费复苏，推动“乐购东莞”品牌活动，安排3100万元用于餐饮、零售等行业发放消费券，最大限度激发消费需求；对疫情期间符合有关条件的物流类企业车辆按实际运营里程给予每千米0.15元支持，每家企业最高支持金额可达100万元。落实保险补贴，设立1000万元专项资金对企业投保相关复工复产保险产品给予最高12%的补贴，累计为6家保险公司开展复工复产防疫保险业务，总保费约320万元，保障金额约19.48亿元。

控支出，保基层 东莞市压减非必要支出，率先在市级采取部门公用经费下调10%、原则上取消所有市外培训等一系列压减措施，推进建立全市各级党政机关和事业单位过紧日子、厉行节约的长效机制。摸清保基层运转需求，在4月初组织各镇街（园区）对省定范围内的“保工资、保运转、保基本民生”进行摸底自查，堵塞各镇街（园区）在省定范围内的运转缺口。实现全市一盘棋管理，动态评估各镇街（园区）财政保障风险，对于资金运转风险低的地区，适当延缓税收分成、土地出让分成和其他非必要、非紧急的专项补助，调动镇街（园区）主动筹措资金资源的主动性。对于个别镇街（园区）短期内确实存在资金周转紧张和财政运作困难等情况的，通过提前拨付税收分成等形式，协助镇街（园区）渡过难关。

（东莞市财政局供稿，袁颖桢执笔）

中山财政

【财政经济概况】 2020年，中山市地区生产总值3151.59亿元，比2019年增长1.5%。其中，第一产业增加值71.57亿元，比2019年增长17.5%；第二产业增加值1556.78亿元，增长1.4%；第三产业增加值1523.25亿元，增长1.1%。固定资产投资总额1117.97亿元；进出口总额2209.2亿元；实际利用外商直接投资总额40.54亿元；商品零售价格指数100.7%；居民消费价格指数102.6%。

2020年，中山市一般公共预算收入287.5亿元，其中税收收入209亿元，非税收入78.5亿元，加上级补助收入52.6亿元、债务转贷收入7.2亿元以及调入资金80.2亿元，再加上年结转收入9亿元，合计436.5亿元；减一般公共预算支出375.6亿元，其中民生支出257.2亿元，减去上解上级支出、债务还本支出及援助其他地区支出50.4亿元，补充预算稳定调节基金8.1亿元，累计结转2.4亿元。

2020年，中山市政府性基金收入261.6亿元，加上级补助及债务转贷收入101.3亿元以及调入资金8.2亿元，再加上年结余结转21.7亿元，减政府性基金支出311.1亿元、调出资金33.3亿元、债务还本支出5.9亿元，累计结余结转42.5亿元。国有资本经营收入4.6亿元，减支出0.4亿元，调出资金3.2亿元，累计结余1亿元。社会保险基金按市级统筹口径反映，收入91.2亿元，支出64.9亿元，当年结余26.3亿元，加上年结余79.4亿元，累计结余105.7亿元。

【财政经济调控】 2020年，中山市释放财政积极信号，落实国家对冲疫情影响政策，下达抗疫国债、困难群众救助等中央直达资金18.1亿元、新型冠状病毒肺炎疫情防控紧急援助项目贷款资金0.5亿元，统筹用于服务疫情防控阻击战大局，扩大投资、提振消费，用足用好96.2亿元债券资金，重点投向中央、省和市确定的重点领域和基础设施建设。精准支持经济社会发展，促进市场稳定发展，拨付7.1亿元用于稳企安商复工复产，促进商务外贸发展，落实省市促进外贸稳定增长若干措施政策。借助“助保贷”平台发放银行贷款8.6亿元，利用“过桥贷”政策发放周转贷款145.2亿元，推动金融高效服务实体经济，支持金融发展。防范化解政府债务风险，从“借、用、管、还”各个环节强化政府债务和隐性债务全周期管理，加强隐性债务的

2020年9月17日，中山市财政局召开2021年全市预算布置工作会议

（中山市财政局供图）

监控和化解，将政府债务风险评定控制在绿色低风险等级，未发生政府债务风险事件，做到开前门、堵后门，守住不发生系统性风险底线。打赢脱贫攻坚战，落实“两不愁三保障”（“两不愁”即不愁吃、不愁穿；“三保障”即义务教育、基本医疗、住房安全有保障）财政支持政策，投入2.7亿元扶贫资金，加大东西部扶贫协作资金投入，加强精准扶贫、精准脱贫工作力度，确保如期实现决战决胜脱贫攻坚目标任务。

【财政民生保障】 2020年，中山市不断加大“六稳”“六保”保障力度。保居民就业。拨付4亿元失业保险稳岗返还资金，加大援企稳岗支持。拨付2,148万元就业创业政策补贴，设立4.4亿元职业技能提升行动专项资金，加强就业创业财政支持力度。拨付400万元推动“广东技工”“南粤家政”“粤菜师傅”等职业技能培训。保基本民生。拨付4.2亿元推动学前教育、义务教育、职业教育及高中教育，强化教师队伍职教能力，提升教育均等化水平。拨付1,433万元创建国家公共文化服务体系示范区。拨付1.7亿元用于保障低保、低收入群体及特困人员、老年人、孤儿、残疾人等特殊困难群体权益，进一步加强基本民生兜底力度。拨付4.3亿元全力办好增配市民休闲活动场地、提升教育服务供给能力等全市民生实事，改善民生福祉。保市场主体。发放临时价格补贴5,605万元，稳定市场价格秩序。发放3,000万元餐饮、购物等消费券，应对疫情影响，提振市场消费活力。落实应对疫情稳企安商等若干降费措施，为企业减负3,471万元，助力市场主体纾困发展。拨付2,146万元加强对23家防疫企业支持力度。保粮食能源安全。拨付5,000万元发放耕地地力保护、政策性农业保险、巨灾保险、农机购置等涉粮涉农补贴，加强农业救灾应急保障，大力实施农业“政银保”项目，积极助力“三农”抗疫复产。拨付445万元抓好农业生产，保障粮食生产，做好农业稳产保供工作。保产业链供应链稳定。拨付5亿元中山产业投资基金，加大鼓励扶持力度，引导、吸引社会资本加强投资，拓宽企业融资渠道，充分发挥财政资金补短板、扩内需、稳投资的作用，加快稳定产业链供应链，促进经济高质量发展。保基层运转。坚持“哪里困难投向哪里”，大力压减市级支出，优化市镇财力统筹配置，重点向收支矛盾突出的困难镇街倾斜，拨付中央、市级特殊转移支付资金2亿元，拨付临时救助、转移支付资金等36.9亿元，进一步增强镇街财力，确保“三保”和重点支出及时足额优先保障。

【财政改革】 2020年，中山市适应新形势新要求，用好财政改革“关键一招”，完善管理机制。稳步推进市镇两级“全面实施预算绩效管理”进程，选择6个试点镇街启动中山市镇级财政预算绩效管理；分别对市级258个支出项目、14类重大支出项目及政策和6个部门整体支出情况开展绩效评价，拓宽事后绩效评价工作覆盖面；加强制度建设，制定相关管理办法，为中山市预算绩效管理提供指引，抓紧抓实构建“三全”绩效管理体系。推进“数字财政”工作，成立市镇两级“数字财政”建设工作领导小组，搭建覆盖市镇两级。深化国库集中支付电子化改革，实现财政资金数据传输无纸化，方便预算单位“足不出户”即可办理资金支付业务。建立收支测算预警机制，建立收支测算预警机制，加强财政收支和库款监测，出现财政收支缺口预警时，适时提出解决缺口措施，确保财政收支平衡。调整增值税收入划分改革，贯彻省政府关于实施更大规模减税降费后调整省以下增值税收入划分改革精神，保持增值税分成比例稳定，调整完善增值税留抵退税分担机制。

【财政管理】 2020年，中山市加强对国有资本及国有金融企业管理，完成中山金控公司股权划转工作；落实划转部分国有资本充实社保基金工作；推进将中山金益公司持有的广东烟草中山市有限责任公司30%股权无偿划归市财政局管理。加强市级财政专项资金管理，修订《中山市市级财政专项资金管理办法》，明晰财政部门和业务主管部门等各方管理权责。加强政府采购管理，制定出台《中山市财政局关于落实政府采购采购人主体责任的通知》等4份制度文件，着力强化采购人主体责任；强化服务型行政执法建设，办理政府采购争议事项。强化重点项目评审管理，压缩中介评审时限40%，全年完成预、结算项目评审560项，审减项目单位多报造价10.6亿元。

【财政抢抓“双区”建设主动权】 2020年，中山市稳住经济发展基本盘，落实13亿元产业扶持资金，提振实体经济发展动力，加快建设制造强市。其中，拨付2.3亿元工业发展专项资金用于加大企业技术改造资金支持、鼓励中小微企业发展等，夯实实体经济发展根基，实现制造业扩产增效；拨付8800万元发改专项资金用于扶持奖励中山市总部经济企业，加快发展战略性新兴产业集群，打造现代服务业发展高地。赋能提质创新科技发展，在产业扶持资金中拨付3.2亿元科技发展专项资金，支持中山市科技型企业创新发展，加强重大科技、科技金融、科技创新平台、科技基础设施等项目建设；拨付3744万元加强高水平大学建设，深化产学研合作；拨付1亿元组建中山市生物医药产业化基金。聚焦推进交通攻坚年，拨付73.1亿元加快深中通道、中开高速等高速公路建设，完善“四纵五横”高速公路网；拨付5亿元支持轨道交通建设，推进与湾区周边城市基础设施互联互通；拨付29.5亿元推进“二环十二快”干线公路建设，加强干线公路与城市道路衔接，打好交通大会战。高质量柔性引才用才，拨付3748万元粤港澳大湾区个人所得税补贴，全面落实个人所得税优惠政策，优化人才发展环境，精准引才聚才，吸引中山青年人才回乡创业。拨付7180万元人才发展专项资金，实施“人才强市”战略，为高质量发展提供人才支撑。强化城市基础设施建设，拨付1.4亿元用于博物馆群、兴中体育场改造等公共文化体育服务体系建设；拨付6756万元推进水利防灾减灾工程建设；投入2060万元推进国家全域旅游示范区建设，创新旅游发展业态；拨付2.3亿元加强城市公园、自然保护区等生态公园建设，打造绿色宜居生态城市。打造共治共享社会管理格局，拨付1.4亿元用于智能交通、交通安全、交通畅通工程建设；拨付3.3亿元加强城市管理维护，提高城市治理精细化水平；拨付9333万元用于开展扫黑除恶专项工作、“智慧公安”系统建设等，健全社会治安防控体系；拨付7348万元推进全面禁毒工程，支持做好公共法律服务，建设平安法治中山。

（中山市财政局供稿，陈文君执笔）

江门财政

【财政经济概况】 2020年，江门市地区生产总值3200.95亿元，比2019年增长2.2%。其中，第一产业增加值274.48亿元，比2019年增长3.2%；第二产业增加值1333.23亿元，增长2.3%；第三产业增加值1593.24亿元，增长1.9%。三次产业结构8.6∶41.6∶49.8。规模以上工业增加值1068.19亿元，比2019年增长2.3%。固定资产投资完成1985.48亿元，比2019年增长6.9%。进出口总额1428.9亿元，比2019年增长0.2%。其中，出口1125.9亿元，比2019年下降0.9%。实际利用外资56.32亿元，比2019年增长3.8%。社会消费品零售总额1162.62亿元，比2019年下降3.7%。居民消费价格103.1%，比2019年上涨3.1%。

江门市一般公共预算收入完成263.98亿元，比2019年增长2.8%，其中市本级完成53.43亿元，增长2.6%；全市一般公共预算支出完成443.25亿元，增长4.5%，其中市本级完成73.98亿元，增长10.1%。全市及市本级一般公共预算收入加上税收返还和上级补助、调入资金、债券收入等，与一般公共预算支出、债券支出以及上解支出等相抵后，实现收支平衡。

【财政经济调控】 江门市财政部门制定实施“保持财政平稳运行28条”，加强组织收入，压减一般性支出，调整优化支出结构，保障疫情防控和“六稳”“六保”任务落实。

财政保持平稳运行 江门市组织财政收入，健全协税机制，强化税收挖潜堵漏，稳住财税基本盘，加强国有资源资产盘活统筹，弥补税收减收缺口，抓好土地出让收入入库。调结构、保民生、保重点，在全省率先出台压减一般性支出方案，市本级分两次共压减一般性支出和盘活存量资金5.56亿元，腾出资金保障疫情防控和“三保”“六保”支出需要，做到民生支出只增不减。提升直达资金使用管理效益，做好项目安排，确保资金专款专用，直接惠企利民。江门市直达资金全年支出20.85亿元，支出进度100%，被选为先进典型在全省财政工作会议交流经验。强化基层财政库款保障，加大市本级对库款保障水平偏低市（区）的库款调度力度，出台库款运行应急处置预案，保持库款运行安全。打好防范化解重大风险攻坚战，成功发行再融资债券22.78亿元，减轻到期政府债券本金压力。加大隐性债务化解工作力度，超额完成省下达的全年隐性债务化解任务。

疫情防控和企业复工复产财政支持 江门市保障“双统筹”资金需求。新冠肺炎疫情发生后，江门市财政局第一时间启动财政应急保障预案，统筹安排防控应急经费5.78亿元（含上级补助），落实“1+N”系列政策资金超10亿元，支持统筹推进疫情防控和经济社会发展各项工作。做好市防控工作领导小组物资保障组物资采购、调度、储备等工作，建立政府采购“绿色通道”，保障应急救援设备和防疫物资。减轻企业生产经营成本，落实规模性助企纾困政策，全市累计新增减税降费77.04亿元，在减免行事收费，降低用电、用气成本等方面累计为全市企业减负超100亿元。落实行政事业单位房屋租金减免政策，减免承租行政事业单位和国有企业国有资产经营用房的民营企业和个体工商户租金1.25亿元。落实阶段性减免企业社保费政策，为8.24万家用人单位减免社保费45.99亿元；发放失业保险稳岗返还2.91亿元，审核发放各类就业创业补贴1.27亿元。激发市场主体发展动力，统筹资金支持防疫应急保障物资生产企业提前复工、农业促生产保供给、拉动居民消费、促进文旅市场复苏和健康发展。出台十条政府采购政策，支持企业特别是中小微企业参与江门市政府采购活动。

经济高质量发展 江门市支持实体经济转型升级，设立首期规模1亿元的江门市支持企业融资专项扶持资金，缓解企业融资难、融资贵问题。兑现2.78亿元技改专项资金，推动产业转型升级。兑现1.46亿元外经贸发展资金，推动外贸稳定增长和转型发展。深入实施创新驱动发展战略，全市地方财政科技投入16.73亿元，占一般公共预算支出3.8%，落实高新技术企业培育、科技创新平台建设等科技创新发展措施，支持省科学院江门产业技术研究院建设运营，推动全市高新技术企业存量超1800家、规上工业企业研发机构覆盖率61%，增强创新引领能力。实施大湾区个税优惠政策，首次粤港澳大湾区个人所得税优惠政策兑现工作完成，全市审核通过122人，涉及财政补贴金额1742.10万元。做好重大项目、重点领域建设保障，落实市本级政府投资项目资金11.75亿元，保障项目建设；通过抗疫特别国债落实补助资金2.5亿元支持银洲湖高速公路建设；通过地方债券资金解决黄茅海跨海通道项目江门市资本金3亿元，落实珠西综合交通枢纽江门站扩建及周边配套设施工程资金9亿元，推动江门站顺利开通。加大资金筹措力度，支持推动市中心城区产城融合示范区相关项目建设。

债务风险防范化解　江门市完善政府债务管理顶层设计，建立政府债务资金绩效管理机制，新增债券资金优先用于保障省市重点项目及补短板项目，资金使用管理执行通报约谈制度，并建立债券额度与支出进度挂钩的激励机制，提高债券资金使用效益，规范政府举债融资行为。严控债务风险，多措并举化解存量债务，优化政府债务结构，腾出空间承接新增债券，分类施策有序化解存量隐性债务，遏制隐性债务增量，超额完成2020年化解任务，实现连续三年超额完成隐性债务化解任务。抓实新增债券工作，全年累计发行新增债券61.52亿元，其中一般债券1.02亿元，专项债券60.5亿元，实现债券发行量与质的提升，债券资金主要投向交通基础设施、市政和产业园区、教育和医疗民生服务、老旧小区改造等领域，保障省、市重点项目按计划动工。

【财政民生保障】　2020年，江门市民生支出316.28亿元，比2019年增长8.1%，占一般公共预算支出比例超七成。落实市十件民生实事投入资金13.65亿元，完成年度投资计划的110.9%。

基本民生政策落实优先保障　江门市提高六项底线民生保障水平，其中2020年1月起全市城乡最低生活保障标准统一提高至每人每月900元，特困供养人员基本生活标准提高到每人每月1440元。加大困难群众生活价格临时补贴力度，全年全市享受价格临时补贴人数超7万人。

教育文化事业发展支持　江门市落实财政性教育经费保障，确保教育投入实现“两个只增不减”。优化项目支出1.66亿元，支持五邑大学加快建设高水平理工科大学。安排1.56亿元保障学前教育“5080”目标实现。加强公共文化服务体系建设，全市各级财政公共文化财政支出11.63亿元。

脱贫攻坚　江门市健全与脱贫攻坚任务相适应的投入保障机制，全年投入脱贫攻坚资金5.61亿元，巩固市内脱贫攻坚成果，推进对口支援及东西部扶贫协作工作。推动政府采购政策支持消费扶贫，全年全市完成交易总额1819.47万元，超额完成预留份额和交易，排名全省前列。

乡村振兴战略　全年全市一般公共预算农林水支出41.57亿元，比2019年增长22.19%。全年市县两级财政继续落实在土地出让收入中拿出16.08亿元支持乡村振兴工作。加大和推动农业“政银保”等涉农贷款保持增长，撬动金融、社会资本更多投入乡村振兴。

交通领域民生实事落实　江门市安排“四好农村路”市本级补助资金0.59亿元，推动完成省政府下达的攻坚任务。统筹市区公交优先发展专项资金1.44亿元，支持保障市公汽公司疫情期间正常营运，助推提升江门市公共交通服务指数。

城市扩容提质　江门市本级政府投资项目总投资93.89亿元，主要涉及交通、环境整治、民生、社会管理等54项提升城市品质的项目建设。坚持“先急后缓，保重点”原则，2020年安排建设资金7.43亿元，推进市本级政府投资项目建设。

【财政改革】　2020年，江门财政立足新发展阶段，贯彻新发展理念，融入新发展格局，强化改革创新的政治自觉和行动自觉，围绕深化财政体制机制改革，提高财政政策效能和资金效益，推动财政管理水平不断迈上新台阶。

促进区域协调发展的财政政策体系完善　江门市参与市财经工作专班，加强各类资源统筹策划，结合“三区并进”区域发展格局，建立推进重大项目、重大平台建设资金统筹机制，将土地出让收入纳入全市统筹范围，按统一比例上解，适当加大市级统筹力度，推动解决资源碎片化、力量分散化、平台低端化问题。

财政支持深化民营和小微企业金融服务综合改革试点　江门市牵头制定财政支持深化民营和小微企业金融服务综合改革实施方案，着力发挥财政资金引导撬动作用，探索改善民营和小微企业金融服务有效模式，加快推进粤港澳大湾区金融市场互联互通，获财政部奖励资金3000万元。相关案例获得江门市直机关“管理创新奖”优秀项目。

PPP工作高质量发展　江门市规范实施PPP模式，截至2020年底纳入财政部PPP综合信息平台系统42个项目，累计总投资规模约360

2020年9月3日，江门市财政局召开2021年市级部门预算编制布置服务会 （江门市财政局供图）

亿元，成功签约落地40个，实际落地率95.24%，撬动社会资本投资约341亿元。首次开展PPP基金绩效考核，并加强绩效评价结果应用。

【财政管理】 2020年，江门市加快全面实施预算绩效管理；加强预算执行监督管理；推进数字财政建设，规范统一全市财政业务标准，提高全市财政支付效率和服务水平。

预算绩效管理 江门市制定涵盖预算绩效管理各环节的管理制度和实施细则，形成以《关于全面实施预算绩效管理的意见》《关于全面实施预算绩效管理的工作方案》等若干配套办法构成的“1+1+N”(第一个“1”为《关于全面实施预算绩效管理的意见》，第二个“1”为《关于全面实施预算绩效管理的工作方案》，“N”为结合本市工作实际制定多个制度，主要包括《江门市本级财政支出绩效评价管理办法》《江门市市级财政资金事前绩效评估管理办法（试行）》《江门市市级财政预算安排“四挂钩”办法（试行）》《江门市市级财政资金事前绩效评估管理办法（试行）》《江门市市级财政预算绩效目标编制审核指南》）等制度体系。强化源头管控，建立事前绩效评估机制。印发《江门市市级财政资金事前绩效评估管理办法（试行）》。科学全面设置指标，打造绩效指标库。按照“框架搭建、指标归集、细化完善、科学论证”思路，形成纵向可追溯、横向可对比的分类别、分行业、分领域的绩效指标体系。提升资金效益，构建绩效评价结果“四挂钩”机制。出台《江门市市级财政预算安排“四挂钩”办法（试行）》，严格落实“花钱必问效、无效必问责”，做到评价结果与预算安排挂钩、评价结果与市人大监督挂钩、评价结果与市直机关绩效考核挂钩、评价结果与审计问责挂钩。

预算执行监督管理 江门市加大财政“放管服”改革力度，推进市级专项资金细化、分配、执行和审批权限分类，健全完善财政预算管理动态监控系统，促进资金管理使用安全规范有效。落实财政预算执行进度通报约谈制度，对预算执行未达到序时进度的市（区）和市直业务主管部门实施约谈。推进预算执行进度和绩效目标运行“双监控”，以财政资金管理全流程、全链条为监控主线，推动监督关口前移，提高各类财政资金使用效益。推动财政资金内部控制改革，织密权力运行“监管网”。

数字财政建设 江门市作为全省“数字财政”建设试点地市之一，按照“防风险、提效率”原则，全面梳理财政业务流程和管理规则，分析存在问题，提出有关改进措施以及业务系统建设需求，配合和参与全省“数字财政”建设工作，在2020年9月完成系统预算域上线后，2021年1月完成系统执行域和核算域上线，实现三大域在市本级和各市（区）全面上线运行。

（江门市财政局供稿，罗紫嫣执笔）

阳江财政

【财政经济概况】 2020年，阳江市地区生产总值1360.44亿元，比2019年增长4.4%。其中，第一产业增加值263.59亿元，比2019年增长1.5%，对GDP增长的贡献率4.8%，拉动GDP增长0.2个百分点；第二产业增加值485.10亿元，增长10.7%，对GDP增长的贡献率109.6%，拉动GDP增长4.9个百分点；第三产业增加值611.75亿元，下降1.6%，对GDP增长贡献率-14.4%，拉低GDP增速0.6个百分点。阳江市人均地区生产总值5.24万元，比2019年增长3.8%。全市固定资产投资比2019年增长12.6%。全市社会消费品零售总额451.18亿元，比2019年下降10.2%。全市进出口总额191.7亿元，比2019年增长26.3%。全市出口总额142.6亿元，比2019年增长21.8%。年末全市金融机构本外币存款余额1639.46亿元，比2019年增长10.3%。全年居民消费价格上涨2.3%。

2020年，全市一般公共预算收入65.70亿元，比2019年增长2.2%。

其中，税收收入47.75亿元，比2019年下降1.3%；非税收收入17.95亿元，增长12.8%。其中，市本级（含市直、海陵试验区、阳江高新区、阳江滨海新区，下同）一般公共预算收入24.06亿元，比2019年增长4.6%。全市一般公共预算支出249.84亿元，比2019年增长3.1%。其中市本级一般公共预算支出86.56亿元，比2019年增长19.1%。

2020年12月30日，阳江市委常委、常务副市长李勇毅到市财政局调研2020年全年财政收支情况（阳江市财政局供图）

【财政经济调控】 2020年，阳江市推动经济高质量发展，深化涉农资金统筹整合，防范化解地方政府债务风险。

经济高质量发展　阳江市聚焦短板和薄弱环节，支持实体经济发展，提升经济创新力和竞争力。推动制造业高质量发展，争取省级资金9亿元支持阳江高新区产业园区基础设施建设；安排资金9842万元支持省产业园区产业共建项目发展；统筹省、市专项资金2890万元支持工业企业技术改造、信息化发展、产业创新能力和平台建设；整合安排先进装备制造业发展资金5000万元支持新能源、合金材料等重点产业发展；安排资金800万元支持工业企业节能减排。海上风电产业发展基金完成首批注资7.7亿元并启动运营，重点投向支持海上风电产业项目和新能源产业项目发展。支持民营企业和小微企业平稳发展，用好、用活贴息、以奖代补等扶持政策，重点推进解决中小企业融资难、融资贵问题。统筹安排省、市民营经济及中小微企业发展资金1990万元；安排资金180万元对阳江市金融服务实体经济发展项目予以奖补。继续发挥已设立的政策性融资担保资金1亿元、中小微企业信贷风险补偿资金2000万元的杠杆乘数作用，为中小微企业融资增信，促进实体经济平稳健康发展。强化科技创新财政投入，阳江市财政安排1.95亿元资金加快推进省实验室分中心阳江海上风电实验室和阳江合金材料实验室建设。安排落实科技专项资金6531万元，加快促进科技创新成果转化。

涉农资金统筹整合　阳江市加快项目推进和项目库储备建设，提升财政支农政策效果和涉农资金使用效益。全年统筹整合涉农资金11.7亿元，其中安排8.1亿元用于完成2020年度涉农领域省对阳江市的考核任务。

地方政府债务风险防范化解　阳江市本级通过制定落实政府债务风险化解规划，化解地方政府债务风险，债务风险处于绿色区域（债务风险等级分为红橙黄绿四个等级，绿色为风险最低），债务风险可控。

【财政民生保障】 2020年，阳江市落实民生类支出189.7亿元，占财政支出比重75.8%，比2019年增长3.3%。

防疫支出保障　阳江市开通财政资金支付和政府采购绿色通道，加快资金拨付使用。全年各级财政共投入疫情防控保障资金3.5亿元，减轻患者救治费用负担，提高疫情防治人员待遇，保障医疗防控物资供应等财政资金政策落实到位。

省、市十件民生实事资金保障　阳江市投入省、市十件民生实事资金约11亿元，为落实十件民生实事提供资金保障。全市落实底线民生保障资金3.6亿元，城镇、农村低保人均补差水平分别提高到每月不低于621元和288元，实现应保尽保。

稳就业投入加大　阳江市财政加大投入力度，安排就业补助资金预算130万元。安排退役安置补助经费及军队转业干部补助经费933万元，支持做好退役士兵、军转干部教育培训和管理工作。

公平优质教育优先发展　阳江市一般公共预算教育支出46.3亿元，比2019年增长16.4%，占一般公共预算支出的18.5%。筹措资金用于阳江本科院校建设，改善阳江市各学段办学条件，支持教师队伍建设，巩固落实城乡义务教育经费保障机制，建立涵盖学前至高中各学段生均经费保障制度，新建一批义务教育学校，促进教育均衡优质发展。

交通网络建设　阳江市加快推进广湛高铁阳江段建设，完成征地拆迁投资10亿元。推动广东滨海旅游公路阳江先行段、省道S540线阳江雅韶至白沙段扩建等一批PPP项目，“十三五”规划“迎国评”8个总投资21亿元的国省道建设项目

2020年，阳江财政支持交通网络建设，海陵大桥于12月28日通车
（阳江市财政局供图）

加快建设，加快阳江港进港航道改造工程和码头泊位建设。筹措各级财政资金1.7亿元建设“四好农村路”，保障村民安全、便利出行。

城区扩容提质　阳江市统筹安排12.1亿元支持漠阳江东河大桥和漠阳江西河大桥、市区沿江路改造工程、国道G325阳江市北惯至白沙段改线工程、阳江本科院校、城南中学、城北共青湖学校等重要基础设施的建设。

【财政改革】　2020年，阳江市推进预算编制执行监督管理改革、零基预算改革及“数字财政”建设。

预算编制执行监督管理改革　2020年3月，阳江市实现预算编制执行监督管理改革在市、县（市、区）两级全面铺开。加强对接省级“大专项+任务清单”管理模式，组织市直业务主管部门和各县（市、区）完成2021年省级财政专项资金市县项目入库储备工作，确保上级资金高效使用。

零基预算改革　加大力度推行零基预算管理模式，结合财力状况，以零为基点，在综合平衡的基础上编制预算，提高预算管理水平。

“数字财政”建设　阳江市作为全省“数字政府”公共财政综合管理平台（简称“数字财政”）工作首批六个试点地市之一，2020年阳江市以信息化建设为依托，按照省预算管理业务规范加速我市预算管理改革，推进预算管理一体化。2020年9月21日，阳江市“数字财政”市直预算域顺利上线，276个市直预算单位接入系统，阳江市“数字财政”建设取得里程碑式成果。按照“全市一盘棋”的工作理念和要求，统筹推进全市各县（市、区）的工作进度，2020年10月全市“数字政府”公共财政综合管理平台预算域系统上线，财政信息化建设工作取得突破性进展。同时，我市高度重视运维团队业务技术保障能力，开通客服语音专线并接入省财政厅智能运维系统，运维中心的10个客服座席全面投入使用，是全省六个试点地市中首批完成此项工作的地市。“数字财政”预算域、执行域、会计核算域三大功能模块逐步上线运行后将实现财政核心业务规范化和信息系统一体化，有力解决地方各级财政管理缺乏统一规划，造成“车不同轨、书不同文”的老大难问题，推动全市预算编制工作提质增效，优化财政资源的统筹配置，逐步实现财政管理水平的显著提升和财政治理体系、治理能力现代化。

【财政管理】　2020年，阳江市保障民生和基本运转支出法治强化财政建设预算刚性约束，加强财政统筹管理，营造公平竞争的政府采购环境。

民生和基本运转支出保障　受疫情防控等多重因素影响，各级财政部门深挖财政增收潜力应对短收

2020年9月21日，广东省财政厅副厅长杨朝峰到阳江市财政局调研“数字财政”进展情况
（阳江市财政局供图）

现状。加强非税征收力度，做到应收尽收，通过盘活预算单位闲置存量资金、资产，加大资金统筹力度，压减一般性支出用于保障民生和基本运转支出。

法治财政建设　为落实好“八五”普法工作任务，阳江市财政局成立以党政主要负责人为法治第一责任人的法治宣传教育和依法行政、依法理财领导小组，并成立工作专班。建立健全《阳江市财政局行政机关负责人出庭应诉制度》多项法治工作制度，建立以案释法案例库，结合“4·15”全民国家安全教育日、“12·4”宪法日和为群众办实事等活动主题，深入基层开展法律“六进”普法宣传活动，推进依法行政、依法理财。

预算刚性约束强化　阳江市强化年初预算约束，维护财政预算的严肃性，按预算安排和进度进行，从严控制预算追加事项，严禁超预算或无预算安排支出。优化支出结构，牢固树立“过紧日子”思想，压减一般性支出，降低行政运行成本，加大重点领域保障力度。兜牢“三保”支出底线，坚持“三保”支出在财政支出中的优先顺序，保障“三保”预算执行。强化预算绩效管理，印发《关于全面实施预算绩效管理的工作方案》，强化阳江市各地区、各部门落实预算绩效管理工作责任；对2019年市级财政性资金支出项目开展第三方绩效评价，提高财政资金使用效益；加快建立全方位、全过程、全覆盖的预算绩效管理体系，削减低效无效支出，让每一分钱花出效益。

财政统筹管理加强　阳江市加强各类财政资金统筹，形成“一个池子蓄水，一个龙头出水”的预算管理模式，集中力量办大事，提升财政保障能力。加强“四本预算”有机衔接。树立“大预算、大统筹”理念，以一般公共预算为关联节点，推进“四本预算”紧密衔接，加大政府性基金预算预算、国有资本经营预算与一般公共预算的统筹力度。盘活财政存量资金，加大盘活财政存量资金力度，多渠道分类盘活结转结余资金，统筹用于民生重点和“三保”支出，减少资金沉淀，提高财政资金使用效益。用好、用活直达资金和债券资金，依法合规运用直达资金和债券资金，发挥好直达资金和债券资金对补短板、促发展的作用，为“六稳”“六保”和经济社会发展提供财力补充。向上级争取资金支持，结合阳江市经济发展情况，协调有关部门谋划项目，向上对接，争取上级资金支持。

预决算公开　阳江市加强预决算公开检查力度，提高各预算单位的对预决算公开工作的重视程度，逐步实现预决算公开由“随意公开”向“规范公开”、由“被动公开”向“主动公开”、由“粗放公开”向“细化公开”的转变，推进预决算公开透明化、规范化。配合加快构建社会信用体系建设，依托“互联网+”“政务信息资源共享”平台，将阳江市财政局的行政许可、行政处罚、行政检查等事项进行公示公开，打造“阳光财政”。

政府采购　阳江市优化采购活动办事程序，细化采购活动执行要求，规范保证金收取和退还，支付政府采购资金，完善对供应商的利益损害赔偿和补偿机制。规范政府采购执行管理，打造优良营商环境，引导和鼓励各类市场主体积极参与政府采购工作。对采购疫情防控相关货物、工程和服务的事项，采取特事特办、急事急办，保障疫情防控物资供给。

【政府采购政策支持脱贫攻坚】2020年，阳江市各级财政、扶贫部门及各预算单位，克服新冠肺炎疫情影响，加大采购执行力度，研究对策，采取“三个强化”措施全方位做好工作。强化督导工作，提高制度执行力，组织召开多次工作督导会，增强各预算单位执行政策的自觉性和紧迫性。强化服务，指导落实采购任务，利用多种平台和渠道进行宣传，解决预算单位在采购过程中遇到的问题，根据工作实际对重点单位开展一对一服务；重点督促有饭堂的预算单位采购贫困地区农副产品，鼓励预算单位工会组织通过“832”销售平台采购工会福利、慰问品等。强化通报工作，督促各预算单位认真落实政策，重点督促未完成采购金额或采购金额为零的预算单位，加紧完成任务。全年全市通过国家“832”平台采购贫困地区农副产品注册的预算单位755个，激活账号608个，提前超额完成2020年度预留份额任务。

（阳江市财政局供稿，简梅芳执笔）

湛江财政

【财政经济概况】　2020年，湛江市实现地区生产总值3100.22亿元，比2019年增长1.9%。其中，第一产业增加值622.06亿元，与2019年持平；第二产业增加值1051.80亿元，增长3.7%；第三产业增加值1426.36亿元，增长1.1%。第一、二、三次产业增加值的比例为20.1∶33.9∶46.0。全年完成固定资产投资比2019年下降6.1%。其中，国有经济投资比2019年增长56.0%，民间投资下降28.5%，港澳台投资下降30.1%，外商投资下降27.6%。全年货物进出口总额442.40亿元，比2019年增长6.7%。其中，出口总额193.07亿元，比2019年下降7.8%；进口总额249.33亿元，增长21.4%。全年社会消费品零售总额1638.76亿元，比2019年下降4.6%。其中，批发业零售额比2019年下降6.4%，零售业零售额下降4.0%，住宿业零售额下降14.0%，餐饮业零售额下降7.2%。

全年居民消费价格比2019年上升2.1%，工业生产者出厂价格下降2.6%。

2020年，湛江市一般公共预算收入137.78亿元，比2019年增长5%，增速排全省第五位。全市一般公共预算支出538.59亿元，比2019年增长7.1%。全市政府性基金收入169.31亿元，比2019年增长70.1%，预算支出274.52亿元，比2019年增长71.5%，财政支出保持增长态势。全年湛江市累计压减非急需非刚性支出3.52亿元，将节省的资金用于做好稳就业、稳金融、稳外贸、稳外资、稳投资、稳预期工作。

【财政经济调控】 2020年，湛江市支持做好新冠肺炎疫情防控、复工复产工作，增强财政筹集资金能力，发挥积极财政政策作用，增强财政经济调控能力。

疫情防控财政支持　湛江市开通防控资金多渠道筹集通道，全市累计筹集4.41亿元，保障湛江市疫情防控和经济发展政策措施落实到位，实现重点人群核酸排查全免费、患者救治零负担、困难群众全救助、防疫经费全保障。开通防控资金快速拨付通道，加强资金调度，防疫资金拨付当天办结，促使资金以最快的速度到达资金使用单位。开通防控物资采购绿色通道，落实防疫物资采购便利化措施，确保防疫物资投入疫情防控关键领域。开通医护、病患保障通道，落实患者救治费用补助、参加防治工作的医务人员和防疫工作者给予临时性工作补贴等政策。开通票据发放快捷通道，做好疫情期间票据发放工作，重点保障医疗票据供应。

复工、复产、复学财政支持　湛江市扶持企业技改和创新，通过奖补鼓励工业企业进行技术改造，生产抗疫应急物资。支持降低企业融资成本，发挥粤财普惠（湛江）融资担保公司作用，对疫情防控相关领域重点企业及受疫情影响较大的中小微企业，降低新增融资担保项目的担保费率；为疫情防控重点保障企业发放优惠贷款资金17.31亿元，争取中央财政贴息资金2009万元，贴息规模位列全省第4。支持实施援企稳岗政策，全市减免企业社会保险费17亿元，并对企业在疫情防控期间复产用工按规定给予相应财政补贴。支持学校复学，统筹预算资金解决困难学生学习终端设备、网络覆盖等问题，确保线上教育全覆盖；投入680万元集中采购300万个口罩，保障开学防疫物资；安排2275万元用于教室安装空调，确保全市35个高考考点空调全覆盖。

减税降费政策落实　湛江市足额办理增值税留抵税额退税超13亿元，支持减免国有资产类经营性用房承租户租金3797.18万元，减轻疫情对企业造成的负担。

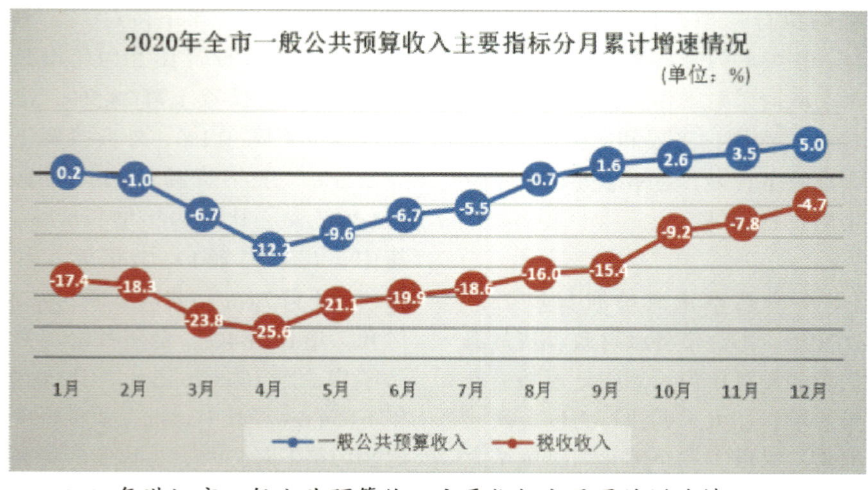

2020年湛江市一般公共预算收入主要指标分月累计增速情况

（湛江市财政局供图）

争取上级资金支持　湛江市把握政策机遇，主动协调全市各级各部门，加强与上级部门沟通联系，争取上级资金支持。2020年，市直部门共争取上级资金274.86亿元，比2019年增加90.1亿元，增长48.8%。其中：争取新增债券额度128亿元，比2019年增长31%；争取抗疫特别国债18.95亿元、特殊转移支付资金15.17亿元。累计争取湛江港30万吨航道改扩建工程项目补助资金10亿元。引导金融机构服务湛江市重点领域和薄弱环节。2020年湛江市被财政部列为财政支持深化民营和小微企业金融服务综合改革试点城市，为全省两个试点城市之一，获中央财政奖励专项资金3000万元。

三大攻坚战财政支持　湛江市打好防范化解重大风险攻坚战，全方位加强政府债务管理，安排资金按时足额偿还到期债券本息；全年化解隐性债务142.41亿元；全市未出现违法违规举债及债务违约情况；建立并落实向市政府、市人大报告地方政府债务管理情况制度。支持打好脱贫攻坚战，湛江市投入14.47亿元用于扶贫相关项目；投入24.5亿元支持解决“不愁吃、不愁穿，义务教育有保障、基本医疗有保障、住房安全有保障”突出问题；2020年广东省通报2019年扶贫开发成效，湛江市扶贫资金绩效评价排名全省第二位。支持打好污染防治攻坚战，投入13.39亿元支持推进污染防治项目和做好环境保护。

“四大抓手”支持推进　湛江市统筹15.88亿元落实重点交通项目资本金和建设资金，加快打造全国性综合交通枢纽。统筹安排16亿元推动巴斯夫项目。统筹省市预算资金5.66亿元、新增政府债券资金38.3亿元，用于工业园区高质量发

·链接·

四大抓手：交通基础设施建设、产业园区扩能增效、城市强芯提质、乡村振兴发展。

展、民营经济及中小微企业发展和先进装备制造业，振兴实体经济。安排6.6亿元实施市政建设计划。2019—2020年市财政统筹安排7.6亿元支持全市创文基础建设补短板。统筹中央、省、市资金88.28亿元支持实施乡村振兴战略。投入2.23亿元支持湛江市1636个村和307个社区基层组织建设，加强党对乡村振兴工作的全面领导。投入4.88亿元用于永久基本农田保护和高标准农田建设。

产业发展支持　湛江市推进更高水平开放和创新，投入3450万元支持湛江综合保税区基础设施建设。投入5060万元激励、引导和促进企业扩大进出口贸易，优化营商环境，促进稳外贸稳外资。统筹省市科技发展专项资金1.33亿元，支持发展科技企业孵化器和众创空间、海洋科技产业创新中心建设运营等，实施创新驱动发展战略。统筹安排7.7亿元建设湛江湾实验室。投入5955万元支持实施重点人才工程，为科技创新强市建设提供智力支撑。

【财政民生保障】　2020年，湛江民生类支出445.08亿元，保障教育优先发展，提升公共卫生应急和医疗服务能力，提高民生保障标准，支持扶贫开发和污染防治，促进各项社会事业发展。

重点领域支出保障　湛江市在支持落实保居民就业、保基本民生、保市场主体、保粮食能源安全、保产业链供应链稳定、保基层运转任务上精准发力。统筹5.79亿元用于技能提升、援企稳岗和创业担保贷款贴息等方面；加大民生兜底力度，落实困难群众救助资金17.86亿元、残疾人两项补贴资金3.37亿元，发放低收入群体价格临时补贴1.92亿元，惠及困难群众216.33万人次；拨付市级储备粮油利费补贴资金0.92亿元，筑牢粮食安全底线；调度县（市、区）库款，保障基层运转；拨付专项资金6.41亿元，保障产业链、供应链稳定。

教育优先发展　湛江市教育支出117.04亿元，比2019年增长6.0%。拨付义务教育公用经费10.4亿元，投入1.16亿元新增市区公办义务教育学位10110个。投入1.67亿元支持学前教育发展，新增全市公办学前教育学位4500个。投入4.5亿元落实“两相当”政策、山区和农村边远地区教师生活补助、原民办代课教师生活困难补助。落实普通高中和中职助学金及免学费补助1.29亿元。投入6.92亿元支持岭南师范学院和广东医科大学新校区建设，促进教育均衡发展和质量提升。

公共卫生应急和医疗服务能力提升　湛江市卫生健康支出76.47亿元，比2019年增长4.8%。共投入14.08亿元加强医疗卫生补短板建设，推进广东医科大学附属医院海东院区、市第一中医医院搬迁改造、市妇幼保健院新院3个项目动工建设，推进市第四人民医院升级改造、湛江中心人民医院急危重症救治及服务辐射能力提升建设。支持广东医科大学附属医院和湛江中心人民医院建设高水平医院，升级建设10家县级公立医院、7间中心卫生院、13家公立医院发热门诊和113家基层医疗卫生机构发热诊室。投入5.4亿元用于落实健康教育、预防接种、儿童健康管理、孕产妇健康管理等基本公共卫生服务。

民生保障标准提高　湛江市投入底线民生保障资金46亿元、医疗保障资金41.4亿元，八项民生保障标准继续提高：（1）农村、城镇低保保障标准分别从每人每月484元、702元提高到532元、772元，人均补差水平分别从251元、554元提高到276元、609元。（2）特困人员供养标准与最低生活保障标准同步提高，确保不低于当地城乡最低生活保障标准的1.6倍。（3）集中养育孤儿和散居孤儿基本生活保

2020年8月21日，湛江市财政局局长李曜（右二）带队到湛江市麻章区森工产业园区调研（彭自全　摄）

障标准分别从每人每月1685元、1025元提高到1820元、1110元。（4）困难残疾人生活津贴和重度残疾人护理补贴分别从每人每年1980元、2640元提高到2100元、2820元。（5）城乡居民养老保险基础养老金最低标准从每人每月170元提高到180元。（6）城乡居民基本医疗保险财政补助标准从每人每年520元提高到550元。（7）基本公共卫生服务人均财政补助标准从每年69元提高74元。（8）部分优抚对象等人员抚恤和生活补助标准按不同人员类别提高，提高幅度最高达12.5%。

社会事业发展 全市各级财政投入1.83亿元支持实施“粤菜师傅”“广东技工”“南粤家政”三项工程。安排3.16亿元推动粤西水资源配置工程，加快解决雷州半岛干旱缺水的历史问题。安排3.2亿元推动湛江文化中心项目动工建设，统筹安排5.86亿元支持文化馆、图书馆、档案馆、博物馆建设。安排3308.72万元支持开展扫黑除恶专项斗争，安排1.1亿元支持实施全民禁毒工程，推动平安湛江建设。

【财政改革】 2020年，湛江市将依法行政、依法理财贯穿于财政工作、财政改革的各方面和全过程，推动财政管理规范化法治化，提升财为政服务水平。完善预算编制，健全基本支出定额标准体系，完善编制程序和规则，推进预算编制更加规范高效；进一步完善项目库建设和管理，做实做细部门项目库，规范部门整体绩效目标和项目绩效目标申报，严格项目入库管理，到期未入库项目一律不安排预算。推进预算管理改革，以提升预算能力为新一轮预算改革的重点方向，围绕预算决策、财力统筹、绩效管理和协同运行等方面，探索研究深入开展预算管理改革。将部门和单位整体预算收支全面纳入绩效管理，2020年部门整体自评实现全覆盖；将预算绩效管理范围覆盖四本预算；绩效目标全面纳入项目库管理，完善“花钱必问效”的绩效评价机制，全方位、全过程、全覆盖的预算绩效管理体系加快形成。在全省2020年县级财政管理绩效综合评价中，遂溪县得分进入全国前200名，徐闻县、廉江市规范预算编制评价获满分。在湛江市中心人民医院、广东医学院第二附属医院运用“区块链+财政医疗电子票据+”技术，打造湛江财政电子票据数字化管理改革新模式，打通非税缴费便民服务“最后一公里”。

【财政管理】 2020年，湛江市盘活财政存量资金，控制新增支出，加强国有资产管理，优化工程审核，强化财政监督，推行一个部门对口一个科室改革，加强人大联网监督管理，提升财政管理水平。

财政存量资金盘活 湛江市落实中央、省清理盘活财政存量资金工作要求，准确把握《预算法》《预算法实施条例》对结转结余资金管理的最新规定，全面清理盘活财政存量资金。2020年收回财政存量资金4.82亿元，为湛江市统筹疫情防控和经济社会发展提供资金补充。健全项目动态调整机制，通过预算调整将一般公共预算支出缓慢的项目资金3.45亿元调整用于具备支出条件的刚性支出。

国有资产管理 湛江市开展全市国有资产清理整治专项行动，推行市直行政事业单位经营性资产集中统一监管，盘活市直行政事业单位土地资产，开展划转国有企业资本充实社保基金工作，市直3家国有企业列入划转范围，配合市国资委推进国有企业退休人员社会化管理，开展国有资产管理向人大报告工作。

工程审核 湛江市主动服务湛江市委、市政府中心工作，立足为财政节支增效的定位，全年送审金额53.8亿元，审定金额49.08亿元，核减金额4.72亿元，核减率8.77%。

财政监督 湛江市对市直80个部门（单位）开展财政存量资金专项核查，收回4000多万元，有效盘活财政存量资金。对市直单位“私车公养”问题、“因公出国（境）、公务车购置及运行费、公务接待费”等行政经费以及市慈善会资金使用管理情况开展专项核查，严肃财经纪律。

一个部门对口一个科室服务 湛江市以机构改革为契机，对部门的资金管理业务由过去分散多个科室管理调整为一个科室全方位全流

2020年5月14日，湛江市财政医疗电子票据暨银医通自助系统上线启动活动在湛江市中心人民医院举行 （彭自全 摄）

程对口服务，理顺科室职责边界，优化服务和资金统筹，实现部门办事“只进一个门、只跑一个科、服务一张单、办事一张网、完整一本账”，提高政务服务水平、优化营商环境。

人大联网监督管理 湛江市把握财政预算执行系统一体化建设时机，实现人大联网监督系统接口，实现人大监督系统和财政预算执行系统实时联通，财政资金从被动监管向主动联网接受监督的转变，促进财政管理更加规范化、精细化。

（湛江市财政局供稿，黄丽云执笔）

茂名财政

【财政经济概况】 2020年，茂名市全市实现地区生产总值（GDP）3279.31亿元，比2019年增长1.5%，经济总量继续位居粤东西北首位。其中，第一产业增加值648.68亿元，比2019年增长5.4%；第二产业增加值1032.43亿元，增长1.1%；第三产业增加值1598.20亿元，增长0.5%。三次产业结构为19.8∶31.5∶48.7。全年居民消费价格总水平比2019年上涨2.0%。全年工业增加值比2019年增长0.2%，其中规模以上工业完增加值下降2.3%。全年固定资产投资比2019年增长0.7%。全年社会消费品零售总额1356.48亿元，比2019年下降5.7%。全年进出口总额199.27亿元，比2019年增长1.5%，其中：出口总额169.24亿元，下降0.8%；进口总额30.03亿元，增长16.3%。实际利用外资金额4.14亿元，增长139.8%。年末全市银行业金融机构本外币各项存款余额3246.33亿元，比2019年增长7.7%；各项贷款余额1871.39亿元，增长18.3%。全市居民人均可支配收入24600元，比2019年增长6.1%，其中：城镇常住居民人均可支配收入30733元，增长4.5%；农村常住居民人均可支配收入19621元，增长6.2%。

2020年，茂名市各级财政部门实施积极的财政政策提质增效，树立“大财政、大预算、大资产”理念，加大优化财政支出结构力度，用好用足地方政府新增债券，深化财税体制改革，增强财政运行稳定性和可持续性，推动茂名市在沿海经济带建设中争先进位。全市一般公共预算收入142.66亿元，比2019年增长2.0%；市本级完成66.90亿元，增长0.2%。其中税收收入累计完成74.22亿元，比2019年增长0.6%；非税收入累计完成68.44亿元，非税比重为48.0%。全市地方一般公共预算支出累计完成481.23亿元，比2019年同期增加23.61亿元，增长5.2%。

【财政经济调控】 2020年，茂名市坚持科学调度资金，落实“积极的财政政策要更加积极有为”的要求和党中央、国务院关于建立特殊转移支付机制的决策部署，推动科技产业创新发展、基础设施内联外通、城市建设扩容体质、繁荣发展文体事业，加快建设现代化滨海城市，打造沿海经济带新增长极。

中央直达资金和新增债券资金使用 茂名市争取到40.15亿元直达资金，全部按照中央规定直接下达到基层政府和项目单位、企业、个人，主要用于保就业、保基本民生、保市场主体。争取到100.1亿元各类债券资金，重点投向交通、城建、学校、医院、水利、产业等茂名市经济社会发展亟需的项目建设。

产业做强财政支持 茂名市树立大抓产业鲜明导向，发挥财政资金支持和政策引导作用，成功争取省财政补助资金10亿元，累计筹集资金41.45亿元，支持烷烃资源综合利用项目建设，支持产业集聚集群和特色产业发展，支持纳入重点项目库的71项产业项目建设，加快临港产业绿色崛起。加大力度完善茂名国家级高新区基础设施，加快园区管廊、污水处理等项目建设；加快茂南、电白、信宜、高州、化

2020年，茂名市支持烷烃资源综合利用项目建设，该项目于2020年3月开始动工，其中财政通过各种渠道筹集资金41.45亿元，图1为东华能源（茂名）有限公司配套库区项目，图2为东华能源烷烃资源综合利用项目厂前区

（茂名日报社供图，吴昊 摄）

州产业转移园区基础设施建设。

现代化交通路网建设 茂名市加大交通设施建设资金投入，全市财政完成交通运输支出43.92亿元，比2019年增长102.9%，强化交通先导地位，着力构建港口、高铁、高速公路立体化交通网络，推进建设“入珠融湾”大通道。云茂高速主体工程全线贯通，水东湾大桥主体完工，广湛高铁先开段、博贺疏港铁路、滨海旅游公路茂名先行段加快建设。

品质城市建设 茂名财政投入城乡社区和市政基础设施建设资金105.89亿元，巩固拓展创建国家卫生城市成果，聚力建设宜居宜业的品质城市。支持城市扩容提质，加大征地拆迁收储和“三旧”改造力度，加快城市更新改造，加快站南公园等公园绿地建设。支持共青河新城、水东湾新城建设。

污染防治攻坚战 茂名市财政节能环保支出18.66亿元，完成预算的129.4%。自然资源海洋气象支出7.1亿元，比2019年增长85.9%。推进生活污水处理设施及管网建设，支持城市黑臭水体治理、固废危废监管、镇级垃圾填埋场等突出问题整治。支持污染防治产业化，加快推进循环经济示范中心和县级绿能环保发电项目。支持加强饮用水源地生态环境保护。财政累计筹集资金25.96亿元，推进茂石化炼油厂卫生安全防护距离内居民搬迁安置工作，空气质量稳居全省前列。

文体事业繁荣发展 茂名市完成文化旅游体育与传媒支出13.16亿元，比2019年增长11.6%。支持创文、创卫、创森、支持“好心茂名”文化品牌建设，支持筹备省运会，支持图书馆、博物馆、文化馆和基层镇级文化站升级建设。

科技创新和产业园区做强做优 茂名市完成科学技术支出2.51亿元，完成年度预算的126.9%，支持产业技术研发、技术创新改造、科技成果转化运用；安排资金21.53亿元，支持产业园区扩容增效，完善园区内基础设施建设，做强平台支撑。

【财政民生保障】 2020年，茂名市一般公共预算支出481.23亿元，比2019年增长5.2%，通过厉行节约、优化结构等措施，完成上级下达的各项重点支出指标考核任务。全市教育、社会保障和就业等民生类支出396.14亿元，占全部支出的82.3%，比2019年增长4.3%，民生支出得到重点保障。拨付省十件民生实事市县级配套资金10.46亿元，完成年度预算的161.4%，拨付进度位居全省第一。

新冠肺炎疫情防控阻击战 茂名市启动应急保障工作机制，落实常态化疫情防控工作要求，开通资金支付绿色通道，优先保障疫情防控资金，累计投入疫情防控资金7.64亿元，支持及时建、购疫情防控医疗场所、设施，确保核酸排查“全免费”、筛查费用“全保障”、患者救治“零负担”，织牢织密医疗救治费用医保基金和财政补助“全兜底”保障网，确保群众不因费用问题影响及时就诊、各地不因资金问题影响及时医疗救治和常态化疫情防控。加大对卫生健康的投入力度，加快补齐医疗卫生短板，2020年全市财政卫生健康支出69.53亿元，比2019年增长18.5%。其中，投入8.6亿元用于茂名市人民医院应急大楼、茂名市中医院新院区、茂名市第三人民医院、电白区妇幼保健中心、高州第二人民医院等医疗卫生基础设施建设。2018—2020年三年累计投入3亿元支持茂名市人民医院建设“登峰计划”高水平医院。投入5.2亿元用于基层医疗卫生机构建设。投入11.45亿元提高基本公共卫生服务均等化水平，2020年基本公共卫生服务项目财政补助最低标准由人均69元/年提高到人均74元/年，人均每年提高5元用于支持农村和社区开展疫情防控。财政对基本医疗保险基金的补助达28.95亿元。

支农强农 茂名市完成农业农村、林业、水利支出完成51.75亿元，比2019年增长20.2%。推进涉农资金统筹整合改革，整合中小河流治理、新农村示范片建设、“四好农村路”和全域旅游等叠加政策优势，整合涉农资金26.78亿元，集中投向农业产业、农村人居环境整治、四好农村路建设等民生领域，探索出一条经济社会与生态环境相得益彰、相互促进的乡村振兴新路径。共筹集农村人居环境整治资金13.55亿元，用于农村“厕所革命”、农房管控与乡村风貌提升、全域推进人居环境整治，支持做好“千村示范、万村整治”工程。启动建设乡村振兴示范带“精彩100里”。筹集资金支持富民兴村产业发展，支持构建“1+1+2+8”现代农业新格局。累计争取到国家和省级财政资金3.57亿元，撬动社会资金出资超6亿元，支持创建涵盖荔枝、龙眼、化橘红、罗非鱼、沉香、三华李等特殊农业产业的1个国家级、6个省级现代农业产业园；推进“好心湖畔”“大唐荔乡”两个国家田园综合体建设，累计争取到国家和省财政资金3.53亿元，推动一、二、三产业融合发展，打造农业产业集群化平台。财政拨付政策性农业保险保费补贴资金2.38亿元，扩大农业保险覆盖面和提高风险保障水平，稳定农业生产。完成高州水库灌区节水改造、滨海新区供水工程、自来水厂扩容迁建、乡镇供水提质增效等支出7.3亿元。

教育发展支持 茂名市财政教育支出136.93亿元，比2019年增长8.7%。全面保障义务教育经费和生均公用经费，推进教育公平发展。加大学前教育投入力度，累计投入超2亿元，支持建设公办幼儿园。支持东湾学校、崇文学校等市直属学校建设，解决学位紧缺问题。落实高职、中职、技校等教育经费，支持职业教育发展。市级财政多年累计筹集资金48亿元，支持构建“两本四专”高等教育新格局。全面落实教师工资福利待遇“两个不低于”政策要求，加大教师培训投入力度。

社会保障体系建设 茂名市完成社会保障和就业支出77.76亿元，比2019年增长5.3%。就业是最大的民生，加大财政投入和统筹失业保险基金，突出做好高校毕业生、农民工、退役军人等就业创业服务，支持开展职业技能提升行动，支持企业复工复产，支持实施“广东技工”“粤菜师傅”“南粤家政”三大工程。各级财政对城乡居民基本养老保险基金补助33.66亿元，确保及时足额发放社保待遇。落实城乡低保提标长效机制，加大对低保、特困、五保、孤儿、临时救助、困难残疾人和重残护理等资金保障。支持做好双拥工作，落实优抚补助标准自然增长机制，做好退役士兵安置待遇保障工作。加大力度支持养老事业发展，扶持养老机构运行。

公共安全投入 茂名市完成公共安全支出19.75亿元，比2019年增长5%，健全社会治安防控体系建设，推进平安茂名、法治茂名建设，增强人民安全感。

【财政改革】 2020年，茂名市落实中央和省深化财税体制改革精神，合理划分市以下财政事权与支出责任，完成深化预算编制执行监督管理改革，推进财政管理“两转变、两精简、两提高、两统筹”(两转变：转变财政部门管理重心，从全流程预算管控转为聚焦预算编制，放开预算执行，强化绩效监管；转变部门权责配置，从预算管理权责交叉转变为权责明晰、各负其责。两精简：精简财政资金和项目审批事项；精简预算执行流程，加快预算执行进度。两提高：提高各地各部门的积极性，充分发挥主观能动性；提高财政资源分配效率和资金使用效益。两统筹：统筹整合同类项资金，集中财力办大事；统筹盘活存量资金，对效益不好的资金回收调整用于其他项目)。

预算编制执行监督管理改革 茂名市全面实行零基预算，完善预算编制的基本规则，完善预算项目支出标准体系，提高预算编制的科学性精准性。推进财政管理“两转变、两精简、两提高、两统筹”，明晰财政部门与业务部门法定权责，财政部门主抓预算编制和绩效监督，业务部门负责预算执行，增强业务部门谋事管财的责任感。树立“先谋事、再排钱”管财理念，坚持“先有项目、后定预算”原则，完善财政项目库管理，凡是未纳入项目库的不安排预算资金。

财政“放管服”改革 茂名市简化国库支付流程，提高预算执行效率。优化财政拨款申请、资产处置等业务审批流程，推行电子化在线审批。执行“三挂钩一通报”为主体的财政执行管理考核制度，督促各方面加快支出进度。

新一轮市以下财政管理体制 茂名市全面梳理评估《茂名市2017—2021年财政管理体制方案》实施情况，按照“责任共担、利益共享”的原则着手谋划新一轮市以下财政管理体制，调动各区(县级市)和经济功能区培植财源的积极性。

“数字财政”建设 茂名市将“数字财政”作为提升财政管理水平的重要抓手，调动人、财、物予以全面支持，落实专人、专岗、专责，在2021年5月底前按照全国统一的业务规范和技术标准完成一体化系统建设和上线运行，推动实现财政管理有载体、财政监控有抓手、财政决策有支撑。

【财政管理】 2020年，茂名市全面实施预算绩效管理，推动构建全方位、全过程、全覆盖的预算绩效管理体系，全市及多个县级市屡获上级表扬嘉奖。

预算绩效管理 茂名市贯彻落实中央和省全面实施预算绩效管理意见，建立完善预算绩效管理运行机制，着力提高财政资源配置效率和使用效益。探索绩效评价结果与资金安排挂钩激励约束机制，“花钱必问效、无效必问责”理念逐步深入人心。

地方财政专户管理 茂名市执行财政专户核准、备案程序，加强财政专户资金动态监管，加快财政挂账清理进度，严格暂存暂付款管理，严控暂付款增量，全面清理消化暂付款存量。健全财政性资金竞争性存放机制，确保财政性资金安全、合规存放。

预决算公开 茂名市推进财政预决算和重点信息规范公开，贯彻落实《国务院办公厅关于全面推进基层政务公开标准化规范化工作的指导意见》，加强对基层财政预决算领域政务公开标准指引落实的专业指导。

财政资金“双监控” 茂名市正确把握财政监督在深化预算管理改革与全面实施绩效管理中的新定位，定期开展财政资金“双监控”核查，发挥财政监督服务预算管理作用，推动财政监督工作转型发展。

政府采购制度改革 茂名市强化采购人主体责任，建立集中采购机构竞争机制，改进政府采购代理和评审机制，健全科学高效的采购交易机制，强化政府采购政策功能措施，健全政府采购监督管理机制。全市政府采购预算金额46.66亿元，节约资金0.80亿元。

政府投资审核 茂名市完善财政投资审核工作程序，规范社会中介机构参与财政投资评审行为，提高财政投资评审质量和效果。市级审核项目3905个，送审总造价184.82亿元、核减23.74亿元，核减率12.84%。

【涉农资金统筹整合】 2020年，茂名市把握涉农资金统筹整合的政策机遇，在政策范围内加快统筹整合涉农资金，实施一批乡村振兴重点工程，取得成效。

高位推进抓统筹 茂名市、县两级均成立涉农资金统筹整合领导小组，均由政府主要领导担任组长，对改革的重大事项、重要环节由组长亲自部署推动。坚持把涉农资金统筹整合改革纳入市政府常务会、市长专题会固定议题，定期听汇报、促进度、抓落实。组织召开涉农资金统筹整合改革全市现场会，传达学习全省会议精神，考察涉农资金统筹整合使用的亮点项目，全面分析涉农资金统筹整合取得的成绩、问题及下一步措施。

规范制度抓保障 茂名市制定《茂名市涉农资金统筹整合实施方案（试行）》《茂名市市级财政资金项目库管理办法（试行）》等政策文件，实现涉农资金整合流程优化再造，在全市范围内建立“统一规划项目、统一管理安排资金、统一监督实施”的资金统筹使用管理制度，为涉农资金统筹使用提供制度保障。

优化安排抓效益 茂名市结合地方实际，创新工作思路，融合中小河流治理、新农村示范片建设、“四好农村路”建设和全域旅游等方面叠加政策优势，统筹整合各部门涉农资金，集中投向农业产业、农村人居环境整治等民生领域，探索出一条经济社会与生态环境相得益彰、相互促进的乡村振兴新路径。如，信宜“锦江画廊”碧道项目与中小河流治理、“四好农村路”、全域旅游政策相结合，统筹涉农资金2.4亿元，建成一条集绿道、马拉松赛道、南粤古驿道、生态骑行道于一体的风景体验线，带动沿线1000多名村民在家门口就业。2020年5月，省委书记李希在茂名调研时，对锦江画廊碧道建设在统筹整合涉农资金方面进行的有益探索和成功经验给予肯定。

科学谋划抓项目 茂名市按照“三突出一确保”原则（突出重点项目、硬任务和项目成熟度，确保在预算年度内能形成实际支出）进行项目库谋划，实现科学谋划抓项目的效果。落实“要素跟着项目走”的要求，每年市本级和各县区均安排重大项目前期工作经费用于做好立项论证、规划设计等前期工作。到2020年底，全市累计储备项目3499个、金额354.94亿元，初步形成“谋划储备一批、开工建设一批、投产达效一批”的滚动发展格局。

撬动投资促发展 按照“政府主导、群众参与、市场化运作”的思路，茂名市统筹整合涉农资金用于乡村产业振兴，探索以“小投入”带动“大变化”的发展格局。如信宜“锦江画廊”带动社会投资4亿元，发挥财政资金“四两拨千斤”的作用。化州市统筹整合涉农资金700万元投入浦山火龙果种植基地，撬动社会投资4000多万元，带动500多户农户和63户贫困户增产增收，有劳动力的贫困户每年可获基地分红5万余元，实现“一次性”投入到“持续性”增收的转变。

（茂名市财政局供稿，黄钧、梁骏杨执笔）

肇庆财政

【财政经济概况】 2020年，肇庆市地区生产总值2311.65亿元，比2019年增长3%。分产业看，第一产业增加值437.27亿元，比2019年增长5.3%；第二产业增加值902.19亿元，增长2.4%；第三产业增加值972.19亿元，增长2.6%。规模以上工业增加值708.7亿元，比2019年增长2.6%；实现固定资产投资1668.4亿元，增长12.1%；实现外贸进出口总额412.7亿美元，增长2.1%；实现社会消费品零售总额1062.16亿元，下降4.1%；全市经济总体保持平稳健康发展，经济质量提升。

2020年，肇庆市各级财政部门坚持以“政”领“财”工作方向，发挥财政职能，为加强统筹疫情防控和促进经济社会发展、推进落实“六稳”“六保”工作任务、确保完成决战决胜脱贫攻坚目标任务、全面建成小康社会提供财政保障。2020年，肇庆市一般公共预算收入124.51亿元，完成年度预算的100.8%，比2019年增长9%，排在全省第二位。其中税收收入78.09亿元，比2019年下降8.5%；非税收入46.42亿元，增长61%，非税占比37.3%。市本级一般公共预算收入35.85亿元，比2019年下降10%。全市一般公共预算支出430.58亿元，完成年度预算的108.2%，比2019年增长22.4%，其中民生类支出316.16亿元，占一般公共预算支出的73.4%，比2019年增长27%。市本级一般公共预算支出120.08亿元，比2019年增长42.4%。

【财政经济调控】 2020年，肇庆市挖潜增收，稳住经济基本盘；促进产业招商落地提速增效；发挥财政带动作用，化解政府隐性债务。

挖潜增收 肇庆市抓收入、稳增长，调结构、惠民生，推改革、促发展，推动全市经济恢复和社会大局稳定。盘活资源资产弥补减收影响，发挥财政职能，协同税务、自然资源、国资、住建等部门，建立完善涉及财力增收信息互通共享机制，在税收增长乏力情况下，重点通过挖掘拆旧复垦指标收入、矿业权出让收益等大宗收入，带动一般公共预算收入实现较快增长。做好税收结构分析评估，精准发力加强征管。会同税务部门分析全市税

2020年肇庆市一般公共预算收入增长走势图%

	1月	2月	3月	4月	5月	6月	7月	8月	9月	10月	11月	12月
2019年	27.0	23.1	10.5	8.6	8.3	8.1	7.8	7.0	8.1	6.8	6.9	7.7
2020年	4.1	-2.2	1.5	0.5	1.0	0.5	0.9	2.1	5.2	5.8	8.0	9.0

2020年肇庆市一般公共预算收入增长走势图　　(肇庆市财政局供图)

种结构，摸清底数，加强对各县（市、区）税收征管的督促指导，重点突出地方中小税种收入挖潜，扭转2020年前半期税收大幅下滑态势，降幅逐步收窄，从9月起实现单月正增长，从10月起降幅下降至个位数。强化部门协同、上下联动，抓好政府性基金收入。在前11个月负增长16%以上的困难形势下，通过强化统筹国有资源资产资本的综合配置，协调县（市、区）联动，2020年全市政府性基金预算收入完成181.18亿元，比2019年增长2.6%，增加综合财力，为统筹推进疫情防控和经济社会发展提供财力保障。

产业招商落地提速增效　肇庆市把如何发挥财政部门职能服务和保障全市产业招商落地作为财政重点工作来推进、落实，2020年全市财政投入涉及产业招商落地方面资金115.46亿元。强化产业招商的财政预算保障，2020年市县级预算共安排产业招商落地工作经费10.9亿元，比2019年增长18.5%；争取上级扶持企业、产业园区建设以及基础交通等上级补助资金12.24亿元，比2019年增长131%。强化产业招商的财政资源配置，围绕“2+4+N”产业发展平台和“4+4”产业体系，除财政一般公共预算安排之外，重点通过加强财力统筹、盘活资产资源、争取上级资金政策支持等方式，为产业招商落地提供支撑。2020年共争取债券资金用于产业园区、重点产业项目周边配套设施及通用厂房等领域债券项目71个共92.32亿元，比2019年增长326%。强化重大产业平台、重大产业项目的财政支持，拓宽工作思路，会同国资部门、金融机构加强政策研究，探索“产业+基金”模式，兑现财政、金融扶持资金。通过财力统筹支持小鹏汽车、金利高新区、鼎湖万达国家旅游度假区项目、肇庆新区重大平台建设等重大项目建设。

化解政府隐性债务　肇庆市一手抓存量消化、做小“分子”。完善落实风险预警、应急处置和债务通报等机制，在暂停非必要项目实施、落实财政及其他资金偿还、依法合规将新区地下综合管廊项目转为企业经营性债务项目等举措的基础上，综合选取工程进度较慢、提款率较低等在建的58个隐性债务项目开展专项核查。一手抓财力统筹、做大“分母”。争取省支持，加大盘活政府资源资产、土地出让和拆旧复垦指标交易力度，培植壮大综合财力，实现全市债务率下降，市本级政府法定债务风险维持在绿色等级。

2020年，肇庆财政支持肇庆新区建设。图为肇庆新区风貌
(肇庆市财政局供图)

【财政民生保障】 2020年，肇庆市加强统筹调度，兜牢“三保”支出底线。坚持把“三保”支出作为财政支出的重中之重，持续优化支出结构，合理统筹调度库款，为兜牢民生底线提供保障。坚持过“紧日子”，执行中央“八项规定”和厉行节约各项规定，压减非急需、非刚性一般性支出和公用经费，为民生重点需求腾挪财力空间。全市一般性支出压减幅度11.16%；会议费和“三公”经费支出比2019年下降18.99%。科学优化库款调度，坚持把保民生摆在优先位置，全市民生类支出比2019年增长27%，占一般公共预算支出的73.4%，实现在财政收支困难的形势下民生支出只增不减；省、市十件民生（惠民）实事分别完成年度计划的113.2%、117.6%。建立落实资金直达机制，成立市县级跨部门工作专班，从资金分配、资金监控、绩效目标等关键环节全面发力，确保资金直达基层民生、直接惠企利民，减轻基层“三保”压力保运转。

【财政改革】 2020年，肇庆市深化预算绩效管理改革，提升财政资金使用效益。牢固树立绩效意识，促进财政资源配置效率和财政资金使用效益全面提升。完善绩效审核制度，实施全过程预算绩效管理，运用“上级政策+外地经验+肇庆实际”相结合的决策模式，通过规范目标设定、完善监控体系、加强目标管理、建立绩效结果与预算安排挂钩的刚性约束措施，倒逼项目资金使用管理更加规范。完善重大政策和项目事前绩效评估机制，坚持建设规模、建设标准与经济发展阶段相匹配，牵头组建市政府性资金绩效审核专责小组，对各项支出和政府投资项目进行把关审核，确保资金发挥最大效益。全年对市直130个重大项目实施事前绩效评估，报审金额64.57亿元，核减18.87亿元，核减率29.23%。加大盘活存量资金力度，全年盘活资金20.05亿元，强化财政资金统筹整合，集中投向事关发展全局的“造血”项目、产业支撑项目、优化发展环境项目和基本民生项目等关键重点上。

【财政管理】 2020年，肇庆市推动财政监督管理改革发展，深化预算编制执行监督管理改革。

财政监督管理改革 肇庆市科学划分管理权责，推动工作重心下移、向县区级延伸，高质量编制2021年预算。深化预算绩效管理，建立健全“预算编制有目标、预算执行有监控、预算完成有评价、评价结果有反馈、反馈结果有应用”的预算绩效管理运行机制，推动预算绩效管理工作取得新进展。加强财政监督，发挥财政监督在服务、促进和保障财政中心工作方面的作用，通过深入部门（单位）开展会计监督和内控建设专项检查，着力提升预决算公开工作质量，实施“双监控”资金线下重点核查等工作措施，规范财政管理和严肃财经纪律，确保财政资金安全高效。

预算编制执行监督管理改革 肇庆市科学划分管理权责，推动工作重心下移、向县区级延伸，高质量编制2021年预算。以制度建设促进资产管理规范化，构建以“2+N”为基础，涵盖从“入口”到“出口”全过程行政事业单位资产管理体系。深化政府采购管理，严把业务审核关，节约采购资金2.52亿元。加强政府投资评审，推动既定项目降成本、出效益，全年评审各类概（预）算、结算项目346个，核减4.09亿元。对接“数字政府”公共财政综合管理平台，构建财政电子票据管理体系，完成前期用户权限整理、业务流程梳理、流程岗责梳理等基础性工作，财政工作效能提升。

2020年，肇庆市通过财力统筹支持小鹏汽车智能网联科技产业园建设
（肇庆市财政局供图）

【市级政府性资金管理】 2020年，肇庆市财政局压实层级责任，多维度规范和加强政府性资金支出管理，提高资金配置效率和使用效益。

提高管理意识重“高度” 肇庆市财政局主要领导靠前指挥，全年召开10余次专题会议对严控项目支出进行研究，并以“开源节流、提质增效”为主题召开全市财政工作会议，部署各地加强支出审核；成立由分管财政的市领导为组长，发改、财政、审计、政数等职能部门为成员的市级政府性资金绩效审核专责小组，抓好落实。截至5月底，对市直36个重大项目实施事前绩效评估，申报金额8.07亿元，审核金额6.41亿元，核减1.66亿元，核减率达20.6%。

聚焦支出审核有“尺度” 肇

庆市以项目必要性为切入点，控制项目支出内容和规模。推进事前绩效评估，针对重点和专业性较强的项目，在委托第三方实施事前绩效评估的组织局内部业务科室及有关专家、部门进行复核复审。以降低成本为目标，着手建立大型活动支出、通用办公设备设施配置以及政府投资项目指标标准库。以压减政府债务为目的，综合选取部分隐性债务项目开展专项核查，考虑项目已提款、已还款、已压减等要素，在保障在建项目完工的前提下，提出意见建议和整改意见。

部门联合惩戒显“力度” 肇庆市发挥“大团队”作用，联合发改、政数等相关部门，加强项目估算、预算、概算、结算等审核环节的监督把关，对不同审核环节采取相互独立、互相监督的措施，防止内部人员、中介咨询机构、利益相关人相互勾结、谋取不当利益。研究建立政府投资项目咨询行业黑名单制度，强化咨询机构监管，对存在弄虚作假、重大疏忽或者质量偏差过大的，依法依规禁止其从事政府投资项目相关工作，并对其予以纳入不良信用记录、列入黑名单以及罚款等惩罚。

探索强化保“热度” 肇庆市推动政府性资金管理工作向纵深开展。加强队伍建设，充实信息化、造价专业技术人员，提高团队业务素质和能力；推进工作重心下移，督促指导各地参考市的做法加快研究成立绩效审核小组，营造厉行节约的良好氛围。打好“组合拳”把牢支出关口。针对薄弱环节、管理短板进行再研究、再整改、再部署，重点通过建立重大政策和项目事前绩效评估机制、大型活动和通用办公设备设施及政府投资工程指标库、政府投资工程设备材料询价采购平台、政府投资项目咨询行业黑名单制度等措施，加温保持“热度”强化政府性资金管理。

【精准施策助力脱贫攻坚】 2020年，肇庆市财政局坚持投入和效益并重，压实工作责任，创新工作方式，为全省、全市脱贫攻坚贡献财政力量。

财政资金资源投入力度加大 肇庆市坚持把脱贫攻坚摆在财政工作的突出位置来抓紧抓实，聚焦“两不愁、三保障”（“两不愁”即不愁吃、不愁穿；“三保障”即义务教育、基本医疗、住房安全有保障）目标任务，发挥财政职能，统筹资金、资源、人员，支持脱贫攻坚决战决胜。截至6月底，贫困人口、贫困村100%达到脱贫出列标准。明确工作“方向标”，制定出台《2020年肇庆市财政局脱贫攻坚领导小组工作要点》，压实层级责任，明确具体任务，要求全局要提高政治站位，加强财政资金监管，提高资金使用绩效，确保全面完成扶贫工作任务。找准扶贫“主战场”，加强与市扶贫办、市农业农村等职能部门之间的沟通协作，重点针对主要致贫原因，结合肇庆区域实际，划分东南板块与山区板块，以广宁、怀集、德庆、封开等四个山区县为“主战场”，以分散贫困户为重点，在分配专项资金时，考虑贫困人口等因素，优化调整支出结构，精准投入，最大限度将资金、资源向脱贫攻坚任务较重的山区板块倾斜，确保投入力度与打赢脱贫攻坚战要求相匹配。打好服务“资金牌”，落实脱贫攻坚资金保障。2019—2020年，加大投入力度，每年安排5500万元支持各县（市、区）推进特色产业、设施农业、农村电商、休闲农业和乡村旅游等产业发展。2019—2020年，在上级财政没有继续安排扶贫资金、财力紧张的情况下，统筹1.1亿元支持各县（市、区）推进特色产业、设施农业、农村电商、休闲农业和乡村旅游产业发展，助力全市脱贫攻坚工作。

涉农资金统筹整合力度加大 肇庆市聚焦难点，深化涉农资金统筹整合改革。坚持集中力量办大事，打破以往“条条管理”、“块块分割”、分散投入、各自为政的资金管理模式和投向短板，通过抓好省市级资金统筹、抓好跨行业资金统筹、抓好行业内资金整合，对涉农资金进行统筹整合，逐步推进形成肇庆特色，为脱贫攻坚等工作创造条件。如德庆县以“活”为抓手，以“先干先用，干完付完”的原则激发项目推进和资金使用；封开县坚持资金统筹和项目整合相结合，在一般债券中安排1.4亿元用于乡村振兴重点项目建设。聚焦重点，统筹资金助力乡村振兴战略。肇庆市财政局在财力紧张的情况下，优化支出结构，想方设法筹集资金加大对实施乡村振兴战略的投入力度。2020年，市级财政安排乡村振兴战略资金15.73亿元，其中一般公共预算安排2.72亿元，政府基金预算安排2.17亿元，新增债券资金安排10.84亿元，投入推动农村基础设施建设提档升级、农村教育事业、农村劳动转移就业和农民增收、农村社会保障体系建设、健康乡村建设、美丽宜居乡村建设、农业供给侧结构性改革、精准脱贫攻坚战等，为肇庆市乡镇振兴战略提供财力支撑。聚焦热点，推动生态宜居美丽乡村建设。按照产业兴旺、生态宜居、乡风文明、治理有效、生活富裕的总要求，各级财政统筹整合涉农资金推进村庄清洁、污水治理、农村基础设施提档升级、乡风文明建设、乡村休闲观光旅游发展等，助力乡村振兴。2020年全市争取到省级涉农转移支付资金16.43亿元，其中统筹整合9.58亿元开展农村人居环境整治、实施“千村示范、万村整治”、推进农村“厕所革命”、建设“四好农村路”等，为肇庆市建设生态宜居美丽乡村提供坚实的资金保障。通过实施书记项目工程推进肇庆市人居环境整治美丽乡村建设，市财政对列入书记项目的7个镇按每镇1000万元的标准给予奖补。聚焦拐点，支持特色养殖扶贫项目转型转产。为应对疫情对养殖户等带来的影响，结合实际印发《肇庆市关于支持以食用为目的的陆生野生动物养殖项目转型退出工作方案》《关于进一步加快推进以食用为目的陆生野生动物养殖项目转型退出工作的通知》等，主动指导各地多渠道筹集资金落实补偿政策，参照贫困户实际投入成本和经营状况等因素，按不低于原野生动物养殖项目投入资金安排产业转型资金，从新时期精准扶贫精准脱贫攻坚市级财政专项资金5500万元中优先安排资金320万元，补充特色养殖扶贫项目因疫情损失的扶贫资金、贫困户投入资金，推动全市20个扶贫产业项目得到稳妥处置。

扶贫制度建设执行力度加大　肇庆市开展脱贫攻坚挂牌督战。坚持将脱贫挂牌督战作为重要政治任务来抓紧抓实。深入镇村开展挂牌督战工作，每月定期到贫困户家中、到产业扶贫基地、到就业扶贫点了解生产、生活及就业稳定情况，掌握挂牌督战脱贫攻坚工作开展情况，针对性安排专门资金帮助解决未脱贫贫困户家居环境整治，指导督战镇要精准施策帮助贫困户脱贫。肇庆市财政局挂牌督战镇冷坑未脱贫的贫困户全部达到脱贫目标。加强扶贫资金使用监管。坚持把资金监管制度贯彻助力脱贫攻坚全过程，会同市委农办等职能部门制定出台《肇庆市涉农资金统筹整合管理办法》《肇庆市省定贫困创建社会主义新农村示范村省和市级财政奖补和扶持资金使用监管办法》《肇庆市精准扶贫开发资金筹集使用监管办法》等系列制度，并借助广东省扶贫信息系统等平台，加强扶贫项目资金使用情况的日常监控，对使用率靠后的地区进行日常督导、提醒，提高扶贫资金使用效益，深化巩固脱贫攻坚成果。规范深化扶贫资产管理。肇庆市财政局联合市扶贫办等部门研究制定《关于进一步加强扶贫资产管理的指导意见》，明确扶贫资产管理职责分工，指导各县（市、区）对2016—2020年在全市范围内使用各级财政专项扶贫资金、行业部门的扶贫资金，社会扶贫资金和帮扶单位自筹资金投入形成的资产进行全面核查、强化登记、明确权属，规范资产处置和收益使用分配，做好资产移交，加强资产管理监督，确保扶贫资产管得好、用得好、效益高。

（肇庆市财政局供稿，朱海婷执笔）

清远财政

【财政经济概况】　2020年，清远市地区生产总值1777.2亿元。其中，第一产业增加值298亿元，比2019年增长4.5%；第二产业增加值586.4亿元，增长6.2%；第三产业增加值892.8亿元，增长1.8%。三次产业结构为16.8：33.0：50.2。全市固定资产投资比2019年增长8.1%。进出口总额423.7亿元，利用外资总额7.27亿元。商品零售价格指数比2019年下降0.5%；居民消费价格指数增长2.0%。

2020年清远市地方一般公共预算收入累计完成123.61亿元，比2019年增长4.29%，增幅在全省各市中排第六位。全年非税收入完成36.49亿元，比2019年增长16.3%，稳住一般公共预算收入；全年政府性基金收入实现129.73亿元，完成年初预算的111.2%，并及时足额入库，提升库款水平。全市一般公共预算支出累计完成411.56亿元，比2019年增长4.19%，增幅在全省排第12位。社会保障和就业比2019年增长30.5%，教育支出增长3.8%。

【财政经济调控】　2020年，清远市防范化解重大风险，争取新增债资金，用好中央直达资金，做好疫情防控经济发展双统筹，推进经济高质量发展，落实减税降费。

防范化解重大风险攻坚战　清远市从“借、用、管、还”等各个环节全方位加强管理，完成年度债务化解任务。筹措资金近7亿元解决历史遗留问题，债务风险得到管控。

新增债资金　清远市争取新增债资金113.90亿元，总量全省排名第八位，比2019年增加49.31亿元，增长76.3%。

中央直达资金使用　清远市获得中央直达资金34.37亿元，总量全省排名第七位。全市各级财政采取各种措施，确保资金安全高效，提高资金运行效率，抗疫特别国债

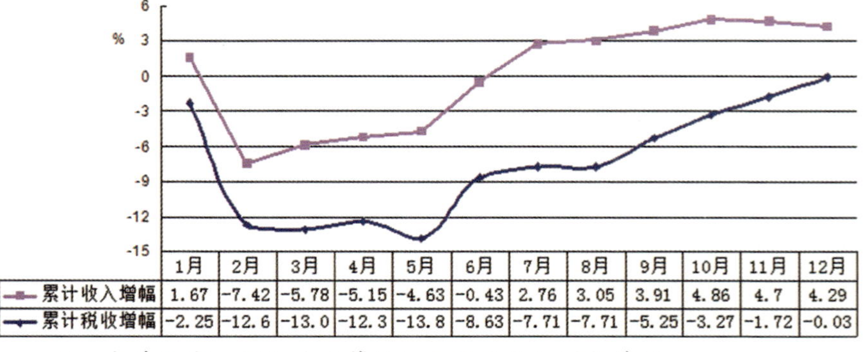

	1月	2月	3月	4月	5月	6月	7月	8月	9月	10月	11月	12月
累计收入增幅	1.67	-7.42	-5.78	-5.15	-4.63	-0.43	2.76	3.05	3.91	4.86	4.7	4.29
累计税收增幅	-2.25	-12.6	-13.0	-12.3	-13.8	-8.63	-7.71	-7.71	-5.25	-3.27	-1.72	-0.03

2020年清远市一般公共预算收入和税收收入增长情况

（清远市财政局供图）

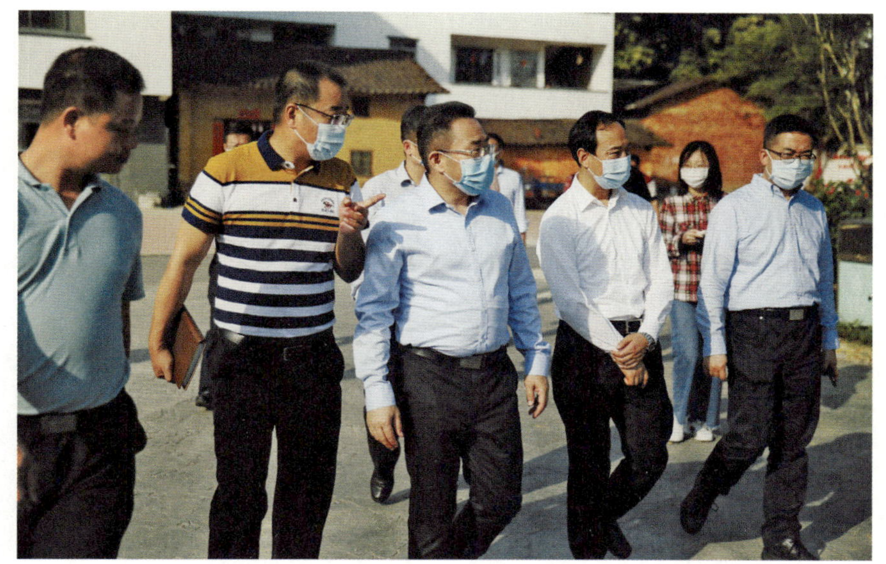

2020年4月29日，清远市财政局局长刘峰陪同广东省财政厅厅长戴运龙到清远英德市调研连樟样板区建设情况，推动脱贫攻坚和乡村振兴发展（清远市财政局供图）

资金下达由原正常转移支付约20天缩短为1天。

疫情防控、经济发展双统筹　清远市拨付新冠肺炎疫情防控资金6.2亿元，开通绿色采购通道，保障医疗救治、防护物资和重点人群核酸检测等重点环节的经费。全市统筹安排3.4亿元资金，通过租金减免、便利采购、财政补贴、发放消费券等方式，支持复工复产复商复市。

经济高质量发展　清远市财政拨付3.98亿元，支持企业科技创新、人才发展、工业企业技术改造，促进实体经济健康发展。支持区域协调发展。按照“控市级、保县级”的思路，市级共转移支付财力28.33亿元，加大对县级特别是重点生态发展区和民族地区的转移支付力度。支持物质文明和精神文明协调发展，市财政共拨付创文经费2亿元，为创文工作提供经费保障。全市公共文化财政支出完成8.09亿元，人均公共文化支出达到208元，比2019年增长4.4%。

减税降费　清远市减税降费41.4亿元，其中税收减免约15亿元，社保费减免25.7亿元，非税收入减免0.7亿元。降低企业经营成本，缓解企业资金困难，稳住市场主体经营活力。

【财政民生保障】　2020年，清远市筑牢基础桩，兜牢兜实民生和“三保”需求。全市民生支出329.72亿元，比2019年增长7.1%，高于一般公共预算支出增幅3个百分点，全市整体民生支出占比首次突破80%，英德87.5%。争取上级特殊转移支付资金11.90亿元和抗疫特别国债资金18.73亿元，基本民生领域支出得到保障。

脱贫攻坚战　清远市争取省级2020年涉农转移支付资金18.67亿元，安排13亿元地方政府债券用于乡村振兴发展，保障决战决胜脱贫攻坚和落实乡村振兴硬任务。

污染防治攻坚战　清远市推动生态环境改善，统筹各级资金落实污染防治攻坚战三年行动计划。争取上级专项资金1.38亿元，推动黑臭水体整治。

“四好农村路”建设　省下达清远市交通方面专项转移支付资金12.75亿元，主要用于“四好农村路”（建好、管好、护好、运营好）养护、国省道、县乡道安防工程，国省道、县乡道危桥改造，农村公路路网改善工程，国省道新改建和路面改造，港口建设和维护，公路客货站场建设，省对地方成品油消费税增长性返还、节能和新能源公交车运营补助等，资金全部下达各县（市、区）及有关单位，为清远市交通基础设施建设等提供资金保障。

【财政改革】　2020年，清远覆盖市县预算管理改革，推进事前绩效评价制度改革，落实事权和支出责任改革。

市县预算编制执行监督管理改革　2020年上半年，全市各县（市、区）均出台该地区预算编制执行监督管理改革实施方案，并陆续出台各项配套政策。如连山县、英德市等地对接广东省财政厅，部署项目库系统建设，出台项目库管理办法；连州市贯彻改革放权思路，研究出台资金审批办法调整方案。

事前绩效评价制度改革　清远市完成6个项目事前绩效评估，总投资额8.4亿元，事前评估核减资金2.2亿元，推动重大项目事前绩效评估工作走在全省前列。

事权和支出责任改革　为进一步构建权责清晰的财政事权和支出责任体系，2020年广东省人民政府在教育、交通、文化领域推动省级和市县共同财政事权与支出责任划分改革。清远市财政局跟进配合广东省财政厅做好改革基数核算和资金上解工作，确保改革落地。

【财政管理】　2020年，清远市强化项目库管理，推动事前绩效评价，优化预算执行流程。

项目库管理　按照省级预算编制执行监督管理改革的要求，清远市财政局重视项目库工作，以专题培训、座谈研讨、发文通报等方式组织市直部门做好资金项目入库，加强事前谋划，做实做细项目储备、以足额优质的项目争取省级对清远市的资金支持。截至2020年11月，全市省级专项资金市县项目入库储备1026个，金额64.04亿元；涉农资金项目入库储备807个，金额56.98亿元。

事前绩效评价 清远市财政局重点探索事前绩效评估机制，提高评估项目数量，并根据项目情况合理核减资金和提出具体建议，为市委、市政府审批项目提供决策依据。截至2020年11月，完成3个基建项目和1个信息化项目事前绩效评估，总投资额6.84亿元，事前评估核减资金1.18亿元，推动清远市重大项目事前绩效评估工作走在全省前列。

预算执行流程优化 清远市财政局提请市政府修订市级财政资金审批管理办法，优化资金审批流程，提高财政资金审批效率。在项目审批权方面，按照改革放权的思路，财政部门不再参与资金项目的评审、验收等具体的资金项目分配。在资金分配流程方面，调整资金审批流程和审批权限，缩减审批环节，将原来部分由市长或常务副市长签批的资金事项放权由分管业务的副市长审批；提高报批效率，财政部门不再会同业务主管部门联文上报项目分配方案，改由业务主管部门主导；细化资金额度，对原来市委、市政府决策制度中的“大额资金”等模糊规定进行明确，提高制度可操作性。

（清远市财政局供稿，伍玮晓执笔）

潮州财政

【财政经济概况】 2020年，潮州市地区生产总值1097.0亿元，比2019年增长1.3%。分产业看，第一产业增加值106.6亿元，比2019年增长4.4%；第二产业增加值519.1亿元，增长1.4%；第三产业增加值471.3亿元，增长0.6%。固定资产投资下降5.7%，比2019年降低11.9个百分点。货物进出口总额181.9亿元，下降15.6%，比2019年降低20.1个百分点。其中，进口额29.4亿元，比2019年下降15.6%；出口额152.5亿元，下降15.6%；贸易顺差123.1亿元，比2019年减少22.9亿元。商品零售价格总指数100.3%。居民消费价格总指数102.3%。

2020年，潮州市各级财政部门增强收入形势预判，压实各县区收入组织主体责任，多部门联动抓好重点税源建设，挖潜中小税种增收潜力和非税收入，清理收回存量资金，多渠道盘活各类资金资产带动地方非税收入增加，实现全年全市收入正增长。全市一般公共预算收入48.6亿元，完成年度预算的102.3%，比2019年增长1.3%；全市一般公共预算支出217.2亿元，完成年度预算的102.1%，比2019年同期增加20.0亿元，增长10.2%。其中，2020年潮州市本级一般公共预算收入20.9亿元，比2019年增长5.4%，占全市收入的42.9%；一般公共预算支出51.8亿元，比2019年增加5.5亿元，增长11.9%。2020年全市一般公共预算收入加上上级税收返还和转移支付补助、债券转贷收入、调入资金和上年结转等，减去一般公共预算支出、债务还本支出和上解省款项等，全市一般公共预算实现收支平衡。

【财政经济调控】 2020年，潮州市各级财政部门在收支矛盾突出、可支配财力不足的前提下，树立政府“过紧日子”思想，各部门非重点、非刚性一般性支出压减到12%，全市党政机关单位（含参公单位）会议费及“三公”经费支出4215万元，比2019年下降22.46%。腾挪资金统筹用于保障潮州市委、市政府重点项目建设和“六稳”“六保”工作。潮州财政坚持全面贯彻落实减税降费政策，多措并举释放市场主体活力，力促潮州经济发展企稳回升、向好发展。

小微企业纾困发展 潮州市发挥积极财政政策逆周期调节作用，落实一揽子税费优惠政策措施，小规模纳税人应税销售收入适用3%的减按1%征收率征收增值税，瓷

2020年，潮州市推动实体经济高质量发展，碧桂园智能卫浴项目建设项目一期建设完工，该期建设总投资超3亿元，获省级财政补助资金1亿元，项目建成后实现年产240万件（套）智能卫浴产品。图为潮州市碧桂园智能卫浴生产车间

（潮州市财政局供图）

制卫生器具等1084项产品出口退税率提高至13%，对纳税确有困难的企业依法办理延期缴纳税款，合理予以减免房产税、城镇土地使用税，延长失业保险费率执行期限，阶段性减免社医保费用等，共计减免小规模纳税人增值税4100万元，减轻企业社保费9.5亿元。落实减免租金政策，对承租行政事业型单位房产受疫情影响较大不能正常经营的小微企业、民营企业和个体工商户等减免租金，共计336.0万元。通过“免减缓”等一系列措施，帮助小微企业和个体工商户渡过疫情难关。

2020年，潮州市推进重大项目建设，全市财政投入约11970万元用于潮州大桥东立交、东大道接顺等项目建设。图为潮州大桥夜景

（潮州市财政局供图）

“财政+金融”组合拳 潮州市综合运用减税降费、财政补贴、贷款贴息、融资担保等政策工具“组合拳”，助力企业复工复产。发挥财政资金引导和杠杆效应，落实各类优惠贷款贴息资金，缓解企业经营困难。其中潮州市中小微贷款风险补偿基金为100家入库企业放贷12.9亿元，粤财担保和潮发担保2家公司疫情期间执行优惠担保率，减少企业担保费433.5万元。全年全市新增减税降费14.9亿元。

实体经济发展 潮州市落实专项资金财政扶持政策，推动实体经济高质量发展。落实园区配套建设财政专项资金5亿元，优化发展环境；落实企业技术改造、总部企业奖、小微工业企业上规模奖励、知识产权创造运用保护和外贸发展等各级专项资金1.8亿元，扶持企业转型升级，促进民营经济发展，支持外贸渡过难关；落实各级财政专项资金近亿元，推动科技创新发展，支持重点领域研发、创新平台建设等。

重大项目建设 潮州市抢抓国家扩大政府专项债券规模的机遇，做实做细项目库，谋划、筛选、储备、上报一批符合政策导向的项目，向省争取抗疫特别国债6.2亿元和地债资金50.3亿元，债券资金比2019年增长33.1%，为潮州推进重大项目建设、培育经济新增长点提供资金保障。为加快资金支出进度，推动资金尽快形成实物工程量，潮州市跨部门成立中央直达资金和债券实施项目工作专班，建立每周工作通报机制，逐级压实支出责任，加力发挥新增债券稳投资、扩内需、补短板的作用。

2020年，潮州市投入448万元用于提升韩江金山大桥湿地公园绿化、栈道、景观、亭阁工程等。图为韩江金山大桥湿地公园风貌

（潮州市财政局供图）

【财政民生保障】 2020年，潮州市各级财政部门把握和解决人民群众的需求，为民办实事、解难题、谋福利。

民生投入加大 潮州市支持各项民生事业发展，兜牢民生底线。筹措资金支持教育优质均衡发展，推进教育现代化建设，全年教育财政支出在民生类支出科目中占比第一。建立健全公共文化建设财政保障机制，补齐人均公共文化财政支出短板指标，推进文化惠民工程，助力创建文化潮州。重点支持基层卫生服务机构建设，推进基层医疗机构综合改革、公立医院改革和基本公共卫生服务均等化等工作。统筹上调城乡居保基础养老金标准，足额发放城乡低保、农村五保等资金，落实各项就业财政补助政策稳定就业。加大基层党组织建设投入，落实扫黑除恶、禁毒、法律服务等资金保障，支持维护社会治安秩序。全年全市民生类支出科目完成166.8亿元，占一般公共预算支出76.8%。

稳就业财政保障 潮州市落实稳定就业政策，统筹一般公共预算资金、上级转移支付资金、社会保险基金多方促进就业，全年全市统筹安排就业补助资金2.6亿元，支持实施疫情期间受影响企业或劳动者的稳定岗位、促进就业、保障基本生活，落实失业保险稳岗补助、补贴与返还，促进就业创业发展等多项工作，为稳就业做足经费保障。

脱贫攻坚与乡村振兴统筹发展 潮州市聚焦“三农”领域，持续深化涉农资金统筹整合改革。在广东省下达潮州2020年涉农转移支付资金8.7亿元的基础上，潮州市县两级财政统筹整合各渠道资金9.8亿元用于涉农领域，落实各级财政资金及债券资金超2亿元，重点投向现代农业产业发展、村庄人居环境整治、河（湖）长制建设、重大水利基础设施建设、四好农村路、创建国家森林城市等重大涉农项目，强化乡村振兴战略的保障和支撑。坚持将脱贫攻坚作为公共财政支出优先保障领域，落实产业扶贫、消费扶贫、就业扶贫、教育扶贫以及贫困村创建社会主义新农村示范村等各项扶贫政策，突出资金保障、制度建设和监管指导，着力夯实脱贫成效，缩小城乡发展差距。其中，在消费扶贫方面，加强财政、扶贫办、供销社以及各县区等部门协调配合，采取措施开展贫困地区农副产品采购工作。依托扶贫“832”平台，发动各机关、企业工会、饭堂扩大采购规模，创新“直播带货”“以购代帮”等形式，统筹推动各预算单位落实采购任务，建立长期稳定的贫困地区农副产品供给体系，逐步推进消费扶贫长效机制形成。全年全市完成贫困地区农副产品采购额511.4万元，完成预留份额采购任务的118.2%。

污染防治攻坚战打出实效 潮州市坚持绿色发展理念，强化重点流域保护治理，统筹各级财政资金约5亿元推进韩江和凤凰溪景观提升建设、枫江流域水环境综合整治、城市污水处理等，推进水生态环境持续优化。统筹资金2507.7万元，推动潮州重点污染源参与企业推进清洁生产工作。兑现公共交通财政补贴，加强机动车尾气排放的达标监管等，改善环境空气质量，让“潮州蓝”持续在线。加大城乡环境卫生综合整治力度，推进风险土壤污染治理与修复，落实各级资金8573.9万元推进生活垃圾分类、城市市容环境卫生整治和生活垃圾无害化处理等。

【财政改革】 2020年，潮州市深化预算编制执行监督管理改革，制定并由潮州市政府印发《潮州市市级财政专项资金管理办法（试行）》，明晰市级专项资金设立程序、分配程序、部门职责、绩效管理、监督管理、信息公开、责任追究等内容，指导和约束市级财政专项资金管理工作；集中力量推动项目库建设，印发《潮州市市级财政资金项目库管理办法》，严格项目入库管理，强化未入库项目一律不安排预算的刚性约束，促进预算科学精准编制和规范高效运行。持续激发基层活力，加快建立医疗卫生领域可持续的投入保障长效机制，出台《潮州市医疗卫生领域市级与县（区）财政事权和支出责任划分改革实施方案》，从公共卫生、医疗保障、计划生育、能力建设等四个方面合理划分和明晰市与县（区）支出责任，提高潮州市基本医疗卫生服务的供给效率和水平；推进乡镇街道财政管理体制改革，印发《潮州市乡镇街道财政管理体制改革工作指引》，激发乡镇街道发展经济的内生动力和活力，增强镇街财政基本保障能力，加快推进基层治理体系和治理能力现代化。推进全面实施预算绩效管理，推进改革配套制度建设，出台《潮州市市级财政预算绩效目标管理办法（试行）》，规范市级财政预算绩效目标管理。组织市直单位对2019年市级财政资金项目支出全面绩效自评，实现绩效自评全覆盖；逐步推进自评复核、部门整体支出绩效评价以及事前绩效评估试点，重点绩效评价结果整体情况以《关于2019年市级财政支出项目重点绩效评价情况的报告》向市政府报告。

【财政管理】 2020年，潮州市规范国有资产管理，完善行政事业单位国有资产从购置、使用到处置全过程的监督管理，出台《潮州市市直行政事业单位国有资产处置管理暂行办法》和《潮州市市直行政事业单位国有资产对外出租出借管理暂行办法》，提升国有资产使用效益；重视资产年报月报工作，落实市政府向市人大常委会报告国有资产管理情况制度，着力提升行政事业单位国有资产管理能力和管理水平。防范化解重大风险，统筹安排政府偿债资金3亿元和政府债券付息支出3.9亿元，守住政府债务风险底线；向省申请再融资债券5.2亿元，缓解偿还债券本金压力；采取完成年初预算收入任务、加大土地出让力度、统筹收回存量资金等措施化解政府债务风险，确保2020年市本级债务率退出风险预警地区。

【新冠肺炎疫情防控保障】 2020年，潮州市从物资保障、经费保障两方面重点发力支持疫情防控工作。潮州市新冠肺炎疫情防控指挥办物资经费保障组（潮州市财政局社会保障科）获“潮州市新冠肺炎疫情防控先进集体”称号。

疫情防控经费保障 在新冠肺炎疫情防控工作中，潮州市各级财政部门落实“不因经费问题延误患者救治和影响疫情防控”的要求，推动医保基金“全纳入”、医治费用“全报销”、筛查费用“全保障”，打消患者就医顾虑。启动突发公共卫生事件财政应急保障工作机制和疫情防控财政应急预案，按照“特事特办、急事急办”原则，对急需的疫情防控经费先安排支出或拨付资金，再按规定程序补办相关手续。协调各级人民银行、各代理银行开通资金支付绿色通道，确保各项财政保障资金按需按时落实。全年拨付各级疫情防控资金4.3亿元。

疫情防控物资多渠道筹集　潮州市财政局牵头承担疫情防控物资保障职责，在潮州防疫应急物资紧缺的情况下，发动各部门提供疫情防控物资采购渠道信息，动员社会各界力量特别是华侨、海外组织等捐款捐物。对物资接收统一口径、统一管理，制定《潮州市防疫应急物资管理指南》，遵循分级分层保障原则，根据层级实际需要、应急事件轻重缓急程度等调配物资，支持疫情防控工作。

疫情防控物资生产供应保障　潮州市建立采购“绿色通道”，规定有关部门采购疫情防控相关货物、工程和服务可不执行政府采购法规定的方式和程序，采购进口物资无需审批，保障应急救援设备和物资及时供应。组织开展疫情防控重点保障企业贷款贴息资金申报，支持降低企业融资成本。强化疫情防控重点保障企业资金支持，保障疫情防控重要医用物资和生活必需品供应。广东宏兴集团股份有限公司等9家企业申报贷款贴息，贷款金额1.5亿元，兑现重点财政贴息资金153.0万元。

（潮州市财政局供稿，许佳楠执笔）

揭阳财政

【财政经济概况】　2020年，揭阳市实现地区生产总值（GDP）2102.14亿元，比2019年增长0.2%。其中，第一产业增加值204.4亿元，比2019年增长3.2%；第二产业增加值774.77亿元，下降2.5%；第三产业增加值1122.97亿元，增长2.2%，三次产业结构由2019年的8.9：38.6：52.5调整为9.7：36.9：53.4。全市固定资产投资总额1180.75亿元，比2019年增长2.5%；进出口总额194.3亿元，下降40.1%，实际利用外资总额2326万美元，增长30.8%；社会消费品零售总额955.16亿元，下降10.7%。

2020年，全市地方一般公共预算收入完成73.97亿元，比2019年增长1.3%，其中税收收入45.23亿元，下降1.35%；全市地方一般公共预算支出374.48亿元，增长7.09%。

【财政经济调控】　2020年，揭阳市统筹配置财政资源，加强财政经济调控，支持经济社会发展重点领域工作。

活力古城和滨海新城建设　揭阳市财政局编制基建项目预算，统筹资金35.91亿元支持进贤门大桥等重点基础设施项目建设，加快城市更新步伐。全市统筹公共文化支出7.47亿元支持提升基本公共文化服务水平，其中投入5000万元支持市文化中心群艺馆、博物馆等设施建设。聚焦“一城两园”建设，统筹省、市资金12.57亿元支持“一城两园”基础设施建设和项目规划编制。对接用好省政府支持揭阳滨海新区粤东新城加快开发建设扶持政策，建立留抵退税市县级分担机制，推动资金“活水”回流企业，服务保障石化、新能源等重大产业项目落地投产。

产业发展　揭阳市全面落实减税降费政策，全市累计减税降费22.41亿元，助力市场主体轻装上阵。出台《揭阳市产业发展资金管理办法》，全市统筹投入产业类资金18.48亿元支持落实“暖企行动”、工业技改和科技创新等工作，促进产业链转型升级。优化市级功能区财政体制，完善产业园区财政分配和保障机制，支持产业园区提质增效。出台落户揭阳市重点企业人才专项扶持等保障政策，助力打造产业人才高地，市级财政统筹7954万元支持人才工作，提升人才聚集能级。

营商环境　揭阳市印发《关于优化财政资金分配下达有关事项的通知》，以支出流程“减法”赢得资金效益“加法”。支持完善中小微企业贷款风险补偿机制，改善企业融资环境。深化政府采购“放管服”改革，推行直接订购、网上竞

2020年，揭阳财政支持大南海石化工业区建设。图为中石油广东石化炼化一体化项目乙烯装置建设现场（郑楚藩　摄）

价、定点采购、团购等采购模式，推进采购信息公开。推进网上办事及政府服务事项标准化建设，加强和规范非税执收监管，推广应用非税电子票据，创新便民办事模式。

投资扩大 揭阳市按照“资金跟着项目走”的原则组织申报债券资金，争取新增债券资金50.9亿元、抗疫特别国债14.4亿元支持重点项目建设。

2020年，揭阳财政支持广东工业大学揭阳校区建设。图为广东工业大学揭阳校区工程主体结构 （郑楚藩 摄）

【财政民生保障】 2020年，揭阳市财政民生类支出298.89亿元，比2019年增长3.97%，占一般公共预算支出的79.81%。落实省十件民生实事资金支出6.58亿元。

疫情防控 揭阳市财政局开辟资金拨付、政府采购等财政保障“绿色通道”，全市各级财政落实新冠肺炎疫情防控资金3.9亿元。出台扶持中小企业共渡难关政策实施方案，支持疫情防控重点保障企业率先恢复生产。

教育事业 揭阳市全市统筹教育支出81.73亿元，比2019年增长6.18%。建立涵盖学前至高中各学段的生均经费保障体制，统筹3.63亿元支持学前教育、普通高中生均公用经费提标，支持基础教育提质发展。争取省专项资金支持额度10亿元、债券资金6亿元支持广东工业大学揭阳校区建设。

医疗卫生体系 揭阳市全市统筹卫生健康支出57.27亿元，其中公共卫生支出9.07亿元，比2019年增长31.64%，主要用于支持提升基本公共卫生服务和突发公共卫生事件应急处理水平。推进医疗卫生领域市级与县区财政事权和支出责任划分改革，建立可持续的医疗卫生保障机制，市级财政拨补各县区3960万元支持城乡居民医保提标。落实政府办医投入责任，市级财政统筹1.19亿元支持市人民医院、疾控中心等医疗基础设施建设。

底线民生保障 揭阳市统筹20.98亿元保障城乡低保、特困人员供养等底线民生支出，坚守常态化疫情防控下的民生底线。全市统筹5084万元用于落实岗位补贴、创业资助等就业保障政策，支持保就业、稳就业。

社会治理 揭阳市统筹公共安全支出17.06亿元，市级财政统筹公共安全支出7.16亿元，其中安排797万元作为扫黑除恶专项经费，支持“平安揭阳”建设。市级财政统筹2664.5万元、550万元作为创建全国文明城市和卫生城市工作经费，支持提高城市品质。统筹省级及市级党的基层组织建设保障经费8.99亿元，支持提升基层治理水平。

污染防治和脱贫攻坚 揭阳市统筹投入污染防治和生态环保资金39.33亿元，重点用于国考断面达标攻坚、重点流域污染整治、完善截污管网体系等工作，其中投入13.78亿元支持练江流域综合整治。全市统筹投入扶贫资金10.72亿元，规范扶贫资产管理，推广“广东政府采购扶贫馆”支持消费扶贫，支持高质量打赢脱贫攻坚仗；深化涉农资金统筹整合改革，全市统筹涉农资金14.99亿元，支持发展农业产业和推进美丽乡村建设，推动巩固拓展脱贫攻坚成果同乡村振兴有效衔接。

【财政改革】 2020年，揭阳市以深化预算编制执行监督管理改革为抓手，深化财税体制改革，增强揭阳高质量发展优势。

财政管理体制 揭阳市出台《关于建立完善揭阳市财政管理体制的意见》，建立完善中心城区、产业园区和财政省直管县三大类别“三位一体”的市以下财政管理体制，完善优化全市财政分配关系，调动县（市、区）发展产业、壮大财源、保障民生的主动性和创造力。出台《揭阳市关于乡镇街道财政管理体制及运行机制工作指引》，合理划分县、镇街财政事权和支出责任，提高镇街基层治理和公共服务保障水平。

预算管理改革 揭阳市财政局以项目库管理为抓手深化预算管理改革，指导县区深化预算编制执行监督管理改革，对接用好省“大专项+任务清单”预算资金。

预算绩效管理 揭阳市财政局出台《揭阳市市级财政预算绩效目标管理办法（试行）》《揭阳市市级重大支出政策和项目事前绩效评估管理办法（试行）》《揭阳市预算绩效管理委托第三方机构实施工作规程（试行）》等制度，完善预算绩效管理制度体系，实现市级预算项目入库绩效目标审核全覆盖，推进抗疫特别国债和直达资金绩效信息监控，强化“花钱必问效”约束。

【财政管理】 2020年，揭阳市财政局主动应对经济下行、疫情冲击等外部因素影响，打好积极财政政策“组合拳”，狠抓收支管理，规范资金资产管理，推动财政平稳运行，提升财政综合保障能力。

财政收支管理 揭阳市依法组织财税收入，加大力度盘活国有资源资产，财政收入在主要经济指标中率先回升转正，全市一般公共预算收入73.97亿元，比2019年增长1.3%。加强财政资金统筹，编制实施综合管理预算台账，市级共统筹各类资金305.5亿元，保障基本运转和重点支出资金需求。落实“过紧日子”要求，印发《关于抓好常态化疫情防控下促进财政可持续发展实施方案贯彻落实的通知》，市级部门一般性支出在年初压缩10%的基础上，再以2019年部门决算支出数为基准压缩10%以上，清理盘活财政存量资金。兜牢“三保”底线，落实“三保”预算编制审核、库款保障等机制，2020年全市县级“三保”支出224.82亿元均按上级标准优先保障到位，保障基层财政平稳运行。狠抓预算支出执行，压缩资金下达时限，加强支出进度通报督促，成立专班督查督促债券资金和抗疫特别国债支出进度。建立完善直达资金分配、使用、拨付、监管等全链条监管机制，下达财政直达资金34.89亿元，为基层落实“六稳”“六保”任务注入财力。

政府债务风险防范 揭阳市财政局加强政府性债务常态化监控和管理，实行政府债务归口管理、预算管理和限额管理，筹措资金消化存量债务，督促各地各部门采取措施防范债务风险，将政府债务余额控制在限额内，截至2020年底全市政府性债务余额304.13亿元，政府性债务风险为“绿色”等级。

财政监督检查 揭阳市财政局组织开展会计信息、“三公”经费等检查，组织开展全市机关事业单位货币资金内控管理情况专项清查，收回盘活实有资金账户存量资金，加强财会监督。组织开展会计师事务所重点检查和资产评估机构监督检查，加强会计师行业和资产评估行业执业监管。

财政投资审核 揭阳市财政局出台《揭阳市财政局投资审核复核操作规程》《揭阳市财政投资审核现场查勘操作规程》，建立完善项目复审会审、现场查勘等机制，提升投资审核的合理性和准确性。出台《揭阳市市直财政性资金投资建设项目委托中介机构考核管理办法》，规范中介机构参与政府投资建设项目审核行为。加强对项目建设资金来源、工程预结算、资金核拨审查，全年审核工程预算93宗，审核资金7.72亿元，核减0.74亿元，核减率9.67%；审核工程结算19宗，审核资金5.17亿元，核减1.31亿元，核减率25.34%，推进财政性资金高效、节约使用。

行政事业资产管理规范 揭阳市财政局修订《揭阳市直行政事业单位国有资产处置管理办法》，加强市直行政事业单位国有资产配置、使用、处置、评估、收入管理等各个环节的管理，提升资产管理效率和价值。整合盘活闲置资产支持投控集团等重点国有企业做大做强，挖掘资产潜力促发展。牵头做好市政府向市人大常委会报告国有资产管理情况工作，组织起草国有资产管理情况综合报告和撰写行政事业性国有资产管理情况报告，增强国有资产管理透明度和公信力。

市级财政性资金竞争性存放机制建立 揭阳市财政局出台《揭阳市本级财政部门和预算单位资金保值增值竞争性存放暂行办法》，建立财政性资金竞争性存放机制，围绕银行状况、存款资金安全性和效益性等情况设定评价指标和核算方式，将支持实体经济发展纳入评价指标体系，引导金融机构支持实体经济发展，建立风险预警、支付保障、廉政回避等机制，防范资金存放安全风险，提高资金存放综合效益。

【农村财务管理】 2020年，揭阳市财政局出台《揭阳市农村财务管理暂行办法》（简称《办法》），深入基层指导督促县（市、区）因地制宜制订农村财务管理实施细则，加强政策培训解读，推动农村财务管理和监督规范化、制度化，促进农村基层党风廉政建设，维护农民群众合法权益。

事权责任界限明确 《办法》明确农村集体经济组织财务管理主体的职责分工，压实农村财务管理的责任。明确农村集体经济组织是农村财务管理的主体，农村集体经济组织负责人是农村集体财务管理的主要负责人，要求建立健全财务管理制度，实行财务公开、民主管理，完善内部控制机制，保护农村集体资金资产的安全与完整。明确农村集体经济组织负责人责任，对本组织的财务管理工作和相关财务资料的合法性、真实性、完整性负责。明确会计委托代理服务机构职责分工，规范其权利、责任、义务、岗位设置、监督和回避机制等。

会计委托代理服务规范 《办法》从优化会计委托代理服务模式、规范岗位设置等方面入手，优化会计委托代理服务。推行会计委托代理制，引导农村集体经济组织在法律法规的框架下，遵循村民自治、村务公开、民主管理、加强监督的原则，委托会计委托代理服务机构开展村级财务会计工作，提升基层财会工作水平。对会计委托代理服务机构的经费保障、岗位设置、人员专业能力、人员变动程序、监督管理、培训以及充实会计委托代理服务的方式等作出明确规定，优化会计委托代理服务质量。

收支账户和程序管理完善 《办法》聚焦当前农村集体收支不规范问题，着力完善账户管理和程序管理，从制度上确保农村集体经济组织所有资金纳入“一个笼子”管理。严格收支管理模式，明确农村集体经济组织财务收支实行预算管理模式，从预决算内容、程序、监督方面进行规范，提高村级预决算财务收支规范性和透明度。严格收支账户管理，明确农村集体经济组织所有收支纳入基本账户统一管理，严禁坐收坐支、公款私存，除土地专户和财政专户外，一般不准开设其他专用或临时账户，由会计委托代理服务机构指定不办理货币资金业务的会计人员抽查库存现金、银行对账单等，发现差错，及时纠正。严格收支程序管理，明确农村集体经济组织所有收支有事由，有经办人、有证明人、有审批人、有村务监督委员会签章，要求会计委托代理服务机构应对农村集体经济组织所送票据进行逐一审核，在支出汇总表加盖会计委托代理服务机构审核意见，对合法合规且手续齐全的票据予以登记入账。

收支行为正负面清单细化　《办法》注重可操作性和实用性，细化村级收支行为正负面清单。列出可以现金支付的正面清单10项，如：依法支付的临时劳务费、给予农村集体成员的医疗救助、因紧急情况购置抢险救灾物品或设备的开支等，加强对适应农村工作实际的现金管理。制定不合法支出票据（“白条账”）负面清单6项，如：从经营单位购买实物，未取得发票、发票内容不全或未加盖经营单位发票专用章的支出事项等，杜绝“白条”入账。明确农村集体经济组织支出不予入账的负面清单8项，如：虚假开支、用途不清楚或原始凭证内容填写不符合规定的开支等，杜绝不按程序、无取得合法凭证的现象发生。推行涉农小型工程项目模式，在司法部门合法性审查基础上，依据省相关政策文件精神，增加推行由村级组织和农民工匠带头人承接农村小型工程项目的有关财务规定，提升“农民工匠”模式实施效率，助力美丽乡村建设。

票据使用管理规范　《办法》结合票据管理有关规定，制定票据使用管理规范及程序，推动票据使用管理规范、安全。明确票据使用管理规范，要求农村集体经济组织向有关单位或个人收支款项和内部往来结算时，必须按照《关于统一本市农村财务专用收据的通知》和《关于统一全市村级现金支出凭单、报销表格、内部结算凭证的通知》的规定，使用由县（市、区）人民政府（管委会）财政部门统一印制的农村财务专用票据。明确票据使用管理程序，要求专用票据实行使用登记制度和“验旧换新”制度，细化票据领取、登记、使用、保存和核销各个流程。

（揭阳市财政局供稿，黄同涛执笔）

云浮财政

【财政经济概况】　2020年，云浮市实现地区生产总值1002.18亿元，比2019年增长4.1%，增速排全省第三位；固定资产投资增长5.5%，其中工业投资和技改投资分别增长20.5%、20.3%，增速排全省第四位和第二位；规模以上工业增加值增长3.7%，增速排全省第四位；社会消费品零售总额337.24亿元，增速排全省第八位；金融机构本外币各项存款余额、贷款余额分别增长4.2%、19.4%。

云浮市一般公共预算收入65.86亿元，比2019年增长8.9%，增速排全省第三位。一般公共预算支出完成267.50亿元，比2019年增长9.11%，增幅排名全省第五位。其中科教和文化事业支出63.36亿元，占全市一般公共预算支出23.7%；社会保障和就业支出38.05亿元，占一般公共预算支出14.22%；卫生健康支出33.28亿元，占一般公共预算支出12.44%。云浮市本级一般公共预算收入15.91亿元，一般公共预算支出42.81亿元。

【财政经济调控】　2020年，云浮市强化政府债务管理，防范化解债务风险，推进财政领域“放管服”改革。

政府债务风险防范化解　云浮市按照“严控增量、清理存量”原则，稳步消化压减地方政府债务和隐性债务规模，防范债务风险。加强地方政府债务风险防控，分类处置存量隐性债务，遏制隐性债务增量，守住不发生区域性和系统性债务风险底线。优化投融资模式，规范举债有序搞建设，实现经济可持续、高质量发展，为云浮市融入粤港澳大湾区提供保障。做好2020年新增债券项目申报，向上级争取地方政府债券额度，债券资金投向聚焦补短板、强弱项的基础设施项目，为“稳投资”提供支撑。2020年广东省财政厅下达云浮市新增债券额度为53.30亿元（含特殊转移支付机制新增一般债务2亿元），较2019年的31.34亿元增长70.07%，下达云浮市抗疫特别国债额度7.83亿元。建立完善金融和债务管理“六个机制”。建立新增债券资金督查长效机制、市领导包片督查督办机制、项目协同推进机制、项目储备联动机制、信息共享机制、完善财政金融支农体制机制，压紧压实各县（市、区）政府和市直有关单位用足用好债券资金、推动项目建设、拉动投资增长主体责任，推动乡村实现高质量振兴发展，助力乡村振兴走在全省前列。

财政领域“放管服”改革　贯彻落实各项减税降费政策，开展落实减税降费政策专题调研及实施效果评估，加强对减税降费落实情况的监督检查，重点加强新冠肺炎疫情财税支持政策跟踪落实，全年为企业减税降费逾18亿元。保障中央直达资金落实。对中央下达的特别国债、特殊转移支付等资金，开启绿色通道，资金第一时间直达县区。全年全市收到直达资金22.77亿元，实际支出22.77亿元，总支出进度100.00%，对减轻企业负担、激发市场主体活力、保障改善民生、稳定经济增长发挥作用。

【财政民生保障】 2020年，云浮市补齐短板，保障民生。加强财力统筹，实施惠企、惠民政策，坚持把保障和改善民生作为公共财政投入的优先方向，全市基本公共服务体系逐步完善。确保落实教育、就业、医疗卫生、社会保障、住房保障等民生领域支出以及十件民生实事、底线民生资金。全年省十件民生实事累计投入6.86亿元、市十件民生实事累计投入14.69亿元。做好促进就业和再就业工作，为构建乡村振兴人才支撑体系提供经费保障。全面落实社保补贴、岗位补贴、创业培训补贴、租金补贴等政策措施，把做好就业和再就业工作作为一项重要民心工程来抓，发挥财政经济杠杆作用。全年市本级共发放促进就业和再就业相关资金2071万元，其中扶持公共就业创业服务支出242万元，职业培训补贴929万元，社保补贴57万元，其他补贴843万元。市本级“三支一扶”毕业生补贴资金199万元，已划拨资金194万元。

【财政改革】 2020年，云浮市用好改革“关键一招”，提升财政管理效能。推进“放管服”改革，根据广东省调整实施一批省级权责清单事项的有关部署，完成省级权责事项的承接工作，为企业和群众提供便捷服务；编制并公布财政部门权责清单，实现权责清单同“三定”规定有机衔接，规范和约束履职行为；提升“互联网+监管”能力和水平，100%完成实施事项清单编制、事项数据覆盖、执法人员账号开通任务。全面实施绩效管理，推进绩效管理逐步从侧重事后管理向事前、事中管理延伸；组织第三方机构对54个市直部门的174个项目实施第三方评价，涉及财政资金总额20.7亿元；深化乡镇财政体制改革，完善基层治理体系，加强乡镇财政资金监管，将绩效理念和方法深度融入乡镇财政体制改革全过程，实现“花钱必问效、无效必问责”。开展财政监督，通过对全市预决算公开情况、财政收支真实性情况等专项检查，确保预决算公开及时、完整、规范，财政收支基础数据真实、准确。通过对全市“小金库”治理和公务支出、国有资产出租出借和处理、会计信息质量等检查，严肃财经纪律。

【财政管理】 2020年，云浮市加强预算、会计事务、财政监督等各项财政管理。

一般性支出压减 6月，云浮市印发《关于做好过紧日子有关工作的通知》，督促市直各单位严控新增支出、硬化预算约束，坚持过紧日子、压减一般性支出，执行财经规定、完善财务管理制度，强化预算绩效管理、取消无效低效支出。印发《关于常态化疫情防控下促进财政可持续发展的实施方案》，明确加大预算执行中的非重点、非刚性支出压减力度，严控和压减市直部门一般性支出。从第四季度起，单位公用经费、车辆经费等支出按分类分档的不同基数，按年初预算安排数的10%比例压减后再下达预算指标。全年市直压减一般性支出1651万元，压减比例13.12%。牵头组织开展市直部门财政性资金利息缴库，市直部门共计缴回财政性资金产生的利息约500万元。

会计信息质量检查 云浮市开展2020年会计信息质量检查。云浮市财政部门抽选28家企业和行政事业单位，对其2019年度的会计信息质量情况开展检查，其中市直1家、云城区11家、云安区2家、罗定市3家、新兴县7家和郁南县3家、云浮新区1家；选取云浮市明亮路灯管理有限公司开展专项检查。结合全市检查情况，主要发现存在会计基础工作薄弱，会计核算不规范，公务接待未严格执行相关规定、公务用车管理未完善、部分支出手续不完备等问题，并责令各相关单位对检查发现问题进行整改。

预决算公开检查 云浮市开展预决算公开检查及整改落实。根据年初广东省财政厅对云浮市2018年决算公开检查的工作反馈，做好2018年决算公开检查及整改落实。9月，聘请第三方对全市2020年政府预算公开及部门预算公开情况开展专项检查，印发7份检查结论，发现在预算收支增减变化情况说明、机关运行经费安排情况说明、重点项目预算的绩效目标等预算绩效情况说明、“三公”经费增减变化原因等方面存在问题，并督促有关单位进行整改。12月，组织各县（市、区）按属地管理原则开展2019年决算公开检查工作，要求存在问题的单位落实整改并填报系统。

【“数字财政”建设】 2020年，云浮市作为广东省“数字财政”建设第一批试点市，推进数字财政建设走在全省前列。9月15日，云浮“数字政府”公共财政综合管理平台预算域上线。

组织保障 云浮市财政局成立以局主要领导为组长、分管领导为副组长、各科室及所属单位负责人为成员的云浮市“数字财政”建设工作领导小组。5月，在6个试点地市中率先成立市级“数字财政”专班，成员由局内有关科室及各县（市、区）财政局抽调的业务骨干组成。专班实行挂图作战模式，与广东省财政厅数字财政专班工作对接，按照各项任务时间节点推动落实，并建立完善专班每日工作总结、每周例会、业务科室定期会商等制度。

"1+1+2"建设　云浮市财政局推进云浮"1+1+2"数字财政建设走在全省前列。建成一个二级运维中心，实现省、市、县、乡四级数据互联互通及各预算单位资源共享。建设一个"数字政府"公共财政综合管理平台，从系统性、全局性的高度把"数字财政"建设和深化预算编制执行监督管理等相关改革结合起来，最终实现财政管理有载体、财政监控有抓手、财政决策有支撑，推动财政管理质量和效能提升。打造多功能展示厅和数字财政融合创新体验项目两个窗口，通过多功能展示厅直观展现财政业务、并通过智能应用系统实现"数字财政"的数据分析、监控、指挥；通过数字财政融合创新体验项目探索"数字财政"数据价值、丰富"数字财政"内涵的研究、应用、展示窗口。两个窗口作为运维中心和管理平台的延伸，响应管理决策端、专业研究端、社会公众端"三端"需求，配备智能中控、高清大屏、触控飞屏和智能机器人等高新硬件设备，将财政业务以互动体验形式，满足领导宏观决策、部门业务研究、数据实时监控等多场景需要，达到财政、科技、人文有机融合。

前期基础保障　云浮市做好业务流程梳理，多次与各县（市、区）共同讨论梳理业务流程差异，统一全市业务流程规范以及项目库支出目录。做好基础设施建设，完成国产密码CA服务器改造、财政业务"一张网"改造、用户终端配置改造等一系列基础工作，为系统稳定运行提供保障。组织开展业务验证和系统试用，多次组织市专班成员、业务科室和各县（市、区）业务骨干对系统进行多轮测试以及试用。做好系统操作培训，组成以市县财政局专班成员和业务骨干为主，实施厂商为辅的培训团队。

2020年6月17日，广东省财政厅副厅长杨朝峰（右三）一行到云浮市开展"数字财政"上线实施工作进展情况调研　（云浮市财政局供图）

运维保障　云浮市成立系统运维中心，采取线上和线下指导、热线电话、智能运维平台、公众号等响应方式进行运维，保障运维信息多渠道反馈。制定运维方案，明确系统运维和应急处理机制，细化故障等级划分、故障申报和处理流程。搭建运维场所，协调运营商开通中继专线E1线路，接入数字中继网关及配备CTI网关，配备运维坐席电话和运维台式机等设备。

投入保障　2019—2020年，云浮市财政局累计投入638万元，各县（市、区）财政局累计投入638万元，用于建设二级运维中心、机房升级改造、建设多功能展示厅、国产密码算法升级等工作。广东省财政厅对云浮市"数字财政"建设提供支持，2020年下达财政管理奖励激励资金200万元，为云浮市"数字财政"的建设打下基础，为云浮"数字政府"公共财政综合管理平台后续平稳运行提供保障。

【涉农资金统筹整合】　2020年，云浮市财政局落实涉农资金统筹整合各项工作要求，加快涉农资金拨付，收到广东省财政厅下达2020年涉农转移支付资金11.02亿元，比2019年增加9000万元，增长8.9%。2月将11.02亿元资金全部下达到市直相关单位及各县（市、区）。全年全市省级涉农资金支出7.82亿元，支出进度71%。做好2020年涉农项目报备，全市向广东省报备的涉农项目1092个，报备金额11.02亿元。其中，由农业农村部门主管的项目147个金额6.74亿元，林业部门主管的项目64个金额0.52亿元，水务部门主管的项目46个金额1.58亿元，自然资源部门主管的项目8个金额0.45亿元，交通运输部门主管的项目815个金额1.54亿元，住房城乡建设部门主管的项目2个金额0.18亿元，文化广电旅游体育部门主管的项目10个金额0.01亿元。报备的涉农项目数量主要集中在农业农村部门、交通运输部门，所占资金额度分别为61%、14%。优化2021年涉农项目库管理，市县均建立项目库，在原项目库中新设2021年涉农资金项目库模块。涉农项目库优化后，全市申报涉农项目744个，拟申请金额33.04亿元。通过省级联合审查的涉农项目675个，涉及金额30.52亿元，其中成熟度高项目597个，涉及金额22亿元。

（云浮市财政局供图，晏磊执笔）

机构·荣誉

Fiscal Organizational Structure and Honors

机构

2020年广东省财政厅机构变动情况

根据《中共广东省委机构编制委员会办公室关于广东省财政数据信息中心更名等机构编制事项的函》，2020年2月11日省财政数据信息中心更名为省财政运行监控中心。主要任务调整为：负责全省财政运行监控平台建设管理，参与制定业务范围和监控规则，收集分析相关资料，提出信息预警。

根据《中共广东省委机构编制委员会办公室关于省会计函授职业技术学校更名等事项的函》，2020年4月8日省会计函授职业技术学校更名为省财政厅政府债务监测评估中心。主要任务调整为：承担政府债务统计分析、风险监测评估，政府债券项目合规性评估工作；承担国有金融资本运营监测评估工作；承担政府与社会资本合作项目评估工作。

根据《广东省人民政府关于同意将省农业融资担保有限责任公司划转省财政厅管理的批复》，2020年11月23日广东省农业融资担保有限责任公司划转省财政厅作为一级企业法人管理，由省财政厅直接履行出资人职责。

2020年广东省财政厅机关及厅属各单位领导名单

一、厅级干部

党组书记、厅长：戴运龙

党组成员、驻厅纪检监察组组长、一级巡视员：叶昊文

党组成员、副厅长：杨朝峰

党组成员、副厅长：肖红梅

党组成员、副厅长：姚　露（2020年3月任职）

党组成员、总会计师：刘云梅（2020年3月任职）

省注册会计师行业党委专职副书记（副厅职）：胡建斌

一级巡视员：陈　剑（2020年12月任职）

二级巡视员：张仿松

二级巡视员：苏凤玲

二级巡视员：崔亚宗

二级巡视员：曾　彦（2020年12月任职）

二级巡视员：朱莉萍

二级巡视员：戴穗生

二级巡视员：云　峰

二级巡视员：林　华（2020年6月任职）

二级巡视员：吴金华（2020年11月任职）

二级巡视员：郭　为（2020年11月任职）

二、厅机关各处室及厅直属行政机构领导

（一）办公室

主　任：刘华伟

副主任：董婉茹（2020年3月任职）　朱国银　李纪桦　姚　林

（二）法规处

处　长：沈　明（2020年2月任职）

副处长：姜　波（援藏）

（三）税政处

处　长：鲁锦锋

副处长：简　单（2020年10月任职）

（四）预算处

处　长：严宏宇（2020年6月任职）

副处长：曾友谊　麦东阳（2020年11月任职）　朱　超（2020年11月任职）

（五）预算编审处

处　长：谭笑风（2020年6月任职）
副处长：毛俊伟　林凌擎（2020年11月任职）

（六）国库处

处　长：陈蔚兰
副处长：李晓彬（援川）　张长治
李海威（2020年12月任职）

（七）综合处

处　长：丘晓敏（2020年3月任职）
副处长：彭钿基　陈周华

（八）政府债务管理处

处　长：周修群
副处长：黄丹妮　苏晓鸿（2020年3月任职）

（九）行政处

处　长：吴　科（2020年2月任职）
副处长：殷昌福　侯媛媛（2020年11月任职）

（十）政法处

处　长：冯宝璇（2020年2月任职）
副处长：肖小华

（十一）科教和文化处

处　长：张　锐（2020年3月任职）
副处长：林　瑜　林承志（2020年3月任职）

（十二）经济建设处

处　长：郭　为
副处长：余玩冰　刘　凯（2020年11月任职）

（十三）工贸发展处

处　长：范小花（2020年2月任职）
副处长：张　槟　王远林（驻村）　刘柏文

（十四）农业农村处

处　长：李树林
副处长：黄　瀛　熊　伟（2020年3月任职）
吴　宇（2020年11月任职）

（十五）资源环境处

处　长：刘小聪
副处长：郑定标

（十六）社会保障处（省社会保险基金财政管理办公室）

副处长：琳　琳（2020年12月主持工作）
吕海峰
梁智毅（2020年3月任职）

（十七）资产管理处

处　长：黄志伟（2020年2月任职）
副处长：李广文　麦文胜

（十八）金融处

处　长：张景涛
副处长：方　亮（2020年3月任职）

（十九）会计处

处　长：钟　凯
副处长：李　舸　唐祝光（2020年12月任职，援疆）

（二十）政府采购监管处

处　长：黄　山
副处长：蚁文娟　杨　瑞（2020年3月任职）

（二十一）绩效管理处

处　长：刘　捷
副处长：姚　敏　赵行旺（2020年11月任职）

（二十二）监督局

局　长：康颖朝（2020年2月任职）
副局长：陈　苹　叶杏娟（2020年11月任职）

（二十三）人事教育处

处　长：宋俊华（2020年8月任职）
副处长：徐艳芬

（二十四）离退休人员服务处

处　长：吴志胜（2020年8月任职）
副处长：何建军（2020年11月任职）

（二十五）机关党委

专职副书记：饶歆俊（2020年4月任职）
副处长：丁亚军

（二十六）驻厅纪检监察组

副组长兼纪检监察室主任：尹　伟
副组长兼综合室主任：郑　湘

副主任：闫　宇（2020年9月任职）

（二十七）国库支付局

局　长：林树发（2020年2月任职）
副局长：陈　岚　莫　仪　陈伊哲
涂剑锋（2020年11月任职）

（二十八）国际金融合作办公室（广东省世界银行贷款办公室）

主　任：吴金华
副主任：董辉龙　周薇薇（2020年11月任职）

三、厅属各单位领导

（一）投资审核中心

主　任：曹远潮
副主任：张燕云　邵子川（2020年3月任职）

（二）省农业综合开发评估中心

主　任：罗德富（2020年3月任职）
副主任：冯家廉

（三）政务服务中心

主　任：胡圣元
副主任：葛　芸（2020年10月任职）
龙伟展（2020年3月任职）
姚林玲（2020年11月任职）

（四）省财政运行监控中心

主　任：李建业
副主任：黄腾达（2020年2月任职）　李海威

（五）省财政科学研究所

所　长：杨　娟（2020年3月任职）
副所长：许航敏　贺巧知（2020年11月任职）

（六）省财政厅政府债务监测评估中心

主　任：曾　毅（2020年8月任职）
副主任：古志东

（七）省注册会计师协会

秘 书 长：穆慧姝（2020年9月任职）
副秘书长：罗玉霞　林　翔（2020年3月任职）

（八）省资产评估协会

秘 书 长：陈桓考
副秘书长：陈　坚

2020年广东省各地级以上市财政局领导名单

一、广州市财政局

党组书记、局长：陈雄桥
党组成员、副局长：周少卿　李小平　陈红燕
党组成员、总会计师：汤汉忠
党组成员、驻市财政局纪检监察组组长：刘志强
市注册会计师协会行业党委专职副书记：戴秋明
二级巡视员：梁少婷
一级调研员（市管干部）：彭建湘
驻市财政局纪检监察组一级调研员（市管干部）：
　邓鸽翔
一级调研员（市管干部）：林锡荣　李忆文

二、深圳市财政局

党组书记、局长、一级巡视员：汤暑葵
党组成员、二级巡视员：张素芬
党组成员、副局长：赵忠良
党组成员、副局长：文　政
党组成员、副局长：杨江涛（2020年12月任职）
党组成员、市注册会计师行业党委专职书记：
　曾宇英（2020年9月任职）
党组成员、市财政投资评审中心主任：郑铁军
二级巡视员：温焕强（2020年5月任职）
一级调研员：赖淑藕

三、珠海市财政局

党组书记、局长、一级调研员：戴伟辉
党组成员、副局长、二级调研员：苏　牧
党组成员、驻局纪检监察组组长：赵建芳
党组成员、副局长：章　革　黄晓明
副局长：高　松
党组成员、市财政国库支付中心主任：陈文院

党组成员、总会计师：何　瑾
二级调研员：李九泉　黎达强　何富仔
三级调研员：李伟权
四级调研员：曾　涓　吕　航　许双斌

四、汕头市财政局

党组书记、局长：黄业龙
党组成员、副局长：郑　珊　李　宁　谢胜杰
党组成员、总会计师：蔡翁彬
党组成员、副局长：刘文雄（2020年8月任职）
四级调研员：钟春华

五、佛山市财政局

党组书记、局长、一级调研员：江启强
党组成员、副局长：潘智勇
党组成员、派驻纪检监察组组长：庞松港
党组成员、副局长：王明耀　雷绍铭
总会计师：陈瑞彤
市注册会计师行业党委专职副书记：朱　冰

六、韶关市财政局

党组书记、局长：陈大川
党组成员、副局长：陈树川
党组成员、纪检组组长：朱观洪
党组成员、副局长：肖少康　张文华　杨文乐

七、河源市财政局

党组书记、局长：骆　超
党组成员、副局长：温文忠　诸鸿伟　何仕军
党组成员、派驻纪检组组长：黄　晰
总会计师：唐　丰
党组成员、副局长：朱小文

八、梅州市财政局

党组书记、局长：张志锋（2020年3月任党组书记，2020年4月任局长）
党组成员、副局长、三级调研员：凌挥明（2020年10月任三级调研员）
党组成员、市纪委监委驻市财政局纪检监察组组长：罗奕山
党组成员、副局长：丘小录　邹永礼
党组成员、总会计师：侯卫芳
党组成员：邹建明（挂职，2020年2月任职）
世行办主任：刘碧荣

九、惠州市财政局

党组书记、局长：何国斌
党组成员、副局长：陈益明　杨　惠　庄煜平
林惠强
陈镇坤（2020年1月任职）
总会计师：许　岚（2020年6月任职）

十、汕尾市财政局

党组副书记、副局长：林建隆（2020年10月主持全面工作）
党组成员、总会计师：叶其灯
党组成员、副局长：詹响锑（2020年8月任职）
叶杰雄（2020年8月任职）

十一、东莞市财政局

党组书记、局长：罗军文
二级调研员：谢　涛　翟才善
党组成员、副局长、三级调研员：王　标　莫淦波
党组成员、纪检监察组组长：张健芬
党组成员、副局长：周　峰　谢　丹
党组成员、总会计师、国库支付中心主任：李树峰
国库支付中心二级调研员：王天广
市注册会计师协会党委专职副书记、三级调研员：王志豪

十二、中山市财政局

党组书记、局长：陈晖东（2020年3月任职）
党组成员、副局长：梁志军
党组成员、总会计师（副处级）：林永光
党组成员、纪检监察组组长（副处级）：林仁崇
党组成员、副局长：陈维真　袁展仪
邹本进（2020年6月月任职）

十三、江门市财政局

党组书记、局长：李文聪
党组成员、副局长、二级调研员：李健斌
党组成员、副局长、三级调研员：梁山涛（2020年12月任三级调研员）
副局长、三级调研员：吕嘉琪（2020年12月任三级调研员）
党组成员、纪检监察组组长：陈祖明（2020年3月任职）
党组成员、总会计师：梁润方
市注册会计师行业党委专职副书记：叶丽婷
市财政国库支付中心主任：陈健敏（2020年10月任职）
市纪委监委派驻机构二级调研员：谢兆启
四级调研员：李钜灿

十四、阳江市财政局

党组书记、局长：冯秀恳
党组成员、副局长：林业玺　林　军　谭厚保
　　李孔祥　王作华（挂职）
党组成员、总会计师：冯敏钊

十五、湛江市财政局

党组书记、局长：李　曜（2020年1月任党组书记，2020年2月任局长）
党组成员、纪检组组长：戴广锐
党组成员、副局长：岑丹红　林茂粒（2020年1月任职）　郭　雄
党组成员、总会计师：李兴进
党组成员、三级调研员：胡毅华（2020年1月任四级调研员，2020年8月任三级调研员）
二级调研员：李　光
三级调研员：黄　毅（2020年8月任职）

十六、茂名市财政局

党组书记、局长、一级调研员：王伯昌
党组成员、纪检监察组组长、三级调研员：罗武文
党组成员、副局长、三级调研员：郑忠义　潘勇生
　　邓华顺　黎凯晟
党组成员、四级调研员：陈　明
总会计师：冯祥清
四级调研员：翁邦雄　梁向东

十七、肇庆市财政局

党组书记、局长、二级巡视员：钟伟军（2020年7月任职）
党组成员、纪检监察组组长：吴志劲
党组成员、副局长：何旭辉
　　林茂峰（2020年9月任职）
　　杨云辉（2020年2月任职）
党组成员、市会计师行业专职副书记：鲁俊文（2020年1月任职）
党组成员、总会计师：张映梅（2020年2月任职）
党组成员、四级调研员：黎尚华
三级调研员：麦伟刚（2020年7月任职）
公共资产管理中心主任：欧炳新

十八、清远市财政局

党组书记、局长：刘　锋（2018年9月任职）
党组成员、副局长：杨日举
党组成员、副局长：黄运全
党组成员、副局长、市住房公积金管理中心主任：肖　宁
党组成员、总会计师、市公共资产管理中心主任：刘浩文
二级调研员：朱昭斌
四级调研员：唐先明　丘红芳

十九、潮州市财政局

党组书记、局长、一级调研员：林景雄
党组成员、二级调研员：苏岳良
党组成员、副局长、三级调研员：孙少珊
党组成员、副局长：佘维昭　蔡进雄　刘向东
党组成员、总会计师：杨新中
四级调研员：林　鹤

二十、揭阳市财政局

党组书记、局长：李春明
党组成员：方锦屏（2020年12月任职）
党组成员、副局长：陈坤明
党组成员、副局长：林勇慎（2020年12月21日免去党组成员）
党组成员、副局长：谢小明　吴宗鑫

二十一、云浮市财政局

党组书记、局长：李伟忠
党组成员、副局长：伍金明　魏荣新
党组成员、纪检监察组组长：李伟明
党组成员、副局长：吴少明
党组成员、总会计师：孔建伟
四级调研员：雷　盛　陆伟全

（名单截止时间：2020年12月31日）

2020年广东省各县（市、区）财政局领导名单

一、广州市

越秀区财政局
局长：陆伟刚
党组书记、副局长：陈伟雄

海珠区财政局
党组书记、局长：毛祖华

荔湾区财政局
党组成员、副局长、兼任国资局局长：薛　军

天河区财政局
党组书记、局长、一级调研员：吴　杰

白云区财政局
党组书记、局长：何顺强

黄埔区财政局
党组书记、局长：梁玉军

花都区财政局
党组书记、局长：李一霖

番禺区财政局
党组书记、局长、一级调研员：卢永青

南沙区财政局
党组书记、局长：杨勇华

从化区财政局
党组书记、局长：朱翼虹

增城区财政局
党组书记、局长：毛敢良

二、深圳市

福田区财政局
党组书记、局长、一级调研员：罗希德

罗湖区财政局
党组书记、局长：彭世平

南山区财政局
党组书记、局长：温靖宇

盐田区财政局
一级调研员、党组书记、局长：江　涛

宝安区财政局
党组书记、局长：李烨华（2020年11月任职）

龙岗区财政局
党组书记、局长：陈　周

光明区财政局
局长：陈标鹏

坪山区财政局
党组书记、局长：伍本山（2020年9月任党组书记，2020年11月任局长）

龙华区财政局
党组书记：黄永胜
局长：费晓愈

大鹏新区发展和财政局
党组书记、局长：杨　涛

深汕特别合作区发展改革和财政局
副局长：王　涛（2020年5月主持工作）

三、珠海市

横琴新区金融和财政局（功能区）
党组书记、副局长：王晨辉
党组副书记、局长：池腾辉

香洲区财政局（行政区）
党组书记、局长、区国资办主任：黎希健

斗门区财政局（行政区）
党组书记、局长：黄能强

金湾区财政局（行政区）
党组书记、局长：柴军安

高新区发展改革和财政金融局（功能区）
局长：李凤屏
（该局暂未设立党组）

四、汕头市

金平区财政局
党组书记、局长：郑　聪

龙湖区财政局
党组书记、局长：洪瑞彬

濠江区财政局
党组书记、局长：郑潮辉

澄海区财政局
党组书记、局长：黄哲纯

潮阳区财政局
党组书记、局长：张朝汉

潮南区财政局
党组书记、局长：吴泽伟

汕头市南澳县财政局
党组书记、局长：柯鹏城
保税区财政金融工作局
局长：陈培升（2020年3月任职）
（该局暂未设立党组）
高新技术产业开发区财政金融工作局
局长：陈莹莹
党支部书记、四级调研员：欧庆蕙（2020年3月免去副局长职务）
（该局暂未设立党组）
华侨经济文化合作试验区财政与金融局
局长：谢寒越
（该局暂未设立党组）

五、佛山市

禅城区财政局
党组书记、局长：黄智斌
南海区财政局
党组书记、局长：洪巨涛
顺德区财政局
党组书记、局长：黎劲康
高明区财政局
党组书记、局长：严杰雄
三水区财政局
党组书记、局长：钱静瑜

六、韶关市

浈江区财政局
党组书记、局长：余　华
武江区财政局
党组书记、局长：刘江平
曲江区财政局
党组书记、局长：吴东华
南雄市财政局
党组书记、局长：姚远华
乐昌市财政局
党组书记、局长：连旷怡
仁化县财政局
党组书记、局长：温天才
始兴县财政局
党组书记、局长：邓国柱
翁源县财政局
党组书记、局长：李红学
新丰县财政局
党组书记、局长：朱能择
乳源县财政局
党组书记、局长：李智军

新区财政局
局长：杨　斌（2020年8月任职）

七、河源市

源城区财政局
党组书记、局长：吴　波（2020年8月任职）
东源县财政局
党组书记、局长：邱如东
和平县财政局
党组书记、局长：陈六胜
龙川县财政局
党组书记、局长：邹思伟
紫金县财政局
党组书记、局长：甘志峰
连平县财政局
党组书记、局长：李鸿飞（2020年11月任职）
江东新区发展财政局
局长：赖紫辉
高新区财政局
局长：欧阳科永

八、梅州市

梅江区财政局
党组书记、局长：梁　旅
梅县区财政局
党组书记、局长：叶金胜
兴宁市财政局
党组书记、局长：陈思忠
平远县财政局
党组书记、局长：刘　胜
蕉岭县财政局
党组书记、局长：张　卫
大埔县财政局
党组书记、局长：张回里
丰顺县财政局
党组书记、局长：黎委托（2020年1月任职）
五华县财政局
党组书记、局长：赖伟胜

九、惠州市

惠城区财政局
党组书记、局长：占必佑
惠阳区财政局
党组书记、局长：曾伟荣
惠东县财政局
党组书记、局长：何育青

博罗县财政局
党组书记、局长：钟桂来
龙门县财政局
党组书记、局长：梁志斌
大亚湾开发区财政局
党组书记、局长：阙光虎
仲恺高新区财政局
党组书记、局长：
熊佰楚（2020年1月就任党组书记）

十、汕尾市

城区财政局
党组书记、局长：吴秋业
海丰县财政局
党组书记、局长：林瑞清
陆丰市财政局
党组书记、局长：郑镇鹏（2020年4月任职）
陆河县财政局
党组书记、局长：黄国振
红海湾经济开发区发展和财政局
党总支书记、常务副局长：谢锡城
（该局暂未设立党组）
华侨管理区发展和财政局
党支部书记、常务副局长：夏学军
（该局暂未设立党组）

十一、东莞市

不设县（市、区）

十二、中山市

不设县（市、区）

十三、江门市

蓬江区财政局
党组书记、局长：刘民欣
高新区（江海区）财政局
党组书记、局长：赵英梅
新会区财政局
党组书记、局长，区国资监管局局长：苏伟雄
台山市财政局
党组书记、局长：刘月红
开平市财政局
党组书记、局长：张伟赞
鹤山市财政局
党组书记、局长：黄双怀
恩平市财政局
党组书记、局长：张儒相

十四、阳江市

江城区财政局
党组书记、局长：陈华满
阳东区财政局
党组书记、局长：黄贵容
阳春市财政局
党组书记、局长：朱　威
阳西县财政局
党组书记、局长：黄义科　（2020年4月任职）
高新区财政局
党组书记、局长：阮晓峰
海陵区财政局
党组书记、局长：敖立柱
滨海新区财政金融局
局长：王启峰
（该局暂未设立党组）

十四、湛江市

赤坎区财政局
党组书记、局长：李倩怡
霞山区财政局
党组书记、局长：陈啸音（2020年3月任职）
开发区财政局
党组书记、局长：蔡光兴
麻章区财政局
党组书记、局长：吕红波（2020年4月任党组书记，2020年5月任局长）
坡头区财政局
党组书记、局长：李志强
海东新区财政与审计局
副局长：周戈任
吴川市财政局
党组书记、局长：李　忠
廉江市财政局
党组书记、局长：刘启新
雷州市财政局
党组书记、局长：林　豪
徐闻县财政局
党组书记、局长：陈光泽（2020年8月任职）
遂溪县财政局
党组书记、局长：卢　旺
奋勇高新区财政与投资管理局
局长：陈　敏
（该局暂未设立党组）

十六、茂名市

茂南区财政局
党组书记、局长：吴云波
电白区财政局
党组书记、局长：何　健
信宜市财政局
党组书记、局长：罗魏冰
高州市财政局
高州市副市长，党组书记、局长：陈清流
化州市财政局
党组书记、局长、四级调研员：李　雅
滨海新区财政与国资管理局
局长：许经纶
（该局暂未设立党组）
高新区财政和国资管理局
局长：黎清河
（该局暂未设立党组）
水东湾新城发展财政局
局长：汪子淞
（该局暂未设立党组）

十七、肇庆市

端州区财政局
党组书记、局长：郭兴东
鼎湖区财政局
党组书记、局长：周其伟
高要区财政局
党组书记、局长、机关党委书记：刘　艳
四会市财政局
党组书记、局长：刘　海
广宁县财政局
党组书记、局长：陈善军
德庆县财政局
党组书记、局长：欧锦泉
怀集县财政局
党组书记、局长、机关党委书记：黄安权
封开县财政局
党组书记、局长：龙敬和
肇庆高新区财政局
党组书记、局长：朱雪洪
肇庆新区财政金融局
局长：张　峻
（该局暂未设立党组）
粤桂合作特别试验区（肇庆）财政金融局
局长：杨海燕
（该局暂未设立党组）

十八、清远市

高新区财政局
局长：阳世展
（该局暂未设立党组）
广清产业园财政局
局长：罗仲翔
（该局暂未设立党组）
清城区财政局
党组书记、局长：谢宇辉
清新区财政局
党组书记、局长：陈映徽
英德市财政局
党组书记、局长：邓　峰
连州市财政局
党组书记、局长：邓伟斌
佛冈县财政局
党组书记、局长：梁浩锋
阳山县财政局
党组书记、局长：梁海东
连南瑶族自治县财政局
党组书记、局长：杨建明
连山壮族瑶族自治县财政局
党组成员、局长：王冠华

十九、潮州市

潮安区财政局
党组书记、局长：魏旭平
饶平县财政局
党组书记、局长、一级主任科员：张如明
湘桥区财政局
党组书记、局长：陈宣泽
枫溪区财政局
局长：陈林英
（该局暂未设立党组）

二十、揭阳市

榕城区财政局
榕城区副区长，党组书记、局长：黄济勇
普宁市财政局
党组书记、局长：黄光胜
揭东区财政局
党组书记、局长：吴国贤
揭西县财政局
党组书记、局长：高锐华
惠来县财政局
党组书记、局长：王伟生

揭阳空港经济区财政局

党组书记、局长：林志鸿

揭阳产业转移工业园财政局

局长：杨劲华

（理顺揭阳产业转移工业园管理体制，该局无设立党组）

揭阳大南海石化工业区财政局

党组书记、主要负责人：朱　晓

粤东新城财政局

粤东新城党工委委员、管委会副主任，财政局局长：林东辉

（该局暂未设立党组）

二十一、云浮市

云城区财政局

党组书记、局长：范文科

云安区财政局

党组书记、局长：朱宇飞

罗定市财政局

党组书记、局长：赖　阳

新兴县财政局

党组书记、局长：蔡达灿

郁南县财政局

党组书记、局长：石志强

云浮新区财政局

党组书记、局长：张国雄

（名单截止时间：2020年12月31日）

2020年度广东省财政系统职工统计综合表

（一）人员分布

单位：人

项目	合计	分布				
		财政部	省厅局	市局	县（市、区）局	乡（镇）所
合计	19727	0	1069	4079	8630	5949
%	100.00	0.00	5.42	20.68	43.75	30.16

（二）学位、学历、专业技术职务

单位：人

项目	学位			学历				专业技术职务			
	博士	硕士	学士	研究生	大学本科	大学专科	中专及以下	合计	高级	中级	初级
合计	32	1202	5793	1279	12146	5161	1141	1236	137	450	649
%	0.16	6.09	29.37	6.48	61.57	26.16	5.78	100.00	11.08	36.41	52.51

（三）性别、民族、政治面貌

单位：人

项目	性别		民族		政治面貌			
	男	女	汉	其他	中共党员	共青团员	民主党派	其他
合计	10956	8771	19479	248	13264	929	164	5370
%	55.54	44.46	98.74	1.26	67.24	4.71	0.83	27.22

（四）年龄

单位：人

项目	年龄								
	25 岁及以下	26～30 岁	31～35 岁	36～40 岁	41～45 岁	46～50 岁	51～55 岁	56～59 岁	60 岁及以上
合计	759	2636	2813	2568	2927	3757	2800	1467	0
%	3.85	13.36	14.26	13.02	14.84	19.04	14.19	7.44	0.00

（五）任现职年限

单位：人

项目	任现职年限									
	不满 2 年	2～3 年	3～4 年	4～5 年	5～6 年	6～7 年	7～8 年	8～12 年	12～15 年	15 年及以上
合计	6454	1132	1369	1208	2622	1135	751	2018	823	2215
%	32.72	5.74	6.94	6.12	13.29	5.75	3.81	10.23	4.17	11.23

（六）队伍变化情况

单位：人

项目	变化情况				
	上年实有人数	本年实有人数	增加或减少		
			总数	绝对增加数	绝对减少数
总计	20961	19727	-1234	1587	2821
财政部	0	0	0	0	0
省厅局	1050	1069	19	76	57
市局	4022	4079	57	382	325
县（市、区）局	8670	8630	-40	682	722
乡（镇）所	7219	5949	-1270	447	1717

（七）人员类别

单位：人

项目	人员类别										
	机关单位		参照管理单位		事业单位				企业		
	合计	其中：公务员	合计	其中：参照公务员管理	合计	其中：			合计	其中：	
						管理岗位人员	专业技术人员	工勤人员		管理人员	专业技术人员
总计	8589	7618	4891	4260	6140	3415	1220	1182	107	13	19
财政部	0	0	0	0	0	0	0	0			
省厅局	702	691	121	119	246	109	107	28			
市局	2206	2030	961	870	912	458	226	49	0		

续表

项目	人员类别										
	机关单位		参照管理单位		事业单位				企业		
	合计	其中：公务员	合计	其中：参照公务员管理	合计	其中：管理岗位人员	其中：专业技术人员	其中：工勤人员	合计	其中：管理人员	其中：专业技术人员
县（市、区）局	4326	3743	1757	1510	2440	1334	530	522	107	13	19
乡（镇）所	1355	1154	2052	1761	2542	1514	357	583	0	0	0

（广东省财政厅人事教育处提供）

荣　誉

先进集体选介

【全国文明单位广东省财政厅预算处】 广东省财政厅预算处乘文明创建东风，围绕中心、服务大局，开拓进取、争创一流，内强素质、外树形象，推动各项工作取得丰硕成果，2020年获评“第六届全国文明单位”。

坚持围绕中心，树文明之风扬发展之帆。牢固树立“财”为“政”服务的理念，坚持把社会主义核心价值观融入工作实践，为全省经济社会发展提供有力财政保障。2019年，广东省预算绩效管理工作获全国考核优秀等次第一名、县级财政管理绩效综合评价结果获全国优秀等级第二名。聚焦保重点。坚持以党的先进理论为指导，从广东经济社会发展实际出发，研究制定支持粤港澳大湾区建设、促进城乡区域协调发展、统筹推进疫情防控和经济社会发展等系列财政政策。保障重点领域资金需求，推动重大改革和重大战略落地实施。2020年省财政安排贯彻落实“1+1+9”工作部署的重点支出资金占比超过八成。聚焦优结构。带头过“紧日子”，大力压减党政机关运转性经费支出，严控非刚性、非重点项目支出，把压减下来的资金用于支持疫情防控、“六稳”“六保”重点任务和决战决胜脱贫攻坚、全面建成小康社会目标任务。特别是坚决支持打好疫情防控阻击战，第一时间制定财政应急预案、拨付紧急防疫资金。截至2020年11月底，累计投入疫情防控资金278.49亿元。聚焦惠民生。坚持以人民为中心，预算安排突出民生导向，全省民生类支出占总支出比重达七成。支持推动基本公共服务均等化，提升底线民生保障水平。落实中央抗疫特别国债和特殊转移支付资金直达市县基层、直接惠企利民的要求，精准制定直达资金分配方案，确保财政资金用到最困难的地方、最亟需的领域。

坚持优化服务，承文明之韵击改革之楫。紧盯提升财政治理效能目标，用好改革“关键一招”，立文明新风，强服务意识，提服务效能。着力服务基层。坚持基层至上，健全适应“一核一带一区”区域功能定位的财政差异化转移支付制度，转变政策导向，拓展政策范围，加大对市县补助力度，切实兜牢基层“三保”底线。建立基层联系点制度，定期召开市县财政局长座谈会，主动为基层排忧解难。认真落实“深调研”要求，实地调研了解基层财政收支管理、直达资金管理、预算管理改革情况，做到底数清、情况明，确保政策出台更具针对性、可行性。着力服务部门。率先在全国实施预算编制执行监督管理改革，深化财政管理“放管服”，落实“一个部门对口财政一个处室”服务工作机制，对上门办事人员坚持“一颗真心相待，一张笑脸相迎，一杯清茶暖心”，确保“只进一次门，只跑一次腿”，受到各方普遍好评。着力服务社会。开展《预算法》普法活动，宣传推广新出台的《预算法实施条例》，把预算法作为约束政府各项活动的行为准则，推动各地各部门依法行政、依法履职。落实财政预算向社会公开，加大公开力度，扩大公开范围，自觉接受人大和社会监督，着力打造“阳光财政”“玻璃钱柜”。

坚持以文化人，践文明之行汇道德之水。注重加强干部队伍建设，引导党员干部主动参与文明创建活动，自觉将文明准则内化于心、外化于行。丰富文化生活。组织干部赴中共“三大”会址和杨匏安故居开展红色教育，重温入党誓词，让干部得到教育，受到洗礼。组织参加“五四”演讲比赛、国庆“快闪”活动、全民健身运动会等，凝聚财政事业发展“正能量”。开展志愿服务。积极履行社会责任，组织党员干部参加支持疫情防控、扶贫济困等捐款，无偿献血和各类志愿者活动，落实领导干部对口帮扶贫困户制度。新冠肺炎疫情防控期间，全处党员干部主动请缨到基层支持疫情防控“一线”工作，用实际行动诠释初心使命。引领文明风尚。弘扬时代新风，倡导文明行为，强化新入职人员培训，从点滴小事抓起，培育爱岗敬业精神。倡导勤俭节约，反对餐饮浪费，开展“光盘行动”。推广绿色低碳工作方式，落实垃圾分类投放，创建无烟办公区，营造优美宜人的工作环境。

【广东省文明单位广东省财政厅办公室】 广东省财政厅办公室始终把文明单位创建作为增强干部素质、提升工作水平、改进机关作风、服务中心大局、展示对外形象的重要抓手，明确创建工作责任，落实创建工作目标和要求，推动各项工作取得新突破，实现精神文明建设与办公室“三服务”工作双提升。2020年，荣获“广东省文明单位”称号。

着力在服务大局上下功夫，深化文明建设成效。坚持把争创文明单位的成效集中体现在提升“三服务”工作水平上，围绕中心、服务大局，强化参谋辅政、综合协调、督促检查等重要职能以文辅政亮点频出，文稿水平和公文质量逐步提升；财政信息宣传工作在全国财政系统走在前列、具有较大影响力。财政创造型引领型改革深入推进，牵头总结提炼升华的预算改革工作经验得到财政部肯定和推介，推动形成以预算编制执行监督管理改革为牵引，财政事权和支出责任划分改革、省级涉农资金统筹整合改革、科研经费管理、政府采购管理改革、行政事业单位资产管理、基建财务管理等协同推进的局面。智慧机关建设成效明显，聚焦财政机关运转便利化、人性化、标准化和集约化的目标，完善厅办公自动化系统、电子公文传输系统和移动办公系统，创新设计机关财务管理系统，升级改造智能会议室，推动提高财政决策、管理和服务水平。同时，建议办理、政府网站管理、保密管理、档案管理、机要通信等工作考核在省直部门中保持优秀等次，多次获得上级部门表彰，保障厅机关运转顺畅。

着力在机关建设上下功夫，倡树文明新风。坚持把文明单位创建作为机关建设的重要内容摆上议程，列入年度计划，细化分解创建任务，营造人人关心文明创建、人人参与文明创建的浓厚氛围。利用打造学习型机关的契机，开展世界观、人生观、价值观和个人品德、职业道德、社会公德、家庭美德等教育，引导干部职工深入践行社会主义核心价值观。创建服务型机关，完善对外沟通优化服务工作机制，做好省人大代表、省政协委员服务工作；抓实形式主义、官僚主义问题整改，制定《关于解决形式主义突出问题为基层减负的具体措施》，下大力气治理文山会海、严控督查检查考核、提升办文办事效率，让马上就办、真抓实干的文明新风吹拂机关每个角落。开展生态文明型机关建设，打造智慧机关初步实现无纸化办公，自觉把节约每一度电、每一滴水、每一张纸、每一粒粮食等行为落实到会议组织、活动安排、公务接待、文稿印刷等具体工作中，推动绿色办公蔚然成风。同时，开展国家安全、保密、密码、档案管理等普法教育和“国家宪法日”宣传教育以及诚信教育，形成学法懂法用法守法、诚实守信重信守诺的良好风尚。

【广东省文明单位中山市财政局】 中山市财政局注重加强精神文明建设，精心打造财政文化，把精神文明建设与履行财政职能相融合，促进为民理财能力升级，实现精神文明建设与财政业务工作的双提升。

以业务强实效，融合高效赋能。推动精神文明与业务工作同谋划、同部署和同考核。健全工作机制，聚焦重点领域，把精神文明建设与履行财政职能相融合，促进为民理财能力升级，实现精神文明建设与财政业务工作的双提，各项工作均获得明显成效。面对财政收支平衡压力加大，中山市财政局克服减税降费和新冠肺炎疫情的双重影响，发挥精神文明建设的智力支持和保障作用，迎难而上、主动对接、主动服务，狠抓增收节支，筹措各级各类资金，实施积极财政政策，做好“六稳”工作，落实“六保”任务，兜住“三保”底线。支持打好疫情防控阻击战。履行资金保障职责，畅通政府采购绿色通道，加强内部防控工作，服务疫情防控阻击战大局。截至2020年11月30日，中山市财政下达新冠肺炎疫情防控资金15.65亿元。制定实施收费、租金减免等稳企安商政策，推动全市复工复产工作。着力破解“钱从哪里来”难题。加大债券融资力度。2018—2020年累计争取上级财政新增债券资金222.64亿元，保障中开高速等一批重大项目资金需求。发挥国企融资能力，探索以政府增信企业融资、特许经营等合规的融资模式，解决黑臭水体治理非中心组团7个流域治理等项目的融资问题。落实“六保”“六稳”工作。落实过紧日子要求，2020年预算一般性支出较2019年预算压减幅度达到14%。保障基本生活、医疗、养老等民生重点领域，2020年市镇财政医疗卫生健康支出预计超27亿元。坚持底线思维，支持打好三大攻坚战。持续深化财政体制改革。深化市级预算编制执行监督管理改革，推进落实“大专项+任务清单”制度，加强涉农资金整合，开展项目库分层管理改革。构建“全面覆盖+重点核查”财政绩效评价工作体系，强化绩效结果应用，开展镇区全面实施预算绩效管理的试点工作，落实绩效预算硬约束。

以宣传带弘扬，引领时代新风。弘扬以爱国主义为核心的民族精神和以改革创新为核心的时代精神，把强化文化阵地建设作为做好精神文明创建工作的重要抓手。保障文化建设硬件基础设施，建设“财政之家”职工文化活动室，强化文明美德的氛围营造，推动中山市财政局干部职工多读书、读好书、提升思想境界、增强精神力量。鼓励中山市财政局干部职工做好精神文明的践行者，勇当时代的“拓荒牛”。2020年，为支持中山市“创文攻坚”工作，全局约250人次参与文明城市创建志愿服务，深入基层一线，贡献财政力量。在“我为党的生日献热血”活动中，共有约30人次无偿献血，传递爱心。针对干部职工扶贫济困、乐善好施的公益美德，志愿服务、爱心向善的大爱道义进行宣传，深化弘扬爱党爱国信念的传播效用。以开展志愿服务为“笔”，以深化结对帮扶为“墨”，以参与文明城市创建为“纸”，拓展活动载体，丰富创建内涵，上下一心共同书写好承担社会责任，突出弘扬正能量，引领时代树新风，提高全局精神文明创建工作水平，书写时代新篇章。

【广东省文明单位阳江市财政局】 2018—2020年，阳江市财政局用力、用功、用心、用情，全面加强新时代精神文明建设，为新时代广东精神文明建设贡献财政力量。

坚持文化引领凝聚创建力量。阳江市财政局牢固树立系统思维，统筹推进“硬件”和“软件”协调发展，护航精神文明创建活动走深走实结出硕果。合理利用局机关现有资源，对局机关精神文明阵地等硬件设施进行升级改造，加强社会主义核心价值观、中华传统文化和廉政文化等文化宣传和氛围营造，引领全局干部职工牢记社会核心价值观，传承中华民族美德，做好精神文明的传播者。以党员活动中心为平台，开展理想信念教育和爱国主义教育，组织干部职工读书会，落实“三会一课”制度，重温入党誓词，开展向先进典型学习活动。干部职工扶贫济困、乐善好施，响应“广东扶贫济困日”活动，2018年至2020年干部职工共捐款8.58万元。成立局机关志愿服务队，注册志愿者130人，开展志愿服务10次，累计服务时长607小时。举办全市财政系统干部职工运动会和庆祝中华人民共和国成立70周年文艺晚会等活动，展现干部职工拼搏进取、乐于奉献的精气神。

坚持业务引领拓展创建深度。2018年、2019年阳江市一般公共预算收入分别为62.62亿元、64.29亿元，财政收入稳中有进。2018年、2019年全市一般公共预算支出分别为224.25亿元、242.51亿元，积极财政政策逐年加力提效。在当前财政相当困难的情况下，加大财力下沉，2019年阳江市财政补助县区支出6.8亿元，占市直一般公共预算支出12.3%，向经济发展水平相对较低、财力较为薄弱的县区倾斜，增强财政困难地区托底能力，促进区域间基本公共服务均等化。在战“疫”大考中彰显财政担当，以“急事急办、特事特办”为原则，开启疫情防疫“绿色通道”，截至2020年10月底阳江市统筹安排各类资金3.53亿元用于防控疫情。

2018—2020年，阳江市财政局开展广东省文明单位创建活动，各项工作再上新台阶，财政工作屡次受到广东省财政厅的表扬。2020年1—9月财政管理工作绩效考核排名全省第12位，比2019年底提升7位，区域排名第三位。在财政部年中通报的2019年县级财政管理绩效综合评价结果中，广东省排名跃升至全国第二，阳江市排名全省第四，阳春市、阳西县排名再创新高。2019年广东省财政厅通报的1—6月和1—9月财政管理工作绩效考核中，阳江市均排全省前列，为东西两翼沿海经济带第一名。阳江市财政局获2018年财政管理工作绩效评价优秀并获奖励资金0.2亿元；政府债务风险“零预警”获得财政部表扬。

先进模范人物选介

【广东省先进工作者严宏宇】 1982年8月生，湖北利川人，2007年9月参加工作，2007年3月加入中国共产党。中南财经政法大学财政学专业，硕士研究生，广东省财政厅预算处处长。

从事过综合材料撰写、预决算编制、预算执行、财政体制、转移支付资金管理、政府债务管理、政策性基金管理以及“数字财政”建设工作，承担多项改革攻坚任务，为广东省财政改革发展贡献智慧和力量。从2014年起连续多年考核被评为“优秀”等次，并荣立“三等功”一次。

业务精，善创新，用工作体现忠诚。对于财政预算改革任务，敢于破樊篱、啃硬骨头，主动承担重任。开创性推动中期财政规划、项目库、零基预算等改革，推动印发财政预算管理改革重点制度文件超20份；搭建完善省级转移支付的“四梁八柱”，尤其是促均衡的财政体制，解决多年未解决的欠发达市辖区及珠三角困难县区财力薄弱问题，改革力度前所未有，得到省委、省政府和财政部的充分肯定。2019年8月起牵头开展“数字财政”建设工作，落实“数字政府”和财政部信息化规划部署，夜以继日奋战，牵头起草1000多页、约60万字的立项方案，近3000页、约100万字的业务需求和技术标准，解决财政信息化长期以来存在的信息孤岛、管理分割、标准不一等问题，打造全国标杆。

政策熟，文笔好，围绕中心服务大局。多次牵头起草向广东省人民代表大会报告的预算草案，组织起草《完善省以下财政体制专题调研报告》等多份研究报告。参与财政部粤港澳大湾区财税支持政策方案起草工作，受到财政部书面表扬；参与省委十二届八次全会文件起草工作，受到省委改革办书面表扬；参与《政府工作报告》起草专班工作，受到省政府办公厅书面表扬。

讲规矩，守纪律，工作作风优良。始终以党员领导干部标准严格要求自己，严格执行各项廉政规定，自觉筑牢拒腐防变的思想防线。做到守土有责、守土尽责，坚持冲锋在前，不当“甩手掌柜”“二传手”。注重调查研究，经常深入市县、乡镇财政部门就推进预算管理改革、财政政策制定等工作进行调研，多方听取基层工作人员意见建议。注重强化服务意识，经常主动上门听取省直部门等服务单位意见建议，加强与服务对象的联系沟通，集思广益完善制度办法。

2020年12月2日，被中共广东省委、广东省人民政府评为广东省先进工作者。

【广东省抗击新冠肺炎疫情先进个人琳琳】 1977年7月生，女，河北武邑人，中共党员。1999年7月参加工作，2003年5月加入中国共产党。暨南大学产业经济学专业，硕士研究生，广东省财政厅社保处副处长。

所在集体先后获“2019年全国助残先进集体”“2020年中华人民共和国第一届职业技能大赛作出突出贡献的单位”等称号。落实鼓励和支持就业创业政策措施和公立医院综合改革工作连续3年和4年获得国务院督查激励表彰。

始终爱岗敬业，舍小家顾大家。在抗击新冠肺炎疫情工作中，她履职尽责、担当作为，舍小家为大家，克服家中老人脑梗后行动不便、夫妻两地分居、孩子需要照顾等种种困难，始终坚守岗位，自觉加班加点，与相关经办人员第一时间谋划落实财政保障政策，在抗疫的关键时期发挥重要作用。

聚焦主责主业，倡导政策先行。新冠肺炎疫情防控期间，主持负责制定13项财政保障政策，在全国率先将疑似患者救治费用纳入基本医保范围，明确个人负担部分由财政给予补助。第一时间出台筛查、救治费用财政兜底保障政策和办理资金拨付。完成“三全”服务：医保基金“全纳入”。将治疗方案药品和医疗服务项目费用全部临时纳入医保基金支付范围；医治费用“全报销”。取消住院起付标准，参保患者个人负担部分和非参保患者医疗费用全部由财政给予补助；筛查费用“全保障”。对筛查对象在发热门诊发生的符合规定胸部CT筛查的医疗费用、应检尽检人群核酸检测费用的个人负担部分由财政全额保障。在全国率先将疑似患者救治费用纳入保障范围，惠及4000多人次，已治愈的重症患者单例治疗费用最高额达数百万元；率先明确核酸检测大排查经费保障政策，保障逾800万人应检尽检；率先明确发热门诊筛查费用财政保障政策，牢牢织密财政“全兜底”保障网，将近10万元发热门诊筛查对象的筛查费用纳入医保基金和财政兜底双保障范围，确保筛查费用“全保障”。

注重调查研究，坚持问题导向。经常深入联合检疫点、城乡社区、集中隔离点进行摸底调查，多方听取抗疫一线人员意见建议。注重强化服务意识，主动上门联系沟通卫生健康、医保等服务部门，集思广益完善制度办法。坚持问题导向，保持“对存在问题就要直来直往”态度，秉持“提前介入、全程参与、从严把关”的原则，对有关市县抗疫资金支出存在问题的，电话或面对面约谈，力求资金抗疫资金一分一毫务必用在刀刃上。研究制定全省发热门诊标准化建设财政补助方案，安排发热门诊和发热诊室规范化建设补助资金18.82亿元，将全省311家综合医院和1461家发热诊室纳入财政补助范围。支持公共卫生防控救治能力建设，安排公共卫生建设和重大疫情防控救治体系建设补助资金5.49亿元以及公立医疗卫生机构新冠病毒核酸检测能力建设补助经费1.17亿元，支持推动全省县（区）级核酸检测能力全覆盖，提升常态化疫情防控能力，织密广东省呼吸道传染病防控网。顶格出台各项社保降费政策，为超200万家企业减免社保费1500亿元，减征医保基金442亿元。2020年，广东省各级财政部门共筹措防疫资金302.78亿元。2020年10月21日，被中共广东省委、广东省人民政府评为全省抗击新冠肺炎疫情先进个人。

【广东省抗击新冠肺炎疫情先进个人何旭辉】 1969年4月生，男，广东兴宁人，中共党员。1989年7月参加工作，1994年1月加入中国共产党，省委党校大学学历。现任广东省肇庆市财政局党组成员、副局长。

自新冠肺炎疫情发生以来，何旭辉积极作为，勇挑重担，成立肇庆市财政局疫情防控资金保障工作领导小组，在争取资金、资金拨付、监督管理方面作出突出贡献。

向上争取有力。在2020年初疫情防控最吃紧的期间，迅速认真梳理国家和省为应对疫情出台相关政策，形成以争取资金、项目为主的政策清单，抢抓政策机遇“窗口期”，强化向上对接汇报力度，全力争取省对肇庆市的支持，共争取到新增债券、特殊转移支付等各类资金180多亿元。

推动加快使用有效。对来之不易的资金，作为分管领导，何旭辉提高站位，认识到这些资金对“六稳”“六保”的重要性，采取有力措施推进资金使用进度，严格督促各科室按照资金管理要求，及时将指标分解及资金支付等数据导入监控系统，提高数据的及时性和完整性；多次带队深入一线，督促相关单位抓紧开展项目前期准备和招投标工作，协调解决项目实施中存在的困难和问题，推进项目建设，形成实物工作量；召集相关单位会商，指导各地各部门对于预计难以形成实际支出的资金，调整用于其他具备条件的项目，推动资金加快使用，发挥效益。

监管资金有为。为确保资金在疫情期间每一分都用在刀刃上，何旭辉一方面对预算、国库等关键科室单位强化内控机制建设，明确责任人，及时理顺资金分配、使用环节，及时发现问题督促整改；另一方面加强与人大、审计等有关部门的联动，建立经常联系沟通和信息共享制度，通过财政数据平台等信息化系统，实行财政资金的动态监控，做到财政资金安全高效运行。

2020年度广东省财政系统获省部级以上表彰的先进集体、先进个人名单

受表彰集体或个人	荣誉称号	表彰单位	受表彰时间
广东省财政厅预算处	第六届“全国文明单位”	中央精神文明建设指导委员会	2020年11月20日
省财政厅	2019年度困难群众救助工作绩效评价为良好	民政部　财政部	2020年5月6日
省财政厅	2019年度全国行政事业单位国有资产报告编报工作通报表扬（第六名）	财政部	2020年9月22日
省财政厅	2019年度地方预算绩效管理工作考核优秀（第一名）	财政部	2020年10月26日
广东省财政厅办公室	广东省文明单位	中共广东省委、广东省人民政府	2020年12月9日
广东省财政厅机关党委	广东省文明单位	中共广东省委、广东省人民政府	2020年12月9日
中山市财政局	广东省文明单位	中共广东省委、广东省人民政府	2020年12月9日
阳江市财政局	广东省文明单位	中共广东省委、广东省人民政府	2020年12月9日
侯媛媛（广东省财政厅）	财政部2019年度部省共建联合研究课题获得优秀等次	财政部	2020年7月1日
赵行旺（广东省财政厅）	电信普遍服务试点工作成绩突出个人	工业和信息化部	2020年10月13日
严宏宇（广东省财政厅）	广东省先进工作者	中共广东省委、广东省人民政府	2020年12月2日
琳　琳（广东省财政厅）	广东省抗击新冠肺炎疫情先进个人	中共广东省委、广东省人民政府	2020年10月21日
何旭辉（肇庆市财政局）	广东省抗击新冠肺炎疫情先进个人	中共广东省委、广东省人民政府	2020年10月21日

统计资料

Fiscal Statistics

2020 年度广东省一般公

预算科目	决算数合计	省级	地级	其中：地级直属乡镇	县级	乡级
一、税收收入	98819475	26667147	37933799	18800	30703639	351489
增值税	36939431	13121289	12519163	6807	10162241	113672
企业所得税	19465994	6892389	7411908	657	4738732	42296
个人所得税	7608817	1972826	3617243	486	1876642	14210
资源税	117178	0	20582	0	64010	3258
城市维护建设税	5812799	542	1855098	1756	3614832	34232
房产税	3159362	0	1486423	2279	1401664	27127
印花税	1664567	0	404861	938	1158835	10087
城镇土地使用税	935858	0	318284	2509	481691	13588
土地增值税	13750887	4672379	5188914	2567	3529911	35968
车船税	841282	0	443441	24	353582	4425
耕地占用税	587135	0	170573	140	363976	5258
契税	7838161	0	4465859	536	2907574	46472
烟叶税	13662	0	0	0	12800	86
环境保护税	62931	0	23980	101	31312	763
其他税收收入	21411	7722	7470	0	5837	38
二、非税收入	30418977	6402530	14297613	623	9015988	70284
专项收入	9747682	1534179	6000691	123	2081366	13144
行政事业性收费收入	2268735	579783	1005110	64	614393	6944
罚没收入	2384597	349534	1189181	370	814034	3184
国有资本经营收入	932630	11592	497282	0	361770	6198
国有资源（资产）有偿使用收入	11909893	3675394	4187298	66	3752386	29481
其他收入	3175440	252048	1418051	0	1392039	11330
本年收入合计	129238452	33069677	52231412	19423	39719627	421773

共预算收支决算分级情况

单位：万元

预算科目	决算数合计	省级	地级	其中：地级直属乡镇	县级	乡级
一般公共服务支出	18895288	1150325	7027769	528121	9022484	1694710
外交支出	582	582	0	0	0	0
国防支出	168072	20670	102991	79	42145	2266
公共安全支出	14281080	3005799	5490198	975966	5402003	383080
教育支出	35105572	3035686	9611294	1529331	19329359	3129233
科学技术支出	9557258	839615	5157515	136151	3469588	90540
文化旅游体育与传媒支出	4172212	465547	1955392	208286	1566653	184620
社会保障和就业支出	18071954	1908195	4719879	352217	10260726	1183154
卫生健康支出	17729878	555544	6250654	500320	10021494	902186
节能环保支出	5177555	244068	2797445	149615	1838570	297472
、城乡社区支出	15748863	17228	5613236	465176	9227000	891399
、农林水支出	11258127	1059714	2364090	185617	6522757	1311566
、交通运输支出	6524313	554444	3731788	225892	2148952	89129
、资源勘探工业信息等支出	4135759	683230	1899486	104743	1528738	24305
、商业服务业等支出	1004538	144821	552715	83	278791	28211
、金融支出	288947	8650	372998	1493	-92755	54
、援助其他地区支出	831191	112263	651085	500	67757	86
、自然资源海洋气象等支出	1787051	147356	785516	30685	792730	61449
、住房保障支出	5433253	0	2021623	58879	3190643	220987
、粮油物资储备支出	594629	122545	214909	23749	255689	1486
一、灾害防治及应急管理支出	1239186	73186	395029	61676	737340	33631
二、其他支出	304681	9281	106853	5809	155320	33227
三、债务付息支出	1987552	418582	950271	84652	599439	19260
四、债务发行费用支出	10312	2435	3940	264	3878	59
支出合计	174307853	14579766	62776676	5629304	86369301	10582110

（广东省财政厅国库处提供）

2020年度广东省一般公共预算收支情况

单位：万元

预算科目	本年收入	预算科目	本年支出
一、税收收入	98819475	一、一般公共服务支出	18895288
增值税	36939431	二、外交支出	582
企业所得税	19465994	三、国防支出	168072
个人所得税	7608817	四、公共安全支出	14281080
资源税	117178	五、教育支出	35105572
城市维护建设税	5812799	六、科学技术支出	9557258
房产税	3159362	七、文化旅游体育与传媒支出	4172212
印花税	1664567	八、社会保障和就业支出	18071954
城镇土地使用税	935858	九、卫生健康支出	17729878
土地增值税	13750887	十、节能环保支出	5177555
车船税	841282	十一、城乡社区支出	15748863
耕地占用税	587135	十二、农林水支出	11258127
契税	7838161	十三、交通运输支出	6524313
烟叶税	13662	十四、资源勘探工业信息等支出	4135759
环境保护税	62931	十五、商业服务业等支出	1004538
其他税收收入	21411	十六、金融支出	288947
二、非税收入	30418977	十七、援助其他地区支出	831191
专项收入	9747682	十八、自然资源海洋气象等支出	1787051
行政事业性收费收入	2268735	十九、住房保障支出	5433253
罚没收入	2384597	二十、粮油物资储备支出	594629
国有资本经营收入	932630	二十一、灾害防治及应急管理支出	1239186
国有资源(资产)有偿使用收入	11909893	二十二、预备费	0
其他收入	3175440	二十三、其他支出	304681
		二十四、债务付息支出	1987552
		二十五、债务发行费用支出	10312
本年收入合计	129238452	本年支出合计	174307853

（广东省财政厅国库处提供）

2020年度广东省各地市一般公共预算收支情况

单位：万元

科目	一般公共预算收入		一般公共预算支出	
地市	总　量	增　幅%	总　量	增　幅%
广州市	17227892	1.4	29526468	3.0
深圳市	38574618	2.2	41784235	-8.2
珠海市	3791327	10.1	6776159	10.0
汕头市	1434684	3.8	4272606	10.5
佛山市	7535609	3.0	10030420	6.6
韶关市	1051166	4.0	3701417	-2.0
河源市	798053	3.0	3617614	-2.3
梅州市	881899	-3.7	4743548	6.9
惠州市	4122472	2.8	6373746	3.7
汕尾市	460135	8.4	2665053	-4.5
东莞市	6947509	3.2	8403253	-2.6
中山市	2875729	1.5	3756349	-8.8
江门市	2640041	2.8	4423756	5.0
阳江市	657042	2.2	2498396	3.1
湛江市	1377804	5.0	5385867	7.1
茂名市	1426638	2.0	4797504	4.7
肇庆市	1245066	9.0	4305842	22.4
清远市	1236163	4.3	4118431	4.2
潮州市	486319	1.3	2171659	10.1
揭阳市	739735	1.3	3744802	7.1
云浮市	658874	8.9	2630962	8.3

（广东省财政厅国库处提供）

2020 年度广东省各市县

地　区	收入合计	小计	增值税	企业所得税	个人所得税	资源税	城市维护建设税	房产税
广东省	129238452	98819475	36939431	19465994	7608817	117178	5812799	3159
广东省本级	33069677	26667147	13121289	6892389	1972826	0	542	
广东省地市合计	96168775	72152328	23818142	12573605	5635991	117178	5812257	3159
广州市	17227892	12978463	4054969	2131800	793333	3399	1351928	954
广州市本级	8157021	6169843	1375565	783427	759693	1	363529	391
广州市区县合计	9070871	6808620	2679404	1348373	33640	3398	988399	562
越秀区	585925	427162	200536	42241	0	0	66080	36
海珠区	515478	327641	96905	64115	0	0	58014	55
荔湾区	510219	352141	134287	64800	0	0	85359	29
天河区	762292	602197	230572	72885	0	3	117156	70
白云区	647517	435380	156538	65400	0	43	70197	54
黄埔区	1895588	1519321	701223	405404	0	26	192872	93
花都区	849236	606418	309617	127706	0	1230	65773	46
番禺区	1031569	699167	303143	161952	0	0	85409	76
南沙区	903186	759946	316991	194931	0	0	133540	36
从化区	288785	214935	61188	24908	8300	2059	18535	18
增城区	1081076	864312	168404	124031	25340	37	95464	44
深圳市	38574618	30874612	10608212	6751541	3663798	90	1825493	619
深圳市本级	23608573	17012278	6122799	4556417	2178902	90	24147	351
深圳市区县合计	14966045	13862334	4485413	2195124	1484896	0	1801346	267
福田区	1828964	1678438	564604	299569	193232	0	383022	33
罗湖区	1370112	951845	320501	202204	90217	0	155928	24
盐田区	339440	314489	44997	112186	31513	0	16671	8
南山区	3166471	3098728	753366	583871	350882	0	447224	34
宝安区	2747901	2681512	996347	391921	156809	0	258628	51
龙岗区	2913255	2743430	875770	281893	528334	0	233687	59
龙华区	1435666	1339789	547749	179810	51669	0	183352	24
坪山区	504640	484775	177298	56811	33620	0	51780	17
光明区	659596	569328	204781	86859	48620	0	71054	13
珠海市	3791327	2967207	789544	727491	202814	61	244856	114
珠海市本级	2896522	2230989	583047	611152	175350	44	182412	78
珠海市区县合计	894805	736218	206497	116339	27464	17	62444	36
香洲区	332044	284249	79919	46623	12365	6	23586	19
金湾区	210622	201793	62755	37234	6791	0	18408	8
斗门区	352139	250176	63823	32482	8308	11	20450	8
汕头市	1434684	998287	296839	118700	28987	556	91351	71

一般公共预算收入情况

单位：万元

税收收入						非税收入						
土地 用税	土地增值税	耕地占用税	契税	其他各项税收收入	小计	专项收入	行政事业性收费收入	罚没收入	国有资本经营收入	国有资源（资产）有偿使用收入	其他收入
5858	13750887	587135	7838161	2603853	30418977	9747682	2268735	2384597	932630	11909893	3175440
0	4672379	0	0	7722	6402530	1534179	579783	349534	11592	3675394	252048
5858	9078508	587135	7838161	2596131	24016447	8213503	1688952	2035063	921038	8234499	2923392
3627	1123813	71346	1762371	612786	4249429	1805412	272587	387146	12112	907730	864442
20	1003779	0	1487843	4480	1987178	833164	216246	217235	0	378136	342397
3607	120034	71346	274528	608306	2262251	972248	56341	169911	12112	529594	522045
4131	0	0	0	77968	158763	45140	1310	8293	0	45684	58336
9000	0	920	0	42840	187837	45409	3737	11567	0	43695	83429
5773	0	503	0	30954	158078	23843	921	6038	0	92078	35198
0555	0	395	0	99915	160095	60082	2424	9536	0	19902	68151
4712	0	24748	0	49086	212137	60012	3327	25700	14612	24798	83688
7393	0	4906	0	103721	376267	181194	7872	14044	0	100732	72425
1287	0	6678	0	37885	242818	134786	8733	19832	0	30367	49100
9673	0	8214	0	53933	332402	135393	12445	35134	-2500	102927	49003
2338	0	8356	0	57608	143240	101952	2832	10263	0	23146	5047
5558	16601	2109	47853	8700	73850	45230	5193	8858	0	11459	3110
5187	103433	14517	226675	45696	216764	139207	7547	20646	0	34806	14558
2542	4686128	10413	2003480	643851	7700006	3234856	363407	451560	196764	2769272	684147
1307	2514902	10413	1083272	168940	6596295	3234856	263120	373288	190293	2035818	498920
1235	2171226	0	920208	474911	1103711	0	100287	78272	6471	733454	185227
9143	46795	0	47973	100250	150526	0	12491	33051	0	84188	20796
4524	59468	0	56459	38127	418267	0	1676	4398	0	403365	8828
2045	71144	0	18284	9123	24951	0	700	2787	3978	12097	5389
1445	591429	0	181194	144915	67743	0	3083	3453	0	38447	22760
0226	542169	0	217522	56141	66389	0	19157	7957	43	19899	19333
9362	518551	0	181120	55082	169825	0	16306	14791	2450	60852	75426
5642	198902	0	108333	38937	95877	0	33993	6063	0	42508	13313
3416	79963	0	52212	12555	19865	0	2726	2046	0	10049	5044
4432	62805	0	57111	19781	90268	0	10155	3726	0	62049	14338
9153	352270	39185	357902	109246	824120	433244	-21282	36595	0	348422	27141
0094	238525	30805	222091	89008	665533	398320	-11804	31020	0	227252	20745
0059	113745	8380	135811	20238	158587	34924	-9478	5575	0	121170	6396
2832	48235	1912	38918	10487	47795	23731	2868	3919	0	15746	1531
3281	19100	233	40939	4301	8829	9230	-8171	460	0	6618	692
2946	46410	6235	55954	5450	101963	1963	-4175	1196	0	98806	4173
5031	88424	44074	164097	58017	436397	70730	60019	55109	39376	142630	68533

地　　区	收入合计							
		小计	增值税	企业所得税	个人所得税	资源税	城市维护建设税	房产
汕头市本级	596183	383547	84589	45693	11495	0	28102	19
汕头市区县合计	838501	614740	212250	73007	17492	556	63249	51
金平区	102924	73182	28691	9473	5003	138	7945	6
龙湖区	187124	139728	49519	26710	5177	150	14172	7
澄海区	163817	129241	36643	10459	2542	4	11580	9
濠江区	61961	41684	16518	7228	951	177	4922	3
潮阳区	187539	134573	52680	14181	2218	43	16683	8
潮南区	107279	74213	25095	3743	1321	15	7142	14
南澳县	27857	22119	3104	1213	280	29	805	
佛山市	7535609	5109782	1476534	656766	232843	297	461181	356
佛山市本级	285776	6097	74	5029	43	0	19	
佛山市区县合计	7249833	5103685	1476460	651737	232800	297	461162	356
禅城区	1112347	792482	205431	102230	37766	0	69707	50
南海区	2479018	1737622	495647	186411	58953	7	151441	116
顺德区	2546082	1788644	537332	256317	113477	0	167270	133
高明区	435170	287165	88306	43337	7386	92	26990	16
三水区	677216	497772	149744	63442	15218	198	45754	39
韶关市	1051166	547724	181915	51913	16820	12807	69240	38
韶关市本级	454459	195313	53253	16041	3043	1749	38105	11
韶关市区县合计	596707	352411	128662	35872	13777	11058	31135	26
浈江区	44461	35554	17150	4194	2230	92	5235	4
武江区	59375	36645	16963	8942	2589	141	4685	2
曲江区	82253	50740	15439	4437	1000	356	4201	3
乐昌市	72504	39844	14353	4356	1070	1354	3333	1
南雄市	61218	36073	9879	2815	1047	649	2794	2
仁化县	59441	30775	9548	1875	667	5006	1987	2
始兴县	48067	24952	7702	2067	526	29	1717	1
翁源县	67091	36551	13278	3699	924	1214	2510	2
新丰县	45843	27976	9203	2854	580	1931	1784	2
乳源瑶族自治县	56454	33301	15147	633	3144	286	2889	2
河源市	798053	493479	149074	42281	19266	5282	37379	23
河源市本级	275492	178205	49793	21084	8640	23	16782	10
河源市区县合计	522561	315274	99281	21197	10626	5259	20597	13
源城区	119073	63585	20121	6567	3840	11	6605	3
东源县	118901	91049	29397	3564	2838	917	4639	3
和平县	69931	34697	8801	2266	710	896	1703	1
龙川县	78499	44667	17982	4302	1383	76	2945	2
紫金县	84502	54303	13077	2986	1188	1229	2754	1

续表

税收收入					非税收入						
土地用税	土地增值税	耕地占用税	契税	其他各项税收收入	小计	专项收入	行政事业性收费收入	罚没收入	国有资本经营收入	国有资源（资产）有偿使用收入	其他收入
8741	34096	4138	120403	16529	212636	24567	15164	27284	1363	105321	38937
7290	54328	39936	43694	41488	223761	46163	44855	27825	38013	37309	29596
0	7862	729	0	6446	29742	4808	733	1317	0	13944	8940
0	20889	3108	0	12074	47396	8375	2123	1400	34271	1227	0
5075	10852	16453	19769	6531	34576	7161	11101	8502	3562	4104	146
0	5345	302	0	3102	20277	4185	4630	1828	180	4675	4779
4479	5443	8530	14248	7707	52966	14238	9070	7308	0	8479	13871
4981	1977	2552	7064	5391	33066	6341	14996	6499	0	3583	1647
2755	1960	8262	2613	237	5738	1055	2202	971	0	1297	213
5562	564383	22097	1008631	224959	2425827	571429	157969	178137	312908	722814	482570
367	6	0	383	15	279679	35167	13749	19637	127780	52956	30390
5195	564377	22097	1008248	224944	2146148	536262	144220	158500	185128	669858	452180
7813	75344	1156	191727	51074	319865	102546	5768	30727	2988	160528	17308
0814	259997	7781	346083	74186	741396	175595	57516	41673	88725	230391	147496
2967	158397	8951	306062	74105	757438	176031	48960	50029	74928	150513	256977
9420	19152	1571	64790	9136	148005	30653	15974	23164	0	66999	11215
4181	51487	2638	99586	16443	179444	51437	16002	12907	18487	61427	19184
6950	34911	23869	62718	38556	503442	56578	23347	39501	3842	342912	37262
6322	16934	1835	33775	12475	259146	35610	8092	15902	207	176759	22576
0628	17977	22034	28943	26081	244296	20968	15255	23599	3635	166153	14686
440	195	0	0	1439	8907	968	1204	2917	0	3794	24
145	4	0	0	874	22730	756	356	3716	0	16532	1370
2112	2109	10306	4086	3205	31513	2920	1795	3647	72	20379	2700
918	2961	1772	4897	2907	32660	2549	2881	2003	0	23928	1299
2118	1743	317	4825	7168	25145	2085	920	984	0	20578	578
1479	3814	635	2218	1220	28666	1841	1398	1664	0	22667	1096
828	1099	3601	3338	2912	23115	1981	1279	1453	1716	15534	1152
699	3453	2250	3972	2122	30540	2728	1988	2787	75	22068	894
513	1630	2300	3363	1431	17867	1826	2659	2747	1772	7889	974
1376	969	853	2244	2803	23153	3314	775	1681	0	12784	4599
2055	46257	42440	82815	22817	304574	33478	51009	33191	5315	155178	26403
8546	13865	3422	36155	9479	97287	14588	23138	23303	5031	16960	14267
3509	32392	39018	46660	13338	207287	18890	27871	9888	284	138218	12136
1738	5343	1252	10614	3927	55488	5148	4308	231	0	44797	1004
6701	14057	7022	15121	2952	27852	4825	2690	3070	0	13032	4235
590	3244	8839	5322	1162	35234	1631	666	63	0	32850	24
1705	3406	2496	6149	2114	33832	2778	5949	3322	0	21783	0
1447	4689	17096	6465	1905	30199	2611	1946	2027	284	21490	1841

地　　区	收入合计							
		小计	增值税	企业所得税	个人所得税	资源税	城市维护建设税	房产税
连平县	51655	26973	9903	1512	667	2130	1951	1
梅州市	881899	564400	173904	60093	19307	12263	72620	26
梅州市本级	204425	139199	44411	11262	4101	59	38352	7
梅州市区县合计	677474	425201	129493	48831	15206	12204	34268	19
梅江区	61570	44503	14982	4634	1306	158	9133	2
兴宁市	103378	60324	16751	6946	1814	206	4564	2
梅县区	145807	99201	33241	14523	3484	785	8102	5
平远县	51824	26296	6881	1495	431	7366	1358	1
蕉岭县	64372	41147	12184	6528	4289	2970	2448	1
大埔县	71454	42719	9863	2560	766	137	2052	1
丰顺县	73593	39934	15197	6094	1206	193	2841	2
五华县	105476	71077	20394	6051	1910	389	3770	1
惠州市	4122472	2974699	886394	327677	95997	8367	277541	147
惠州市本级	2190223	1512304	474326	159228	50080	337	168433	71
惠州市区县合计	1932249	1462395	412068	168449	45917	8030	109108	75
惠城区	393854	322511	91059	36697	11837	175	27911	13
惠阳区	577827	496710	113603	65991	16526	992	41280	27
惠东县	293052	183213	48139	17196	5352	1188	9973	7
博罗县	503856	372478	133005	33138	10042	1064	25178	24
龙门县	163660	87483	26262	15427	2160	4611	4766	3
汕尾市	460135	271516	69332	31770	7529	699	20643	15
汕尾市本级	161949	84206	23366	14138	2681	0	6740	6
汕尾市区县合计	298186	187310	45966	17632	4848	699	13903	9
城区	67350	42958	10884	5636	1563	0	3311	2
陆丰市	86789	47685	12590	2994	1215	26	4543	2
海丰县	106327	74722	17199	7232	1522	277	4651	3
陆河县	37720	21945	5293	1770	548	396	1398	1
东莞市	6947509	5710999	2286633	689542	274012	237	533317	244
东莞市本级	6947509	5710999	2286633	689542	274012	237	533317	244
中山市	2875729	2090303	739473	271016	79992	209	179349	144
中山市本级	2875729	2090303	739473	271016	79992	209	179349	144
江门市	2640041	1688115	544309	171045	45765	15148	136875	132
江门市本级	534567	348932	106466	33298	11331	2476	31190	30
江门市区县合计	2105474	1339183	437843	137747	34434	12672	105685	102
蓬江区	303757	189235	54769	16994	6405	76	18140	18
江海区	152910	128503	48512	12853	2966	0	11699	10
新会区	568484	341611	112736	35881	8513	9500	27161	21
台山市	325693	204702	60962	23655	5569	896	12654	12

续表

税收收入					非税收入						
土地用税	土地增值税	耕地占用税	契税	其他各项税收收入	小计	专项收入	行政事业性收费收入	罚没收入	国有资本经营收入	国有资源（资产）有偿使用收入	其他收入
1328	1653	2313	2989	1278	24682	1897	12312	1175	0	4266	5032
9358	65979	35946	53012	34986	317499	57450	35262	18508	1205	188476	16598
1583	12208	2184	10681	6504	65226	21609	7632	4545	0	28388	3052
7775	53771	33762	42331	28482	252273	35841	27630	13963	1205	160088	13546
216	5439	0	3000	2962	17067	11377	2698	569	0	2108	315
831	13429	2397	7988	3211	43054	3421	3245	3680	0	30387	2321
2818	11145	3929	10865	5126	46606	7110	7161	3314	1166	24368	3487
656	1812	364	2129	2419	25528	1562	807	283	0	22876	0
647	1808	996	3609	4226	23225	2913	1562	1143	0	16455	1152
510	5589	12603	4172	2481	28735	1950	1424	1133	39	22741	1448
652	4130	76	3833	3298	33659	3246	6539	1476	0	19680	2718
1445	10419	13397	6735	4759	34399	4262	4194	2365	0	21473	2105
1085	465214	46366	517247	111590	1147773	513282	83232	109939	90912	224267	126141
2327	231853	21302	238656	54424	677919	353580	32376	40904	90161	62775	98123
8758	233361	25064	278591	57166	469854	159702	50856	69035	751	161492	28018
7075	47622	2093	68222	16690	71343	34660	2997	4358	493	16680	12155
6237	88884	8741	101147	15629	81117	51670	7221	11124	0	10498	604
6583	38254	8252	32867	7438	109839	27185	11904	31508	167	36609	2466
7297	47804	2250	64498	14152	131378	40850	17303	15804	91	52058	5272
1566	10797	3728	11857	3257	76177	5337	11431	6241	0	45647	7521
9941	33891	28258	36705	17033	188619	38947	25889	30383	1934	44529	46937
2879	8906	4373	8864	5740	77743	20050	6732	9392	0	16950	24619
7062	24985	23885	27841	11293	110876	18897	19157	20991	1934	27579	22318
1293	5901	2915	5815	3187	24392	7337	2934	1582	0	10912	1627
1935	4632	7054	6898	3270	39104	4750	9117	5445	4	5068	14720
3174	11785	9296	12943	3506	31605	4221	2654	12338	1930	8308	2154
660	2667	4620	2185	1330	15775	2589	4452	1626	0	3291	3817
6142	667596	16921	633423	288643	1236510	515196	198849	93385	68183	324791	36106
6142	667596	16921	633423	288643	1236510	515196	198849	93385	68183	324791	36106
0840	229297	28843	288974	88055	785426	229726	109778	69824	0	243463	132635
0840	229297	28843	288974	88055	785426	229726	109778	69824	0	243463	132635
4267	203753	20075	223163	70836	951926	210977	49476	84926	160373	399717	46457
1200	32036	2657	61529	16328	185635	67276	17072	31610	3000	57133	9544
3067	171717	17418	161634	54508	766291	143701	32404	53316	157373	342584	36913
8678	23022	381	32907	9362	114522	42988	4073	4063	42075	13911	7412
4749	10686	1355	20582	4779	24407	13936	1648	2482	3625	2435	281
6401	28662	6873	42152	11927	226873	32631	7120	15823	47415	117563	6321
5647	33883	917	19439	7143	120991	10614	4200	7284	33367	52198	13328

地　　区	收入合计							
		小计	增值税	企业所得税	个人所得税	资源税	城市维护建设税	房产税
开平市	289805	173275	61248	21160	3956	555	13852	14
鹤山市	337983	216758	74251	21491	4917	808	16154	17
恩平市	126842	85099	25365	5713	2108	837	6025	7
阳江市	657042	477534	145088	69906	13245	4816	44324	30
阳江市本级	240550	143225	24539	20543	4575	202	14173	13
阳江市区县合计	416492	334309	120549	49363	8670	4614	30151	17
江城区	47867	36479	10805	2985	1294	38	3509	2
阳春市	142745	112139	34991	18680	3393	3659	8471	4
阳东区	140532	120008	51392	20145	2659	196	13449	7
阳西县	85348	65683	23361	7553	1324	721	4722	3
湛江市	1377804	877484	284969	91005	31170	2265	116190	55
湛江市本级	680216	441093	134475	43299	13355	91	69150	38
湛江市区县合计	697588	436391	150494	47706	17815	2174	47040	17
赤坎区	37256	30505	11807	2815	1227	0	3424	2
霞山区	56067	46666	16494	4290	2225	0	10092	3
麻章区	58831	48253	14928	4024	2341	58	4885	2
坡头区	54351	50190	12231	4661	1713	180	3446	
雷州市	67056	37057	11006	5180	1305	158	3931	1
廉江市	150909	73317	26850	9476	1832	1034	7310	2
吴川市	111569	67522	25309	5160	1405	212	6893	1
遂溪县	101291	42736	18627	5271	1569	389	3897	1
徐闻县	60258	40145	13242	6829	4198	143	3162	1
茂名市	1426638	742242	260519	63271	16503	4059	108897	21
茂名市本级	669090	309775	123498	19618	6133	340	67506	7
茂名市区县合计	757548	432467	137021	43653	10370	3719	41391	14
茂南区	104761	71245	18548	6363	2405	176	6893	2
信宜市	113756	73609	17816	5469	1757	479	4950	1
高州市	180193	84327	21049	9678	2393	1670	6173	3
化州市	132987	70517	24874	8696	1278	864	6427	2
电白区	225851	132769	54734	13447	2537	530	16948	3
肇庆市	1245066	780859	244761	87025	23578	9526	67707	38
肇庆市本级	358496	259753	85308	28890	8525	2	27840	12
肇庆市区县合计	886570	521106	159453	58135	15053	9524	39867	26
端州区	113519	76745	20340	6495	2640	0	7058	3
鼎湖区	90139	76295	19801	4488	1904	0	5880	2
四会市	178330	117547	33453	11466	3263	832	8999	5
高要区	175656	113662	40947	10898	3186	1787	8727	9
广宁县	59197	30837	11114	2404	1092	464	2289	1

续表

税收收入					非税收入						
土地用税	土地增值税	耕地占用税	契税	其他各项税收收入	小计	专项收入	行政事业性收费收入	罚没收入	国有资本经营收入	国有资源（资产）有偿使用收入	其他收入
7946	22797	5022	14579	7733	116530	13338	5985	8139	12176	71145	5747
0750	38504	1562	21739	9405	121225	24393	3687	9462	10403	70453	2827
7896	14163	1308	10236	4159	41743	5801	5691	6063	8312	14879	997
2228	42090	20067	54563	30380	179508	33671	30171	60336	183	51234	3913
9219	16923	5607	20770	13224	97325	10443	17469	43880	118	23605	1810
3009	25167	14460	33793	17156	82183	23228	12702	16456	65	27629	2103
1624	3225	844	6554	2844	11388	3585	243	2756	3	4737	64
3733	9540	9327	10163	6179	30606	6451	5724	2139	0	16292	0
3988	5960	2429	7739	4690	20524	8814	3477	3254	62	3227	1690
3664	6442	1860	9337	3443	19665	4378	3258	8307	0	3373	349
8709	107541	9666	101453	48730	500320	101429	36136	106156	10307	199296	46996
6017	50596	1688	45268	29032	239123	64083	12293	71879	2124	60552	28192
2692	56945	7978	56185	19698	261197	37346	23843	34277	8183	138744	18804
835	7055	0	0	764	6751	3401	246	1165	0	924	1015
2908	6353	95	0	1166	9401	7297	374	747	0	915	68
1577	7313	1367	7744	1443	10578	2768	1009	2915	0	3641	245
2374	4669	5792	13031	1147	4161	2157	507	84	0	1569	−156
1028	5334	504	5212	2354	29999	3249	2374	6695	0	17163	518
1302	7423	374	10870	4567	77592	5664	5966	7573	304	55077	3008
874	11215	458	11040	3196	44047	5865	6290	3596	7849	9165	11282
1152	3018	−1043	5043	2818	58555	4028	4731	5707	0	43919	170
642	4565	431	3245	2243	20113	2917	2346	5795	30	6371	2654
6060	84481	22478	95350	38699	684396	85380	83600	76095	174	416071	23076
7492	19815	4189	29393	13997	359315	55937	31263	19873	0	235691	16551
8568	64666	18289	65957	24702	325081	29443	52337	56222	174	180380	6525
1238	9461	3535	14039	5840	33516	4478	9106	4569	0	15298	65
576	12411	9922	15287	3145	40147	3434	13845	6969	133	15766	0
1456	17535	1537	14678	5006	95866	5061	6882	3340	0	80583	0
1161	10613	1249	8615	4193	62470	4813	8263	8227	41	37009	4117
4137	14646	2046	13338	6518	93082	11657	14241	33117	0	31724	2343
4213	87378	28481	118028	41346	464207	53153	24972	31963	26	336772	17321
7079	23238	17620	34716	14490	98743	20185	7729	5716	0	59526	5587
7134	64140	10861	83312	26856	365464	32968	17243	26247	26	277246	11734
1899	7597	806	21344	4598	36774	4812	2206	599	0	28032	1125
4080	13390	2526	18224	3759	13844	3275	1145	609	0	8765	50
4593	20437	5537	17525	6185	60783	7473	2503	7915	26	40084	2782
2142	8594	702	11397	5541	61994	8082	2811	6211	0	42614	2276
844	4438	365	4507	1584	28360	2603	2188	3513	0	18039	2017

地　　区	收入合计	小计	增值税	企业所得税	个人所得税	资源税	城市维护建设税
德庆县	84648	24866	8987	2011	991	1227	1877
封开县	118066	43207	13593	15770	720	4645	2701
怀集县	67015	37947	11218	4603	1257	569	2336
清远市	1236163	871222	288247	127297	32613	16422	72938
清远市本级	440381	310895	91098	43477	12578	783	26423
清远市区县合计	795782	560327	197149	83820	20035	15639	46515
清城区	167144	128659	27727	17443	7150	386	9484
英德市	221711	163482	59516	32014	4183	9397	14200
连州市	65665	36657	14366	5407	1119	980	3487
佛冈县	105842	70884	29716	8838	1742	488	5018
清新区	152088	113580	42067	17054	3365	2837	9705
连山壮族瑶族自治县	16214	10749	7120	421	300	81	1428
连南瑶族自治县	17895	11641	6861	122	812	44	1398
阳山县	49223	24675	9776	2521	1364	1426	1795
潮州市	486319	307153	93602	33046	11064	1499	28447
潮州市本级	234241	151498	45883	18283	6493	124	12350
潮州市区县合计	252078	155655	47719	14763	4571	1375	16097
湘桥区	44945	37220	7941	4203	952	50	2892
饶平县	83960	46447	17972	6197	936	1088	4345
潮安区	123173	71988	21806	4363	2683	237	8860
揭阳市	739735	452331	136330	30763	11357	623	43780
揭阳市本级	260862	144990	44057	10378	3430	86	15185
揭阳市区县合计	478873	307341	92273	20385	7927	537	28595
榕城区	78638	52458	17600	4432	1497	0	6951
普宁市	209839	137506	39743	6893	3441	80	13076
揭东区	81437	45404	14998	2954	1062	260	4396
揭西县	47123	28504	10338	1748	1123	180	1929
惠来县	61836	43469	9594	4358	804	17	2243
云浮市	658874	373917	107494	39657	15998	18553	28201
云浮市本级	159148	110355	26510	10093	2791	13729	11994
云浮市区县合计	499726	263562	80984	29564	13207	4824	16207
云城区	50764	28017	7619	1792	838	303	28
罗定市	157428	85197	26677	9101	1956	2457	7113
新兴县	185168	102360	30664	11254	8978	138	5370
郁南县	55936	27481	8122	2095	1066	301	1601
云安区	50430	20507	7902	5322	369	1625	2095

续表

税收收入					非税收入						
镇土地 用税	土地增 值税	耕地占 用税	契税	其他各项 税收收入	小计	专项收入	行政事业性 收费收入	罚没收入	国有资本 经营收入	国有资源 （资产）有偿 使用收入	其他收入
2205	2510	–328	2570	1277	59782	1840	1431	1597	0	54074	840
498	1043	139	1364	1985	74859	2541	614	768	0	70354	582
873	6131	1114	6381	1927	29068	2342	4345	5035	0	15284	2062
8998	80078	17903	137763	39907	364941	65041	30253	83490	0	88898	97259
7775	35349	3952	58298	14430	129486	27580	9986	45530	0	15140	31250
1223	44729	13951	79465	25477	235455	37461	20267	37960	0	73758	66009
2074	14559	776	38441	5674	38485	5387	1920	9914	0	8972	12292
2847	12218	2456	13997	7297	58229	11802	6499	10276	0	14415	15237
858	1920	810	4082	1759	29008	2642	3393	3554	0	13677	5742
1677	4389	4084	9514	2949	34958	4925	4274	4402	0	11001	10356
2473	9781	5292	9473	5602	38508	8278	1607	6079	0	10844	11700
111	87	0	443	453	5465	1306	298	323	0	3208	330
343	141	210	621	757	6254	1315	467	802	0	1647	2023
840	1634	323	2894	986	24548	1806	1809	2610	0	9994	8329
3710	29742	12282	34342	21306	179166	41826	22626	31835	2285	56906	23688
4939	18791	266	21865	10487	82743	27447	11690	15381	1903	16824	9498
8771	10951	12016	12477	10819	96423	14379	10936	16454	382	40082	14190
1148	6562	5730	2579	2562	7725	2380	398	81	25	890	3951
1323	1735	2384	5132	2616	37513	4525	4349	4208	0	21333	3098
6300	2654	3902	4766	5641	51185	7474	6189	12165	357	17859	7141
9767	49619	23640	56051	37180	287404	37776	33687	38484	14219	99563	63675
0537	13511	281	18196	18083	115872	6833	11431	21376	6278	25944	44010
9230	36108	23359	37855	19097	171532	30943	22256	17108	7941	73619	19665
2289	4867	833	7536	2293	26180	8408	4081	342	2045	11154	150
9427	18888	2826	22315	10523	72333	11071	7043	7446	2400	41864	2509
2756	8729	1708	3635	1196	36033	4831	3800	4132	3183	4542	15545
2319	2640	1493	2345	2287	18619	1987	5578	2909	0	7585	560
2439	984	16499	2024	2798	18367	4646	1754	2279	313	8474	901
9620	35663	22785	46073	17208	284957	23922	17965	18500	920	171558	52092
4858	6688	10077	11304	5389	48793	4474	3105	8217	841	23314	8842
4762	28975	12708	34769	11819	236164	19448	14860	10283	79	148244	43250
1541	2567	4373	4368	1981	22747	3468	435	381	0	16926	1537
8837	8327	2517	10743	3413	72231	6764	6357	4082	0	34655	20373
2673	11286	5132	15769	4086	82808	5396	2997	2148	0	52442	19825
1283	6328	624	3399	1132	28455	1544	3992	2223	79	20063	554
428	467	62	490	1207	29923	2276	1079	1449	0	24158	961

（广东省财政厅国库处提供）

2020 年度广东省各市县

地 区	支出合计	一般公共服务支出	外交支出	国防支出	公共安全支出	教育支出	科学技术支出	文化旅游体育与传媒支出	社会保障和就业支出
广东省	174307853	18895288	582	168072	14281080	35105572	9557258	4172212	18071954
广东省本级	14579766	1150325	582	20670	3005799	3035686	839615	465547	1908195
广东省地市合计	159728087	17744963	0	147402	11275281	32069886	8717643	3706665	16163759
广州市	29526468	3175983	0	22638	2349550	5585916	2241321	493317	3476251
广州市本级	10008300	964839	0	9727	819585	1382763	895392	301234	1485568
广州市区县合计	19518168	2211144	0	12911	1529965	4203153	1345929	192083	1990683
越秀区	1357326	96761	0	1228	175601	299133	20392	13040	396202
海珠区	1328952	148302	0	1444	138489	318366	33903	14223	257347
荔湾区	1030487	131561	0	752	126840	294241	14902	23310	151778
天河区	1478833	170373	0	1243	132294	400876	58334	10641	134162
白云区	1892203	248031	0	828	150339	420824	52309	13252	216163
黄埔区	3494543	275228	0	284	141918	376399	726708	25560	130163
花都区	1688648	196489	0	518	148407	402610	46354	21973	203964
番禺区	1840775	210689	0	3928	197664	593094	37047	24469	199607
南沙区	2537367	337907	0	2036	114885	463226	177788	14238	95489
从化区	863729	135071	0	586	60645	220002	12323	10039	79456
增城区	2005305	260732	0	64	142883	414382	165869	21338	126352
深圳市	41784235	4869846	0	55418	2918223	8508040	3366343	1004070	973564
深圳市本级	19701416	2260367	0	49137	1291691	2764076	2440318	621139	155381
深圳市区县合计	22082819	2609479	0	6281	1626532	5743964	926025	382931	818183
福田区	2286540	215662	0	1321	226172	797145	128646	53231	19360
罗湖区	1782709	432978	0	1155	167334	477801	19451	23480	-6197
盐田区	597440	92903	0	0	65044	148944	-844	16047	25836
南山区	3262655	379107	0	1797	188895	658988	213526	65618	151314
宝安区	4206782	531998	0	0	334617	1037110	47503	73595	288503
龙岗区	4222655	260911	0	1988	300632	1372968	127487	78468	150305
龙华区	2878579	496689	0	0	174825	682217	168446	22185	108427
坪山区	1361707	95908	0	20	64409	257667	76111	12702	24327
光明区	1483752	103323	0	0	104604	311124	145699	37605	56308
珠海市	6776159	829333	0	7439	541349	1104658	515050	305287	824489
珠海市本级	4643867	544112	0	3221	495062	459752	395465	183437	522446
珠海市区县合计	2132292	285221	0	4218	46287	644906	119585	121850	302043
香洲区	923232	128249	0	831	22596	367018	39985	6325	124570
金湾区	524926	69629	0	2661	10652	117792	67004	5960	39243
斗门区	684134	87343	0	726	13039	160096	12596	109565	138230
汕头市	4272606	474549	0	5123	244166	946561	54899	114343	664963

一般公共预算支出情况

单位：万元

环 出	城乡社区支出	农林水支出	交通运输支出	资源勘探工业信息等支出	商业服务业等支出	金融支出	援助其他地区支出	自然资源海洋气象等支出	住房保障支出	粮油物资储备支出	灾害防治及应急管理支出	其他支出	债务付息支出	债务发行费用支出
55	15748863	11258127	6524313	4135759	1004538	288947	831191	1787051	5433253	594629	1239186	304681	1987552	10312
068	17228	1059714	554444	683230	144821	8650	112263	147356	0	122545	73186	9281	418582	2435
487	15731635	10198413	5969869	3452529	859717	280297	718928	1639695	5433253	472084	1166000	295400	1568970	7877
080	3338362	1120709	519415	789533	191610	214770	166946	214428	1465795	120340	202463	46643	349787	1299
066	607046	162384	263014	126001	107996	37883	116228	48707	789078	57784	56309	16102	236500	389
14	2731316	958325	256401	663532	83614	176887	50718	165721	676717	62556	146154	30541	113287	910
56	114274	23350	1462	1457	4852	1882	0	212	35370	3675	9395	1709	2113	54
036	132802	18314	839	1347	2501	150	7980	8427	27659	3154	8616	880	0	0
043	87564	19431	76	928	1712	2803	11145	878	29298	1702	9981	1309	412	5
344	249208	40770	564	4970	5328	1273	0	10572	94411	4840	11685	756	310	22
723	211726	196399	5611	1342	6209	277	0	37771	125595	5077	14131	4446	5	0
307	841649	98810	8572	441201	37018	65220	17060	20666	109561	2840	22985	3196	25007	158
331	147078	129849	61531	7516	4169	4456	14533	20323	74326	4496	14886	5609	23543	222
094	117395	59778	20483	44119	8846	2787	0	5500	50852	18463	12254	3770	16367	99
389	613101	110200	47633	35631	10243	97085	0	19169	56017	7997	17265	1627	31169	200
57	61380	119566	30364	13599	1023	153	0	8835	18439	4404	9187	5696	1379	0
48	155139	141858	79266	111422	1713	801	0	33368	55189	5908	15769	1543	12982	150
299	5926794	1345497	1773688	1174712	242295	−234316	385011	218817	2151423	26693	352426	−10140	26304	193
69	1612192	717539	1532956	789167	241872	59725	367972	144852	599145	−2323	57328	9167	16605	116
30	4314602	627958	240732	385545	423	−294041	17039	73965	1552278	29016	295098	−19307	9699	77
038	345005	24618	45	58220	0	3409	3940	9	129449	0	40540	0	0	0
58	228736	52387	25146	6728	0	0	0	5716	118959	0	19177	16306	1236	46
13	133154	22743	1342	3237	0	0	0	0	61873	0	13424	−48978	568	0
88	453620	55527	−115	16459	−30	1957	7270	2971	544896	0	40183	0	0	6
81	813719	127545	32915	181859	0	0	3337	25062	176075	17644	54366	4917	4967	13
98	1017594	137497	104692	18875	61	−300000	0	21833	301978	11372	62210	8419	1905	4
76	733532	86015	18615	14292	392	593	1492	7326	109121	0	28247	0	1023	5
59	215323	39355	55443	76055	0	0	0	10083	37716	0	12179	29	0	0
19	373919	82271	2649	9820	0	0	1000	965	72211	0	24772	0	0	3
28	995660	238183	334137	74340	36658	95159	0	59161	11511	16128	61799	7634	92240	335
39	843103	148341	325140	70224	25914	95393	0	56127	3490	9902	33560	3056	82768	265
89	152557	89842	8997	4116	10744	−234	0	3034	8021	6226	28239	4578	9472	70
34	120782	15330	0	1414	5604	1264	0	164	4819	3325	9150	1422	1002	23
10	9523	32933	2907	2049	1823	513	0	2461	421	1519	10667	157	4320	29
45	22252	41579	6090	653	3317	−2011	0	409	2781	1382	8422	2999	4150	18
83	299312	313202	80850	68422	15146	74231	0	24426	88365	10414	21103	5673	30029	245

地　　区	支出合计	一般公共服务支出	外交支出	国防支出	公共安全支出	教育支出	科学技术支出	文化旅游体育与传媒支出	社会保障和就业支出	卫生支
汕头市本级	1220566	171222	0	3753	147147	156222	26297	74892	189789	7
汕头市区县合计	3052040	303327	0	1370	97019	790339	28602	39451	475174	42
金平区	468918	48015	0	304	5924	123328	4664	4189	59623	5
龙湖区	329420	67303	0	356	4962	100858	1541	2650	23849	3
澄海区	422902	38633	0	62	22362	110713	3195	3875	79601	6
濠江区	228772	23226	0	232	4959	62187	1399	4180	36731	2
潮阳区	789700	57909	0	0	27740	229265	3558	6582	133745	12
潮南区	659274	53170	0	156	24122	149999	13888	13563	121739	10
南澳县	153054	15071	0	260	6950	13989	357	4412	19886	1
佛山市	10030420	1322527	0	6868	871788	1725234	1015580	224385	891083	105
佛山市本级	2031937	193105	0	3037	130449	208147	376216	78867	98906	13
佛山市区县合计	7998483	1129422	0	3831	741339	1517087	639364	145518	792177	91
禅城区	1265749	199453	0	1178	137799	249939	108087	15487	148302	13
南海区	2878423	289409	0	0	264817	541351	224715	64562	276185	33
顺德区	2593797	377335	0	1135	242247	515088	210074	53973	234498	32
高明区	500914	91099	0	46	39890	89865	47539	2961	49866	5
三水区	759600	172126	0	1472	56586	120844	48949	8535	83326	6
韶关市	3701417	457549	0	5008	166764	601589	66409	89762	517635	40
韶关市本级	742562	162241	0	2543	47952	83286	40953	39526	56950	5
韶关市区县合计	2958855	295308	0	2465	118812	518303	25456	50236	460685	35
浈江区	182027	23258	0	122	11057	34747	66	1286	30694	1
武江区	195980	21693	0	252	12401	38211	898	4898	23278	1
曲江区	279387	27034	0	277	12412	51920	751	3771	55041	3
乐昌市	432815	32164	0	362	16984	84825	2216	6761	65858	5
南雄市	411188	38814	0	335	13583	63668	2530	6536	64468	4
仁化县	261921	27686	0	292	10544	43745	501	6995	40794	2
始兴县	264545	28557	0	292	11369	39518	1790	6224	40516	3
翁源县	350570	29731	0	7	10332	70592	765	5924	65012	4
新丰县	279720	29873	0	416	10086	39474	4355	3966	43731	3
乳源瑶族自治县	300702	36498	0	110	10044	51603	11584	3875	31293	3
河源市	3617614	395770	0	2102	144804	735815	34099	51889	548705	40
河源市本级	754086	111952	0	1418	54879	148468	16706	11990	32787	3
河源市区县合计	2863528	283818	0	684	89925	587347	17393	39899	515918	36
源城区	306127	40005	0	55	4372	82782	1434	6353	46290	3
东源县	534942	73671	0	124	20026	84907	6015	4701	93705	6
和平县	455959	54055	0	118	15600	97845	798	3782	84443	5
龙川县	656171	44084	0	314	20530	161278	5449	11367	142131	9
紫金县	518058	38400	0	73	15179	99900	1812	9237	92088	7

续表

环出	城乡社区支出	农林水支出	交通运输支出	资源勘探工业信息等支出	商业服务业等支出	金融支出	援助其他地区支出	自然资源海洋气象等支出	住房保障支出	粮油物资储备支出	灾害防治及应急管理支出	其他支出	债务付息支出	债务发行费用支出
148	99466	20089	52414	25549	2917	73313	0	10425	25239	815	6681	131	15480	155
535	199846	293113	28436	42873	12229	918	0	14001	63126	9599	14422	5542	14549	90
020	53827	27561	97	4278	2030	329	0	868	32817	5	3642	1448	1368	15
392	56373	14545	723	1625	1315	239	0	30	195	1880	1296	88	1162	0
586	12937	41881	4199	6407	3102	94	0	1982	8413	1080	811	7	1748	12
774	29481	18888	4405	1697	1870	20	0	1917	1706	559	3003	1258	2275	14
761	25849	72016	9033	24792	1247	1	0	3553	2405	2524	1659	1427	3158	22
548	9603	70684	6511	4054	1486	235	0	1250	14729	3019	3045	1258	3227	18
954	11776	47538	3468	20	1179	0	0	4401	2861	532	966	56	1611	9
320	1033402	311763	258888	284582	138925	58873	110985	76491	194583	27864	90450	-17412	149952	923
383	234178	66744	151857	62512	40807	47692	110899	24768	22694	8778	41976	-32019	5101	1
937	799224	245019	107031	222070	98118	11181	86	51723	171889	19086	48474	14607	144851	922
001	131742	28497	14144	11551	12873	-442	86	5895	15718	4147	9783	847	15206	94
506	272861	76667	32380	180023	52663	8254	0	17771	40376	9055	20850	8742	49963	281
147	325894	42884	19964	19200	27010	1726	0	14319	73389	588	10851	1215	61732	395
432	30912	32427	13026	1708	1657	149	0	7656	19625	1944	1945	174	8597	64
551	37815	64544	27517	9588	3915	1494	0	6082	22781	3352	5045	3629	9353	88
961	238373	534078	181605	21338	7797	985	0	94874	83692	9680	21427	8249	27153	339
389	86703	31383	56575	9508	822	718	0	13070	27308	739	3877	5708	2993	203
072	151670	502695	125030	11830	6975	267	0	81804	56384	8941	17550	2541	24160	136
077	14769	21745	1081	241	60	100	0	11545	5641	0	1111	145	991	18
430	21294	33014	1454	324	395	65	0	8928	6817	0	1497	126	2309	16
029	11331	43787	6512	1543	1545	0	0	8274	7541	3321	2559	19	3789	19
104	23037	79119	10877	1977	1085	1	0	12377	3200	2348	2036	0	2444	22
179	17315	90336	27069	2039	511	5	0	9763	11396	946	1776	209	2538	14
214	2728	49437	13295	392	184	30	0	6740	2906	83	1718	0	2106	10
515	12594	38195	8203	1696	746	49	0	3534	6462	728	1601	189	2089	8
982	1753	63231	9390	1247	1077	17	0	4905	6683	43	1260	896	1502	12
740	19326	50488	13736	1014	873	0	0	8739	5585	569	2011	40	3017	9
702	27523	33343	33413	1357	499	0	0	6999	153	903	1981	917	3375	8
92	336459	454080	140945	42621	5133	1121	0	54587	88524	10203	27067	22592	53563	985
257	150054	45036	15514	19639	430	653	0	12499	45826	961	4300	816	27328	829
335	186405	409044	125431	22982	4703	468	0	42088	42698	9242	22767	21776	26235	156
394	18337	14769	3718	9531	727	211	0	279	7043	1486	3326	17087	11045	50
358	32253	83231	31654	4350	733	200	0	5575	9833	1141	3749	0	3288	20
30	8380	87398	16371	1391	985	0	0	5945	10460	1389	2323	3081	1308	21
49	42807	85495	9127	4739	276	28	0	14106	232	2079	6705	285	4335	21
02	47019	66922	33472	1497	1444	0	0	9753	8376	1796	2805	54	4102	23

地　　区	支出合计	一般公共服务支出	外交支出	国防支出	公共安全支出	教育支出	科学技术支出	文化旅游体育与传媒支出	社会保障和就业支出	卫生支
连平县	392271	33603	0	0	14218	60635	1885	4459	57261	4
梅州市	4743548	501823	0	1015	191106	860623	52928	97932	762568	60
梅州市本级	654758	125369	0	302	46755	59226	3873	13637	59231	3
梅州市区县合计	4088790	376454	0	713	144351	801397	49055	84295	703337	56
梅江区	293840	26152	0	90	2130	71724	2756	6319	42187	3
兴宁市	719282	48184	0	150	25681	153781	23034	16619	139636	10
梅县区	578192	80372	0	42	24271	129837	1249	17244	71174	7
平远县	311349	28913	0	68	10631	49065	358	7448	51243	3
蕉岭县	318164	36937	0	77	14794	50987	911	5108	39381	4
大埔县	485622	34898	0	85	18465	79053	7910	12062	92319	5
丰顺县	545981	51746	0	85	20847	98392	4388	7015	105786	7
五华县	836360	69252	0	116	27532	168558	8449	12480	161611	12
惠州市	6373746	884472	0	5252	494589	1291036	245603	142965	753310	65
惠州市本级	2427173	301661	0	1799	277894	290039	154874	51822	250959	18
惠州市区县合计	3946573	582811	0	3453	216695	1000997	90729	91143	502351	47
惠城区	758598	118787	0	1016	17877	267742	13730	12321	89516	9
惠阳区	741213	116561	0	710	56929	175520	21021	18659	100265	8
惠东县	973074	164683	0	750	60634	204073	20644	22275	138685	11
博罗县	985506	127060	0	723	56459	254414	31068	29856	120647	11
龙门县	488182	55720	0	254	24796	99248	4266	8032	53238	7
汕尾市	2665053	283715	0	1601	138797	587092	33876	75359	361072	35
汕尾市本级	545587	94579	0	1146	53438	61001	9141	18296	51522	3
汕尾市区县合计	2119466	189136	0	455	85359	526091	24735	57063	309550	32
城区	303629	45075	0	161	3857	82469	3451	7610	33749	3
陆丰市	884145	45035	0	2	48241	212842	8933	27138	130614	17
海丰县	609437	78375	0	195	23067	163823	8892	14903	93297	6
陆河县	322255	20651	0	97	10194	66957	3459	7412	51890	4
东莞市	8403253	893751	0	7634	1116916	2028916	341923	247479	601528	71
东莞市本级	8403253	893751	0	7634	1116916	2028916	341923	247479	601528	71
中山市	3756349	282172	0	1798	396012	831736	239308	100840	412006	27
中山市本级	3756349	282172	0	1798	396012	831736	239308	100840	412006	27
江门市	4423756	487048	0	-430	316098	870990	167329	116396	741966	51
江门市本级	740543	100352	0	3426	76577	125139	29380	20094	65819	5
江门市区县合计	3683213	386696	0	-3856	239521	745851	137949	96302	676147	45
蓬江区	442670	74920	0	536	41875	108783	18146	16988	61512	3
江海区	214937	32454	0	526	18206	38945	16919	6299	31543	1
新会区	940916	66702	0	657	59020	208225	56087	19716	169942	11
台山市	721709	69777	0	916	33475	129397	15381	18196	149938	9

续表

环出	城乡社区支出	农林水支出	交通运输支出	资源勘探工业信息等支出	商业服务业等支出	金融支出	援助其他地区支出	自然资源海洋气象等支出	住房保障支出	粮油物资储备支出	灾害防治及应急管理支出	其他支出	债务付息支出	债务发行费用支出
202	37609	71229	31089	1474	538	29	0	6430	6754	1351	3859	1269	2157	21
832	334567	650178	255249	23544	47237	403	0	40992	107306	18735	29258	10740	56524	381
469	68265	94840	9924	12749	36467	100	0	5461	32868	4909	3910	597	22615	136
363	266302	555338	245325	10795	10770	303	0	35531	74438	13826	25348	10143	33909	245
925	44741	40978	5859	781	259	79	0	420	10107	0	1976	0	1295	27
501	43742	72255	33258	2385	1671	16	0	4222	14562	3400	4015	138	8924	37
314	23018	91329	33692	596	1096	25	0	6680	2020	2392	4154	5342	6241	82
971	29202	45785	29106	783	482	40	0	3827	430	632	2576	129	4504	29
508	4999	49766	28452	1797	638	2	0	2462	4234	883	3228	0	1828	12
577	55176	52585	36221	702	2158	0	0	3643	10356	2868	1776	4534	2442	15
280	28376	83305	35410	612	1963	40	0	4425	9525	955	3304	0	3068	16
087	37048	119335	43327	3139	2503	101	0	9852	23204	2696	4319	0	5607	27
266	588655	470346	219839	31050	32567	2658	3618	83000	53079	35159	50189	22691	123523	382
465	389373	103478	124964	18072	15049	892	3618	27408	10420	12976	30939	277	87419	275
301	199282	366868	94875	12978	17518	1766	0	55592	42659	22183	19250	22414	36104	107
339	45732	41911	14558	3214	2266	308	0	8334	2426	5375	5877	934	3971	19
314	22291	36853	14891	3438	6200	869	0	9415	36424	2910	4296	81	4545	1
022	39487	96454	38668	2380	2731	100	0	19390	1502	7262	4391	6685	12670	53
914	34203	125805	21812	3460	5467	458	0	13953	289	4003	3980	13793	13767	30
212	57569	65845	4946	486	854	31	0	4500	2018	2633	706	921	1151	4
185	175942	334550	76646	69499	5918	100	0	24467	33380	11569	17787	7669	23240	177
543	65313	24298	17427	53614	718	0	0	5250	13976	5563	6299	1332	16037	107
542	110629	310252	59219	15885	5200	100	0	19217	19404	6006	11488	6337	7203	70
338	36632	45172	1948	2650	319	18	0	2184	392	13	1825	956	706	29
493	35267	130660	23688	720	957	0	0	9442	11484	3822	2520	598	1561	17
542	19608	83816	8798	11878	3578	82	0	4489	0	1425	3396	4683	1612	15
269	19122	50604	24785	637	346	0	0	3102	7528	746	3747	100	3324	9
825	565891	328730	410236	291332	42150	22684	52368	53657	121027	59965	76352	6277	167282	426
825	565891	328730	410236	291332	42150	22684	52368	53657	121027	59965	76352	6277	167282	426
715	299109	196408	336683	27999	10072	3690	0	227703	25464	12087	21432	-52268	26124	72
715	299109	196408	336683	27999	10072	3690	0	227703	25464	12087	21432	-52268	26124	72
451	254585	415702	100430	66234	22143	11899	0	51500	92501	13640	27649	10192	87083	273
103	67743	32171	42356	26936	5694	9080	0	9174	20571	3801	7303	868	24249	16
348	186842	383531	58074	39298	16449	2819	0	42326	71930	9839	20346	9324	62834	257
062	12223	15913	4255	4241	3587	126	0	3451	19215	56	1144	7086	5809	1
884	9772	7990	3941	6096	2442	2005	0	1552	9186	6	2995	90	2030	1
343	91416	78717	11813	5871	1862	401	0	6974	10102	2368	2839	10	29367	143
445	4071	138872	8015	10421	2717	634	0	3775	14752	2221	3606	26	8845	18

地　区	支出合计	一般公共服务支出	外交支出	国防支出	公共安全支出	教育支出	科学技术支出	文化旅游体育与传媒支出	社会保障和就业支出	卫生支
开平市	519207	59167	0	1055	34424	109892	11180	13866	114118	7
鹤山市	443260	39451	0	−7788	32502	80452	12247	11597	85668	5
恩平市	400514	44225	0	242	20019	70157	7989	9640	63426	7
阳江市	2498396	235071	0	1065	120073	465253	30667	43656	351124	30
阳江市本级	865593	77606	0	187	63483	124134	25111	17111	61810	11
阳江市区县合计	1632803	157465	0	878	56590	341119	5556	26545	289314	18
江城区	205617	23974	0	350	1923	55517	540	2451	39630	2
阳春市	694834	53447	0	180	21650	134920	1646	11306	134976	10
阳东区	371640	47518	0	146	17678	81160	2025	6681	59749	3
阳西县	360712	32526	0	202	15339	69522	1345	6107	54959	2
湛江市	5385867	471574	0	6673	248216	1170352	31411	135846	952444	76
湛江市本级	1634534	137286	0	3481	129102	185696	11694	64322	184935	42
湛江市区县合计	3751333	334288	0	3192	119114	984656	19717	71524	767509	34
赤坎区	137837	20222	0	189	2708	50125	2700	5466	20972	1
霞山区	164502	15183	0	156	3558	61230	790	1788	30154	1
麻章区	189532	21438	0	437	2670	43370	10136	3635	35724	1
坡头区	216691	23165	0	361	2758	55972	368	8372	45460	1
雷州市	735187	42415	0	532	23747	180660	1126	5475	155314	7
廉江市	812749	55856	0	475	26699	203369	3502	10881	178760	7
吴川市	513688	51449	0	555	21078	137946	348	20121	117868	4
遂溪县	596967	61023	0	452	18677	144082	537	5790	110426	4
徐闻县	384180	43537	0	35	17219	107902	210	9996	72831	4
茂名市	4797504	418382	0	1025	197522	1302658	24805	131565	777711	60
茂名市本级	753322	76267	0	950	59767	162112	13327	16716	94553	3
茂名市区县合计	4044182	342115	0	75	137755	1140546	11478	114849	683158	56
茂南区	478944	72363	0	43	24598	110895	3580	10155	57019	7
信宜市	768473	56406	0	0	27648	207565	1228	20937	155283	10
高州市	901662	43314	0	0	27539	273588	1142	26553	164368	15
化州市	868663	66977	0	8	24117	242258	1559	24958	150584	12
电白区	1026440	103055	0	24	33853	306240	3969	32246	155904	11
肇庆市	4305842	546324	0	4862	217475	785314	101601	72082	570432	51
肇庆市本级	1200835	192291	0	2042	68178	140458	63777	26062	84002	10
肇庆市区县合计	3105007	354033	0	2820	149297	644856	37824	46020	486430	40
端州区	284519	41994	0	439	25710	82141	3967	3893	43930	2
鼎湖区	222696	24585	0	303	9618	33735	3721	3322	23362	3
四会市	382856	42656	0	466	22425	82686	11256	7002	53331	5
高要区	558215	87359	0	208	30250	118346	5942	11438	88653	6
广宁县	348510	31819	0	467	16083	66520	3800	5053	60352	5

续表

环出	城乡社区支出	农林水支出	交通运输支出	资源勘探工业信息等支出	商业服务业等支出	金融支出	援助其他地区支出	自然资源海洋气象等支出	住房保障支出	粮油物资储备支出	灾害防治及应急管理支出	其他支出	债务付息支出	债务发行费用支出
764	11074	51576	10913	2684	1926	−369	0	2278	5614	2185	3624	11	5931	11
403	50710	36328	7689	8859	2730	7	0	3117	9095	2965	4254	36	5713	20
447	7576	54135	11448	1126	1185	15	0	21179	3966	38	1884	2065	5139	63
525	77269	366953	105468	113889	4738	377	0	30624	128308	11113	14496	35703	40835	135
350	39613	56065	61811	100049	2070	201	0	6808	38252	4195	4970	34751	22845	39
175	37656	310888	43657	13840	2668	176	0	23816	90056	6918	9526	952	17990	96
953	6894	38741	13	666	469	6	0	36	9196	185	996	188	2475	11
233	9986	120566	27246	532	699	15	0	7921	47464	4162	2854	190	5157	44
300	9928	72686	11078	5106	1225	127	0	4767	5975	1455	3126	572	5418	21
689	10848	78895	5320	7536	275	28	0	11092	27421	1116	2550	2	4940	20
283	258331	666974	220201	52975	9568	2808	0	51611	153551	6387	27731	4039	55927	275
111	109233	58593	117590	32755	5656	2254	0	12774	53954	2300	9169	214	50116	202
172	149098	608381	102611	20220	3912	554	0	38837	99597	4087	18562	3825	5811	73
475	13617	5424	0	631	122	0	0	450	1289	0	1262	−50	256	11
678	5902	15838	481	2073	43	24	0	775	8423	0	725	1	396	7
333	13979	31723	3724	1345	352	0	0	1121	4648	3	1293	33	377	12
139	19980	21368	4391	2669	55	0	0	1670	6424	0	1125	569	97	9
788	3702	170634	23760	675	219	30	0	10130	27284	1144	1864	505	1299	2
561	27787	147743	24128	5256	1604	221	0	15741	18641	1241	1652	2767	2163	12
942	8481	66842	8382	3336	439	206	0	2941	14622	88	2034	0	364	16
586	51659	85190	26847	3310	610	66	0	3005	15614	1603	7735	0	0	0
670	3991	63619	10898	925	468	7	0	3004	2652	8	872	0	859	4
961	158774	440433	182660	28494	9676	8852	0	76035	189145	29974	18269	16580	46168	263
473	45734	42475	37902	4044	1465	7322	0	23717	60319	16655	2897	4774	28300	139
488	113040	397958	144758	24450	8211	1530	0	52318	128826	13319	15372	11806	17868	124
942	17790	57332	6550	1955	2241	146	0	3429	11463	1664	1124	2299	3136	12
728	9689	47057	43782	30	227	64	0	5548	20939	1381	3681	402	3204	19
533	19940	97082	27767	1857	1766	118	0	24122	17711	2299	3558	967	3494	19
637	30162	91128	38486	3182	963	1135	0	8719	36456	2425	3673	5377	2289	19
648	35459	105359	28173	17426	3014	67	0	10500	42257	5550	3336	2761	5745	55
226	333265	472813	182378	47877	10951	977	0	61957	131200	16709	38720	49938	63269	250
342	182651	75346	59843	31434	6382	560	0	7126	45834	5883	10079	35757	38804	103
884	150614	397467	122535	16443	4569	417	0	54831	85366	10826	28641	14181	24465	147
503	27742	3294	0	834	440	256	0	1277	15968	1333	2384	68	2025	18
643	28580	12564	7283	7530	37	18	0	1292	13336	1118	2095	12796	1622	18
233	21247	37862	8006	2222	848	44	0	15327	16243	1115	3472	12	1120	6
526	11347	62958	14413	1694	436	92	0	8284	22557	1039	3910	188	2968	27
094	4409	61099	23354	1599	1161	0	0	10033	268	894	4431	691	1813	12

地　　区	支出合计	一般公共服务支出	外交支出	国防支出	公共安全支出	教育支出	科学技术支出	文化旅游体育与传媒支出	社会保障和就业支出	卫生 支
德庆县	352906	37527	0	283	12445	66637	3761	6370	53552	42
封开县	414538	40865	0	236	12549	62259	1410	3201	71397	4
怀集县	540767	47228	0	418	20217	132532	3967	5741	91853	9
清远市	4118431	428671	0	3401	220349	871091	78477	80953	595080	44
清远市本级	712767	114211	0	1912	50965	125390	34165	14813	63292	44
清远市区县合计	3405664	314460	0	1489	169384	745701	44312	66140	531788	40
清城区	559149	69477	0	17	51026	139301	14426	5149	58341	6
英德市	843542	54630	0	440	32122	191961	15799	18517	132946	10
连州市	368465	30256	0	0	19801	78288	1348	7023	74438	4
佛冈县	370490	35221	0	607	17988	77404	4505	8345	49854	4
清新区	485176	48941	0	414	24930	119029	6830	13500	78393	6
连山壮族瑶族自治县	187721	15092	0	2	6093	32484	254	3576	32740	2
连南瑶族自治县	209951	24774	0	4	6380	33208	469	3662	43558	1
阳山县	381170	36069	0	5	11044	74026	681	6368	61518	4
潮州市	2171659	179013	0	1323	100037	433101	9732	50900	356954	27
潮州市本级	575003	66960	0	414	53216	68370	5175	19948	78259	3
潮州市区县合计	1596656	112053	0	909	46821	364731	4557	30952	278695	24
湘桥区	237389	16745	0	240	2072	62861	1768	5970	45414	3
饶平县	713291	54069	0	243	22304	163767	1125	9333	113515	10
潮安区	645976	41239	0	426	22445	138103	1664	15649	119766	10
揭阳市	3744802	301214	0	2222	170624	817278	31306	74746	649735	57
揭阳市本级	973198	98146	0	1292	75631	149572	17869	18833	138092	10
揭阳市区县合计	2771604	203068	0	930	94993	667706	13437	55913	511643	47
榕城区	239519	19413	0	19	2447	64267	808	10771	41851	3
普宁市	974519	66346	0	13	35525	283438	5151	19741	178335	17
揭东区	363556	32033	0	188	19637	87163	5212	10091	49398	5
揭西县	575082	37189	0	337	13622	98320	529	6829	113797	8
惠来县	618928	48087	0	373	23762	134518	1737	8481	128262	11
云浮市	2630962	306176	0	5365	110823	546633	34976	52893	381139	33
云浮市本级	431027	59280	0	3772	35499	56791	16551	14334	32044	2
云浮市区县合计	2199935	246896	0	1593	75324	489842	18425	38559	349095	31
云城区	296436	50460	0	563	5347	77900	740	2336	48041	2
罗定市	809772	74897	0	0	27690	200689	9644	17206	141790	13
新兴县	498101	47085	0	515	18321	91365	4151	11512	69257	7
郁南县	339125	39309	0	22	11865	73057	519	3413	54539	4
云安区	256501	35145	0	493	12101	46831	3371	4092	35468	2

续表

环出	城乡社区支出	农林水支出	交通运输支出	资源勘探工业信息等支出	商业服务业等支出	金融支出	援助其他地区支出	自然资源海洋气象等支出	住房保障支出	粮油物资储备支出	灾害防治及应急管理支出	其他支出	债务付息支出	债务发行费用支出
419	24682	57650	12760	2380	313	0	0	3161	358	871	1473	158	4212	25
063	19870	70610	43854	71	205	7	0	10848	15131	3960	2890	0	5813	15
403	12737	91430	12865	113	1129	0	0	4609	1505	496	7986	268	4892	26
781	182857	591883	234803	18932	9625	2654	0	39415	141725	5855	27347	14122	42881	258
072	67611	64950	14177	10116	2008	1926	0	11853	21182	78	6132	11625	25132	157
709	115246	526933	220626	8816	7617	728	0	27562	120543	5777	21215	2497	17749	101
123	35983	50978	20308	1158	2425	657	0	3212	13806	1871	6757	1002	5906	22
846	27649	147446	62716	1093	1875	0	0	5499	19336	155	3631	67	5542	25
188	4214	50957	19400	242	722	0	0	3547	22244	1230	1621	545	828	11
713	9951	57224	42918	1393	1097	0	0	4672	9636	1161	2449	211	714	9
180	13050	64361	14215	1652	376	70	0	1756	26515	413	2293	0	1490	12
522	9237	35631	18417	77	375	0	0	2550	5822	318	1063	88	1398	6
051	8198	28253	16553	958	301	1	0	4489	13502	329	2416	133	1064	1
086	6964	92083	26099	2243	446	0	0	1837	9682	300	985	451	807	15
395	109343	241824	120700	57719	5699	520	0	27011	30565	8576	10992	74222	37175	210
563	23465	20652	24446	52540	2101	358	0	3992	13545	5186	3005	57268	26397	129
832	85878	221172	96254	5179	3598	162	0	23019	17020	3390	7987	16954	10778	81
776	4828	23813	749	2940	532	56	0	792	1377	41	4114	16899	2458	5
563	34143	116466	54831	444	1459	62	0	16816	4097	1710	1964	55	4626	41
493	46907	80893	40674	1795	1607	44	0	5411	11546	1639	1909	0	3694	35
172	109269	377601	137899	149557	6279	1248	0	39247	57475	12942	13007	2470	38535	234
001	49602	45198	53421	129246	1582	449	0	10989	18708	3779	5823	2144	20319	111
171	59667	332403	84478	20311	4697	799	0	28258	38767	9163	7184	326	18216	123
716	7671	11668	428	973	538	5	0	728	10805	1444	1097	5	3102	13
057	13730	82220	20161	1420	1933	413	0	3416	2992	2639	1087	0	2497	36
440	11280	32791	7940	12032	921	369	0	3842	6407	1905	1150	0	5973	38
220	7685	117485	33310	3435	614	10	0	17181	10542	1284	2144	268	2954	17
738	19301	88239	22639	2451	691	2	0	3091	8021	1891	1706	53	3690	19
407	115416	326506	97149	17880	5530	10604	0	89692	84634	8051	16036	29786	31376	222
262	6891	29370	23538	6000	543	8105	0	69156	32723	876	2688	276	7857	70
145	108525	297136	73611	11880	4987	2499	0	20536	51911	7175	13348	29510	23519	152
900	13112	29531	4096	522	360	35	0	9143	15192	1014	2031	0	2285	42
040	4505	127880	32884	6239	1679	60	0	5107	2764	2481	4012	3026	8831	23
739	77530	59490	136	3635	2001	2295	0	771	15002	1757	4009	65	7886	43
255	9162	43990	19577	1315	445	109	0	3474	9885	1014	1591	12113	2449	28
211	4216	36245	16918	169	502	0	0	2041	9068	909	1705	14306	2068	16

(广东省财政厅国库处提供)

2020 年度广东省一般公共预算收入超十亿元县（市）统计

单位：万元

单位名称	一般公共预算收入	单位名称	一般公共预算收入
东源县	118901	吴川市	111569
兴宁市	103378	遂溪县	101291
五华县	105476	信宜市	113756
惠东县	293052	高州市	180193
博罗县	503856	化州市	132987
龙门县	163660	四会市	178330
海丰县	106327	封开县	118066
台山市	325693	英德市	221711
开平市	289805	佛冈县	105842
鹤山市	337983	普宁市	209839
恩平市	126842	罗定市	157428
阳春市	142745	新兴县	185168
廉江市	150909		

（广东省财政厅国库处提供）

2020 年度广东省非税收入规模及结构情况

单位：万元

项　　目	总　量
一、纳入一般公共财政预算管理的非税收入小计	30418977
专项收入	9747682
行政事业性收费收入	2268735
罚没收入	2384597
国有资本经营收入	932630
国有资源（资产）有偿使用收入	11909893
其他收入	3175440
二、纳入政府性基金预算管理的非税收入小计	86497723
国家电影事业发展专项资金收入	5595
小型水库移民扶助基金收入	23569
国有土地使用权出让相关收入	80392425
国有土地收益基金相关收入	1043681
农业土地开发资金收入	109976
城市基础设施配套费收入	2497886
污水处理费收入	1079029
大中型水库库区基金收入	4190
车辆通行费相关收入	407854
港口建设费收入	14785
彩票发行机构和彩票销售机构的业务费用	120253
彩票公益金收入	477072
其他政府性基金相关收入	321408
三、纳入国有资本经营预算管理的非税收入小计	3106117
利润收入	2216339
股利、股息收入	536586
产权转让收入	171273
清算收入	592
其他国有资本经营预算收入	181327
四、纳入预算管理的非税收入合计	120022817

（广东省财政厅国库处提供）

2020 年度广东省政府性基金预算收支情况

单位：万元

收入项目	本年收入	支出项目	本年支出
核电站乏燃料处理处置基金收入		核电站乏燃料处理处置基金支出	
国家电影事业发展专项资金相关收入	5595	国家电影事业发展专项资金相关支出	9834
旅游发展基金收入		旅游发展基金支出	972
大中型水库移民后期扶持基金收入		大中型水库移民后期扶持基金支出	175483
小型水库移民扶助基金相关收入	23569	小型水库移民扶助基金相关支出	21037
可再生能源电价附加收入		可再生能源电价附加收入安排的支出	186
国有土地使用权出让相关收入	80392425	国有土地使用权出让相关支出	56931455
国有土地收益基金相关收入	1043681	国有土地收益基金相关支出	392926
农业土地开发资金相关收入	109976	农业土地开发资金相关支出	37636
城市基础设施配套费相关收入	2497886	城市基础设施配套费相关支出	1963707
污水处理费相关收入	1079029	污水处理费相关支出	1009129
大中型水库库区基金相关收入	4190	大中型水库库区基金相关支出	4791
三峡水库库区基金收入		三峡水库库区基金支出	
国家重大水利工程建设基金相关收入		国家重大水利工程建设基金相关支出	3686
海南省高等级公路车辆通行附加费相关收入		海南省高等级公路车辆通行附加费相关支出	
车辆通行费相关收入	407854	车辆通行费相关支出	1234915
港口建设费相关收入	14785	港口建设费相关支出	153268
民航发展基金收入		民航发展基金支出	117545
农网还贷资金收入		农网还贷资金支出	205
彩票发行机构和彩票销售机构的业务费用	120253	彩票发行销售机构业务费安排的支出	114920
彩票公益金收入	477072	彩票公益金安排的支出	386253
其他政府性基金相关收入	321408	其他政府性基金相关支出	28632264
抗疫特别国债收入		抗疫特别国债安排的支出	4807638
收入合计	86497723	支出合计	95997850

（广东省财政厅国库处提供）

2020 年度广东省本级政府性基金预算收支情况

单位：万元

收入项目	本年收入	支出项目	本年支出
核电站乏燃料处理处置基金收入		核电站乏燃料处理处置基金支出	
国家电影事业发展专项资金相关收入	5595	国家电影事业发展专项资金相关支出	1064
旅游发展基金收入		旅游发展基金支出	
大中型水库移民后期扶持基金收入		大中型水库移民后期扶持基金支出	6270
小型水库移民扶助基金相关收入	23569	小型水库移民扶助基金相关支出	15
可再生能源电价附加收入		可再生能源电价附加收入安排的支出	
国有土地使用权出让相关收入		国有土地使用权出让相关支出	
国有土地收益基金相关收入		国有土地收益基金相关支出	
农业土地开发资金相关收入	27849	农业土地开发资金相关支出	-33
城市基础设施配套费相关收入	4646	城市基础设施配套费相关支出	267649
污水处理费相关收入		污水处理费相关支出	
大中型水库库区基金相关收入	4180	大中型水库库区基金相关支出	113
三峡水库库区基金收入		三峡水库库区基金支出	
国家重大水利工程建设基金相关收入		国家重大水利工程建设基金相关支出	
海南省高等级公路车辆通行附加费相关收入		海南省高等级公路车辆通行附加费相关支出	
车辆通行费相关收入	347126	车辆通行费相关支出	1187671
港口建设费相关收入	6457	港口建设费相关支出	5090
民航发展基金收入		民航发展基金支出	64584
农网还贷资金收入		农网还贷资金支出	
彩票发行机构和彩票销售机构的业务费用	107381	彩票发行销售机构业务费安排的支出	49631
彩票公益金收入	162699	彩票公益金安排的支出	43670
其他政府性基金相关收入	71344	其他政府性基金相关支出	4926136
抗疫特别国债收入		抗疫特别国债安排的支出	
收入合计	760846	支出合计	6551860

（广东省财政厅国库处提供）

2020年度广东省上划中央“四税”统计

单位：万元

合计	上划中央国内增值税	上划中央国内消费税	上划企业所得税	上划个人所得税
85031688	37687550	5773674	30157243	11413221

（广东省财政厅国库处提供）

2020年度广东省国有资本经营预算收支情况

单位：万元

预算科目	本年收入	预算科目	本年支出
利润收入	2216339	解决历史遗留问题及改革成本支出	233911
股利、股息收入	536586	国有企业资本金注入	916108
产权转让收入	171273	国有企业政策性补贴	209248
清算收入	592	金融国有资本经营预算支出	0
其他国有资本经营预算收入	181327	其他国有资本经营预算支出	216184
本年收入合计	3106117	本年支出合计	1575451

（广东省财政厅国库处提供）

2020年度广东省本级国有资本经营预算收支情况

单位：万元

预算科目	本年收入	预算科目	本年支出
利润收入	402442	解决历史遗留问题及改革成本支出	43035
股利、股息收入	172462	国有企业资本金注入	50000
产权转让收入		国有企业政策性补贴	155485
清算收入		金融国有资本经营预算支出	
其他国有资本经营预算收入	1288	其他国有资本经营预算支出	-2302
本年收入合计	576192	本年支出合计	246218

（广东省财政厅国库处提供）

2020 年度广东省社会保险基金收支决算情况

单位：亿元

项目	收入			支出			滚存结余
	金额	预算数	完成比例	金额	预算数	完成比例	
企业养老保险	2877.22	2503.78	114.92%	2889.71	2904.52	99.49%	11701.47
职工医疗保险（含生育保险）	1580.86	1398.18	113.07%	1317.61	1370.82	96.12%	3130.76
失业保险	80.59	72.58	111.04%	238.60	399.21	59.77%	473.00
工伤保险	29.28	25.20	116.19%	72.01	69.18	104.09%	232.07
居民医疗保险	624.72	632.37	98.79%	552.39	609.71	90.60%	533.86
居民养老保险	282.79	279.06	101.34%	265.25	268.34	98.85%	475.05
机关事业单位基本养老保险	915.24	805.63	113.61%	986.50	981.78	100.48%	610.73
合　计	6390.70	5716.80	111.79%	6322.07	6603.56	95.74%	17156.94

（广东省财政厅社会保障处提供）

2020年度广东省各市一般公共预算民生类支出情况

单位：万元，%

项　　目	民生类支出	
	总　　量	占一般公共预算支出比重
全　　省	121055542	69.4
省　　级	8036157	55.1
地市合计	113019385	70.8
广州市	19761960	66.9
深圳市	28771529	68.9
珠海市	4517461	66.7
汕头市	3275697	76.7
佛山市	6010338	59.9
韶关市	2844952	76.9
河源市	2860237	79.1
梅州市	3816855	80.5
惠州市	4444341	69.7
汕尾市	2075994	77.9
东莞市	5406853	64.3
中山市	2593667	69.0
江门市	3204387	72.4
阳江市	1885219	75.5
湛江市	4450790	82.6
茂名市	3969702	82.7
肇庆市	3200361	74.3
清远市	3259646	79.1
潮州市	1678998	77.3
揭阳市	3001866	80.2
云浮市	1988532	75.6

（广东省财政厅国库处提供）

2020 年度广东省各市国有土地使用权出让收入情况

单位：万元，%

项　　目	国有土地使用权出让收入	
	总　　量	增　　幅
全　　省	80381710	45.3
省　　级	0	0.0
地市合计	80381710	45.3
广州市	23965351	53.6
深圳市	12076646	30.9
珠海市	5380906	28.8
汕头市	1876954	21.6
佛山市	10824330	62.2
韶关市	618835	60.9
河源市	926371	48.1
梅州市	686380	-4.2
惠州市	4629810	83.2
汕尾市	438421	-42.7
东莞市	7794590	88.0
中山市	2471034	174.9
江门市	1974369	-7.9
阳江市	163792	-61.9
湛江市	1434572	77.4
茂名市	944130	-9.0
肇庆市	1631366	2.7
清远市	1152688	33.8
潮州市	300993	3.1
揭阳市	698065	20.4
云浮市	392107	42.6

（广东省财政厅国库处提供）

文献专载

Selected Speeches and Reports

全省财政工作会议讲话

奋进新征程　展现新气象
为广东走在全国前列、创造新的辉煌贡献财政力量

（节选）

广东省财政厅厅长　戴运龙

一、2020年全省财政工作迎难而上，取得积极成效，在大战大考中实现了平稳运行

刚刚过去的2020年是极不平凡的一年，面对世纪罕见的严重冲击，财政工作面临挑战之大是多年少有的。在广东省委、省政府的正确领导和财政部的支持指导下，全省各级财政部门坚决贯彻习近平总书记重要指示批示精神和党中央决策部署，迎难而上、担当作为，坚决落实积极财政政策更加积极有为的要求，坚持积极应对与补短板强弱项相结合、过紧日子与强化保障相结合、平稳运行与改革创新相结合，集中精力落实“六稳”“六保”任务，有力推动全省经济恢复和社会大局稳定。概括起来，2020年财政工作主要有四方面：一是有效利用地方政府新增债券和抗疫特别国债增加政府投资，在加强基础设施建设补短板、强弱项的同时，对冲经济下行压力保发展；二是加大减税降费和财政资金援企稳企政策力度，对冲企业经营困难保市场主体、稳定就业；三是加大市县转移支付力度并建立资金直达机制减轻市县负担，对冲基层“三保”压力保运转；四是落实过紧日子要求和盘活政府资源资产加强预算平衡，对冲疫情减收影响保民生重点。具体来讲，主要体现在以下工作中：

（一）坚持闻令而动、听令即行，推动疫情防控取得重大战略成果

全省财政系统认真落实“坚定信心、同舟共济、科学防治、精准施策”总要求，把疫情防控作为最重要、最紧迫的工作来抓。优先保障疫情防控经费。迅速开通财政资金支付和政府采购绿色通道，加快资金拨付使用。2020年全省各级财政共投入疫情防控保障资金303亿元，减轻患者救治费用负担、提高疫情防治人员待遇、保障医疗防控物资供应等财政资金政策全部落实到位。支持补齐公共卫生体系短板。有效利用抗疫特别国债等资金，支持发热门诊和诊室规范化建设覆盖全省二级以上公立医疗机构，支持推进广州呼吸中心建设，提升公共卫生和医疗基础设施能力水平。推动有序复工复产。及时配合出台“复工复产20条”“双统筹30条”等系列政策，强化企业用工、用房、融资和物资等全方位财政帮扶。面对突如其来的疫情，全省财政系统党员干部闻令而动、坚守岗位，展现了讲政治、顾大局的担当，发挥了先锋模范作用。

（二）坚持积极财政政策更加积极有为，推动稳住经济基本盘

加强财政逆周期调节，全面落实规模性助企纾困政策，助力保市场主体保就业。不折不扣落实减税降费政策。在2019年减税降费3044亿元的基础上，2020年再为企业和群众减负超3000亿元，其中减免延缓社会保险费超过2100亿元，并发放失业保险稳岗返还补贴130亿元，援企稳岗财税措施全面落实。深圳、珠海、佛山、东莞等落实落细减税降费政策，取得较好效果。有效利用新增债券和抗疫特别国债撬动投资。2020年广东获得地方政府新增债券额度3616亿元，按照“急需、成熟、统筹、集中”的项目标准，投入“两新一重”项目资金超过六成，推动了广湛高铁、白云机场三期、赣深高铁、深中通道等一批重大项目建设。全省504亿元抗疫特别国债八成以上用于支持公共医疗卫生、污染防治、乡村振兴等重点领域。广州、佛山、惠州、江门2020年新增债券全部使用完毕，有效发挥了债券资金作用。

（三）坚持统筹资金政策集中发力，推动三大攻坚战取得决定性成就

强化财政攻坚保障，推动全面小康成色更足。支持如期打赢脱贫攻坚战。“十三五”时期，全省各级财政共投入资金843亿元，推动全省相对贫困人口和贫困村全部脱贫出列，如期高质量完成脱贫攻坚目标；投入援助资金171亿元，支持东西部扶贫协作，广东连续三年在国务院扶贫办评价考核中达到“好”的等次。全年投入过千亿资金用于全省农村基础设施建设和补短板项目，完成乡村振兴“三年取得重大进展”目标任务。茂名、梅州、韶关等在涉农资金统筹、产业扶贫等方面取得明显成效。持续推进污染防治攻坚，自2018年起三年全省各级财政投入722亿元，支持污染防治重点任务加快推进。创新练江流域整治资金投入方式，发挥杠杆效应保障重点流域整治工作。债务风险有效管控，“一地一策”督促推动风险较高地区制定落实债务风险化解工作方案。目前广东是全国债务风险最安全的地区之一，全省隐性债务余额较2019年末下降40%，其中汕尾成为首个隐性债务余额清零的地市。深入开展市县财政挂账清理工作，全省存量挂账稳妥有序消化，新增挂账控制在规定限额内。

（四）坚持深化财政科技资金放管服，推动创新能力建设持续加强

坚持把科技作为财政支出的重点领域，支持科技创新强省建设。加大基础研究支持力度。着眼于补短板、强弱项、创优势，省级投入资金10.3亿元，实施基础与应用基础研究重大项目。高标准建设国家实验室，省级投入4.3亿元重点支持粤东西北省实验室建设。阳江、揭阳、潮州、云浮等加强省重点实验室分中心保障，有力推动本地创新发展。打好关键核心技术攻关战。积极探索关键核心技术攻关新型举国体制的“广东路径”，安排重点领域研发计划资金，集中攻关和突破受制于人的“卡脖子”核心技术等。支持企业开展“数智化”改造，推动加快装备制造业发展，支持现代化产业体系建设。深入推进科技体制改革。出台社会科学资金管理办法，完善科技评价机制，推进科技管理职能转变。改进科技项目组织管理方式，实行“揭榜制”、定向组织等制度，推动重点领域项目、基地、人才、资金一体化配置。

（五）坚持精准实施差异化扶持，推动“双区”和“一核一带一区”建设加快实施

深入推进广东支持粤港澳大湾区建设一揽子财税政策落地。全面落实个人所得税优惠政策，发放补贴资金24亿元，吸引境外高端人才和紧缺人才，全年近9000人受益。发起设立粤港澳重大科技成果转化基金，资助建设20个粤港澳联合实验室，推动建设港澳青年创新孵化平台，财政科研资金跨境使用取得新成效。实施“一带一区”财政政策措施。研究对湛江、汕头省域副中心财政支持政策，支持推动绿色石化、清洁能源等战略性新兴产业在东西两翼沿海经济带布局建设。落实生态保护补偿机制，支持北部生态区筑牢绿色屏障。加大转移支付促进区域协调发展。在去年财政困难形势下，省级坚持对下支持力度只增不减，及时安排财力困难补助和救助资金，全年省对市县各项补助和债券转贷资金达5260亿元，增长12.7%，有效对冲困难地区减收增支压力。试行“三保”资金专户管理机制，兜住基层“三保”底线。第一时间将中央对广东直达资金782亿元全额下达市县基层，惠及各类市场主体3.23万家，受益群众超5000万人次。江门、中山、汕头等探索有效做法，确保直达资金、“三保”资金等精准高效落地。

（六）坚持越是困难越要保民生，推动兜牢兜实民生底线

强化财政民生投入导向，2020年全省民生支出1.21万亿元，占一般公共预算支出约七成。把稳就业摆在优先位置。统筹财政就业创业等资金，推动“粤菜师傅”“广东技工”“南粤家政”三项工程实施，帮助高校毕业生、退役军人等重点人群就业，全省城镇新增就业134万人。加强底线民生保障。省财政统筹安排补助资金286亿元，提高困难残疾人两项补贴和全省基础养老金最低标准，低保、特困人员、孤儿等168万困难群众基本生活保障水平稳步提升。对因疫情导致基本生活出现困难的家庭和个人，及时予以临时救助和发放价格临时补贴，惠及群众1800万人次。支持教育事业优先发展。全省财政统筹超过3500亿元资金用于教育事业发展，落实生均拨款制度和学生资助政策，推动学前教育实现“5080”目标，促进义务教育薄弱环节改善和能力提升，高等教育毛入学率提高到52%，省职教城二期4万个学位顺利启动建设。

（七）坚持改革创新解难题，推动财政可持续发展

困难挑战越大越要深化改革，依靠改革应对变局、开拓新局。力保财政收支运行平稳。严格落实过紧日子要求，出台常态化疫情防控下促进财政可持续发展的实施方案，建立地方税种协同办税内部协调机制。2020年全省一般公共预算收入增长2.1%，一般公共预算支出增长1%，在面对巨大困难挑战中稳住了阵脚。肇庆、河源、汕头等积极盘活政府资源资产，成效明显。预算管理制度改革效应充分发挥。预算编制执行监督管理改革实现覆盖全省县区，极大提升各级管财理财积极性。广东在财政部地方财政管理工作绩效考核中排名全国第1，首次获得国务院激励奖励，县级财政管理绩效综合评价结果获得全国优秀等级第2名。广州、韶关、惠州预算改革亮点突出。数字财政建设改革取得积极进展。预算管理一体化系统初步建成，在省本级和6个试点地市及下辖46个县区顺利试点上线，实现省、市、县、乡四级1.3万个预算单位在“同一标准、同一平台、同一网络”开展预算管理业务。财学平台建设初见成效，有力推动财政高素质人才队伍建设。智慧机关建设迈出新步伐，着力运用信息技术手段提高科学决策及工作水平。

2020年是“十三五”规划的收官之年。五年来，广东财政深刻把握财政是国家治理的基础和重要支柱新定位新要求，财政改革发展取得了新的成效。一是全省财政实力上了一个新台阶。在不折不扣落实减税降费政策情况下，广东“三本预算”收入从2016年的1.45万亿元增加到2020年的2.2万亿元，占全国地方十分之一，支出从1.7万亿元增加到2.7万亿元，一般公共预算收入规模连续30年保持在各省份首位，为全省经济社会发展提供坚实物质基础。二是现代财政制度框架基本确立。预算编制执行监督管理改革全面推进，牵引带动政府行政效能明显提升。省与市县财政事权和支出责任划分改革深入推进，省以下财政关系进一步理顺。地方税体系不断健全，财政收入稳定增长基础持续巩固。隐性债务规模大幅下降，地方政府债务管理总体安全、风险可控，底数清晰、管理规范。三是财政的基础和重要支柱作用有效发挥。坚持开源节流，盘活存量，用好增量，省级财政八成以上支出安排用于“1+1+9”工作部署，累计为企业和社会降低税费负担超过8000亿元，投入超千亿元财政资金推动如期实现决战决胜脱贫攻坚目标任务。全省基本公共服务均等化持续推进，民生类支出占财政支出比重保持在七成，教育支出规模全国第一。四是财政领域简政放权取得新的进展。“省级向市县”“财政部门向业务部门”两个放权深入实施，财政部门退出项目审批及组织实施等预算执行事务，业务部门预算执行主体责任和市县项目谋划责任不断强化。财政“放管服”改革持续深化，省级财政权责清单事项从63项压减为3项，涉农资金统筹整合实现从省直部门主导向省直部门市县政府共同主导转变。五是财政科学管理水平稳步提升。将“全面对标、全力推动走在前列”作为推动工作总抓手，牵引带动财政各项工作向中央决策部署和省委、省政府工作安排，特别是上级各类考核评价要求对标对表。2020年21项重点考核事项全部实现年度走在前列目标。创新建立“一个部门对口一个处室”工作服务机制。初步建立起现代信息技术条件下的数字财政系统。

五年来，广东财政适应新形势新任务新要求，深化了对做好财政工作的规律性认识和运用。一是牢固树立以“政”领“财”的意识。认真贯彻党中央关于财政工作的方针政策和决策部署，落实省委、省政府工作要求，把准财政工作正确方向，始终服从服务于全省经济社会发展大局。二是建立“大财政、大预算、大资产”理财管财理念。全面统筹和综合运用各类政府资源资产资金，加强财税政策系统集成，集中力量办大事。三是坚持“先谋事再排钱”工作方法。把握花钱是为了干事这一关键，严格落实过紧日子要求，进一步优化调整支出结构，更加突出支持重点，将资金切实用在刀刃上。四是树立“花钱必问效”绩效观念。更好运用绩效管理手段强化激励和约束，切实提高财政资源配置效率和资金使用效益。五是构建全省“一盘棋”工作格局。加强省级与市县协同配合，在落实财税改革、强化财政收支管理、增强财政可持续性和推动经济社会发展等方面形成强大合力。

五年来，广东财政始终坚持以习近平新时代中国特色社会主义思想为指导，把习近平总书记关于财政工作的重要论述作为根本遵循，深入学习贯彻落实总书记对广东系列重要讲话和重要指示批示精神，认真开展“两学一做”学习教育和“不忘初心、牢记使命”主题教育，持续深化“大学习、深调研、真落实”，深入落实省委坚决做到“两个维护”十项制度机制，集中力量开展“以案促改”，开展锻造合格党支部书记行动，坚持以政治标准选人用人，实施“四横、四纵、六航”财政人才队伍建设计划，全面加强基层党组织建设，促进全省财政系统党员干部不断增强“四个意识”、坚定“四个自信”、做到“两个维护”，风清气正的政治生态进一步形成，为广东财政改革发展奠定了坚实的政治保证、组织保证和人才保障。

二、统一思想、深化认识，深刻领会新发展阶段大局大势，科学谋划推动全省财政改革发展

新发展阶段就是全面建设社会主义现代化国家、向第二个百年奋斗目标进军的阶段。习近平总书记在党的十九届五中全会、中央经济工作会议、中央农村工作会议、省部级主要领导干部专题研讨班等重要会议上发表一系列重要讲话，全面部署2021年和“十四五”时期工作，为财政工作谋划目标任务、制定政策、推动工作提供了根本遵循。特别是十九届五中全会召开前夕，习近平总书记再次亲临广东视察，出席深圳经济特区建立40周年庆祝大会并发表重要讲话，要求广东以更大魄力、在更高起点上推进改革开放，赋予广东在全面建设社会主义现代化国家新征程中走在全国前列、创造新的辉煌的使命任务。

科学把握新发展阶段大局大势

和总书记赋予广东的使命任务，谋划推进财政改革发展，意义非同寻常、责任非同寻常。广东财政要深刻领会并重点把握好以下几方面：第一，从讲政治高度认识并做好财政经济工作。对“国之大者”要真正做到心中有数，坚决贯彻落实总书记、党中央决策部署和省委、省政府工作要求，善于算政治账、长远账，不要一味算数字账。及时洞察经济和社会问题中的政治因素，对不该支持的事不要支持。第二，准确把握新发展阶段的深刻依据和目标要求。立足新发展阶段是社会主义初级阶段中的一个阶段，辨明财政工作的历史方位，自觉把财政工作放在今后30年的长时间段去把握，牢记走在全国前列的要求，努力向着更高目标乘势而进。第三，完整准确全面贯彻新发展理念。坚持把以人民为中心的发展思想作为新发展理念的“根”和“魂”，切实推动解决全省发展不平衡不充分问题，用底线思维谋划财政发展，努力实现更高质量、更有效率、更加公平、更可持续、更为安全的发展。第四，以正确认识和精准落实积极参与构建新发展格局。深刻把握构建新发展格局关键在于经济循环的畅通无阻。不能认为广东省委、省政府提出打造新发展格局战略支点只是发达地区和经济科技部门的事，要立足实际，更加自觉地担当好财政部门的使命与责任。第五，坚持系统观念。财政工作涉及经济社会发展方方面面，要把握好多重目标的最优平衡和各项任务的内在关联，增强资金政策衔接、综合施策，把握好时度效，不搞一刀切，在扬长避短中提升整体效能。

“十四五”的新篇已经开启，在全面建设社会主义现代化国家新征程上，全省财政系统要自觉承担起历史使命和时代责任，认真履职尽责，主动担当作为，为广东在全面建设社会主义现代化国家新征程中走在全国前列、创造新的辉煌作出积极贡献。

一是坚持构建新发展格局导向。紧紧围绕加快培育完整内需体系、加快科技自立自强、推动产业链供应链优化升级、加快农业农村现代化、改善人民生活品质、牢牢守住安全发展底线，完善财税政策、落实财政资金，统筹财政资源向打造新发展格局战略支点聚焦用力。

二是坚持创新核心地位导向。牢牢把握创新是引领发展的第一动力，调整优化财政科技投入结构和支持方向，把基础研究、原始创新摆在更加突出位置，以科技为支撑建设现代产业体系，健全创新人才激励和保障机制，推动广东建设具有全球影响力的科技和产业创新高地。

三是坚持促进全体人民共同富裕导向。坚持在发展中保障和改善民生，深入推进基本公共服务均等化，坚决兜牢基本民生底线，办好就业、教育、社保、医疗、住房、养老等民生实事，提高就业质量和居民收入水平，既尽力而为又量力而行，确保民生支出与经济发展相协调，增强民生政策可持续性。

四是坚持发展平衡性协调性导向。坚持运用系统观念，健全与“一核一带一区”区域发展格局相适应的差异化转移支付体制，引导人才、资金、技术等要素资源向各功能区发展短板聚集，逐步提高土地出让收入用于农业农村比例，健全生态补偿和产业发展综合机制，加强公共文化建设投入，促进广东高质量发展行稳致远。

五是坚持统筹发展和安全导向。树牢安全发展理念，防范涉及财政领域的重大风险，加大财税政策支持力度，保障科技、卫生健康、粮食、能源等重要行业和关键领域安全，合理安排财政支出政策，加强财政承受能力评估，健全地方政府举债融资机制，抓实化解地方政府隐性债务风险工作，促进财政可持续发展。

六是坚持建立现代财税体制导向。进一步提高认识和推动深化财税体制改革的政治站位，把坚持和加强党的全面领导贯穿财政改革发展全过程各环节，突出系统性、整体性、协同性，深化预算管理制度改革，加强财政资源统筹，增强重大战略任务财力保障，理顺省与市县财政关系，健全地方税体系，完善政府债务管理，提升财政干部能力，推动财政更好支撑政府治理体系和治理能力现代化。

（本文系广东省财政厅厅长戴运龙2021年1月21日在全省财政工作会议上的讲话节选）

预决算报告

广东省2020年预算执行情况和2021年预算草案的报告（节选）

广东省财政厅厅长　戴运龙

一、2020年预算执行情况

2020年，突如其来的新冠肺炎疫情对经济社会发展带来严重冲击。我省财政工作面临着疫情冲击、减税降费压力等多重影响，困难之多、挑战之大是多年未有的。全省财政部门深入贯彻习近平总书记系列重要讲话和重要指示批示精神，全面贯彻落实党中央、国务院决策部署和省委、省政府工作要求，坚决落实积极的财政政策要更加积极有为的要求，迎难而上、担当作为，在不折不扣落实减税降费政策的同时，通过采取大力盘活政府资源资产、用好管好地方政府新增债券和抗疫特别国债资金、建立财政资金直达机制、突出保障“1+1+9”工作部署重点支出、大力压减一般性支出等一系列措施，全力支持抗击疫情，全力支持做好“六稳”工作、落实“六保”任务，全力支持打好三大攻坚战，全力支持决胜全面建成小康社会。全省财政工作在大战大考中经受住严峻考验，财政运行企稳回升，政策效应持续释放，民生保障支出和省对市县转移支付只增不减，预算执行各项工作任务圆满完成。

（一）一般公共预算执行情况

1.全省一般公共预算执行情况。

——收入预算执行情况。2020年全省一般公共预算收入12921.97亿元，完成汇总预算①的101%，增长2.1%。税收收入9881.21亿元，负增长1.8%，其中主体税种②收入负增长3.5%，主要是受新冠肺炎疫情和落实减税政策影响；中小税种增长1.5%。税收收入占一般公共预算收入比重为76.5%。非税收入3040.76亿元，增长17.4%，主要是为应对疫情影响各级采取措施盘活政府资源资产，国有资源（资产）有偿使用收入增长62.9%；涉及个人和企业的行政事业性收费收入负增长22.4%（详见附件二表1）。

——支出预算执行情况。2020年全省一般公共预算支出17484.67亿元，完成汇总预算的101.1%，增长1%。

主要支出项目预算执行情况：

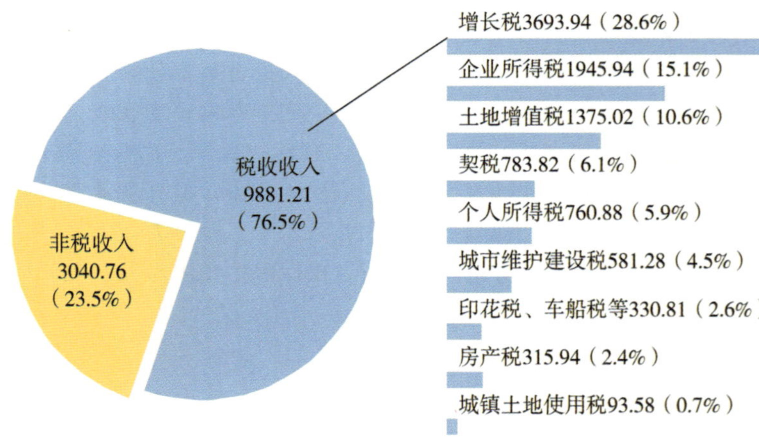

图1　2020年全省一般公共预算收入构成情况

①受疫情影响，省级及部分市县按法定程序编制了预算调整方案，因此，预算数按全省各地调整后的预算汇总统计，下同。

②主体税种，指增值税、企业所得税和个人所得税；其余为中小税种。

教育支出3516.53亿元，完成汇总预算的102.1%；科学技术支出951.36亿元，完成汇总预算的107.4%；文化旅游体育与传媒支出414.18亿元，完成汇总预算的118%；社会保障和就业支出1814.06亿元，完成汇总预算的100.6%；卫生健康支出1771.42亿元，完成汇总预算的112.4%；节能环保支出522.05亿元，完成汇总预算的110%；城乡社区支出1599.78亿元，完成汇总预算的103%；农林水支出1122.47亿元，完成汇总预算的105.8%；交通运输支出655.45亿元，完成汇总预算的109.9%（详见附件二表3）。

2020年全省一般公共预算收入加上中央税收返还和转移支付、债务收入以及调入资金等，相应安排一般公共预算支出以及上解中央等支出后，全省一般公共预算实现收支平衡。具体收支及结转金额待决算完成后报告。

2.省级一般公共预算执行情况。

——收入预算执行情况。2020年省本级一般公共预算收入3306.92亿元，完成调整预算的100%，增长0.5%。税收收入2666.69亿元，占一般公共预算收入比重为80.6%，负增长6%，主要是受新冠肺炎疫情和落实减税政策影响。非税收入640.23亿元，增长41.2%，主要是为应对疫情影响加大政府资源资产盘活力度，其中涉及个人和企业的行政事业性收费收入负增长39.1%。

省本级一般公共预算收入3306.92亿元，加上中央税收返还和转移支付1902.37亿元、市县上解收入1130.35亿元、动用预算稳定调节基金629.45亿元、调入资金65.68亿元、新增一般债券收入374.82亿元、向国际组织借款25.47亿元、再融资一般债券收入501.75亿元后，2020年省级一般公共预算总收入7936.82亿元（详见附件二表6）。

——支出预算执行情况。2020年省级一般公共预算总支出7791.23亿元，完成调整预算的113.4%。其中，省本级支出1457.98亿元（省级预备费共支出2.14亿元，主要用于疫情联防联控、物资储备等应急事项，年终余额按规定补充预算稳定调节基金），占18.7%；对市县税收返还和转移支付及债务转贷支出5260.19亿元

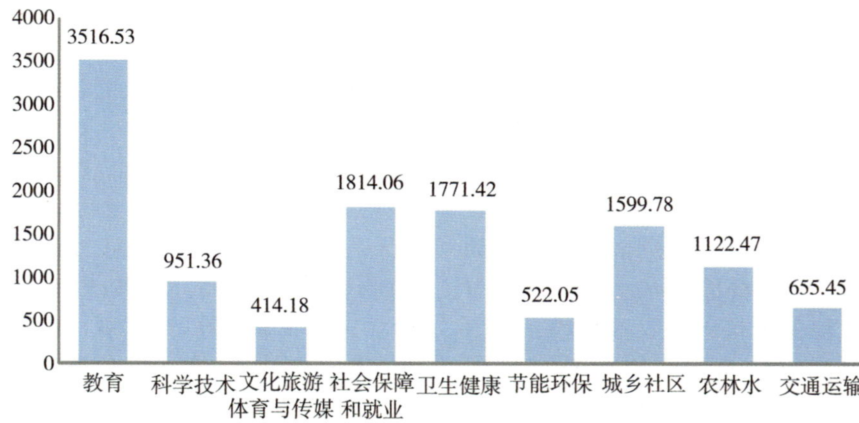

图2　2020年全省一般公共预算重点支出情况

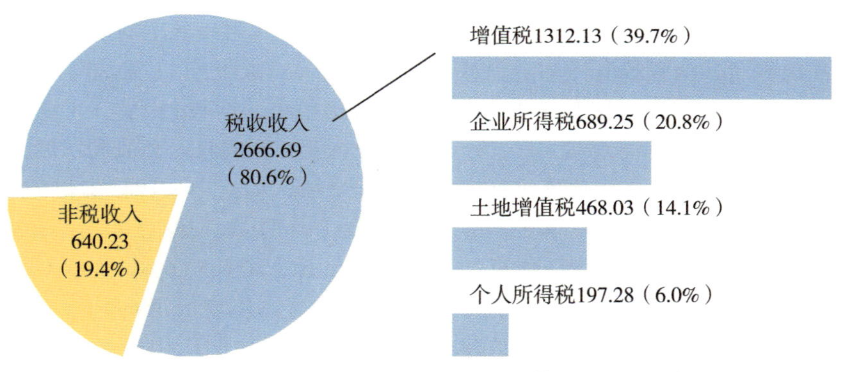

图3　2020年省本级一般公共预算收入构成情况

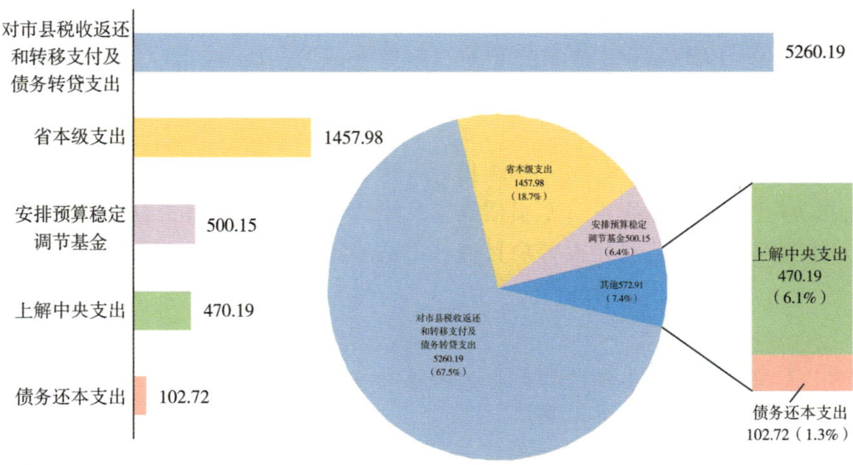

图4　2020年省级一般公共预算支出构成情况

（其中：一般性转移支付3048.48亿元、专项转移支付849.86亿元），占67.5%；上解中央支出470.19亿元，占6.1%；债务还本支出102.72亿元，占1.3%；安排预算稳定调节基金500.15亿元，占6.4%（详见附件二表7）。

2020年省级一般公共预算的具体收支及结转金额待决算完成后报告。

（二）政府性基金预算执行情况

1.全省政府性基金预算执行情况。2020年全省政府性基金预算收入8642.42亿元，完成汇总预算的110.4%，增长41.4%，主要是国有土地使用权出让收入增加。支出9572.77亿元，完成汇总预算的97.5%，增长52.2%，主要是中央下达新增专项债券和抗疫特别国债资金形成支出（详见附件二表24、25）。全省政府性基金预算收入加上转移性收入和债务收入等，相应安排政府性基金预算支出以及转移性支出等后，全省政府性基金预算实现收支平衡。具体收支及结转金额待决算完成后报告。

2.省级政府性基金预算执行情况。2020年省本级政府性基金预算收入76.03亿元，完成调整预算的113.6%，负增长1.2%，主要是落实中央出台的车辆通行费、港口建设费等政府性基金阶段性减免政策；加上中央转移支付398.79亿元、市县上解收入1亿元、新增专项债券收入2731亿元、再融资专项债券收入31.64亿元以及上年结转收入11.75亿元后，总收入3250.21亿元。省本级支出655.19亿元，完成调整预算的100.1%，增长678.7%，主要是省级发行专项债券安排铁路、高速公路建设等项目资金大幅增加；加上对市县转移支付及债务转贷支出2566.01亿元、向一般公共预算调出16.17亿元后，总支出3237.37亿元。结转12.84亿元（详见附件二表26–28）。

（三）国有资本经营预算执行情况

1.全省国有资本经营预算执行情况。2020年全省国有资本经营预算收入310.62亿元，完成汇总预算的101.8%，增长8.3%，主要是部分企业的利润收入和股利、股息收入增加①；加上中央转移支付0.4亿元、上年结转收入28.63亿元后，总收入339.65亿元。支出157.49亿元，完成汇总预算的99.3%，增长10.1%；加上向一般公共预算调出169.38亿元用于教育、社保等民生支出后，总支出326.88亿元。结转12.77亿元（详见附件二表36、37）。

2.省级国有资本经营预算执行情况。2020年省本级国有资本经营预算收入57.62亿元，完成年初预算的103.5%，增长12.7%，主要是部分企业的利润收入和股利、股息收入增加；加上中央转移支付0.38亿元后，总收入58亿元。支出24.62亿元，增长53.6%；加上对市县转移支付0.51亿元和向一般公共预算调出32.58亿元用于教育、社保等民生支出后，总支出57.72亿元。结转0.28亿元（详见附件二表38–40）。

（四）社会保险基金预算执行情况

1.全省社会保险基金预算执行情况。2020年全省社会保险基金预算收入5964.98亿元②，完成汇总预算的104.3%，负增长28.3%，主要是落实中央为应对疫情出台的社会保险费阶段性减免政策。支出6338.3亿元，完成汇总预算的96%，增长0.02%，剔除2019年清算以前年度机关事业单位养老保险基金支出等因素后增长13%。当年结余-373.32亿元，年末滚存结余16714.97亿元（详见附件二表50–52）。

2.省级社会保险基金预算执行情况。2020年省级社会保险基金预算收入2683.94亿元，完成调整预算的102.5%，负增长36.5%，主要是落实中央为应对疫情出台的社会保险费阶段性减免政策。支出3038.72亿元，完成调整预算的98.8%，增长7.3%。当年结余-354.78亿元，年末滚存结余11750.42亿元（详见附件二表54–56）。

（五）地方政府债务情况

1.地方政府债务限额余额情况。中央批准2020年我省地方政府债务限额17506.07亿元，新增债务限额3616亿元。其中，新增一般债务限额425亿元③、新增专项债务限额3191亿元。2020年全省地方政府债务余额执行数15316.19亿元，控制在债务限额以内。其中，按债务形式分，政府债券15135.2亿元、非债券形式债务180.99亿元；按偿债来源分，一般债务5789.24亿元、专项债务9526.95亿元（详见附件二表62–66、69）。

2.地方政府债券发行情况。2020年全省发行地方政府债券4121.21亿元。其中，新增债券3587.82亿元，包括一般债券396.82亿元、专项债券3191亿元；再融资债券533.39亿元，包括一般债券501.75亿元、专项债券31.64亿元（详见附件二表64、69）。

3.地方政府债务还本付息情

---

①按照国有资本经营预算收入收缴有关规定，2020年收取以前年度企业利润及股利、股息收入，下同。

②不含上下级往来，下同。

③2020年，我省新增一般债务限额425亿元，其中，中央转贷我省外债额度28.18亿元由财政部带项目下达，396.82亿元全部用于发行新增一般债券。

况。2020年全省偿还地方政府债券本金741.99亿元，包括一般债券本金600.94亿元、专项债券本金141.06亿元；全省支付地方政府债券利息453.25亿元，包括一般债券利息200.79亿元、专项债券利息252.46亿元（详见附件二表64）。

（六）2020年省级预算调整情况

2020年，根据财政部年中下达新增债务限额，以及为应对疫情影响调整收支安排，省级预算按法定程序编制三次预算调整方案，分别提交省十三届人大常委会第二十次、二十二次、二十六次会议审查批准。省级一般公共预算总收支从年初预算的6761.77亿元调整为6867.77亿元，调增106亿元。省级政府性基金预算总收支从年初预算的1360.9亿元调整为3204.79亿元，调增1843.89亿元。省级社会保险基金预算收入从年初预算的4247.28亿元调整为2618.28亿元，调减1629亿元；支出从年初预算的3158.54亿元调整为3076.47亿元，调减82.07亿元。省人大常委会相关决议已落实到位，新增债券已全部发行并拨付使用，收支完成调整预算情况良好。

（七）2020年主要财税政策落实和重点财政工作情况

在省委、省政府的正确领导下，全省财政部门严格按照预算法和人大预算审查监督重点向支出预算和政策拓展的规定，认真落实人大审议预算决议，坚持积极的财政政策更加积极有为，圆满完成2020年预算执行任务，为统筹推进疫情防控和经济社会发展提供有力支撑。

1.全力支持抓好疫情防控，推动抗疫斗争取得重大战略成果。面对来势汹汹的疫情，全省财政系统闻令而动、听令即行，坚持人民至上、生命至上，把疫情防控作为最重要、最紧迫的工作来抓。

——防控经费保障有力。按照特事特办、急事急办的原则，优先保障疫情防控经费，加快资金拨付使用，确保人民群众不因担心费用问题而不敢就诊，确保各地不因资金问题而影响医疗救治和疫情防控。全省投入疫情防控资金302.78亿元。聚焦患者救治。投入6.15亿元，实现应检尽检人群核酸排查“全免费”、发热门诊筛查费用“全保障”、患者救治费用“零负担”。聚焦防控一线人员保障。投入19.77亿元，关心关爱疫情防控一线工作人员。聚焦物资保障。投入119.48亿元，全力保障疫情期间防控物资供给，加快推进应急物资保障体系建设。聚焦公共卫生和重大疫情防控救治体系建设。投入56.56亿元，重点支持全省二级以上公立医疗机构建设规范化发热门诊和诊室，提升核酸检测能力，加快钟南山院士领衔的广州呼吸中心建设。聚焦科研攻关、常态化精准防控。投入100.82亿元，重点支持防疫科研、外防输入和局部应急处置等。

——精准实施纾困政策。把稳就业、保基本民生摆在优先位置。加大援企稳岗力度，发放失业保险稳岗返还130亿元，鼓励受疫情影响企业稳定工作岗位。做好困难群众基本生活保障，投入133.45亿元，稳步提高低保、特困人员、孤儿等逾168万困难群众的基本生活保障水平；发放临时救助和价格临时补贴，缓解疫情对困难群众基本生活的影响，惠及群众1870万人次。精准施策打好援企、稳企、安企、利企“组合拳”。在全面落实“双统筹30条”“复工复产20条”等系列政策的基础上，进一步聚焦重点领域、关键环节精准发力。投入2.51亿元，对疫情防控重点保障企业专项贷款给予贴息支持；投入8亿元，设立加工贸易企业融资风险补偿资金池，缓解企业融资难问题；投入17.8亿元，支持汽车下乡和家电惠民，促进消费提振；投入4亿元，支持文化和旅游企业应对疫情、振兴市场。

2.加大政策对冲，促进经济企稳回升。发挥财政政策逆周期调节作用，创新实施财政资金直达机制，切实保障做好“六稳”工作、落实“六保”任务。

——用好新增债券和抗疫特别国债，对冲经济下行压力。用足用好新增债券资金3616亿元，坚持资金跟着项目走，投入“两新一重”项目资金超过六成。加快债券发行使用，及早形成实物工作量，有效支持补短板、惠民生、促消费、扩内需。用好管好抗疫特别国债504亿元，八成以上用于支持公共医疗卫生、污染防治、乡村振兴、“两新一重”等重点领域，推动建成一批补短板、打基础、利长远的优质项目。

——加大减税降费力度，对冲企业经营困难。不折不扣落实国家各项减税降费政策，在地方权限范围内做到能减则减、能免则免、能缓则缓，在2019年全省减税降费3044亿元的基础上，2020年再为企业和群众减负达3000亿元，其中减免延缓社会保险费达2100亿元，实体经济和生产性服务业获益最大，小微企业降负明显。

——加大转移支付力度，对冲基层“三保”[①]压力。创新实施财政资金直达基层直达民生机制，省财政既当好“过路财神”又不当“甩手掌柜”，确保中央直达资金782亿元第一时间全部直达市县、直接惠企利民，惠及各类市场主体7.62万家，受益群众超5000万人次。省级安排财力困难补助和救助资金180

①“三保”指保基本民生、保工资、保运转。

亿元，坚持“哪里困难投向哪里”，有效对冲困难地区疫情减收增支压力，兜牢“三保”底线。

——加大开源节流力度，对冲疫情减收影响。一方面，依法依规组织收入，坚决不收“过头税费”、绝不因财政收支矛盾大而乱收费增加企业负担，通过加大力度盘活政府资源资产，推进水田指标、拆旧复垦指标、海砂等矿产资源交易，对冲税收减收影响。另一方面，坚持党政机关过“紧日子”，在年初预算已压减一般性支出40亿元的基础上，年中对省级部门公用经费和一般性项目支出再分别压减5%和20%，调整、盘活、压减支出达85亿元，合计压减125亿元。

3.支持粤港澳大湾区、深圳先行示范区建设，政策效应持续释放。通过财税体制机制衔接和财政资金有效对接，促进生产要素自由有序流动和高效配置。

——推动税收优惠政策落地实施。全面落实粤港澳大湾区个人所得税优惠政策，发放补贴资金23.9亿元，近9000人受益，大幅降低湾区内工作的境外高端紧缺人才税负水平。推动大湾区国际航运保险免征增值税、启运港退税等税收优惠政策落地实施。争取深圳前海、珠海横琴企业所得税优惠政策延期扩围。

——支持建设国际科技创新中心。推动国家高端创新资源要素集聚，投入10亿元，发起设立粤港澳重大科技成果转化基金；投入1亿元，对接国家重大科技项目。强化科研合作，投入0.85亿元，资助建设20个粤港澳联合实验室；推动财政科研资金过境使用，省市财政共拨付跨境科研资金1.28亿元。支持人才引进与交流合作，投入0.72亿元，支持5个港澳青年创新创业孵化平台建设，为港澳青年来粤创业提供便利。

——支持重点平台建设开发。投入215.28亿元，重点支持广州南沙、珠海横琴、中新广州知识城、深汕特别合作区等重点平台建设开发，理顺深汕特别合作区财政管理体制，支持一批重点产业项目落地大湾区。

4.支持全面完成重点任务，推动三大攻坚战取得决胜成果。强化攻坚保障，为决胜全面建成小康社会取得决定性成就提供有力支撑。

——支持高质量打好脱贫攻坚战。2016年以来省级投入696.4亿元、各方总投入1600亿元，加强教育扶贫、就业扶贫、医疗卫生扶贫、低保兜底以及贫困村基础设施建设等资金保障。全省161.5万相对贫困人口、2277个相对贫困村全部达到脱贫出列标准，贫困户“两不愁三保障”全面实现。

——支持强力整治生态环境突出问题。自2018年起三年投入722亿元，其中2020年投入213亿元，支持打好污染防治攻坚战取得显著成效。全面消除劣V类国考断面，水质优良比例达87.3%，重点流域水质显著好转，污水和生活垃圾处理能力大幅提升，空气质量优良天数比例达95.5%。

——债务风险得到有效管控。严格落实地方政府债务限额管理，规范举债融资。全面落实偿债资金来源，按时足额缴付本息。坚决遏制隐性债务增量，稳妥积极化解存量，不因疫情形势放松风险管控，仍然是全国债务风险水平最安全的地区之一。

5.支持加快推进“一核一带一区”建设，区域协调发展取得新成效。省对市县各项补助和债务转贷资金5260.19亿元，增长12.7%，实现困难形势下只增不减。

——全力兜牢底线缩小差距。投入均衡性转移支付602.58亿元、县级基本财力保障奖补资金191.54亿元、特殊转移支付147.21亿元，资金向困难地区倾斜，县均补助10.9亿元，有效增强基层财力，兜牢“三保”底线。支持乡镇体制改革，投入财力薄弱镇乡补助资金20.35亿元，镇均补助从188万元提高到202万元。

——实施差异化转移支付机制。落实支持老区苏区和民族地区发展一揽子财政政策，2019–2020年新增财力超过300亿元，支持提升公共服务和产业发展水平。筑牢绿色生态屏障，投入生态保护区财政补偿转移支付73.7亿元，完善生态保护补偿负面评价惩罚机制，守住生态环境质量底线。投入49.9亿元，支持绿色石化、清洁能源、海上风电、海工装备等战略性新兴产业在东西两翼沿海经济带布局建设，全力打造新的增长极。

——支持加快推进交通基础设施建设。投入16.4亿元，推进白云机场三期扩建工程开工，湛江机场迁建、韶关机场军民合用改扩建、揭阳潮汕机场航站区扩建等加快建设。投入铁路项目资本金301.79亿元，推动深茂铁路深江段、珠江肇高铁顺利开工，广湛、广汕汕、梅龙高铁等项目加快推进，广清城际铁路正式运营。投入107.46亿元，支持深中通道、黄茅海通道等重点项目加快实施，推动全省高速公路通车总里程突破1万公里。投入43.68亿元，完成国省道新改建及路面改造2136公里、危桥改造83座。投入“四好农村路”建设资金70亿元，全面实现1.48万公里砂土路清零、100人以上自然村通硬化路。投入15.98亿元，推动重点出海航道及港口加快建设，北江航道主体工程基本完工。

6.持续支持农业农村优先发展，乡村振兴取得重大进展。深化涉农资金统筹整合改革，投入涉农资金达303亿元，其中由市县统筹实施部分达252亿元，为乡村振兴实现“三年取得重大进展”目标提供强力支持。

——支持推进农村人居环境整治。投入118.33亿元，实施千村示范、万村整治，全省20户以上自然村全部建有1个以上垃圾收集点、配备1名以上保洁员，建成村卫生公厕6万多座，农村无害化卫生户厕改造普及率达100%，新增集中供水自然村2.1万个、覆盖人口125万人，全省农村面貌明显改善。

——支持推进乡村产业持续发展。投入30亿元，支持建设31个省级农业产业集群和现代农业产业园，推动全省建设3000个特色农产品专业村和200个专业镇。投入2.3亿元，超额完成国家下达的新增50万亩旱稻种植任务，稳定粮食产量。投入1.2亿元，对疫情期间家禽水产品等开展临时应急收储，稳定市场预期。

——支持补齐农田水利基础设施短板。投入70.15亿元，推动珠江三角洲水资源配置、西江干流治理工程、潖江蓄滞洪区等一批重大水利工程项目加快建设，完成超过1000公里中小河流治理。投入80亿元，支持高标准农田建设、永久基本农田和耕地地力保护、农机购置及农业生产社会化服务等。

7.支持坚定不移推动经济高质量发展，现代产业体系不断优化升级。

——大力推动科技创新。投入28.6亿元，持续推进重点领域研发计划，采用“揭榜制”等方式，集中攻关“卡脖子”核心技术。投入2.34亿元，支持第二批基础研究重大项目布局。投入4.26亿元，支持粤东粤西粤北地区10家省实验室及分中心加快建设。投入15.79亿元，支持实施“珠江人才计划”“广东特支计划”“广东博士后人才支持计划”等重点人才工程，引进培养一批科技创新创业人才、青年拔尖人才。

——支持加快制造强省建设。投入64.53亿元，推动工业园区等平台建设，支持企业开展“数智化”改造，加快装备制造业发展，推进现代产业体系建设。投入10亿元，实施促进小微工业企业上规模发展计划；投入2亿元，进一步完善中小微企业融资服务体系，为中小微企业营造良好的发展环境。

8.持续保障和改善民生，人民生活水平和质量不断提升。全省民生类支出12141.41亿元，约占一般公共预算支出的七成，实现困难形势下民生支出只增不减；全省投入十件民生实事资金769.49亿元，完成预算的109.3%，其中，省级投入339.92亿元，完成预算的105%。

——支持落实就业优先政策。落实“促进就业九条”，建立稳定的财政投入机制，投入20亿元促进就业创业。投入9.87亿元，高质量推进“粤菜师傅”“广东技工”“南粤家政”三项工程，培训“粤菜师傅”7.1万人次、开展补贴性职业技能培训308万人次、开展“南粤家政”培训33.86万人次。投入2.57亿元，承办首届全国职业技能大赛。

——推动教育均衡优质发展。投入286.27亿元，全面落实各学阶生均拨款制度，支持学前教育、公办普通高中生均经费提标。投入58.31亿元，落实全覆盖的学生资助政策体系，惠及学生294万人。投入13.29亿元，扩大普惠性学前教育学位供给，实现“5080”目标。投入23.72亿元，支持欠发达地区农村学校建设，促进义务教育薄弱环节改善和能力提升。投入25.05亿元，启动省职教城二期工程建设，增加高等职业教育学位4万个。投入50.16亿元，促进基础教育、职业教育、高等教育内涵建设和质量提升。投入34.4亿元，支持提高高等教育毛入学率和粤东粤西粤北地区高校建设。投入41.98亿元，支持教师教研能力提升和教师工资待遇保障，吸引和培养优秀人才到欠发达地区从教乐教。

——支持加强医疗卫生体系建设。投入基本公共卫生服务补助资金48.45亿元，补助标准提高到每人每年74元。2017年以来，累计投入超过500亿元加强基层医疗卫生服务能力建设，为有效防控疫情打下坚实基础。2018年以来，累计投入90亿元支持30家高水平医院建设。省市财政总投入54.71亿元，支持创建广州呼吸中心、肿瘤中心、肾病中心等三大国际医学中心。

——深入推进社会保障体系建设。连续16年提高企业退休人员养老金水平，达到每人每月2760元。建立城乡居民基本养老保险待遇确定和基础养老金正常调整机制，基础养老金最低标准提高到每人每月180元。工伤伤残津贴、失业保险金标准分别提高至每人每月4353元、1705元。投入277.01亿元，提高城乡居民基本医疗保险参保财政补助标准到每人每年550元。投入医疗救助补助资金33.05亿元，做好困难群众基本医疗兜底保障。

——加强基本住房保障。投入28.12亿元，支持改造城镇老旧小区1789个，棚户区改造1.95万套，新开工建设公租房465套，新建改建租赁住房2万套，盘活存量房源2.3万套，培育7家专业化、规模化住房租赁企业。

——支持文化强省建设。投入11.33亿元，补齐人均公共文化财政支出短板。投入2.87亿元，推动全省图书馆、美术馆、文化馆（站）、博物馆、纪念馆及公共体育场馆等免费或低收费开放。投入6.79亿元，支持文物保护、非物质文化遗产及红色革命遗址保护利用。投入5.36亿元，支持广东卫视改革振兴工程，推动省级四大主流媒体持续健康发展。

——加强社会治安防控和法治体系建设。投入13.21亿元，推进扫黑除恶专项斗争，重点帮扶粤东粤西粤北地区542个基层派出所改造升级，全面推动38个省际公安检查站建设。投入115.43亿元，支持司法体制综合配套改革，落实司法人员职业保障待遇，支持全省完成“科技法庭”改造项目129个，执行指挥中心建设项目113个，诉讼服务中心建设项目131个，推动“科技法庭”和“智慧检务”全覆盖。

2020年是“十三五”规划收官之年。五年来，我们深刻把握财政是国家治理的基础和重要支柱的定位要求，走过了一段很不平凡的历程，财政改革发展工作也取得了新的成绩。一是财政实力进一步增强。在不折不扣落实大规模减税降费政策情况下，“十三五”期间全省一般公共预算收入总量达到59392.46亿元，比“十二五”期间增长63.8%，这是在高基数基础上的增长，为经济社会发展提供坚实物质基础。二是财政支出保持较高强度。坚持开源节流，盘活存量，用好增量，全省一般公共预算支出从2016年的13446.09亿元增加到2020年的17484.67亿元，年均增长6.8%；省级财政八成以上支出都安排用于“1+1+9”工作部署，重点领域支出得到较好保障。三是减税降费力度空前。2019年实施更大规模减税降费政策以来，累计为企业和群众降低税费负担超过6000亿元，在减轻企业负担、激发创新活力等方面发挥了重要作用。四是民生投入只增不减。坚决保障民生支出，民生类支出占财政支出比重保持在七成左右，其中教育支出规模全国第一。五是现代财政制度框架基本确立。预算管理制度更加完善，率先开展预算编制执行监督管理改革，全面推进财政“放管服”，全面实施预算绩效管理，全面建立全省“一盘棋”机制。财政体制进一步健全，形成省与市县财政收入协调增长的收入划分格局，完成基本公共服务及医疗卫生、交通运输、教育、科学技术等分领域财政事权和支出责任划分改革，以功能区为引领、与“一核一带一区”区域发展格局相适应的转移支付制度体系基本确立。

同时，我们也清醒地认识到当前财政工作仍然面临不少困难和挑战：财政收入增速趋缓与财政支出刚性增长矛盾更加突出，财政资源统筹力度需持续加大，集中力量谋大事干大事的长效机制有待进一步健全，部分基层财政部门的管理能力仍需提升，财政资金使用的科学性有效性还需加强等。我们高度重视这些问题，将积极采取措施加以解决。

二、2021年预算草案

“十四五”时期是我国在全面建成小康社会、实现第一个百年奋斗目标之后，乘势而上开启全面建设社会主义现代化国家新征程、向第二个百年奋斗目标进军的第一个五年。在省委、省政府的正确领导下，全省财政部门将自觉肩负起重大历史使命，认真履职尽责，坚持以“政”领“财”，把准财政工作方向；坚持新发展理念，充分发挥财政在构建新发展格局中的引导带动作用；坚持加强财政资源统筹，集中财力办大事，增强国家和省的重大战略任务财力保障；坚持以人民为中心，不断提高保障和改善民生水平；坚持艰苦奋斗、勤俭节约，把党政机关过“紧日子”作为长期方针政策；坚持改革与法治精神，推动财政更好支撑国家治理体系和治理能力现代化；坚持统筹发展和安全，高度警惕防范涉及财政领域的风险。

2021年是中国共产党成立100周年，是“十四五”开局之年，做好今年预算编制和财政工作意义重大。全省财政部门将按照党中央、国务院决策部署和省委、省政府工作要求，认真落实“1+1+9”工作部署，科学研判财政形势，合理编制财政预算，系统谋划财政工作，主动担当作为，为国家和省的重大战略任务提供坚实财政保障。

（一）2021年财政收支形势分析

从财政收入看，随着减税降费和“放管服”改革促发展政策效果进一步显现，新产业新业态新模式不断涌现，新旧动能转换提速，为经济企稳回升和财政收入增长提供了有利基础。同时，全球新冠肺炎疫情仍在扩散蔓延，外部环境仍存在诸多不确定性，财政收入增长仍将面临较大的压力。

从财政支出看，开启全面建设社会主义现代化强国的新征程，全面落实“1+1+9”工作部署，深化供给侧结构性改革、实施乡村振兴战略、加强科技创新和关键技术攻关、加大基本民生领域投入力度、促进区域协调发展等，都需要加大投入，财政支出仍需保持一定强度。

因此，2021年财政收支矛盾依然突出，财政工作仍然面临较多困难挑战，但我们有独特政治和制度优势、全省人民勤劳智慧和坚实经济基础。只要直面挑战，坚定发展信心，增强发展动力，就一定能战胜困难。这是我们做好财政工作、发挥财政职能作用的坚实基础和坚强后盾。

（二）2021年预算编制和财政工作的指导思想和原则

编制2021年预算的指导思想是：以习近平新时代中国特色社会主义思想为指导，全面贯彻党的十九大和十九届二中、三中、四中、五中全会及中央经济工作会议精神，深入贯彻习近平总书记对广东系列重要讲话和重要指示批示精神，围绕落实总书记赋予广东在全面建设社会主义现代化国家新征程中走在全国前列、创造新的辉煌的使命任务，坚持稳中求进工作总基调，立足新发展阶段，贯彻新发展理念，打造新发展格局战略支点，以推动高质量发展为主题，以深化供给侧结构性改革为主线，以改革创新为根本动力，以满足人民日益增长的美好生活需要为根本目的，坚持系统观念，巩固拓展疫情防控和经济社会发展成果，更好统筹发展和安全，抓住“双区”建设重大机遇，深入实施“1+1+9”工作部署，扎实做好“六稳”工作、全面落实“六保”任务。积极的财政政策要提质增效、更可持续，牢固树

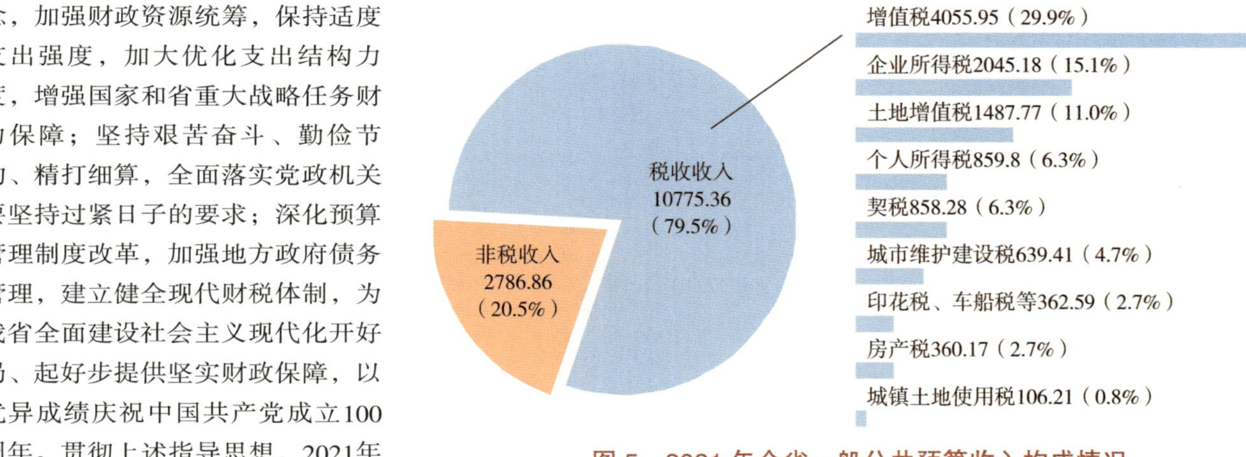

图5　2021年全省一般公共预算收入构成情况

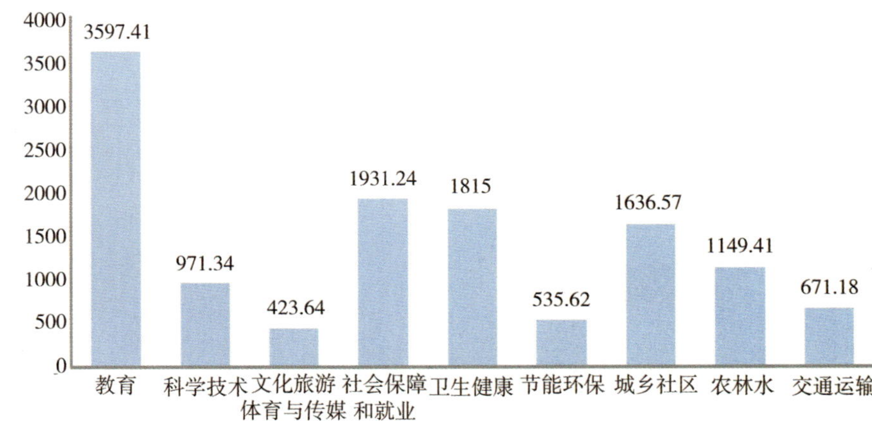

图6　2021年全省一般公共预算重点支出情况

立“大财政、大预算、大资产”理念，加强财政资源统筹，保持适度支出强度，加大优化支出结构力度，增强国家和省重大战略任务财力保障；坚持艰苦奋斗、勤俭节约、精打细算，全面落实党政机关要坚持过紧日子的要求；深化预算管理制度改革，加强地方政府债务管理，建立健全现代财税体制，为我省全面建设社会主义现代化开好局、起好步提供坚实财政保障，以优异成绩庆祝中国共产党成立100周年。贯彻上述指导思想，2021年财政政策和预算安排必须坚持强化统筹、突出重点、保障基层、节用裕民、精准有效等原则。

（三）2021年一般公共预算收入预计和支出安排

1.全省一般公共预算收入。根据2021年我省经济形势，综合考虑国内外经济环境、上年一次性非税收入抬高基数等因素，预计2021年全省一般公共预算收入13562.22亿元，增长5%。其中，税收收入10775.36亿元，包括增值税收入4055.95亿元、企业所得税收入2045.18亿元、个人所得税收入859.8亿元、土地增值税收入1487.77亿元等；非税收入2786.86亿元（详见附件二表8）。

2.全省一般公共预算支出。预计2021年全省一般公共预算支出17834.37亿元，增长2%。主要支出项目情况：教育支出3597.41亿元，增长2.3%；科学技术支出971.34亿元，增长2.1%；文化旅游体育与传媒支出423.64亿元，增长2.3%；社会保障和就业支出1931.24亿元，增长2.4%；卫生健康支出1815亿元，增长2.5%；节能环保支出535.62亿元，增长2.6%；城乡社区支出1636.57亿元，增长2.3%；农林水支出1149.41亿元，增长2.4%；交通运输支出671.18亿元，增长2.4%（详见附件二表9）。

2021年全省一般公共预算收入加上中央税收返还和转移支付、调入资金等，相应安排一般公共预算支出以及上解中央等支出后，全省一般公共预算收支平衡。

3.省级一般公共预算收入。预计2021年省本级一般公共预算收入3407.09亿元，增长3%。其中，税收收入2899.75亿元，包括增值税收入1443.34亿元、企业所得税收入723.72亿元、个人所得税收入222.93亿元、土地增值税等收入509.77亿元；非税收入507.34亿元。

省本级一般公共预算收入3407.09亿元，加上中央税收返还和转移支付1462.97亿元、市县上解收入944.3亿元、动用预算稳定调节基金及调入资金757.5亿元（包括动用预算稳定调节基金719.96亿元、政府性基金预算调入13.57亿元、国有资本经营预算调入13.19亿元、其他调入10.78亿元）后，2021年省级一般公共预算总收入6571.85亿元①（详见附件二表11）。

4.省级一般公共预算支出。2021年省级一般公共预算总支出安排6571.85亿元，收支平衡（详见附件二表10）。其中，省本级支出1478.55亿元，占总支出的22.5%；对市县税收返还和转移支付4404.78亿元，占总支出的67%（包

①不含中央年中下达的转移支付和债券收入。

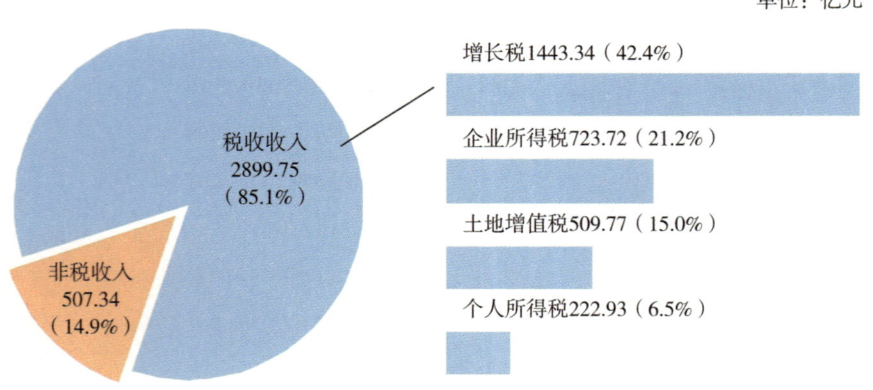

图 7　2021 年省本级一般公共预算收入构成情况

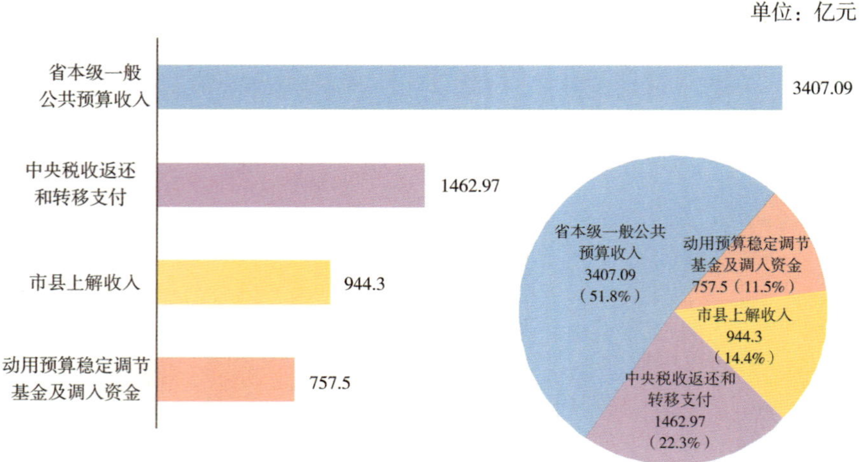

图 8　2021 年省级一般公共预算总收入构成情况

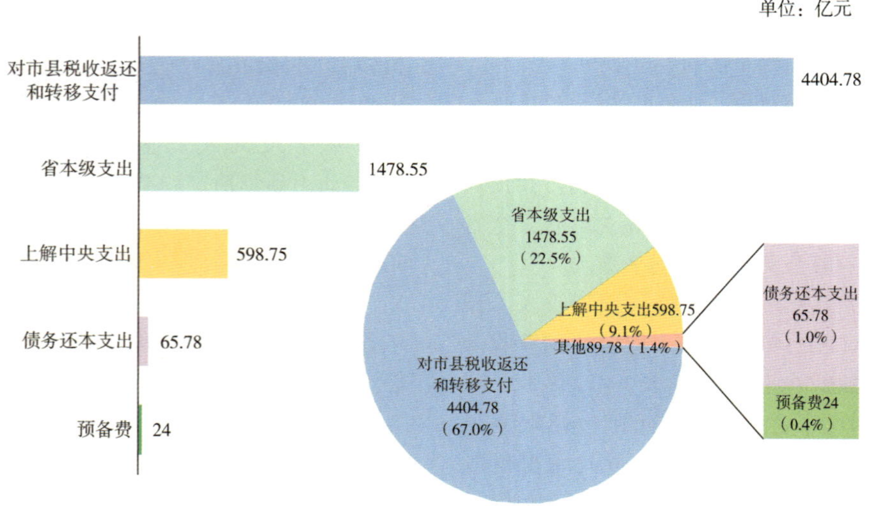

图 9　2021 年省级一般公共预算支出构成情况

括一般性转移支付3030.61亿元，占转移支付比重达82%；专项转移支付663.82亿元）；上解中央支出598.75亿元，占总支出的9.1%；预备费24亿元，占总支出的0.4%，占省本级支出的1.6%，比例符合预算法规定；债务还本支出65.78亿元，占总支出的1%（详见附件二表13）。

根据中央统一部署，除刚性和重点项目支出外，省级部门预算一般性支出进一步压减，安排预算部门行政经费79.13亿元，较上年预算负增长3.7%，占省本级支出的5.4%。其中，“三公”经费4.77亿元，同比减少0.61亿元，负增长11.3%。“三公”经费包括：因公出国（境）支出0.6亿元、公务用车购置及运行维护支出3.3亿元、公务接待费支出0.87亿元（详见附件二表20、21）。

按照预算法规定，2021年预算年度开始后、预算草案经批准前，提前安排必须支付的部门基本支出、项目支出等164.03亿元，以及对市县转移支付378.22亿元，合计542.25亿元（详见附件二表17）。

（四）2021年政府性基金预算收入预计和支出安排

1.全省政府性基金预算。预计2021年全省政府性基金预算收入8642.42亿元，与上年持平。其中，国有土地使用权出让收入7910.76亿元、城市基础设施配套费收入257.87亿元、污水处理费收入109.9亿元、国有土地收益基金收入108.68亿元、彩票公益金收入48.66亿元。支出6066.89亿元，负增长5%[①]（详见附件二表29、30）。全省政府性基金预算收入加上转移性收入等，相应安排政府性基金预算支出以及转移性支出等后，收支平衡。

2.省级政府性基金预算。预计2021年省本级政府性基金预算收入95.24亿元，增长25.3%。其中，车辆通行费收入45亿元、彩票公益金收入13.76亿元、彩票发行机构和

①由于财政部暂未提前下达2021年新增债务限额，相关增幅为剔除新增债券资金支出后的可比增幅。

彩票销售机构的业务费用收入8.67亿元。加上中央提前下达转移支付16.34亿元、上年结转收入12.84亿元后，总收入124.42亿元。省本级支出82.82亿元，加上对市县转移支付28.04亿元、向一般公共预算调出13.57亿元后，总支出124.42亿元。收支平衡（详见附件二表31－34）。

（五）2021年国有资本经营预算收入预计和支出安排

1.全省国有资本经营预算。预计2021年全省国有资本经营预算收入240.78亿元，负增长22.5%，主要是2020年一次性收入抬高基数，以及受新冠肺炎疫情影响企业利润和股利、股息收入减少等。其中，利润收入176.21亿元、股利股息收入52.92亿元、产权转让收入2.09亿元、其他国有资本经营收入9.54亿元、清算收入0.01亿元。加上中央转移支付0.4亿元、上年结转收入12.77亿元后，总收入253.95亿元。国有资本经营预算支出151.11亿元，负增长4.1%。其中，解决历史遗留问题及改革成本支出26.73亿元、国有企业资本金注入82.98亿元、国有企业政策性补贴24.18亿元、其他国有资本经营预算支出17.22亿元。加上调出资金102.85亿元后，总支出253.95亿元。收支平衡（详见附件二表41、42）。

2.省级国有资本经营预算。预计2021年省本级国有资本经营预算收入40.99亿元，负增长28.9%，主要是受新冠肺炎疫情影响企业利润和股利、股息收入减少等。其中，利润收入30.54亿元、股利股息收入10.32亿元、其他国有资本经营收入0.13亿元。加上中央转移支付0.38亿元、上年结转收入0.28亿元后，总收入41.66亿元。支出27.95亿元，增长13.5%。其中，解决历史遗留问题及改革成本支出6.41亿元、国有企业资本金注入2亿元、国有企业政策性补贴19.29亿元、其他国有资本经营预算支出0.26亿元。加上调出资金13.19亿元、对下转移支付0.51亿元后，总支出41.66亿元。收支平衡（详见附件二表43－49）。

（六）2021年社会保险基金预算收入预计和支出安排

1.全省社会保险基金预算。预计2021年全省社会保险基金预算收入8420.92亿元，增长41.2%，主要是2020年落实中央为应对疫情出台的社会保险费阶段性减免政策，基金收入大幅下降拉低了基数。支出6811.45亿元，增长7.5%。当年结余1609.47亿元，年末滚存结余18324.45亿元（详见附件二表50－53）。

2.省级社会保险基金预算。预计2021年省级社会保险基金预算收入4711.32亿元，增长75.5%，主要是2020年落实中央为应对疫情出台的社会保险费阶段性减免政策，基金收入大幅下降拉低了基数。其中：企业职工基本养老保险收入4532.93亿元、工伤保险收入68.46亿元、机关事业单位基本养老保险收入109.93亿元。支出3401.38亿元，增长11.9%。其中：企业职工基本养老保险支出3213.44亿元、工伤保险支出78.11亿元、机关事业单位基本养老保险支出109.83亿元。当年结余1309.94亿元，年末滚存结余13060.36亿元（详见附件二表54－57）。

（七）2021年地方政府债务情况

2021年全省安排偿还地方政府债券本金1658.5亿元，包括一般债券本金642.83亿元、专项债券本金1015.68亿元；全省安排地方政府债券利息524.44亿元，包括一般债券利息200.21亿元、专项债券利息324.23亿元（详见附件二表64）。待中央年中下达2021年新增债务限额后，依法编制预算调整方案，提交省人大常委会审查。

（八）重点政策支出安排情况

围绕贯彻落实习近平总书记对广东系列重要讲话和重要指示批示精神，深入落实“1+1+9”工作部署，继续全力支持毫不放松抓好疫情防控，优化财政支出结构，切实保障重点领域资金需求。2021年省财政安排贯彻落实“1+1+9”工作部署的重点支出资金5562.5亿元，占总支出的84.6%。

1.支持深入推进粤港澳大湾区、深圳先行示范区建设，打造高质量发展动力源。

——持续推动规则衔接和机制对接。健全税收优惠政策。完善大湾区个人所得税优惠政策，全省安排补贴资金超过26亿元；争取前海深港现代服务业合作区、横琴粤澳深度合作区、南沙粤港澳全面合作示范区配套税收优惠政策落地。推动地方政府债券联动。先行先试改革地方政府债券发行机制，探索赴港澳发行离岸人民币债券，引入港澳资金支持重大项目建设。深化会计资源共享。推动粤港澳会计师事务所合作联盟由61家会计师事务所扩充至128家。

——携手共建高水平合作平台。完善到期的重点平台专项补助政策，建立支持重大项目建设的转移支付机制，安排235.3亿元，推动粤澳深度合作区等重点平台加快发展。安排1.5亿元，支持粤港澳联合实验室及粤港澳科技合作项目，持续推进粤港澳和国际科技合作。安排0.67亿元，支持服务港澳青年来粤创新创业基地建设。

2.支持加快打造新发展格局的战略支点，扎实推动经济高质量发展。发挥好财税政策的结构性调控优势，着力推进供给侧结构性改革，朝着推动形成新发展格局聚焦发力。安排产业发展、内外贸等相关支出122.84亿元，增长15.9%。

——支持加快发展现代产业体系。支持先进制造业发展。聚焦制造业高质量发展“六大工程”，支持培育发展10个战略性支柱产业集群和10个战略性新兴产业集群。加大招商引资力度，研究制定支持先进制造业重大项目投资政策。着力提升产业链供应链现代化水平。安排工业企业技术改造资金32.73亿元，大力实施“数智化”改造。安排2亿元，设立质量提升发展基金，支持提高制造技术及工艺水平等质量创新和质量提升行动。着力发展数字经济。安排7.19亿元，支持工业互联网和新一代信息技术产业发展，推进数字产业化和产业数字化。支持做大做强海洋经济。安排3亿元，支持海洋电子信息、海上风电、海洋生物、海洋工程装备、天然气水合物、海洋公共服务等六大海洋战略性新兴产业。支持培育市场主体。安排12亿元，促进民营经济和中小微企业扩融资、提规模、增效益。

——支持推动内外联动。支持发展内贸促消费。安排1.4亿元，支持电子商务进农村，实施“粤贸全国”计划，推进现代流通体系建设，培育新型消费和新型业态，促进产销高效对接，扩大消费市场。支持提升对外开放合作。安排外贸发展资金10亿元，推动企业开拓多元化市场，强化出口信用风险保障。安排2亿元，发挥加工贸易企业融资风险补偿资金池作用，带动金融机构支持加工贸易企业。安排1.68亿元，支持口岸建设和中欧班列开行，拓宽进出口物流渠道，提升通关服务效率。安排8亿元，推动外资重大项目落地。

3.支持加快建设科技创新强省，强化科技自立自强战略支撑。进一步优化科技投入结构和支持方向，提高科技投入产出效率。安排科学技术支出201.39亿元，增长9%。

——支持打好关键核心技术攻坚战。建立基础研究投入稳定增长机制。安排37.28亿元，支持省重点领域研发计划和基础研究等重大项目，强化基础研究系统布局。高质量推进实验室体系建设。安排12亿元，实施粤东粤西粤北地区省实验室同步投入和珠三角省实验室奖补；安排3.12亿元，支持高等级生物安全实验室、国家和省重点实验室建设。支持高水平创新平台建设。安排3.66亿元，支持引进国家级大院大所来粤落地，提升我省基础性、前沿性科学研究和应用研究能力。

——支持提升技术创新能力。鼓励企业加大研发投入。实施企业科技创新财税优惠政策，落实高新技术企业、企业研发费用加计扣除等税收优惠政策。加强知识产权保护。安排2.71亿元，推动知识产权高水平创造，强化知识产权高标准保护。实施创新奖励。安排2.02亿元，对科技和专利成果实施奖励。

——支持激发人才创新活力。支持引进科技创新人才。安排人才发展资金21.68亿元，聚焦制造业、公共卫生、信息化等重点领域，加大力度实施重点人才工程；支持欠发达地区引进培养重点产业人才，优化区域人才资源配置。健全创新激励和保障机制。探索科研经费“包干制”改革试点，激发广大科技工作者创新创造积极性。

4.支持加快构建“一核一带一区”区域发展格局，增强发展平衡性协调性。坚持保基本、促发展，完善差异化转移支付体制，推动形成主体功能明显、优势互补、深度融入国内国际双循环、高质量发展的区域发展格局。安排省对市县税收返还、财力性转移支付和交通运输支出2311.98亿元[①]，增长10.6%。

——突出均衡化政策导向。安排均衡性转移支付、生态保护区财政补偿、县级基本财力保障和老区苏区民族地区等财力性转移支付933.05亿元，加大对财力薄弱地区支持力度，将常住人口人均支出差距控制在合理区间。稳步推进生态环境、文化等领域省与市县财政事权和支出责任划分改革。完善基本公共服务标准体系，促进基本公共服务常住人口全覆盖，提升基本公共服务均等化、可及性。

——加大专项化政策安排。支持打造新的增长极，研究支持经济特区和省域副中心专项政策。安排39.9亿元，建立以项目建设需求为导向的转移支付机制，聚焦支持一批牵一发而动全身的关键性项目落地建设。安排38.81亿元，精准支持老少边穷地区加快发展。

——加强协同化机制建设。安排4亿元，落实新一轮对口帮扶工作机制，实施对口帮扶财政利益共享，推动互惠共赢协调发展。健全完善横向利益补偿机制，安排5亿元，支持开展省际和省内流域横向生态补偿；实施省内生猪产销区利益补偿。

——推进重大交通基础设施建设。完善机场建设布局。安排21.38亿元，支持白云机场三期扩建、湛江机场迁建、韶关机场军民合用等项目建设，打造“5+4”骨干机场布局。大力推进轨道交通建设。通过发行专项债券等方式，多方筹措项目资本金，加快推进广湛、广汕汕、深江、珠江肇等高铁项目建设。推进公路网络建设。安排77亿元，新开工建设湛江机场高速、河惠莞高速龙寻支线等项目，推进深中通道、黄茅海通道等重大项目建设。安排43亿元，支持普通国省道新改建及路面改造。支持港口航道建设。安排10.18亿元，支持湛江港30万吨级航道改扩建、北江航道、崖门出海航道、智慧航道

①加上共同财政事权转移支付和专项转移支付后，省对市县各类补助资金达到4404.78亿元（不含年中下达的中央资金及债务转贷资金等）。

等重点项目建设。

5.支持全面实施乡村振兴战略，加快农业农村现代化。着力完善财政支持乡村振兴的政策体系和体制机制，集中资源、强化保障、精准施策，推动“三农”工作迈上新台阶。安排农林水、自然资源及其他相关支出609.73亿元，增长5.1%。加大涉农资金统筹整合力度，安排涉农资金313亿元，市县统筹实施部分达到260亿元，占比超过八成。

——支持农业发展提质增效。保障粮食、生猪等重要农产品供给。安排83.15亿元，支持农业生产发展、高标准农田建设和基本农田保护、农产品质量安全和动植物疫病防控、政策性农业保险、科技兴农、现代种业提升等。安排10.6亿元，支持开展公共型农业社会化服务体系试点改革，省部共建粤港澳大湾区绿色农产品生产供应基地和公共型农产品冷链物流基础设施骨干网。发展富民兴村产业。安排35亿元，支持高水平建设“跨县集群、一县一园、一镇一业、一村一品”现代农业产业体系。支持加快林业高质量发展。安排36.33亿元，开展高质量水源林建设和森林资源培育、管护、病虫害防控，打造生态综合示范园和森林乡村等。安排25.2亿元，将省级生态公益林效益补偿标准提高到平均每亩42元。

——支持实施乡村建设行动。支持农村人居环境整治提升。安排125亿元，持续推进农村生活垃圾和污水处理、村庄集中供水、“四好农村路”、农村厕所等基础设施建设，提升乡村风貌。加强水利基础设施建设。安排63.72亿元，支持万里碧道建设、中小河流治理，改善乡村水生态环境；扎实推进西江干流治理工程、潖江蓄滞洪区等重大水利工程建设。推进农村综合改革。安排8.72亿元，支持农村公益事业财政奖补项目建设、村级集体经济发展。安排53.24亿元，健全完善农村基层组织和村干部财政保障机制，更大力度实施基层基础保障工程。

——支持巩固拓展脱贫攻坚成果同乡村振兴有效衔接。安排123.2亿元，落实“四个不摘”要求，保持财政支持政策总体稳定，优化支出结构，接续推进脱贫地区发展，推动脱贫攻坚向全面实施乡村振兴战略平稳过渡。

6.支持扎实抓好污染治理和生态建设，加快建设美丽广东。坚持资金投入同污染防治攻坚任务相匹配，集中力量攻克老百姓身边的突出生态环境问题。安排节能环保和生态保护补偿转移支付支出181.77亿元，增长5.8%。

——支持深入打好污染防治攻坚战。支持重点领域污染治理。安排29.15亿元，支持水污染治理和污水处理设施建设运营，聚焦中央环境保护督察整改任务的巩固和提高、国考断面达标攻坚、重点流域水污染综合整治、黑臭水体治理、海岸线污染整治、近岸海域水质改善等。安排4.71亿元，支持大气污染防治，大力整治“小、散、污”和超标排放。支持积极应对气候变化。安排42亿元，支持绿色循环发展与节能降耗、降低碳排放强度，实施新能源汽车应用推广和加氢站建设。安排3.84亿元，支持垃圾分类处理和固体废弃物处理能力建设。支持环境监测执法和监督管理。安排6.42亿元，支持生态环境监测网建设、执法应急、科技支撑和宣传教育。

——支持加强生态保护和修复。实施生态保护补偿。安排77.33亿元，支持生态环境保护、绿色产业发展和民生改善，支持北部生态发展区走出生态优先、绿色发展新路子。支持山水林田湖草和近岸海域生态综合修复。安排10亿元，统筹推进山水林田湖草系统治理。安排1.56亿元，支持南岭生态修复和国家公园建设。安排3.92亿元，推进海湾岸线自然化、生态化、绿植化改造。

7.支持大力推进文化强省建设，促进文化事业和文化产业繁荣发展。加大公共文化服务财政投入力度，努力塑造与广东经济实力相匹配的文化优势。安排文化旅游体育与传媒等支出67亿元，增长7.9%。

——支持提升公共文化服务水平。加强公共文化服务供给。安排15.44亿元，支持公共文化服务体系建设，促进全省公共文化服务均等化。安排9.3亿元，支持“三馆合一”等重大标志性文化工程建设。安排2.71亿元，推动公共文化体育设施免费或低收费开放。推动文化体育事业繁荣发展。安排11亿元，支持办好第三届亚洲青年运动会。安排2.33亿元，推进地方戏剧和电影事业发展，扶持文艺精品和群众文化活动。

——支持提高社会文明程度。推动岭南文化守正创新。安排4亿元，支持红色革命遗址保护建设、展陈提升及宣传教育。安排1.6亿元，促进文化旅游产业深度融合。支持精神文明建设。安排3.88亿元，支持主流媒体创新发展、品牌提升。安排1.5亿元，支持新时代文明实践中心建设和精神文明创建“九大行动”，培育和践行社会主义核心价值观。

8.支持大力发展社会民生事业，努力改善人民生活品质。坚持尽力而为、量力而行，加大民生投入力度，加强民生资金管理，持续做好普惠性、基础性、兜底性民生建设。安排教育、社会保障和就业、卫生健康、住房保障等支出1725.11亿元，增长4.3%。

——支持实现更加充分更高质量的就业。多渠道促进就业创业。安排就业创业资金20.29亿元，从失业保险基金中提取超过145亿元落实职业技能培训终身制，帮助困难企业职工稳岗转岗，纵深推进“粤菜师傅”“广东技工”“南粤家政”三项工程。突出支持重点群体就业。安排1.71亿元，扩大高校毕业生“三支一扶”和希望乡村教师招募规模，做好高校毕业生、农民工、退役军人等重点人群就业。

——支持发展公平而有质量的教育。支持基础教育高质量发展。安排城乡义务教育补助经费170.77亿元，落实城乡统一、重在农村的义务教育经费保障机制。安排基础教育高质量发展资金19亿元，优化资金安排方式，支持市县统筹推进基础教育事业发展。安排41.2亿元，支持教师待遇落实及提高教师能力。支持职业教育扩容提质。安排13.12亿元，促进职业教育提水平、强服务；统筹债券资金等支持省职教城二期、三期建设。支持深入实施高等教育“冲一流、补短板、强特色”提升计划。安排56.83亿元，引导高校在不同层次争创一流、特色发展，加快实现本科高校和高职院校地市全覆盖，持续提高高等教育毛入学率；安排21亿元，保障粤东粤西粤北地区7所新建本科高校（校区）高水平起步、高质量发展。

——支持全面推进健康广东建设。提高城乡居民医保和基本公共卫生服务人均财政补助标准。居民医保财政补助标准提高到每人每年580元，落实好人民群众的基本医疗保障。基本公共卫生服务经费财政补助标准提高到每人每年79元，向居民免费提供健康教育、预防接种、重点人群健康管理等基本公共卫生服务。加强公共卫生防控救治能力建设。安排4.81亿元，支持疾病预防控制体系现代化建设、提升县级医院传染病救治能力、健全完善城市传染病救治网络等，推动实施公共卫生防控救治能力三年行动计划。推进优质医疗资源扩容和区域均衡布局。安排74.85亿元，支持基层医疗卫生机构和人才队伍等医疗服务与保障能力提升，并重点向粤东粤西粤北地区倾斜；加强高水平医院建设，推动创建三大国际医学中心；实施中医药传承创新发展三年行动方案。

——支持稳步提升社会保障水平。稳步提高养老保障水平。落实基础养老金正常调整机制，提高城乡居民基础养老金最低标准，确保退休人员基本养老金按时足额发放。加强养老服务供给和设施建设。安排3.73亿元，支持以居家养老为基础、社区为依托、机构为支撑的养老服务体系建设。实施兜底民生服务社会工作双百工程。安排2.81亿元，实现全省乡镇（街道）社会工作服务站全覆盖，打通兜底民生服务“最后一米”。保障和改善困难群众基本生活。安排283.68亿元，城乡最低生活保障人均补差水平分别从每月609元、276元提高到631元、286元，并确保特困人员基本生活保障标准不低于当地最低生活保障标准的1.6倍；孤儿基本生活最低养育标准集中供养和分散供养水平，分别从每人每月1820元、1110元提高到1883元、1227元；困难残疾人生活补贴、重度残疾人护理补贴标准，分别从每人每月175元、235元提高到181元、243元；重点医疗救助对象住院政策范围内基本医疗救助比例达到80%（其中特困供养人员达到100%）。加强退役军人生活保障。安排52.23亿元，支持做好退役军人安置、社保接续、就业培训、优抚对象抚恤和医疗保障等工作。

——加强基本住房保障体系建设。安排8.07亿元，推进超过1300个城镇老旧小区改造。安排5.74亿元，支持公租房保障和城市棚户区改造。安排8亿元，推进住房租赁市场发展。

9.支持加强共建共治共享社会治理，推动建设更高水平的平安广东。统筹发展和安全，加大力度支持安全发展。安排公共安全、灾害防治与应急管理等支出342.68亿元，增长10.1%。

——支持提升社会治理效能。推进“数字政府”改革建设。安排15.82亿元，加强欠发达地区政务信息基础设施建设，支持“粤省事”“粤商通”等办事平台提升服务能力。加强灾害防治和应急管理能力建设。安排11.48亿元，支持地质灾害防治、农村削坡建房等防灾减灾和安全生产、消防应急等应急救援体系建设。加强应急保障体系建设。安排6.47亿元，支持粮食等重要商品和应急物资储备。

——支持公共安全和法治体系建设。加强社会治安防控体系建设。安排24.21亿元，重点支持夯实基层政法部门基础设施，推进粤东粤西粤北地区公安看守所修缮改造和基层派出所、省际公安检查站、智慧新警务等建设；安排110.05亿元，深化监狱管理体制改革，支持省属监狱、戒毒所运转及监管场所基础设施和信息化升级改造等。推动完善法治体系。安排110.89亿元，落实法官、检察官职业待遇，推动全省“一站式”诉讼服务中心、“智慧法院”等建设，加强公益诉讼工作保障；安排3.67亿元，支持强化全面普法、社区矫正、村（社区）法律顾问工作，完善多元矛盾纠纷化解机制，持续推进法律援助工作。

（九）支持扎实办好十件民生实事

选取群众关切的“身边事”列入十件民生实事，全省安排446.37亿元，其中省级安排172.12亿元予以保障。一是促进普惠性学前教育扩学位、提质量。二是深入实施“粤菜师傅”“广东技工”“南粤家政”三项工程。三是免费实施出生缺陷筛查。四是提高低保、特困人员、孤儿基本生活补贴和残疾人两项补贴保障水平。五是推进城镇老旧小区改造。六是完善农村集中供水和生活污水处理设施。七是全面推动农村公路桥梁安全改造。八是加强食品药品安全监督检测能力建设。九是实施公共文化惠民工程。十是大力推动农业保险扩面、增品、提标。

（十）2021年部门预算安排情况

2021年省级部门预算由377个一级预算单位组成，与上年持平。2021年省级部门预算财政拨款支出775.8亿元。其中，一般公共预算拨款支出766.97亿元、政府性基金预算拨款支出8.72亿元、国有资本经营预算拨款支出0.11亿元；基本支出522.41亿元，项目支出253.39亿元（详见附件三）。

三、完成2021年预算任务的主要措施

深入贯彻习近平总书记对广东系列重要讲话和重要指示批示精神，结合新发展阶段广东改革发展面临的新任务，持续深化改革，更好发挥现代财税体制在资源配置、财力保障和宏观调控等方面的基础作用。

（一）坚持依法理财管财，不断提升财政管理法治化规范化水平。严格执行预算法及预算法实施条例，做好相关配套制度建设。严格依法办事，依法组织财政收入、安排支出。严格执行经本级人大批准的预算，严控预算调整调剂，全面推进预算支出进度与绩效目标实现程度“双监控”。全面规范预决算信息公开，提升财政资金管理透明度。

（二）加强财政收支管理，保持财政收支平稳运行。落实常态化疫情防控下促进财政可持续发展实施方案，努力向内挖潜，大力盘活政府资源资产。坚持党政机关过“紧日子”，优化财政支出结构，保障重点领域支出，兜牢“三保”底线。加强政府债务管理，化解政府债务风险，稳妥有序推进债券发行管理创新。加强财政可承受能力评估，推动建立民生支出清单管理制度，促进财政可持续发展。

（三）深化财税体制改革，推进财政治理现代化。深化预算管理制度改革，加强财政资源统筹，建立集中力量办大事预算安排机制，增强国家和省重大战略任务财力保障。健全省以下财政体制，持续推进省与市县财政事权和支出责任划分改革，完善与“一核一带一区”区域发展格局相适应的转移支付制度体系，建立财政资源向“一带一区”倾斜的政策协同机制。全面推进“数字财政”系统建设，用信息化手段支撑预算管理制度改革创新。深化财政“放管服”改革，切实提高财政决策、管理和服务水平。

关于广东省2020年省级决算草案的报告

——2021年7月29日在广东省第十三届人民代表大会常务委员会第三十三次会议上（节选）

广东省财政厅厅长　戴运龙

一、省级财政收支决算情况

（一）一般公共预算

受疫情严重冲击和应对疫情采取的减税降费等政策措施影响，省本级一般公共预算收入一季度大幅下降，省财政在不折不扣落实减税降费政策的同时，积极采取大力盘活政府资源资产等措施，随着疫情防控形势好转和经济逐步恢复，财政运行情况逐季向好、企稳回升，成绩来之不易。2020年，省本级一般公共预算收入3306.97亿元，增长0.5%；加上转移性收入等收入后，省级总收入8285.71亿元，增长10.3%。省本级一般公共预算支出1457.98亿元，增长3.1%；加上转移性支出等支出后，省级总支出8092.31亿元，增长13.6%。收支相抵，结转193.4亿元。与向省十三届人大四次会议报告的执行数相比，决算总收入增加348.9亿元，决算总支出增加155.5亿元，主要是根据中央和省、省和市县年终结算据实增加，以及按照决算要求增加列示上年结转收入。

1.收入情况。省级总收入8285.71亿元包括：①省本级收入3306.97亿元，完成调整预算的100%，超收收入0.07亿元，按预算法规定全部补充预算稳定调节基金。②中央补助收入1907.29亿元。③市县上解收入1091亿元。④地方政府一般债务收入902.05亿元，其中，新增一般债券收入374.82亿元、再融资一般债券收入501.75亿元、向国际组织借款收入25.47亿元[①]。⑤上年结转收入383.04亿元。⑥调入资金65.72亿元。⑦动用预算稳定调节基金629.45亿元。⑧国债转贷资金上年结余0.19亿元。

省本级收入3306.97亿元中，税收收入2666.71亿元，完成调整预算的99.8%，负增长6%，主要是受新冠肺炎疫情和落实减税政策等影响；非税收入640.25亿元，完成调整预算的101%，增长41.2%，主要是大力清理盘活各项资源、资产，其中涉及个人和企业的行政事业性收费收入负增长39.1%。税收收入中，增值税1312.13亿元，负增长7.7%，主要是受新冠肺炎疫情和落实减税等政策影响；企业所得税689.24亿元，增长2.1%；个人所得税197.28亿元，增长9.6%；土地增值税等税收468.06亿元，负增长16.6%，主要是上年大额一次性清算收入基数较高。

2. 支出情况。省级总支出8092.31亿元包括：①省本级支出1457.98亿元，完成调整预算的108.6%。②上解中央支出467.87亿元。③补助市县支出4684.63亿元，其中，省对市县一般性转移支付占转移支付支出比重达79.7%，较上年提高10.8个百分点。④一般债务转贷支出661.35亿元，其中，新增一般债券转贷支出199.34亿元、再融资一般债券转贷支出451.75亿元、向国际组织借款转贷支出10.25亿元。⑤安排预算稳定调节基金717.57亿元。⑥债务还本支出102.72亿元。⑦国债转贷支出及结余0.19亿元。

（二）政府性基金预算

省本级政府性基金预算收入76.08亿元，负增长1.1%，主要是受疫情影响，彩票公益金及业务费、国家电影事业发展专项资金、港口建设费等收入较上年减少；加上转移性收入等收入后，省级总收入3269.71亿元，增长96%，主要是新增专项债券收入增加较多和新增一次性抗疫特别国债收入。省本级政府性基金预算支出655.19亿元，增长678.7%，主要是省本级发行专项债券额度较上年大幅增加；加上转移性支出等支出后，省级总支出3256.86亿元，增长96.6%。收支相抵，结转12.86亿元。与向省十三届人大四次会议报告的执行数相比，决算总收支均增加19.5亿元，主要是根据中央和省、省和市县年终结算据实增加。

1. 收入情况。省级总收入3269.71亿元包括：①省本级收入76.08亿元，完成调整预算的113.7%，主要是四季度车辆通行费等收入恢复情况好于预期。②中央补助收入398.79亿元。③市县上解收入20.45亿元。④地方政府专项债务收入2762.64亿元，其中，新增专项债券收入2731亿元、再融资专项债券收入31.64亿元。⑤上年结转收入11.75亿元。

2. 支出情况。省级总支出3256.86亿元包括：①省本级支出655.19亿元，完成调整预算的100.1%。②补助市县支出421.4亿元，其中包括中央下达抗疫特别国债366亿元。③向一般公共预算调出资金16.21亿元。④专项债务转贷支出2164.06亿元，其中，新增专项债券转贷支出2132.42亿元、再融资专项债券转贷支出31.64亿元。

（三）国有资本经营预算

省本级国有资本经营预算收入57.62亿元，增长12.7%；加上转移性收入等收入后，省级总收入58.03亿元，增长13.5%。省本级国有资本经营预算支出24.62亿元，增长53.6%，主要是加大对省属企业的支持力度；加上转移性支出等支出后，省级总支出57.75亿元，增长12.9%。收支相抵，结转0.28亿元。与向省十三届人大四次会议报告的执行数相比，决算总收支均增加0.03亿元，主要是根据中央和省、省和市县年终结算据实增加。

1.收入情况。省级总收入58.03亿元包括：①省本级收入57.62亿元，完成调整预算的103.5%，主要是部分国有企业取得一次性收入增加上缴数和部分国有企业股利、股息收入增加。其中，省属企业上交利润40.24亿元、省属控股参股企业上缴股利股息17.25亿元、其他收入0.13亿元。②中央补助收入0.38亿元。③市县上解收入0.03亿元。

2.支出情况。省级总支出57.75亿元包括：①省本级支出24.62亿元，完成调整预算的90.8%，主要是受疫情等因素影响，部分项目资金未全部支出。其中，解决历史遗留问题及改革成本支出4.3亿元、国有企业资本金注入5亿元、国有企业政策性补贴15.55亿元、其他支出-0.23亿元②。②补助市县支出0.54亿元。③向一般公共预算调出资金32.58亿元。

（四）社会保险基金预算

省级社会保险基金预算③总收

---

①根据财政部要求，从2020年起由地方政府承担偿还责任的地方政府向国际组织借款收支纳入一般公共预算管理，已纳入2020年省级财政第二次预算调整方案报省十三届人大常委会第二十二次会议审查。

②其他支出为负数，主要是收回部分项目因退出投资而退回的省财政经营性本金。根据预算法和《财政总预算会计制度》规定，需冲减当年度预算支出。

③省级社会保险基金由3项基金组成，分别是企业职工基本养老保险基金、机关事业单位基本养老保险基金和工伤保险基金。而其余4项社会保险基金实行属地管理，省级当年无收支，即：失业保险基金、城镇职工基本医疗保险基金（含生育保险基金）、城乡居民基本养老保险基金和城乡居民基本医疗保险基金。

入2998.76亿元，负增长29.1%，主要是落实中央为应对疫情出台的社会保险费阶段性减免政策。省级社会保险基金预算总支出3058.79亿元，增长8%。收支相抵，当年结余-60.03亿元，滚存结余12045.66亿元。与向省十三届人大四次会议报告的执行数相比，决算总收入增加314.82亿元，决算总支出增加20.07亿元，主要是按照财政部统一要求，省级单位编制社会保险基金预计执行数的时间较早，实际执行中存在一定差异。

1.收入情况。省级总收入2998.76亿元包括：①企业职工基本养老保险基金收入2877.22亿元，负增长28.9%，主要是落实中央为应对疫情出台的社会保险费阶段性减免政策。②机关事业单位基本养老保险收入92.26亿元，负增长26.7%，主要是2019年机关事业单位基本养老保险一次性补缴金额较大抬高了基数。③工伤保险基金收入29.28亿元，负增长44.1%，主要是落实中央为应对疫情出台的社会保险费阶段性减免政策。

2.支出情况。省级总支出3058.79亿元包括：①企业职工基本养老保险基金支出2889.71亿元（含净上解企业职工基本养老保险中央调剂基金645.71亿元），增长7.8%。②机关事业单位基本养老保险支出97.08亿元，增长11.2%。③工伤保险基金支出72亿元，增长9.6%。

（五）经批准举借债务情况

1.地方政府债务限额余额情况。中央批准的2020年我省地方政府债务限额17506.07亿元（一般债务7328.52亿元、专项债务10177.55亿元）。其中，广东地区债务限额16326.57亿元（一般债务6982.92亿元、专项债务9343.65亿元），深圳市债务限额1179.5亿元（一般债务345.6亿元、专项债务833.9亿元）。2020年全省政府债务余额15317.5亿元，广东地区政府债务余额14436.29亿元，严格控制在政府债务限额以内。

2.地方政府债务还本付息情况。2020年，全省各级财政按照偿债计划，将债务还本付息支出列入相应预算体系安排。2020年，广东地区偿还地方政府债务本金747.61亿元，其中地方政府债券本金710.94亿元（一般债券579.94亿元、专项债券131亿元）；支付地方政府债务利息437.25亿元，其中地方政府债券利息434.48亿元（一般债券利息198.16亿元，专项债券利息236.32亿元）。

3.地方政府债券发行使用情况。2020年，全省发行地方政府债券4121.21亿元，其中，新增债券3587.82亿元（一般债券396.82亿元、专项债券3191亿元），再融资债券533.39亿元（一般债券501.75亿元、专项债券31.64亿元）。

新增债券3587.82亿元中，深圳市按规定自行发行482亿元并安排支出；广东地区新增债券3105.82亿元按规定由省政府统一发行，其中，安排省本级支出774.06亿元（一般债券175.48亿元、专项债券598.58亿元），转贷市县支出2331.76亿元（一般债券199.34亿元、专项债券2132.42亿元），由市县根据国务院和省确定的债券资金使用范围，研究落实具体安排项目，按预算法规定报本级人大常委会审查批准。

4.省本级政府债券项目实施情况。2020年，我省高效组织发行工作，切实加快新增债券使用进度，充分发挥债券资金支持复工复产、推动经济社会发展的重要作用。按照“资金跟着项目走”的原则，省本级安排新增债券资金774.06亿元，用于支持珠江三角洲水资源配置工程、广湛高铁、深中通道、“四好农村路”等91个重点领域重大项目，其中，用于铁路建设301.79亿元、政府收费公路建设86.8亿元、农村人居环境整治52.5亿元、文化教育项目46.83亿元、普通国省道建设43.68亿元、“四好农村路”建设29.4亿元、珠江三角洲水资源配置工程等重大水利工程设施建设31亿元、医疗卫生项目25.7亿元、机场建设13亿元、城乡冷链物流设施建设17.06亿元、天然气管道建设26.3亿元、支持中小银行发展100亿元。省财政结合项目进度等及时组织发行筹集资金积极保障项目用款需求，有力推动项目建设落地，实现“早发行、早使用、早见效”。截至2020年底，省本级新增债券资金774.06亿元全部拨付完毕，实际使用进度超过九成，其中，专项债券实际使用进度达99.7%，71个专项债券项目中有65个项目全部使用完毕。

5.重大建设项目资金到位、项目实施、资金管理等情况。2020年，我省按照“急需、成熟、统筹、集中”的标准精选优选发行项目，指导各部门单位精准编制项目用款计划、做实做细项目前期准备工作，结合项目建设进度等情况分1月、5月、8月、12月四批次及时组织发行。在确保债券资金支出使用规范有效的情况下，进一步提高债券资金拨付效率、提高债券项目资金到位率，发行资金已100%全部到位，有力保障重大项目建设，如珠江三角洲水资源配置工程从2018年开始滚动安排专项债券资金63亿元，其中2020年安排27亿元，推动该工程预计完工时间从2024年提前至2023年底。依托地方政府债务管理信息系统等，对债券资金支出使用实行穿透式、全过程监控，跟踪债券项目资金支出使用情况，继续实行“每月通报”机制，及时通报支出使用进度，压实项目主体责任，避免债券资金“沉淀”“趴账”，加快发挥债券资金效益。

（六）省本级部门决算和行政事业单位“三公”经费情况

1.部门收支决算情况。2020年，省级部门决算财政拨款收入

1267.38亿元、支出1251.99亿元。其中，一般公共预算财政拨款收入1176.4亿元、支出1161.82亿元；政府性基金预算财政拨款收入80.22亿元、支出79.9亿元；国有资本经营预算财政拨款收入10.76亿元、支出10.27亿元。总体上，部门预算执行情况较好，全口径收支预决算编报工作不断完善，各预算单位更加精准编制预算，切实提高资金效益。

2.“三公”经费情况。严格贯彻落实政府过紧日子要求，坚持厉行节约，严控“三公”经费支出。2020年，“三公”经费各项支出均较上年有所下降。省本级行政事业单位因公出国（境）费、公务用车购置及运行维护费、公务接待费的一般公共预算财政拨款支出为3.25亿元，较预算数减少2.14亿元，较上年减少1.25亿元、下降27.8%。其中，因公出国（境）费0.08亿元，较预算数减少0.69亿元，较上年减少0.7亿元、下降89.7%；公务用车购置及运行维护费2.75亿元，较预算数减少0.9亿元，较上年减少0.37亿元、下降11.9%；公务接待费0.42亿元，较预算数减少0.55亿元，较上年减少0.17亿元、下降28.8%。

（七）省十件民生实事和省人大提前介入项目执行情况

1.省十件民生实事执行情况。2020年，全省各级财政共投入769.49亿元，完成预算的109.3%；其中，省级投入339.92亿元，完成预算的105%。省十件民生实事各项任务全面完成，在教育、就业、医疗、交通、食品安全等方面解决了一批关系群众切身利益的问题，群众获得感、幸福感、安全感进一步增强。

2.省人大提前介入预算编制监督项目执行情况。2020年，省人大常委会专项提前介入2020年预算编制监督项目共3个。一是重点领域研发计划。投入28.59亿元，完成调整预算的100%。围绕受制于人的“卡脖子”技术、关键零部件和重大装备研发进行集中攻关和重点突破，进一步提升自主创新能力和国际竞争力。二是水污染防治。投入172亿元，完成调整预算的100%。支持开展练江流域污水管网建设、中小河流治理、村镇污水处理、地表水优良水体国考断面、重点流域水环境整治及重点水源地保护等工作。三是学前教育公办学位建设。投入13.17亿元，完成调整预算的101.5%，支持提升我省公办园覆盖率。全省共新增公办幼儿园学位112.52万个，公办幼儿园在园幼儿比例达51.6%、公办和普惠幼儿园在园幼儿比例达86.7%。

（八）预算绩效管理和重点项目绩效情况

2020年，继续创新预算绩效管理机制，打造预算绩效管理新格局，预算绩效管理工作再次获得全国第1名。一是实现“两个全覆盖”，覆盖四本预算，覆盖所有预算单位，并对涉农统筹资金、一般性转移支付等开展绩效评价。二是创新开展事前绩效评审，涵盖所有一般性项目，对项目入库申请逐一审核，共评审项目670个，通过611个，通过率超过90%。三是探索行政成本效益分析，推动部门节约开支、提升效能。四是首创资产管理绩效评价，加强国有资产绩效管理。五是编制事前绩效评审、绩效目标、绩效评价三大操作指引，有效提高绩效管理的规范性和指导性。六是严格落实预算绩效管理“全省一盘棋”的要求，将近年来行之有效的成熟管理机制在全省统一推进，解决市县预算绩效管理工作问题。七是通过整合范围、精简信息等手段，创新自评管理模式，为基层减负60%的工作量。2020年，重点评价1143亿元财政资金，形成76份报告；对绩效等级为“中”的项目预算按比例压减；将299项资金绩效目标表和60份评价报告报送省人大审查公开。

1.省十件民生实事绩效情况。2020年，对2019年省十件民生实事的资金进行绩效评价（涉及省级金额463.06亿元），涉及六类底线民生保障水平、生均经费保障制度、粤东西北基层医疗、创业就业支持政策、“四好农村路”、富民兴村特色产业、公益性文化设施和文化遗产保护、“厕所革命”、食品药品安全、强化政务便民服务力度等十件实事。评价结果均为“良”。

2.部门整体支出绩效情况。2020年，对省住房城乡建设厅、省市场监管局、省自然资源厅等26个部门开展部门整体支出绩效重点评价，进一步推动省级部门整体支出绩效评价工作。评价结果为：1个“优”、23个“良”、2个“中”。

3.其他重点项目绩效情况。2020年，对涉及2019年省委、省政府部署的重点工作任务资金等开展绩效评价，涉及打好污染防治攻坚战专项资金、涉农统筹资金、创业带动就业专项资金、教育发展专项资金、促进经济高质量发展专项资金、乡村振兴战略专项资金等重点领域资金，共形成绩效评价报告40份，其中包括2019年粤港澳大湾区污水联合防治等2项省本级专项债券项目资金。评价结果为：24个“良”、16个“中”。

对于评价结果为“中”的项目，在2021年预算编制时已按规定扣减预算或调整支出政策，共压减收回资金3.47亿元。

（九）其他需报告的事项

1.预算调整和落实情况。根据财政部年中下达新增债务限额，以及为应对疫情影响调整收支安排，2020年省级预算按法定程序编制三次预算调整方案，分别提交省十三届人大常委会第二十次、二十二次、二十六次会议审查批准。省级一般公共预算总收支从年初预算的6761.77亿元调整为6867.77亿元，调增106亿元；省级政府性基金预算总收支从年初预算的1360.9亿元调整为3204.79亿元，调增1843.89亿元；省级社会保险基金预算总收入从年初预算的4247.28亿元调整为2618.28亿元，调减1629亿元；总支出从年初预算的3158.54亿元调整为3076.47亿元，调减82.07亿元。省人大常委会相关决议已落实到位，收支调整预算情况完成良好，新增债券已全部发行并拨付支出。

2.中央转移支付使用情况。①一般公共预算中央一般性转移支付和专项转移支付共支出1355.5亿元（含中央特殊转移支付230.41亿元），主要用于支持做好疫情防控工作以及城乡居民基本医疗保险、城乡义务教育、城乡居民基本养老保险等。②政府性基金预算中央转移支付共支出421.4亿元（含抗疫特别国债366亿元），主要用于支持市县公共医疗卫生、污染防治、乡村振兴、“两新一重”等重点领域，推动建成一批补短板、打基础、利长远的优质项目。③国有资本经营预算中央转移支付共支出0.38亿元，主要用于支持国有企业退休人员社会化管理。

3.上年结转资金使用情况。①一般公共预算上年结转资金共支出376.66亿元，主要用于教育、科学技术、社会保障和就业、资源勘探工业信息等方面。②政府性基金预算上年结转资金共支出10.29亿元，主要用于高速公路养护、彩票销售机构运营、体育事业发展等。

4.预备费使用情况。省级预备费共支出2.14亿元，主要用于疫情联防联控、物资储备等应急事项，年终余额按规定全部作为结余补充预算稳定调节基金。

5.预算周转金和预算稳定调节基金情况。省级财政未设置预算周转金。2020年省级预算稳定调节基金在扣除2021年年初动用部分后余额为230亿元，同比减少50亿元。

6.权责发生制核算情况。按照预算法等有关规定，省财政对2020年部分收支事项实行权责发生制核算，主要是国库集中支付结余等。有关具体情况已向省人大常委会专门报告。对上述资金，省财政将在预算执行中加强管理，尽快发挥资金效益。

二、全省财政收支总决算汇编情况

（一）一般公共预算

全省一般公共预算收入12923.85亿元，完成调整预算的100.8%，增长2.1%；加上转移性收入等收入后，总收入21632.79亿元。全省一般公共预算支出17430.79亿元，完成调整预算的102.6%，增长0.8%；加上转移性支出等支出后，总支出20845.12亿元。收支相抵，结转787.66亿元。

（二）政府性基金预算

全省政府性基金预算收入8649.77亿元，完成调整预算的110.7%，增长41.5%，主要是土地出让收入大幅增长；加上转移性收入等收入后，总收入13447.53亿元。全省政府性基金预算支出9599.79亿元，完成调整预算的129.7%，增长52.4%，主要是发行专项债券额度较上年大幅增加；加上转移性支出等支出后，总支出12088.72亿元。收支相抵，结转1358.8亿元。

（三）国有资本经营预算

全省国有资本经营预算收入310.61亿元，完成调整预算的107%，增长8.3%；加上转移性收入等收入后，总收入339.66亿元。全省国有资本经营预算支出157.55亿元，完成调整预算的94.5%，增长10.2%；加上转移性支出等支出后，总支出330.05亿元。收支相抵，结转9.61亿元。

（四）社会保险基金预算

全省社会保险基金预算总收入6390.7亿元，完成调整预算的118%，负增长23.2%，主要是落实中央为应对疫情出台的社会保险费阶段性减免政策。全省社会保险基金预算总支出6322.07亿元，完成调整预算的95.7%，负增长0.2%。收支相抵，当年结余68.63亿元，滚存结余17156.94亿元。

三、主要财税政策落实和重点财政工作情况

2020年，全省财政部门认真贯彻党中央、国务院决策部署和省委、省政府工作要求，严格执行省十三届人大三次会议决议，坚持积极的财政政策更加积极有为，全力支持做好“六稳”工作、落实“六保”任务，发挥稳定经济的关键作用，为统筹推进疫情防控和经济社会发展提供有力支撑。省级财政八成以上财力用于支持落实“1+1+9”工作部署，实现困难形势下两个“只增不减”：省对市县转移支付只增不减，省对市县各项补助和债务转贷支出5345.98亿元，增长14.6%；民生支出只增不减，全省民生类支出12105.55亿元，占一般公共预算支出的比重保持在七成。

（一）全力支持抗击新冠肺炎疫情，维护人民生命财产安全

面对来势汹汹的疫情，全省各级财政坚持人民至上、生命至上，把疫情防控作为最重要、最紧迫的工作来抓，按照特事特办、急事急办原则，优先保障疫情防控经费，加快资金拨付使用，确保人民群众不因担心费用问题而不敢就诊，确保各地不因资金问题而影响医疗救治和疫情防控。2020年，全省各级财政疫情防控投入达302.78亿元。

聚焦患者救治。全省投入6.15亿元，第一时间出台发热门诊筛查、患者救治费用等财政兜底保障政策，在全国率先将疑似患者救治费用纳入基本医保范围，明确个人负担部分由财政补助。实现应检尽检人群核酸排查“全免费”、发热门诊筛查费用“全保障”、患者救治费用“零负担”。2020年全省结算新冠肺炎确诊和疑似参保患者

1.45万人次，医疗总费用6273.21万元，医保基金支付5603.94万元。

聚焦防控一线人员保障。全省投入19.77亿元，切实保障疫情防控一线工作人员，加强对医务工作者的保护、关心、爱护。包括：加强援鄂一线医务人员2495人的保障力度，适当提高伙食补助；落实我省13.79万人次一线医务防疫人员临时性工作补助；支持一线城乡社区工作者落实“三人小组”机制；对承担防疫重点任务、在防控中作出突出贡献的省属医疗卫生事业单位，一次性核增绩效工资总量。

聚焦物资保障。全省投入119.48亿元，全力保障疫情期间防控物资供给，极大提高我省应急防控物资保障能力，加快推进应急物资保障体系建设。包括：支持前期采购220万剂疫苗，保障重点人群“应接尽接”；支持采购新冠肺炎疫情防控应急物资5大类67种1.4亿件，有力保障物资调拨及疫情防控物资供应；支持新冠肺炎防护用品（具）企业实施技术改造扩大生产、完善政府专用应急储备，提升疫情防控装备产能，增强应急转产能力。

聚焦公共卫生和重大疫情防控救治体系建设。全省投入56.56亿元，加强公共卫生和重大疫情防控救治体系建设。包括：加快推动全省311家二级以上综合公立医院发热门诊和1461家发热诊室的规范化建设；推动实现核酸检测能力覆盖县区，截至2020年底，全省已具备核酸检测能力的医疗卫生机构达663家；全面落实国家公共卫生防控救治能力建设部署，实施公共卫生防控救治能力建设三年行动计划，支持3家省级重大疫情救治基地建设。

聚焦科研攻关、常态化精准防控。全省投入100.82亿元，支持推动防疫科研、外防输入和局部应急处置等重点工作。包括：及时开展新冠病毒防控科研攻关应急项目，依靠科技力量强化疫病源头防控，加快推进疫苗研发等技术攻关及应用；及时核拨疫情外防补助经费，对外防输入的防护物资费用和口岸检测试剂耗材支出等全额予以保障。

（二）加大政策对冲力度，促进经济企稳回升

强化财税政策支持力度，充分发挥财政政策逆周期调节作用，创新实施财政资金直达机制，切实保障做好“六稳”工作、落实“六保”任务。

加大减税降费力度支持纾解企业经营困难。不折不扣落实国家出台的各项减税降费政策，在地方权限范围内做到能减则减、能免则免、能缓则缓，全力支持疫情防控和企业复工复产。在2019年减税降费3044亿元基础上，2020年全省累计新增减税降费3129亿元（含社保费2109亿元），有效减轻企业负担。一是按照“能快则快、能低则低、能简则简”的原则，落实降低小规模纳税人增值税征收率、免征受疫情影响较大行业增值税、减免企业社保缴费等一系列减税降费政策。二是根据实际情况出台一揽子减税降费政策措施，包括降低部分行政事业性收费项目的收费标准、延长税款缴纳期限等。三是落实疫情防控关税政策，第一时间分三批发布防控新冠病毒肺炎进口物资的142家进口单位名单和物资清单。

用好直达资金和政府债券资金对冲经济下行压力。一是创新实施财政资金直达机制。2020年，我省共获得中央直达资金782.47亿元，省财政切实当好“过路财神”，不做“甩手掌柜”，资金100%直达基层、直接惠企利民，重点支持疫情防控、加强公共卫生体系补短板建设、兜牢民生底线、污染防治、企业技术改造、产业链改造升级等，惠及各类市场主体7.62万家，受益群众5375万人次。二是用好抗疫特别国债增强基层财政保障能力。2020年，中央下达我省抗疫特别国债504亿元（广东地区366亿元，深圳138亿元）。广东地区366亿元中，投入基础设施建设274亿元、占比74.9%，主要用于支持公共医疗卫生、污染防治、乡村振兴、“两新一重”等领域重点项目；抗疫相关支出92亿元、占比25.1%，主要用于创业担保贷款贴息、落实援企稳岗政策、临时价格补贴、保障困难群众基本生活、防护物资储备、核酸检测等。三是用好新增债券资金促进经济社会发展。2020年，中央下达我省新增债务限额3616亿元，其中，新增专项债券3191亿元，债券额度分配坚持“资金跟着项目走”，注重支持重点发展区域，注重防控政府债务风险，注重提高债券资金使用效益，投入“两新一重”项目资金超过六成。

开源节流确保财政收支平稳运行。一是依法依规组织收入，坚决不收“过头税费”、绝不因财政收支矛盾大而乱收费增加企业负担，通过加大力度盘活政府资源资产，推进水田指标、折旧复垦指标、海砂等矿产资源交易，对冲税收减收影响，一般公共预算收入逐季好转、企稳回升。二是坚持党政机关过紧日子，严把支出预算关口，省本级在年初预算已压减一般性支出40亿元基础上，年中对省级部门公用经费和一般性项目支出再分别压减5%和20%，调整、盘活、压减支出达85亿元，合计腾出资金125亿元。

（三）全力支持“双区”建设，充分释放利好叠加效应

加强财税体制机制衔接，进一步促进创新资源要素自由有序流动和高效配置，助力打造引领高质量发展的动力源。

释放财税政策红利。全面落实粤港澳大湾区个人所得税优惠政策，发放补贴资金23.9亿元，近9000人受益，境外高端紧缺人才税负成本大幅降低。推动大湾区国际

航运保险免征增值税、启运港退税等税收优惠政策落地实施，有效降低航运企业税负成本和出口企业资金负担。

支持国际科技创新中心建设。一是推动高端创新资源要素聚集。投入10亿元，参与发起设立粤港澳大湾区科技成果转化基金；投入8760万元，对接部省联动重大科研项目；投入3500万元，资助新建10家粤港澳联合实验室，推动提升区域协同创新能力。二是支持创新要素跨境流通。全省财政跨境港澳拨付科研资金超过1.28亿元，实现财政资金跨境自由流通；投入0.72亿元，支持5个港澳青年创新创业孵化平台建设，为港澳青年来粤创业提供便利。

支持民生融合。投入9亿元，支持加快广州呼吸中心建设和呼吸领域国家实验室筹建工作，为三地疫情联防联控提供支撑。投入732万元，支持港澳青少年来粤交流，组织250人次港澳青年来珠三角企业和青创基地实习。

（四）支持科技自立自强，加快建设科技创新强省

进一步优化科技投入结构和支持方向，提高科技投入产出效率，投入科学技术支出167.14亿元。

支持打好关键核心技术攻坚战。一是集中攻关“卡脖子”核心技术。投入28.59亿元，持续推进重点领域研发计划，采用“揭榜制”等方式，形成一批具有自主知识产权的核心技术和战略产品，引进一批高端创新资源和创新平台。二是支持优化重大科技创新平台配置。投入9.26亿元，全力推进多层次实验室体系建设，深入开展核心关键技术攻关和前沿科学研究，并获得多项科技创新原创成果。三是加大力度支持基础研究重大项目。投入10.33亿元，部署并储备一批高质量的基础与应用基础研究项目，有力强化基础研究系统布局。四是鼓励企业加大研发投入。实施企业科技创新财税优惠政策，落实高新技术企业、企业研发费用加计扣除等税收优惠政策。

支持激发人才创新活力。一是支持引进科技创新人才。投入15.79亿元，优化实施“珠江人才计划”“广东特支计划”“广东博士后人才支持计划”等省级重大人才工程，聚焦关键领域，大力引进、精准培育一批战略科技人才、科技领军人才、青年科技人才和高水平创新团队，鼓励博士、博士后在粤创新创业。二是健全创新激励和保障机制。强化对科研人员的绩效激励，向中青年科研骨干和高层次人才倾斜，提升科研人员获得感。进一步优化科研项目预算管理、资金拨付、结余留用等管理制度，建立清晰的责任链和绩效导向，促进财政科研项目资金“放得下、接得住、管得好”。

（五）深入推动经济高质量发展，加快打造新发展格局

发挥好财税政策的结构性调控优势，着力推进供给侧结构性改革，朝着推动形成新发展格局聚焦发力，投入产业发展及内外贸等相关支出180.47亿元。

支持加快发展现代产业体系。一是支持先进制造业发展。投入25亿元，支持企业开展技术改造，拉动技术改造投资；投入12.02亿元，支持新引进、新建或扩建先进装备制造业项目；投入9.8亿元，支持产业共建，2020年省产业转移工业园规模以上工业增加值约占粤东西北地区工业增加值的35%。二是支持民营经济和中小微企业发展。投入10亿元，支持小微企业上规模发展，带动全省小升规企业超过5000家；投入1亿元，支持建立我省融资再担保代偿补偿机制，缓解中小微企业融资难题，全年帮助3.9万多家企业获得融资超过2000亿元。三是支持加快培育集成电路产业。设立广东省半导体及集成电路产业投资基金，引入社会资本参与，重点支持产业优势企业和重大项目建设，补齐产业链短板，增强产业整体竞争力。

加大力度推动贸易高质量发展。一是全力稳住外贸外资基本盘。投入8亿元，设立加工贸易企业融资风险补偿资金池，鼓励金融机构提供无抵押优惠利率贷款，帮助企业拓宽融资渠道；投入7.84亿元，支持出口企业投保出口信用保险，出口信用保险的扶持比例由15%提高至上限30%，提高外贸企业应对外贸风险能力；投入7.4亿元，落实“利用外资十条”奖励政策措施，重点支持外资项目落地。二是全力支持促进消费恢复增长。投入汽车下乡补贴资金10.06亿元，为拉动汽车销售19.18万辆、汽车消费额226亿元提供支撑；投入5.8亿元，支持开展家电惠民行动，鼓励家电生产企业依托销售网点开展家电下乡活动；投入17.06亿元，推动农产品供应链建设，支持广东公共型农产品冷链物流基础设施骨干网络建设。

（六）精准聚焦发力，推动三大攻坚战取得决定性成就

进一步强化攻坚保障、精准聚焦发力，支持全面完成重点任务，助力全面小康成色更足。

支持如期打赢脱贫攻坚战。2016年以来省级投入696.4亿元、各方总投入1600亿元，全力支持推动落实教育扶贫、就业扶贫、医疗卫生扶贫、低保兜底以及贫困村基础设施建设等扶贫政策。全省161.5万相对贫困人口、2277个相对贫困村全部达到脱贫出列标准；稳定脱贫长效机制初步建立，贫困群众“两不愁三保障”全部实现，全省50.8万农村贫困劳动力全部实现就业，脱贫地区发展环境显著改善。

推动生态环境质量明显改善。2018–2020年省级投入722亿元，其中2020年投入213亿元，支持打好污染防治攻坚战取得显著成效。我

省地表水国考断面水质优良比例达85.9%，劣Ⅴ类断面阶段性消除；全省1412个市县级集中式饮用水源地环境问题整治全部完成，超额完成污水管网建设目标，农村雨污分流管网建设的村庄比例达71.9%；生活垃圾和固体废物处理能力显著提升；PM2.5实现八年以来最好水平，大气空气质量持续走在全国前列。

防范化解重大风险取得积极成效。规范政府举债融资行为，严格在法定政府债务限额内发行新增债券举借地方政府债务。政府债务风险水平继续保持在最安全等级。政府债券存续期管理进一步加强，按时足额履行偿还责任，确保法定债券不出风险。抓实化解地方政府隐性债务风险工作，坚决遏制新增隐性债务，积极稳妥加快化解隐性债务，存量隐性债务规模明显下降，风险得到有力缓释。

（七）扎实推进乡村振兴战略，加快实现农业农村现代化

进一步完善财政支持乡村振兴的政策体系和体制机制，投入农林水、自然资源等相关支出642.32亿元。其中，统筹整合涉农资金303亿元，由市县统筹实施部分达252亿元，占比超过八成，赋予市县更大的自主权，为乡村振兴实现“三年取得重大进展”目标提供有力支持。

深化涉农资金统筹整合改革。一是改革涉农资金预算管理模式。改革由省定原则方向、市县研究谋划项目库并推动落实，从原有“自上而下”分部门下达资金再由市县整合的统筹方式转变为市县“自下而上”申报项目，省级在预算编制源头环节整合资金后下达市县。二是突出集中财力办大事。将农业农村、水利、林业、交通运输、文化旅游等9部门26项涉农资金纳入整合范围，在全国率先实现省级全农口资金跨部门统筹整合，市县可结合当地实际整合资金对重点涉农项目集中攻坚，通过政策集成、资金统筹、资源集聚、项目互补等方式进行集中连片建设。

支持农业农村优先发展。一是支持农业产业发展。投入31.55亿元，支持建设31个省级现代农业产业园及优势特色农业产业园和1000个“一村一品一镇一业”特色产业村；投入13.78亿元，支持加强基本农田保护和高标准农田建设，立项建设高标准农田146万亩；投入13.65亿元，支持加强粮食安全、农产品质量安全和动植物疫病防控相关工作。二是推进全域农村人居环境整治。投入118.33亿元，支持实施千村示范、万村整治，建设生态宜居美丽乡村，截至2020年底，全省95%以上的自然村完成“三清三拆三整治”，农村面貌明显改善。全省20户以上自然村全部建有1个以上垃圾收集点、配备1名以上保洁员；建成村卫生公厕6万多座，农村无害化卫生户厕改造普及率达99.5%。

支持补齐水利工程短板。投入73.01亿元，推动珠三角水资源配置、滘江蓄滞洪区、西江干流治理等一大批重大水利工程项目加快建设，完成中小河流治理河长1078公里；投入8.7亿元，支持全面推进河长制、湖长制工作，建成碧道超过864公里；投入1.66亿元，支持小水电小水库清理，完成224座小水库降等报废、99宗小水电清理退出。

支持加快林业高质量发展。一是加大林业生态建设支持力度。投入35.99亿元，支持各地推进森林碳汇、沿海防护林体系等重点生态工程建设，大力支持红树林生态保护修复。广东红树林总面积约1.4万公顷，居全国首位。二是继续提高省级生态公益林补助标准。投入24.05亿元，提高省级生态公益林效益补偿标准，并分区域实施差异化补偿政策。三是支持广东南岭国家公园建设。投入1.24亿元，稳步推进国家公园前期研究、规划编制、品牌宣传推广等工作，夯实国家公园创建基础。

强化村级基层组织建设。投入49.87亿元，大力支持村级组织建设，持续提高村“两委”干部待遇水平，加大对重点老区苏区和民族地区运转经费补助力度，稳定保障基层组织办公和服务群众需要。

（八）加快推进“一核一带一区”建设，发展平衡性协调性不断增强

坚持保基本、促发展，实施差异化转移支付机制，投入省对市县税收返还、财力性转移支付和交通运输支出2489.01亿元。

全力兜牢底线缩小差距。投入均衡性转移支付595.46亿元、县级基本财力保障奖补资金191.54亿元、特殊转移支付147.21亿元，资金向困难地区倾斜，有效增强基层财力，兜牢“三保”底线；支持乡镇体制改革，加大对财力薄弱镇乡支持力度，镇均补助从188万元提高到203万元。

实施差异化转移支付机制。一是落实支持老区苏区和民族地区发展一揽子财政政策。2019-2020年新增财力超过300亿元，全力支持提升公共服务和产业发展水平。二是健全生态保护转移支付机制。2020年投入生态保护区财政补偿转移支付资金73.7亿元，在2019年增长21.6%的基础上再增长8.5%，筑牢绿色生态屏障。三是发挥重点平台牵引带动作用。2020年投入252.4亿元，支持广州南沙、珠海横琴、中新广州知识城、粤东新城等重点平台开发建设，以点带面推动全域高质量发展。

加快推进交通基础设施建设。一是加快完善全省机场建设布局。投入16.6亿元，推进白云机场三期扩建工程开工，珠三角枢纽（广州新）机场前期工作，湛江机场迁建、韶关机场军民合用改扩建、揭阳潮汕机场航站区扩建等项目加快

建设。二是加快推进轨道交通建设。投入铁路项目资本金301.79亿元，推动深茂铁路深江段、珠江肇高铁顺利开工，广湛、广汕汕、梅龙高铁等项目加快推进，广清城际铁路正式运营；投入0.72亿元，加快推进铁路项目前期研究工作。三是加快推动全省交通网络建设。投入43.68亿元，支持国省道路建设，完成国省道新改建及路面改造3170公里、危桥改造129座；投入107亿元，支持深中通道、黄茅海通道等重点项目加快实施，推动全省高速公路在全国率先突破1万公里。四是大力支持“四好农村路”建设。投入69.4亿元，全面实现1.48万公里砂土路清零，农村路路面铺装率达100%，实现100人以上自然村通硬化路。五是加快推动港口航道建设。投入16亿元，推动重点出海航道及港口加快建设，北江航道主体工程基本完成。截至2020年底，我省内河航道通航总里程1.2万公里，其中，内河高等级航道1380公里。

（九）大力推进文化强省建设，提升文化凝聚力和引领力

加大公共文化服务财政投入力度，进一步提升文化凝聚力和引领力，努力塑造与广东经济实力相匹配的文化优势，投入文化旅游体育与传媒支出79.61亿元。

支持提升公共文化服务水平。一是支持加强公共文化服务供给。投入11.33亿元，支持欠发达地区公共文化服务发展；投入2.87亿元，推动全省图书馆、美术馆、文化馆（站）、博物馆、纪念馆及公共体育场馆免费或低收费开放，建立覆盖全省的基本公共文化服务体系。二是推动岭南文化创新发展。投入6.77亿元，支持红色革命遗址保护利用、文物保护和非物质文化遗产保护传承，在全国率先实施“岁修”制度，对省级以上文物保护单位进行日常保养维护。

推动文旅体产业融合发展。一是助力提升文化旅游品质。投入4亿元，支持文旅企业应对疫情，促进全省文旅消费市场迅速提振恢复；投入1.8亿元，支持文化和旅游融合发展，打造粤港澳大湾区世界级文化旅游目的地。二是支持文化体育事业繁荣发展。投入9.4亿元，支持备战重大体育赛事，筹备第三届亚洲青年运动会，不断提高我省竞技体育综合实力；投入1.15亿元，支持珠影集团投拍重点电影和创作生产，推进地方电影事业发展。

支持构建舆论媒体新格局。投入3.2亿元，支持实施广东卫视改革振兴计划，打造广东重要文化宣传窗口；投入2.16亿元，支持补助省级四大主流媒体，推动主流媒体创新发展、品牌提升；投入1.27亿元，支持县级融媒体中心和新时代文明实践中心建设。

（十）全力保障和改善民生，持续改善人民生活品质

坚持尽力而为、量力而行，加大民生投入力度，加强民生资金管理，持续做好普惠性、基础性、兜底性民生建设，投入教育、社会保障和就业、卫生健康、住房保障等支出1709.13亿元。

推动更加充分更高质量的就业。一是强化就业优先政策。投入19.88亿元，积极推动“促进就业九条”2.0版等政策落地落实，高质量推进“粤菜师傅”“广东技工”“南粤家政”三项工程，培训“粤菜师傅”7.1万人次、开展补贴性职业技能培训308万人次、开展“南粤家政”培训33.86万人次。二是统筹用好职业技能行动专账资金。投入职业技能行动专账资金74.52亿元，落实终身职业技能培训制度，加大企业稳岗返还力度，强化失业保险稳就业保基本生活功能。截至2020年底，全省实现城镇新增就业133.7万人、城镇失业人员再就业51.68万人、就业困难人员再就业11.3万人，分别完成年度任务的111.4%、129.2%、141.3%。

支持发展更加均衡更加优质的教育。一是落实各学阶生均拨款制度。投入268.6亿元，落实各学阶的生均拨款制度，其中支持学前和普高生均最低标准分别从每生每年300元和500元提高到每生每年400元和1000元。二是支持学位优质均衡普惠供给。投入105.51亿元，推动全省学前教育实现“5080”目标，全省公办幼儿园在园幼儿占比较上年大幅提高22个百分点；助力欠发达地区义务教育学校、高校建设，支持提高高等教育毛入学率和改善中职学校办学条件，全省扩招高职学生18万人，超额完成扩招任务，高等教育毛入学率提高到52%。三是支持促进教育质量提升。投入39亿元，支持基础教育美育、校园足球等，提高现代职业教育质量和高等教育内涵水平；投入58.31亿元，落实覆盖全学阶的学生资助政策体系，受助学生约294万人次。四是支持深化教师队伍建设改革。投入41.98亿元，支持教师教研能力提升和落实教师工资待遇保障，吸引和培养优秀人才到欠发达地区从教乐教。

支持加强医疗卫生体系建设。一是提高基本公共卫生服务保障水平。投入48.45亿元，将我省基本公共卫生服务经费提高到人均74元。二是支持促进中医药事业高质量发展。投入7.28亿元，重点支持县级中医医院升级建设、岭南中药材保护、中医药服务能力提升、人才培养、科研创新、文化宣传等。三是支持加快推进优质医疗卫生资源扩容。2018年以来三年投入90亿元支持30家高水平医院建设；省市财政总投入超过52亿元，支持创建广州呼吸中心、肿瘤中心、肾病中心等三大国际医学中心。四是支持加强基层医疗卫生服务能力建设。投入31.95亿元，推进县级公立医院、中心卫生院和基层医疗卫生人才队伍建设等，推动基本实现“大病不出县”。

稳步提升社会保障水平。一是强化社保兜底保障能力。投入底线民生保障资金285.78亿元，稳步提高全省底线民生保障水平并保持在全国前列。其中，城镇、农村低保对象最低生活保障人均补差水平分别提高到每月609元和276元；特困人员基本生活标准达到不低于当地最低生活保障标准的1.6倍；孤儿基本生活最低养育标准集中供养和分散（含事实无人抚养儿童）供养水平分别提高到每人每月1820元和1110元；粤东西北地区困难残疾人生活补贴、重度残疾人护理补贴标准分别提高到每人每月175元和235元；全省特别是粤东西北地区保障城乡低保对象、建档立卡贫困人口政策范围内基本医疗救助比例达80%以上；城乡居民基本养老保险基础养老金最低标准从提高到每人每月180元，城乡居民基本养老保险覆盖率达98%以上。二是加强临时救助工作。疫情防控期间，启动社会救助和保障标准与物价上涨挂钩联动机制，向困难群众发放价格临时补贴资金20.28亿元，惠及群众1870万人次，缓解物价上涨对困难群众基本生活造成的影响。三是持续提升养老服务水平。投入4.17亿元，支持全省特别是粤东西北地区推进以居家为基础、社区为依托、机构为补充、医养相结合的养老服务体系建设，推动各地落实养老服务税收减免优惠和民办养老机构财政补贴政策，对经济困难的高龄、失能老年人给予补贴，支持政府购买养老服务。四是加强保障退役军人权益。投入26.98亿元，继续提高部分优抚对象等人员抚恤、医疗保障和生活补助标准；投入1.91亿元，支持退役军人教育培训和就业创业帮扶工作；投入4亿元，不断加大退役士兵安置工作支持力度，加快推进退役士兵社保接续工作。

加强基本住房保障。投入27.31亿元，支持改造城镇老旧小区1687个、新开工建设公租房465套、棚户区改造1.9万套；新建改建租赁住房1.3万套、盘活存量房源1.6万套、培育7家以上专业化、规模化住房租赁企业。

（十一）支持营造共建共治共享社会治理格局，推动建设更高水平的平安广东

统筹发展和安全，加大力度支持安全发展，投入公共安全、灾害防治与应急管理等相关支出348.14亿元。

支持深入推进“数字政府”建设。投入13.04亿元，完善省级一体化在线政务服务平台和粤东西北政务信息化基础设施，切实优化营商环境，提高政府治理能力现代化水平。

加强灾害防治和应急管理能力建设。一是聚焦地质灾害隐患综合治理。投入6.1亿元，支持落实地质灾害综合治理三年行动计划，全面推进地质灾害体系和治理能力现代化建设。2020年，全省共减少受威胁群众8万多人，成功预报地质灾害4起，避免人员伤亡95人，地质灾害造成的人员伤亡同比减少59%，直接经济损失同比下降74%。二是支持推进全省农村削坡建房风险排查工作。投入5000万元，完成全省共计5.62万处削坡建房风险点的排查，建立全省农村削坡建房风险点台账。三是积极保障应急管理和消防救援事业发展。投入1.65亿元，支持建立“1+1+1+N”省应急管理联合创新中心，构建贯穿省市县的一体化智能应急指挥系统；投入1亿元，支持开展安全生产应急救援体系建设、安全生产重大隐患治理及风险防控等，促进全省安全生产形势持续稳定好转；投入4000万元，支持提升欠发达地区政府专职消防队救援能力水平。

大力支持平安广东建设。一是加强社会治安防控体系建设。投入5.2亿元，推动扫黑除恶专项斗争、禁毒、社会治安防控体系建设等重点工作落实；投入3亿元，重点帮扶欠发达地区542家基层派出所升级建设，推动公安部门增强基层实力、活力和战斗力；投入3.6亿元，支持建设公安科技信息化，强化广东公安大数据智能化运用，推动构建现代化警务运行机制；投入125.31亿元，深化监狱管理体制改革，保障省属监狱和省属戒毒所正常运转，支持监管场所基础设施和信息化升级改造等工作。二是深化司法体制综合配套改革。投入107.28亿元，服务法检两院财物统管改革，完善诉讼费退付管理制度，健全司法人员职业待遇保障机制，重点支持两院基础设施建设和信息化建设，全省“科技法庭”实现全覆盖。三是推动实现公共法律服务全覆盖。投入3.26亿元，推动全面普法、社区矫正、村（社区）法律顾问工作，支持全省人民调解组织化解矛盾纠纷超40万件，办理法律援助案件超16万件。

2020年省级决算情况总体较好，财政管理工作再获国务院督查激励。同时，我们也清醒地认识到当前财政工作仍然面临不少困难和挑战：财政收入增速趋缓与财政支出刚性增长矛盾更加突出，财政资源统筹力度需持续加大，集中力量谋大事、干大事的长效机制有待进一步健全等。我们高度重视这些问题，将积极采取措施加以解决，不断提升我省财政预算管理水平。

广东省第十三届人民代表大会财政经济委员会关于广东省2020年预算执行情况和2021年预算草案的审查结果报告

（2021年1月26日广东省第十三届人民代表大会第四次会议主席团第四次会议通过）

广东省第十三届人民代表大会第四次会议审查了省人民政府提出的《广东省2020年预算执行情况和2021年预算草案的报告》及广东省2021年预算草案。会议期间，省人大财政经济委员会分别召开了全体会议和各代表团代表参加的预算审查座谈会，在对预算草案初步方案进行初步审查的基础上，根据各代表团和省人大各专门委员会的审查意见，对预算报告和预算草案作了进一步审查。现将审查结果报告如下：

一、2020年预算执行情况成效明显

2020年，面对世纪罕见的三重严重冲击叠加来袭，在以习近平同志为核心的党中央坚强领导下，我省各级人民政府及其财政部门坚持以习近平新时代中国特色社会主义思想为指导，认真贯彻落实党中央决策部署，按照省委工作要求，扎实推进“1+1+9”工作部署，落实积极财政政策更加积极有为，全力做好“六稳”工作、全面落实“六保”任务，有效助推经济高质量发展，为我省统筹推进疫情防控和经济社会发展做出了重要贡献。财政经济委员会认为，2020年全省和省级预算执行成效明显，省十三届人大三次会议关于预算的决议要求得到落实。同时，在预算执行和财政管理中还存在一些困难和问题，主要有：财政收入增速趋缓与财政支出刚性增长矛盾突出，税收收入占一般公共预算收入比重下降，中央财政直达资金和地方政府债券在使用管理方面有待进一步完善等。对此要高度重视，采取有效措施切实加以解决。

二、2021年预算报告和预算草案务实可行

财政经济委员会认为，省人民政府提出的2021年全省和省级预算草案，以习近平新时代中国特色社会主义思想为指导，全面贯彻党的十九大和十九届二中、三中、四中、五中全会以及中央经济工作会议精神，认真贯彻党中央决策部署，贯彻落实省委工作要求，加强财政资源统筹，坚持艰苦奋斗、勤俭节约，不断改善人民生活品质，深化预算管理改革，推进财政治理现代化。2021年预算草案符合预算法的规定，预算草案务实可行。建议省十三届人大四次会议批准省人民政府提出的《广东省2020年预算执行情况和2021年预算草案的报告》，批准2021年省级预算草案。

三、做好2021年预算执行和财政工作的建议

2021年是中国共产党成立100周年，是实施“十四五”规划、开启全面建设社会主义现代化国家新征程的第一年，做好全年财政工作意义重大、责任重大。要以习近平新时代中国特色社会主义思想为指导，全面贯彻党的十九大和十九届二中、三中、四中、五中全会以及中央经济工作会议精神，深入贯彻习近平总书记对广东系列重要讲话和重要指示批示精神，围绕落实总书记赋予广东在全面建设社会主义现代化国家新征程中走在全国前列、创造新的辉煌的使命任务，贯彻落实省委历次全会精神，坚持稳中求进工作总基调，立足新发展阶段，贯彻新发展理念，打造新发展格局战略支点，以推动高质量发展为主题，以深化供给侧结构性改革为主线，以改革创新为根本动力，以满足人民日益增长的美好生活需要为根本目的，坚持系统观念，巩固拓展疫情防控和经济社会发展成果，更好统筹发展和安全，抓住“双区”建设重大机遇，深入实施“1+1+9”工作部署，扎实做好“六稳”工作、全面落实“六保”任务，确保“十四五”规划开好局，以优异成绩庆祝建党100周年。为此，财政经济委员会提出以下建议：

（一）适应收支紧平衡状态，积极的财政政策要提质增效、更可持续

密切跟踪疫情态势和经济运行情况，及时研究完善相关财政政策，更好促进经济平稳运行。坚持节用裕民，坚决落实党政机关带头过紧日子要求，把节省下来的宝贵资金用于支持重点建设和民生改善。保持减税降费力度，巩固和拓展纾困政策成效，健全常态化财政资金直达机制，切实保障和提高政策措施落实的精准性、时效性。

（二）落实建立现代财税体制任务，进一步深化预算管理制度改革

完善标准科学、规范透明、约束有力的预算制度，进一步提高预算编制质量。强化预算刚性约束，严格规范预算调剂行为。深化全面实施预算绩效管理改革，规范绩效目标管理，加强事前绩效评估，加强绩效评价结果应用，强化跟踪问效问责。深化财政“放管服”改革，切实提高财政决策、管理和服务水平。

（三）保持适度支出强度，增强中央和省重大战略任务财力保障

优化财政支出结构，加强财政资源统筹，切实保障重大发展战略支出。大力支持深入推进“双区”建设、打造新发展格局战略支点建设；强化科技创新、乡村振兴、生态环保、文化强省、平安广东等关键领域、重点支出和重点项目支持力度；做实基本民生保障，加强普惠性、基础性、兜底性民生基础设施建设，促进重点群体多渠道就业，提高教育、医疗、养老、育幼等公共服务支出效率，切实做好“六稳”工作、落实“六保”任务。

（四）进一步健全省以下财政体制，加大财力下沉力度

进一步完善与“一核一带一区”相适应的省以下财政体制，加快缩小地区间基本公共服务水平差距，促进基本公共服务均等化、可及性。加快推进省以下财政事权与支出责任划分改革，增强基层公共服务保障能力；坚持“三保”支出在财政支出中的优先地位，建立长效保障机制，切实兜牢“三保”底线。进一步完善财政转移支付制度，加大对粤东西北地区财力支持，建立健全专项转移支付定期评估和退出机制，增强资金分配的科学性、合理性。

（五）坚持底线思维，加强地方政府债务风险防控

坚持“资金跟着项目走”原则，推动各级政府债券项目库建设和应用，加强债券资金绩效管理，切实提高资金使用绩效，更好发挥引导撬动作用，助力党中央重大决策部署落地见效。强化风险意识，完善常态化监控机制，坚决制止违法违规举债，抓实化解地方政府隐性债务风险工作，牢牢守住不发生系统性区域性风险的底线。严格落实向人大报告地方政府债务制度以及定期向社会公开制度，切实增强债务管理透明度。

广东省第十三届人民代表大会第四次会议关于广东省2020年预算执行情况和2021年预算的决议

（2021年1月26日广东省第十三届人民代表大会第四次会议通过）

广东省第十三届人民代表大会第四次会议审查了省人民政府提出的《广东省2020年预算执行情况和2021年预算草案的报告》及广东省2021年预算草案，同意省人民代表大会财政经济委员会的审查结果报告。会议决定，批准《广东省2020年预算执行情况和2021年预算草案的报告》，批准广东省2021年省级预算。

广东省人民代表大会常务委员会关于批准广东省2020年省级决算的决议

（2021年7月30日广东省第十三届人民代表大会常务委员会第三十三次会议通过）

广东省第十三届人民代表大会常务委员会第三十三次会议听取了省财政厅受省人民政府委托所作的《关于广东省2020年省级决算草案的报告》和省审计厅受省人民政府委托所作的《关于广东省2020年度省级预算执行和其他财政收支的审计工作报告》。会议结合审议审计工作报告，对广东省2020年省级决算草案及其报告进行了审查。会议同意省人民代表大会财政经济委员会提出的审查结果报告，决定批准2020年省级决算。

广东省2020年社会保险基金决算

（节选）

一、全省社会保险基本情况

截至2020年底，全省企业职工基本养老保险、机关事业单位基本养老保险、城镇职工基本医疗保险（含生育保险）、失业保险、工伤保险、城乡居民基本医疗保险和城乡居民基本养老保险总参保人数约达2.6亿人次。全年社会保险基金收入6390.7亿元，负增长23.2%；支出6322.07亿元（含净上解中央调剂基金），负增长0.2%；收支相抵，当年结余68.63亿元；滚存结余17156.94亿元，增长0.4%。各险种参保及基金运行情况如下：

（一）企业养老保险运行总体平稳

省级统筹以来，我省通过科学合理制定扩面征缴计划目标，进一步强化目标责任考核，压实压紧地方政府扩面主体责任，巩固缴费人数持续增加的态势。2020年底，全省企业养老保险缴费人数3755万人，比2019年底增加242万人、增长6.9%。

2020年，全省企业养老保险基金收入2877.22亿元，负增长28.9%，主要是落实中央为应对疫情出台的社会保险费阶段性减免政策；全省基金支出2889.71亿元（含净上解中央调剂基金645.71亿元），增长7.8%；当期结余-12.49亿元，滚存结余11701.47亿元。

（二）落实城乡居民基本养老保险基金市级管理改革

2020年7月1日起，各地级以上市实现全市以内制度标准、基金管理、基金征收、待遇支出、经办管理、信息系统“六统一”的基金管理模式，进一步强化基金管理，增强制度保障能力。

2020年底，全省城乡居民养老保险参保人数2667万人，增长0.9%，其中，缴费人数1131万人，减少1.8%；养老金领取人数901万人，增长2.9%。2020年，全省基础养老金最低标准提高到每人每月180元。全年全省基金支出265亿元，增长6.2%。

（三）机关事业单位基本养老保险工作深入推进

2020年底，全省机关事业单位养老保险参保人数321万人，增长4.4%。基金征缴收入672亿元，负增长48%。基金待遇支出963亿元，负增长31.6%。机关事业单位养老保险基金收支较上年变动较大，主要原因是2019年省部署各地开展准备期清算，以往年度资金清算收支较大，抬高了基数。

（四）失业保险进一步发挥促进就业作用

2020年底，全省失业保险参保人数达3603万人，增长2.9%。全年领取失业金人数53万人。围绕做好“六稳”工作、落实“六保”任务，聚力落实省委、省政府保居民就业工作安排，按时足额发放失业保险金等待遇，及时落实失业补助金政策，充分发挥失业保险保基本民生功能，做到应发尽发、应保尽保。大力实施失业保险稳岗返还政策，着力稳住企业、稳住经济，用好失业保险稳岗返还关键一招。全年基金总支出239亿元，增长118.8%。

（五）完善工伤保险实行省级统筹

2020年底，全省工伤保险参保人数3867万人，增长1.3%。根据国务院降低社会保险费率政策和应对疫情出台的减免社保费政策精神，我省继续实施阶段性降低工伤保险费率和阶段性减免工伤保险费，全省平均费率降低至0.16%，全年基金收入29亿元，负增长44%。基金支出72亿元，增长9.6%。

（六）医保待遇适度提高

2020年底全省医保参保人数达10991万人，总体参保率稳定在98%以上。其中，城镇职工基本医疗保险参保人数4465万人，城乡居民基本医疗保险参保人数6526万人。职工医保和城乡居民医保政策范围内住院支付比例分别为87%和76%；全省职工基本医疗保险基金收入1581亿元，支出1318亿元，年末基金当年结余263亿元，滚存结余3131亿元；全省城乡居民医疗保险基金收入625亿元，支出552亿元，年末基金当年结余72亿元，滚存结余534亿元。

（七）贯彻落实国家阶段性减免企业社保费政策

为有力应对疫情影响，纾解企业困难，推动企业有序复工复产，根据国家部署，我省出台阶段性减免企业社会保险费的相关措施。通过免、减、延、缓、保五大措施，将阶段性减免社保费与延期缴纳社保费和缓缴社保费等政策叠加使用，最大程度发挥政策减负效应。2020年2—12月全省共减免延缓企业养老、失业、工伤、职工医疗保险四项社保费2100亿元，为企业留出流动性资金，切实缓解企业的资金困难，有力帮助企业复工复产。同时，按照国家相关部署，我省继续实施阶段性降低工伤保险及失业保险费率政策，2020年该项政策为全省参保企业减少缴费成本约146亿元。

二、面临的问题和挑战

（一）参保扩面工作面临新挑战

近年来，我省工业不断淘汰落后产能，转型升级向高端化演进，用工少产出高、技术含量较高的高技术制造业和先进制造业发展良好，工业企业生产自动化程度不断提高，工业机器人普及应用程度显著提高。随着中美贸易斗争、外贸稳增长压力大、企业外迁转移、工业智能化水平提高等方面的新变化，我省就业空间受到挤压，预计随着我省产业转型升级、经济结构调整加快，规模以上工业企业的就业空间将有一定的压缩，从而导致未来参保扩面空间也将有一定程度缩窄，对参保扩面工作带来了挑战。

（二）社会保险基金省级管理提出新要求

目前，我省企业职工基本养老保险、工伤保险已实施省级统筹，失业保险、医疗保险省级统筹持续推进中，各项基金由省统一调度使用，服务下沉、基金上移，对省级管理提出新要求。主要体现在：一是随着省级统筹险种不断增加，省市之间的基金调拨规模不断扩大；调拨效率直接影响待遇发放；二是受实际管理模式限制，省市之间的基金调拨必须通过上下级往来核算，省市之间对账压力不断增加。

三、下一步工作计划

（一）持续深入推动扩面征缴工作

全面实施全民参保计划，加强数据动态管理和分析应用，借助信息技术手段提供方便快捷的参保缴费服务。聚焦灵活就业人员、农民工、快递、家政等重点群体，积极探索新业态从业人员失业保障等办法，分类施策，提升扩面的精准性。以实施阶段性减免社保费政策宣传为契机，提高企业参保积极性，推动实现应保尽保，切实增加基金征收收入。

（二）不断提高社会保险统筹层次和保值增值能力

一是进一步巩固完善企业职工基本养老保险省级统筹，严格贯彻落实国家关于企业养老保险全国统筹的部署，按时足额上缴中央调剂金。二是大力推进工伤保险基金省级统筹落实落地。三是按计划推进失业保险和基本医疗保险基金省级统筹，提高社会保险基金统筹层次，切实发挥基金共济功能，推动社会保险基金高质量发展。四是进一步扩大基金委托投资规模，探索委托投资收益新模式，提高基金保值增值能力。

（三）稳步提高我省社会保险待遇

我省社保待遇水平与经济发展水平不相适应，要抓紧出台完善企业养老保险过渡性养老金计发办法，稳步调整基本养老金计发基数，确保待遇平稳衔接。按照国家统一部署，提高城乡居民基本养老保险基础养老金最低标准。做好基本养老金、工伤伤残津贴年度调整。落实机关事业单位“中人”按新办法计发待遇。

附　录

Appendix

规范性文件

广东省省级财政社会科学研究项目资金管理监督办法

第一章 总 则

第一条 为贯彻落实中央和省关于科技领域“放管服”改革精神，进一步规范和加强我省省级财政社会科学研究项目资金（以下简称项目资金）的使用和管理，推动社会科学繁荣发展，参照《国务院关于优化科研管理提升科研绩效若干措施的通知》（国发〔2018〕25号）《广东省财政厅 广东省审计厅关于省级财政科研项目资金的管理监督办法》（粤财规〔2019〕5号）等规定，结合本省社会科学研究项目管理实际，制定本办法。

第二条 本办法适用于省级财政安排用于资助社会科学研究，促进社会科学学科发展、人才培养和队伍建设，以项目制方式由省项目主管部门立项或项目承担单位自主立项管理的资金。

第三条 项目资金管理，应当以出成果、出人才为目标，坚持以人为本、充分放权、明确职责、规范管理的原则。

第二章 职责分工

第四条 项目资金按照“谁使用、谁负责”原则，由项目承担单位和项目负责人自主管理使用并承担相应责任。

第五条 项目承担单位是项目资金管理的责任主体，自主管理使用本单位项目资金，具体职责包括：

（一）制定并完善本单位财务、资产、绩效评价等内部管理制度和实施办法。明确本单位项目预算调剂、间接费用统筹、劳务费人员费开支管理、绩效支出分配、结题财务审计、结余资金使用等管理权限和审核流程。

（二）负责预算审核把关，规范财务支出行为，建立岗位分离、内部约束的内部风险防控机制，完善项目资金使用监督检查和绩效评价。

（三）负责本单位项目资金监管，实行专账核算，定期向省项目主管部门报告项目实施情况。每年年底前应将科研资金的结余结转情况报省项目主管单位和省财政厅备案。因故终止或撤销的项目须及时向项目主管部门报批，并按要求退回财政资金。

（四）实行内部公开制度，定期公开科研项目预算、预算调整、资金使用、资金结余、科研成果等项目信息。

（五）建立科研财务助理制度，为科研人员提供专业化服务。

第六条 项目负责人是项目资金使用的直接责任人，对项目资金使用的真实性、合法性、合规性和相关性负责，具体职责包括：据实编制项目预算和绩效目标，对因故需终止实施的项目，须提出明确处理意见并及时报告项目承担单位。

第七条 省项目主管部门是本部门项目资金的分配和监管主体，具体职责包括：

（一）组织项目论证评审，编制资金分配方案和绩效目标。

（二）监督项目承担单位规范管理，指导完善项目管理、内控制度，适时开展项目管理自主权落实情况核查。

（三）加强绩效目标实现程度监控，督促项目承担单位及时使用资金，及时发挥财政资金效益。组织开展项目实施期末综合绩效评价，根据评价结果完善项目管理。

（四）对因故需终止实施的项目，核定剩余项目资金并提出明确处理意见报送省财政部门。对需收回省财政统筹使用的，配合省财政部门收回项目财政资金。

（五）落实科研诚信管理和联合惩戒机制，对严重违背科研诚信和科研伦理要求的项目承担单位和科研人员，会同相关部门实施责任追究，联合惩戒。

第八条 省财政部门根据项目主管部门编制的资金分配方案及时

拨付项目资金，不直接参与项目审批、管理，具体职责包括：

（一）制订省级财政社会科学研究项目资金管理办法。

（二）开展资金使用管理情况、项目使用绩效等监督检查，指导单位完善资金管理制度。

（三）及时收回经省项目主管部门确认需终止实施的项目财政资金。

第九条 省审计机关依法对省级财政社会科学研究项目资金的管理使用和绩效情况进行审计监督，具体职责包括：

（一）依照《中华人民共和国审计法》及其实施条例，根据年度审计计划安排或审计工作需要，开展项目资金管理使用和绩效情况的审计或审计调查。

（二）监督有关部门、项目承担单位或个人及时整改审计发现问题。

第三章 项目资金开支范围

第十条 项目资金支出是指在项目组织实施过程中与研究活动相关的、由项目资金支付的各项费用支出。项目资金分为直接费用和间接费用。

第十一条 直接费用是指在项目研究过程中发生的与之直接相关的费用，具体包括：

（一）资料费。在项目研究过程中需要支付的图书（包括外文图书）购置费，资料收集、整理、复印、翻拍、翻译、邮递费，专用软件购买费，文献检索费等。

（二）数据采集费。在项目研究过程中发生的调查、访谈、数据购买、数据分析及相应技术服务购买等支出的费用。

（三）会议费/差旅费/国际合作与交流费。在项目研究过程中开展学术研讨、咨询交流、考察调研（包含调查、走访）等活动而发生的会议、交通、食宿等费用，以及项目研究人员出国及赴港澳台、外国专家来华及港澳台专家来内地开展学术合作与交流的费用。

（四）设备费。在项目研究过程中购置设备和设备耗材、升级维护现有设备以及租用外单位设备而发生的费用。

（五）专家咨询费。在项目研究过程中支付给临时聘请的咨询专家的费用。专家咨询费不得支付给参与项目管理相关工作人员。

（六）劳务费。在项目研究过程中支付给参与项目研究的承担单位编制外研究生、博士后、访问学者以及项目聘用的研究人员、科研辅助人员等的劳务费用。

项目聘用人员的劳务费开支标准，参照当地从事科学研究和技术服务业人员平均工资水平以及在项目研究中承担的工作任务确定，其社会保险补助费用纳入劳务费列支。劳务费预算根据项目研究需要据实编制。

参与省社科项目并与项目承担单位签订劳动合同的编制外人员的工资性支出在劳务费中列支，确不具备签订合同或协议条件的，可按规定提供相关佐证材料。

（七）人员费。项目承担单位属事业单位的，可从直接费用中开支在编人员的工资性支出，用于补足财政补助标准与本单位实际发放水平之间的差额，并列入单位工资总额限额管理。

（八）印刷出版费。在项目研究过程中支付的打印费、印刷费、论文版面费及阶段性成果出版费等费用。

（九）其他支出。项目研究过程中发生的除上述费用之外的其他支出，应当在编制预算时单独列示，单独核定。

第十二条 间接费用是指承担单位在组织实施项目过程中发生的无法直接列支的相关费用，主要用于补偿承担单位为项目研究提供的现有仪器设备及房屋、水、电、气、暖消耗等间接成本和有关管理费用，以及激励科研及相关人员的绩效支出等。其中绩效支出纳入单位奖励性绩效单列管理，不计入单位绩效工资总量调控基数。

间接费用一般按照不超过项目资助总额的一定比例核定。具体比例如下：5万元及以下部分为40%；超过5万元至50万元的部分为30%；超过50万元至500万元的部分为20%；超过500万元的部分为13%。

第十三条 间接费用由项目承担单位统筹使用管理。项目承担单位应当处理好合理分摊间接成本和对科研人员激励的关系，根据科研人员在项目工作中的实际贡献，结合项目研究进度和完成质量，在核定的间接费用范围内，公开公正安排绩效支出，充分发挥绩效支出的激励作用。科研项目由多个单位承担的，间接费用在总额范围内由牵头单位与参与单位协商分配。

项目承担单位不得在核定的间接费用以外再以任何名义在项目资金中重复提取、列支相关费用。

第四章 预算的编制与审核

第十四条 项目负责人应当按照目标相关性、政策相符性和经济合理性原则，根据项目研究需要和资金开支范围，科学合理、实事求是地编制项目预算。收入预算按照从各种不同渠道获得的资金总额填列，包括省级财政资助的资金以及从项目承担单位和其他渠道获得的资金。

支出预算根据项目需求，按照资金开支范围和不同资金来源编列。项目直接费用中除设备费外，其他费用可只提供基本测算说明，不提供明细。合作研究资金应对合作研究单位资质及拟外拨资金进行重点说明。

第十五条 科学编制预算，合理安排资金。对于跨多年度的科研项目，资金安排应与科研项目进度相匹配，按进度分年度安排资金。

第十六条 跨单位合作的项目，确需外拨资金的，应当在项目预算中单独列示，并附外拨资金预算明细。间接费用外拨金额，由承担单位和合作研究单位协商确定。

第十七条 项目承担单位组织项目负责人根据批准的项目资助额度调整项目预算，并在收到资助通知之日起30日内完成审核，报省项目主管部门备案。

第五章 预算执行与决算

第十八条 项目资金可依据项目立项书和项目合同按规定直接拨付到项目承担单位账户管理使用。

第十九条 项目承担单位应对拨付至单位账户的项目资金实行专账管理，单独核算，专款专用，并对项目资金支出的真实性、合法性、完整性负责。由多个单位共同承担同一项目的，项目主承担单位应及时按预算和合同转拨合作研究单位资金，并加强对转拨资金的监督管理。

因项目负责人调动等因素导致项目主承担单位变更，原主承担单位应与变更后的主承担单位签订有关协议，明确责任义务，在报经省项目主管部门审批、省财政部门备案后，可由原主承担单位直接将经费拨付至变更后的主承担单位。

第二十条 科研财务助理为科研人员在项目预算编制和调剂、经费支出、项目资金决算和验收等方面提供专业化服务，有关费用纳入项目经费直接费用开支。

第二十一条 项目实施过程中，直接费用中各项费用的预算调剂可由项目承担单位自主办理，提高办理效率。项目承担单位应制定本单位项目预算调整管理办法，规范预算调整行为。

（一）项目负责人根据科研活动的实际需要，经项目承担单位批准后对直接费用中各项费用进行调剂。

（二）项目间接费用不得调增。

（三）项目预算总额不变，合作研究单位之间发生预算调剂，或者由于合作研究单位增加（减少）发生预算调剂的，应协商一致并重新签订合作协议后办理，并报省项目主管部门备案。

（四）预算调整情况应在结题验收报告中予以说明，并在项目承担单位内部公开。

（五）项目资金年度收入、支出和结转结余情况，需按要求编制决算，在部门决算中完整反映。

第二十二条 科研资金支出原则上应当通过银行转账、公务卡、支票等非现金方式结算。

对于不具备非现金方式结算条件、但科研工作实际需要发生的支出，报经单位内部审核批准可以使用现金结算。项目承担单位应当明确不具备非现金方式结算条件情形下的财务审批程序和报销手续，从严控制现金支出事项，减少现金提取和使用。

对于野外考察、数据采集等科研活动中无法取得发票或财政性票据的支出，在确保真实性的前提下，项目承担单位可按实际发生额予以报销。

第二十三条 项目在研期间，年度剩余资金可以结转下一年度继续使用。项目研究成果完成并通过审核验收后，结余资金留归项目承担单位使用，由项目承担单位统筹安排用于科研活动的直接支出。

第二十四条 对于因故被终止执行或未通过审核验收的项目的结余资金，以及因故被撤销项目的已拨资金，省项目主管部门应及时通知省财政部门收回项目财政资金，承担单位应当在接到有关通知后30日内按有关规定退回省财政。

第六章 监督管理与绩效评价

第二十五条 项目负责人应当依法依规使用项目资金，不得擅自调整外拨资金，不得利用虚假票据套取资金，不得通过编造虚假劳务合同、虚构人员名单等方式虚报冒领劳务费和专家咨询费，不得使用项目资金支付各种罚款、捐款、赞助、投资等。

项目负责人使用项目资金情况应当自觉接受有关部门的监督检查。

第二十六条 项目承担单位必须在单位内部实行项目公开制度，公开项目预算、预算调剂、项目决算、资金使用（重点是间接费用中的绩效支出、外拨资金、委托服务、结余资金使用）、研究成果等项目信息，接受社会监督。

第二十七条 省项目主管部门应建立健全对项目承担单位开展科研活动和科研资金管理的事中和事后监督机制，合理制定科研项目年度监督检查计划，在相对集中时间联合相关部门开展联合检查和抽查，避免重复检查、多头检查。

项目承担单位和项目负责人应主动配合省有关部门的检查与监督，及时完整提供相关数据资料（含电子数据资料），对于在项目实施期内已开展同类检查和审计活动的，及时提供检查结果和结论。

第二十八条 省财政部门对不按规定编制项目资金预算、不按规定使用资金、不按规定进行会计核算、不按规定报送年度收支报告、不按规定编报项目决算的，按照《中华人民共和国预算法》《中华人民共和国会计法》和《财政违法行为处罚处分条例》等法律法规处理。

对截留、挪用、侵占、虚报冒领项目资金的直接负责主管人员和其他直接责任人员，移送有关主管机关、单位处理；涉嫌犯罪的，依法移送司法机关处理。

第二十九条 省审计机关开展相关审计或审计调查时，可根据审计工作需要依法对社会审计机构出具的项目结题财务审计报告和其他相关审计报告进行核查或抽查，如发现社会审计机构存在违反法律、法规或者职业准则等情况的，移送有关主管机关依法追究责任。

对审计中发现的违反国家规定的财政收支、财务收支行为，在法定职权范围内作出处理、处罚决定或移送有关主管部门处理；涉嫌违纪违法的，移送有关机关、单位依纪依法追究责任。

第三十条 严格执行省级财政科研项目严重失信行为记录与惩戒有关规定，项目主管部门会同相关部门对严重违背科研诚信要求的行为实行终身追责。对严重违背科研诚信要求的相关科研人员、项目负责人及违反职业规范、职业道德的第三方中介机构按规定采取联合惩戒措施，按照科研项目管理相关规定记入诚信档案，并纳入科研活动黑名单。

第三十一条 任何单位和个人发现项目资金在使用和管理过程中或第三方中介机构在开展财务审计、项目申报咨询等活动中有违法违规行为的，有权检举和举报。

第三十二条 项目承担单位应建立项目资金的绩效管理制度，明确项目整体绩效目标和阶段性绩效目标，并选择可衡量的绩效指标，对项目开展定期跟踪监督，以及日常绩效目标实现程度跟踪管理。

第三十三条 省项目主管部门应开展部门绩效自评，可委托项目管理专业机构或具有资质的第三方中介机构，依据任务书在项目实施期末开展绩效评价。省财政厅对预算执行和绩效目标实现情况进行监控通报，组织开展重点绩效评价和抽查。

第三十四条 绩效评价结果作为项目调整、后续支持的重要依据，以及对相关研发、管理人员和项目承担单位、项目管理专业机构业绩考核的参考依据。

第七章 附 则

第三十五条 本办法由省财政厅会同省审计厅负责解释。

第三十六条 本办法施行前立项，项目执行期已结束、进入结题验收环节的项目，按照原政策执行，不作调整。

本办法施行前立项，尚在执行期内的项目，可按本办法执行。

第三十七条 本办法自印发之日起实施，有效期3年。《广东省财政厅关于省级财政社会科学研究项目资金的管理办法》（粤财规〔2018〕1号）同时废止。

（粤财规〔2020〕1号 广东省财政厅 广东省审计厅2020年12月31日发布）

媒体报道

广东财政“放管服” 全年预计为企业减负2578亿

新冠肺炎疫情发生以来，广东财政紧紧抓住“放管服”改革牛鼻子，持续深入推进预算编制执行监督管理改革，稳步开展财政事权和支出责任划分改革，简政减税降费并举，为各地各部门管好用好财政资金，服务疫情防控和经济社会发展提供重要支撑。

为减轻经济下行、新冠肺炎疫情等因素带来的影响，共克时艰，广东简政减税降费并举，为市场主体减负担，为群众办事增便利，进一步激发市场活力，释放内需潜力，有力支持推进疫情防控和经济社会发展。

对此广东省财政不折不扣落实国家各项减税降费政策，把更多资源让渡给市场主体，减轻企业、个人负担，促进疫情防控、拉动经济增长。其中，2月到6月对中小微企业及以单位形式参保的个体工商户阶段性免征减免企业养老、失业、工伤保险单位缴费，从2月到4月对大型企业减半征收，对享受减免政策后仍无力为职工缴纳社保费的用人单位可按规定延期缴纳；3月至5月底对小规模纳税人增值税征收率阶段性由3%降至1%；免征公共交通运输服务、生活服务、快递收派居民必需生活物资取得收入的增值税等。同时，在地方权限范围内做到能减则减、能免则免、能缓则缓，阶段性降低部分行政事业性收费项目的收费标准；对符合延期缴纳税款条件的困难企业依法延长不超过三个月的税款缴纳期限；对纳税确有困难的企业，依法合理予以减免房产税、城镇土地使用税；国有资产类经营用房对受疫情影响较大不能正常经营的民营承租企业免收第一个月租金，减半收取第二、三个月租金；鼓励其他物业持有人根据实际情况，适当减免租金，免租金两个月以上的企业，按免租金月份数给予房产税困难减免等。通过减免、缓征税费（含社保费）等措施，预计2020年将为全省企业减负2578亿元。

同时广东精简行政审批，便民利企。去年以来，广东财政本着“应减必减、该放就放”的原则，先后印发第一批“放管服”改革清单、大力压减省级权责清单事项，在政府采购、科研项目审批、基建项目工程进度款审核、国库集中支付等财政领域精简行政审批，降低民众办事的沟通成本、时间成本，为企业和民众创造了实实在在的便利。如，将非营利组织免税资格认定审核及社会团体、群众团体公益性捐赠税前扣除资格确认等2项下放至地市，方便社会组织“就地办、就近办”，把审批服务便民化落到实处；再如，特别是在疫情发生初期，广东建立政府采购、进口通关、资金拨付“绿色通道”，进一步简化采购审批流程，提高防疫物资采购效率，为打赢疫情防控阻击战提供了有力保障。

（2020年4月22日《人民晚报》，记者：李刚）

广东发行712亿元专项债券

5月12日上午，广东省成功发行专项债券712亿元，为统筹做好疫情防控和经济社会发展提供坚实保障和有力支撑。

本次广东发行专项债券，重点用于国务院常务会议规定的交通基础设施、能源项目、农林水利、生态环保项目、民生服务、冷链物流设施、市政和产业园基础设施等七大领域重大基础设施项目建设，同时积极支持地方公共卫生和防疫体系建设，加大应急医疗救治、公共卫生项目保障力度。

本次广东省安排专项债券178亿元用于广湛高铁、白云机场、珠江三角洲水资源配置工程、深中通道等重大项目资本金，涉及铁路、收费公路、机场、港口、水利和城镇污水垃圾处理等多个领域，有效发挥专项债券对投资的撬动作用，进一步带动社会资本加大投入。

为确保债券资金下达后能够尽快落实到项目上，尽早形成实物工作量发挥对经济的有效拉动，本次分配坚持“资金跟着项目走”的原则，对重点项目多、风险水平低的地区给予倾斜。广东省积极主动、提前谋划，省委、省政府专门召开会议研究，积极谋划部署额度分配、债券发行等有关工作，广东省人大常委会加开会议审议批准预算调整方案，广东全省各级精选优选500多个专项债券发行项目，做实做细发行各项准备工作。5月12日上午，广东省率先组织发行国家再提前下达专项债券。

近年，广东省积极创新地方债发行管理，不断推进发行管理规范化、法治化、市场化建设。本次债券发行备受市场关注，全场投标倍数高达17倍，并进一步实现多项创新。一是在全国首发新基建专项债券。广东省积极关注谋划新型基础设施项目建设，在融合基础设施、创新基础设施等方面选取城际轨道交通、重点实验室、智能交通设施、智能停车场等33个“新基建”项目，创新发行4支“新基建专项债券”合计86.6亿元；二是在全国首发水资源领域绿色政府专项债券。广东省进一步创新项目发行管理，发行全国首单水资源领域绿色地方政府专项债券27亿元，有力推动粤港澳大湾区重大水利工程——珠江三角洲水资源配置工程建设，将惠及湾区千家万户。三是广东地区首发分年还本模式专项债券。为增强本金偿还的灵活性，广东在2019年发行全国首单“含权”地方债的基础上，合理匹配项目资金需求，进一步创新债券本金偿还方式，首次发行分年还本模式专项债券16.5亿元，用于优质项目“佛山市城市轨道交通三号线工程”建设，确保分期项目收益用于偿债，平滑债券存续期内偿债压力。

（2020年5月12日《人民日报》，记者：李刚）

广东：稳步推进医疗卫生领域省以下财政事权与支出责任改革

广东省财政厅

按照中央有关省级政府合理划分医疗卫生领域省以下各级政府的财政事权和支出责任部署要求，广东积极探索，深入研究改革举措，坚持“划分更科学、财政可持续、权责相统一、促区域均衡、强省级责任”，明晰省以下各级政府的财政事权和支出责任，推动形成权责清晰、财力协调、标准合理、保障有力的医疗卫生制度体系和保障机制，取得初步成效。

明确界定范围层级，确定四方面11项事权内容

广东对标中央要求，体现本地实际，对医疗卫生领域事权进行梳理，进一步推进项目优化整合，将事权主要内容明确为公共卫生、医疗保障、计划生育、能力建设等四个方面11项，与中央提出事权相比，减少了只在中西部地区实施的计划生育“少生快富”补助及上划为中央财政事权的重大公共卫生服务两项事权，增加了地方公共卫生服务事权，包括国家明确的重大公共卫生服务未能覆盖的传染病、慢性病防控，以及省委、省政府已明确实施但未纳入基本公共卫生服务和重大公共卫生服务的公共卫生服务工作。11个事项当中，基本公共卫生服务、城乡居民基本医疗保险补助等8项事权，明确为省级与市县共同财政事权；医疗卫生机构改革和发展建设等3项事权，按照隶属关系分别明确为省级或市县财政事权；其他未列事项，按照改革的总体要求，结合事项特点具体确定财政事权和支出责任。

合理确定保障标准，落实到位可再提标

广东按照“既尽力而为、又量力而行”的原则，充分考虑区域间基本医疗卫生服务的公平性、当地经济社会发展水平和财政承受能力，实事求是、客观实际地确定保障标准，在不超越经济社会发展阶段的前提下兜牢基本民生保障底线。对于明确国家基础标准或省定标准的，市县政府可在确保标准全部落实到位的前提下提高保障标准，地区标准高于国家标准或省定标准的，按程序报上级备案后执行；对于暂不具备统一制定基础标准条件的，省提出原则要求并设立绩效目标，市县可结合实际自主制定本地区标准；对于根据隶属关系分别明确为省级财政事权或市县财政事权的，由省或市县分别制定标准。出台涉及重大政策调整等事项的，按程序逐级上报中央有关部门备案后执行。

完善支出分担机制，实行按比例为主分担方式

按照各项医疗卫生服务的受益范围和均等化程度，广东实行以按比例分担为主、以按项目分担和因素法确定为辅的支出责任分担方式。一是明确为省级与市县共同财政事权、由广东省统一制定标准的基本公共卫生服务、城乡居民基本医疗保险补助、农村部分计划生育家庭奖励扶助、计划生育家庭特别扶助等4项事权，省级与市县支出责任按照明确比例分档分担。二是明确为省级与市县共同财政事权、由市县自主制定本地区标准的医疗救助、地方公共卫生服务、卫生健康能力提升、中医药事业传承与发展等4项事权，省级财政根据各地工作任务量、绩效考核情况、地方财力状况等因素安排对市县的转移支付资金。三是按照隶属关系分别明确为省级财政事权或市县财政事权的医疗卫生机构改革和发展建设、卫生健康管理事务、医疗保障能力建设等3项事权，由同级财政承担支出责任。

实行分类分档补助，划分四档差异化承担支出责任

根据省委、省政府确定的“一核一带一区”功能定位，参照中央支持欠发达地区的做法，广东将全省市县分类分担从以往的大致区分两档调整为精细划分四档：第一档为原中央苏区、海陆丰革命老区困难县、少数民族县，精准定位“老少边穷”地区；第二档为除第一档以外的北部生态发展区和东西两翼沿海经济带，即粤东西北12市的市本级及县（市、区），以及肇庆广宁、封开、德庆、怀集4个山区县，惠州龙门县；第三档为珠三角核心区财力相对薄弱市县，即肇庆市本级及市辖区和四会市，惠州市本级及市辖区和博罗县，江门恩平、台山、开平、鹤山4个县级市；第四档为珠三角核心区其余市县，即广州、深圳、珠海、佛山、东莞、中山、江门7市的本级及市辖区（深圳市由中央直接补助）。分档充分考虑各地财力水平，省级对不同地区实行差异化承担支出责任，侧重向北部生态发展区和东西两翼沿海经济带倾斜，重点加大对“老少边穷”地区的支持力度，着力补齐民生短板，推动全省区域协调发展和基本公共服务均等化。对实行统一分类分档、按比例分担的事权，将省以上财政对一至四档地区的分担比例依次确定为100%、85%、65%、30%。差异化的分担比例设置，将支出责任更多地赋予财力相对较好的一级政府承担，促进各项政策资金保障足额落实到位，而且有利于缓解欠发达地区市县财政困难，帮助其履行“保工资、保运转、保基本民生”的底线责任。

强化省级支出责任，切实减轻市县财政出资压力

强化省级支出责任，提高省级财政补助比例及分担比例，加大对欠发达地区支持力度，减轻市县财政出资压力。一是提高省级财政补助比例。结合中央财政对广东省基本公共卫生服务等项目补助比例从约17%提高到30%的情况，在实施改革后，省级以上财政大幅度增加投入，切实减轻省以下财政配套压力，各地级以上市基本获益，县级财政负担大为减轻。二是提高省以上财政分担比例。省以上财政对一至四档地区的分担比例依次确定为100%、85%、65%、30%，对第一档“老少边穷”地区的补助比例达100%，对第二档北部生态发展区、东西两翼沿海经济带的补助比例提高到85%，均高于中央方案的第一档地区分担比例（中央对西部省份负担80%）。三是保留能力建设方面的过渡性政策。改革后，医疗卫生机构改革和发展建设按照隶属关系分别明确为省级财政事权或市县财政事权，由同级财政承担支出责任。但综合考虑广东省医疗卫生事业发展不均衡的实际情况，明确在深化医药卫生体制改革期间，省级财政继续对粤东西北地区推进公立医院综合改革、实施国家基本药物制度、提升基层医疗卫生服务能力等按规定给予补助。

发挥市县信息优势，调动基层干事创业积极性

在明确省级与市县财政事权和支出责任划分后，指导市、县推进改革，对财政事权和支出责任在省、市、县三级政府之间进行明确划分，调动和保护市县政府干事创业的主动性和积极性，激励市县政府发挥信息优势，满足当地居民对基本公共服务的多元化需求。为压实市县责任，明确各地级以上市政府要加大对区域内困难地区的转移支付力度，将适宜由更高一级政府承担的基本医疗卫生服务支出责任上移，避免过多增加基层政府支出压力，同时要求各市、县（市、区）切实落实本级财政医疗卫生投入责任，在充分考虑当地经济社会发展水平和财政承受能力的基础上，合理确定医疗卫生领域各类财政事权的地区标准，完善动态调整机制，确保财政可持续。

改革取得初步成效

科学明确了权责。按照“谁的财政事权、谁的支出责任”原则，明确界定省以下财政事权支出责任，有利于地方合理安排医疗卫生事业发展项目资金，避免部门盲目要求上级支持，承担下级应该承担的支出责任。

有效稳定了预期。基本公共卫生服务、城乡居民基本医疗保险补助、农村部分计划生育家庭奖励扶助、计划生育家庭特别扶助等4个事项实行统一的分档分担办法，稳定了各地预算编制预期，减少财政政策的不确定性，提高财政透明度。

减轻了市县负担。改革着力向欠发达地区倾斜，并最大限度免除中央苏区、革命老区和少数民族县的支出责任，并确保全部地市获益。改革后，城乡居民基本医疗保险市以下财政补助资金占比将下降9.18%，基本公共卫生服务市以下财政补助资金占比将下降20.38%。

（《中国财政》2020年第2期）

广东：加快专项债券发行使用有力有效促投资稳增长

广东省财政厅

加快发行使用专项债券，是规范地方政府举债融资的重要举措，具有十分重要意义。2018年的中央经济工作会议和2019年《政府工作报告》对增加地方政府专项债券规模、加快专项债券发行使用作出明确部署，广东省委、省政府坚持把管好用好专项债券，作为贯彻落实党中央、国务院“六稳”工作部署的一项重要举措，摆在十分重要的位置来抓，专项债券发行使用工作呈现“重视程度高、发行快、储备足、支出实、见效早”五大特点。省领导高度重视，多次研究部署相关工作，由省长担任政府性债务管理领导小组组长，加强组织领导，统筹谋划专项债券全面工作。省财政厅认真贯彻落实省委、省政府工作部署，切实履行政府债券管理职责，把新增债券工作抓实抓细；从2019年1月启动，到7月初即完成全年1815亿元专项债券发行任务。加强项目储备，形成储备一批、安排一批、建设一批、竣工一批的良性循环。压实支出责任，截止到2019年10月底全年专项债券资金已100%支出拨付到项目。推动尽快形成实物工作量，75%的专项债券安排用于在建续建项目建设，能够尽快形成有效投资，为稳投资、促进形成国内市场提供有力支撑。

坚持筑牢基础，做实做细项目储备是前置条件

广东把做实做细项目储备库作为加快专项债券发行使用的重要抓手，始终坚持“项目制”分配思路，按照“钱跟项目走，兼顾各地负债情况”的总体要求，2019年在举债空间内实现省定重点项目资金需求、土地储备资金需求、棚户区改造项目资金需求“三个有求必应”。通过建立健全跨部门协调机制，加强项目储备库建设，推动项目滚动接续，始终保持有效投资力度。

一是“批次滚动”储备重大项目。统筹调动各地市、各厅局合力，分领域储备符合专项债券条件的重大项目。加快项目审批进度，推动实现重大项目库按月更新、动态调整。

二是“优先支持”在建续建项目。优先选择前期手续完备、具备施工条件或已经施工项目，精准测算项目分年债券资金需求，与专项债发行节奏和规模相匹配。

三是“保质保量”严格审核把关。坚持以不发生债务风险预警为底线，组织各级财政部门加强新增债券需求的合规性审核和风险把控，既有力保障重点需求、促进有效投资，又牢牢守住风险红线、明确负面清单。

坚持创新探索，规范有序组织发行是关键一环

新增债务限额下达后，广东抓紧完成法定审批程序，研究制订发行计划，合理把握发行节奏和发行规模，广东地区（不含深圳）于2019年6月17日在全国省级政府中率先完成2019年全年新增债券发行任务。同时优化发行项目组合与债券期限结构，切实降低融资成本，并探索创新专项债券发行。相关工作得到了李克强总理批示肯定。

一是利率更低，1—8月全省新增专项债券平均发行利率3.43%，比上一年降低28个基点。

二是期限更长，2019年全省共发行10年期及以上“长期限”式专项债券866.5亿元、占47.7%，加权平均期限8.4年、同比拉长2年。

三是发行方式创新。创新集合发行粤港澳大湾区概念五大领域的“项目包”式专项债券500.9亿元；创新发行全国首单“3+2”年期含权“可赎回”式专项债券20亿元；试点通过商业银行柜台发行专项债券22.5亿元，柜台发行量在全国最大；深圳市首次发行分年偿付本金债券。

坚持使用效益，加快资金支出使用是必然要求

建立健全考核通报、挂钩分配和调度库款机制，加快资金拨付进度，多措并举加快支出使用。

一是严格支出进度要求，在债券发行后3个工作日内办结转贷工作，避免债券资金“沉淀”“趴账”。

二是实行“一周一报、月度通报”制度，对支出进度滞后的地区和部门及时督办约谈。

三是建立资金支出与额度分配挂钩机制，对支出进度较快的地区予以适当倾斜，对未及时支出地区，按程序收回债券资金并扣减下年度分配额度。

四是用好库款垫付政策，允许有条件地区抢抓施工黄金期，先行调度库款用于项目基础准备工作，发行后第一时间全额归垫。

坚持结果导向，推进项目实施建设是重中之重

把加快形成实物工作量作为专项债发行使用的重中之重，注重调动发挥各部门合力，采取联合会商解决项目堵点、联合勘查督促加快施工等方式，及时跟进项目进展、协同解决建设中的实际问题，推动资金、手续、建设紧密高效衔接，尽快形成实物工作量，确保早发力、早落地、早见效。2019年发行的专项债券中，超过60%投入稳投资、补短板领域，拉动有效投资成效显著，推动全省前三季度固定资产投资增长11.3%，同比提高1.1个百分点，增速居全国第2位。

（《广东财政》2020年第3期）

迎战疫情　科教文战线在行动

广东启动财政应急预案保疫情防控“五到位”

广东省财政厅近日制定了《广东省新型冠状病毒感染的肺炎疫情防控财政应急预案（试行）》（以下简称“预案”），要求切实做好应对疫情的财政收支政策、资金拨付、应急采购、后期处置、监督检查、总结评估等财政应急保障工作，切实做到工作部署到位、经费保障政策落实到位、预算安排到位、资金拨付到位、监督管理到位。

财政应急预案和工作机制启动后，全省各级财政部门进一步增强了政治责任感、使命感和紧迫感，立足职责，加强统筹谋划，全力做好疫情防控经费保障和资金监督管理工作。

首先，迅速建立组织指挥体系和工作机制。在省委、省政府及省疫情防控指挥部统筹指导下，省财政厅第一时间成立了由厅党组书记、厅长任组长的省财政厅防控新型冠状病毒感染的肺炎疫情工作专班，统一指挥省级财政应急保障工作；迅速启动突发公共卫生事件省财政应急保障工作机制，落实值班和联络员机制、应急保障工作机制、统计报告和信息传递机制，加强沟通和协调，以急事急办、特事特办为原则，按照职责分工和时限要求落实疫情防控各项应急保障工作任务；积极指导各地结合实际制定完善相关预案和工作机制，共同做好防控新型冠状病毒感染的肺炎疫情财政应急保障工作。

其次，明确应急保障措施。针对预案确定的四种情形，明确可同时采取或部分采取财政收入、财政支出、资金快速拨付等应急保障措施。在财政收入政策上，因执行税收、行政事业性收费、政府性基金优惠（减免）政策而减少的财政收入，原则上按照现行财政管理体制负担，对减收影响重大的财政困难地区，上级财政可给予适当补助，并积极向中央申请补助；在财政支出政策上，根据中央关于做好新型冠状病毒感染的肺炎疫情医疗保障、经费保障等政策，结合全省实际，及时研究制定经费保障措施，所需资金按规定多渠道筹集保障到位；在资金快速拨付上，各级财政安排新型冠状病毒感染的肺炎疫情防控经费，按照急事急办、特事特办原则进行拨款，确保疫情防控资金及时到位。

最后，推进疫情防控采购便利化。省财政厅及时转发《财政部办公厅关于疫情防控采购便利化通知》，明确全省各级国家机关、事业单位和团体组织使用财政性资金采购疫情防控相关货物、工程和服务的，应以满足疫情防控工作需要为首要目标，建立采购“绿色通道”，采购进口物资无需审批。

要求各采购单位建立健全紧急物资采购内控机制，确保采购时效，提高采购资金的使用效益，保证采购质量，并做好采购文件和凭据的管理、留存备查。

据统计，截至2月3日，全省各级财政部门（含中央财政补助）共落实防疫资金45.82亿元，对医疗救治、疫情防控人员补助及统筹医疗物资保障等方面工作给予强力支持，为打赢疫情阻击战提供坚实的财政保障。

（2020年2月6日《中国财经报》，代兰兰）

广东：用好党的基层组织建设保障经费开展疫情防控

近日，广东省财政厅、中共广东省委组织部联合印发新型冠状病毒感染的肺炎疫情防控期间用好党的基层组织建设保障经费通知，要求通过挖潜拓宽经费用途，加快经费下达和报销，激励引导基层党组织和党员勇担当敢作为，指导全省各地农村、社区、社会组织、非公有制经济组织等广大一线基层党组织用好党的基层组织建设保障经费开展疫情防控。

一是扩用途，切实保障疫情防控需要。通知明确，在疫情防控期间，除现有文件规定的用途外，各地农村、社区、社会组织、非公有制经济组织等基层党组织可充分利用财政安排的村（社区）办公经费、村党组织服务群众专项经费、“两新”组织党员活动经费、“两新”组织区域党委工作经费等党的基层组织建设保障经费，可用于支持基层党组织开展疫情防控工作（包括购买疫情防控有关药品、物资等）以及做好疫情防控宣传教育工作等，为基层疫情防控工作提供有力保障。

二是快拨付，确保资金尽快到位见效。目前，省级财政已安排下达2020年党的基层组织建设保障经费省级补助部分，其中可用于基层疫情防控的额度达19.56亿元。通知要求市县和省直有关单位尽快将各级补助经费下拨到位，可先行将省级补助部分下拨至农村、社区、社会组织、非公有制经济组织等基层党组织，助力其防控工作。同时，各乡镇（街道）在确保经费报账内容真实和审批程序合规的基础上，开通“绿色通道”从速办理，确保各基层党组织防控工作不断档。

三是强担当，发挥基层党组织作用。通知强调，作为党的基层组织建设保障经费的使用主体，各基层党组织要以保证人民群众的生命安全和身体健康为己任，投身到基层疫情防控阻击战中，切实发挥经费效益。充分发挥基层党组织战斗堡垒作用和党员先锋模范作用，为坚决打赢疫情防控阻击战做出应有贡献。

（2020年2月13日《中国财经报》，代兰兰）

广东对防控疫情所需药品医疗器械产品注册费执行“零收费”

近日，广东省发展改革委、财政厅联合印发通知，明确自2020年1月1日起，对疫情期间纳入广东省防控新冠肺炎疫情所需药品、医疗器械应急审批程序的药品、医疗器械产品免征药品、医疗器械产品注册费。

通知同时明确，药品监督管理部门对执行零收费的药品、医疗器械产品注册时，不得在审评、现场检查过程中再向药品、医疗器械产品注册申请人收取本通知之外的其他任何费用。

与财政部、国家发展改革委近日发布的《关于新型冠状病毒感染的肺炎疫情防控期间免征部分行政事业性收费和政府性基金的公告》不同的是，广东省此次出台的政策还规定，疫情结束后，对在疫情防控期间有效的药品、医疗器械产品，申请企业再次申请相同行政许可事项的，其注册收费标准仍按照“零收费”政策执行。广东此次出台的政策是对国家政策的补充，体现了广东在深入贯彻国家减费政策基础上对企业更大的扶持与关怀。

（2020年2月24日《中国财经报》，代兰兰）

广东“三加强”保障学校疫情防控经费

日前，广东省财政厅联合省教育厅研究制定了学校疫情防控经费保障政策，加强统筹安排、拨付使用、政策指引，通过加大对疫情防控重点区域学校的支持力度、建立疫情物资采购“绿色通道”等举措，全力支持学校疫情防控工作。

一是加强统筹安排，形成经费保障合力。结合疫情防控实际情况，进一步优化教育支出结构，统筹安排中央和省级财政教育转移支付资金，视情况适当加大对疫情防控重点区域学校的支持力度。高度关注农村地区、边远地区的薄弱学校、小规模学校疫情防控经费保障情况，对年度预算安排资金难以保障的学校，实行“特事特办”，给予专项补助支持。对已提前下达的中央和省级财政教育补助资金，明确各级部门和学校可根据相关资金管理办法和疫情防控实际，安排用于学校必要的疫情防控物资设备采购支出。省财政在分配下达剩余2020年中央和省级相关教育转移支付资金时，将视情况向疫情防控重点市县倾斜。

二是加强拨付使用，提高资金拨付效率。有序规范组织资金调度，落实应急值守安排，加快资金拨付效率，确保学校疫情防控资金及时足额拨付到位。同时，按照疫情防控采购便利化要求，建立疫情物资采购“绿色通道”，实行紧急采购，并强化资金使用监管，确保资金用在刀刃上。

三是加强政策指引，完善学校保障方案。配合教育部门根据各个学校实际情况，研判资金需求，指导学校研究制定疫情防控工作具体经费保障方案，统筹用好财政资金、学校自有资金和社会捐赠等各渠道资金。明确要求学校在使用教育经费时，应优先保障疫情防控、医疗救治、后勤保障等所需物资需求，保障学校开展在线教学组织与管理的需要，发挥信息化手段在疫情防控上的独特作用，确保学校疫情防控工作有序开展。督促严格落实各项学生资助政策，做好家庭经济困难学生的疫情防控帮扶工作。推动增强科技力量，要求有关高校统筹安排经费支持保障疫情防控的科技攻关。

（2020年2月27日《中国财经报》，代兰兰）

广东：支付电子化确保疫情防控资金及时拨付到位

新冠肺炎疫情爆发以来，广东省各级财政部门迅速行动，充分利用省级电子支付改革成果，实现“全天候、不出门、不接触”的实时财政支付保障服务，确保各项疫情防控资金及时拨付到位，助力广东打赢疫情防控阻击战。

生命重于泰山，疫情就是命令，防控就是责任。新冠肺炎疫情爆发以来，广东省各级财政部门迅速行动，把疫情防控工作作为头等大事，以坚决落实广东省疫情防控指挥部的部署要求为抓手，充分利用省级电子支付改革成果，实现“全天候、不出门、不接触”的实时财政支付保障服务，确保各项疫情防控资金及时拨付到位，助力广东打赢疫情防控阻击战。

广东省本级：“快”字当头见实效

■广东财政充分利用省级电子支付改革成果，实现“7\24”全天候、不出门、不接触实时财政支付保障服务，确保各项疫情防控资金及时拨付到位，助力广东打赢疫情防控阻击战。

新冠肺炎疫情防控工作开展以来，广东财政充分利用省级电子支付改革成果，实现“7\24”全天候、不出门、不接触实时财政支付保障服务，确保各项疫情防控资金及时拨付到位，助力广东打赢疫情防控阻击战。

响应快，建立高效疫情防控应急拨款机制。生命重于泰山，疫情就是命令，防控就是责任。疫情发生后，广东财政迅速响应，立即建立疫情防控应急拨款机制，以“战时状态”把财政资金支付工作落细落实落到位。领导带头值班，党员冲在前，应急拨款人员随时待命，对财政安排的各类疫情防控资金即收即办。同时，加强统筹配合，及时协调春节放假期间人民银行和相关商业银行做好资金支付和清算等工作，主动跟进服务疫情支出预算单位，建立预算单位应急支付工作联络机制，想部门之所想、急部门之所急，及时响应和解答预算单位用款问题，确保每一笔防疫应急资金拨款均在1小时内落实到位。

办理快，坚持急事急办确保每笔资金及时办理。在疫情防控期间，广东财政积极主动作为，同时间赛跑，按照“点对点，马上办”的原则，相关经办人员做到每一项财政资金一下达就立即办理拨付手续，确保每一笔资金都及时办理。截至目前，省本级通过国库集中支付业务办理疫情防疫资金约6亿元，有力支持各部门各单位及时采购和生产医用防护服、口罩等疫情防控急需医疗物资，保障医用物资和生活物资及时供应，助力科研机构加紧开展病毒防御科研攻关，支援湖北和武汉防疫工作。

支付快，构建科学财政资金支付流程体系。近年来，广东财政积极推进省本级电子支付改革，实现与预算单位、代理银行、人民银行全面上线电子支付改革。在本次疫情中，广东财政充分发挥省本级优势，主动协调有关代理银行春节期间开通自助柜面业务系统，让预算单位“足不出户”即可通过自助柜面完成支付，真正实现疫情防控资金“随时办，随时支，支付不出门”。1月25日（大年初一）下午5点，广东省疫情预防控制中心通过自助柜面迅速办理第一批采购支付，有力保障了该中心春节期间应急试剂耗材、防护服和口罩等防护物资采购。2月7日晚上10点，省科技厅通过自助柜面紧急支付科研经费，为广东省快速启动新冠肺炎研究提供了有力支持。

广州市：支付电子化确保疫情防控工作全面开展

■疫情发生以来，广州市财政快速响应、迅速行动，快速筹集下拨抗疫资金，保障全市疫情防控工作的全面开展。

财政支付电子化，是有效打通抗疫资金的快速通道。疫情发生以来，在党中央国务院和省委省政府的统一部署下，广州市财政快速响应、迅速行动，快速筹集下拨抗疫资金，保障全市疫情防控工作的全面开展。

“快”速响应，开设支付绿色通道。1月23日，广州市财政局迅速成立局防控疫情工作领导小组和春节期间应急防控工作专班。广大财政干部第一时间响应号召，急疫情之所急，放弃了春节假期和家人团聚，主动要求返回工作岗位，各环节岗位人员随时待命，及时启动了财政、人民银行和代理银行三方应急协调机制，开设疫情防控资金支付绿色通道，确保防控资金在第一时间、以最快速度拨付用到疫情防控工作的一线。

“准”确及时，保障疫情防控经费准确下达。随着新冠肺炎疫情的不断持续，充分保障和及时准确下达疫情防控资金是财政人最大的责任。广州市财政局利用国库集中支付电子化平台，电子化系统化衔接各个业务管理环节，开通业务短信提醒功能，实现支付业务即到即审、资金即时拨付，保障资金支付安全高效、准确无误。截至3月5日，全市安排拨付疫情防控相关经费12.2亿元。

“稳”固防疫，资金线上跑。疫情防控资金申请、审核、拨付全环节线上办理，财政、国家金库、代理银行三方的凭证、报表、对账业务等无纸化报送，财政资金电子支付数据实时传输，真正实现“信息多跑路，人员少跑腿”，有效避免防疫资金支付过程中工作人员接触感染的风险。如1月26日，广州市财政局在接到需要向广州医药公司拨付应急采购经费的通知后，在短短两小时内就将3000万元应急采购经费拨付到位。

汕头市：以最快速度支付疫情防控资金

■汕头市财政局利用电子化支付迅速开通疫情防控资金支付的“快速通道”，确保疫情防控经费及时快速到位。

为更好地服务新冠肺炎疫情防控工作，汕头市财政局利用电子化支付迅速开通疫情防控资金支付的“快速通道”，确保疫情防控经费及时快速到位。截至3月4日，汕头市累计投入各级财政资金18030万元。

即时办理，快速拨付。汕头市财政局在春节期间取消休假，积极协调代理银行全力配合有关工作，实现授权支付的资金24小时全天候即时办理，确保资金不在各流转环节滞留，以最快速度到达使用单位。因人民银行资金清算时间限制造成无法按时清算的，由市财政局协调代理银行进行垫付，并按相关规定统一承担垫付资金利息。

放宽条件，取消限额。对符合防控采购便利化政策的政府采购资金，汕头市财政局进一步放宽防控资金支付条件，支付单位可通过财政授权支付方式办理支付，且不受支付金额限制。

简化手续，减少审核。汕头市财政局进一步优化防控物资购买支付流程，相关单位可直接通过财政授权支付零余额账户划转资金，无需再通过直接支付审核。

线上支付，避免聚集。按照“安全、规范、快捷、高效”的原则，汕头市财政局大力推行国库集中支付线上办理，利用网络信息技术和安全控件，要求各单位尽可能采取财政授权支付自助柜面系统、财政直接支付无纸化申请渠道办理业务，支付给个人相关款项启用电子批量支付功能，实现“足不出户”办理相关支付业务，努力将疫情传播影响降到最低。

惠州市：迅速建立财政资金拨付“绿色通道”

■惠州市财政局迅速建立财政资金拨付“绿色通道”，确保疫情保障资金快速安全到位。

新冠肺炎疫情爆发以来，惠州市财政局按照“特事特办、急事急办”的原则，着眼打赢疫情防控阻击战，迅速建立财政资金拨付“绿色通道”，确保疫情保障资金快速安全到位。

未雨绸缪，资金“先预付”。首先做到思想准备“先预付”，惠州市财政局提前谋划疫情防控资金拨付准备工作，提前研究如何建立资金拨付“绿色通关”等问题；保障资金“先预付”，惠州市财政局在全省启动重大突发公共卫生事件一级响应之前，开通资金拨付“绿色通道”，并于1月22日通过电子支付系统快速预安排惠州市第一笔疫情防控经费300万元，为疫情防控工作迅速开展提供坚强有力的资金保障。

资金速拨，抗疫“零拖延”。惠州市财政局主动对接卫健、工信、医保等市直有关部门以及县区财政局，及时了解资金需求，建立资金最低保障线机制，确保资金保障走在前面；主动对接人民银行和代理银行，确保财政资金及时支付和清算。同时，建立横向到边纵向到底联动机制，实现资金支付的快捷迅速。

安保彰显，安全“零差错”。支付电子化在这次疫情前呈现出“两个安全”：一是资金安全，支付电子化最大程度实现从人工核对到计算机自动控制的转变，有效消除财政、人行、代理银行间信息不对称的现象，改变原有纸质申请可能存在的丢失、涂改等风险，全面提升了资金安全保障能力。二是人员安全，在整个资金支付过程中，涉及的部门和经办人员全程无需碰面无需接触，面对电脑点击鼠标即可完成支付全流程，最大程度减少了各个资金支付环节工作人员的流动。

渠道畅通，全市“一盘棋”。惠州市于2018年初启动支付电子化改革，9月市本级预算单位的授权支付和直接支付电子化业务正式上线，并随即启动辖区内7个县区的系统建设；2019年底市县全部上线，率先成为全省第一个市县全面支付电子化的地级市。惠州市支付电子化全面上线在本次抗击疫情中发挥“及时雨”作用，从根本上解决了人工跑单、人工审核导致效率低下、安全系数不高等问题，充分发挥了“让数据多跑路，让群众少跑腿”的优势。截至3月5日，惠州市已下达疫情防控资金21815.01万元，通过支付电子化第一时间将资金安排到有关部门，助力财政打赢疫情防控整体阻击战。

（2020年3月12日《中国财经报》，广东省财政厅供稿）

广东“三个一”守好百姓“菜篮子”

小小“菜篮子”，民生“大工程”。广东省财政厅充分运用财政政策工具，在已有的保障民生措施的基础上，通过“三个一”，用实际行动守好百姓“菜篮子”，努力把新冠肺炎疫情对农产品购销的影响降到最低，为疫情防控取得最后胜利提供坚实的物质保障。

出台一个政策，加减并用支持“菜篮子”稳产保价。省财政厅牵头转发财政部、农业农村部关于切实支持做好新冠肺炎疫情防控期间农产品稳产保供工作的通知，通过一“加”一“减”的措施，让百姓的“菜篮子”满起来。一方面，加大农产品冷藏保鲜支持力度，明确市县要积极利用中央农业生产发展资金和省级下拨涉农资金，支持家庭农场和农民合作社完善田间地头冷藏保鲜设施，重点用于清洗分级、预冷包装、烘干脱水等乡镇和村级仓储保鲜基础设施建设。另一方面，减免农业信贷担保相关费用，明确自2020年2月14日起至12月底，省农担公司对受疫情影响较大的相关新型农业经营主体符合“双控”范围的新增政策性担保业务，减半（即按0.5%—0.75%）收取担保费。

制定一个方案，三项补助打破农产品滞销困境。为解决疫情防控期间该省家禽、水产品和蔬菜瓜果积压滞销问题，省财政厅抓住农产品收储这个重要环节，主动会同有关部门研究制定相关补助政策，通过三方面补助鼓励相关经营主体加大收储力度，解决农产品滞销难题。一是对2020年2月14日起至疫情防控结束期间，收储本省养殖（种植）的家禽10万只以上、水产品10吨以上、蔬菜瓜果100吨以上的本省收储企业进行奖补。二是对家禽收储每只奖补2元、水产品收储每吨奖补1000元、蔬菜瓜果收储采购每吨奖补200元。三是根据各地最低收储量，省财政按因素法将奖补资金分配下达各市。

落实一个机制，特事特办确保资金及时拨付使用。为确保新冠肺炎疫情防控财政资金及时到位，省财政厅及时拨付“菜篮子”奖补资金1.2亿元，督促市县严格做好奖补资金的分配管理，加快拨付使用和统筹用好相关资金落实到具体项目，全力支持做好农业恢复生产和农产品稳产保供。同时，明确省级下达的涉农资金，市县在完成考核任务基础上，可统筹用于农产品稳产保供工作。

（2020年3月16日《中国财经报》，代兰兰）

广东统筹财政金融政策保防疫促发展

日前，广东省财政厅会同有关部门制定系列财政金融政策措施，支持疫情防控和经济社会平稳发展。

一是强化疫情防控重点保障企业资金支持。对国家和省确定的疫情防控重点保障企业，在人民银行专项再贷款支持金融机构提供优惠利率信贷支持的基础上，按企业实际获得贷款利率的50%进行贴息，贴息期限不超过1年。截至2020年3月9日，全省疫情防控重点保障企业共获得优惠贷款213亿元。

二是加大政府性融资担保机构政策支持。落实各级政府性融资担保、再担保机构取消反担保要求，降低担保和再担保保费，对疫情防控相关领域重点企业及受疫情影响较大的行业，新增融资担保业务收取的担保费率不超过1%。省再担保公司对纳入国家融资担保基金支持范围的融资担保业务免收再担保费。省农担公司对受疫情影响较大的新型农业经营主体符合“双控”范围的新增政策性担保业务减半收取担保费。建立降费补助和代偿补偿机制，对省再担保公司纳入国家融资担保基金授信范围的代偿损失给予50%的分担补偿，对省农担公司政策性担保业务给予3%的业务奖补，对符合条件的小微企业融资担保业务给予0.5%的降费补助。发挥中小企业信用担保代偿补偿资金引导作用，对纳入省再担保范围的中小企业融资担保业务给予风险补偿。

三是降低中小微企业融资成本。设立中小微企业信贷风险补偿资金，引导金融机构加大对中小微企业融资支持，提高中小微企业资产抵押率和首次获贷能力。建立“中小微企业小额票据贴现中心”，支持中小微企业小额商业汇票贴现，缓解中小微企业经营资金紧张难题。安排科技与金融资金支持科技型中小企业信贷业务，鼓励银行开展科技信贷特色服务，创新外部投贷联动服务模式。加大企业出口风险保障，对中小微企业出口信用保险保费给予最高80%的补贴支持。支持“中小企业融资平台”建设，开通中小企业疫情应对金融服务专区和“绿色服务通道”，统筹扶持中小微企业专项资金为贷款企业提供贴息和风险补偿服务。推动供应链核心企业支持中小微企业应收账款融资，构建供应链上下游企业互信互惠、大中小企业协同配套发展生态环境。支持民营企业上市融资、到新三板挂牌、到区域性股权市场直接融资，帮助解决民营企业融资难融资贵问题。对专精特新等中小微企业在一定期间内获得商业银行贷款并实际发生的利息支出进行贴息，降低企业融资成本。

四是加大个人和小微企业创业担保贴息支持。对符合条件的劳动密集型和科技型小微企业，给予最高500万元，最长3年的担保贷款，按贷款基础利率的50%给予贴息。疫情防控期间，对已发放的个人创业担保贷款，借款人患新冠肺炎的，可以向贷款银行申请展期还款，展期期限原则上不超过1年，财政部门继续给予贴息支持。因疫情影响经营受损，在疫情防控期间未能及时还贷的，借款人可在疫情解除后30天内恢复正常还款并继续享受贴息政策。对创业担保贷款工作成效突出的经办银行、创业担保基金运营管理机构给予经费奖补。

五是发挥政府投资资金引领作用。进一步发挥产业发展基金、创新创业基金、农业供给侧结构性改革基金、基础设施投资基金引导撬动作用，引导社会资金投入重点产业领域、创新型企业、农业企业、重大基础设施等股权投资项目。安排产业发展类股权投资资金，通过对企业阶段性持股和适时退出，引导支持民营企业发展。

（2020年3月17日《中国财经报》，代兰兰）

上下一心战“疫”众志成城克难
——广东省财政系统支持打赢疫情防控阻击战纪实

2020年，庚子春节未至，江城告急，新冠肺炎疫情突如其来。

疫情就是命令，防控就是责任。保障人民群众生命安全和身体健康、维护社会稳定、确保经济运行平稳，一道道考题检验着各级政府的治理能力。

广东是经济第一大省，也是流动人口第一大省，面对疫情考验，广东以应对疫情的“广东速度”、抗击疫情的“广东力度”、面对疫情的“广东温度”，展现着齐心战“疫”的广东担当和作为。

广东省各级财政部门在省委、省政府的正确领导下，坚持守土有责、守土担责、守土尽责，加强与有关部门、行业的协调配合，全省财政系统党员干部不忘初心、牢记使命，牢记人民利益高于一切，冲在一线、干在实处，以更坚定的信心、更顽强的意志、更果断的措施，把疫情防控各项财政工作抓实、抓细、抓落地，为打赢疫情防控的人民战争、总体战、阻击战提供坚强有力财政保障。目前，全省已连续多日零新增或个位数新增确诊病例，企业复工率超过九成。

坚定上下“一条心”

广东省财政部门坚决贯彻落实习近平总书记和党中央决策部署，按照省委、省政府要求，全面动员，全面部署，全面加强工作，从增强“四个意识”、坚定“四个自信”、做到“两个维护”的政治高度，以越是艰险越向前的斗争精神和“战时状态”，上下一心，扎实做好疫情防控各项财政保障工作，坚决打赢疫情防控阻击战。

把疫情防控作为当前最紧迫的重要政治任务来抓，广东省财政部门首先明确目标任务。按照“统一领导、统一指挥、统一行动”的工作原则，省财政厅迅速成立疫情防控工作领导小组，由厅党组书记、厅长戴运龙担任组长，进一步加强对疫情防控工作的组织领导，领导小组下设工作专班，负责全厅疫情防控的统筹协调和推动落实工作。

全力确保疫情防控工作部署到位。1月21日，戴运龙主持召开专题研究会议，宣布即日启动省财政应急保障工作机制，严格落实值班和联络员制度、建立包括应急拨款在内的应急保障工作制度、统计报告和信息传递制度。加强沟通协调，强调“疫情不过节”，防疫工作分秒不停顿，把应急保障工作摆在最突出位置，按照职责分工和时限要求落实疫情防控各项应急保障工作任务。

为打赢疫情防控阻击战提供坚强财政保障，广东省财政部门主动作为、履职尽责。全省各级财政严格落实一级响应要求，全力做好疫情防控各项财政保障工作，确保疫情防控资金支持政策尽快落地见效。

全力确保疫情防控预算安排到位。围绕财政部支持疫情防控系列政策，广东省财政厅及时研究细化落实措施。截至3月11日，全省各级财政共安排疫情防控资金117.66亿元，对医疗救治、医疗物资保障、疫情防治人员工作补助等给予强力支持。

全力确保疫情防控资金调度到位。广东省财政厅建立全省财政系统每日库款监控机制，实行“一日一报”制度，加强库款形势分析研判，有序规范组织资金调度，并按照“特事特办”原则，迅速开通资金支付绿色通道，优先保障防疫资金及时、足额拨付到位。

全力确保疫情防控政策落实到位。在积极落实财政部等各部委政策的同时，广东省财政厅结合省情实际，积极主动研究细化全省疫情防控财政保障政策措施。研究印发《关于做好新型冠状病毒感染的肺炎防控相关工作的紧急通知》，明确确认疑似和确诊的参保患者，个人负担部分由财政给予补助，实现了从对象筛查、确认疑似、确诊患者到救治全程“零负担”。

全力支持企业安全有序复工复产。广东省财政厅及早研究储备财政支持疫情防控和经济社会发展的政策措施，为省委、省政府出台实施《关于应对新型冠状病毒感染的肺炎疫情支持企业复工复产若干政策措施》《关于统筹推进新冠肺炎疫情防控和社会经济发展的若干措施》提供了有力支撑。在做好疫情防控的同时，增加资金支持，加大对有关企业技术改造扩产和转产的设备购置奖励力度；减轻企业负担，阶段性减免企业职工养老保险、失业保险、工伤保险单位缴费；给予补助补贴，实施稳岗返还失业保险费，发放援企稳岗补贴等，支持各类企业复工复产，促进经济稳定运行。

凝聚抗疫“一股劲”

这个春节，本应万家团圆，这个假期，本该丰富多彩。因为抗击疫情需要，各个处室同志迅速回到工作岗位，全厅上下凝聚起戮力同心、共抗疫情的强大力量，确保全厅动员、全面落实，全力以赴做好疫情防控工作。

救（防）治是最紧迫的事项，口罩成了最紧俏的物资。社保处第一时间将防控资金拨付到卫健部门、疾控部门、各医院及各地市。在全国率先将疑似患者救治费用纳入基本医保范围，明确个人负担部分由财政给予补助，并为医护人员落实激励补贴及有关保障，确保患者不因担心费用问题而不敢就诊，确保医院不因担心费用问题而不敢接诊。工贸处快速反应，对各单位用款申请做到第一时间办理，20小时内就将5亿元物资储备资金全部拨付到采购单位，重点支持有关部门做好医药物资采购储备调拨和资金保障。

兵马未动，保障先行。按照“点对点、马上办”的原则，国库处（支付局）应急拨款人员随时待命、即收即办，确保春节期间每一笔防疫应急拨款均在1小时内落实到位。他们还充分发挥省本级国库集中支付电子化优势，协调有关代理银行开通自助柜面业务系统，春节期间及时响应和解答预算单位用款问题，使省卫健委、疾控中心和医院等防控一线的预算单位实现了“不见面、零接触、足不出户”快速办理应急疫情经费的拨付。预算处（编审处）第一时间研究出台新冠肺炎疫情防控财政应急预案，构建应对新冠肺炎疫情的财政收支政策、资金拨付、应急采购、后期处置、监督检查、总结评估的财政应急保障体系，有序推进疫情防控资金保障。

开辟采购“绿色通道”，确保设备物资第一时间到达防控一线。政府采购监管处贯彻执行疫情防控便利化采购政策，开启应急救援物资采购“绿色通道”，及时解决有关单位的采购难题，全力保障应急救援设备和物资的及时供应。

疫情防控需要科技力量支撑。科教文处坚决落实科技攻关资金保障，年初六中午11点半接到资金分配方案，下午4点半就完成资金发文和指标下达。为争取防疫技术和疫苗研究等工作尽早落实并投入使用，教科文处主动协商确定，科研攻关经费不再层层转拨，全部下达至省科技厅，通过授权支付方式直接拨付至项目承担单位，确保防疫科研攻关项目及时展开。首批6个专题项目共9笔专项资金650万元在1月28日下午就已全部拨付到位。

及时为企业纾困解难。税政处及时制定全省组织进口的直接用于防控疫情的单位名单和物资清单；用好用足财税减负政策，在疫情防控期间准许企业延期申报纳税，对纳税确有困难的企业，依法合理予以减免部分税收，及时落实小微企业普惠性减税等政策。金融处则围绕缓解企业融资难题，安排省级财政对相关企业扩大口罩机等重点急需设备及关键、紧缺零部件生产予以资金支持，灵活运用财政贴息支持政策，重点覆盖国家和省确定的疫情防控重点保障企业，以及支持疫情防控作用突出的其他卫生防疫、医药产品、医用器材企业。

统筹力量“一盘棋”

坚持全国“一盘棋”，是习近平总书记的战“疫”部署；集中力量办大事，是打赢疫情防控阻击战的有力保证。广东省各级财政部门坚持全省“一盘棋”思想，迅速建立应对疫情的财政收支政策、资金拨付、应急采购、后期处置、监督检查、总结评估的财政应急保障体系，心往一块想、劲往一处使，上下联动、齐心协力做好疫情防控工作。

广州市财政局“五套组合拳”打好“防控牌”和“发展牌”，通过“依法提前足额下达年初预算+启动预备费动支程序”保障应急需求，运用“提前下达补助+临时调度”防范财政风险，落实“临时工作补助+伙食补助”激发一线人员动力，保障“医疗救治+防控物资收储+农产品稳产保供+野生动物封控+科研攻关”力挺疫情防控，着力“完成全年经济社会发展目标任务+支持中小微企业发展”促进经济发展。

深圳市财政局做到免费政策“两个延伸”，即从确诊患者延伸到疑似患者，只要在该市救治，诊疗过程中发生的所有费用，个人均无需自付，个人负担部分均由财政全额承担；从救治环节延伸到筛查环节，明确筛查费用由本地财政和医保基金承担，全力解决居民就诊后顾之忧。

珠海市财政局在全力做好疫情防控资金保障的同时，牵头落实好全市防控应急物资保障工作。在国内货源紧缺的情况下，及时拓展采购渠道，通过海外经贸代表处、海外华侨、中资企业等多渠道，紧急在全球国际市场采购N95医用口罩、防护服、一次性医用口罩等紧缺物资，有效确保短期内物资供应。通过多部门协作，及时挖潜本地企业生产资源，通过提前预付货款解决企业流动资金不足、政府出资支持购买生产设备、协助招工用工和原材料采购、政府“兜底”企业产品等举措支持企业复工复产、转产扩产，保障中长期物资供应持续稳定。

佛山市财政局利用牵头建设的“扶持通”平台，发挥“一网通办”优势，为2020年“新型冠状病毒感染的肺炎”应急科技攻关项目政策发布、资金申报、项目审批等提供“一站式”便捷服务，全力支持应急科技攻关资助政策有效落地。

汕尾市财政局落实好疫情防控资金应急筹集、应急保障、应急补助、应急拨付、库款保障应急调度、政府采购绿色通道、部门应急协调联动“七大机制”，全力保障疫情防控各项工作正常开展。

阳江市财政局成立服务挂点联系定点企业做好疫情防控和复工复产工作专班，由局领导负责，采取一个科室对口一个企业方式，主动对接企业需求，宣传有关政策措施，对企业面临实际困难提出解决办法与建议，全力推动企业复工复产。

疫情防控，广东稳扎稳打、慎终如始；经济发展，广东措施明确、抢占先机。在接下来的时间里，广东财政干部职工将继续扛起责任、经受考验，统筹做好疫情防控和经济社会发展，以实际行动和扎实成效履行财政部门担当、贡献财政力量。

（2020年3月19日《中国财经报》，作者：代兰兰　唐黎华）

广东财政投入近千亿决战脱贫攻坚

广东省各级财政部门强化投入保障、完善政策支持、加强资金管理，自2016年以来，已累计投入近千亿元资金，用于省内各项脱贫攻坚及对口扶贫协作工作，为决战决胜脱贫攻坚提供坚实的财政保障。

为加大省内财政扶贫投入力度，2016–2020年，广东共安排投入各项脱贫攻坚专项资金超过800亿元，落实产业扶贫、就业扶贫、教育扶贫、消费扶贫、低保兜底等各项扶贫政策，切实保障全省脱贫攻坚资金需求，并按照精准扶贫、精准脱贫要求，紧密围绕促进减贫的目标，因地制宜确定专项资金使用范围。在财政资金坚实保障基础上，截至2019年底，全省累计脱贫人口160万人，脱贫率90.7%，贫困发生率从4.54%降至0.1%以下，94%的相对贫困村达到出列标准。全省有劳动能力相对贫困户年人均可支配收入达到10560元，建档立卡贫困户“两不愁三保障”总体实现。

在加强东西部扶贫协作财政帮扶力度方面，按照确定的对口扶贫协作关系，自2016年以来，广东开始对涵盖广西、四川、云南、贵州4省（区）14个市（州）93个贫困县给予财政帮扶资金，并逐年加大帮扶力度。截至目前，已累计向4省（区）投入财政援助资金159.9亿元，累计带动帮扶地区379.2万贫困人口增收脱贫。在全国东西部扶贫协作成效考核中，广东2017年、2018年连续两年综合评价为“好”等次，连续两年在东部9省(市)排名第一，受到中共中央办公厅、国务院办公厅的通报表扬。

与此同时，广东省不断加大涉农资金统筹整合力度。从2018年开始，将由省直各部门经管的财政涉农资金进行整合，对市县统筹实施的项目资金采取“大专项+任务清单”方式整体下达，省不指定具体项目，有效调动市县的积极性、能动性。2020年由市县统筹实施的省级涉农资金达256亿元，各地在确保完成省级下达的涉农领域省对市县考核事项前提下，可自行将资金统筹用于脱贫攻坚、农村人居环境整治等乡村振兴重点工作，赋予市县更大的自主权。

广东财政还全力推进扶贫资金动态监控机制建设，运用云计算、大数据等现代信息技术，建立简便实用、实时同步的动态监控体系，实现对扶贫资金和项目全面、真实、准确的动态监管。截至目前，已将48项中央及省级资金共1310亿元纳入动态监控范围。同时，全面实施扶贫项目资金绩效管理，建立扶贫资金“花钱必问效、无效必问责”管理机制，健全扶贫资金公告公示制度。加大扶贫资金监督检查力度，多次组织对省级扶贫资金使用情况开展重点检查，并同步开展资金绩效目标实现情况、资金进度“双监控”，确保财政扶贫资金精准高效使用。

（2020年3月24日《中国财经报》，代兰兰）

广东五方面出招战疫情稳经济

新冠肺炎疫情发生以来，广东省各级财政部门积极发挥财政职能作用，坚持战疫情、稳经济“两手抓、两促进”，从“增、减（免）、补、保、简”五方面出招，为支持统筹做好疫情防控和经济社会发展工作提供有力财政保障。截至3月24日，全省各级财政共落实疫情防控资金126.73亿元，为医疗救治、物资保障以及企业复工复产等提供了有力支持，通过减免、缓缴税费等措施，将为全省企业减负超过2300亿元。

“增”，即增加财政资金支持。一是支持疫情防控物资生产储备。对符合条件的企业在规定时间内通过技术改造新增或转产纳入各级政府调配或收储任务的合格产品，对其设备投资额给予最高80%的奖励，单个企业奖励金额最高可达5000万元；预拨省级应对疫情紧急储备防控物资资金5亿元，用于支持做好省级药品储备等物资的收储调配。二是支持受疫情影响较大行业企业渡过难关。统筹安排4亿元资金专项用于文化和旅游企业应对疫情、刺激消费、振兴市场；实施复工复产企业疫情防控综合保险，对市县推动企业购买疫情防控综合保险给予奖补；及时拨付农产品奖补资金1.2亿元保障“菜篮子”，支持春季农业生产。三是支持保障企业用工需求。扩大中小微企业稳岗返还政策受益面，对不裁员或少裁员的参保企业，继续按企业及其职工上年度实际缴纳失业保险费总额的50%予以返还，疫情防控期间及今后一段时间，将受疫情影响企业的稳岗返还政策裁员率标准放宽至上年度全国城镇调查失业率控制目标（5.5%），对参保职工30人（含）以下的企业，裁员率放宽至20%。

“减”，即减轻企业负担。一方面，不折不扣落实国家各项减税降费政策。另一方面，在地方权限范围内做到能减则减、能免则免、能缓则缓。如阶段性降低部分行政事业性收费项目的收费标准；对符合延期缴纳税款条件的困难企业依法延长不超过3个月的税款缴纳期限；对纳税确有困难的企业，依法合理予以减免房产税、城镇土地使用税；国有资产类经营用房对受疫情影响较大、不能正常经营的民营承租企业免收第1个月租金，减半收取后2个月租金；鼓励其他物业持有人根据实际情况，适当减免租金，免租金2个月以上的企业，按免租金月份数给予房产税困难减免等。

“补”，即给予补助补贴。一是对参与疫情一线应急处置的医务人员，按照国家规定提高临时性工作补助，对经组织选派支援省外疫情重点地区的医务防疫人员，适当提高生活补助。二是对承担疫情防控省级应急物资储备调拨任务的企业，一次性给予承储企业实际采购物资总价值8%的补助。三是对生产和配送疫情防控急需物资的企业，在疫情防控期间新招员工按每人不超过1000元的标准，给予一次性吸纳就业补贴。四是对职工因疫情接受治疗或被医学观察隔离期间企业所支付的工资待遇，按照不超过该职工基本养老保险缴费工资基数的50%进行补贴。五是实施家禽水产蔬菜瓜果临时收储补贴政策，自2月14日起至疫情防控结束期间，对收储本省养殖家禽10万只以上、水产品10吨以上以及收储采购本省种植蔬菜瓜果100吨以上的本省采购收储企业（包括农业龙头企业、专业合作社等），按家禽收储每只奖补2元、水产品收储每吨奖补1000元、蔬菜瓜果收储每吨奖补200元标准进行补贴。六是建立降费补助和代偿补偿机制，对省再担保公司纳入国家融资担保基金授信范围的代偿损失给予50%的分担补偿，对省农担公司政策性担保业务给予3%的业务奖补，对符合条件的小微企业融资担保业务给予0.5%的降费补助。

“保”，即兜牢“三保”（保工资、保运转、保基本民生）底线。做好关键时点、困难人群的基本生活保障，临时救助后生活仍有困难的，按程序纳入最低生活保障。对因疫情导致基本生活困难的家庭和个人，及时采取临时救助措施；对符合领取失业保险金条件的失业人员，及时发放失业保险金，由失业保险基金代缴其领取失业保险金期间的基本医疗保险费。对财政运行受疫情影响较大的市县，进一步加大转移支付力度，落实提高县级财政留用比例政策，指导各地优先用于疫情防控和“三保”支出，并确保“三保”支出按时足额支付。

“简”，即简化程序，建立“绿色通道”。一是建立政府采购“绿色通道”，凡使用财政资金采购疫情防控相关货物、工程和服务的，以满足疫情防控工作需要为首要目标，可不执行政府采购法规定的方式和程序。二是建立进口通关“绿色通道”，支持加大防疫物资境外采购力度，采购进口物资无需审批，对能提供主管部门证明、涉及特殊物品的防控物资实行便利通关政策。三是建立资金拨付“绿色通道”，加快资金拨付，及早发挥资金效益。加快新增债券支出使用，尽快将债券资金拨付至项目上，支持疫情防控、交通物流、医疗卫生等领域在建和新建项目资金需求。

（2020年3月31日《中国财经报》，代兰兰）

广东绩效之“刃”更锋利

省出约150亿元，是笔不小的数字，可以做许多事，可以把许多事做得更好，可以让管理有约束感，可以让人加强效率意识……

2019年，广东财政率先印发了《广东省省级财政预算安排“四挂钩”试行办法》，对评价结果为“中、低、差”等级的项目采取压减、调整结构等，将绩效评价结果与预算编制挂钩推上了常态轨道。初步统计，2019年全省压减低效无效资金149.55亿元。

2020年，在积极做好疫情防控和复工复产资金保障“两手抓、两促进”的同时，针对当前及今后一段时间财政运行“紧平衡”的态势，广东财政积极深化预算绩效管理改革，提前谋划绩效评价，并将评价结果应用到2021年预算编制中，切实推进积极财政政策提质增效。

全面布局2020

2003年，广东省财政厅对4.2亿元民营科技园建设补助资金实施绩效评价，拉开了地方财政预算绩效管理改革的序幕。今年以来，尽管受到突发疫情的影响，但广东财政预算绩效管理改革依旧扎实推进，并呈现出五个方面的显著特征。

启动早。为科学精准编制预算提供重要支撑，结合财政资金项目入库和预算编制提早谋划准备的要求，省财政于2020年伊始就完成了重点绩效评价项目的征集和确定。2月，即向省直部门和有关地市布置绩效自评，启动了2020年省级财政资金使用绩效重点评价工作。目前，重点评价已进入评价方案完善阶段，待现场评价、综合评价等既定环节过后，结果将于7月底全部应用于项目入库和预算编制。2021年预算编制将根据有关规定，对评价结果为“中”以下的，一律削减或取消，切实做到“无效就压减”。

拓范围。在2018年实现财政四本预算全覆盖、2019年试点评价政府债务、政府和社会资本合作项目的基础上，2020年省财政继续拓展评价范围：部门整体支出绩效评价从20家拓展至26家；政府债务项目、PPP项目评价从各1项拓展至各2项；新增了3项一般性转移支付、2项涉农资金统筹整合重大政策绩效评价。至此，重点评价范围已经实现财政四本预算全覆盖，并继续拓展到了资产管理评价、政府购买服务等。

求效率。针对疫情防控和复工复产资金，省财政以“简化评价内容”为目标，明确绩效重点评价基础数据主要取自日常管理数据，视情况对与疫情防控有关的财政资金开展绩效评价。比如，开展对促进高质量发展专项资金、促进经济发展资金等9项支持企业复工复产的总计41.24亿元资金开展重点评价，确保提高应急类资金使用效益。针对重点项目的绩效自评，在实现“两个覆盖”基础上，聚焦部门整体支出和专项资金绩效，通过合理归并自评范围、精简绩效自评信息、以表代替报告等有效手段，为部门减轻负担达60%以上。

强服务。面对重点评价涉及部门较多、类型较广、资金复杂等情况，省财政厅评价工作人员全部上阵“跑腿”。对被评价的49个部门单位，省财政厅带队第三方机构到单位进行“点对点”服务，介绍全面实施预算绩效管理政策、进展和要求，同时了解评价项目的特点和属性，确保服务到位、对接顺畅，为准确科学评价奠定基础。对新参与的9家第三方机构，省财政厅组成评价小组，一起到这些机构的办公场所进行“面对面”服务，重点将评价项目的政策导向、资金管理制度和分配方式介绍给第三方机构，提高机构业务水平。同时，建立了专人负责全过程服务部门和机构的机制，确保业务部门、第三方机构、财政厅业务处、财政厅绩效处的“四方”无缝对接。

提能力。第三方机构的业务水平是影响绩效管理质量的关键，因此，夯实基础是永恒的工作内容。2020年，省财政在培训上也有创新，采取了分阶段、分人员、分内容的多层次培训。第1期由绩效处介绍绩效评价基本知识、技巧、系统操作和工作要求；第2期由业务处室、业务部门讲解，介绍评价资金、项目管理的业务知识；第3期由绩效处和第三方机构讲解现场评价注意事项和报告撰写要求等，确保第三方机构掌握业务知识和绩效技能。结合疫情期间“不集聚”的要求，4月初，首次利用广东财政网络直播间“云”课堂，向承担2020年省级财政资金重点绩效评价工作的15家第三方评价机构人员开展线上培训。

聚焦落实2020

绩效评价管理水平直接与财政管理影响力、公信力挂钩。党的十九大以来，广东财政认真贯彻落实全面实施预算绩效管理的决策部署，积极推进改革落地，让自身管理能力过硬。

——制度建设追求规范。2003年开始至今，广东省已经形成了一套比较完整的绩效管理制度，包括项目支出、整体支出、政策管理等绩效评价的综合性文件，形成了层级配套、功能协调、体系完备的制度体系。评价标准完善。2018年，广东省率先构建52个子类、277个资金用途的广东财政绩效指标库。指标库实行常年开放、动态管理，实行业务部门填报、财政部门审核的共建方式。2019年，进一步梳理和充实指标库，将一级行业分类从20大类扩充到30大类，将二级行业分类从52个子类扩充到70个，共18704个绩效指标。

——形成各方管理合力。预算绩效管理需各方联动方奏效。实践中，广东省一是压实业务部门的主体责任。绩效自评实现117家部门整体支出和13大类专项资金（全部）的两个全部覆盖，同时，形成了一套自评的复核体制，对绩效自评结果进行再评价，将自评报告由分散公开向集中公开转变。二是财政部门的重点评价力度不断扩围。自2011年省财政委托第三方对4项财政资金开展独立重点评价起，到2019年，省本级重点评价已扩展至263项，范围已经实现了四本预算的全覆盖，并延伸到了PPP项目、政府债务项目等政府投融资财政政策和管理的绩效评价。三是人大绩效监督机制初步形成。

——因势利导创新机制。从改革之初的2004年起，省财政采用专家审核、报告公开等手段加强绩效自评。2019年，采用点面结合的方式，全面复核117家部门绩效自评组织情况，重点复核60个项目财政资金使用绩效情况。在重点复核的绩效指标体系中，专门设置指标“自评分析客观性”，对自评评分与自评复核、重点评价分数存在差异的，在自评复核结果中核减相应分数。创新外部评价模式。对第三方机构的管理，首先建立“1规程+1指南+1体系”机制；其次建立了第三方机构全过程跟踪监督机制，从指标体系、评价方案、书面评审、现场评价到报告完成，实行“绩效管理处+资金主管业务处+资金业务主管部门+第三方评价机构”多家共同参与负责的全过程管理机制；最后，建立第三方评价的监督和考核机制，对第三方机构出具的评价报告进行打分考核，考核评估结果与委托服务费用支付以及以后年度选取第三方承担预算绩效管理工作资格相挂钩。

——严控质量讲求专业。质量是绩效评价的核心。省财政一方面完善绩效报告体例。在对接财政部一级指标框架下，业务部门、行业专家、资金处室和绩效处共同参与，设置二级、三级指标，确保指标更有针对性和操作性；建立报告点评机制。2019年，还组织对重点评价报告，特别是等级评为中以下的评价报告进行了重点点评分析。

——权重结果强化应用。广东财政在建立绩效评价结果反馈和整改机制、专题呈报省政府常态化机制的基础上，近几年，着力在“公开”和“挂钩”上有所突破：所有的绩效自评报告实行全公开，并从2018年开始，将预算绩效目标申报表和重点项目绩效评价报告提供省人大审议，待省人大审议后，在门户网站向社会公众公开所有绩效评价报告。2019年印发的《广东省省级财政预算安排“四挂钩”试行办法》，明确了绩效评价结果挂钩方式，在编制2019年、2020年预算时，对省级重点评价中评价结果为“中”以下的项目采取压减、调整结构等措施。较上年预算各压减、调整13亿元，压减率近50%。

（2020年5月11日《中国财经报》，记者：齐小乎，通讯员：崔竹英）

广东启动省级政采合同融资工作

有融资需求的供应商可根据自身情况，在广东省政府采购网上自主选择金融机构及其融资产品，凭政府采购中标（成交）通知书或政府采购合同向金融机构提出融资申请。这是日前广东省财政厅与广东省地方金融监督管理局、中国人民银行广州分行联合发布的《关于开展省级政府采购合同融资工作的通知》（以下简称《通知》）中明确规定的。此举旨在深入贯彻落实国家深化政府采购制度改革精神，充分发挥政府采购扶持中小企业发展的政策功能，缓解中小微企业融资难、融资贵的问题。

《通知》明确，广东省财政厅决定坚持“财政引导、银企自愿，市场主导、风险自担”的基本原则，在省级开展政府采购合同融资工作。即：广东省财政厅会同省地方金融监管局和中国人民银行广州分行对政府采购合同融资进行政策引导，提供技术支持和加强监督管理。银行自主决定是否提供政府采购合同融资服务以及贷款额度，供应商自主决定是否选择参加政府采购合同融资并自由选择合作银行。同时，充分发挥市场在资源配置中的主导作用，任何单位、个人不得干预金融机构与供应商之间的政府采购合同融资业务。银企双方自行承担政府采购合同融资的业务风险，省财政厅、省地方金融监管局和中国人民银行广州分行不为政府采购合同融资提供任何形式的担保。

《通知》提出，参与合同融资的供应商和金融机构要符合一定的基本条件。一是关于供应商。即，供应商向金融机构申请政府采购合同融资，应当满足下列基本条件：已获得省级政府采购项目的中标（成交）通知书或政府采购合同；具备依法履行政府采购合同以及承担民事责任的能力；未被列入失信被执行人、重大税收违法案件当事人名单、政府采购严重违法失信行为记录名单等信用记录；金融机构要求的不属于提供财产抵押或第三方担保的其他条件。二是关于金融机构。有意向开展政府采购合同融资业务的金融机构，由其省级机构或法人机构在业务开展前向广东省财政厅提交书面申请。广东省财政厅对满足条件的金融机构及其融资产品信息，在广东省政府采购网的“政府采购合同融资专区”予以公布。

《通知》明确，政府采购合同融资分为线上融资和线下融资两种模式。“广东省政府采购系统”（以下简称“省政采系统”）和中国人民银行征信中心“应收账款融资服务平台”（以下简称“中征平台”）以及“广东省中小企业融资平台”（以下简称“省中小融平台”）对接上线前，金融机构采用线下融资模式开展政府采购合同融资业务。系统对接后，金融机构可自主选择采取线上融资或线下融资模式开展政府采购合同融资业务。“省政采系统”向“中征平台”和“省中小融平台”安全、准确、及时传输相关数据。“中征平台”和“省中小融平台”向金融机构展示或根据接口规范传输相关数据，供金融机构授信及业务办理使用，并向“省政采系统”传输金融机构业务成交数据。省财政厅将依托“省政采系统”搭建政府采购合同融资服务平台，进一步优化和完善与“中征平台”、“省中小融平台”的系统对接功能，鼓励具备技术条件的金融机构与“省政采系统”直接对接，推动实现全流程线上融资，逐步向全省实施推广。“线下”融资方面，中信银行广州分行在两周内实现268户普惠小微客户联系全覆盖，并紧急为其中7户资金压力较大的小微供应商主动授信合计金额5300万元的低息贷款。另一方面，“线上”融资可以大幅减少传统人工审批流程和审批时间，进一步降低业务成本，且供应商无需提供财产抵押或第三方担保，真正解决了中小微企业融资难题，将金融“活水”更精准地引向实体经济，截至6月2日，已有19家金融机构进驻政府采购合同融资平台，共为46家中小企业提供融资62笔，融资金额1.078亿元。

对于融资的基本流程，《通知》也予以了明确。包括：一是融资申请。有融资需求的供应商可根据自身情况，在广东省政府采购网上凭政府采购中标（成交）通知书或政府采购合同向金融机构提出融资申请。二是融资审核。金融机构对供应商进行融资信息审查，并向省财政厅反馈融资成交信息。三是账户管理。四是发放贷款。五是归还贷款。此外，《通知》对政府采购合同融资的相关参与方，包括省财政厅、省地方金融监管局和人民银行广州分行、供应商、采购单位和采购代理机构的职责要求也分别进行了明确。

为确保做好合同融资工作，《通知》提出了几项要求。即：一是加强组织实施。广东省财政厅会同省地方金融监管局、中国人民银行广州分行建立工作协调机制，加强信息共享，发挥部门合力，协同推进政府采购合同融资工作，积极引导和鼓励金融机构和供应商参与政府采购合同融资。二是加强责任追究。供应商弄虚作假或以伪造政府采购合同等方式获取融资，或无故不按时还款的，金融机构可以解除融资协议。金融机构在广东省政府采购网发布不实信息或虚假宣传，或违背服务承诺开展融资的，由省财政厅视情况予以约谈，责令限期改正，或取消其参与政府采购合同融资业务的资格。采购单位干预供应商选择金融机构融资、无故拖延支付合同资金的，由省财政厅视情况予以约谈，责令限期改正。三是加强宣传推广。在广东省政府采购网设立专区，发布政府采购合同融资相关信息。组织开展银企座谈会、业务推介会等多种形式的推广活动，向中小微企业普及政府采购合同融资政策，扩大政府采购合同融资的知晓度。加强跟踪问效，及时总结经验，完善相关政策，让政府采购合同融资惠及更多中小微企业。

下一步，广东省财政厅将依托广东省政府采购融资平台，在全省推广政府采购合同线上融资业务，着力解决中小企业融资难、融资贵的问题。

（2020年6月17日《中国财经报》，记者：袁瑞娟）

广东每年超千亿元构建强大医疗卫生体系

近年来，广东省各级财政积极调整财政支出结构，大幅增加医疗卫生投入，2016年起每年在卫生健康领域财政投入超千亿元。其中，2019年卫生健康支出投入比上年增长12.33%，占全省一般公共预算支出的比例为9%，高出全国比例约2个百分点，为着力构建全省完善的医疗卫生体系提供有力的财政支撑。

——强基层，加强基层医疗卫生服务能力建设。通过财政专项支持及体制创新逐步解决基层医疗机构服务能力不足的问题，2017—2019年，广东省各级财政共安排500亿元用于加强县级以下医疗卫生机构硬件建设和人才培养两大类18个项目，支持加强基层医疗卫生服务能力建设，提高全省医疗卫生事业发展的平衡性和协调性。2017—2020年，省财政安排238亿元、76.63亿元分别用于县级公立医院和中心卫生院升级建设、基层医疗卫生人才队伍建设，进一步提升基层医疗卫生机构的硬件设备设施水平、卫生人才素质和收入总体水平。同时，省财政落实乡镇卫生院村卫生站标准化建设资金41亿元，支持1万间村卫生站标准化建设和42家基层医疗卫生机构开展社区医院试点创建工作。此外，2020年，省财政统筹中央补助资金安排全省各地基本公共卫生项目补助资金48.38亿元，免费组织实施29个基本公共卫生服务项目，着力支持农村和社区开展疫情防控，保障人民群众生命安全。

——建高地，支持打造世界一流医学中心。省财政和广州市财政共安排逾54亿元支持创建广州呼吸中心、南方医科大学南方医院肾病中心、中山大学肿瘤防治中心的国家肿瘤医学中心三大国际医学中心，力争在世界一流医学中心占有一席之地，更好地服务广东人民并辐射到华南地区乃至全国。为深入推进高水平医院建设，自2018年至今，省级财政已投入90亿元对纳入高水平医院的30家重点建设医院予以支持，按照“一院一策”的原则，进一步强化重点建设医院自主预算管理及使用权，重点用于学科建设、人才引进和教学科研平台建设，积极打造广东医疗卫生高地。

——补短板，保障疫情防控项目资金需求。针对疫情防控中暴露出来公共卫生体系的短板和不足，省财政通过发行专项债券、及时争取金砖国家新开发银行贷款等着力补短板、堵漏洞、强弱项。在财政部提前下达2020年新增专项债券中，安排182亿元用于保障重大公共卫生项目，切实保障疫情防控、医疗卫生等领域在建和新建项目资金需求。此外，争取新开发银行贷款21亿元人民币，全部用于支持省级和广州、珠海、佛山、东莞、中山5个市开展新冠肺炎疫情防控最迫切的医疗设施建设、应急物资保障和应急科研攻关等需要，弥补广东疫情防控和医疗服务体系等资金缺口。

——优机制，积极助推医药卫生改革。推进医疗卫生领域省级与市县财政事权和支出责任划分改革，制定广东省医疗卫生领域省级与市县财政事权和支出责任划分改革实施方案，推动建立健全权责清晰、财力协调、标准合理、保障有力的医疗卫生制度体系和保障机制。在充分考虑各地财力水平的基础上，省级财政对不同地区差异化承担支出责任，侧重向北部生态发展区和东西两翼沿海经济带倾斜，重点加大对“老少边穷”地区的支持力度，着力推动全省区域协调发展和基本公共服务均等化。健全全民医保体系，按照每人每年550元的标准，2020年统筹中央和省财政资金279亿元支持各地落实城乡居民医疗财政补助政策，进一步完善大病保险制度，大病保险政策范围内支付比例提高至不低于60%，对困难群体下降大病保险起付标准，提高报销比例，不设年度最高支付限额，发挥大病保险的精准扶贫功能。

（2020年6月23日《中国财经报》，记者：王青）

广东将金融“活水”精准引向中小微企业

新冠肺炎疫情发生以来，广东省财政厅积极发挥财政职能作用，依托政府采购合同融资服务平台，联合地方金融监管局、中国人民银行广州分行，力推政府采购合同融资模式，积极引导金融机构为获得政府采购合同的中小微企业提供授信或融资支持，助力中小微企业复工复产，为“六稳”“六保”工作提供财政支撑。截至6月17日，已有19家金融机构进驻政府采购合同融资平台，共为60家中小企业提供融资74笔，融资金额1.43亿元。

一是“想办法”，坚持“财为政主动谋”。广东省财政厅坚持问题导向，紧紧抓住中小微企业融资难的瓶颈，充分调动金融机构向供应商提供融资业务的积极性，进一步挖掘政府采购领域潜力，推动全省政府采购合同融资业务市场有序健康发展。按照“财政引导、银企自愿，市场主导、风险自担”的原则，牵头构建连通政府采购供应商和金融机构的融资“桥梁”，积极引导金融机构为获得政府采购合同的中小微企业提供授信或融资支持，助力中小微企业复工复产，帮扶企业渡过难关。

二是“善作为”，坚持“一盘棋”统筹整合资源。为促进多方力量协调配合，实现共赢，省财政厅积极发挥牵头作用，充分调动有关各方参与政府采购合同融资的积极性。为便于疫情期间尽快开展政府采购合同融资业务，采用了目前已具备在线融资功能并与中征应收款融资平台对接的模式，即财政部门的政府采购系统和金融机构分别与中征平台提供的技术标准接口进行对接，财政部门负责推送提供政府采购合同、供应商政府采购诚信记录等信息，金融机构从中征平台获取政府采购合同信息，中标供应商通过中征平台向金融机构申请融资，金融机构根据中征平台提供的政府采购合同等相关信息进行贷款。据悉，该省力争到今年11月底，完成政府采购合同融资服务平台建设并上线试运行，到2021年1月随同新的政府采购系统一并上线运行，并在全省范围内推广实施。

三是“有成效”，坚持“闭环落实”确保政策红利惠及基层企业。首先，扩大“知名度”，让企业知晓政策。通过中国政府采购报、广东省政府采购网等媒体，以及组织银企座谈会、业务推介会等，向中小微企业宣传推广政府采购合同融资政策，提高政策关注度，营造良好舆论氛围。其次，让数据多跑路，让企业少跑腿。省财政厅会同相关部门建立工作协调机制，打通中征平台、省中小融平台、金融机构相关平台间系统壁垒，加强信息共享，推动实现全流程线上融资，大幅减少传统人工审批流程和审批时间，且供应商无需提供财产抵押或第三方担保，融资的隐性成本进一步降低。最后，强化市场监管，促企业规范发展。与采购单位、采购供应商和金融机构等合同融资有关各方约法三章，明晰各方权利义务。建立针对违规事项的约谈触发机制，对合同弄虚作假、无故不按时还款、拖延支付合同资金、虚假宣传等行为视情况约谈相关责任人，责令限期改正，或取消其参与政府采购合同融资业务资格。

（2020年7月6日《中国财经报》，王青）

“谋统推干”走在前列
——广东财政管理水平全面提升工作获国务院督查激励

前不久，广东省因2019年财政预算执行、盘活财政存量资金、国库库款管理、推进财政资金统筹使用、预算公开等财政管理工作完成情况较好，在纳入国务院督查激励事项的地方财政管理考核中走在全国前列，其先进典型市县广州市、广州市南沙区获国务院督查激励。

“广东获此殊荣，得益于其以习近平新时代中国特色社会主义思想为引领，在省委、省政府领导下，强力推进改革。”中国财政科学研究院研究员白景明认为，近年来，广东财政管理水平不断升级，近期又获得国务院督查激励，从财政在国家治理体系中的作用来看，一定程度上也体现了财政资金管理使用的成效。

念好“谋统推干”四字诀推动财政管理走在前列

2019年，广东财政多项工作成绩突出，走在全国前列：

——高效规范组织专项债券发行，多措并举推动支出使用进度，2019年新增债券发行与支出使用进度均位列全国第一名。

——通过健全预决算公开联动、检查、考核、沟通协调机制“四招”，破解“四难”（财政信息公开统一难、内容规范难、责任落实难、口径理解难），预决算公开工作跃升到全国第二名。

——狠抓预算执行管理，在预算执行“放管服”、优化简化审批流程的基础上，开展“服务式”抓支出进度，推动预算执行进度排名提升至全国并列第一名。

——全面实施预算绩效管理，构建多制度联动分级管理、多维度绩效指标体系、多特色并行管理模式、多功能线上操作系统的“四多”路径，预算绩效管理工作考核获得全国优秀等次第一名。

亮眼成绩单的背后，是财政部门高站位谋划、高标准推进，采取一系列实招、硬招，最终打造形成财政管理的高水平与高效能。

“在中央和省委、省政府的坚强领导下，我们牢固树立‘走在前列’意识，坚持‘谋统推干’工作方法，统筹全省财政管理‘一盘棋’，打出财政改革发展的‘组合拳’，推动全省财政管理水平显著提升。”广东省财政厅党组书记、厅长戴运龙说。

如何“谋统推干”？戴运龙给出了解释：

——“谋”划有方。牢固树立“大财政大预算大资产”“先谋事后排钱”“花钱必问效、无效必问责”等管财理财新理念，持续深化以预算编制执行监督管理改革为龙头的财税体制改革，加快建立完善现代财政制度。以财政部地方财政管理工作考核为“指挥棒”“风向标”，切实提高财政管理水平。

——“统”筹有力。统筹各项工作，把“全面对标、全力推动走在前列”作为推动工作落实的总抓手，梳理选取对标事项，举全省财政部门之力集中攻坚，推动财政管理工作全面进步。以推动预算编制执行监督管理改革拓展延伸为契机，通过省级向市县、财政向业务部门“两个放权”，推动省级业务部门更加重视谋事理财，推动市县更加主动提高财政管理水平。

——“推”动有招。抓计划安排，建立省财政厅地方财政管理工作考核跨处室联席会议制度，制定地方财政管理考核工作方案和任务台账，做到“明责知责”。抓指导督促，建立厅长联系基层工作制度，加强省对市县业务指导，“小切口”打造与基层联系“直通车”，做到“压责尽责”。抓跟踪问效，建立绩效考核通报机制，制定省对地市财政管理工作考核办法，完善责任传导机制，做到“问责追责”。

——“干”事有为。坚持目标导向，围绕确保全省财政平稳运行的目标要求，依法依规谋划收入组织，大力盘活政府资源资产，确保财政收入增长保持在与经济发展相协调的合理区间。坚持问题导向，对地市财政存量资金历史体量大等突出问题展开专题研究，完善沉淀资金定期收回规则，全省财政存量资金规模明显下降。坚持结果导向，把绩效理念融入预算管理全过程，助推全面实施预算绩效管理改革落地见效。

聚焦“率先基本建立现代财政制度”勇立潮头推进改革

党的十九大以来，广东财政以率先建立具有广东特色的现代财政制度为目标，加快推进财税改革进程，以财政现代化改革匹配国家治理现代化要求，开展了多项具有广东特色的财政改革：率先建立绩效评价机制、实行财政资金竞争性分配，强化部门的绩效观念和责任意识，提高财政资金分配效益；率先推进财政人大预算联网监督，提高财政支出透明度；率先建立实施“确定基数、超增分成、挂钩奖励、鼓励先进”的激励型财政机制，促进基层政府从“要我发展”向“我要发展”的观念意识转变;率先制定实施《广东省基本公共服务均等化规划纲要（2009—2020年）》，探索推进基本公共服务均等化综合改革，加强民生领域财政保障。

近年来，广东积极转变理财理念，突出预算管理制度的基础地位和龙头作用，构建“大财政大预算”的财政管理格局。2018年，开展深化省级预算编制执行监督管理改革，以财政领域“放管服”改革为重点，通过明晰财政部门和业务主管部门权责配置，精简财政资金项目审批事项和预算执行流程，提高部门、市县推动改革发展的积极性和财政资金使用效益。

改革前，财政部门管钱管全程；业务主管部门拿钱等项目，积极性不高，资金使用绩效也不高。

改革后，2019年，省级下放市县审批权的专项资金规模达到400多亿元，规模翻番；2/3的省级部门支出进度较上年明显提升；在涉农资金领域，市县可统筹涉农资金达到133亿元，增长35倍。

“市县充分利用省级下放的涉农资金统筹权和具体项目审批权，统筹各级资金、考虑分年度安排、科学测算不同村的实际资金需求，资金安排更加科学精准，有效实现‘投入一批、建成一批’的目标，资金使用效益和群众获得感大大提高。”肇庆市封开县县长梁建梅如此评价。

改革需要刀刃向内、自我革命的魄力。2019年，按照“不忘初心、牢记使命”主题教育的要求，广东省财政厅深入市县和基层实地调研，深入检视剖析存在的问题和差距，革除弊端、破解难题，推动全省财政改革在重要领域和关键环节取得突破性进展。

通过推进全面实施预算绩效管理，建立预算安排“四挂钩”机制等系列配套制度，倒逼财政部门及预算单位提高资金使用效益，以预算管理方式变革提升整体预算管理科学化、精细化水平。

针对广东区域发展不平衡不充分的现实情况，主动适应新时代新形势新要求，建立均衡性转移支付制度，由激励型向保障型转变，将政策范围由原来的60个县市扩围至86个县区，实现对欠发达地区县、市、区和珠三角财力薄弱县区的“全覆盖”，保基本、托底线、缩差距。

聚焦解决职责交叉问题，深入推进财政机关机构改革，创新建立“一个部门对口一个处室”工作服务机制，实现预算单位办事“只进一个门、只跑一个处”，提升财政工作效能。

改革要上下联动，凝聚合力。省级财政部门示范引领，市县财政部门协同配合，全省上下联动“一盘棋”，在落实财政改革部署、强化财政收支管理、增强财政可持续性上形成强大合力，财政改革亮点频出、多点开花。

广州财政打造“法治财政”“阳光财政”“绩效财政”三大品牌；潮州财政以预算编制突出科学精准、预算执行突出放权提速、预算监管突出有力有效“三突出”不断深化改革；广州南沙区财政聚焦预算编制执行监督管理、财政存量资金盘活、库款动态监测、财政资金统筹、完善预决算公开，不断推进财政治理能力建设……

“广东财政历来是全国财政的探路者、先行者。财政改革看广东，现代财政看广东，早就深入人心。”中国社会科学院财经战略研究院副院长杨志勇说。

船到中流浪更急，人到半山路更陡。戴运龙表示，接下来，广东财政将围绕推进国家治理体系和治理能力现代化，进一步推进财政制度创新，加快建立完善现代财政制度，包括：以打造创造型引领型改革为目标，深化预算编制执行监督管理改革；以理顺权责关系为内容，加快省以下财政体制改革；以提高财政资源配置效率和使用效益为目的，全面实施预算绩效管理等。

围绕积极的财政政策更加积极有为精准发力落实政策

今年是全面建成小康社会和“十三五”规划收官之年，加之新冠肺炎疫情冲击，维护经济发展和社会稳定大局的任务更重。“非常时期需要财政在发挥基础和支柱作用上更加积极有为。”戴运龙说，广东省财政坚持“财”为“政”服务，做好“六稳”工作、落实“六保”任务，助力经济社会稳定发展。

支持疫情防控。截至5月底，全省各级财政共落实疫情防控资金162亿元，为医疗救治、物资保障以及企业复工复产等提供了有力支持。

保居民就业。截至4月底，全省共向112.24万家参保企业发放失业保险稳岗返还资金98.68亿元，惠及职工2212.06万人；省财政安排9.87亿元推动“广东技工”“粤菜师傅”“南粤家政”三大就业工程，促进劳动者就业创业。

保基本民生。1—4月，全省民生类支出完成3788.85亿元，占一般公共预算支出的70.2%。

保市场主体。通过减免、缓缴税费（含社保费）等措施，支持企业渡过难关，助力市场主体纾困发展，预计今年将为全省企业减负超2500亿元。

保基层“三保”。在提前下达2020年县级基本财力保障和均衡性转移支付资金640亿元的基础上，再下拨资金30亿元，覆盖全省86个困难县（市、区），拨付市县调度资金1046亿元，有力保障基层“三保”。

稳投资。用足用好新增债券资金，截至4月底，全省前两批次提前下达新增债券1658亿元，支出进度达90%。5月18日，在全国率先完成全年提前下达新增债券2489亿元的发行工作。

促消费。统筹安排4亿元资金，专项用于文化和旅游企业应对疫情、刺激消费、振兴市场，统筹安排17.8亿元财政补贴资金用于支持促进农村汽车、家电等消费提质升级。

“广东是全国财力第一大省，但支出需求压力也位列全国前位，且人均财力位居全国中游。面对严峻的收支矛盾，广东深化支出政策确定机制变革，着力提升政策精准发力水平，使有限的资金发挥出了高倍扩散效应，推动经济社会长期可持续发展。”白景明评价。

疫情防控成效不断巩固，广东经济社会运行秩序加快恢复，显示出巨大韧性和向好势头。4月当月，全省税收收入降幅比3月当月收窄了15.7个百分点，年初以来收入降幅逐月扩大的趋势基本得到遏制。

戴运龙表示，接下来，广东将落实好预算报告各项安排和财政部各项工作要求,突出积极的财政政策更加积极有为，更加精准发力，加大逆周期调节力度。及时做好中央提前下达专项债券额度分配和发行使用工作，充分发挥债券拉动有效投资的即期效应。推动5G等新基建、机场、高铁、高速公路等在建项目加快建设，及时谋划财政支持“双十”产业集群建设等政策措施，兜牢兜实民生和“三保”底线。

（2020年7月7日《中国财经报》，通讯员：代兰兰）

广东有效解决“填表绩效”

广东省财政厅通过减轻负担、创新机制、强化复核、全面公开4种有效手段，进一步压实业务部门绩效管理主体责任，切实提高业务部门自我管理的绩效水平，有效解决了“填表绩效”等形式主义问题。

一是整合范围，从源头上减轻基层负担。针对近年部门反馈评价任务重、重点不突出的问题，2020年起，广东省财政厅在总结历年经验和征询部门意见的基础上，合理归并绩效自评范围，聚焦部门整体支出和专项资金绩效自评，切实提高自评管理的效率和效果，从源头上为业务主管部门和资金使用单位减负。在实现所有省直部门全覆盖的基础上，不再单独对500万元及以上部门预算项目支出、其他事业发展性项目支出等开展绩效自评，而是将单个项目归并到部门整体支出绩效自评范围，精简率达60%；在实现专项资金全覆盖的基础上，不再单独对每项政策任务进行分析总结，而是将其归并到上一层次的财政事权中体现，整体数量由237项减少到59项。同时，适当合并自评指标表和基础信息表内容，精简管理程序，真正做到了“绩效工作本身也讲绩效”。

二是创新机制，从执行中压实部门责任。为进一步明晰和落实部门单位的预算绩效管理责任，按照广东省预算编制执行监督管理改革的要求，创新实行“业务部门抓总、用款单位抓细”的绩效管理分层负责机制，构建了从明细项目绩效到总体绩效，包括从各用款单位支出绩效到部门整体支出，从重点项目预算绩效到部门整体支出绩效的评价框架。针对专项资金、部门整体支出的绩效自评，分别按“1项‘财政事权’1份汇总报告+N个‘政策任务’的自评表”“1份整体报告+N份自评表”的方式开展，即用款单位仅需通过填报自评表来衡量目标完成情况，从具体项目抓好推进；业务主管部门通过对各用款单位工作任务、资金效益等数值进行归纳、分析，从整体上把握专项资金和部门整体支出的效益，切实肩负起绩效自我管理、自我规范、自我检验、自我约束的责任。

三是强化复核，从结果上促进绩效管理。自评复核是自评管理的难点，也是避免自评管理流于形式的关键点。广东省财政厅为强化复核，在2019年自评审核中研究制订了包括2个一级指标、9个二级指标的绩效自评复核指标体系，除关注自评材料质量外，着重关注预算执行率、资金调整率、项目监管情况、目标完成情况等，并专门设置了“自评分析客观性”的二级指标，针对自评评分与自评复核、重点评价分数存在差异的，在自评复核结果中核减相应分数，解决“自评不严格、自评结果不准确、自评分值普遍偏高”的问题，确保做真绩效自评工作。同时，采用“全面+重点”相结合的方式，对117家省直部门绩效自评组织情况开展全面复核，对60个项目涉及金额151.37亿元财政资金使用绩效情况开展重点复核，随后将存在问题和相关建议反馈部门，切实促进部门提高资金绩效管理水平。2020年在此基础上进一步完善自评审核机制，进一步促进提高自评质量。

四是集中公开，从监督上透明资金效益。信息公开是最有效的约束和监督手段，是有效落实部门绩效管理责任的措施。按照“公开为常态、不公开为例外”的原则，广东省财政厅从2016年开始要求省直部门在其门户网站上公开绩效自评报告。目前，绩效自评报告公开部门数量从最初的10家增加到95家（占省直单位82%），实现了除涉密、敏感信息外的所有绩效自评报告的全公开；在此基础上，省财政厅实行集中整理、集中规范、集中公开，在自身门户网站上集中公开了386份绩效自评报告，进一步提高了财政资金使用的透明度。通过绩效信息的集中公开，让财政资金在阳光下使用，充分接受社会公众及媒体的监督，从而促进部门更加合理分配和使用财政资金，进一步推动积极财政政策提质增效。

（2020年7月20日《中国财经报》，刘捷）

广东：深化绩效管理过好紧日子

去年以来，广东省财政厅通过深化预算绩效管理改革，挖掘内部潜力，削减低效无效资金，将政府部门过紧日子的要求落实落细，进一步推进积极财政政策提质增效。

一是做全评审，优化财政资金配置。广东省财政厅通过事前绩效评审来破解资金安排固化、只增不减等难题，优化财政投入结构。《广东省省级财政资金绩效评审管理办法》和《广东省省级财政绩效评审内部工作规程》明确，对重大、新增的支出政策和项目的事前充分评估论证全覆盖，对部门一级项目事前绩效评审全覆盖，并规定绩效评审未通过的不安排预算。2020年预算编制时，对部分新增财政资金进行重点评审，根据评审结果核减了不合理支出；核减的资金重新投入到民生领域，确保新增支出的指向明确、投入精准。2021年的预算编制，将继续提质扩围，切实提高预算编制质量，进一步优化财政资源配置。

二是做准目标，确保资金有效投入。通过不断精简绩效目标内容，完善绩效管理标准、聚焦核心内容、加大审核力度等有效措施，确保财政资金的目标清晰，产出和效益明确，力求每一分钱都能花得有的放矢。在进行2020年省级部门预算编制时，省财政厅对500个一级项目、650个二级项目开展重点审核，并对初审不通过的退回部门修改完善。统计结果显示，初审退回比例达到50%以上。省财政厅继续委托5家第三方机构进行“一对一”辅导省直部门完善绩效目标，并制定基建类项目、涉农资金等9大类资金的绩效目标模板，提高绩效目标申报质量；将广东财政绩效指标扩充为一级行业30大类，二级行业70个子类，收录了6700条绩效指标，使省内各部门和资金使用单位设置绩效目标由做“填空题”改变为做“选择题”，初步实现了财政资金绩效有标准、可衡量、能比较。

三是做好“双监控”，建立资金预警机制。广东财政率先建立了“线上+线下”联动的预算执行和绩效目标“双监控”机制，于2019年对涉农资金、省级企业技术改造等专项资金开展“双监控”线下核查工作，并以提醒函的形式发送省直有关部门单位、厅相关处室研究或整改，及时纠偏纠错。2020年，该省运用信息化手段，有针对性地强化10件民生实事财政资金的事前、事中和事后全流程监管，密切关注资金的支出进度，对未及时支出项目实时跟进督促；同时注重资金使用绩效的事中跟踪问效，对线上监控发现问题进行实时提醒和督促纠正，确保绩效目标“不脱靶”。

四是做优评价，提升绩效管理质量。省财政厅不断完善绩效自评和外部评价结合的绩效评价工作机制，在实现省级部门绩效自评“两个覆盖”（覆盖所有部门、覆盖所有资金）基础上，采用“自评复核+集中公开”的方式，全面复核反馈117家部门绩效自评工作组织情况和60个项目绩效自评结果，并公开所有自评报告，进一步压实部门绩效责任。2019年，省财政厅对乡村振兴战略新增债券、生态环保到期项目、涉农资金整合项目等实施重点评价，涉及资金2263亿元，形成了75份重点评价报告。2020年重点评价范围已经实现“四本预算”全覆盖，并延伸到了PPP项目、政府债务项目等政府投融资活动。向省人大报告财政资金年度绩效工作情况也已成为广东省财政厅每年的常规工作。2019年，广东省财政厅受省政府委托向省人大常委会报告了2016—2018年省级财政专项资金及5大重点领域支出的绩效评价报告，受到广泛好评。2020年，将向省人大报告大湾区生态环保建设项目省级财政专项资金支出的绩效情况。

五是做实应用，提高资金使用效益。去年印发实施的《广东省省级财政预算安排“四挂钩”试行办法》进一步做实了预算安排挂钩硬约束。据初步统计，通过对评价结果为“中、低、差”等级的项目采取压减、调整结构等措施，2019年全省压减低效无效资金149.55亿元。同时，对于除涉密、敏感信息外的所有绩效自评报告，各部门不仅要在部门门户网站公开，还要在省财政厅网站集中公开，更好地接受各方监督。

（2020年8月10日《中国财经报》，刘捷）

广东修订评审专家劳务报酬标准

为规范全省政府采购评审专家（以下简称评审专家）劳务报酬标准，近日，广东省财政厅发布《关于修订广东省政府采购评审专家劳务报酬标准的通知》（以下简称《通知》），并明确提出，评审专家劳务报酬按照评审时间的整数时数进行计算和支付。评审在当天完成的，评审时间在2小时（含2小时）以内的，按每人每次400元支付。

据了解，根据财政部《政府采购评审专家管理办法》，参照《广东省发展改革委关于广东省综合评标评审专家库专家酬劳的管理办法》，广东省财政厅发布了《通知》，明确了政府采购评审专家劳务报酬标准。《通知》自2020年8月12日起施行。

首先，《通知》规定，评审专家劳务报酬按照评审时间的整数时数进行计算和支付。评审费按照评审时间的整数时数计算：超过整数时数不足0.5小时（含0.5小时）的不计算，超过0.5小时、不足1小时的按增加1小时计算。评审时间从评审专家到达评审地点参加评审的时间起至评审结束（完成评审报告）止。

其次，《通知》明确，评审专家劳务报酬按以下标准计算：一是评审在当天完成的：评审时间在2小时（含2小时）以内的，按每人每次400元支付；评审时间超过2小时且总评审时间8小时以内的，超过部分每增加1小时增加100元；评审时间超过8小时的，超过部分每增加1小时增加150元。二是评审时间需跨日的，首日的评审费按照该《通知》中所列的标准计算；从次日起的评审费按下列标准计算：评审时间8小时（含8小时）以内的，按每人每小时100元支付；评审时间超过8小时的，超过部分每增加1小时增加150元。三是误工补助。对于到达评审地点的评审专家，按规定须回避或评审因故取消、改期的，提供补助200元。

四是评审结束时间超过12:00或18：00时，采购人或其委托的代理机构应当为评审专家统一安排午餐或晚餐，并承担相关费用。用餐时间计入评审时间。评审期间，可以统一安排适当休息时间。适当休息时间0.5小时以内的，计入评审时间；超过0.5小时部分不计入评审时间。国家对于评审专家劳务报酬另有规定的，服从其规定。

（2020年8月26日《中国财经报》，艾菁）

广东向集采目录“省域统一”目标迈进

广东省财政厅日前印发的《广东省政府集中采购目录及标准（2020年版）》（以下简称“新目录”）明确，全省原则上实行相对统一的集中采购目录。各地级以上市人民政府可结合实际，在新目录的基础上适当增加品目，原则上不超过5个，并报省财政厅备案。新目录不再包含部门集中采购项目。新目录自2021年1月1日起施行。

新目录与财政部制定的《地方目录及标准指引》保持基本一致。并以《地方目录及标准指引》为基准，结合实际情况，保留了现行集中采购目录中的视频会议系统设备、装修工程、修缮工程、法律服务、审计服务、资产及其他评估服务等6个项目。

新目录不包含部门集中采购项目。省级主管预算单位可结合本部门业务特点制定统一的部门集中采购项目范围及限额标准，供各地参考执行。各级主管预算单位对本部门或系统有特殊要求，需要统一配置的货物、工程和服务类专用项目，可结合实际工作需要自行确定本部门或系统的部门集中采购项目范围及限额标准，报同级财政部门备案后实施。部门集中采购项目的限额标准不得高于分散采购限额标准。

新目录明确了公开招标数额标准和分散采购限额标准。其中明确，单项或批量金额400万元以上的货物和服务项目，应采用公开招标方式。施工单项合同估算价400万元以上的工程项目、与工程建设有关的重要设备、材料等货物项目200万元以上的以及与工程建设有关的勘察、设计、监理等服务项目100万元以上的，必须招标。政府采购工程以及与工程建设有关的货物、服务，采用招标方式采购的，适用招标投标法及其实施条例；采用其他方式采购的，适用政府采购法及其实施条例。除集中采购机构采购项目和部门集中采购项目外，单项或批量金额达到100万元以上（含100万元）的货物、工程和服务项目应执行《中华人民共和国政府采购法》和《中华人民共和国招标投标法》有关规定，实行分散采购。此外，涉密政府采购项目按照《涉密政府采购管理暂行办法》相关规定执行。

（2020年9月9日《中国财经报》，艾菁）

广东下好秋冬疫情防控“先手棋”

近期，广东省财政厅认真谋划抗疫特别国债省级预留资金的分配使用，全力支持全省发热门诊和发热诊室规范化建设，筑牢织密疫情防控网，下好秋冬疫情防控“先手棋”。

首先，坚持底线思维，支持全面落实国家公共卫生防控救治能力建设部署。广东财政从抗疫特别国债省级预留资金中安排资金支持全省二级以上综合医院规范化建设发热门诊。同时，将公立医疗机构发热门诊规范化设立纳入支持范围。9月，省财政下达专项补助资金18.82亿元，支持311家公立医疗机构发热门诊、1461家公立医疗机构发热诊室规范化建设。省财政还适度超前谋划，对33家三级中医院和23家三级妇幼保健院予以补助，为发挥预防各类重大传染病疫情前哨作用提供更坚实的屏障。

其次，突出细化落实，推动发热门诊和诊室规范化建设尽早落地见成效。在发热门诊规范化建设方面，广东财政对珠三角6市公立医疗机构每家定额补助200万元，对其余地区每家定额补助850万元；在发热诊室建设方面，对珠三角6市公立医疗机构每家补助5万元，对其余地区公立医疗机构每家补助

10万元。财政资金的足额、及时到位有力保障了项目推动，协同提升整体基层医疗服务能力，让发热群众在家门口就能看上病，最大限度减少群众在就医途中传播感染疾病的风险。

最后，当好“过路财神”，着力发挥抗疫特别国债效益。省财政安排的18.82亿元补助资金全部为抗疫特别国债，并按要求直达市县基层，对欠发达地区的发热门诊建设所需设备购置经费以及发热诊室改造补助比例达到了100%。补助资金由各医疗机构统筹用于医疗设备物资和基础设施改扩建，给予医疗卫生机构更大的预算执行主体权。这将充分发挥重大项目投资带动作用，切实扩大国内有效需求。

广东财政将宝贵的财政资金安排到最急需的公共卫生领域，紧紧扭住了补足公共卫生体系短板及提升常态化疫情防控能力的关键目标，为夺取抗疫斗争的全面胜利进一步打牢了基础。

（2020年10月27日《中国财经报》，王青）

广东四招推进政府性融资担保体系建设

广东省财政厅持续加大支持力度，通过“建体系”“减负担”“引进来”等一系列举措，积极推动全省政府性融资担保体系建设，着力破解小微企业融资“最后一公里”难题。

首先，“建体系”，完善政府性融资担保体制机制。坚持整体布局、统筹推进，着力构建全省统一的政府性融资担保体系。建立政府部门、金融机构、企业、社会团体和个人广泛参与，出资入股与无偿捐资相结合的多元化融资担保机构资金补充机制，提升政府性融资担保机构可持续经营和抗风险能力。省财政统筹安排50亿元资金支持全省政府性融资担保机构建设，实现各地级以上市政府性融资担保机构体系全覆盖。同时，推进银担合作。以省级融资再担保机构为龙头，建立“总对总”银担合作机制，引领各级银担合作。支持银行业金融机构在担保授信准入、免收保证金、担保放大倍数、利率水平、续贷条件及放宽代偿期限等方面提供更多优惠。鼓励各地政府性融资担保机构按照平等、公平、互利、共赢原则，加强与辖内银行业金融机构合作。省财政厅出台广东省政府性融资担保机构绩效考核评价暂行办法，引导政府性融资担保机构聚焦支小支农，服务小微企业。

其次，“减负担”，加强政府性融资担保机构建设。一是建立代偿补偿机制。省财政每年安排省融资再担保代偿补偿资金，对纳入国家融资担保基金授信范围的小微企业融资担保业务实际代偿损失，给予省级融资再担保机构50%的分担补偿。鼓励各地对本级政府性融资担保机构的实际代偿损失进行分担补偿。二是不断提高奖补比例。2019年，省财政出台进一步发挥政府性融资担保机构作用支持小微企业和“三农”发展的若干政策措施，对单户担保金额1000万元及以下、年化担保费率不超过1.5%的小微企业融资担保业务给予0.5%的降费补助。今年，进一步增大补助力度，对年化担保费率不超过1%的小微企业融资担保业务给予1%的降费补助。三是优化农业信贷融资担保奖补政策。对省农担公司开展的符合条件的涉农政策性担保业务，给予最高4.5%的业务奖补和风险补偿，着力帮助小微企业和“三农”复工复产，切实缓解小微企业和“三农”融资难、融资贵问题。

再其次，“引进来”，全面对接国家融资担保基金。国家融资担保基金成立后，省财政厅及时做好政策对接，推动省级融资再担保机构于2018年9月与国家融资担保基金签约，引导省级融资再担保机构发挥“机构体系核心、扶持政策平台、银担合作窗口”作用，通过机构合作、产品创新、机制完善等方式，不断扩大支小支农业务规模。2020年1—8月，广东省融资再担保公司已与全省43家合作担保机构开展国家融资担保基金业务合作，新增备案项目2491笔，融资担保金额合计49.23亿元。

最后，“批量化”，创新小微企业融资产品模式。发挥省级融资再担保机构行业“龙头”作用，引导政府性融资担保机构加快产品创新，推出符合政策导向、多方分担风险的小微企业批量融资担保产品，进一步降低融资成本、加快审批效率，为符合条件的借款主体提供期限为1—3年、金额在1000万元以内的融资担保服务，年化担保费率低至1%以下。截至2020年9月底，批量产品已在江门、清远、揭阳、潮州、汕头等地市落地并逐渐上量上规模，批量产品累计发放“三农”、小微企业贷款金额超过12亿元。

（2020年11月5日《中国财经报》，王青）

归口办理　标准统一　优化服务　资金统筹
广东打造“全科门诊”政务服务新模式

去年以来，广东省财政厅建立“一个部门对口一个处室”服务机制，对部门的资金管理业务由过去分散多个处室管理，调整为一个处室全方位全流程对口服务，处室由专科门诊转变为“全科门诊”，实现部门办事“只进一个门、只跑一个处”，获得省直预算单位点赞。2020年，广东财政预算执行进度同比加快60%，广东地方财政管理工作绩效考核也首次获得国务院督查激励。

——突出归口办理，实行“只进一个门”。此次改革聚焦政务服务创新，一是办事归口，每个部门预算管理事项由省财政厅一个处室全流程对口服务，需要涉及其他处室的由对口服务处室牵头协调。二是职能理顺，省财政厅结合机构改革，明确12个处室分别服务117个省直部门、45个中央驻粤机构和省属企业，确定8个负责政策制定的处室政策牵头处室，理顺职责边界。三是力量配强，将经办业务处室数量增加1倍，将80%的人员力量集中到预算管理处室，确保部门办事原则上“只进一个门、只跑一个处”，各部门改革满意率达95%以上，对口服务成为深化预算改革的重要支撑。

——突出标准统一，实行“服务一张单”。一是一份清单明职责。制定处室对口服务事项清单，明确五大类25项对口服务事项，每一类综合性事项由一个政策牵头处室牵头制定政策制度，统一事项办事标准、办理规程，让对口服务有章可循、有据可依。二是一本指引定标准。配套制定《一个部门对口一个处室办事指引》，每个事项统一办理流程、政策依据、办事材料、指标办理、提醒事项、案例介绍、政策咨询人等，力求“一看就懂、马上会办”。三是下放一批提效能。深化放管服改革，明确在政府采购、资产管理、预算收支管理等与预算部门工作相关的领域实施22项改革，重构办事规程，省级专项资金审批环节由15个减少到7个，制定分配方案到下达资金的时间压缩50%以上，市县转下达由平均3个月压减到1个月以内。

——突出优化服务，实行“办事一张网”。一是数字财政科技赋能。以财政预算一体化建设为契机，建设全省大集中的数字财政管理平台，针对部门反映的“系统太多、所填太细、改动太快、操作不便、不够稳定、问不到人”六大痛点，整合信息系统，简并填报事项，设立智能运维助手和专线服务团队，让信息多跑路，让部门少跑腿。二是财学平台智慧培训。开发“财学”在线学习平台，建立预算法实施条例培训专区、各种业务学习专栏等10多个，开放给省直预算单位6000余名财务人员使用，举办线下培训班30余个，线上直播120余次，实现随时随处学习财政业务。三是主动上门优化服务。出台《关于进一步加强对外沟通优化服务的若干措施》，明确并及时公布部门办理财政业务所需材料的形式、数量和内容，减少部门因反复申报而带来的工作量，要求部门上门服务不少于一次，帮助部门解决实现问题，切实提高效能。

——突出资金统筹，实现“完整一本账”。一是看得清。在对口服务机制建立之前，部门资金根据业务性质由财政厅多个处室负责，往往各自为政。一个部门对口一个处室后，这种“各管一段”的方式得以避免，处室和部门都能看清“全貌”，“一本账”清楚明白。二是统得全。实施对口服务后，在推动预算管理制度化、规范化、透明化的同时，有效促进了部门整个行业领域资金的全面统筹谋划。如将9个省直部门的26项涉农资金进行统筹整合，2020年将约8成涉农资金用于加快补齐农村基础设施和公共服务短板，集中财力办大事。三是用得好。省财政厅按照业务归口和单位归口原则，由对口处室统一衔接单位“完整一本账”，先后建立完善了《关于全面实施预算绩效管理的实施意见》《广东省省级财政专项资金管理办法（试行）》等30多项配套制度改革，对部门自评、财政复核等全面强化，实现了有效跟踪问效。2020年，省财政厅被财政部评为预算绩效管理考核第一名。

（2020年12月21日《中国财经报》）

广东：战疫情稳经济展现财政担当

广东省财政厅党组书记、厅长　戴运龙

今年以来，面对新冠肺炎疫情的严重冲击和复杂严峻的国内外形势，在广东省委、省政府的坚强领导下，广东省财政厅认真贯彻落实党中央决策部署，实施积极财政政策更加积极有为，扎实做好“六稳”工作，全面落实“六保”任务，统筹推进疫情防控和经济社会发展工作取得积极成效，在加快建立现代财政制度，推动广东经济高质量发展上展现了新担当新作为。

“两手抓、两促进”，大力支持疫情防控和复工复产

面对疫情冲击和经济下行对收支运行带来的巨大挑战，广东财政坚持“两手抓、两促进”，全力支持统筹推进疫情防控和经济社会发展。

一方面，加大疫情防控经费保障力度。第一时间启动突发公共卫生事件全省财政应急保障工作机制，按照特事特办、急事急办的原则，及时出台落实患者医疗救治费用补助、医护人员和防疫工作者临时性工作补助等政策。截至今年11月全省安排疫情防控财政保障资金超过278.49亿元，做到应检尽检人群核酸排查“全免费”、筛查费用“全保障”、患者救治“零负担”。

另一方面，精准有序推动复工复产。推动出台“统筹疫情防控和经济社会发展30条”“支持企业复工复产20条”“稳外贸20条”“促进就业9条”等系列“政策包”，实施财税优惠、税费减免、社保缓缴、贷款贴息等惠企政策措施，打好利企、援企、稳企、安企“组合拳”。通过降低经营成本、加大资金纾困力度、实施包容审慎监管、加强服务保障等措施，有效推动复工复产。

主动担当作为，全力保障经济社会平稳有序运行

广东财政人深刻认识到，越是形势严峻复杂，财政越要担当起稳住经济基本盘和兜住民生底线的职责使命，突出重点落实“六稳”“六保”。

一方面，把稳就业、保民生摆在优先位置。1—11月，全省民生类支出达10510.82亿元，占一般公共预算支出的七成，同比增长1.9%，实现困难形势下民生支出只增不减；及时安排财政救助资金129.6亿元，确保稳步提高低保、特困人员、孤儿等逾168万困难群众的基本生活保障水平,对因疫情导致基本生活出现困难的家庭和个人，及时采取临时救助和发放价格临时补贴政策，惠及群众近1800万人次；为全省280多万户企业减免延缓社保缴费超过1700亿元，推动稳企稳岗、扩大就业，并统筹用好失业保险基金和职业培训补贴等资金，推动“广东技工”“粤菜师傅”“南粤家政”等工程实施，帮助高校毕业生、退役军人等重点人群就业。

另一方面，把市场主体保住保好。有效落实财政贴息、大规模降费、缓缴税款等政策，能减则减、能免则免，全年预计为企业减负达到3000亿元；投入资金12亿元支持民营经济及中小微企业发展；安排抗疫特别国债资金293亿元支持“两新一重”、公共医疗卫生等重大战略和重点项目实施，有力拉动全省基础设施投资增长。

当好“过路财神”，加大财力下沉稳定基层运转

把落实好中央直达资金作为实施积极财政政策的重要抓手，广东省财政厅坚持只当“过路财神”，决不做“甩手掌柜”。

省财政厅多渠道安排资金弥补市县“三保”财力缺口，将更多财力下沉基层，并建立覆盖省、市、县三级的资金直达基层、直达民生机制，实现资金分配“一竿子插到底”、资金监控“一套系统管到底”、绩效目标“一个目标干到底”。6月底，广东在全国率先将中央直达资金100%下达基层，确保资金直达基层民生、直接惠企利民。截至目前，广东地区支出进度97.9%，在全国暂排第1位，有效减轻了基层“三保”压力。特殊转移支付资金下达后，县均增加财力性补助1.5亿元，实现所有县区财力

性转移支付只增不减，全省县级“三保”保障倍数从年初预算的1.86提高至1.91，“三保”底线进一步筑牢筑实。同时，试行“三保”专户管理机制，确保全省“三保”不发生风险。

坚持改革创新，加快建立现代财政制度

2020年，广东财政围绕推进国家治理体系和治理能力现代化，牢牢抓住改革“关键一招”，进一步深化财政领域改革，推动建立完善现代财政制度，破除体制机制障碍，积极应对困难挑战。

一方面，推动预算编制执行监督管理改革走深走实。按照创造型引领型改革要求，谋划推动新一轮预算管理改革，强化预算对落实中央和省重大决策的保障能力，加强财政资源统筹、政策集成和资金协同，构建财政落实省委、省政府“1+1+9”工作部署、推动实现广东省总定位总目标的“全省一盘棋”和“一张蓝图干到底”工作格局。

另一方面，推进“数字财政”建设。按照财政部预算管理一体化整体部署，主动对接“数字政府”建设，用信息化手段支撑预算管理改革，建设财政核心业务一体化系统，省、市、县、乡四级3万家预算单位在“同一标准、同一平台、同一系统”下开展全链条财政预算业务管理，实现对财政资金分配、拨付、使用、核算等全流程的监管。目前，一体化系统已在2021年预算编制工作中应用。同时，创新资金投入方式，研究加快农业保险高质量发展，推进涉农资金统筹整合，深化“放管服”改革，优化营商环境，有力推动财政资源配置效率提高和财政管理能力提升。

（2020年12月28日《中国财经报》）

广东财政：切实发挥财会监督作用 进一步助力国家治理体系现代化建设

广东省财政厅党组书记、厅长　戴运龙

新时代，切实发挥财会监督作用，是深入学习践行习近平新时代中国特色社会主义思想，助力国家治理体系现代化建设，提升治理效能的重要方面。

新时代赋予财会监督新定位

一是赋予了财会监督新的政治定位。习近平总书记在第十九届中央纪律检查委员会第四次全会上，对财会监督进行了全新定位。

在广度上，深化了对财会本质的认识，打破了仅从经济层面认识财会监督的狭隘观念，从对经济社会主体的财政、财务、会计行为实施监管的经济属性拓展到保障党和国家关于财经工作的方针政策有效落实、加强党的领导的政治属性。

在高度上，提升财会监督职能的战略高度，从“政府管理”提升到“优化资源配置、维护市场统一、促进社会公平、实现国家长治久安”的“国家治理”层面。

这是完善党和国家监督体系的创新之举，是对党和国家监督体系作出的新概括，是对党和国家监督体系内涵的重要发展和深化。

二是赋予了财会监督新的监管体系定位。党和国家监督体系的着眼点和落脚点是强化对权力运行的制约和监督。在现实中，权力运行集中体现在对资金、资产、资源等的管理和使用，而上述行为均通过财会行为予以表现。因此，财会监督也必须成为监督体系中极其重要的一环。

新定位明确财会监督新职责

从国家治理的高度对财会监督定位进行新的诠释，也就赋予了财会监督工作更为重要的职责使命。

一是财会监督要从传统的关注合规性监督向更加强化绩效性、效益性监督转变。财会监督作为国家治理体系的重要方面，应提升到监督资金、资产、资源等管理行为取得的效果和效益，从而保障党和国家财经工作方针政策落地见效的高度上来。

对此，广东省财政厅也积极开展了一些探索，创新性实施以“双监控”改革为抓手的财政监督转型。以财政资金管理的全流程、全链条为监控主线，充分运用信息化手段加强财政资金的“执行情况与绩效目标运行情况”双监控、监管，力争实现对财政资金支出进度、安全规范、绩效和效益的全方位监控，确保财政资金运行安全规范高效落实。

二是财会监督要从此前相对单一的监督领域向联合性监督转变。财会监督的客体包括行政事业单位、企业和其他组织。对公司、企业和其他组织的监督，主要依托《会计法》通过对其会计核算的真实性、规范性进行监督即会计监督来实现。

近年来，广东省在行政事业单位会计监督领域开展了积极探索。2005年起在行政事业单位中实施了财务核算信息集中监管改革，通过"一系统、两统一、三匹配"创新财务核算监管模式，为单位执行政府会计制度、落实政府综合财务报告改革提供了基准和载体。

在整个会计监督体系中，财政部门仍需切实履行《会计法》赋予的会计监督职能，将会计监督向包括全部社会经济会计主体在内的更广泛的领域拓展。

在对社会经济主体的会计监督中，发挥其财会专业特性，在与其他各领域监督主体错位监督的基础上，切实担负起会计监督中制度设计者的职责,通过建立会计管理体系、会计监督管理机制等，为其他管理职责部门、关联监督、派生监督等提供支撑和规范准则，形成监督合力。

新职责呼唤财会监督新作为

立足新形势，新时期财会监督工作要坚持以习近平新时代中国特色社会主义思想为统领，坚持正确政治方向，为党和国家的政策实施加力增效、保驾护航。

一是积极打造"嵌入型"财会监督，做政策和管理完善的"矫正器"。财会监督工作要进一步强化结果应用，不断丰富和完善监督结果应用机制，切实增强财会监督工作威慑力和影响力。

注重对监督结果举一反三，以"解剖麻雀"的方法深入研究政策执行中的深层次问题，有针对性地提出政策完善建议，充分发挥财会监督"矫正器"作用，增强源头治本的效能。

二是积极打造"加效型"财会监督，做国家治理和政策落地的"加速器"。财会监督工作要紧紧围绕社会治理和行政管理的重点领域、薄弱环节、民生重点领域，要及时跟踪社会关注的热点、难点问题，要切实聚焦党和国家实施的重大政策，切实发挥财会监督作用。

三是积极打造"基础型"财会监督，做国家监督体系的"融合器"。《预算法》《会计法》《注册会计师法》赋予了财政部门对行政事业单位、企业等各类社会经济主体实施预算监督和会计监督的重要职责。

财政部门应切实运用好预算监督和会计监督两大基础工具，完善预算监督和会计监督制度设计，发挥财会监督对其他类型监督的基础支撑作用，进一步推动财会监督与人大、民主等监督的深度融合。

新作为催生财会监督新格局

要切实发挥财会监督效应，需从3个方面处理好关系，构建科学合理、系统全面、权责明晰、运作规范、效力显著的良性监督运作机制。

一是处理好和其他监督职能部门关系。财会监督要进一步明晰职责定位、监督范围，切实发挥财会监督基础性作用，加强与审计、税务、银行、证监等部门沟通协调，推进协作和成果共享，发挥各自优势，形成监管合力。

二是处理好和主管部门关系。财会监督应切实处理好财政部门与主管部门之间的关系，避免在监管上大包大揽。

以近年来广东省预算编制执行监督管理改革为例，财政部门通过"优化中间、强化两头"，从全流程预算管控转变为聚焦预算编制和预算监督两头，进一步健全事前、事中监管机制，通过构建多层次的管理监督机制，强化监管效能，提升监督力度。

三是处理好财政内部各部门职责关系。从财政部门内部而言，也要将财会监督寓于财政管理的各环节之中，在财政部门内部形成预算编制、执行、监督相互协调与相互制衡，专项监督与日常监督相结合的监管机制。

（2020年5月7日《中国会计报》）

广东建立透明度评估机制推进政采信息公开

报道日前，广东省财政厅参照财政部的做法，委托第三方评估机构对省级137个一级预算单位及20个地级以上市财政部门2019年政府采购信息公开情况开展评估。此举旨在建立政府采购透明度评估机制，进一步推进政府采购信息公开，加强政府采购信息公开的监督检查，推动信息发布主体及时完整地发布政府采购信息，积极推动政府采购信息公开的各项规定落到实处。

“政府采购信息公开对于保障公众的知情权、参与权和监督权，对于规范政府采购行为，维护政府采购活动的公开、公平、公正具有重要意义。做好政府采购信息公开工作既是全面深化政府采购制度改革的要求，也是优化政府采购营商环境的重要举措。”广东省财政厅有关负责人表示，公开透明是政府采购管理制度的重要原则，为做好政府采购信息公开工作，广东省将重点从以下三个方面抓起：

首先，高度重视，推动有力。广东省财政厅高度重视政府采购信息公开工作，根据评估对象在政府采购信息公开中的职能，对预算单位和地级以上市财政部门分别研究制定了评估指标，强化政府采购信息发布主体责任。

其次，转变理念，创新而为。在政府采购信息公开工作中，广东省财政厅政府采购监督管理处勇于创新，积极探索，转变监管理念。通过完善统一的政府采购信息文本格式，确保采购信息内容完整、要素齐全；通过建立采购流程闭环管理链条，加强各环节采购信息公开的及时性和准确性；通过加大政府采购信息的完整性、合规性、时限性等环节评估，夯实政府采购信息发布主体责任；通过建立政府采购合同公开和备案的预警监控，强化对合同公开备案薄弱环节预警监测；通过完善政府采购信息发布机制，加强与中国政府采购网的数据对接，推动建立全国统一的政府采购信息发布平台；通过建立政府采购透明度评估机制，查找信息发布中的薄弱环节。

最后，细化指标，夯实责任。今年4月，广东省财政厅委托第三方评估机构对省级137个一级预算单位及20个地级以上市财政部门2019年政府采购信息公开情况开展评估。评估采用量化方式，对预算单位政府采购信息公开内部管理情况、信息发布情况、配合评估情况进行评估；对各地级以上市财政部门政府采购信息公开监督指导情况、市级分网建设情况、信息发布情况、配合情况进行评估。

据悉，通过这一系列的有效改革措施，有利于规范政府采购信息发布工作、加大政府采购信息公开的监管力度、推动实现公开透明的“阳光采购”。在此基础上，广东省财政厅下一步将认真总结评估结果，进一步健全政府采购信息发布机制，督促各单位、各地区切实做好政府采购信息公开工作，持续提高“互联网+政府采购”建设水平，努力提升全省政府采购透明度，积极营造良好的政府采购营商环境。

（2020年5月6日《中国政府采购报》，记者：袁瑞娟，通讯员：马丽钧）

广东7月启动政采意向公开试点

随着广东省财政厅《关于开展政府采购意向公开有关事项的通知》（以下简称《通知》）的发布，该省开展采购意向公开工作就有了明确的“路线图”，即：自今年7月1日起，在4家省直单位和3个地市的市本级预算单位开展政府采购意向公开试点；自2021年1月1日起，进入全面实施阶段。

根据《财政部关于促进政府采购公平竞争优化营商环境的通知》以及《财政部关于开展政府采购意向公开工作的通知》有关要求，《通知》明确提出，自2020年7月1日起，将在广东省科学院、省教育厅、省法院、省检察院，以及广州市、深圳市、东莞市市本级预算单位开展政府采购意向公开试点。这些试点单位和地区对于7月1日起实施的政府采购项目按规定公开采购意向。各试点地区可根据地方实际推进其他各级预算单位采购意向公开。同时，《通知》明确，自2021年1月1日起，进入全面实施阶段，广东全省各级预算单位应当按规定公开采购意向。各级预算单位从2020年11月1日开始对自2021年1月1日起实施的采购项目公开采购意向。

“推进采购意向公开是优化政府采购营商环境的重要举措。做好采购意向公开工作有助于提高政府采购透明度，方便供应商提前了解政府采购信息，对于保障各类市场主体平等参与政府采购活动，提升采购绩效，防范抑制腐败具有重要作用。全省各地区、各部门要充分认识此项工作的重要意义，提高思想认识，高度重视、精心组织，认真做好采购意向公开工作。”广东省财政厅有关负责人表示。

据介绍，《通知》分别对公开主体和渠道、公开范围、公开内容、公开依据、公开途径和时间等内容进行了明确。一是关于公开主体和渠道。《通知》提出，预算单位负责公开政府采购意向。省级预算单位的采购意向在广东省政府采购网的采购意向专区予以公开，地方预算单位的采购意向在广东省政府采购网地方分网的采购意向专区予以公开。各级主管预算单位负责汇总本部门、本系统所属预算单位的采购意向后集中公开，有条件的部门可在其部门门户网站同步公开本部门、本系统的采购意向。二是公开范围。《通知》明确，除实施电商直购、网上竞价、定点采购等小额零星采购项目和由集中采购机构统一组织的批量集中采购外，通过公开招标、邀请招标、竞争性谈判、竞争性磋商、询价、单一来源采购方式，按项目实施采购的集中采购目录以内或者采购限额标准以上的货物、工程、服务采购（不含涉密项目）均应当公开采购意向。

三是公开内容。《通知》明确要求，采购意向公开应当包括采购项目名称、采购需求概况、预算金额、预计采购时间等。采购意向应当尽可能清晰完整，便于供应商提前做好参与采购活动的准备。采购意向仅作为供应商了解各单位初步采购安排的参考，采购项目实际采购需求、预算金额和执行时间以预算单位最终发布的采购公告和采购文件为准。四是公开依据。《通知》明确，部门预算批复前公开的采购意向，以部门预算“二上”内容为依据；部门预算批复后公开的采购意向，以部门预算安排为依据。预算执行中新增采购项目应当以实际下达的预算为依据。五是公开途径和时间。《通知》提出，采购意向公开时间应当尽量提前，原则上不得晚于采购活动开始前30日。无法满足采购意向公开时间要求的项目（即原则上不得晚于采购活动开始前30日），应当单独提前公开。纳入部门预算支出范围的采购项目，预算单位应当在部门预算批复后40日内，在政府采购系统填报采购意向要素，各主管预算部门通过政府采购系统汇总本部门、本系统所有预算单位的采购意向（涉密信息除外）后，在部门预算批复后60日内予以公开。

此外，广东省财政厅对做好采购意向公开工作提出了几点要求。一是明确责任主体。预算单位是采购意向公开的责任主体，应确保公开信息的真实性和完整性。各级预算单位要以采购需求为前提，按照资金支出用途、标准和绩效目标完整编制政府采购预算。各级预算单位要加强采购活动的计划性，以“二上”部门预算安排为依据，提前开展市场调查，研究确定初步采购需求，确保按要求及时、全面公开采购意向，同时做好已公开采购意向的咨询答复工作。二是加强统筹协调。各级主管预算单位要做好统筹协调工作，及时安排部署，加强对本部门所属预算单位的督促和指导，确保所属预算单位严格按规定时间和内容公开采购意向，并按要求汇总本部门、本系统所有预算单位的采购意向后公开，确保采购意向公开不遗漏、不延误。三是加强监督指导。预算单位应当按要求公开采购意向。未公开采购意向的采购项目，不得开展后续采购活动。广东省财政厅将完善政府采购系统功能，对未按要求公开采购意向的项目予以预警并限制开展后续采购活动。各级财政部门要加强对本级预算单位采购意向公开时点和内容的指导和监督力度，确保采购意向公开的及时和完整。

（2020年6月9日《中国政府采购报》，记者：袁瑞娟）

单一来源论证人员如何选定？广东发文明确

广东省财政厅印发的《关于规范省级单一来源采购方式审批和进口产品核准管理有关事项的通知》（以下简称《通知》），对“单一来源采购方式适用情形”“参与单一来源论证的专业人员如何选定”等问题进行了规范。

投标截止仅1家经论证合理可采用单一来源

据广东省财政厅政府采购监管处有关负责人介绍，出台该《通知》，一方面，是为了优化政府采购营商环境，让供应商能够公平、公正地参与政府采购活动，因为单一来源采购方式本身比较特殊，是缺乏完全竞争的一种采购方式。另一方面，是结合广东省深化政府采购制度改革“放管服”要求，放权之后如何引导采购人加强政府采购内控管理，确保采购人能够“接得好”、“接得稳”。

那么，符合何种情形的货物或服务，采购人可以依法采用单一来源方式采购呢？除《政府采购法》第三十一条、《政府采购法实施条例》第二十七条规定的情形外，《通知》还明确以下情形：公开招标数额标准以上的采购项目，投标（报价）截止后投标（报价）人仅有1家或者通过资格审查或符合性审查的投标（报价）人仅有1家的，经专家论证，采购文件没有不合理条款、采购程序符合规定的。

论证专业人员可自行选定或随机抽取

参与单一来源论证的专业人员如何选定？《通知》明确，采购人拟采用单一来源方式采购的，应当在采购活动开始前，邀请专业人员进行论证。专业人员可由采购人自行选定，也可从政府采购评审专家库中随机抽取。论证专业人员应当与采购人没有经济和行政隶属等关系。专业人员应当客观、独立地出具完整、清晰和明确的论证意见：一是采购项目预算安排是否科学合理；二是采购项目是否必须从唯一供应商处采购。

《通知》要求，主管预算单位应当加强对本部门单一来源方式采购管理。对达到公开招标数额标准的货物或服务项目，拟采用单一来源采购方式的，应当重点审查该项目预算安排是否合理、是否属于《政府采购法》第三十一条以及《政府采购法实施条例》第二十七条规定情形，以及采用单一来源采购的必要性，并出具书面审查意见。

单一来源采购方式报批需提交7项材料

《通知》提出，达到公开招标数额标准的货物或服务项目，拟采用单一来源方式的，采购人应当在采购活动开始前，报经主管预算单位同意后，向省财政厅行文申请批准并提交以下7项材料：

一是采购人名称、采购项目名称、项目概况等基本情况说明；二是拟申请采用单一来源采购方式的理由；三是达到公开招标数额标准的，拟采用单一来源采购方式的货物或服务项目，需提供单位“三重一大”事项议事决定的会议纪要、记录等；四是主管预算单位的书面审查意见；五是参与论证的各专业人员的书面论证意见，以及专业人员的姓名、工作单位和职称；六是“广东省政府采购网”单一来源采购公示情况；七是采购项目的预算金额、项目预算金额的主要依据和理由、预算批复文件或者资金来源证明等。

（2020年8月7日《政府采购信息报》，作者：董莹）

去年省级财政落实“1+1+9”支出占比超八成

今年249亿涉农资金提前下达至市县

日前，省财政厅提前下达2020年省级涉农转移支付资金249亿元至市县，达到已定省级涉农转移支付资金（256亿元）的97%，加快提升财政支农政策效果和支农资金使用效益。

“本次下达的资金全部由市县统筹实施，省级不指定具体项目，亦不下达绩效目标，增强市县涉农项目统筹和资金使用自主权。”省财政厅主要负责人说。

这是我省自2018年率先启动预算编制执行监督管理改革的具体行动。财政部门“放管服”改革，从“管全程”到只管预算编制和监督管理这“两头”，审批具体项目和执行交给业务部门和市县，充分赋予其自主分配使用资金权力，最大程度提升政府部门运行效率和资源配置效率。

同时，为加快预算执行进度和项目实施进度，我省还实现事项、流程两精简：一方面精简审批事项，将专项资金具体项目审批权下放市县。2018、2019年分别下放约200亿、400亿元，规模翻番。省级专项资金审批环节由改革前15个减至7个，从制定分配方案到下达资金的时间减少50%以上。另一方面精简审批流程，平均每笔资金拨付效率较以往提高46%。

改革后，各方预算管理积极性和财政资金使用效益显著提高。业务部门从“被动接”变成“积极谋划”，钱花得更合实际，干事效果更好，省级有2/3的部门支出进度较上年度明显提升。市县也从“等分配”变成“主动理财”。其中，揭阳市从省市安排的20亿元涉农资金中，整合出6亿元重点用于人居环境综合整治项目，推动练江流域水环境综合整治。

2019年，省级财政安排落实省委、省政府“1+1+9”工作部署重点支出占总支出比例超八成，有力发挥财政资金对重点工作的支持保障作用，推动全省经济社会高质量发展。同时，财政部门突出“先谋事后排钱”“先有项目后定预算”理念，大力压减低效无效资金，2019年累计压减支出、调整结构、盘活存量资金200多亿元。

（2020年1月5日《南方日报》，记者：肖文舸　唐楚生）

全力支持打赢疫情防控阻击战

我省拨付疫情防治资金32.99亿

新型冠状病毒感染肺炎疫情防控工作开展以来，广东财政深入学习贯彻习近平总书记关于疫情防控工作重要讲话和重要指示精神，按照省委、省政府部署，启动应急保障工作机制。截至1月30日，全省各级财政部门（含中央财政补助）共落实防疫资金32.99亿元，包括中央财政补助4.27亿元，省级财政安排6.36亿元，市县财政安排22.36亿元，对医疗救治、疫情防控人员补助及统筹医疗物资保障等方面工作给予强力支持，为打赢疫情防控阻击战提供坚实的财政保障。其中，省财政于1月21日分两批安排防控疫情专项工作经费1.3亿元，给卫健、疾控部门及各地开展疫情防控各项特急工作。

作为省疫情防控指挥部办公室成员单位之一，省财政厅迅速成立工作专班，制定《广东省新型冠状病毒感染的肺炎疫情防控财政应急预案（试行）》等政策文件，并印发地市财政部门，共同做好防控新型冠状病毒感染的肺炎疫情财政应急保障工作。

同时，省财政厅发文通知各市

县，要求统筹用好此前省财政下达各地的2020年度基本公共卫生资金、疫病防控专项资金等相关资金，优先保障本次新型冠状病毒感染肺炎疫情的防控工作，确保资金准备充足并能及时足额拨付到位。严格落实患者救治费用补助政策、参加防治工作的医务人员和防疫工作者给予临时性工作补贴政策，充分发挥医保、工伤保险基金的保障作用，切实保障医护人员权益，确保患者不因费用问题影响就医，确保收治医院不因支付政策影响救治。

此外，我省明确全省各级国家机关、事业单位和团体组织使用财政性资金采购疫情防控相关货物、工程和服务的，应以满足疫情防控工作需要为首要目标，建立采购“绿色通道”，采购进口物资无需审批。

同时，省财政厅还要求各采购单位建立健全紧急物资采购内控机制，在确保采购时效的同时，提高采购资金的使用效益，保证采购质量，并要求其加强疫情防控采购项目采购文件和凭据的管理、留存备查。任何单位和个人发现采购单位及采购人员存在徇私舞弊等违法违纪行为的，应当及时向同级财政部门或有关部门举报。

（2020年1月31日《南方日报》，记者：肖文舸，通讯员：岳才轩）

为稳住就业基本盘提供有力财政保障
今年财税政策为全省企业减负超2578亿元

今年以来，面对疫情给就业形势带来的不利影响，广东坚持就业优先战略，加大兜底力度，推动企业稳定岗位资金保障到位、促进劳动者就业创业支持到位、困难群体托底帮扶到位，为稳住就业基本盘提供有力财政保障。经初步测算，广东通过减免、补贴、缓缴等各项财税支持政策将为全省企业减负超过2578亿元。

在支持企业吸纳就业方面，省财政每年安排省级促进就业创业发展专项资金19.88亿元，重点支持公共就业创业服务、技工教育发展以及职业技能培训等。“为应对疫情影响，2020年省财政优化调整省级就业创业发展专项资金结构，对实施效果较好的政策扩围、提标。”省财政厅有关负责人透露，还将发挥专项奖补资金激励作用，安排工业企业结构调整专项奖补资金12.42亿元，对企业给予一次性吸纳就业补贴、工资待遇补贴以及对全省盲人按摩机构予以补助，支持企业充分发挥吸纳就业主阵地作用。

广东全面贯彻落实国家阶段性减免企业社会保险费政策，迅速出台阶段性减免企业社会保险费政策，最大限度争取有利于企业的地方执行口径，通过免征、减征、延缴、缓缴、降费率等举措，使企业“能省则省”。省财政厅数据显示，今年2—4月共为全省274万户企业免减延缓养老、失业、工伤保险费582亿元，退回已缴纳社保费67亿元。

再者，广东突出保障重点群体就业，促进劳动者就业创业。积极推动为高校毕业生、农民工等重点群体就业拓宽就业渠道，比如推动实施高校毕业生创业促进行动、“三支一扶”基层服务行动等专项行动。同时广东突出支持实施三大就业工程，2020年省财政安排9.87亿元，积极推动“广东技工”“粤菜师傅”“南粤家政”三大就业工程在提升劳动技能、稳岗扩就业上发挥重要作用。

而针对受疫情影响的就业困难群众，广东加大兜底力度，优先支持贫困劳动力就业，加强失业人员保障，进一步织牢就业保障网。其中，广东印发兜底安置类公益性岗位开发管理办法，加快开发基层公共就业创业服务岗位，优先支持贫困劳动力就业。全省公益性岗位在岗人数54646人，一季度帮扶1.74万名就业困难人员实现再就业。比如，珠海市扎实做好困难人员就业援助，新招用本市户籍就业困难人员的企业，除按现行规定享受社会保险补贴、岗位补贴外，给予就业困难人员每人每月500元补贴，吸纳建档立卡贫困劳动力的企业按每人5000元标准给予补贴。

同时，加大失业人员保障力度，对生活困难的失业人员及家庭，按规定及时纳入最低生活保障、临时救助等社会救助范围。还做好失业保险稳岗返还资金发放，扩大中小微企业稳岗返还政策受益面。截至4月底，全省共向112.24万家参保企业发放失业保险稳岗返还98.68亿元，惠及职工2212.06万人。

（2020年5月21日《南方日报》，记者：肖文舸，实习生：周妙妙，通讯员：岳才轩）

粤县级财政管理绩效综合评价排名跃居全国第二

近日，财政部通报2019年度县级财政管理绩效综合评价结果，广东省排名跃升至全国第2，获优秀等级。在纳入评价范围的全国1862个县（县级市）中，全省有揭阳普宁市、茂名信宜市、阳江阳春市、湛江遂溪县、梅州兴宁市、茂名高州市、汕尾陆河县、韶关乳源瑶族自治县、河源紫金县、惠州博罗县、汕尾陆丰市、云浮罗定市、肇庆德庆县、潮州饶平县等14个县入围全国前200名，11个县入围东部地区前50名。其中成绩最好的普宁市排名全国第四及东部地区第一。我省及入围前200名的县均获得中央财政资金奖励。

县级财政管理绩效综合评价内容为规范预算编制、强化预算执行、优化支出结构、增强财政可持续性、加大预决算公开5个方面。本次县级财政管理绩效综合评价是继我省2019年地方财政管理工作获得国务院督查激励之后又获嘉奖，与上年度相比更有新进步，上年度我省排名全国第7，全省7个县入围全国前200名，其中成绩最好的陆丰市排列全国第65名。

（2020年7月2日《南方日报》，记者：黄叙浩，通讯员：岳才轩）

展销省内贫困地区东西部扶贫协作及对口帮扶地区农副产品

广东政府采购扶贫馆上线并完成首单交易

6月28日，省财政厅联合省扶贫办、省供销社建设的“广东政府采购扶贫馆”（下称“扶贫馆”）正式上线并完成首单交易。扶贫馆作为广东省政府采购电子卖场特色馆之一，遵循“政府搭台、市场经营、企业协作”的原则，实现省内贫困村及对口帮扶东西部扶贫协作地区农副产品的在线展示、网上交易、物流跟踪、产品追溯等功能一站式聚合。

为鼓励和指导预算单位做好采购扶贫馆产品工作，省财政厅、省扶贫办、省供销社联合印发《关于通过“广东政府采购扶贫馆”支持消费扶贫的通知》，进一步明确三种情况可使用扶贫馆进行采购，包括各预算单位使用财政性资金采购农副产品，且预算金额在100万元以下的，应优先通过扶贫馆进行采购；各预算单位的工会购买工会福利、慰问品的，鼓励优先通过扶贫馆进行采购；各预算单位自行管理或对外承包经营的食堂购买相关农副产品的，鼓励优先通过扶贫馆进行采购。同时，鼓励预算单位积极通过扶贫馆进行采购，对参与消费扶贫有突出贡献的单位，扶贫部门可采取适当方式给予通报表扬。

（2020年7月3日《南方日报》，记者：黄叙浩，实习生：黄锡胜，通讯员：岳才轩）

广东投近20亿支持海洋生态保护修复

近年来，广东省财政厅加大财政支持推进海洋生态文明力度，2018—2020年，省财政安排19.55亿元支持我省海洋资源管理和海洋经济发展，推动海洋生态保护修复工作深入开展，为我省全面建成海洋强省提供坚实财政保障。

一方面，强化精准施策，支持海岸线生态修复。全力支持强化海岸线生态修复项目保障，改善近岸海域水质环境，打好海洋环境污染防治攻坚战。一是聚焦海洋管理重点难点，2019—2021年，省财政每年安排2亿元专项用于支持海岸带生态修复工作，严格保护自然岸线，整治修复受损岸线，严格控制围海填海活动对海洋生态环境的不利影响，实现了存量稳和修复增。二是支持落实中央推进“南红北柳”项目要求，加强岸线分类保护，大力支持红树林生态保护修复。三是强化重点岸线海洋环境监测，2019—2021年省财政每年安排5000万元，推动省、市、县三级海洋环境检测网络能力建设，支持实施海水质量、陆源入海排污口、生态红线区重要入海河口断面监测，进一步提升近岸海域生态环境监测能力，以准确可靠的监测数据为我省海岸线生态修复提供有力支持。

另一方面，强化指导督促，支持“蓝色海湾”综合整治。积极配合争取中央海岛和海域保护资金58368万元，支持汕头市、汕尾市开展蓝色海湾综合整治行动。及时传达国家部委关于加快推进海湾综合整治行动工作的部署要求，督促指导汕头市、汕尾市做好蓝色海湾建设管理工作，加快预算执行进度，充分发挥财政资金使用效益。

与此同时，强化重点保障，支持美丽海湾建设。强化《广东省美丽海湾规划（2019—2035年）重点项目实施保障，2019年—2021年省财政每年安排3.5亿元，支持广州、汕头、江门等沿海地市开展美丽海湾建设和海洋综合示范区建设。支持我省率先在全国启动美丽海湾建设，通过汕头市青澳湾、惠州市考洲洋、茂名市水东湾的美丽海湾建设，为国家实施“蓝色海湾”工程提供了有益探索。

（2020年7月7日《南方日报》，记者：黄叙浩，通讯员：岳才轩）

解码广东财政工作“高分”秘诀

近期，国务院办公厅印发《关于对2019年落实有关重大政策措施真抓实干成效明显地方予以督查激励的通报》，广东财政工作念好“谋统推干”四字诀，预算执行进度、新增债券发行与支出使用进度、预算绩效管理工作考核等均居全国第一。同时，先进典型市县中，广州市、广州市南沙区获国务院督查激励。

“广东获此殊荣，得益于强力推进改革，在财政管理上形成了两大特色——改革有的放矢，政策精准发力。”中国财政科学研究院原副院长、研究员白景明认为，广东坚持“高起点谋划、分层次布局”原则，为找准改革路径奠定了基础。比如，强力推行预算绩效管理，以预算管理方式变革提升整体预算管理科学化、精细化水平并倒逼行政管理体制的完善。同时着力提升政策精准发力水平，使有限的资金发挥出了高倍扩散效应。

念好“谋统推干”四字诀

根据国务院通报，广东高效规范组织专项债券发行，多措并举推动支出使用，2019年新增债券发行与支出使用进度均位列全国第1名；通过健全预决算公开联动、检查、考核、沟通协调机制“四招”，预决算公开工作跃升至全国第2名；狠抓预算执行管理，推动预算执行进度排名提升至全国并列第1名；全面实施预算绩效管理，构建多制度联动分级管理、多维度绩效指标体系、多特色并行管理模式、多功能线上操作系统的"四多"路径，预算绩效管理工作考核获得全国优秀等次第1名。

"在建立和完善现代财政制度中，广东财政拾遗补漏，成绩突出。这是广东省财政厅坚持'谋统推干'四字诀的结果。"中国社会科学院财经战略研究院副院长、研究员杨志勇说。

据介绍，广东牢固树立"大财政大预算大资产""花钱必问效、无效必问责"等管财理财新理念，持续深化以预算编制执行监督管理改革为龙头的财税体制改革，"谋"划有方。同时"统"筹有力，统筹各项工作，举全省财政部门之力集中攻坚；统筹各方力量，通过省级向市县、财政向业务部门"两个放权"，推动省级业务部门更加重视谋事理财，推动市县更加主动提高财政管理水平。

此外，广东"推"动有招：抓计划安排，做到"明责知责"；抓指导督促，做到"压责尽责"。抓跟踪问效，做到"问责追责"。"干"事有为，坚持目标导向，确保财政收入增长保持在与经济发展相协调的合理区间；坚持问题导向，对地市财政存量资金历史体量大等突出问题展开专题研究，全省财政存量资金规模明显下降；坚持结果导向，助推全面实施预算绩效管理改革落地见效。

多项广东特色财政改革走在前列

一直以来，广东财政全方位推进改革创新，开展多项具有广东特色的财政改革——

率先建立绩效评价机制、实行财政资金竞争性分配，强化部门的绩效观念和责任意识，提高财政资金分配效益；率先推进财政人大预算联网监督，提高财政支出透明度；率先建立实施"确定基数、超增分成、挂钩奖励、鼓励先进"的激励型财政机制，促进基层政府从"要我发展"向"我要发展"的观念意识转变……

特别是突出预算管理制度的基础地位和龙头作用，2018年开展深化省级预算编制执行监督管理改革，提高部门、市县推动改革发展的积极性和财政资金使用效益。

改革前，财政部门管钱管全程，"大事小事全都管""眉毛胡子一把抓"；业务主管部门拿钱等项目，积极性不高，资金使用绩效也不高；改革后，2019年，省级下放市县审批权的专项资金规模达到400多亿元，规模翻番；2/3的省级部门支出进度较上年明显提升；在涉农资金领域，市县可统筹涉农资金达到133亿元，增长35倍。

"市县充分利用省级下放的涉农资金统筹权和具体项目审批权，统筹各级资金、考虑分年度安排、科学测算不同村的实际资金需求，资金安排更加科学精准，有效实现'投入一批、建成一批'的目标，资金使用效益和群众获得感大大提高。"肇庆市封开县县长梁建梅说。

针对区域发展不平衡不充分的现实情况，广东主动适应新形势新要求，建立均衡性转移支付制度，由激励型向保障型转变，将政策范围由原来的60个县市扩围至86个县区，实现对欠发达地区县、市、区和珠三角财力薄弱县区"全面覆盖"，保基本、托底线、缩差距。

"广东的财政历来是全国财政的探路者、先行者。财政改革看广东，现代财政看广东，早就深入人心了。"中国社会科学院财经战略研究院副院长杨志勇说。

积极的财政政策更加积极有为

财政管理水平的提升与财政改革的深化，是为了更好地发挥财政职能作用，促进经济社会平稳健康发展。今年是全面建成小康社会和"十三五"规划收官之年，又面对新冠肺炎疫情冲击，维护经济发展和社会稳定大局的任务更重。

"非常时期需要财政在发挥基础和支柱作用上更加积极作为。"省财政厅党组书记、厅长戴运龙说，广东省财政坚持"财"为"政"服务，做好"六稳"工作、落实"六保"任务，助力经济社会稳定发展。

比如，保市场主体方面，广东通过减免、缓缴税费（含社保费）等措施，支持企业渡过难关，助力市场主体纾困发展，预计今年将为全省企业减负超2500亿元。保基层"三保"方面，广东在提前下达2020年县级基本财力保障和均衡性转移支付资金640亿元的基础上，再下拨资金30亿元，覆盖全省86个困难县（市、区），拨付市县调度资金1046亿元，有力保障基层"三保"。

"广东是全国财力第一大省，但支出需求压力强度也位居全国前列，且人均财力位居全国中游。面对严峻的收支矛盾，广东深化支出政策确定机制变革，着力提升政策精准发力水平，使有限的资金发挥出了高倍扩散效应，推动经济社会长期可持续发展。"白景明说。

戴运龙透露，接下来广东将围绕推进国家治理体系和治理能力现代化，进一步推进财政制度创新，加快建立完善现代财政制度。其中将以打造创造型引领型改革为目标，深化预算编制执行监督管理改革；以理顺权责关系为内容，加快省以下财政体制改革；以提高财政资源配置效率和使用效益为目的，全面实施预算绩效管理等。

（2020年7月10日《南方日报》，记者：肖文舸，通讯员：岳才轩）

广东积极发挥财政职能作用，支持做好高校毕业生就业工作

去粤东西北就业每人补贴5000元

日前，记者从省财政厅最新获悉，广东积极发挥财政职能作用，支持做好高校毕业生就业工作。

为引导毕业生到小微企业、乡镇基层、欠发达地区就业，明确毕业2年内的高校毕业生到中小微企业、个体工商户、社会组织等就业，或到乡镇（街道）、村居社会管理和公共服务岗位就业，签订1年以上劳动合同并参加社会保险6个月以上的，每人补贴3000元；在粤东粤西粤北地区就业的，每人补贴5000元。毕业5年内的高校毕业生也可享受不同程度的补贴资金。

另一方面，广东对中小微企业招用毕业2年内高校毕业生就业、签订劳动合同并缴纳3个月以上社会保险费的，按每人1000元标准给予一次性吸纳就业补贴。支持扩大公务员招录规模，支持各级事业单位、国有企业、基层医疗卫生机构、中小学和幼儿园加大招聘力度，拓宽高校毕业生就业渠道。

同时，加强技能培训和困难帮扶。毕业生在校期间参加职业技能培训并取得中级工以上职业资格证书的，按劳动力职业技能提升补贴相关标准给予补助。对在我省普通高等学校、职业院校、技工院校就读的湖北籍2020届毕业生，按每人2000元标准及时发放求职创业补贴。

（2020年7月21日《南方日报》，记者：肖文舸，通讯员：岳才轩）

粤省级财政今年投70亿元建“四好农村路”

出门硬化路　客车到家门

近日，省财政厅通过新增一般债券下达“四好农村路”新增补助资金约30亿元，至此，2020年广东省级财政投入达70亿元，2018-2020年累计投入143亿元，有力推动广东“四好农村路”建设水平跃升全国前列，为打赢脱贫攻坚战、实现乡村振兴、全面建成小康社会提供有力保障。

按照财政事权与支出责任划分，农村公路建设养护是市县事权，省级财政予以适当补助。省财政对“四好农村路”建设补助规模连年大幅增长，从2017年的19亿元增长至2018年34亿元、2019年39亿元，2020年再次大幅增长至70亿元，达2017年的3.7倍。

2020年是我省“四好农村路”建设决胜攻坚年。为确保完成决胜攻坚任务，在疫情期间省级财力非常紧张的情况下，省财政通过预算安排、发行债券、统筹涉农资金等多渠道筹措资金70亿元，分类提标引导农村路提档升级，攻坚项目省级平均补助比例高达投资额的55%，在全国各省市中位居前列，为我省贯彻落实“六稳”“六保”任务，打好“四好农村路”决胜攻坚战提供有力财政保障。

截至2019年底，广东省农村公路通车里程达18.3万公里，基本形成以县城为中心、乡镇为节点、建制村为网点，遍布农村、连接城乡的农村公路交通网络。

2017年至2019年，我省共新改建农村公路里程约1.7万公里，带动农村公路建设总投资达451亿元。农村公路等级公路比例从2017年的93%提高到97%，路面铺装率从70%提高到84%。全省19412个建制村均已全部通行客车，提前全国一年实现了建制村100%通农村客运，群众“出门硬化路，客车到家门”成为现实。预计随着2020年省级财政70亿元的重磅投入，到2020年底，我省农村路铺装率、等级率和通村硬化路水平都将进一步快速提升，跃居全国前列水平。

（2020年8月14日《南方日报》，记者：黄叙浩　通讯员：岳才轩）

粤推动谋划储备117个重大项目
重大项目前期工作经费预算增至10亿元

“省财政安排项目前期工作经费4800万元，并按进度及时足额落实省级资本金，极大加快了项目推进速度。”今年6月初，江门台山的黄茅海跨海通道项目打下第一根钢管桩，项目比原计划提前半年开工，从筹建到开工仅一年半时间，创造了重大跨海工程建设的新速度。对此，省财政厅有关负责人表示，对于黄茅海跨海通道这样的重大项目，广东省财政通过加大前期工作经费支持力度、统筹安排专项债券资金、研究重大基础设施投融资政策等措施，有力推动重大项目投资提速增效。

数据显示，2020年上半年，广东固定资产投资同比增长0.1%，增幅比一季度回升15.4个百分点，其中基础设施投资同比增长7.2%，增幅比一季度提高18.6个百分点，为全省稳投资、稳增长提供重要支撑。

针对我省重大项目谋划储备不足、前期工作推进慢等问题，省财政进一步加大重大项目前期工作经费规模。在今年初预算安排5亿元的基础上，进一步增加安排至10亿元，推动谋划储备117个重大项目，预计可拉动投资6000亿元。该举措变“资金等项目”为“项目等资金”，确保重大项目每年储备一批、新建一批、建成一批。

为推动重大项目尽快落地，省财政厅第一时间与省发展改革委进行对接，逐项核对省重点项目资金保障情况。涉及省财政出资的，逐项落实项目资金安排，确保省重点项目建设资金保障到位。通过统筹预算安排，足额落实省重点项目省级出资，2020年省级财政安排铁路、高速公路、机场、水利等重大项目资金超过560亿元。其中，安排铁路项目省级资本金超过300亿元，资金规模为近年来之最，超过过去3年资金安排总和。

省财政厅还对省级资本金出资需求情况进行深入调研，结合当前投融资形势和我省实际，形成《推进重大基础设施投融资改革 拓展省级资本金筹措思路》报省政府并经常务会议审议通过。积极构建以政府为引导、企业为主体的多元化投融资机制，综合运用政府和社会资本合作模式、基础设施领域不动产投资信托基金、土地综合开发等投融资政策工具，拓宽基础设施投融资渠道，作为广义财政政策的有益补充。同时，通过创新投融资路径，充分发挥财政资金引导作用，引入社会资本投资重大基础设施，将更多的社会资本投向固定资产，让社会资本共建共享投资成果；提升基础设施建设运营效率，推动我省重大基础设施高质量发展；充分发挥投资的乘数效应，拉动经济增长。

（2020年9月1日《南方日报》，记者：黄叙浩，通讯员：岳才轩）

过去三年广东基础教育支出年均增长11.74%
教育支出实现“两个只增不减”

2016—2019年，广东省一般公共预算教育支出从2318.47亿元增加到3210.51亿元，占全省一般公共预算支出的比重保持在17%—18%，连续三年实现“两个只增不减”——一般公共预算教育支出逐年只增不减，按在校学生人数平均的一般公共预算教育支出逐年只增不减。这是笔者近日从省财政厅了解到的数据。

近年来，广东省财政健全完善财政教育经费保障体系，统筹财力优先保障基础教育投入，强化财政资金使用绩效管理，支持解决制约基础教育发展的难点痛点堵点问题，助推形成有利于高质量发展的教育体制机制。2019年，国家督查组对广东履行教育职责情况进行实地督查时，对教育投入工作给予充分肯定；财政部、教育部联合召开财政教育投入工作座谈会，选取广东作为优秀代表交流发言。

对义务教育阶段残疾学生生均拨款6000—19500元

省财政厅有关负责人介绍，在财政收支矛盾较为突出的情况下，全省各级财政部门通过创新使用债券资金、充分利用世界银行贷款、吸引社会资金等方式，拓宽教育资金来源渠道，统筹各方财力，逐渐形成一般公共预算为主、受教育者合理分担、其他渠道积极筹措的多元化投入机制，全力保障基础教育经费投入稳定增长。

其中，2016—2019年基础教育支出从1331.37亿元增加到1857.57亿元，年均增长11.74%，高于全省一般公共预算教育支出年均增长率0.28个百分点，学前教育、义务教育、高中教育支出年均增长率分别达到24.44%、11.1%、11.43%。今年1—7月份，全省一般公共预算教育支出1872.37亿元，其中基础教育支出1044.82亿元。

与此同时，全方位构筑财政保障体系，夯实教育长远发展基础。省财政建立覆盖全学阶的生均拨款制度，动态调整城乡免费义务教育公用经费补助标准、学前和普通高中生均拨款最低标准，对不同类型义务教育阶段的残疾学生实行6000—19500元不等的生均拨款标准。

建立“覆盖面广、精准度高”的学生资助政策体系，对从学前教育到高等教育的贫困学生给予生活费补助、免学费、助学金等资助，对广东全日制就读的建档立卡学生，实施免学杂费和生活费补助，通过应助尽助确保学生不因贫困而失学辍学。

落实义务教育（含幼儿园）教师工资待遇“两相当”，实行山区和农村边远地区教师生活补助、高校毕业生到农村从教上岗退费和公费定向培养中小学教师等政策，千方百计保障教师待遇，稳定教师队伍，促进教师资源均衡布局。瞄准薄弱环节，设立“强师工程”“创强工程”“推进教育现代化”等专项资金，分阶段重点补齐短板，提升基础教育质量。

下放具体项目审批权提高财政教育资金使用效益

针对广东区域发展不平衡、受教育人口多、随迁子女多的省情，省财政加大对欠发达地区的转移支付力度，对原中央苏区县、革命老区困难县、少数民族地区县给予重点倾斜，其中义务教育公用经费保障等5项基本公共服务项目对老少“三区”的转移支付比例达到100%。

对学前教育和普通高中生均拨款，率先按分担比例给予欠发达地区市县财政支持，帮助建立稳定的生均拨款制度。2020年6月，推动出台广东教育领域财政事权与支出责任划分改革方案，进一步明确省与市县教育事权与支出责任，提高省级财政负担比例，为各级政府落实教育经费保障责任提供重要制度支撑。

省财政对省级教育资金安排重点项目开展“双监控”和事后绩效评价，及时反馈项目存在的突出问题，督促部门提高资金使用绩效意识，加快项目资金支出进度。同时，以预算管理改革牵引带动财政教育资金“放管服”改革，省级教育经费预算实行盘子管理，编制滚动预算，充分赋予教育部门自主权和灵活性。率先采取“大专项+任务清单”的切块下达模式，将专项资金安排给地市和省属学校，通过下放具体项目审批权，调动市县和教育主管部门谋划推动基础教育的积极性，提高财政教育资金使用效益。

（2020年9月11日《南方日报》，记者：黄叙浩，通讯员：岳才轩）

省财政腾出85亿元　支持“六稳”“六保”

近日，广东出台《关于常态化疫情防控下促进财政可持续发展的实施方案》（以下简称《实施方案》）。

该方案要求更加积极有为地实施积极财政政策，党政机关带头过“紧日子”，省级财政加大力度腾出资金85亿元，保障中央和省的重大战略、政策和项目落地落实，优先“保重点、保基层、促发展”。

关键词：精准压政府部门过“紧日子”成为长期方针政策

省财政厅厅长戴运龙介绍，按照《实施方案》要求，省财政以“统筹财力、压减一般、严把关口、勤俭办事、盘活存量”为手段，其中广东始终把政府部门过“紧日子”作为长期坚持的方针政策，厉行节约勤俭办事，妥善应对当前经济下行和财政收支紧平衡压力。

全省范围看，省级财政在年初预算已综合压减非刚性、非重点支出40亿元的基础上，突出压“一般”，即对省级部门公用经费和一般性项目支出再分别压减5%和20%，因公出国（境）、会议、培训、公务接待经费压减60%，年中再大力度调减支出85亿元。

关键词：保重点让市场主体和人民群众有真切感受

精准“压”的背后，是突出保重点。

广东优先保障中央和省确定的重大战略、重大政策、重大项目，全力支持疫情防控、“六稳”“六保”重点任务和决战决胜脱贫攻坚、全面建成小康社会目标任务，让市场主体和人民群众有真真切切的感受。

一方面，广东进一步加大减税降费力度，1月—8月，全省新增减税降费2244.1亿元。

另一方面，围绕脱贫攻坚战总攻目标，广东安排超过120亿元，确保现行标准下相对贫困人口和相对贫困村全部实现退出；安排困难群众救助资金91亿元、比去年增长14%。

关键词：统筹管理做到“减钱不减事、减钱不减干事标准”

在今年财政收支面临前所未有困难的特殊时期，“保重点、保基层、促发展”需精打细算用好每一笔财政资金。

广东全面实施重大政策和项目事前绩效评审，加强项目论证和支出标准建设。截至目前，2021年省级预算项目储备率已超过70%，比以往年度提前3个月。

同时，财政资金有调整、有盘活，优化支出结构，切实让每一个“铜板”都跳动起来、发挥出效益。“我们对各类存量资金进行拉网式清理，今年来共盘活沉淀资金210万元，及时安排用于各类民生项目。”潮州市潮安区登塘镇党委书记李汉钿说。

此外，广东抓好“简政放权”与“加强管理”两方面，加力推动财政预算改革，做到“减钱不减事、减钱不减干事标准”。

（2020年10月25日《南方日报》，记者：肖文舸，实习生 曾小敏）

省财政厅厅长戴运龙：

在特区建设和全省改革发展新局面中体现财政担当

“在‘两个大局’深刻变化、‘两个一百年’奋斗目标历史性交汇的关键时期，习近平总书记亲临广东视察，对新时代深圳经济特区建设和广东改革发展提出明确要求、作出重大部署，对广东、对全国都具有里程碑式的重要意义，是我们开启新征程、续写新篇章的行动指南。”省财政厅厅长戴运龙日前接受南方日报记者专访时表示，省财政厅将发挥好财政的基础和重要支柱作用，从财政政策、资金及体制机制等方面持续推动供给侧结构性改革，支持推进深圳综合改革试点和粤港澳大湾区建设，推动广东加快融入“双循环”发展格局，全面落实积极的财政政策，不断提升民生保障水平，在不断开创经济特区建设和全省改革发展新局面中体现财政的担当作为。

财政“两个聚焦”支持深圳经济特区办得更好、办得水平更高

南方日报：在深圳经济特区建立40周年改革开放再出发的重要节点，习近平总书记赴广东视察调研，对新时代经济特区建设提出了总体要求，广东财政将如何助力深圳经济特区办得更好、办得水平更高？

戴运龙：经济特区建设是国之大事、更是全省的大事。在庆祝大会上，总书记对新时代经济特区建设提出了总体要求，明确了我国进入新发展阶段这一历史方位和工作基点，也赋予了经济特区为全面建设社会主义现代化国家、实现第二个百年奋斗目标作出新的更大贡献的历史使命。我们将持续在学懂弄通做实总书记重要讲话精神上扎扎实实下功夫，站位全局、乘势而上，通过“两个聚焦”支持推动经济特区建设。

一个是聚焦经济特区新使命新要求。深入研究分析新时代经济特区建设“特在哪里”“如何特下去”，有针对性地加强财政“专项化”政策安排、“均衡化”保障导向、“协同化”机制建设，从整体效应、聚集效应、协同效应、战略效应、辐射引领带动效应等方面研究支持经济特区建设发展财政举措，进而支持带动其他区域协同发展。

一个是聚焦先行示范区综合改革试点。中央以清单批量授权方式赋予深圳在重要领域和关键环节改革上更多自主权，一揽子推出27条改革举措和40条首批授权事项，这对全省上下都是重大利好、重大机遇。我们将深入研究中央首批授权清单中已经明确的先行先试地方政府债券发行机制改革事项，支持深圳财政抓好改革任务落实，加强与财政部沟通对接，积极为开展综合改革试点创造条件，推动依法依规赋予深圳财政更多管理权限。

同时，我们将及时总结财政领域综合改革试点的成功经验，推动在全省复制推广，努力放大改革试点作用和效应。总之，广东财政将不遗余力在支持经济特区办得更好与支持深圳开展建设先行示范区综合改革试点上凝聚财政力量，发挥财政作用。

支持推进粤港澳大湾区建设省财政三年还将投3000亿元

南方日报：习近平总书记指出，粤港澳大湾区建设是国家重大发展战略，要积极作为深入推进粤港澳大湾区建设。广东财政在支持粤港澳大湾区建设、推动我省加快构建“一核一带一区”区域发展格局中将如何发挥作用?

戴运龙：建设粤港澳大湾区，是习近平总书记亲自谋划、亲自部署、亲自推动的重大国家战略，是新时代广东改革开放的大机遇、大文章。我们认真学习领会中央和省委、省政府战略意图，强化财政责任担当，今年年初，出台了我省关于贯彻落实财政部推进粤港澳大湾区建设若干财政政策意见的实施方案，进一步促进粤港澳大湾区生产要素自由流动，全面提升粤港澳大湾区经济创新力和竞争力。

接下来，我们将更好地发挥财政力量，把“中央要求”“湾区所向”“港澳所需”“广东所能”紧密结合起来，落实好财政支持推进粤港澳大湾区建设的一揽子政策，特别要把粤港澳大湾区个人所得税优惠政策落实到位，有效发挥吸引境外高端人才和紧缺人才到粤港澳大湾区工作的政策效应。据统计，截至9月底受理申请人数共8979人，申请补贴金额26.6亿元。同时，还将加强粤港澳会计师事务所联盟成员间的人才培养和业务交流，探索试点广东赴澳门、深圳赴香港发行离岸人民币地方政府债券。

在支持粤港澳大湾区建设的基础上，2018年以来，我们立足省委、省政府构建“一核一带一区”区域发展格局的要求，实施以功能区为引领的差异化的转移支付体制，完善基本公共服务均等化推进机制、生态保护补偿体制等，为区域发展格局提供重要支撑。

按照省委十二届十次全会部署，2020至2022年，省级财政三年还将投入3000亿元，并视财力情况建立稳定投入机制。我们将继续把支持深圳经济特区建设、粤港澳大湾区建设、构建“一核一带一区”区域发展格局衔接起来，完善政策措施，强化资金保障。

在支持方向上，我们将对不同功能区进行差异化支持，比如，对珠三角重点支持创新基础设施集群、经济社会智慧化运行基础和现代化综合交通运输体系，对沿海经济带重点支持交通基础设施和重大产业投资，对北部生态发展区重点支持生态基础设施建设，切实发挥好有效投资的关键作用，全力支持我省加快构建“一核一带一区”区域发展格局。

三方面持续发力抢抓“双循环”机遇融入新发展格局

南方日报：加快形成以国内大循环为主体、国内国际双循环相互促进的新发展格局，是总书记和党中央根据我国发展阶段、环境、条件变化作出的战略决策。为推动广东加快融入“双循环”发展格局，广东财政将如何发力助力?

戴运龙：以国内大循环为主体、国内国际双循环相互促进的新发展格局，是事关全局的系统性深层次变革，省委、省政府强调要抢抓“双循环”机遇，更好融入新发展格局。我们认真领会、准确把握构建新发展格局的战略取向，将从三方面持续发力，在广东推动构建新发展格局中做好财政这篇文章。

一是在贯彻新发展理念、推动高质量发展上持续发力。坚持发展是第一要务、人才是第一资源、创新是第一动力，完善财政支持供给侧结构性改革政策措施，有效发挥财政资金的杠杆撬动作用，推动深入实施创新驱动发展战略。同时，建立完善财政稳定性支持和竞争性经费支持相协调的经费保障机制，加大“卡脖子”等关键核心技术攻关突破保障，研究支持现代服务业发展的政策措施，用好财政各类人才资金，保障我省各大人才工程实施。

二是在锐意开拓全面扩大开放上持续发力。我们正在结合明年预算编制和财政“十四五”规划编制工作，深入研究支持优化升级生产、分配、流通、消费体系的一揽子财税政策，探索研究在对外务实合作上更加灵活的财政政策体系和更加科学的财政管理体制。

三是在与时俱进全面深化改革上持续发力。充分运用改革思维和改革方法，以有利于提高资源配置效率、有利于提高发展质量和效益、有利于调动各方积极性作为改革基本遵循，加强深化预算管理改革谋划，推动实现决策有落实、干事有保障、用钱有绩效、管理有效率、基层有动力的改革目标，加强财政改革系统集成、协同推进，激发财政改革管理的整体效应。

前三季度民生支出只增不减继续加强财政保障和改善民生力度

南方日报：习近平总书记在重

要讲话中深切关注民生问题，反复强调人民对美好生活的向往就是我们的奋斗目标。广东财政一向重视保障民生，接下来还将如何进一步发挥作用?

戴运龙：保障和改善民生是财政的基本职能，我们始终把财政工作的出发点和落脚点聚焦到人民对美好生活的向往的奋斗目标上来，近年来，全省民生类支出的投入保持在七成左右。今年前三季度，在疫情对财政收入造成巨大冲击下，我省民生支出达到8997亿元，占比继续保持七成，并比去年同期高出0.5个百分点，实现只增不减。

接下来，我们将深入贯彻落实总书记重要讲话、重要指示精神，落实好“小切口大变化”民生实事办理制度，加强财政保障和改善民生力度，做到“四个坚持”，推动解决人民群众最急最难最愁最盼的问题。

坚持做好“六稳”“六保”工作，深入支持“粤菜师傅”“广东技工”“南粤家政”等就业工程，兜底兜牢特殊困难群体帮扶，全面落实减税降费政策，用好中央直达资金和政府债券资金，守住保居民就业、保基本民生、保市场主体的底线。坚持尽力而为、量力而行，结合支持实施乡村振兴战略，深入推进基本公共服务均等化，推动公共资源向农村覆盖、向基层延伸，不断缩小城乡、地区之间基本公共服务差距。坚持补齐公共卫生短板，慎终如始做好常态化疫情防控保障，推动公共卫生和疾病预防控制体系建设，支持推进重大疫情救治基地和项目建设，提高全省突发公共卫生事件应对和处置能力水平。坚持推进精神文明建设，落实财政保障，加强支持公共文化事业、文化产业发展。

数读

●2020年，省级财政加大力度腾出资金85亿元，保障中央和省的重大战略、政策和项目落地落实，优先“保重点、保基层、促发展”。

●广东进一步加大减税降费力度，2020年1月至8月，全省新增减税降费2244.1亿元，预计全省全年新增减税降费规模超过2500亿元，“放水养鱼”助力市场主体纾困发展。

●积极争取中央直达资金和债券资金4265亿元，其中投入“两新一重”建设占比超过60%。

2016—2020年累计安排一带一区新增债券额度2968亿元，有效支持其交通等基础设施和重大民生项目建设，增强发展动力。

●围绕脱贫攻坚战总攻目标，广东安排超过120亿元，确保现行标准下相对贫困人口和相对贫困村全部实现退出。

●2018—2020年省财政投入722亿元，支持打好污染防治攻坚战，资金分配向生态环境保护任务较重的生态发展区倾斜。

●加大对“老少边穷”地区支持力度，2019—2020年，省财政新增安排老区苏区振兴发展财政补助资金291亿元，补齐发展短板。

（2020年10月28日《南方日报》，记者：肖文舸，通讯员：岳才轩）

2019年投入超3200亿元，成唯一突破3000亿元省份

广东教育经费排名全国第一

广东教育经费投入，在全国处于什么水平？近日，教育部、国家统计局、财政部发布了2019年全国教育经费执行情况统计公告，广东一般公共预算教育经费排名全国第一，是唯一突破3000亿元的省份，达到3217.77亿元，占全国总数的9.3%。其同比增速达到14.7%，也位居全国第一。

根据统计公告，2019年，全国教育经费总投入为50178.12亿元，首超5万亿元，比上年46143.00亿元增长8.74%。其中，国家财政性教育经费为40046.55亿元，首超4万亿元，比上年36995.77亿元增长8.25%，占GDP比例为4.04%。

4%的成果来之不易。2012年，国家财政性教育经费首次突破2万亿元，占GDP比例首次超过4%，如今，这一比例连续8年保持在4%以上。

在一般公共预算教育经费中，共有15个省份超过千亿。广东以3217.77亿元排名第一。在各级教育生均一般公共预算教育经费增长情况中，广东幼儿园、普通高等学校经费增长最为明显。其中，幼儿园从4600.67元提升到6039.55元，增长31.28%，普通高等学校从29901.32元提升至36290.78元，增幅21.37%。这反映了广东增加幼儿园优质教育资源供给和高等教育“冲一流、补短板、强特色”提升计划深入推进。

（2020年11月6日《南方日报》，记者：姚强，吴少敏）

广东进一步加大非重点、非刚性支出压减力度

省级一般公共预算支出减少58亿元

广东进一步加大非重点、非刚性支出压减力度。11月26日，广东省十三届人大常委会第二十六次会议听取了省财政厅关于今年省级财政第三次预算调整的报告。根据报告，今年，我省省级一般公共预算支出调整为6867.77亿元，减少58.00亿元。

1—10月省本级非税收入增加逾200亿元

按照1—10月实际执行情况，预计今年广东省本级收入执行数完成3306.90亿元，增长0.5%，较今年年初预算减少102.00亿元。

其中，税收收入2672.81亿元，较年初预算减少320.14亿元；非税收入634.09亿元，较年初预算增加218.14亿元，主要是为积极应对新冠肺炎疫情对财政收入的影响，省级持续推进水田指标、拆旧复垦指标和海砂等矿产资源交易，积极盘活国企土地和政府股权等。

在支出方面，本次调整后，省级一般公共预算总支出安排6867.77亿元，减少58.00亿元。原因在于省级主动深入挖潜，调整优化资金结构，按照“减钱不减事，减钱不减干事标准”原则，除支持疫情防控、打好三大攻坚战和落实“六稳”“六保”要求等中央和省确定的必保支出外，及时调整收回受疫情影响等无法支出资金。

另一方面，进一步加大预算执行中的非重点、非刚性支出压减力度。调整收回和压减的资金全部统筹用于保障“六稳”“六保”等重点工作任务，全力支持疫情防控以及经济社会发展。

新增地方债限额100亿元

在政府性基金方面，疫情发生以来，中央陆续出台了在限期内免征进出口货物港口建设费、免收收费公路车辆通行费、免征国家电影事业发展专项资金等政策，直接影响今年广东省政府性基金预算收入。

具体来说，预计今年省本级政府性基金预算执行数完成66.94亿元，下降13.0%，较年初预算减少18.11亿元。其中，减收较多的项目包括车辆通行费、彩票公益金、国家电影事业发展专项资金、彩票发行机构和销售机构业务费等。

按照政府性基金以收定支的管理要求，广东通过减少调出、大力压减一般性支出、收回受疫情影响无法支出资金18.11亿元，实现收支平衡，并保障重点刚性支出。

与此同时，广东省地方债额度有所增加，财政部下达广东地区2020年新增地方政府专项债务限额100亿元，专项用于化解中小银行风险。

目前，财政部共下达广东新增债务限额3616亿元，其中广东地区3134亿元，深圳市482亿元。

此次新增100亿元专项债务限额将全部用于省本级支出，债券按照各高风险农合机构资金缺口、所在地实际需求及帮扶机构出资情况分配，主要用于定向帮扶高风险农合机构推进风险化解及机制转换工作。

根据上述调整，今年省级政府性基金预算总支出安排3204.79亿元，较第二次预算调整数增加81.89亿元。

（2020年11月27日《南方日报》，记者：汪祥波　骆骁骅）

我省出台深化政府采购制度改革工作方案，提出37条改革措施

广东政府采购全程留痕 主动预警告别人工“盯防”

近日，《广东省深化政府采购制度改革工作方案》正式出台。《工作方案》聚焦政府采购5方面工作，提出九大项37条改革措施，明确我省至2021年底逐步形成采购主体职责清晰、交易规则科学高效、监管机制健全、政策功能完备、法律制度完善、技术支撑先进的现代化政府采购制度。

广东推动政府采购全流程电子化，采购过程“简便高效”。《工作方案》还明确，通过政府采购“智慧云平台”系统使采购单位、代理机构、供应商、评审专家和采购监管部门等相关各方的操作将全程留痕，打造全方位的透明采购。从采购人发起采购备案开始，到采购合同履约验收、资金支付为止，全流程实时跟踪、主动预警，实现政府采购监管从人工“盯防”到智能监控的转变。

（2020年12月18日《南方日报》，记者：肖文舸，通讯员：岳才轩）

我省“中小融”平台助力化解中小企业融资难、融资贵难题

入驻金融机构370家 累计融资超288亿元

中小企业往往面临融资难、融资贵的难题，为此，2020—2022年，省财政厅计划安排预算资金6582.32万元，支持“中小融”平台建设，为企业提供线上融资对接、增信、产业金融服务等一体化线上智能金融服务。截至今年10月底，“中小融”平台已申请接入34个部门250项数据，累计入驻金融机构370家，发布金融产品1000余款，发布惠企政策200多条，累计实现融资逾288亿元。

“中小融”平台率先打造“数字政府+金融科技”赋能广东省中小（民营）企业高质量发展的广东模式，实现与“广东省政府采购系统”“粤省事”和“粤商通”的互通互联，并开辟了“疫情防控金融服务专区”，为广东中小企业归集、整合疫情防控各项金融支持服务政策，为相关企业智能对接金融机构专项融资产品，量身定制一揽子、一站式专属融资服务。

“中小融”平台依托政务云平台、政务大数据中心、公共支撑平台，为地市政府、金融机构及小微企业“量体裁衣”，研发贸易融资模块、供应链金融模块、智能直融模块等多个特色应用功能模块。

广东省财政厅还鼓励核心企业与“中小融”平台和中国人民银行征信中心应收账款融资服务平台（下称“中征”平台）进行系统对接，依托核心企业信用和真实交易数据，为上下游企业提供无抵押担保的订单融资、应收账款融资。2020年省财政安排资金1397万元，对通过“中小融”平台和“中征”平台在线确认账款、支持我省上游中小企业融资的核心企业，按不超过实际年化融资额的1%给予奖励。

省财政厅还依托“广东省政府采购系统”搭建政府采购合同融资服务平台，进一步优化和完善与“中小融”平台、“中征”平台的系统对接功能，引导金融机构与供应商通过平台在线开展政府采购合同融资业务，推动实现全流程线上融资。供应商凭借中标（成交）通知书或政府采购合同向金融机构申请融资，金融机构以供应商信用审查和政府采购信誉为基础，按便捷贷款程序和优惠利率，为其发放无财产抵押贷款。

省财政厅有关负责人介绍，线上融资可以大幅减少传统人工审批流程和审批时间，且供应商无需提供财产抵押或第三方担保。截至今年11月底，已有19家金融机构进驻政府采购合同融资平台，共为144家中小企业提供融资211笔，融资金额4.4亿元。

（2020年12月25日《南方日报》，记者：黄叙浩，通讯员：岳才轩）

广东财政多举措支持企业复工复产

企业可在疫情解除后　补办补缴“四险一金”

按照《广东省人民政府关于印发应对新型冠状病毒感染的肺炎疫情　支持企业复工复产若干政策措施的通知》，全力支持和推动受疫情影响的各类企业复工复产，省财政厅充分运用财政政策工具，落实疫情防控重点保障企业资金支持和支持金融强化服务，为企业复工复产提供财政支撑。

疫情期间允许企业延期申报纳税

省财政厅在疫情防控期间，准许企业延期申报纳税。对符合延期缴纳税款条件的企业，依法延长不超过三个月的税款缴纳期限。对纳税确有困难的企业，依法合理予以减免房产税、城镇土地使用税。对“定期定额”户，合理调整定额或简化停业手续。及时落实小微企业普惠性减税等政策。同时，自今年1月1日起，对疫情期间纳入广东省防控新型冠状病毒肺炎疫情所需药品、医疗器械应急审批程序的药品、医疗器械产品，免征其药品、医疗器械产品注册费。

省财政厅灵活运用贴息等手段，省财政对相关企业扩大口罩机等重点急需设备及关键、紧缺零部件生产予以资金支持；对创业者个人或小微企业创业担保贷款可视情展期1年，并继续享受财政贴息支持。积极争取中央财政资金，对国家和省确定的疫情防控重点保障企业，在人民银行专项再贷款支持金融机构提供优惠利率信贷支持的基础上，按企业实际获得贷款利率的50%进行贴息，贴息期限不超过1年。

鼓励财政给予中小企业贷款贴息

此外，省财政厅还统筹省级扶持中小微企业专项资金，依托广东省中小企业融资服务平台为贷款企业提供贴息和风险补偿服务。鼓励市县财政对受疫情影响较大的中小企业给予贷款贴息、应收账款融资等重点支持，省财政给予适当补助。同时，鼓励全省各级财政对受疫情影响较大的畜禽水产养殖企业、休闲农业企业给予适当补助。

省财政厅配合人力资源社会保障等部门对受疫情影响不能按时缴纳“四险一金”（企业职工养老保险、医疗保险、失业保险、工伤保险及住房公积金）的企业，允许延期至疫情解除后三个月内补办补缴。继续实施阶段性降低失业保险费率、工伤保险费率的政策，减轻社会保险负担。实施失业保险稳岗返还，继续对不裁员、少减员的企业实施稳岗返还失业保险费，鼓励受疫情影响企业与职工协商采取调整薪酬、轮岗轮休等方式稳定工作岗位。发放援企稳岗补贴，对职工因疫情接受治疗或被医学观察隔离期间企业所支付的工资待遇，按照不超过该职工基本养老保险缴费工资基数的50%补贴企业，减轻企业用工负担。

（2020年2月19日《羊城晚报》，记者：唐珩，通讯员：岳才轩）

303亿元活水蓄到一池子　聚力浇灌出乡村振兴硕果

在揭阳市锡场镇潭王村，67岁的王雪吟见证了家乡这两年变新变美：家门口的垃圾日清了，绕村的榕江支流没臭味了，村口两个污水处理厂建起来了，春节前就能实现雨污分流……“变化特别大，特别好。”她由衷欣喜。

600公里外的肇庆封开县，大洲镇西畔村贫困户卢培荣干劲十足。2019年11月，他投入10000元，参与到兰花产业扶贫示范基地项目中，现在每年不仅能拿10%分红，在基地务工还有报酬，一家四口人的生活越过越有盼头。

潭王村、西畔村的蜕变是广东

成千上万新农村建设的缩影，这背后离不开财政涉农资金的有效统筹和有力支撑。

2019年，广东推进涉农资金统筹整合改革，对于2019年初下达的303亿元省级涉农资金的使用成效，各市县交出了一份满意“成绩单”。记者从省财政厅获悉，近日，该厅提前下达了2020年涉农资金249亿元，早谋划早行动，进一步助力乡村振兴发展。

龙皇岛码头公园是肇庆封开县“省际廊道”美丽乡村示范带的一颗明珠。

新面貌

金统筹得当　村容村貌大不同

初冬暖意不减，潭王村仍绿意盎然。翻新的旧屋外墙绘着风景画，村民在干净村道上散步。

作为粤东偏远地区的革命老村，长期以来，潭王村基础设施不完善，交通落后，环境较差。为改变村容村貌，该村不断整合涉农资金，加快基础设施建设改善农业生产条件和人居环境，扎实推进美丽乡村建设。

所谓涉农资金统筹整合改革，是指将原省农业农村厅、省水利厅等八个农口部门的26项省级涉农资金，归并设置为农业产业发展、农村人居环境整治、精准扶贫精准脱贫攻坚、生态林业建设、农业救灾应急和农业农村基础设施建设六大类，从而形成不同部门的涉农资金可调剂使用的新格局，实现“多个渠道取水、一个池子储水、一个龙头放水”。

2018年年底，《广东省涉农资金统筹整合实施方案（试行）》印发。2019年以来，广东正式实施省级涉农资金统筹整合，各市县积极探索落实，如今已成效初显。

据悉，省级涉农资金整合的关键在于“大专项+任务清单”，资金整体分类下发，其中约束性任务所占比重不得超过50%；在完成了约束性任务后，剩余资金可调剂到其他涉农项目，这也极大激发了市县统筹项目的积极性。

以揭阳市为例，自涉农资金改革以来，该市共统筹整合省市两级涉农资金20.51亿元，发挥集中财力办大事的优势，助推更多潭王村这样的村落换新颜。

新动力

扶植“一村一品”　促“路通人和产业旺”

西江和贺江在肇庆封开县大洲镇大洲村有一个交汇点，即现在的龙皇岛码头公园。它已成为封开县“省际廊道”美丽乡村示范带建设的项目之一。倚靠在江边栏杆处，看碧绿江水蜿蜒南行，让人流连忘返。而在一年多前，这里还是一片竹林和荒地。

短短一年间的蜕变同样得益于涉农资金改革。大洲镇副镇长莫瑞金告诉记者，以往各部门资金条块分割管理，存在重复规划、重复建设的情况。且上级部门下达资金有时“戴帽”到具体项目，即使项目不具备实施条件，资金“趴”在账上也不能用于其他项目。

改革以后，肇庆市通过跨行业、跨项目、跨区域、跨年度“四个统筹”，把农业、林业、水利等各行业资金整合起来，共统筹涉农资金5.8亿元，全力推进美丽乡村示范带等重点项目建设。

有了旖旎风景还不够，还需带动当地产业发展。如今，在大洲镇，竹狸、百香果、单枞茶、秀珍菇四大农业产业蓬勃发展，涉农改革为每个项目各统筹了100万元帮扶资金。去年刚建起的大洲镇佳梦农场竹狸养殖场里，上千只竹狸正啃着竹子。“100万的资金主要用于提升种苗技术。竹狸一斤80元，3斤多的竹狸鼠利润可达150元左右。我们计划养殖2000只，长期来看每年能带来效益60万元。”莫瑞金兴奋地表示。

新抓手

涉农资金提前下达　“放管服”简化项目程序

早谋划早行动！2019年12月12日，省财政厅已将2020年249亿元省级涉农转移支付资金提早下达到各市县，加快涉农资金预算执行进度和项目实施进度。

资金提前下达了，但使用时卡在审批审评环节也不行。不少村级项目，如改水、改厕、改路、改建封闭排污渠等小型适合农民自建的项目，如果都要按政府投资项目标准进行立项审批招标，往往耗时长、效率慢、成本高。

对此，2019年12月初，广东省涉农资金统筹整合领导小组办公室印发了《关于深化涉农资金统筹整合改革的实施意见》，按照“能简则简、能合则合”原则，对涉农建设项目各环节流程进行优化、简化、再造。

《意见》设立了涉农建设项目审批管理负面清单，明确提出，使用财政资金的涉农建设项目，不必全部由行政、事业单位或国有企业作为项目建设主体。由村级组织、新型农业经营主体、农业龙头企业等作为建设主体的，无须按照政府投资项目进行立项审批。这将大大加快涉农项目建设进度，尽早实现支农资金使用效益，提升财政支农政策效果。

数说——

●2019年，省级将除救灾应急资金以外的省级涉农资金303亿元全部下达。其中，由省级组织实施项目所需资金占涉农资金总额的20%，下达市县的约束性任务所需资金占市县统筹实施项目资金总额的45%。

●与2018年市县可统筹省级涉农资金仅占1.3%相比，2019年广东各市县的涉农资金可统筹能力上升35倍，达到133亿元。

●省财政厅已提前下达2020年

省级涉农转移支付资金249亿元至市县，达到已定省级涉农转移支付资金（256亿元）的97%。

案例——

集中财力　推进雨污分流

“2019年我们重点推进了污水处理。”揭阳市潭王村党委书记王小辉告诉记者，“有了涉农资金这事才做成了！”原来，榕江北河有5公里长河段经过潭王村，地下管道铺设需分两段推进绕开河流，造价较高，再加上地势较高，村里还需自建污水处理厂。“整个工程差不多用了1100万元。验收后，财政部门会按照600元/人的标准给我们拨款，我们村有8600多人，一共能有500多万元，分担了近一半费用。”

资金到位了，工程推进也快了。“2019年7月份动工，2020年春节前就能实现全村雨污分流了。”王小辉表示。

“以前不少涉农专项资金都是‘戴帽’的，有指定用途，比如给公共设施的钱，就算有结余，也只能‘趴’在账上。”揭阳市财政局副局长谢小明说，涉农资金改革，按“大专项+任务清单”分类整体下达，给了县镇更多主动权，通过谋划项目库，各村缺什么补什么，按实际需要去投入建设，不再是公式化的改造。

扶持产业

提升居民获得感

“乡村振兴的关键在于发展产业。”在肇庆封开县江口镇励志新村，回乡创业的伍幸辉信心满满地向记者介绍农村电商产业的前景。“涉农资金整合了200万元支持我们的项目，我们用这笔钱种植了150亩百香果，同时加强了渠道建设以及深加工产业链，提高产品的附加值。企业每年返利给村委会，利用资金激活本地农业产业。”

小康不小康，关键看老乡。封开将发展现代农业与推进精准扶贫紧密结合，推广“公司（合作社）+基地+贫困户”、股份合作、代耕代种代养等模式，带动贫困户增收。目前，封开县在农村人居环境整治类整合400万元到农业生产发展类的四个“一村一品”项目，着力实现产业兴旺，提升村民获得感。

（2020年1月17日《羊城晚报》，记者：陈泽云）

广东财政改革成效调研行

转移支付注重均衡性　解了“弱县”后顾之忧

今年广东均衡性转移支付再增长12.5%，达560.3亿元

2020年是全面建成小康社会决胜之年，奔赴小康路上一个都不能少。记者从广东省财政厅获悉，为缩小区域财力差距，广东积极推进均衡性转移支付，2019年补助范围由原来的60个县（市、区）增加至86个，实现全省困难县区全覆盖。

根据2020年广东财政预算报告，今年均衡性转移支付再增长12.5%，达560.3亿元，加大对市县的托底保障能力。

86个县市区　纳入补助范围

财政转移支付是上级政府通过预算安排的对下级政府无偿的资金拨付。作为普遍使用的一种政策工具，它通过把财政资金用于提高困难地区社会福利和基本公共服务水平，来提升区域发展平衡性和协调性。

以前广东财政的转移支付是“激励性”的，与GDP直接挂钩，发展好的补贴多，财力薄弱地区获得激励性转移支付难度大。为增强区域财力协调发展，近年来，广东开始探索实施“均衡性”转移支付制度，由激励型向“雪中送炭”的保障型转变。

2019年，广东将欠发达地区市辖区及珠三角6个困难县（区）新增纳入了政策范围，补助范围由原来的60个县（市、区）增加至86个，实现全省困难县（区）全覆盖。

均衡性转移支付力度有多大？记者梳理发现，这86个县（市、区）中，有14个均衡性转移支付补助甚至大于当地一般公共预算收入。

其中，汕尾市陆河县、揭阳市惠来县，这项补贴甚至达到一般公共预算收入的近1.5倍甚至2倍。清远市连山壮族瑶族自治县、连南瑶族自治县和揭阳揭西县获得均衡性转移支付更是一般公共预算收入的2倍以上。

“均衡性转移支付办法打破了地域限制，将珠三角财力薄弱地

区，包括我市的台山、开平、恩平等欠发达地区也纳入到补助范围中，对于缓解这些地区的财政收支压力意义重大。”江门市财政局副局长邝世铭告诉记者。

比如，2019年省下达台山市均衡性转移支付2.4亿元，全部用于改善民生，包括城市居民养老、医保等资金项目等，从而有效提升保障民生支出、促进基本公共服务均等化能力。

在均衡性转移支付的支持下，台山极大缓解了“保工资、保运转、保基本民生”压力，促改革谋发展取得积极成效：在北新区产城融合中心，一座占地面积120.22亩、规划床位500张的妇幼保健院新院正在建设中。

今年转移支付 560.3亿元

据广东省财政厅统计，均衡性转移支付由当地统筹使用，将进一步增强市县“三保”的保障能力。2018、2019年县（区）平均补助增量达1.24亿元，约占县均“三保”支出需求的5%，有效缓解"三保"支出压力。

值得注意的是，广东还完善了生态保护区财政补偿转移支付制度，坚持“谁保护、谁得益，谁改善多、谁得益多”，实施范围由26个重点生态功能区县（市、区）扩大至全覆盖48个生态发展区县（市、区）。2020年将安排72.4亿元，增长33%。

另外，为支持老区、前苏区和民族地区发展，2019-2020年广东新增财力超过300亿元。将重点老区、前苏区和民族县专项财力补助提升至每年每县4000万元，加力提效支持“老少边穷”地区增强民生保障能力。

位于粤东梅州市南端的丰顺县就是其中的受益者。据介绍，近3年来，省财政分别下达生态保护区财政补偿转移支付资金1.08亿元、1.68亿元、1.93亿元；分别下达均衡性转移支付资金6亿元、6.6亿元、7亿元；分别下达老区、前苏区财力性补助资金5300万元、7218万元、9670万元，推动了丰顺县老区、前苏区振兴发展。

有了基本保障，这些地区减少顾虑，可以更好提高发展内生动力。如今，丰顺正在如火如荼地建设国际声谷小镇，规划占地约3平方公里，总投资规模为100亿元，该项目将利用粤港澳大湾区和海峡西岸经济区两大市场联动的机会，构建以智能电声终端研发为特色的人工智能产业高地，最终实现“造血”。

广东省财政厅相关负责人表示，2020年，广东将继续加快构建“一核一带一区”区域发展新格局，进一步下沉省级财力。均衡性转移支付在前两年规模分别增长25%和15.7%的基础上，再增长12.5%，安排560.3亿元，突出保障重点和补齐短板，从而发挥转移支付政策在构建全省一体化发展新格局、促进基本公共服务均等化、推动实现“四个走在全国前列”中的积极作用。

（2020年1月17日《羊城晚报》，记者：陈泽云）

广东出台意见加快农业保险高质量发展 到2022年农业保险规模拟达63.36亿元

农业保险是分散农业生产经营风险的重要手段，对推进现代农业发展、促进乡村产业振兴、改进农村社会治理、保障农民收益具有重要作用。近日，广东省财政厅联合省农业农村厅等四部门印发《关于推动农业保险高质量发展实施意见》（简称“意见”）

意见明确，要优化财政补贴政策、提高农业保险服务能力、优化农业保险运行机制、加强农业保险基础建设，努力实现到2022年，将广东省农业保险深度（保费/第一产业增加值）由目前的0.43%提高到1.2%以上，农业保险密度（保费/农业从业人口）由140元/人提高到500元/人；到2030年，农业保险深度、密度达到全国领先水平。

意见要求发挥财政补贴资金的导向作用，确保补贴资金充足且及时拨付到位，充分调动各地积极性。2019年，省财政安排农业保险保费补贴资金5.4亿元，2020年-2022年省财政安排的保费补贴资金将大幅增加。按照《实施意见》明确的目标任务，经初步匡算，到2022年广东省农业保险规模为63.36亿元，其中，省财政2020-2022年每年用于农业保险的奖补资金将在目前规模上分别增加约1.1倍、2.1倍和3.7倍。

意见要求结合广东实施乡村振兴战略和现代农业发展需求，重点围绕“扩面、增品、提标”下功夫。在扩面方面，将森林保险、水产养殖保险试点推广到全省实施，将在省内种植的所有水果品种纳入农业保险范围。在增品方面，新增开办蔬菜、花卉苗木、茶叶、肉鸭、蛋鸡保险，逐步实现对省内主要优势特色农产品保险全覆盖。同时，实施地方特色险种备案制，省级财政对各地开办地方特色农业保险给予保费奖补，并积极向中央财政申请将广东省产粮大县水稻玉米成本保险、收入保险完全列入国家试点范围，争取中央财政对地方特色险种给予保费补贴，支持开展价格保险、收入保险以及相互制保险、区域产量、价格、收入、气象指数保险和“保险+期货”等试点探索。在提标方面，稳步提高水稻、马铃薯、玉米、花生、甘蔗、森林、岭南水果、仔猪、育肥猪、能繁母猪、家禽等对稳定农产品市场供给、保障农民生产生活有重大影响的农产品保障水平，逐步实现种养生产成本全覆盖。

意见明晰了政府与市场边界，地方各级政府不参与农业保险的具体经营，在充分尊重保险机构产品开发、精算定价、承保理赔等经营自主权的基础上，通过保费补贴、创新奖励、大灾赔付、提供信息数据等政策支持，调动市场主体积极性。

意见还要求落实国家强农惠农政策，切实维护投保农户和农业生产经营组织利益，充分保障其知情权。保险机构要做到惠农政策、承保情况、理赔结果、服务标准、监管要求“五公开”；做到定损到户、理赔到户，不惜赔、不拖赔，注重理赔时效，切实提高承保理赔服务能力水平。建立政策性农业保险服务评价制度，按年度以市为单位，考察政策性农业保险承保机构的承保覆盖率、承保理赔服务满意度、防灾减损效果、依法合规经营等情况，对承保机构进行评价，评价结果作为农业保险经办机构遴选的重要依据。

（2020年6月20日《羊城晚报》，记者：唐珩）

广东各市县已统筹实施256亿元省级涉农资金

2020年是全面建成小康社会目标实现之年，是全面打赢脱贫攻坚战收官之年，也是面对新冠肺炎疫情的挑战之年。广东坚持科学统筹、精准发力，大力推动涉农资金统筹整合改革，今年由市县统筹实施的省级涉农资金达256亿元，切实发挥统筹涉农资金“好钢用在刀刃上”“集中力量办大事”的作用。

为支持春耕备耕，省财政统筹安排2.3亿元支持复垦撂荒耕地新增早稻种植及加强全省早稻种植统防统治、水肥管理、自然灾害防控等关键环节过程管理，切实落实中央下达广东早稻种植1300万亩、其中新增早稻种植50万亩的任务；联合制定相关农产品的临时收储奖补方案，并及时下达收储奖补资金1.2亿元，切实缓解家禽水产品及蔬菜瓜果等重要“菜篮子”农产品积压滞销难题。

各市县积极统筹11.2亿元涉农资金用于疫情防控期间稳产保供等项目。如广州市采取多项措施统筹涉农资金，及时下达农业生产相关资金8.23亿元，调动农户春耕生产积极性，支持猪肉等“菜篮子”产品稳产保供。

省财政及时出台相关政策措施，进一步通过推动市县统筹整合涉农资金，大力支持农业机械化、智能化建设，助力农业企业复工复产，保证经济社会稳定发展。截至4月底，各市县从涉农资金中安排102亿元用于支持企业复工复产，助力农业农村经济社会发展。同时，省财政发挥财政资金撬动力，着力推动农业基础设施建设。截至目前，已安排2020年农田建设资金20余亿元，统筹推进全省120万亩高标准农田建设。

为进一步发挥产业扶贫带贫减贫作用，确保贫困群众持续稳定增收，2020年省财政安排专项扶贫资金7.04亿元支持全省贫困地区开展“一村一品、一镇一业”项目建设，带动扶贫开发对象增收脱贫。

（2020年6月23日《羊城晚报》，记者：唐珩通讯员：岳才轩）

广东省财政厅党组书记、厅长戴运龙
接受深圳报业集团记者专访——
为深圳推进综合改革试点“写”好财政“大文章”

在省委、省政府提出“举全省之力支持深圳建设中国特色社会主义先行示范区”新的历史条件下，广东省财政厅将如何一如既往地支持深圳经济特区建设、为深圳有力有序有效推进“建设中国特色社会主义先行示范区综合改革试点”提力增效？广东省财政厅党组书记、厅长戴运龙日前接受深圳报业集团记者专访时表示，省财政厅将发挥好“特事特办”工作机制，对省级财政权限范围的事项应放尽放，对需要在中央层面协调解决的问题、争取的政策给予积极协助支持；同时，从财政政策、资金及体制机制等方面加大对深圳的支持力度，以“四个具体支持”为深圳有力有序有效推进综合改革试点“写”好财政“大文章”。

财政助力深圳建设先行示范区把握好三个意识

戴运龙说：“在深圳经济特区建立40周年之际，习近平总书记亲临广东视察，亲自出席庆祝大会并发表重要讲话，这是在两个大局深刻变化背景下对我国坚持改革不停顿、开放不止步的庄严宣示，是对乘势而上开启全面建设社会主义现代化国家新征程的强有力动员，是在新起点上继续推进经济特区建设的行动指南，是我们以新担当新作为奋力开创深圳、广东工作新局面的动力源泉。财政是国家治理的基础和重要支柱，深入学习贯彻习近平总书记重要讲话、重要指示精神，关系广东当前和长远的发展，也是确保财政工作沿着正确方向前行的根本保证。”

戴运龙表示，党中央对深圳改革开放、创新发展寄予厚望，并赋予深圳新的历史使命，为新时代深圳经济特区建设进一步明确了路线图、任务书。“广东财政将深入学习、准确把握总书记对新时代经济特区建设的战略谋划，从财政工作角度认真研究落实，重点把握‘三个意识’来支持经济特区办得更好、办得水平更高，从而进一步体现广东财政担当。”

其一，要坚持大局意识。“深圳实施综合改革试点，对全省上下都是重大利好、重大机遇，是全省的大事和必须完成好的重大政治任务。我们要充分认识综合改革试点的成效关系着广东、深圳未来的发展，不断强化‘支持深圳实施综合改革试点就是支持全省、带动各地发展’的大局意识。深圳开展好综合改革试点，需要全省上下的高效协同、通力配合，充分发挥制度整体效能。省财政将在财政政策、行政审批、资金拨付等方面加大放权力度，做到能放尽放、应放尽放，积极支持深圳向财政部争取相关政策支持，为深圳开展综合改革试点创造有利条件。同时，对深圳科技创新、民生共建共享等重点项目予以支持。”戴运龙表示。

其二，要坚持改革创新意识。“我们要坚持用好改革思维和改革办法，以总书记提出的‘三个有利于’作为改革基本遵循，即有利于提高资源配置效率、有利于提高发展质量和效益、有利于调动各方积极性。以打造制度创新高地为目标，针对财政制度建设与治理体系中的空白点和薄弱环节推动深圳综合改革试点在‘深水区’、‘无人区’先行先试。通过推动更多财政领域的创造型引领型改革破解深层次体制机制问题，充分体现财政担当作为。”戴运龙表示。

其三，要坚持“全省一盘棋”意识。“推进深圳综合改革试点要在协同全省中先行，在服务大局中示范。我们要立足省委、省政府部署的‘一核一带一区’区域功能定位，有针对性地加强财政‘专项化’政策安排、‘均衡化’保障导向、‘协同化’机制建设，从整体效应、聚集效应、协同效应、战略效应、辐射引领带动效应等方面研究支持深圳综合改革试点、牵引带动全省改革的财政新举措，并及时总结财政领域综合改革试点的成功经验，推动在全省复制推广，努力放大改革试点作用和效应。”戴运龙表示。

支持深圳境外发行离岸人民币地方政府债券

在习近平总书记亲自谋划、部署和推动下，今年10月《深圳建设中国特色社会主义先行示范区综合改革试点实施方案（2020-2025年）》出台。戴运龙表示，广东财政将准确把握实施综合改革试点的任务和要求，不折不扣落实试点工作责任分工，具体来说可以从以下四个方面支持深圳建设中国特色社会主义先行示范区。

“首先，支持深圳用好用足粤港澳大湾区财税政策。省财政厅将全面贯彻落实粤港澳大湾区财税政策，切实释放政策红利，支持深圳在人才流动、资金过境、科技创新、产业发展、民生共享、地方政府债券发行管理、基础设施互联互通等方面先行先试，增强对大湾区建设的示范和辐射，发挥粤港澳大湾区与先行示范区‘双区驱动效应’，推动先行示范区综合改革试点引领我省加快构建‘一核一带一区’区域发展格局。”

“其次，支持深圳构建优质均衡的公共服务体系。省财政厅将进一步推进基本公共服务均等化，制定实施与我省经济社会发展水平相适应，服务区域协调发展新要求的基本公共服务实施标准，支持深圳稳步推进基本公共服务常住人口全覆盖；支持深圳市推进各项体制机制创新，构建资源要素优化配置、共建共享、流转顺畅、协作管理的民生服务供给体制。”

“其三，支持深圳境外发行离岸人民币地方政府债券。省财政厅将落实‘推进人民币国际化上先行先试’的任务，支持深圳在国家核定地方债额度内自主发行及到境外发行离岸人民币地方政府债券，为全国建立完善地方政府举债管理制度作出探索、积累经验。”

“其四，支持推广深汕特别合作区管理体制机制。省财政厅将全力支持加快深汕合作区建设，协助深圳优化完善合作区财税管理体制机制，支持打造区域合作发展示范区；及时总结合作区建设经验，促进各类要素在各地区合理流动和高效集聚，拓展区域合作协调发展新路，服务全省区域协调发展战略。”戴运龙表示。

加强对深圳改革经验与创新成果的复制推广

建设“粤港澳大湾区”、建设“中国特色社会主义先行示范区”两项重大国家战略，是新时代广东改革开放的大机遇、大文章。戴运龙表示，广东财政将强化财政责任担当，更好发挥财政力量，把“中央要求”“湾区所向”“港澳所需”“广东所能”紧密结合起来，落实好财政支持推进粤港澳大湾区建设的一揽子政策，落实各项税收优惠政策，优化资金过境服务，推动地方债合作，支持民生共享。特别是要充分利用粤港澳大湾区个人所得税优惠政策吸引境外高端人才和紧缺人才，加强粤港澳会计师事务所联盟成员间的人才培养和业务交流，探索试点“广东赴澳门”、“深圳赴香港”发行离岸人民币地方政府债券等。

十九届五中全会提出“坚持创新在我国现代化建设全局中的核心地位”，而创新正是深圳的“灵魂”所在。戴运龙表示，在支持深圳建设中国特色社会主义先行示范区的过程中，广东财政还将深入研究财政支持供给侧结构性改革政策措施，有效发挥财政资金政策的杠杆作用和税收优惠政策的引导作用，推动深入实施创新驱动发展战略。省财政厅将建立完善财政稳定性支持和竞争性经费支持相协调的经费保障机制，逐步提高基础与应用基础研究投入占本级科技经费投入的比重，加大“卡脖子”等关键核心技术攻关突破保障，全力支持广深港、广珠澳科技创新走廊、鹏城国家实验室建设。

戴运龙最后强调，“我们要及时总结深圳财政领域综合改革试点的成功经验和创新做法，推动其在全省复制推广，努力放大改革试点作用和效应，推动实现省内平行共享。”

（2020年12月28日《深圳商报》，记者：古国真　刘良龙）

主题索引

说　　明

1. 本索引为《广东财政年鉴》2021年卷主题分析索引，由条目索引、随文图片索引和表格索引三部分组成。款目按汉语拼音字母（同音字按声调）升序排列。书中的类目名、分目名用黑体字标明，其余用宋体字排印。
2. 索引款目后的括号为说明项，款目后的数字表示内容所在页码，数字后面的拉丁字母（a、b、c）表示栏别（即版面的1、2、3栏）。表格索引和随文图索引只标注页码。
3. 同一主题在书中多处出现的，在其款目后用不同的页码注明；同一主题在市县财政工作类目中不同城市出现的，在同一款目下另起行退一字排列。
4. 本索引对《图片专辑》《专记》《年度关注》《大事记》《附录》等类目内容不做主题分析。

条目索引

随文图片索引

D

E

F

G

H

J

K

L

M

Q

S

表格索引

Table of Contents

Photo Album

Feature

Highlights of the Year

Chronicle of Major Events

Guangdong Public Finance

Legislation of Public Finance and Taxation Policies

Budget Management

Government Debt

Treasury Management

Budget Management by Specialized Departments

Fiscal Supervision and Management

Financial Discipline and Supervision

Sub-provincial and Prefecture-level Public Finance

Fiscal Organizational Structure and Honors

Fiscal Statistics

Selected Speeches and Reports

Appendix